Kapitalmarkt und Wirtschaftsprüfer

Schriften zu Theorie und Praxis der Rechnungslegung und Wirtschaftsprüfung

Herausgegeben von Hansrudi Lenz

Band 1

PETER LANG
Frankfurt am Main · Berlin · Bern · Bruxelles · New York · Oxford · Wien

Markus Ostrowski

Kapitalmarkt und Wirtschaftsprüfer

Eine empirische Analyse der Wahl des Prüfers bei IPO-Unternehmen und der Kapitalmarktreaktionen auf die Prüferwahl

PETER LANG
Europäischer Verlag der Wissenschaften

Bibliografische Information Der Deutschen Bibliothek
Die Deutsche Bibliothek verzeichnet diese Publikation in der Deutschen Nationalbibliografie; detaillierte bibliografische Daten sind im Internet über <http://dnb.ddb.de> abrufbar.

Zugl.: Würzburg, Univ., Diss., 2002

Gedruckt auf alterungsbeständigem,
säurefreiem Papier.

D 20
ISSN 1612-135X
ISBN 3-631-51385-2

Printed in Germany 1 2 3 4 5 6 7

www.peterlang.de

Geleitwort

Anspruchsvolle theoriegeleitete empirische Arbeiten auf dem Gebiet der Betriebswirtschaftlichen Prüfungslehre sind im deutschen Sprachraum selten. Deren Aufgabe ist die kritische Prüfung erfahrungswissenschaftlicher Theorien oder Modelle bei adäquater Berücksichtigung nationaler institutioneller Besonderheiten beim Entwurf des Forschungsdesigns und der Interpretation der Ergebnisse. Die vorliegende Arbeit von Markus Ostrowski ist in beispielgebender Weise diesem Ziel verpflichtet.

Aufgabe des Abschlußprüfers bei kapitalmarktorientierten Unternehmen ist es, die Informationsunsicherheit von Investoren zu reduzieren. Diese ist bei der Börseneinführung von Unternehmen stark ausgeprägt. Abschlußprüfer mit hoher Prüfungsqualität sollten im besonderen geeignet sein, in diesem Umfeld das Vertrauen von Investoren in die Qualität von Rechnungslegungsinformationen, die einen wichtigen Bestandteil des Emissionsprospektes bilden, zu erhöhen. Die vorliegende Arbeit geht dieser Fragestellung nach und bietet – basierend auf einer theoretischen Analyse – eine umfassende und methodisch gründliche empirische Untersuchung über die Wahl des Abschlußprüfers im Zusammenhang mit der Börseneinführung von Unternehmen. Darüber hinaus wird untersucht, ob der Kapitalmarkt die Wahl eines Abschlußprüfers überdurchschnittlicher Qualität, z.B. über höhere Emissionspreise, auch honoriert.

Ich freue mich, daß die beachtenswerte Dissertation von Markus Ostrowski die von mir herausgegebene Reihe „Schriften zu Theorie und Praxis der Rechnungslegung und Wirtschaftsprüfung“ eröffnet. Die Reihe möchte insbesondere jenen Arbeiten ein Forum bieten, die durch die kritische empirische Prüfung von Theorien zu deren Weiterentwicklung sowie zur Beurteilung ihres Realitätsbezuges beitragen.

Würzburg, im Juli 2003

Hansrudi Lenz

Inhaltsverzeichnis

Verzeichnis wichtiger Abkürzungen

AC	Durchschnittskosten
AG	Aktiengesellschaft(en)
AH	Amtlicher Handel
AICPA	American Institute of Certified Public Accountants
AktG	Aktiengesetz
Arthur Andersen	Arthur Andersen Wirtschaftsprüfungsgesellschaft Steuerberatungsgesellschaft mbH
BB	Bookbuilding
BDO	BDO Deutsche Warentreuhand AG Wirtschaftsprüfungsgesellschaft
BGBl.	Bundesgesetzblatt
BGH	Bundesgerichtshof
Big6(-WPG)	Sechs größte Wirtschaftsprüfungsgesellschaften
Big7(-WPG)	Sieben größte Wirtschaftsprüfungsgesellschaften
BIP	Bruttoinlandsprodukt
BMM	Balvers/McDonald/Miller
BörsG	Börsengesetz
BörsO	Börsenordnung
BörsZulVO	Börsenzulassungsverordnung
BR	Bundesrat
BS	Bilanzsumme
C&L	C & L Deutsche Revision AG Wirtschaftsprüfungsgesellschaft
c.p.	ceteris paribus
CAPM	Capital Asset Pricing Model
CDAX	Composite DAX (eingetragene Marke der Deutsche Börse AG)
CR2	Konzentrationsrate für die beiden größten Anbieter in einem Markt
DAI	Deutsches Aktieninstitut
DAX	Deutscher Aktienindex (eingetragene Marke der Deutsche Börse AG)
DFH	Datar/Feltham/Hughes
DT	Deutsche Telekom AG
DTT	Deloitte Touche Tohmatsu
EG	Europäische Gemeinschaft
Ernst & Young	Ernst & Young Deutsche Allgemeine Treuhand AG (früher: Schitag Ernst & Young Deutsche Allgemeine Treuhand AG)

FAR	Fachausschuß Recht (des IDW)
FASB	Financial Accounting Standards Board
FG	Freiheitsgrad(e)
GM	Geregelter Markt
GmbH	Gesellschaft mit beschränkter Haftung
GoB	Grundsätze ordnungsmäßiger Buchführung
GuV	Gewinn- und Verlustrechnung
HdAG	Handbuch der deutschen AG
HFA	Hauptfachausschuß (des IDW)
HGB	Handelsgesetzbuch
IAS	International Accounting Standards
IDW	Institut der Wirtschaftsprüfer in Deutschland e.V.
IFAC	International Federation of Accountants
IPO	Initial Public Offering
k.A.	keine Angabe
KG	Kommanditgesellschaft
KGaA	Kommanditgesellschaft auf Aktien
KonTraG	Gesetz zur Kontrolle und Transparenz im Unternehmensbereich
KPMG	KPMG Deutsche Treuhand-Gesellschaft AG Wirtschaftsprüfungsgesellschaft
MC	Grenzkosten
MW	Mittelwert
n	Anzahl
NASDAQ	National Association of Securities Dealers Automated Quotations
NEMAX	Neuer Markt Aktienindex (eingetragene Marke der Deutsche Börse AG)
NM	Neuer Markt
NYSE	New York Stock Exchange
OLG	Oberlandesgericht
OTC	Over the Counter (Freiverkehr)
p.a.	per annum
PW	Price Waterhouse GmbH Wirtschaftsprüfungsgesellschaft
PWC	PWC Deutsche Revision AG Wirtschaftsprüfungsgesellschaft
Rel.	Relation
rkr.	rechtskräftig
Rn.	Randnummer

SEC	Securities and Exchange Commission
Sign.	Signifikanz
SMAX	Smallcap-Index (eingetragene Marke der Deutsche Börse AG)
T	Tausend
UK	Vereinigtes Königreich von Großbritannien und Nordirland
UP	Underpricing
USA	Vereinigte Staaten von Amerika
US-GAAP	US-amerikanische Generally Accepted Accounting Principles
VC	Venture Capital
VerkProspG	Verkaufsprospektgesetz
VerkProspVO	Verkaufsprospektverordnung
VG	Verschuldungsgrad
Vol.	Volume
vs.	versus
WEDIT	Wollert-Elmendorff Deutsche Industrie-Treuhand GmbH Wirtschaftsprüfungsgesellschaft
WP	Wirtschaftsprüfer
WPG	Wirtschaftsprüfungsgesellschaft
WPK	Wirtschaftsprüferkammer
Wu(BS)	Wurzel aus der Bilanzsumme

Abbildungsverzeichnis

Tabellenverzeichnis

Anhangsverzeichnis

1 Einleitung

„The essence of auditing is verification." [1]

Die aktienrechtliche Pflichtprüfung wurde in Deutschland im Jahr 1931 eingeführt.[2] Durch Bilanzmanipulationen war es damals Vorständen gelungen, Kapitalgeber und Öffentlichkeit über den tatsächlichen Zustand ihrer Unternehmen zu täuschen und sich damit einer effizienten Kontrolle zu entziehen.[3] Im August 1929 war die damals zweitgrößte Versicherung in Deutschland, die Frankfurter Allgemeine Versicherungs-AG, zusammengebrochen, nachdem der Vorstand über Jahre hinweg durch Fehlbuchungen den Zustand der Gesellschaft verschleiert hatte. Eine falsche Buchführung hatte auch beim wesentlich bekannteren Zusammenbruch des Nordwolle-Konzerns im Juni 1931 ein rechtzeitiges Einschreiten des Aufsichtsrates behindert.[4] Die Verhinderung bzw. rechtzeitige Aufdeckung von Bilanzmanipulationen und -fälschungen und damit die Versorgung der Rechnungslegungsadressaten mit glaubwürdigeren Informationen über die Gesellschaften war somit der wesentliche Grund für die Einführung der durch öffentlich bestellte Wirtschaftsprüfer vorzunehmenden Pflichtprüfung für AG und KGaA und damit für die Wirtschaftsprüfer berufsstandbildend.[5] Prüfungen durch Dritte als Institution zur Verifizierung der von den Verwaltern fremder – staatlicher oder privater – Vermögen abgegebenen Rechenschaft lassen sich bis in die Antike zurück feststellen.[6] Wie im eingangs erwähnten Zitat zum Ausdruck gebracht, ist die Prüfung in ihrem Kern immer auf die Beglaubigung der Richtigkeit von Informationen ausgelegt.

In der jüngeren Vergangenheit – so klagen auch Berufsstandsangehörige – ist die Abschlußprüfung zu einem „Commodity" verkommen;[7] von den Unternehmen wird die Prüfung häufig lediglich als Kostenfaktor angesehen.[8] Diese

---

[1] Antle (Auditor 1982), S. 512.
[2] Vgl. Artikel VI der Verordnung des Reichspräsidenten über Aktienrecht, Bankenaufsicht und über eine Steueramnestie vom 19. September 1931, Reichsgesetzblatt, Teil I, Nr. 63 vom 21.9.1931, S. 498f.
[3] Vgl. Marten (Qualität 1999), S. 1; Quick (Entstehungsgeschichte 1990), S. 231f.
[4] Vgl. Quick (Entstehungsgeschichte 1990), S. 228-230.
[5] Vgl. Lenz/Ostrowski (Kontrolle 1997), S. 1526f.; auch Clemm (Krisenwarner 1995), S. 67.
[6] Vgl. Quick (Entstehungsgeschichte 1990), S. 217f.; eine ausführliche geschichtliche Darstellung von Rechnungslegung und Prüfung findet sich bei Edwards (history 1989), S. 8-105.
[7] Vgl. beispielsweise Schmidt (Beruf 1998), S. 319.
[8] Vgl. Dörner (Wirtschaftsprüfung 1998), S. 302; auch Woolf (Auditing 1997), S. 2. Zum zunehmenden Gebührendruck, dem WP und WPG im Prüfungsgeschäft ausgesetzt zu sein scheinen, vgl. Braun (Gebührendruck 1996), S. 999ff. sowie Manager Magazin, April 2000, S. 98f. Als Reaktion auf die im Text beschriebenen Entwicklungen sind die Bemühungen des Berufsstandes anzusehen, im Rahmen der Abschlußprüfung und auch durch das Angebot zusätzlicher Beratungsleistungen den zu Prüfenden einen Zusatznutzen zu liefern. Vgl. Schmidt (Beruf 1998), S. 320; Dörner (Wirtschaftsprüfung 1998), S. 302ff. Soweit sich zusätzliche Beratungsleistungen nicht auf die Erhöhung der Glaubwürdigkeit von Unternehmensinformationen zur besseren Erfüllung der Wünsche der Kapitalgeber beziehen (vgl. hierzu Dörner (Wirtschaftsprüfung 1998), S. 311ff., insbesondere S. 313), sind mögliche negative Auswirkungen auf die Unabhängigkeit des Prüfers und damit auf den Wert einer Prüfung zu berücksichtigen. Vgl. Simunic (Independence 1984), S. 699; Ostrowski/Söder (Einfluß 1999), S. 561ff.

Entwicklung haben sich teilweise die Prüfer selbst zuzuschreiben, da sie es versäumt haben, den Nutzen ihres Produktes „Abschlußprüfung" für außenstehende Kapitalgeber und damit auch für die Unternehmensverwaltungen, die das Vertrauen der Kapitalgeber für sich gewinnen oder sichern möchten, am Markt herauszustellen.[9] Das zu lange Beharren des Berufsstandes darauf, daß die Abschlußprüfung gerade nicht dahin ausgelegt sei, Untreuehandlungen, Bilanzmanipulationen und -fälschungen aufzudecken,[10] hat genauso wie die für Prüfer „paradiesischen" Haftungsverhältnisse,[11] die eine Haftung gegenüber den Aktionären der geprüften Gesellschaften faktisch ausschließen, dazu beigetragen, den Wert der Abschlußprüfung für Kapitalmarktanleger zu wenig deutlich werden zu lassen.[12] Im Zuge einiger Schieflagen prominenter Unternehmen in den letzten Jahren hat das Ansehen des Berufsstandes zudem Schaden genommen.[13] Ein langjähriger Vorstandssprecher und Aufsichtsrats-

---

[9] Daneben dürfte diese Entwicklung damit zusammenhängen, daß gerade die Eigentümer von nur geringfügig verschuldeten Gesellschaften, bei denen die Gesellschafter auch die Geschäftsführungsfunktion ausfüllen, für sich keinen ökonomischen Sinn in der staatlich erzwungenen Abschlußprüfung sehen und deshalb darauf bedacht sind, der gesetzlichen Pflicht mit geringstmöglichen Kosten Genüge zu tun. Vgl. auch Lenz (Wahl 1993), S. 54.

[10] Vgl. IDW Fachgutachten 1/1988; Mertin (Unterschlagungen 1989), S. 389f.; Niehus (Wirtschaftsprüfung 1994), S. 213f. Durch die Stellungnahme HFA 7/1997 (abgedruckt in: Die Wirtschaftsprüfung, Heft 1, 1998, S. 29-33) und die durch das KonTraG in § 317 Abs. 1 Satz 3 HGB neugefaßte Regelung zu Gegenstand und Umfang der Prüfung fand in dieser Beziehung durch die Ausdehnung der Prüfung auf das Erkennen von Unrichtigkeiten und Verstößen gegen relevante Vorschriften – wie explizit in der Gesetzesbegründung erwähnt – eine Annäherung an internationale Standards statt. Vgl. Gesetzentwurf der Bundesregierung, BR-Drucksache 872/97 vom 07.11.97, Begründung zu § 317 HGB, S. 70f.; Lenz/Ostrowski (Kontrolle 1997), S. 1526f. Zur Deutung der neuen gesetzlichen Regelung durch Berufsstandsmitglieder vgl. statt vieler Forster (Abschlußprüfung 1998), S. 44f. Vgl. zum „Problemkreis Fehler, Täuschungen, Vermögensschädigungen und sonstige Gesetzesverstöße" auch Langenbucher/Blaum (Aufdeckung 1997), S. 437ff. Befürchtungen wegen der mit der oben angesprochenen Annäherung an internationale Standards in Zusammenhang stehenden Haftungsfragen klingen an bei Kaminski/Marks (Qualität 1995), S. 259.

[11] Ebke (Verantwortlichkeit 1996), S. 21.

[12] Veröffentlichungen in der Fachpresse unter Überschriften wie „Wes Brot ich ess´..." (Manager Magazin, Juni 1994, S. 34ff.), „Gesellschaft mit beschränkter Haftung" (Manager Magazin, April 2000, S. 96ff., besonders S. 98f.) oder „Zahme Wachhunde" (Financial Times Deutschland vom 18.5.2000) unterstellten den Prüfern in den letzten Jahren häufig eine zu große Nähe zu den zu prüfenden Unternehmensverwaltungen, anstatt sich auf die Interessen der ökonomischen Nachfrager nach Prüfungsleistungen, nämlich den Kapitalgebern und insbesondere den Anlegern am Kapitalmarkt zu konzentrieren. Vgl. auch Götz (Überwachung 1995), S. 340f. Unzulänglichkeiten im deutschen System der Corporate Governance könnten mit ein Grund für diese Haltung der Prüfer gewesen sein. Für Beispiele dieser Unzulänglichkeiten vgl. beispielsweise Adams (Bankenmacht 1996); Adams (Usurpation 1994); Baums (Aufsichtsrat 1995); Wenger (Organisation 1996); Wenger/Kaserer (German 1998).

[13] Wenn in der Öffentlichkeit vor allem vermeintliche oder tatsächliche Verfehlungen großer WPG erörtert werden, liegt das meist daran, daß Schieflagen großer Unternehmen, die meist einen großen Prüfer bestellt hatten, einen breiteren Widerhall in der öffentlichen Meinung finden als dies bei kleineren Unternehmen der Fall ist. Dies bedeutet nicht, daß kleineren Prüfern seltener Prüfungsverfehlungen vorzuwerfen sind. Als aktuelle Beispiele lassen sich die Vorgänge bei der Adva AG (vgl. Handelsblatt vom 9.8.2000, S. 23) und der Metabox AG (vgl. Handelsblatt vom 4.12.2000, S. 28) nennen. Bei beiden Gesellschaften mußten jeweils nach einem Prüferwechsel von einem Einzel-WP bzw. einer kleinen WPG zu einer Big6-WPG die noch vom alten Abschluß-

vorsitzender einer der größten deutschen WPG bezeichnete diese Entwicklungen als eine „Vertrauenskrise", die nach seiner Ansicht „für den Berufsstand jedenfalls die ernsteste seit seiner Schaffung im Jahr 1931" sei.[14]

Mit dem Börsengang der Deutschen Telekom AG im November 1996 und der Etablierung des Neuen Marktes im März 1997 erwachte in Deutschland das Interesse einer breiten Öffentlichkeit am Aktienmarkt. Auch wenn bis zum Frühjahr 2000, als sich die Aktienmärkte fast weltweit im Zustand eines „irrational exuberance" befanden,[15] valide Rechnungslegungsinformationen als Basis für Kauf- und Verkaufsentscheidungen nicht im Mittelpunkt des Anlegerinteresses standen, so rückt seitdem verstärkt die grundsätzliche Erkenntnis des Nutzens glaubwürdiger Unternehmensinformationen ins Bewußtsein von Anlegern und Öffentlichkeit.[16] Voraussetzung dafür, daß der gerade erst aufgeblühte, aber immer noch unterentwickelte deutsche Kapitalmarkt[17] zu einer effizienten Kapitalallokation in der Volkswirtschaft beitragen kann, ist die Versorgung der Anleger mit glaubhaften Unternehmensinformationen, die ihnen effiziente Kauf- und Verkaufentscheidungen und die Kontrolle der Unternehmensverwaltungen ermöglichen.[18]

Die beiden aufgezeigten Entwicklungen, die des deutschen Berufsstandes der Wirtschaftsprüfer und die notwendige Ausrichtung kapitalmarktorientierter Unternehmen auf die Informationswünsche der Anleger, rechtfertigen und verlan-

---

prüfer testierten Abschlüsse im nachhinein wegen Bilanzfehler, die vom damaligen Prüfer nicht beanstandet worden waren, korrigiert werden.

[14] Forster (MG 1995), S. 1.
Auch in anderen Ländern, wie etwa den USA, stehen Prüfer in der Kritik. Dabei fällt auf, daß die Wortwahl der dortigen Kritiker gerade hinsichtlich mangelnder Unabhängigkeit der Prüfer wesentlich unfreundlicher ausfällt als hierzulande. Vgl. Levitt (Numbers 1998): „Too many corporate managers, auditors, and analysts are participants in a game of nods and winks." Buffett (Letter 1998), S. 16: „Clearly the attitude of disrespect that many executives have today for accurate reporting is a business disgrace. And auditors, as we have already suggested, have done little on the positive side. Though auditors *should* regard the investing public as their client, they tend to kowtow instead to the managers who choose them and dole out their pay. ('Whose bread I eat, his song I sing.')" Dies mag zum einen damit zusammenhängen, daß die deutsche wissenschaftliche Diskussion zu diesen Fragen zu einem großen Teil von Berufsstandsangehörigen bestritten wird und zum anderen eine geeignete Institution zur Durchsetzung der Interessen der Anleger nach glaubwürdiger Information in Deutschland bisher fehlt.

[15] So der Originaltitel eines einschlägigen Buches von Shiller (Überschwang 2000), der durch eine Rede des Präsidenten des Federal Reserve Board, Alan Greenspan, am 5. Dezember 1996 zu einiger Berühmtheit gelangte. Vgl. Shiller (Überschwang 2000), S. 17, 25, 29.

[16] Bereits im Handelsblatt vom 15.9.1999, S. 36, wurde unter der Überschrift „Viel heiße Luft in den Berichten am Neuen Markt" auf die Unzulänglichkeiten hinsichtlich des Informationsgehaltes und der Glaubwürdigkeit von Rechnungslegungsinformationen speziell in der Zwischenberichterstattung der Unternehmen hingewiesen.

[17] Vgl. zu Zahlenangaben Abschnitt 6.2.1.1, S. 181ff.

[18] Die Einsicht, daß der deutsche Kapitalmarkt zur Stärkung seiner Finanzierungskraft und zur effizienten Kapitalallokation eines Mehr an Kontrolle und Transparenz bedarf, um im internationalen Wettbewerb um Risikokapital bestehen zu können, war der Grund für die mit dem KonTraG beschlossenen gesellschaftsrechtlichen Änderungen. Vgl. Gesetzentwurf der Bundesregierung, BR-Drucksache 872/97 vom 07.11.97, Allgemeine Begründung, S. 24ff.

gen die wissenschaftliche Auseinandersetzung mit der Qualität von Abschlußprüfungsleistungen aus kapitalmarktorientierter Sicht. Dabei ist davon auszugehen, daß am Markt unterschiedliche Prüfungsqualitäten nachgefragt und, trotz staatlicher Regulierung und gegenteiliger berufsständischer Verlautbarungen,[19] auch angeboten werden. Da der Nutzen einer höherqualitativen Prüfung von speziellen Charakteristika des zu prüfenden Unternehmens, wie etwa dem Ausmaß an Informationsasymmetrie und Interessenkonflikten zwischen Anlegern und Unternehmensverwaltungen, abhängen dürfte und weil ein positiver Zusammenhang zwischen Qualität und Kosten der Prüfung unterstellt werden kann, ist für verschiedene Unternehmen unter Kosten- und Nutzenaspekten die Wahl eines unterschiedlichen Prüfungsqualitätsniveaus optimal.

Ziel der vorliegenden Arbeit ist die Beantwortung der Frage, ob bestimmte kapitalmarktorientierte Unternehmen die Wahl einer gemeinhin vergleichsweise höher eingeschätzten Prüfungsqualität als geeignetes Mittel ansehen, um Interessenkonflikte zu mildern und Informationsasymmetrien abzubauen, die die Anleger von einer Beteiligung am Unternehmen abhalten oder die Zahlungsbereitschaft für die Aktien des Unternehmens negativ beeinflussen könnten. Auch wird der Frage nachgegangen, ob von Anlegern und Konsortialbanken unterschiedliche Qualitäten von Abschlußprüferleistungen wahrgenommen und in ihren Entscheidungen berücksichtigt werden. Wie in der Literatur üblich, wird dabei zunächst von einem positiven Zusammenhang zwischen der Größe einer WPG und der Qualität der von ihr angebotenen Prüfungsleistungen ausgegangen. Konkret wird empirisch untersucht, welche Abschlußprüfer von neu an die Börse kommenden Gesellschaften in Abhängigkeit ihrer Unternehmensspezifika gewählt werden, ob vor einem IPO häufiger Prüferwechsel festzustellen sind und in welcher Richtung solche Prüferwechsel vorgenommen werden sowie wie Kapitalmarktteilnehmer auf die Wahl bestimmter Abschlußprüfer reagieren. Der Börsengang eines Unternehmens eignet sich wegen der hohen Unsicherheit auf Seiten der Anleger über die Qualität der zuvor oftmals in der Öffentlichkeit weitgehend unbekannten Unternehmen und wegen der regelmäßig mit dem IPO einhergehenden Zunahme von Agency-Problemen besonders zur Untersuchung von Fragen, die sich auf die Einschätzung verschiedener Akteure über den Beitrag von Prüfungen unterschiedlicher Qualität zur Milderung dieser Probleme beziehen.[20]

Meines Wissens ist die vorliegende Arbeit die erste für den deutschen Markt, in der Qualitätsdifferenzen zwischen Abschlußprüferleistungen aus der Perspektive der Einschätzung durch die Akteure am Kapitalmarkt nachgegangen wird.[21] Die wenigen bisher zum Thema Prüfungsqualität in Deutschland er-

---

[19] Vgl. Wirtschaftsprüferkammer (Stellungnahme 1997), S. 101.

[20] Für die Aufzählung weiterer Gründe für die Eignung von IPO-Unternehmen vgl. Abschnitt 5.1 und Firth/Smith (Selection 1992), S. 248; Jang/Lin (Volume 1993), S. 265f.

[21] Die Bedeutung des Kapitalmarktes für Rechnungslegung und Prüfung betonen beispielsweise auch Grout et alii (Auditor 1994), S. 314: „the imperatives of the capital markets are the superverning influence on accounting practice."

schienenen empirischen Arbeiten beziehen entweder ein Qualitätsurteil, wie es von Anlegern am Aktienmarkt durch vermögenswirksame Entscheidungen abgegeben wird, nicht ein[22] oder wählen als eine grundlegend andere Konzeption die Befragung verschiedener Akteure, um so Einsichten in die Qualitätsbeurteilung von Prüfungsleistungen zu erhalten.[23]

Im folgenden Kapitel 2 wird diskutiert, ob Jahres- und Konzernabschluß sowie deren Prüfung grundsätzlich geeignet sind, Anlegern Informationen zu liefern, auf deren Basis sie effiziente Kauf- und Verkaufentscheidungen treffen und die Unternehmensverwaltungen kontrollieren können.

In Kapitel 3 wird auf Qualitätsdifferenzen zwischen den verschiedenen Prüfungsanbietern eingegangen. Dabei ist zunächst zu klären, wie Prüfungsqualität für die Zwecke dieser Arbeit am geeignetsten zu definieren ist, bevor hauptsächlich anhand seit längerem bekannter theoretischer Überlegungen begründet wird, warum auch in dieser Arbeit davon ausgegangen wird, daß zwischen der Größe einer Prüfungsgesellschaft und der Qualität der von ihr angebotenen Prüfungsleistungen ein positiver Zusammenhang besteht. Aus der knappen Darstellung der bisher für den deutschen Markt erschienenen empirischen Arbeiten zur Qualitätsdifferenzierung von Prüfungsleistungen ergibt sich nur wenig Unterstützung für die Annahme dieses Zusammenhangs.

Zur Vorbereitung des Hauptteils der Arbeit werden in Kapitel 4 die institutionellen Rahmenbedingungen eines IPO in Deutschland dargestellt.

Kapitel 5 beinhaltet die Darstellung der theoretischen Grundlagen der empirischen Analyse. Dabei werden Erkenntnisse aus der Agency- und der Signaling-Theorie nutzbar gemacht zur Herleitung von Hypothesen über die Wahl und den Wechsel des Prüfers sowie die Reaktionen der Kapitalmarktteilnehmer auf die Prüferwahl bei IPO-Unternehmen. Dabei wird auf aus der Literatur bekannte, aber in Deutschland zum Teil bisher weitgehend unbeachtet gebliebene Modellüberlegungen zurückgegriffen. Die abgeleiteten Hypothesen werden in Kapitel 6 empirischen Tests unterzogen, wobei alle IPO deutscher Gesellschaften aus den Jahren 1990 bis 1999 in die Analyse eingehen. Im Rahmen der empirischen Untersuchung wird auch eine Analyse des Marktes für Abschlußprüfungen bei AG in Deutschland präsentiert, die neben der Vermittlung eines Eindrucks der Verhältnisse im Markt für Abschlußprüfungsleistun-

[22] Vgl. Lenz (Wahl 1993).

[23] Vgl. Marten (Qualität 1999). Diese auf Befragungen basierenden Arbeiten kranken grundsätzlich daran, den möglicherweise – auch bei einer anonymen Befragung – durch eigene Interessen der Befragten verzerrten Antworten vertrauen zu müssen, die für die Befragten konsequenzlos bleiben, während objektiv beobachtbare Marktgrößen durch die Entscheidungen der Anleger – und bei IPO der Alteigentümer – am Kapitalmarkt zustande kommen, die mit dem Einsatz von Kapital hinterlegt sind. Voraussetzung für eine Befragung, die auch auf unternehmensexterne Nachfrager nach Prüfungsleistungen ausgelegt ist, ist eine vernünftige Generierung der zu stellenden Fragen. Vgl. Marten (Qualität 1999), S. 189, 217f. Für eine insgesamt sinnvoller angelegte Studie vgl. beispielsweise Warming-Rasmussen/Jensen (Quality 1998).

gen auch als Grundlage zur Bestimmung einer Kontrollgruppe von Unternehmen dient, die nicht börsennotiert sind und im Untersuchungszeitraum kein IPO durchgeführt haben.

Eine Zusammenfassung der Ergebnisse und ein knapper Ausblick, der auch Überlegungen zu sinnvollen Forschungskonzeptionen für die Zukunft enthält, schließen die Arbeit ab.

2 Funktionen von Rechnungslegung und Prüfung bei Publikumsgesellschaften

Die Aufbringung von Kapital zur Finanzierung großer Investitionsprojekte vollzieht sich in modernen Volkswirtschaften oftmals über die durch die Beteiligung vieler Aktionäre mit jeweils relativ geringer Beteiligungsquote charakterisierten Publikumsgesellschaften.[24] Diese Form der Organisation zur Realisierung von Projekten, die die Finanzierungskraft eines oder weniger Investoren übersteigen, bietet für die Anleger neben der Handelbarkeit der standardisierten kleinen Unternehmensanteile hauptsächlich den Vorteil der Möglichkeit zur Risikodiversifikation.[25] Auf der anderen Seite treten bei dieser Organisationsform die aus der Trennung von Eigentum und Verfügungsmacht über dieses Eigentum resultierenden Probleme auf: Die aufgrund ihrer Spezialisierungsvorteile mit der Verfügungsgewalt über das Eigentum betrauten Manager setzen dieses nicht notwendigerweise im Interesse der Eigentümer ein.[26] Dabei ist zu erwarten, daß das Ausmaß der Handlungsspielräume für die Manager abhängt von der Struktur der Verteilung der Eigentumsrechte: Ein breit gestreuter Aktienbesitz ohne Eigentümer, deren Unternehmensanteil eine Größe erreicht, die Investitionen in eigene Kontrollaktivitäten des Managements sinnvoll erscheinen läßt, verschafft dem Management weitere Spielräume für eigennütziges Handeln als die Existenz eines oder mehrerer Aktionäre mit bedeutenden Anteilen.[27] Interessenkonflikte sind ferner zu erwarten zwischen Groß- und Streubesitzaktionären, wenn erstere über Möglichkeiten verfügen, sich zu Lasten der Kleinaktionäre Vorteile zu verschaffen.[28]

Unter dem Stichwort Corporate Governance wird nach Wegen und Mitteln gesucht, unter deren Zuhilfenahme Investoren den Erhalt einer Rendite auf ihr investiertes Kapital sicherstellen können.[29] Als eine Institution zur Corporate Governance hat sich die Prüfung der jährlichen Rechenschaftslegung des Managements durch einen von den Eigentümern ausgewählten Prüfer seit langer

[24] Zu Vor- und Nachteilen der Organisationsform „Publikumsgesellschaft" vgl. Renner (Publikums-Aktiengesellschaft 1999), zusammenfassend S. 1-4 mit weiteren Nachweisen.

[25] Daneben sind Spezialisierungsvorteile der Manager, geringere Koordinationskosten im Innenverhältnis der Unternehmung und wegen der Handelbarkeit der Anteile niedrigere Kapitalkosten als Vorteile zu nennen. Vgl. hierzu Picot/Michaelis (Verteilung 1984), S. 256; Ridder-Aab (Eigentumsrechte 1980), S. 71f.; Spremann (Wirtschaft 1996), S. 673ff.

[26] Diese Problematik ist bereits bei Adam Smith (Wealth 1776), S. 123 (Book 5, Chapter 1, Part 3, Article 1), angesprochen. Vgl. auch Ewert (Wirtschaftsprüfung 1999), S. 507; Schanz (Unternehmensverfassungen 1983), S. 262-264.

[27] Vgl. Shleifer/Vishny (Survey 1997), S. 741, 753.

[28] Vgl. Shleifer/Vishny (Survey 1997), S. 758-761.

[29] Vgl. Shleifer/Vishny (Survey 1997), S. 737. Zur aktuellen Diskussion um die Verbesserung des Systems der Corporate Governance vgl. Short et alii (Corporate 1999) und für Deutschland beispielsweise Grundsatzkommission Corporate Governance (Corporate 2000).

Zeit etabliert.[30] Glaubwürdige Informationen über die wirtschaftliche Lage des Unternehmens in der Rechnungslegung sind unabdingbare Voraussetzung zur Durchsetzung der Eignerinteressen gegenüber den Managern[31] und für effiziente Entscheidungen der Anleger. Institutionen zum Schutz der individuellen Rechte der Anleger dienen darüberhinaus dem Funktionsschutz des Kapitalmarktes und damit der sozialen Wohlfahrtssteigerung durch eine Erhöhung der Allokationseffizienz von Realkapital in einer Volkswirtschaft.[32]

In diesem Kapitel werden zunächst die potentiell auftretenden eigenfinanzierungsbedingten Interessenkonflikte[33] sowie die Qualitätsunsicherheit, der sich Anleger beim Kauf von Unternehmensanteilen gegenübersehen, knapp beschrieben, bevor die Eignung der real existierenden Rechnungslegung zur Versorgung der Anleger mit entscheidungsrelevanten Informationen und zur Milderung der Agency-Probleme beleuchtet wird.[34] Auf den Beitrag, den der Abschlußprüfer durch seine Prüfung zur Glaubwürdigkeit der Rechnungslegungsinformationen leistet, wird zum Ende dieses Kapitels eingegangen.[35]

2.1 Interessenkonflikte in der Publikumsgesellschaft

2.1.1 Interessenkonflikte zwischen Anlegern und Management

Bei Publikumsgesellschaften wird regelmäßig einem angestellten Manager das Recht übertragen, im Namen der Eigentümer das Koordinationsrecht auszuüben. Mit der Berufung eines spezialisierten Managers durch die Eigentü-

---

[30] Vgl. zur Entwicklung der Prüfung in Deutschland Quick (Entstehungsgeschichte 1990); Meisel (Ursprünge 1993); Brönner (Geschichte 1992). Zur Entwicklung im internationalen Kontext vgl. Watts/Zimmerman (Agency 1983), S. 616ff., und Wallace (Role 1980), Kapitel 2, die auch zeigen, daß die Nachfrage nach Prüfungen unabhängig von einem staatlichen Zwang zur Prüfung existiert. Für bis in die Antike zurückreichende Beispiele für die Existenz von Prüfungen Brönner (Geschichte 1992), S. 664f.; Edwards (history 1989), S. 8-105.

[31] Vgl. Fox (Disclosure 1998), S. 704ff.

[32] Vgl. Levitt (Importance 1998), S. 81f.; Ostrowski (Offenlegung 1999), S. 24f. mit Verweisen, insbesondere auf Schmidt (Rechnungslegung 1982); Wagner (Kapitalmarkt 1982); Möllers (Anlegerschutz 1997).
Shleifer/Vishny sehen vor allem im mangelhaften Schutz von Minderheitsaktionären den Grund für unterentwickelte Kapitalmärkte. Vgl. Shleifer/Vishny (Survey 1997), S. 760f.; auch Wenger/ Hecker/Knoesel (Minderheitenschutz 1997), S. 93-97, 133f. Zu einem empirischen Vergleich unter verschiedenen Volkswirtschaften hinsichtlich des Zusammenhangs zwischen dem Schutz von Anlegerinteressen und der Finanzierungskraft der Kapitalmärkte vgl. La Porta et alii (Legal 1997).

[33] Fremdfinanzierungsbedingte Agency-Probleme, also Interessenkonflikte zwischen Eignern und Managern auf der einen und Fremdkapitalgebern auf der anderen Seite, spielen im Verlauf dieser Arbeit nur am Rande eine Rolle und bleiben deshalb – abgesehen von der Diskussion des im HGB vorherrschenden Gläubigerschutzgedankens – im folgenden weitgehend unberücksichtigt.

[34] Vgl. zur grundlegenden Einordnung der Rechnungslegung in die Organisationstheorie Jensen (Organization 1983), S. 323f.

[35] Aus der Hauptfunktion der Prüfung, die Erfüllung der Rechnungslegungsinformationen sicherzustellen (vgl. Ruhnke (Normierung 2000), S. 19ff.), erklärt sich die vergleichsweise ausführliche Darstellung der Rechnungslegungszwecke, bevor auf die Abschlußprüfung an sich eingegangen wird.

mer wird eine sog. Agency-Beziehung[36] und damit das Problem der hier relevanten Interessenkonflikte begründet. Aus der Delegation des Koordinationsrechts entsteht ein Zielkonflikt zwischen Agent und Pinzipal, die beide im Eigeninteresse handeln, also opportunistische Ziele verfolgen.[37] Der Manager verfügt über einen diskretionären Handlunsgspielraum über das Gesellschaftsvermögen, da beim Prinzipal Informationsdefizite über das tatsächliche Verhalten des Agenten vorliegen[38] oder dem Agenten aufgrund unvollständiger Verträge Handlungsspielräume erwachsen.[39] Diese Handlungsspielräume kann der Agent zur Aneignung nicht vertraglich vereinbarter pekuniärer Vorteile, zum Konsum nicht pekuniärer Vorteile, zu mangelhaftem Arbeitseinsatz sowie zur Realisierung eines nicht im Interesse der Eigentümer liegenden Investitionsprogramms nutzen.[40]

Pekuniäre Vorteile auf Kosten der Prinzipale erzielt ein Agent durch den Transfer von Gesellschafts- in sein Privatvermögen ohne entsprechende Gegenleistung. Neben der plumpen Aneignung von Gesellschaftsgeldern und -gegenständen fallen darunter subtilere Formen wie beispielsweise das Abwickeln von Geschäften zwischen der Gesellschaft und eines im Privateigentum des Managers stehenden Unternehmens zu für die Gesellschaft unvorteilhaften Konditionen.[41] Zu den nicht pekuniären Vorteilen zählen der Konsum persönlicher Vergünstigungen auf Gesellschaftskosten, wie die Verwirklichung von Projekten, die lediglich der Steigerung des persönlichen Status´ des Managers in der Öffentlichkeit dienen, die Nutzung von Unternehmensflugzeugen oder imposanter Bürobauten.[42] Unter mangelhaftem Arbeitseinsatz ist nicht nur die starke Ausdehnung der Freizeitaktivitäten auf Kosten von Arbeitszeit und -qualität einzuordnen; schwerwiegendere negative Auswirkungen dürfte das Festhalten nicht bzw. nicht mehr ausreichend qualifizierter Manager an ih-

---

[36] Eine Agency-Beziehung läßt sich definieren „as a contract under which one or more persons (the prinipal(s)) engage another person (the agent) to perfom some service on their behalf which involves delegating some decision making authority to the agent." Jensen/Meckling (Theory 1976), S. 308.

[37] Agency-Probleme entstehen durch die Diskrepanz zwischen Entscheidungskompetenz und Haftung für die Folgen der getroffenen Entscheidungen: Während Entscheidungen von den Agenten getroffen werden, wirken sie sich auch auf die Vermögensposition der Prinzipale aus.

[38] Vgl. statt vieler Wenger/Terberger (Beziehung 1988); Spremann (Information 1990). Spezialisierungsvorteile des Managers sind ein Grund für die Prinzipale, ihn mit der Verwaltung ihres Gesellschaftsvermögens zu betrauen. Informationsvorteile des Agenten sind die logische Konsequenz daraus.

[39] Vgl. Fama/Jensen (Separation 1983), S. 304; Klein (Contracting 1983); Hart (Corporate 1995), S. 679f.

[40] Vgl. Lenz (Wahl 1993), S. 114-123; Swoboda (Kapitalmarkt 1987), S. 53f.

[41] Für Beispiele vgl. Shleifer/Vishny (Survey 1997), S. 742. Auch die Etablierung offensichtlich nicht anreizkompatibler Stock-option-Programme, die aufgrund verschiedener institutioneller Schwächen im System der Unternehmenskontrolle auf der Hauptversammlung vom Management durchgesetzt werden können, kann als weiteres Beispiel für die Bereicherung des Managements auf Kosten der Aktionäre angesehen werden. Vgl. Wenger/Kaserer (Banks 1998), S. 511-522.

[42] Für Beispiele vgl. Jensen/Meckling (Theory 1976), S. 312f.; Milgrom/Roberts (Economics 1992), S. 492ff., und die bei Shleifer/Vishny (Survey 1997), S. 742 angegebene Literatur.

ren mit hoher Bezahlung und Prestige verbundenen Positionen sein.[43] Während in diesem Fall der Manager suboptimale Investitionsentscheidungen aufgrund seiner mangelhaften Kompetenz trifft, existieren auch für einen qualifizierten Manager Anreize, Investitionen mit negativem Kapitalwert (Überinvestitionsproblem)[44], die von ihm zur Diversifizierung der Geschäftsaktivitäten und damit zur Sicherung seines Arbeitsplatzes getätigt werden, durchzuführen sowie hochriskante, aber im Erwartungswert hochprofitable Investitionsprojekte zu vermeiden (Unterinvestitionsproblem).[45] Das Überinvestitionsproblem tritt verstärkt dann auf, wenn Manager über hohe Beträge von free cash flows verfügen können.[46]

Die Handlungsspielräume des Managements sind umso größer, je schwächer der Einfluß der Eigentümer auf die Kontrolle der Manager ist. Die Anreize des Managements zu einem den Interessen der Eigentümer entgegengesetzten Verhalten steigen mit sinkendem Aktienbesitz der Manager an ihrem Unternehmen.[47] Hinsichtlich der modernen Publikumsgesellschaft ist „weniger das Trennungsphänomen (Fremdorganschaft) an sich, sondern vielmehr der bei der Publikums-AG sehr hohe Grad der ‚Verdünnung' der Eigentumsrechte (breite Streuung) jener Aspekt, der für die entstehenden diskretionären managerialen Freiräume bestimmend ist."[48] Bereits 1932 stellten Berle/Means (1932) eine mit der zunehmenden wirtschaftlichen Entwicklung und der Streuung von Eigentumsrechten einhergehende Tendenz zur Trennung von Eigentum und Kontrolle in den USA fest.[49] Erklären läßt sich dies damit, daß für einen Kleinaktionär der ihm zufließende Nutzen von Kontrollaktivitäten regelmäßig kleiner ist als die damit verbundenen Informations- und Kontrollkosten.[50] Zusätzlich stellen Organisationskosten der Kleinaktionäre zur Bündelung ihrer Interessen eine Hürde zur effizienten Kontrolle des Managements dar.[51] Als Konsequenz können „Topmanager in das von den Aktionären hinterlassene Machtvakuum einrücken."[52] In Abhängigkeit von den gesetzlichen Möglichkeiten für Kleinaktionäre, ihre Rechte gegenüber den Managern gerichtlich durchzusetzen, gewinnen marktseitige Reaktionen auf das Agency-Problem wie das Entstehen großer Aktionäre mit entsprechender Kontrollmacht an Be-

---

[43] Vgl. Shleifer/Vishny (Survey 1997), S. 742f. mit Verweis auf Jensen/Ruback (control 1983).
[44] Vgl. Jensen (Free 1986), S. 323, 327; Milgrom/Roberts (Economics 1992), S. 181; Bühner (Trennung 1984), S. 812ff.
[45] Vgl. Lenz (Wahl 1993), S. 122f. mit weiteren Nachweisen.
[46] Vgl. Jensen (Free 1986); Shleifer/Vishny (Survey 1997), S. 746f.; empirisch mit Erweiterungen auch Subramaniam/Daley (Free 2000).
[47] Vgl. Jensen/Meckling (Theory 1976), S. 313.
[48] Brandl (Rechnungslegungsnormen 1987), S. 238.
[49] Vgl. Berle/Means (Corporation 1932), zusammenfassend S. 66, 112.
[50] Vgl. Ridder-Aab (Eigentumsrechte 1980), S. 81; Picot/Michaelis (Verteilung 1984), S. 259.
[51] Vgl. Picot/Kaulmann (Großunternehmen 1985), S. 958.
[52] Schreyögg/Steinmann (Trennung 1981), S. 535.

deutung.[53] Allerdings sind mit der Existenz von Großaktionären die im folgenden Abschnitt erwähnten Nachteile für die Streubesitzaktionäre verbunden.

2.1.2 Interessenkonflikte zwischen Streubesitz- und Großaktionären

Großaktionäre und die von ihnen eingesetzten Manager verfügen über ähnliche wie die im vorangegangenen Abschnitt aufgezählten Möglichkeiten, sich auf Kosten der Streubesitzaktionäre zu bereichern. Bei mangelhaftem gesetzlichen Minderheitenschutz sind Kleinaktionäre gerade durch verschiedene Transaktionen zwischen Großaktionär und Gesellschaft einem hohen Ausbeutungsrisiko ausgesetzt. Der in Kontinentaleuropa unterentwickelte Minderheitenschutz brachte das European Corporate Governance Network in seinem Bericht an die Europäische Kommission zu der Erkenntnis: „The problem of corporate governance in the United States – ´Strong Managers, Weak Owners´ – is not the corporate governance problem for most companies in continental Europe. Europe´s problem is a problem of ´Strong Blockholders, Weak Owners´."[54] Konkrete und in der Realität zu beobachtende Beispiele für Schädigungen der Streubesitzaktionäre zu Gunsten von Großaktionären sind der Verkauf von produzierten Gütern und Dienstleistungen und von Teilen des Gesellschaftsvermögens zu einem unter dem Marktwert liegenden Preis an den Großaktionär, der Verkauf oder die Einbringung überbewerteter Vermögensgegenstände an bzw. in die Gesellschaft, zu hohe Gehälter, die sich der geschäftsführende Großaktionär selbst zugesteht, Aktienrückkäufe von Großaktionären zu Preisen über dem Marktwert[55] oder die Gewährung von Aktien mit Stimmrechtsvorteilen ohne Aufpreis gegenüber normalen Aktien.[56] Im deutschen Konzernrecht sind trotz des jüngsten Urteils des Bundesverfassungsgerichts zur Berücksichtigung des Börsenkurses als Untergrenze bei der Entschädigung von Minderheitsaktionären[57] die Möglichkeiten zur Schädigung von Minderheitsaktionären im Vertragskonzern nicht beseitigt.[58]

Der Anreiz für den Großaktionär, free cash flows nicht an alle Aktionäre gemäß deren Kapitalbeteiligung auszuschütten, sondern nach Möglichkeiten der bevorzugten Verwendung für den Großaktionär zu suchen, steigt, je mehr die

[53] Vgl. Shleifer/Vishny (Survey 1997), S. 753-757. Für Beispiele der Einflußnahme großer Aktionäre zur Unternehmenskontrolle vgl. Servaes/Zenner (Ownership 1994), S. 190-192. Ein starker Einfluß großer Kreditgeber wie etwa Banken zur Kontrolle des Managements ist als Alternative zur Kontrolle durch Großaktionäre zu erwähnen. Auch wenn ihr gerade in Deutschland große Bedeutung zukommt, spielt sie für den Fortgang dieser Arbeit nur eine untergeordnete Rolle.
[54] Becht (Strong 1997), S. 4.
[55] Vgl. Dann/DeAngelo (Repurchases 1983).
[56] Vgl. Bergström/Rydqvist (Ownership 1990), S. 255-259. Banken als Großaktionäre können Vorteile durch die Vereinbarung höherer Zinsen auf Kredite an die Gesellschaft mit den von ihnen abhängigen Managern erzielen. Vgl. Shleifer/Vishny (Survey 1997), S. 759f. mit weiteren Nachweisen.
[57] Vgl. Bundesverfassungsgericht, Beschluß vom 27.4.1999 – 1 BvR 1613/94 (abgedruckt in: Betriebs-Berater 1999, S. 1778-1782).
[58] Vgl. Hecker/Wenger (Schutz 1995); Wenger/Hecker/Knoesel (Minderheitenschutz 1997).

Stellung der Großaktionäre auf dem Fundament von Aktien mit Stimmrechtsvorteilen aufgebaut ist.[59] Paketzuschläge beim Verkauf von Kontrollmehrheiten und höhere Preise für Stamm- gegenüber stimmrechtslosen Vorzugsaktien lassen sich durch von Großaktionären realisierbare Vorteile erklären.[60]

Handelt es sich bei den Großaktionären ihrerseits um Publikumsgesellschaften, gewinnen die im vorangegangenen Abschnitt beschriebenen Agency-Probleme zwischen Managern und Eignern besonders dann große Bedeutung, wenn sich Manager beispielsweise durch Überkreuzverflechtungen gegenseitig kontrollieren. Die starke Stellung der von angestellten Managern geleiteten Banken in Deutschland kann in diesem Zusammenhang ebenfalls als für Streubesitzaktionäre problematisch eingeschätzt werden.[61]

2.1.3 Agency-Kosten und Mittel zu ihrer Begrenzung

Die aufgezeigten Schädigungsmöglichkeiten werden rationale Anleger veranlassen, sich nur dann an einer Gesellschaft zu beteiligen, wenn sie im Gegenzug zumindest grundsätzlich die Möglichkeit haben, die Verwendung der von ihnen investierten Mittel zu kontrollieren.[62] In Abhängigkeit von der Schwere der verbleibenden und der potentiell in der Zukunft neu entstehenden Agency-Probleme werden sie weniger für eine Beteiligung an einer Gesellschaft zu bezahlen bereit sein als sie dies wären, wenn – wie in einer neoklassischen Modellwelt – keine Agency-Probleme existieren. Die Anleger sind somit idealerweise „price protected".[63] Der Verkäufer der Beteiligung hat somit Kosten in Form eines geringeren Verkaufserlöses zu tragen. Im Fall eines IPO ist der Verkäufer der Beteiligung oftmals mit dem Management der Gesellschaft identisch oder hat starken Einfluß auf dieses. Für diesen Alteigentümer ist es rational, so weit Maßnahmen zur Milderung der Agency-Probleme zu ergreifen, bis die Grenzkosten für diese Maßnahmen den Grenzmehrerlös beim Verkauf der Unternehmensanteile erreichen. Geeignete Aktivitäten lassen sich unter den Begriffen „monitoring" und „bonding" zusammenfassen.[64]

---

[59] Vgl. Bergström/Rydqvist (Ownership 1990), S. 255-258; Shleifer/Vishny (Survey 1997), S. 758f.

[60] Vgl. Zingales (Value 1994), der einen Zusammenhang zwischen schwachem Minderheitenschutz und hohen Prämien für Stimmrechtsaktien gegenüber Aktien ohne Stimmrecht zeigt. Vgl. auch die Arbeiten von Barclay/Holderness (Benefits 1989) und Barclay/Holderness (Large-Block 1992).

[61] Vgl. Wenger/Kaserer (German 1998), S. 50ff.

[62] Vgl. Shleifer/Vishny (Survey 1997), S. 750.

[63] Vgl. Watts/Zimmerman (Positive 1986), S. 179ff., hier S. 183. Wenn Rechnungslegung ein geeignetes Instrument zum Schutz der Anleger ist, macht diese Argumentation auch klar, „daß Rechnungslegung auch ohne staatliche Vorschriften zustande kommt". Hax (Rahmenbedingungen 1988), S. 198f.

[64] Vgl. Jensen/Meckling (Theory 1976), S. 323-326, 338f. mit entsprechenden Beispielen. Zur Einordnung der Abschlußprüfung in diese beiden Kategorien vgl. Arruñada (Quality 1999), S. 4.

Schwieriger stellt sich die Situation bei seit langem börsennotierten Publikumsgesellschaften dar. Ein Anleger, der seine Aktien verkauft, hat nur einen vernachlässigbar geringen Einfluß auf die Schwere der in der Gesellschaft existierenden Agency-Probleme zwischen Eignern und Managern. Dem Manager fehlt der direkte Anreiz zu marktwertmaximierendem Verhalten.[65] In diesem Fall bedarf es Mechanismen, mit denen die Aktionäre das Management zum Handeln im Interesse der Anleger, d.h. zur Maximierung des Marktwertes des Unternehmens, veranlassen können. In der Literatur werden neben dem gesetzlichen Anlegerschutz, der in den meisten entwickelten Volkswirtschaften eine Treuepflicht des Managements gegenüber der Gesellschaft und ihren Aktionären gewährleisten soll,[66] verschiedene marktliche Regelungen diskutiert. Dazu zählen der Druck vom Produktmarkt,[67] der Arbeitsmarkt für Manager, der den Aufbau und Erhalt von Reputation auf Seiten der Manager nahelegt,[68] der takeover-Mechanismus,[69] eine an Erfolgsgrößen orientierte Entlohnung[70] bzw. die Ausgabe von stock options an Manager oder die Beteiligung der Manager am Kapital[71].

Sowohl als Informationsgrundlage zur Kontrolle der Tätigkeit des Managements und der daraus entstandenen Ergebnisse als auch für das Funktionieren der Anreizsysteme kommt der Rechnungslegung zunächst eine Dokumentationsfunktion zu. Entlohnungsverträge, deren Berechnungsgrundlagen Rechnungslegungsgrößen sind,[72] und – bei Annahme eines grundsätzlichen Einflusses ausgewiesener Rechnungslegungsergebnisse auf den Marktwert – indirekt alle auf dem Marktwert der Gesellschaft basierenden Anreizsysteme[73] verlangen nach glaubwürdigen Rechnungslegungsdaten.[74] Verletzungen der vertraglich zugesicherten Rechte der Aktionäre bedürfen zu ihrer gerichtlichen

---

[65] Vgl. Ewert (Wirtschaftsprüfung 1990), S. 27. Der fehlende direkte Anreiz für Manager, Maßnahmen zur Milderung der Agency-Probleme zu ergreifen, dürfte ein Grund dafür sein, daß die Verknüpfung von Prüferwahl und Agency-Kosten sich „intuitiv und eher vage vollzieht." Ewert (Wirtschaftsprüfung 1990), S. 37. Vgl. auch Francis/Wilson (Changes 1988), S. 666. Aufgrund der häufig vorliegenden Beteiligung des Managements an IPO-Unternehmen ist dieses Problem für die vorliegende Arbeit von untergeordneter Bedeutung.

[66] Vgl. Shleifer/Vishny (Survey 1997), S. 743, 750-753.

[67] Vgl. Shleifer/Vishny (Survey 1997), S. 738.

[68] Vgl. Fama (Agency 1980), S. 292ff.; Shleifer/Vishny (Survey 1997), S. 749.

[69] Vgl. Manne (Mergers 1965); Shleifer/Vishny (Survey 1997), S. 756f. Kritisch dazu Schneider (Unternehmenskontrolle 1992), S. 45ff.; Busse von Colbe (Unternehmenskontrolle 1994), S. 39, stellt zurecht fest, daß ein "Austritt aus der Gesellschaft ... für den Kleinäktionär nur dann eine sinnvolle Alternative [ist], wenn er seine Aktien vor dem Kursrückgang verkauft."

[70] Vgl. Weets/Jegers (Demand 1998), S. 4f.

[71] Vgl. Jensen/Murphy (Incentives 1990), S. 232ff.; Winter (Optionspläne 2000), S. 34ff.; vgl. auch Wenger/Knoll (Management-Anreize 1999).

[72] Vgl. Lenz (Wahl 1993), S. 150ff.

[73] Im einzelnen ist dabei an eine Beteiligung des Managements am Unternehmen, an das Management ausgegebene stock options, den takeover-Mechanismus und zumindest teilweise auch an die Reputation der Manager zu denken.

[74] „Offengelegte Unternehmensinformationen können bei skeptischen Anlegern nur dann eine Informationswirkung entfalten, wenn ihnen wenigstens in gewissem Umfang Glaubwürdigkeit attestiert werden kann." Ewert/Wagenhofer (Fundierung 2000), S. 49.

Durchsetzung einer Beweisgrundlage, für die sich oftmals Rechnungslegungsgrößen eignen.[75] Auch zur Bestimmung der Zahlungsansprüche der Aktionäre ist eine geeignete Datengrundlage notwendig. Inwiefern Rechnungslegung sich als Instrument zum Abbau von Informationsasymmetrie eignet und tatsächlich Entscheidungs- und Kontrollrelevanz für die Anleger besitzt, soll in Abschnitt 2.4 diskutiert werden.

2.2 Qualitätsunsicherheit beim Aktienkauf

Neben den Agency-Problemen, deren Schwere der Anleger bei einer Aktienkaufentscheidung durch eine reduzierte Zahlungsbereitschaft mitberücksichtigen wird, hat der Anleger die Qualitätsunsicherheit über das Unternehmen, an dem er einen Anteil zu erwerben plant, zu beachten.[76] Der Anleger kennt weder die zukünftig aus der Unternehmensbeteiligung an ihn fließenden Zahlungen, noch kennt er die Unsicherheit, mit der der Eintritt dieser Zahlungen behaftet ist. Während das spezifische Unternehmensrisiko durch den Anleger wegdiversifiziert werden kann, ist in der Literatur umstritten, ob das sog. Schätzrisiko ebenfalls durch das Halten eines diversifizierten Portfolios zum Verschwinden gebracht werden kann.[77] Unter dem Schätzrisiko versteht man das Risiko, daß sich Anleger hinsichtlich der Höhe und Risikostruktur der zukünftigen Zahlungen, also beispielsweise Erwartungswert und Standardabweichung des Marktwertes einer Gesellschaft, irren.[78] Ein hohes Schätzrisiko führt zu einer Einschätzung dieser Unternehmen als vergleichsweise riskantere Gesellschaften.[79] Von der Beteiligung an einem Unternehmen, über das nur wenige und qualitativ minderwertige Informationen verfügbar sind, verlangt ein Anleger eine höhere Rendite.[80] In Kategorien des CAPM ausgedrückt kann gezeigt werden, daß Anleger von hohem Schätzrisiko geprägten Gesellschaften ein höheres systematisches Risiko zuordnen.[81] Wenn man von einer zumindest nicht vollständigen Diversifizierbarkeit des Schätzrisikos ausgeht,[82] kommt glaubwürdigen Informationen über das Unternehmen zur Reduzierung des Schätzrisikos Bedeutung zu.[83] Dies gilt besonders für IPO-Unternehmen:

---

[75] Zur Notwendigkeit des gesetzlichen Schutzes des zwischen Agenten und Prinzipalen abgeschlossenen Vertrages vgl. Shleifer/Vishny (Survey 1997), S. 750-753, 769.

[76] Myers/Majluf (Corporate 1984) begründen, warum Anleger bei Kapitalerhöhungen mit tendenziell für sie ungünstigen Konditionen zu rechnen haben. Vgl. zu den Überlegungen von Myers/Majluf auch Schildbach (Jahresabschluß 1986), S. 79ff.

[77] Vgl. Ewert/Wagenhofer (Fundierung 2000), S. 38f.; Barry/Brown (information 1986), S. 66f.

[78] Vgl. Ewert/Wagenhofer (Fundierung 2000), S. 38; Handa/Linn (Estimation 1993), S. 81f.

[79] Vgl. Clarkson/Thompson (Estimation 1990), S. 431.

[80] Vgl. Elliott/Jacobson (Disclosure 1994), S. 81f.; Marston (Differences 1996), S. 832f; Gerke/Bank (Finanzierungsprobleme 1999), S. 15f.

[81] Vgl. Handa/Linn (Estimation 1993), S. 82; Clarkson/Guedes/Thompson (Diversification 1996), S. 69, 71f.

[82] Unterstützung für diese Annahme findet sich beispielsweise bei Clarkson/Guedes/Thompson (Diversification 1996), besonders S. 79, 83. Vgl. auch die Literaturangaben in Fußnote 431.

[83] Neben der Qualität der Informationen kann auch die Verteilung der Informationen unter den Anlegern für das Ausmaß des Schätzrisikos verantwortlich sein. Vgl. Marston (Differences 1996),

„This information risk problem is most acute in the valuation of closely held corporations and venture capital projects because of the absence of market pricing."[84] Ob Rechnungslegungsdaten grundsätzlich entscheidungsrelevante Informationen liefern, ist im folgenden näher zu beleuchten. Sollte dem so sein, hat die Glaubwürdigkeit der Rechnungslegungsinformationen großen Einfluß auf das Ausmaß des Schätzrisikos.

Bevor die Funktionen von Rechnungslegung und Prüfung diskutiert werden, folgt im folgenden Abschnitt zunächst eine knappe Darstellung der für börsennotierte Gesellschaften in Deutschland geltenden Rechnungslegungsvorschriften.

2.3 Rechnungslegungsvorschriften für börsennotierte Gesellschaften[85]

Die handelsrechtliche Rechnungslegung besteht bei Kapitalgesellschaften aus dem Jahresabschluß und dem Lagebericht. Der Jahresabschluß umfaßt Bilanz, Gewinn- und Verlustrechnung und Anhang. Kleine Kapitalgesellschaften sind von der Aufstellung eines Lageberichtes befreit.[86] Kapitalgesellschaften, die Mutterunternehmen eines Konzerns sind, haben einen Konzernabschluß und einen Konzernlagebericht aufzustellen.[87] Konzernmütter sind von dieser Pflicht befreit, sofern sie die in § 293 HGB festgelegten Größenkriterien erfüllen. Der Konzernabschluß umfaßt Konzernbilanz, Konzerngewinn- und -verlustrechnung und Konzernanhang. Bei börsennotierten Konzernmüttern hat der Konzernanhang eine Kapitalflußrechnung und eine Segmentberichterstattung zu enthalten.[88] Sofern sie einen Konzernabschluß und -lagebericht nach

---

S. 831-833; auch Merton (Information 1987), S. 485f., 488ff.; Amihud/Mendelson (Effects 1989), S. 479ff.

[84] Lam (Information 1992), S. 93.

[85] In diesem Abschnitt werden die am Ende des Untersuchungszeitraumes der empirischen Untersuchung 1999 geltenden Regelungen beschrieben. Auf Änderungen einzelner Vorschriften während des Untersuchungszeitraumes von 1990 bis 1999 wird grundsätzlich nicht eingegangen.

[86] §§ 242, 264 Abs. 1 HGB.

[87] § 290 Abs. 1 HGB.

[88] § 297 Abs. 1 HGB. Als börsennotierte AG sind hier auf jeden Fall diejenigen anzusehen, deren Aktien im Amtlichen Handel und im Geregelten Markt notiert sind. Vgl. die Gesetzesbegründung (Deutscher Bundestag, Drucksache 13/10038 vom 04.03.98), in der auf die Definition in § 3 Abs. 2 AktG verwiesen wird. Vgl. dazu Geßler (Aktiengesetz 2001), § 3, Rn. 1a. Die Einordnung der im Neuen Markt notierten Gesellschaften ist strittig. Geßler vertritt in seiner oben genannten Kommentierung wie auch andere Juristen (vgl. Ledermann in: Schäfer (Wertpapierhandelsgesetz 1999), Vor § 71, Rn. 4a) die Meinung, daß am Neuen Markt notierte Gesellschaften nicht unter die börsennotierten Gesellschaften im Sinne von § 3 Abs. 2 AktG fallen. Demgegenüber steht die Meinung des gemeinhin als „Erfinder" des Neuen Marktes titulierten Reto Francioni, „daß alle Vorschriften, die der Gesetzgeber für den Geregelten Markt festgelegt hat, auch für Unternehmen des Neuen Marktes gelten." Francioni/Gutschlag (Neue Markt 1998), S. 33. Gleicher Meinung Förschle/Helmschrott (Neue Markt 1997), S. 189; Ostrowski (Offenlegung 1999), S. 26. Im folgenden wird unterstellt, daß die im Neuen Markt notierten Unternehmen zu den „börsennotierten" zählen. Diese Vorgehensweise ist auch deshalb unproblematisch, weil die im Regelwerk Neuer Markt vorgeschriebenen Publizitätsregeln größtenteils über die gesetzlichen Anforderungen hinausgingen.

IAS oder US-GAAP aufstellen, sind börsennotierte Konzernmütter von der Pflicht zur Aufstellung eines Konzernabschlusses und -lageberichtes nach HGB befreit.[89] Im Lagebericht wie im Konzernlagebericht ist auf die Risiken der künftigen Entwicklung einzugehen.[90] Sowohl der Jahres- als auch der Konzernabschluß sowie die Lageberichte sind von großen Kapitalgesellschaften im Bundesanzeiger zu veröffentlichen. Für mittelgroße und kleine Gesellschaften gilt lediglich die Registerpublizität.[91]

Mit Ausnahme der im Freiverkehr gehandelten Aktiengesellschaften gelten alle AG, deren Aktien oder andere von ihnen ausgegebenen Wertpapiere an einer Börse gehandelt werden, unabhängig von der Höhe ihrer Bilanzsumme, ihrer Umsatzerlöse und der Arbeitnehmerzahl als große Kapitalgesellschaften.[92] Demnach unterliegen bis auf kleine im Freiverkehr gehandelte AG alle börsengehandelten AG der Pflicht zur Aufstellung und Prüfung von Jahresabschluß und Lagebericht. Eine analoge Regelung für Konzerne besagt, daß alle amtlich gehandelten, im Geregelten und Neuen Markt notierten Werte unabhängig von den Größenkriterien des § 293 HGB zur Aufstellung eines Konzernabschlusses verpflichtet sind.[93] Unter den börsengehandelten AG sind von der Pflicht zur Veröffentlichung im Bundesanzeiger lediglich mittelgroße und kleine im Freiverkehr gehandelte AG ausgenommen.

Für neu an die Börse kommende AG gelten umfangreiche Informationspflichten, die im Verkaufsprospektgesetz, dem Börsengesetz bzw. der Börsenzulassungsverordnung und in von den einzelnen Börsen erlassenen Regelungen festgelegt sind. In den §§ 13 - 47 BörsZulVO iVm § 38 BörsG sind zur Zulassung von Wertpapieren zum **Amtlichen Handel** Inhalt und Veröffentlichung des Börsenzulassungsprospektes geregelt, der nach § 5 VerkProspG gleichzeitig als Verkaufsprospekt gilt. „Wichtigster Teil des Prospekts"[94] sind die Konzern- und Einzelabschlüsse der letzten drei Geschäftsjahre.[95] Falls der Bilanzstichtag des letzten im Prospekt enthaltenen Jahresabschlusses mehr als neun Monate zurückliegt, ist der Prospekt um eine Zwischenübersicht zu ergänzen, die das erste Halbjahr des laufenden Geschäftsjahres umfaßt.[96] Neben den Abschlüssen sind auch Bewegungsbilanzen bzw. Kapitalflußrechnungen, die die letzten drei Jahre abdecken, anzugeben.[97] Für den Inhalt des Prospektes gilt nach § 13 Abs. 1 Satz 1 BörsZulVO, daß er „über die tatsächlichen und rechtlichen Verhältnisse, die für die Beurteilung der zuzulassenden Wertpapiere wesentlich sind, Auskunft geben und richtig und vollständig" zu sein hat. Diese Formulierung ist der Generalnorm des „true and fair view" des

---

[89] § 292a HGB.
[90] §§ 289 Abs. 1, 315 Abs. 1 HGB.
[91] § 325 HGB.
[92] § 267 Abs. 3 HGB. Vgl. auch Fußnote 88.
[93] § 293 Abs. 5 HGB.
[94] Schwark (Börsengesetz 1994), § 38 Rn. 17.
[95] §§ 20-22, 26 BörsZulVO.
[96] § 22 Abs. 2 BörsZulVO.
[97] § 23 Abs. 2 BörsZulVO.

§ 264 Abs. 2 HGB zwar ähnlich, verzichtet allerdings auf die Einschränkung in § 264 Abs. 2 Satz 1, wonach die Beachtung der GoB Vorrang vor dem Prinzip des „true and fair view“ hat. Daraus läßt sich schlußfolgern, daß im Prospekt zusätzliche Angaben notwendig sind, „wenn ein den GoB entsprechender Jahresabschluß nebst Anhang kein zutreffendes Bild der Vermögens-, Finanz- und Ertragslage zeichnet“.[98] § 30 Abs. 1 BörsZulVO verlangt die Angabe der Abschlußprüfer, „welche die Jahresabschlüsse der letzten drei Geschäftsjahre des Emittenten nach Maßgabe der gesetzlichen Vorschriften geprüft haben“. Aus der Formulierung „nach Maßgabe der gesetzlichen Vorschriften“ folgt, daß von Unternehmen im Zuge des IPO nicht verlangt wird, eine Prüfung der im Prospekt anzugebenden Abschlüsse vornehmen zu lassen, wenn die Gesellschaft in diesen Jahren nicht zur Prüfung verpflichtet war.[99] Haben IPO-Unternehmen freiwillig andere Angaben im Prospekt, wie z.B. Zwischenabschlüsse, prüfen lassen, ist darauf im Prospekt hinzuweisen.[100] Nach § 9 Abs. 1 VerkProspG ist der Prospekt mindestens einen Werktag vor dem öffentlichen Angebot der Wertpapiere zu veröffentlichen.[101]

Die bei einer Einführung von Wertpapieren zum Handel im **Geregelten Markt** geltenden Regelungen wurden durch das Dritte Finanzmarktförderungsgesetz erleichtert.[102] So verlangt das BörsG vom Emittenten jetzt neben der wenig konkreten Verpflichtung zu Angaben über den Emittenten und die Wertpapiere, die dem Publikum ein zutreffendes Urteil ermöglichen sollen, nur noch, daß der Unternehmensbericht mindestens die Angaben zu enthalten hat, „die für einen Verkaufsprospekt nach einer auf Grund des § 7 Abs. 2 und 3 des Verkaufsprospektgesetzes erlassenen Rechtsverordnung erforderlich sind“.[103] Damit sind der letzte offengelegte Jahresabschluß, dessen Stichtag höchstens 18 Monate vor der Aufstellung des Prospekts liegen darf, bzw. ein Konzernabschluß sowie eine eventuell zwischenzeitlich veröffentlichte Zwischenübersicht im Unternehmensbericht anzugeben.[104] Eine Ausnahme gilt für erst kürzlich gegründete Unternehmen, die noch keinen Jahresabschluß offengelegt ha-

---

[98] Schwark (Börsengesetz 1994), § 38 Rn. 9. Vgl. auch § 36 Abs. 3 Satz 2 BörsG. Anderer Meinung Paskert (Wertpapieremissionen 1991), S. 45.
Streim (Generalnorm 1994), S. 395, kritisiert die Unbestimmtheit der Generalnorm, die einen Nachweis oder die Sanktionierung von Verstößen gegen sie kaum zuläßt. Insofern ist der materielle Gehalt der Generalnorm stark eingeschränkt.

[99] Allerdings haben seit 1999 kleine AG dem Bundesaufsichtsamt für den Wertpapierhandel gegenüber die Erfüllung der in § 267 Abs. 1 HGB genannten Größenkriterien für eine kleine Kapitalgesellschaft nachzuweisen. Vgl. Groß (Kapitalmarktrecht 2000), §§ 1-15 VerkProspVO, Rn. 10.

[100] Vgl. § 30 Abs. 2 BörsZulVO; Groß (Kapitalmarktrecht 2000), §§ 13-32 BörsZulVO, Rn. 21.

[101] Vgl. Groß (Kapitalmarktrecht 2000), § 9 VerkProspG, Rn. 3ff. Beim Bookbuilding-Verfahren ist der Prospekt einen Tag vor dem Beginn der Frist zur Abgabe von Geboten der Anleger zu veröffentlichen. § 43 Abs. 1 BörsZulVO schreibt die Veröffentlichung des Börsenzulassungsprospektes mindestens einen Werktag vor der Einführung der Wertpapiere in den Börsenhandel vor. Verkaufsprospekt und Börsenzulassungsprospekt müssen grundsätzlich inhaltlich identisch sein. Vgl. Groß (Kapitalmarktrecht 2000), § 43 BörsZulVO, Rn. 1, § 5 VerkProspG, Rn. 5ff.

[102] Vgl. Groß (Kapitalmarktrecht 2000), § 73 BörsG, Rn. 1ff.; für die alten Regelungen vgl. Schwark (Börsengesetz 1994), § 73.

[103] § 73 Abs. 1 Nr. 2 BörsG.

[104] § 8 VerkProspVO.

ben.[105] Weiterhin kann der genaue Umfang des Inhalts des Unternehmensberichtes in der Börsenordnung geregelt werden.[106] In der BörsO für die Frankfurter Wertpapierbörse beispielsweise wird hinsichtlich des Jahresabschlusses lediglich auf die gesetzliche Regelung, also die Verkaufsprospekt-Verordnung, verwiesen.[107] Die Verkaufsprospekt-Verordnung verlangt in § 9 die Angabe des Abschlußprüfers, der den letzten Jahresabschluß „nach Maßgabe der gesetzlichen Vorschriften geprüft" hat.[108] Analog zum Amtlichen Handel gilt somit auch für den Geregelten Markt, daß eine Abschlußprüfung im Rahmen des IPO für nicht nach anderen Gesetzen dazu verpflichtete Gesellschaften nicht gefordert wird.

Die Zulassung von Aktien zum Handel am **Neuen Markt** setzte eine Zulassung zum Geregelten Markt voraus.[109] Somit galten die im letzten Abschnitt genannten Regelungen auch für Unternehmen, deren Aktien am Neuen Markt notiert werden sollten. Der „Emissionsprospekt für den Neuen Markt umfaßt zugleich den Unternehmensbericht" für den Geregelten Markt.[110] Allerdings hatte die Deutsche Börse AG auf privatrechtlicher Basis zusätzliche Zugangsvoraussetzungen für den Neuen Markt festgesetzt.[111] Für alle Angaben im Emissionsprospekt galt die „true and fair view"-Regel, wie sie analog in § 13 Abs. 1 Satz 1 BörsZulVO für den Börsenzulassungsprospekt des Amtlichen Handels normiert ist.[112] Für die Zulassung im Neuen Markt waren Einzel- und Konzernabschlüsse der letzten drei Geschäftsjahre im Emissionsprospekt abzudrucken.[113] Diese Abschlüsse hatten grundsätzlich auch internationalen Rechnungslegungsnormen (IAS oder US-GAAP) zu entsprechen. Ein Zwischenabschluß, dessen Stichtag nicht länger als drei Monate zurückliegen durfte und der den Vorschriften für Quartalsberichte für im Neuen Markt notierte Unternehmen zu entsprechen hatte, war in den Prospekt aufzunehmen, wenn der Stichtag des letzten Abschlusses im Prospekt mehr als vier Monate zurücklag. Wie im Amtlichen Handel waren in den Prospekt für den Neuen Markt Bewegungsbilanzen bzw. Kapitalflußrechnungen aufzunehmen.[114] Analog zu den Regelungen für den Amtlichen Handel wurden von den in den Neuen Markt kommenden Unternehmen Angaben über Abschlußprüfer und Abschlußprüfungen der letzten drei Geschäftsjahre bzw. seit Bestehen des Unternehmens verlangt. Wiederum galt, daß von Unternehmen im Zuge des IPO

---

[105] § 14, Abs. 2 VerkProspVO.
[106] § 72 Abs. 2 Nr. 1 BörsG.
[107] § 59 Abs. 2 BörsO.
[108] Vgl. § 9 VerkProspVO.
[109] Vgl. Regelwerk Neuer Markt, Abschnitt 2, Abs. 2.3 Satz 1.
[110] Regelwerk Neuer Markt, Abschnitt 2, Abs. 4.
[111] Vgl. Ostrowski (Offenlegung 1999), S. 26 mit weiteren Nachweisen.
[112] Vgl. Regelwerk Neuer Markt, Abschnitt 2, § 4.1.1 Abs. 1, Satz 1.
[113] Bestand das Unternehmen weniger als drei Jahre, waren die Abschlüsse seit Bestehen der Gesellschaft in den Prospekt aufzunehmen. Bestand die Gesellschaft lediglich als Aktiengesellschaft weniger als drei Jahre, waren Pro-forma-Abschlüsse anzugeben. Vgl. Regelwerk Neuer Markt, Abschnitt 2, Abs. 4.1.8 (3).
[114] Vgl. Regelwerk Neuer Markt, Abschnitt 2, Abs. 4.1.8 – 4.1.10, 4.1.13.

nicht verlangt wurde, eine Prüfung der im Prospekt anzugebenden Abschlüsse vornehmen zu lassen, wenn die Gesellschaft in diesen Jahren nicht anderweitig zur Prüfung verpflichtet war. Hatten IPO-Unternehmen freiwillig andere Angaben im Prospekt prüfen lassen, war darauf im Prospekt hinzuweisen.[115]

Bei der Aufnahme des Handels von Aktien im **Freiverkehr** gelten grundsätzlich die Regelungen des VerkProspG.[116] Börsengesetzliche Vorschriften über Voraussetzungen der Handelsaufnahme existieren nicht. Diese Regelungen sind den einzelnen Börsen überlassen. So schreibt die Frankfurter Wertpapierbörse in ihren Richtlinien für den Freiverkehr lediglich vor, daß ein Exposé vorzulegen ist, „das eine zutreffende Beurteilung des Emittenten ermöglicht."[117] Durch die Schaffung neuer Marktsegmente innerhalb des Freiverkehrs, wie z.B. dem Prädikatsmarkt an der Bayerischen Börse in München, kommt es zu sehr verschiedenen Zulassungsanforderungen innerhalb des Freiverkehrs.[118]

Aus der Existenz der gesetzlichen Vorschriften läßt sich ableiten, daß der Gesetzgeber Rechnungslegungsinformationen im Rahmen eines IPO grundsätzlich Relevanz für die Entscheidung der Anleger über die Zeichnung einer Aktie zumißt. Die periodische Pflicht für die börsennotierten Gesellschaften zur Rechnungslegung deutet darauf hin, daß der Gesetzgeber den Rechnungslegungsinformationen u.a. einen Nutzen zur Unternehmenskontrolle durch die Eigentümer zubilligt.

2.4 Funktionen der Rechnungslegung

Der externen Rechnungslegung werden neben der Dokumentationsfunktion grundsätzlich eine Informations- und eine Einkommensbemessungsfunktion zugedacht;[119] die Einkommensmessung gibt den Spielraum vor für die Ergebnisverwendung, beispielsweise für Gewinnausschüttungen.[120] Über die Gewichtung dieser Funktionen und die inhaltliche Ausgestaltung der Informati-

[115] Vgl. Regelwerk Neuer Markt, Abschnitt 2, Abs. 4.1.17.
[116] Vgl. Meyding (Zweifelsfragen 1993), S. 422. Freiverkehrswerte unterliegen nach neuer Regelung der grundsätzlichen Prospektpflicht. Zu den einzelnen Regelungen vgl. die oben für den Geregelten Markt gemachten Ausführungen.
[117] Gruppe Deutsche Börse, Richtlinien für den Freiverkehr an der Frankfurter Wertpapierbörse, § 5 Abs. 2.
[118] Vgl. Bayerische Börse, Richtlinien für den Freiverkehr an der Bayerischen Börse, §§ 8ff. Vgl. auch Fußnote 329.
[119] Auf die Darstellung konzeptioneller Unterschiede in der Funktion von Einzel- und Konzernabschluß wird im folgenden verzichtet. Grundsätzlich kommt dem Konzernabschluß nur eine Informationsfunktion zu. Die Einkommensbemessungsfunktion des Einzelabschlusses wirkt sich über einschlägige Bilanzierungsregeln indirekt auch auf den Konzernabschluß aus. Vgl. Coenenberg (Jahresabschluß 2000), S. 502f., 530ff.
[120] Vgl. Coenenberg (Jahresabschluß 2000), S. 34-38; Schneider (Rechnungswesen 1994), S. 126ff.

onsfunktion herrscht in der Literatur allerdings Uneinigkeit.[121] Der deutsche Gesetzgeber hat es im Gegensatz zu den angelsächsischen Standardsettern unterlassen, für Klarheit über den Hauptzweck der externen Rechnungslegung zu sorgen. So betont etwa das amerikanische Financial Accounting Standards Board (FASB) als Hauptzweck der Rechnungslegung die Bereitstellung von entscheidungsrelevanten Informationen. Als Adressaten werden die Kapitalgeber benannt: „Financial reporting should provide information that is useful to present and potential investors and creditors and other users in making rational investment, credit, and similar decisions."[122]

Zur Bestimmung der Hauptadressaten der Rechnungslegung in Deutschland wird gemeinhin mit Verweis auf das gesetzliche Vorsichtsprinzip argumentiert. Aus diesem lasse sich die Absicht des Gesetzgebers erkennen, daß die Gläubiger als Hauptadressaten des Abschlusses zu gelten haben. Daraus ergibt sich als primärer Zweck des Jahresabschlusses „die Ermittlung eines unbedenklich ausschüttbaren Vermögenszuwachses."[123] Wie oben angesprochen, gelten auch in den USA Gläubiger als Adressaten der Rechnungslegung. Doch werden die Interessen der Gläubiger nicht durch eine dem deutschen Vorsichtsprinzip entsprechende Regel bedient. Vielmehr werden Gläubiger „als zu rationaler Entscheidung befähigte Akteure behandelt, die nicht so sehr an den verborgenen Finanzpolstern abgelagerter Erträge, sondern wie die Eigenkapitalgeber primär an möglichst präziser Information über den finanziellen Zustand des Unternehmens interessiert sind."[124] Gläubiger sind auch dann durch die bilanzielle Ausschüttungssperre vor einer Übervorteilung durch die Eigner geschützt, wenn keine stillen Reserven gebildet werden können, die in den Umfang des ausschüttungsgesperrten Unternehmensvermögens einbezogen sind. Dagegen haben stille Reserven auch für Gläubiger den Nachteil, durch deren stille Auflösung über eine Verschlechterung der Bonität von Schuldnern getäuscht werden zu können. Finanzgläubiger schützen sich in den USA durch umfangreiche Verträge mit den Schuldnern. Kübler (1995) vermutet, daß dies zunehmend auch für Deutschland gilt.[125] Da also auch das Vorsichtsprinzip und die in ihm angelegte Bildung stiller Reserven nicht im Interesse rationaler Gläubiger nach entscheidungsrelevanten Informationen sind, bleibt der primäre Adressat und, aus dessen Interessen abgeleitet, der

[121] Vgl. Coenenberg (Jahresabschluß 2000), S. 37f., mit Verweis auf Baetge (Rechnungslegungszwecke 1976) und Moxter (Bilanzlehre 1984) als Beispiele für Autoren, die über die Gewichtung der Funktionen gegensätzliche Meinungen vertreten. Vgl. auch Streim (Vermittlung 2000), S. 113.

[122] FASB, Statement of Financial Accounting Concepts No. 1 (abgedruckt in: FASB: Original Pronouncements, 2000/2001 Edition, Vol. III, S. 1005). Auch das IASC stellt die Generierung entscheidungsrelevanter Informationen als Ziel der nach IAS aufgestellten Abschlüsse in den Mittelpunkt: "The objective of general purpose financial statements is to provide information about the financial position, performance and cash flows of an enterprise that is useful to a wide range of users in making economic decisions. Financial statements also show the results of management´s stewardship of the resources entrusted to it." IAS 1 (revised 1997), Abs. 5.

[123] Moxter (Bilanzlehre 1984), S. 158.

[124] Kübler (Vorsichtsprinzip 1995), S. 365; vgl. auch Böcking (Verhältnis 1998), S. 21f.

[125] Vgl. Kübler (Kapitalmarkttransparenz 1995), S. 559.

Hauptzweck der Rechnungslegung nach HGB verborgen. Möglicherweise ist zur Erklärung des Vorsichtsprinzips auf Überlegungen der Neuen Politischen Ökonomie, speziell auf die Einflußnahme von Interessengruppen auf die Gesetzgebung, zurückzugreifen; aufgrund komparativer Organisations- und Einflußvorteile könnten die zur Rechnungslegung Verpflichteten erreicht haben, daß der Managerschutz zum vorherrschenden Zweck der handelsrechtlichen Rechnungslegung geworden ist.[126]

Auch wenn die Überlegungen an dieser Stelle unvollständig und pointiert sind, so zeigen sie doch, daß nicht ohne weiteres davon ausgegangen werden kann, daß die im Mittelpunkt dieser Arbeit stehenden aktuellen und potentiellen Aktionäre als Adressaten des externen Rechnungswesens anzusehen sind. Die Interessen der Aktionäre als Residualanspruchsberechtigte sind gerichtet auf „die Maximierung eines Entnahmestroms für Konsumzwecke."[127] Als Zielgröße aktueller und potentieller Aktionäre kann aus dem Ziel der Konsumstromoptimierung die Maximierung der aus einer Unternehmensbeteiligung zu erhaltenden Rendite abgeleitet werden.[128] Aus diesem Grund haben vor allem Anteilseigner ein Interesse an Informationen, die ihnen zum einen für Investitions- und Desinvestitionsentscheidungen nützlich sind, zum anderen die Kontrolle des Managements ermöglichen.[129] Die Informationsfunktion i.w. S. weist zwei Ausprägungen auf: zum einen die zukunftsgerichtete „planungs- oder entscheidungsorientierte Informationsfunktion", zum anderen eine „kontrollorientierte Informationsfunktion".[130] Im folgenden wird die erstgenannte Ausprägung auch als Informationsfunktion bezeichnet, die zweitgenannte als Rechenschaftsfunktion.

Das Ziel der Einkommensbemessungsfunktion kann im Widerspruch zur Erfüllung der Anforderungen der Investoren an die Informations- und Rechenschaftsfunktion der Rechnungslegung stehen.[131] Deshalb ist im folgenden der

---

[126] Vgl. Wenger (Anreizstrukturen 1996), insbesondere S. 422, 434-442; auch Busse von Colbe (Unternehmenskontrolle 1994), S. 40; Ordelheide (Ökonomie 1998), S. 10f.

[127] Wagner (Lehren 1993), S. 3.

[128] Coenenberg (Jahresabschluß 2000), S. 1076.

[129] Vgl. Busse von Colbe (Informationsinstrument 1993), S. 13f. Vgl. auch – aus gesamtwirtschaftlicher Sicht – Hax (Rahmenbedingungen 1988), S. 193.

[130] Schulte (Aktienkursentwicklung 1996), S. 69.

[131] Vgl. Coenenberg (Jahresabschluß 2000), S. 37. Zum Verhältnis zwischen Einkommensbemessungs- und Informationsfunktion existieren in der Literatur unterschiedliche Auffassungen: Nach der Definition von Schneider (Rechnungswesen 1994), S. 131, ist die Informationsfunktion i.w.S. beschränkt auf „Wissensverbreitung über finanzielle Sachverhalte einer Unternehmung ... an Außenstehende ..., die über die Erfüllung der Einkommensbemessungsfunktion hinausreich[t]". Für andere Autoren ist die Einkommensbemessungsfunktion als Teil der Rechenschaftsfunktion anzusehen. Vgl. Schulte (Aktienkursentwicklung 1996), S. 68f. mit Verweis auf Busse von Colbe (Informationsinstrument 1993), S. 14f. und Hartmann-Wendels (Rechnungslegung 1991), S. 11ff. Die Einkommensbemessungsfunktion spielt nach dieser Auffassung als Grundlage der Entscheidung über die Ausschüttung an die Anteilseigener für das Verhältnis zwischen Aktionären und Management sowie Minderheits- und Mehrheitsaktionären eine Rolle, die sie als prädestiniert zur Rechenschaftslegung erscheinen läßt. Vgl. Streim (Grundzüge 1988), S. 21. Gerade für Minderheitsaktionäre ist die Einkommensbemessungsfunktion des Jahresabschlusses von

Frage nachzugehen, ob die Rechnungslegung nach HGB, aber auch die in den letzten Jahren stark in ihrer Bedeutung für den deutschen Kapitalmarkt gewachsene Rechnungslegung nach US-GAAP oder nach IAS[132] zumindest grundsätzlich als nützlich für Entscheidungen und die Kontrolle durch die Anleger angesehen werden kann. Als Zielträger des Jahresabschlusses seien im folgenden lediglich aktuelle und potentielle Anteilseigner betrachtet. Die Berücksichtigung anderer Unternehmensbeteiligter wie Gläubiger, Arbeitnehmer, Lieferanten, Abnehmer und Staat spielt für den Fortgang der Arbeit eine untergeordnete Rolle und unterbleibt deshalb.

Interesse, um eine Mindestausschüttung sicherzustellen. Vgl. Coenenberg (Jahresabschluß 2000), S. 33, 1076. Grundsätzlich könnte durch die an die Einkommensbemessung anknüpfende Gewinnverwendungskompetenz der Aktionäre Kontrolle dadurch ausgeübt werden, daß das Management gezwungen ist, durch geeignetes Verhalten um eine Thesaurierung des Gewinns im Unternehmen werben zu müssen. Vgl. Lenz (Wahl 1993), S. 156-170; Wenger (Managementanreize 1987), S. 219ff. Auch kann die sich aus der Einkommensmessung ergebende Gewinngröße als „Indikator der wirtschaftlichen Entwicklung des Unternehmens" und somit als Element der Informationsfunktion des Abschlusses angesehen werden. Coenenberg (Jahresabschluß 2000), S. 1119. Vgl. hierzu auch Streim (Vermittlung 2000), S. 120ff., der sich u.a. kritisch mit den in den letzten Jahren zu einiger Beachtung gelangten Überlegungen von Ohlson (Earnings 1995) zur Eignung des Jahresüberschusses zur Ermittlung des Unternehmenswertes auseinandersetzt. In der vorliegenden Arbeit wird der Auffassung gefolgt, wonach die Einkommensbemessung grundsätzlich auch nützlich für Informations- und Rechenschaftszwecke sein kann. Die Einkommensbemessungsfunktion wird deshalb im folgenden nicht separat diskutiert.
Ein möglicherweise bestehender Konflikt zwischen Informations- und Einkommensbemessungsfunktion ließe sich auflösen, wenn man Gläubiger, die durch die Ermittlung eines maximal ausschüttbaren Gewinns geschützt werden sollen, als rationale Akteure ansieht, die eines durch informationsfeindliche Gewinnermittlungsregeln scheinbar ausgeweiteten Schutzes nicht bedürfen bzw. solche Regeln auch als ihre Interessen schädigende Bestimmungen ansehen. Vgl. Busse von Colbe (Informationsinstrument 1993), S. 14f.; Emmrich (Reform 1999), S. 243-245; Kübler (Vorsichtsprinzip 1995), S. 365. Busse von Colbe vertritt an anderer Stelle die Meinung, daß der Konflikt sich dadurch begründe, daß es gerade einer zum Zweck der Ausschüttungsbemessung der Objektivität verpflichteten Rechnungslegung, die Wahlrechte und Ermessensspielräume weitgehend einschränkt, an Relevanz für Anlageentscheidungen mangle, da das Management nicht durch die Ausübung bestimmter Wahlrechte seine Erwartungen über die künftige Entwicklung des Unternehmens signalisieren könne. Vgl. Busse von Colbe (Unternehmenskontrolle 1994), S. 44ff., hier S. 48.

[132] Im folgenden wird nicht auf Unterschiede zwischen den Rechnungslegungsnormen nach HGB, US-GAAP und IAS eingegangen. Teilweise restriktivere Bilanzierungs- und Bewertungsvorschriften und eine umfangreichere Publizität bei IAS und US-GAAP (vgl. Ewert/Wagenhofer (Fundierung 2000), S. 35, 37) führen grundsätzlich nicht zu stark abweichenden Schlußfolgerungen hinsichtlich der Nützlichkeit der Rechnungslegungsinformationen für die Anleger. Als Überblick über US-GAAP und IAS sowie konzeptionelle Unterschiede zur Rechnungslegung nach HGB vgl. Coenenberg (Jahresabschluß 2000), S. 70-91; Emmrich (Reform 1999), S. 77-101; Pellens (Internationale 1999). In diesem Zusammenhang ist auf die von Arthur Levitt, dem Chairman der SEC, angestoßene Debatte um die „erosion in... the quality of financial reporting" hinzuweisen. Vgl. Levitt (Numbers 1998). Zu den zahlreichen Möglichkeiten des „Gewinn-Managements" für US-amerikanische Manager im Rahmen der US-GAAP vgl. Vorwold (Gewinn-Management 1999).

2.4.1 Entscheidungsorientierte Informationsfunktion

Unter Informationen sollen Signale oder Indikatoren verstanden werden, „die einen – im allgemeinen unvollständigen – Rückschluß auf den wahren Zustand der Umwelt ermöglichen."[133] Daraus folgt, daß die Signale in einer bestimmten Weise mit den Umweltzuständen verknüpft sein müssen. Für Entscheidungen sind Informationen dann nützlich, wenn ein Entscheider durch sie vor Festlegung seiner Handlung genauere Kenntnisse über zukünftige Ereignisse gewinnen kann.[134] Die Rechnungslegung kann als Informationssystem gesehen werden, „das Signale sendet, die einen Einblick verschaffen in Determinanten oder Eigenschaften von Zielgrößen der Rechnungslegungsempfänger."[135] Für Anleger besitzen Rechnungslegungsinformationen dann bei Vernachlässigung der für Erstellung und Informationsverarbeitung anfallenden Kosten einen positiven Informationswert, d.h., sie sind entscheidungsrelevant, „wenn sich die (aus der Sicht ex ante) nach Signaleingang optimale Aktion gegenüber der ohne Signaleingang (bei Verzicht auf die Nutzung des Informationssystems) optimalen Aktion für mindestens ein Signal unterscheidet."[136] Rechnungslegungssignale besitzen also Informationswert, wenn sie „durch Erwartungsänderungen der individuellen Entscheidungsverbesserung und damit letztlich der Steigerung der Wohlfahrt eines einzelnen Rechnungslegungsadressaten dienen".[137] In dieser Arbeit ist dabei zuerst an die Entscheidung über die Zeichnung von in einem IPO angebotenen Aktien zu denken.

Für die vorliegende Arbeit ist zunächst die Frage von Bedeutung: „Welchen Informationsgehalt besitzt der derzeitige Jahresabschluß als Instrument der öffentlichen Rechnungslegung?"[138] Konkret ist zu klären, ob aktuelle und potentielle Anleger aus der Rechnungslegung Informationen gewinnen, die sie zur Prognose der Höhe, der zeitlichen Struktur und der Unsicherheit der zukünftigen an sie fließenden Zahlungen[139] aus einer Aktienanlage verwenden können, mittels derer sie also den Unternehmenswert einschätzen und eine relative Beurteilung der Investitionsmöglichkeiten untereinander vornehmen können, um auf dieser Basis optimale Kauf- und Verkaufsentscheidungen zu treffen.[140]

---

[133] Hartmann-Wendels (Rechnungslegung 1991), S. 41. Vgl. auch Spremann (Reduktion 1987), S. 341f.
[134] Vgl. Hartmann-Wendels (Rechnungslegung 1991), S. 41, 46.
[135] Ballwieser (Informationsökonomie 1985), S. 24.
[136] Ballwieser (Informationsökonomie 1985), S. 26.
[137] Ballwieser (Informationsökonomie 1985), S. 23.
[138] Coenenberg (Jahresabschluß 2000), S. 1119.
[139] Vgl. Fisher (Interest 1930), S. 71.
[140] Vgl. Coenenberg (Jahresabschluß 2000), S. 1076; Streim (Lagebericht 1995), S. 717f.

Der Informationsnutzen des Jahresabschlusses wird in der Literatur häufig in Frage gestellt, weil

a) sich die Informationen auf vergangene Sachverhalte beziehen und ihnen deshalb eine Prognoseeignung fehle,

b) sich durch zahlreiche Wahlrechte und Darstellungsmöglichkeiten keine einheitliche Gestaltung des Jahresabschlusses und damit keine eindeutige Darstellung für den Rechnungslegungsempfänger ergebe sowie sich für die Marktbewertung von Unternehmen relevante Größen häufig nicht in der Rechnungslegung finden,

c) die Informationen des Abschlusses zu spät bekannt werden und die Anleger über andere Quellen längst die Abschlußinformationen erhalten haben und

d) bei Gültigkeit von Informationseffizienz zumindest in ihrer halbstrengen Form Rechnungslegungsinformationen für den individuellen Anleger ohnehin nutzlos sind.[141]

Ad a) Grundsätzlich beziehen sich Abschlußdaten auf eine vergangene Periode. Eine Extrapolierung der Entwicklung mehrerer vergangener Jahre auf die Zukunft erscheint wegen „der zunehmenden Marktdynamik und des sich ständig ändernden Unternehmensumfeldes" problematisch.[142] Ballwieser (1987) sieht zwar die Möglichkeit, Bilanzierungsregeln so auszugestalten, daß sie „explorations- also prognosefähige Ausschüttungen" angeben. Allerdings sei gerade das Vorsichtsprinzip „informationsfeindlich und der Extrapolationsfähigkeit von Gewinnziffern abträglich".[143] Vereinzelt wird in der Literatur auch die Meinung vertreten, daß Jahresabschlußinformationen Prognosebezug aufwiesen, weil sich Wertansätze im Jahresabschluß an zukünftigen Ein- und Auszahlungen, die mit Investitionen verbunden sind, orientieren.[144] Gemäß dieser Argumentation erzeugt beispielsweise das Niederstwertprinzip Wertansätze, die „als bestimmte Argumente der Wahrscheinlichkeitsfunktion des Barwertes des Einzahlungsüberschusses aus der Investition" angesehen werden können.[145] Gerade dadurch, daß dieser Wertansatz tendenziell Risiken stark übergewichtet und Chancen bzw. schon realisierbare Wertsteigerungen außer Acht läßt, eignet er sich meiner Meinung nach für Anleger wenig, um daraus Informationen über den zukünftigen Erfolg einer Unternehmung zu gewinnen.

Den Mangel an Prognoseeignung des Abschlusses behebt auch nicht der begleitende Lagebericht. Zwar soll dieser laut Gesetz auf „die voraussichtliche

---

[141] Vgl. Ballwieser (Informationsversorgung 1987), S. 164ff.
[142] Coenenberg (Jahresabschluß 2000), S. 877. Vgl. auch Ordelheide (Theorie 1988), S. 277f.
[143] Ballwieser (Informationsversorgung 1987), S. 167f.
[144] Vgl. Ordelheide (Theorie 1988), S. 281.
[145] Ordelheide (Theorie 1988), S. 280.

Entwicklung der Kapitalgesellschaft" eingehen.[146] Eine empirische Untersuchung für das Jahr 1992 zeigt allerdings, daß über die zukünftige Ertragslage gerade 161 der untersuchten 285 börsennotierten Industrie-Aktiengesellschaften des verarbeitenden Gewerbes im Lagebericht eine Angabe machten. Über 98% dieser Angaben beinhalten bestenfalls komparative Aussagen (nächstes Jahr wird sich der Jahresüberschuß erhöhen/vermindern). Gerade drei unter den 285 untersuchten Unternehmen machten Punkt- bzw. Intervall-Aussagen hinsichtlich der Entwicklung der Ertragslage (nächstes Jahr wird das Ergebnis um 5% bzw. zwischen 5% und 8% zulegen).[147] Der Grund für dieses Ergebnis könnte die zu allgemein gehaltene Gesetzesformulierung sein, der bisher weder in der Literatur noch in der Praxis große Beachtung geschenkt wurde.[148]

Nach Schneider (1994) sind zur Prognose zukünftiger Ereignisse Hypothesen notwendig, in die Informationen über vergangene bis gegenwärtige Sachverhalte als Anfangsbedingungen eingesetzt werden.[149] Rechnungslegungsinformationen können in diesem Sinne als Anfangsbedingungen gedeutet werden, auf deren Basis durch bestimmte Hypothesen sich Prognosen beispielsweise über den zukünftigen Erfolg einer Gesellschaft bilden lassen.[150] Für Prognosen müssen demnach zum einen geeignete Hypothesen vorliegen, zum anderen muß der Jahresabschluß Tatsachenwissen in Form „eindeutige[r] Nachrichten über vergangene bis gegenwärtige Sachverhalte" bereitstellen.[151] Begründete Hypothesen konnten von der Wissenschaft bisher noch nicht expliziert werden;[152] allerdings lassen sich in der Realität eine ganze Reihe von Heuristiken, beispielsweise in Form von Kennzahlen, nachweisen, die von Praktikern zur Erwartungsbildung über die zukünftige Entwicklung eines Unternehmens eingesetzt werden.

Bisher bleibt festzuhalten: Auch wenn Abschlußinformationen an sich kein entscheidungsrelevantes, zukunftsbezogenes Wissen bieten, das Prognosekraft besitzt, können sie doch Anfangsbedingungen darstellen, „die beim Empfänger der Rechnungslegung aufgrund seiner Kenntnis von (bzw. Vermutungen über) Finanzierungshypothesen das Deduzieren von Erwartungen über Zielbeiträge erlauben".[153]

---

[146] § 289 Abs. 2 Satz 2 HGB. Zur Ergänzung des Lageberichts um einen Risikobericht durch das KonTraG vgl. Möllers (Kapitalmarkttauglichkeit 1999), S. 435, 437. Vgl. auch Lange (Lagebericht 1999).
[147] Vgl. Sorg (Publizitätspraxis 1994), S. 1964-1967. Die Ergebnisse weiterer empirischer Untersuchungen sind bei Streim (Lagebericht 1995), S. 713-715, aufgezählt.
[148] Vgl. Streim (Lagebericht 1995).
[149] Vgl. Schneider (Rechnungswesen 1994), S. 240f.
[150] Vgl. Schneider (Rechnungswesen 1994), S. 241.
[151] Ob der Jahresabschluß Tatsachenwissen über die Ertrags-, Vermögens- und Finanzlage vermittelt, ist nach Schneider „aufgrund des gegenwärtigen Rechtsverständnisses der GoB" anzuzweifeln. Schneider (Rechnungswesen 1994), S. 240, 242.
[152] Vgl. Schneider (Rechnungswesen 1994), S. 243-246.
[153] Schneider (Rechnungswesen 1994), S. 241.

Prognoseeignung können die vergangenheitsbezogenen Rechnungslegungsinformationen auch dadurch erhalten, daß das Management die verschiedenen Möglichkeiten zur Ausübung von Wahlrechten oder zur Darstellung bestimmter Sachverhalte in der Rechnungslegung verwendet, um damit glaubhafte Signale über die zukünftige Entwicklung der Gesellschaft an die Anleger zu senden.[154]

Als Alternative zu Abschlußinformationen werden häufig Planungs-Daten, wie z.B. prospektive Kapitalflußrechnungen gefordert.[155] Anstatt des kaufmännischen Gewinns könnte der ökonomische Gewinn aus der Planungsrechnung eines Unternehmens ermittelt werden.[156] Derartige Größen geben Aufschluß über zukünftig erwartete Erfolge des Unternehmens, erfüllen also die Forderung nach Zukunftsbezogenheit.[157] Allerdings weisen so ermittelte Größen den Nachteil mangelnder Objektivierbarkeit auf.[158]

Ad b) Rechnungslegungsinformationen verlieren für den Empfänger an Wert, wenn sie der Forderung nach Wesentlichkeit und Eindeutigkeit nicht genügen. Wesentlich sind alle Rechnungslegungsinformationen, ohne die der Empfänger ein falsches Bild der Vermögens-, Finanz- und Ertragslage bekommt. In diesem Zusammenhang ist zum einen an die schon oben angesprochenen Möglichkeiten zur Bildung und Auflösung stiller Reserven zu denken, die den Informationswert der externen Rechnungslegung beeinträchtigen.[159] Streim (1995) zählt an informationsunfreundlichen Gewinnermittlungsregeln explizit genau solche auf, die gewöhnlich zur Bildung stiller Reserven führen: Verbot der Aktivierung selbsterstellter immaterieller Anlagewerte, Realisationsprinzip, Anschaffungskostenprinzip, Vorsichtsprinzip.[160] Auch das Prinzip der umgekehrten Maßgeblichkeit, wodurch die Übernahme steuerrechtlicher Abschreibungen und die Bildung von Sonderposten mit Rücklagenanteil in den Einzelabschluß erzwungen und in den Konzernabschluß erlaubt wird, beeinträchtigt die Darstellung des Unternehmens in der Rechnungslegung.[161] Zum anderen finden sich zur Bestimmung des Unternehmenswertes wichtige Aspekte nicht in den Rechnungslegungsdaten, wie z.B. Markenrechte, Forschungs- und Ent-

---

[154] Vgl. Busse von Colbe (Informationsinstrument 1993), S. 24; kritisch Streim (Lagebericht 1995), S. 715f. Vgl. auch Healy/Palepu (Disclosure 1993), S. 6.

[155] Vgl. Streim (Generalnorm 1994), S. 402; Wagner (Lehren 1993), S. 4. Streim sieht in einem Bericht über das strategische Erfolgspotential ein geeignetes Instrument zur Versorgung der Anleger mit entscheidungsnützlichen Informationen. Vgl. Streim (Vermittlung 2000), S. 129; Streim (Lagebericht 1995), S. 718ff.

[156] Vgl. Ordelheide (Theorie 1988), S. 274ff.

[157] Vgl. zur Notwendigkeit der Abkehr von Rechnungslegungsinformationen, um für die Anleger entscheidungsnützliche Informationen zu generieren, Streim (Vermittlung 2000), S. 128f.

[158] Vgl. beispielsweise Streim (Lagebericht 1995), S. 718; Ewert/Wagenhofer (Fundierung 2000), S. 45f.

[159] Vgl. Kübler (Kapitalmarkttransparenz 1995), S. 553, 563; Schildbach (Rechnungslegungsideale 1995), S. 2638f.

[160] Vgl. Streim (Lagebericht 1995), S. 705f.

[161] Vgl. Kühnberger/Schmidt (Umkehrmaßgeblichkeit 1999), S. 2602ff.; Schildbach (Rechnungslegungsideale 1995), S. 2640; Busse von Colbe (Unternehmenskontrolle 1994), S. 50.

wicklungsergebnisse.[162] Dieser Aspekt gilt vor allem für viele junge, besonders die im Hochtechnologiebereich tätigen Unternehmen.[163]

Die Eindeutigkeit der Jahresabschlußinformationen ist gefährdet, wenn der Rechenschaftslegende Wahlrechte hat und den Abschlußadressaten nicht klar ist, wie diese Spielräume genutzt wurden. Die Vorschriften des HGB beinhalten eine ganze Reihe von Ansatz-[164] und Bewertungswahlrechten[165]. Allerdings haben Kapitalgesellschaften im Anhang[166] die verwendeten Bilanzierungs- und Bewertungsmethoden anzugeben.[167] Dazu zählen Angaben über „die Ausübung von Aktivierungs- und Passivierungswahlrechten" und über die bei den einzelnen Bilanzposten angewandten Bewertungsmethoden.[168] Abweichungen vom Grundsatz der Bewertungsmethodenstetigkeit sind ebenfalls im Anhang anzugeben.[169] Eine Vielzahl von Wahlrechten besteht für die Konzernrechnungslegung.[170] Entsprechende Angaben und Begründungen sind im Konzernanhang vorzunehmen.[171]

Trotz dieser Angabepflichten können durch Wahlrechte wesentliche Informationen über das Unternehmen den Empfängern vorenthalten werden. Ein Vergleich der Ergebnisse verschiedener Gesellschaften wird durch unterschiedliche Ausnutzung der Wahlrechte erheblich erschwert bzw. verhindert. Andererseits – wie bereits unter a) angesprochen – zeigt Hartmann-Wendels, daß Wahlrechte unter bestimmten Bedingungen den Informationsgehalt, speziell die Prognoseeignung des Jahresabschlusses erhöhen können, wenn den Managern „bei der Festsetzung der bilanziellen Wertansätze freie Hand gelassen wird."[172]

Ad c) Da vom Abschlußstichtag bis zur Veröffentlichung eines Abschlusses eine gewisse Zeit vergeht, verlieren die im Abschluß enthaltenen Informationen an Aktualität. Zudem – so wird häufig argumentiert – seien die Informationen

---

[162] Lev/Zarowin (1999) sehen durch die zunehmend schnellen Veränderungen im Wirtschaftsleben gerade diese Faktoren für die Bestimmung des Unternehmenswertes als wichtiger werdend an, was zu einem Rückgang der Bedeutung der Rechnungslegungsinformationen führt. Empirisch konnten sie diesen Bedeutungsverlust durch einen in den Jahren 1978 bis 1996 schwächer werdenden Zusammenhang zwischen verschiedenen Rechnungslegungsgrößen und den Marktwerten der Unternehmen feststellen. Vgl. Lev/Zarowin (Boundaries 1999), S. 353ff.

[163] Vgl. Francis/Schipper (Relevance 1999), S. 342ff., die allerdings keine empirische Bestätigung für diese Vermutung finden konnten.

[164] Vgl. Coenenberg (Jahresabschluß 2000), S. 109f.; IDW (WP-Handbuch I 2000), F 573.

[165] Vgl. IDW (WP-Handbuch I 2000), F 577-585.

[166] Zur grundsätzlichen Frage, ob der Anhang die vom Jahresabschluß nicht geleistete Informationsfunktion ausfüllen kann, vgl. Streim (Generalnorm 1994), S. 403f.

[167] § 284 Abs. 2 Nr. 1 HGB.

[168] IDW (WP-Handbuch I 2000), F 573, 575.

[169] § 284 Abs. 2 Nr. 3, IDW (WP-Handbuch I 2000), F 575.

[170] Vgl. Jäckel/Leker (Konzernpublizität 1995), S. 297-299.

[171] Vgl. §§ 313, 314 HGB.

[172] Hartmann-Wendels (Rechnungslegung 1991), S. 269. Vgl. auch Streim (Lagebericht 1995), S. 715f.; Busse von Colbe (Unternehmenskontrolle 1994), S. 48, der auch auf die Gefahr des Mißbrauchs durch die Manager hinweist.

des Jahres- und Konzernabschlusses gehalt- und wertlos, da sie durch die Veröffentlichung von Ad-hoc-Mitteilungen, Zwischenberichten u.ä. schon vorweggenommen seien, der Jahresabschluß also lediglich ein Echo der vorweggenommenen Informationen darstelle.[173] Empirische Untersuchungen bestätigen dies.[174] Allerdings verwenden die vorweggenommenen Informationen die gleichen Ermittlungsregeln wie der Jahresabschluß. Der Jahresabschluß bindet die Informationsproduzenten auch bei der Erstellung unterjähriger Abschlüsse an die gesetzlich vorgeschriebenen Ermittlungsregelungen.[175] Die Aufdeckungswahrscheinlichkeit für manipulierte Zwischenabschlüsse erhöht sich durch die Pflicht zur Publikation des Jahresabschlusses. Dies gilt umso mehr, als Zwischenabschlüsse meist nicht geprüft sind. Aus diesem Aspekt kann dem Jahresabschluß insofern ein Informationswert zukommen, als durch die Prüfung die „Bandbreite von Erwartungen" reduziert werden kann.[176]

Zu bezweifeln ist auch, daß sämtliche Informationen des Jahresabschlusses bereits durch Zwischenberichte, Ad-hoc-Mitteilungen oder ähnliches vorweggenommen sind.[177] Zwischenberichten fehlen meist die im Anhang des Jahresabschlusses ausgewiesenen Daten, zudem sind die Zwischenberichte verschiedener Gesellschaften noch weniger miteinander vergleichbar, als dies bei Jahres- und Konzernabschlüssen der Fall ist. Durch die Anstrengungen zumindest unter den großen deutschen börsennotierten AG, den Jahresabschluß innerhalb des ersten Quartals des Folgegeschäftsjahres vorzulegen,[178] bietet er zumindest hinsichtlich der Ergebnisse des letzten Quartals des abgeschlossenen Geschäftsjahres Informationen, die nicht bereits vorweggenommen waren, weil durch den frühen Veröffentlichungstermin die Notwendigkeit zur Veröffentlichung eines entsprechenden Zwischenabschlusses entfallen ist.

Hinsichtlich der IPO-Gesellschaften ist der in diesem Abschnitt vorgetragene Einwand nicht einschlägig. Die im Prospekt enthaltenen Rechnungslegungsinformationen – gleichgültig, ob es sich um Jahres- oder unterjährige Abschlüsse handelt – sind regelmäßig nicht bereits vorher den Anlegern bekannt. Dies hängt auch damit zusammen, daß oftmals Als-ob-Abschlüsse etc. speziell zum IPO erstellt werden. Eine Möglichkeit, daß diese Informationen bereits in Kursen verarbeitet sind, besteht ebenfalls nicht.

Ad d) Herrscht am Kapitalmarkt Informationseffizienz zumindest in ihrer halbstrengen Form,[179] haben Abschlußinformationen für die Anleger keinen Wert, da alle öffentlich verfügbaren Informationen unmittelbar in den Kursen einge-

[173] Vgl. Ballwieser (Informationsversorgung 1987), S. 173.
[174] Vgl. beispielsweise Keller/Möller (Zwischenberichterstattung 1993), zusammenfassend S. 58.
[175] Dadurch erfüllt der Jahresabschluß „die Rolle der Bestätigung der im voraus gegebenen Informationen." Ewert/Wagenhofer (Fundierung 2000), S. 48.
[176] Ballwieser (Informationsversorgung 1987), S. 173.
[177] Vgl. Schulte (Aktienkursentwicklung 1996), S. 88f.
[178] Vgl. Busse von Colbe (Informationsinstrument 1993), S. 21.
[179] Vgl. zur Informationseffizienz statt vieler Fama (Efficient 1970), S. 388ff.; Schildbach (Jahresabschluß 1986), S. 10ff.

preist sind. Das Lesen von Abschlüssen lohnt sich demgemäß für einen Anleger nicht, da er durch sein Wissen keine Überrenditen erzielen kann.[180] Der Gesamtmarkt wird durch die Auswertungsaktivitäten weniger Kapitalmarktteilnehmer auf ein aktuelles Informationsniveau gebracht. Von der Wertlosigkeit der Informationen zu schließen, daß Informationen von Unternehmen nicht angeboten werden sollten, da die Vermeidung der Erstellungskosten für die Aktionäre besser sei als der Erhalt von zur Realisierung von Überrenditen nutzlosen Informationen, hieße zum einen, den Markt auf einem schlechten Informationsniveau mit den angesprochenen volkswirtschaftlichen Kosten zu belassen, und zum anderen, teure individuelle Informationsbeschaffungsmaßnahmen zu initiieren, wodurch die positiven externen Effekte des öffentlichen Gutes „Information" aufgegeben werden.[181]

Fraglich ist darüber hinaus die Gültigkeit halbstrenger Informationseffizienz.[182] Empirische Analysen zur Informationseffizienz haben mit zahlreichen methodischen Problemen zu kämpfen. Die Ergebnisse bisheriger Testversuche sind widersprüchlich.[183]

Zusammenfassend läßt sich feststellen, daß trotz der genannten Einwände den Rechnungslegungsinformationen gerade bei IPO-Unternehmen ein Informationswert für die Anleger beizumessen ist. Auch wenn Verbesserungen hinsichtlich des Informationsgehaltes von Rechnungslegungsinformationen notwendig sind,[184] bilden diese bereits aktuell eine Informationsgrundlage, die zumindest dazu beiträgt, daß Anleger „bessere" Entscheidungen über die Zeichnung einer Aktie treffen können, als dies möglich wäre, wenn diese Informationen über die Entwicklung der Gesellschaft in den vergangenen Jahren nicht verfügbar wären. Gegen die Vermutung, daß Abschlußinformationen ohne jegliche Bedeutung für die Entscheidungen von Anlegern sind, spricht auch die in der Realität festzustellende weitreichende Verbreitung von auf den Daten des Jahresabschlusses basierenden Kennzahlen wie etwa das Kurs-Gewinn-Verhältnis.[185]

---

[180] Verzichteten allerdings alle Anleger auf Informationsaktivitäten, gälte die These von der Informationseffizienz des Marktes nicht mehr. Vgl. zu diesem sog. Informationsparadoxon Grossman/Stiglitz (Impossibility 1980), S. 393, 403ff. Vgl. auch Schildbach (Jahresabschluß 1986), S. 26ff.

[181] Vgl. zu diesem Abschnitt Wagner (Kapitalmarkt 1982), S. 760ff.; Schmidt (Rechnungslegung 1982), S. 728ff.; Coenenberg (Jahresabschluß 2000), S. 1124-1126.

[182] Vgl. Böcking (Verhältnis 1998), S. 24.

[183] Vgl. Ballwieser (Informationsversorgung 1987), S. 175f.

[184] Vgl. beispielsweise Böcking/Orth (Erwartungslücke 1998), S. 355.

[185] Vgl. dazu kritisch Küting (Geschäftsbericht 1993), S. 45-48, der anhand eines Beispiels die Beeinflussung von Rechnungslegungskennzahlen durch die Ausnutzung von Wahlrechten darstellt.

Zahlreiche empirische Untersuchungen erbrachten „einen deutlichen Nachweis der grundsätzlichen Relevanz der Rechnungslegung für Entscheidungen und das Verhalten der Rechnungslegungsadressaten".[186] Diese Studien zeigten für bereits börsennotierte Gesellschaften aber auch, daß ein großer Teil der Informationen des Abschlusses bereits vor dessen Veröffentlichung über andere Wege an den Markt gelangt ist und Einfluß auf die Aktienkurse ausgeübt hatte, so daß dem Abschluß vor allem ein bestätigender Charakter zukommt.[187] Dazu passen auch die Ergebnisse neuerer empirischer Untersuchungen, die zeigen, daß Analysten und Fondsmanager den Jahresabschluß zumindest „zur Einschätzung der Glaubwürdigkeit der vom Top-Management gemachten Ausführungen zur zukünftigen Entwicklung des Unternehmens" heranziehen.[188] Bei IPO-Gesellschaften ist die Verbreitung der Abschlußinformationen vor der Veröffentlichung des Prospektes nicht von Bedeutung, da diese Informationen nicht am Markt umgesetzt werden können. Anleger bilden sich bei IPO-Unternehmen unter Zuhilfenahme der Abschlußinformationen vergangener Jahre regelmäßig erstmalig ein Urteil über das Unternehmen. Es ist gerade bei IPO-Unternehmen davon auszugehen, daß Anleger die Abschlußinformationen zur Beurteilung der Glaubwürdigkeit der im Prospekt gemachten Prognosen über die zukünftige Unternehmensentwicklung verwenden.

---

[186] Coenenberg (Jahresabschluß 2000), S. 1146. Für einen Überblick über Konzeption und Ergebnisse der angesprochenen empirischen Arbeiten vgl. statt vieler Coenenberg (Jahresabschluß 2000), S. 1124-1141. Vgl. zur aktuellen Entwicklung auch Möller/Schmidt (Aktienbewertung 1998), die in einer ex-post-Untersuchung zeigen, daß das in Fußnote 131 angesprochene Modell zur Unternehmenswertermittlung von Ohlson (Earnings 1995) einem alternativen traditionellen Modell überlegen ist.
Eine aktuelle langfristige Untersuchung aus den USA zeigt, daß sich der Zusammenhang zwischen den in der Rechnungslegung ausgewiesenen Überschüssen und der Aktienkursentwicklung nahezu unabhängig von den in verschiedenen Zeiten herrschenden Rechnungslegungsvorschriften ergibt. Vgl. Ely/Waymire (Relevance 1999). Ali/Hwang (2000) konnten Unterschiede in der Relevanz von Rechnungslegungsdaten auf die Marktwertentwicklung börsennotierter Gesellschaften in Abhängigkeit von den in verschiedenen Ländern eingesetzten Rechnungslegungssystemen feststellen: Die aus den in den angelsächsischen Ländern zum Einsatz kommenden Systemen ermittelten Rechnungslegungsgrößen erweisen sich als tendenziell relevanter als die unter kontinentaleuropäischen Normen ermittelten. Vgl. Ali/Hwang (Relevance 2000), S. 5ff.

[187] Vgl. Coenenberg (Jahresabschluß 2000), S. 1133.

[188] Streim (Vermittlung 2000), S. 122; vgl. auch Böcking (Verhältnis 1998), S. 31f.

2.4.2 Kontrollorientierte Informationsfunktion

Weniger umstritten als die Informations- ist die Rechenschaftsfunktion der Rechnungslegung.[189] „Rechnungslegung als Ausdruck der Rechenschaft ist so alt wie die Arbeitsteilung unter den Menschen. Wer anderen Aufgaben überträgt, verlangt Rechenschaft über die Ausführung seines Auftrages."[190] „Rechenschaft bedeutet Offenlegung der Verwendung anvertrauten Kapitals in dem Sinne, daß dem Informationsberechtigten ... ein so vollständiger, klarer und zutreffender Einblick in die Geschäftstätigkeit gegeben wird, daß dieser sich ein eigenes Urteil über das verwaltete Vermögen und die damit erzielten Erfolge bilden kann."[191] Im Kontext von Agency-Beziehungen kommt der Rechnungslegung ein Beitrag zur Milderung der Interessenkonflikte der Beteiligten in dem Sinne zu, daß Rechnungslegungsinformationen die Basis für darauf aufbauende weitergehende Kontrollaktivitäten bilden;[192] Rechnungslegung wird als Instrument der Managerkontrolle eingesetzt.[193] Rechnungslegung kann hier „bei entsprechender Vertragsgestaltung ... eine Anreizfunktion erfüllen und die Risikoallokation" verbessern.[194] Anreize für die Manager können etwa durch eine erfolgsabhängige Entlohnung gesetzt werden, wobei Rechnungslegungsinformationen als Berechnungsgrundlage dienen. Ex ante kann somit von einer Steuerungsfunktion der Rechnungslegung und ex post von einer Kontrollfunktion gesprochen werden.[195] Zur Erfüllung dieser Zwecke muß sichergestellt sein, daß die von der Rechnungslegung gelieferten Daten nicht unabhängig von den Entscheidungen und Handlungen der zu Kontrollierenden sind. Zu fragen ist in diesem Zusammenhang, ob der Jahresabschluß Anlegern Informationen gibt, die ihnen die Steuerung und Kontrolle der mit der Verwaltung ihres Kapitals Beauftragten ermöglicht. Vor allem Bilanzierungs- und Bewertungswahlrechte, die eine Bildung und Auflösung stiller Reserven ermöglichen, stehen der Verwendung der Abschlußinformationen zu Kontroll-

---

[189] Vgl. statt vieler Streim (Vermittlung 2000), S. 122; Busse von Colbe (Rechnungswesen 1995), S. 717; Schneider (Rechnungswesen 1994), S. 125ff.

[190] Schneider (Entwicklungsstufen 1974), S. 158f.

[191] Leffson (Grundsätze 1987), S. 64.

[192] Rechnungslegungsinformationen stellen nicht unmittelbar eine Grundlage dar zur Verhinderung eigenfinanzierungsbedingter Agency-Probleme, wie den Konsum nicht pekuniärer Vorteile durch Manager, deren mangelhaften Arbeitseinsatz oder die Realisierung eines nicht im Interesse der Eigentümer liegenden Investitionsprogramms. Die verschiedenen Mechanismen, über die Abschlüsse und deren Prüfung ihren Beitrag zur Reduzierung der Agency-Probleme leisten, sind ausführlich bei Lenz (Wahl 1993), S. 171ff., beschrieben. Vgl. auch Abschnitt 2.5.

[193] Vgl. Böcking (Verhältnis 1998), S. 24f. Dabei entfaltet die zu erwartende Überprüfung der Rechenschaftslegung „ihre Wirkung ... nicht erst mit der Sanktionierung erfolgreichen oder mißerfolgreichen Wirtschaftens ..., sondern bereits ex-ante durch eine Berücksichtigung im Handlungskalkül des Managers." Emmrich (Reform 1999), S. 228.

[194] Ballwieser (Informationsökonomie 1985), S. 23.

[195] Ballwieser (Informationsökonomie 1985), S. 27.

zwecken im Wege.[196] Aus diesem Grund werden vielfach strengere und von Wahlrechten freie Rechnungslegungsinformationen gefordert.[197]

Die Informationszwecke des Jahresabschlusses, also die Bereitstellung von Informationen zur individuellen Entscheidungsungsunterstützung der Anleger und zur Überwachung der Manager, können, müssen aber nicht einander entgegenlaufen. Die Einschränkung von Wahlrechten zur Erreichung der notwendigen Objektivität in der Rechenschaftsfunktion kann für die Erfüllung der Informationsfunktion nachteilig sein, wenn Manager gerade durch die Nutzung von Wahlrechten ihre Erwartungen über die zukünftige Entwicklung des Unternehmens signalisieren.[198] Auf der anderen Seite führen entscheidungsrelevante Rechnungslegungsinformationen zu Kauf- und Verkaufsentscheidungen der Anleger, was in der Regel zu Kursveränderungen führt. Ist die Nutzenposition der Manager nicht unabhängig von der Aktienkursentwicklung, können Anleger durch Exit-Entscheidungen gleichzeitig in gewissem Sinne Kontrolle gegenüber den Managern ausüben.[199]

In den vorangegangenen Abschnitten konnte gezeigt werden, daß Rechnungslegungsdaten grundsätzlich geeignet sind, einen Beitrag zur Erfüllung der Wünsche der Anleger nach Information und Kontrolle zu leisten. Da man bei einem IPO davon ausgehen kann, daß rationale Anleger sich nur dann zur Zeichnung einer Aktie entscheiden, wenn sowohl die Unsicherheit über den Marktwert des IPO-Unternehmens als auch alle potentiellen Agency-Probleme im Emissionspreis angemessen berücksichtigt sind, sollte man davon ausgehen können, daß Alteigentümer und Manager in der Rechnungslegung die Anleger umfassend und glaubwürdig über alle wesentlichen Unternehmensbegebenheiten informieren.[200] Dieses Verhalten sollte unabhängig von staatlichen Regulierungen festzustellen sein.[201] Bei gegebener Regulierung steht es den

---

[196] Vgl. Busse von Colbe (Unternehmenskontrolle 1994), S. 45. Stille Reserven entstehen nicht nur durch die Ausnutzung von Wahlrechten, sondern werden auch durch zwingende Bewertungsvorschriften verursacht. Vgl. Busse von Colbe (Unternehmenskontrolle 1994), S. 52.

[197] Vgl. statt vieler Busse von Colbe (Rechnungswesen 1995), S. 720.

[198] Vgl. Busse von Colbe (Unternehmenskontrolle 1994), S. 48; Ballwieser (Überblick 1996), S. 522f.

[199] Zu denken ist vor allem an die bereits in Abschnitt 2.1.3 erwähnten Sanktionsmöglichkeiten, die auf die Arbeitsplatzsicherheit und die Einkommenshöhe der Manager wirken.

[200] Vgl. Watts/Zimmerman (Positive 1986), S. 179ff. Empirisch konnten dieses Verhalten beispielsweise in einer aktuellen Studie Lang/Lundholm (Disclosure 2000) für bereits börsennotierte Gesellschaften zeigen: Gesellschaften, die eine Folgeemission planten, wiesen eine verstärkte Veröffentlichungstätigkeit im Vergleich zu anderen Gesellschaften auf. Vgl. auch Healy/Palepu (Disclosure 1993), S. 5.

[201] Eine Diskussion der Gründe für und wider eine staatliche Regulierung der Bereitstellung von Unternehmensinformationen kann deshalb an dieser Stelle unterbleiben. Vgl. – auch zur Frage nach der Existenz eines Marktversagens auf dem Informationsmarkt – statt vieler Schmidt (Rechnungslegung 1982), S. 740-746. Zu Transaktionskostenvorteilen durch die Normierung der Rechnungslegung vgl. Hax (Rahmenbedingungen 1988), S. 198; Streim (Zwecke 1986), S. 14ff. Vgl. auch Schildbach (Jahresabschluß 1986), S. 89ff.

Unternehmen frei, quantitativ und qualitativ über die gesetzlichen Anforderungen hinaus die Anleger zu informieren. Im folgenden Abschnitt wird in diesem Zusammenhang auf die Prüfung der Rechnungslegung eingegangen, durch die die Abschlußinformationen an Glaubwürdigkeit gewinnen, womit sich Qualitätsunsicherheit und Agency-Kosten reduzieren lassen sollten.

2.5 Funktionen der Abschlußprüfung

Arens/Loebbecke (1997) beginnen die 7. Auflage ihres Lehrbuchs mit den Sätzen: „Auditing provides many economic benefits to society. ... Without financial statement audits, these [publicy traded] companies would be unable to obtain capital through the securities markets. ... In most cases, a company can obtain financing at a lower rate by having a financial statement audit performed annually. Therefore, financial statement audits reduce the cost of capital."[202] Der Grund für diese Reduzierung der Kapitalkosten und damit für höhere Unternehmenswerte ist in dem durch die Prüfung geringer werdenden Informations- oder Schätzrisiko zu finden.[203] Wie in Abbildung 1 auf Seite 50 dargestellt, berechnen sowohl Fremd- als auch Eigenkapitalgeber grundsätzlich den von ihnen geforderten Zinssatz für die Bereitstellung ihres Kapitals aus drei Komponenten: dem risikolosen Zinssatz, einem Aufschlag für das Unternehmensrisiko und einem Aufschlag für das Schätzrisiko, das die Gefahr widerspiegelt, daß die Informationen, auf deren Grundlage das Unternehmensrisiko eingeschätzt wurde, unrichtig sind:[204] „A likely cause of the information risk is the possibility of inaccurate financial statements."[205]

[202] Arens/Loebbecke (Auditing 1997), S. 2. Blackwell/Noland/Winters (Value 1998) konnten in einer empirischen Analyse niedrigere Zinssätze für Kredite bei Unternehmen feststellen, die sich einer freiwilligen Prüfung unterzogen hatten.

[203] „The purpose of an audit is not to provide additional information. It is intended to enable users to rely more heavily upon the information which has already been prepared by others." Dunn (Auditing 1996), S. 7.

[204] Vgl. Elliott/Jacobson (Disclosure 1994), S. 81f.; Ewert/Wagenhofer (Fundierung 2000), S. 38f. Die Reduzierung des Informationsrisikos kann grundsätzlich auch mittels einer direkten Kontrolle durch die Nutzer der Information, wie z.B. Gläubiger oder Aktionäre, erfolgen oder durch die Vereinbarung einer geeigneten Risikoteilungsregel mit dem Management, die mit hinreichender Wahrscheinlichkeit sicherstellt, daß im Fall der Bereitstellung falscher Informationen durch das Management dieses den daraus entstehenden finanziellen Schaden zu tragen hat. Allerdings sind diese Möglichkeiten wegen höherer Kosten und der im zweiten Fall nicht immer erfüllten Bedingung, daß das Management über ausreichend eigene Mittel verfügt, um im Schadensfall vollständigen Ersatz leisten zu können, der Prüfung durch einen unabhängigen Prüfer, der dem Management und den Nutzern für die korrekt durchgeführte Prüfung verantwortlich ist, unterlegen. Vgl. Arens/Loebbecke (Auditing 2000), S. 8f.

[205] Arens/Loebbecke (Auditing 2000), S. 7.

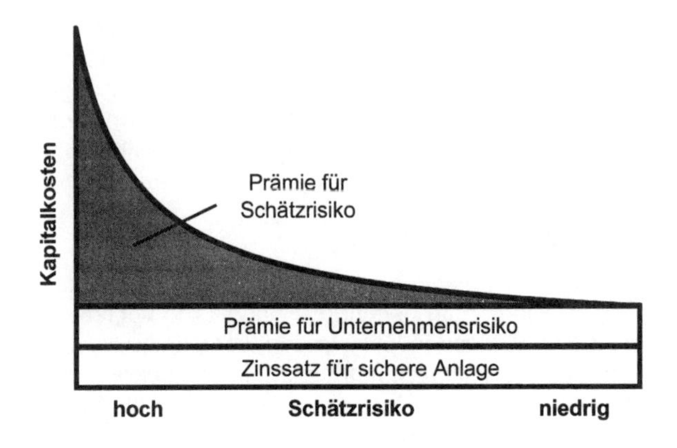

Abbildung 1: Einflußgrößen auf die Höhe der Kapitalkosten[206]

Als Gründe für das Risiko, Entscheidungen auf Grundlage unrichtiger Informationen zu treffen, werden von Arens/Loebbecke (2000) genannt:

- die mit zunehmender Komplexität wachsende Notwendigkeit für Entscheider, sich auf von anderen zur Verfügung gestellte Informationen verlassen zu müssen, die absichtlich oder unabsichtlich Fehler enthalten können (Remoteness of Information),

- das Problem, daß in großen Organisationen eine Vielzahl kleiner unentdeckter Fehler zu einer signifikanten Falschinformation führen kann (Voluminous Data),

- besondere Rechnungslegungsprobleme, die beispielsweise durch den Kauf und Verkauf von Unternehmen oder Unternehmensteilen oder die Einbeziehung von Töchtern in Konzernen oder die Verbuchung derivativer Finanzinstrumente entstehen (Complex Exchange Transactions) und

- Anreize der Informationsbereitsteller, die den Interessen der Entscheider zuwider laufen, wodurch die Gefahr einer Falschinformation des Entscheiders entweder durch unrichtige oder durch unvollständige bzw. nicht adäquate Informationen besteht (Biases and Motives of the Provider).[207]

Gerade die letztgenannte Gefahr ist vor dem Hintergrund der in den vorangegangenen Abschnitten angesprochenen Agency-Probleme und der Qualitäts-

[206] Vgl. Elliott/Jacobson (Disclosure 1994), S. 81.
[207] Arens/Loebbecke (Auditing 2000), S. 7f.

unsicherheit, der sich Aktienkäufer gegenübersehen, von besonderer Bedeutung.

Aus den bisherigen Überlegungen wird klar, daß die Prüfung letztlich einen Instrumentalcharakter für die Erreichung der Rechnungslegungsfunktionen besitzt. Die Sicherstellung der in den vorangegangenen Abschnitten erläuterten Rechnungslegungsfunktionen ist demnach als "primäre Prüfungsfunktion" zu bezeichnen.[208] Neben der Verleihung von Glaubwürdigkeit der Unternehmensinformationen an Kapitalgeber nennen Simunic/Stein (1987) auch den Beitrag zur internen Kontrolle und die Möglichkeit für das Management, transaktionskostengünstig zusätzliche Dienstleistungen, wie etwa Beratungsleistungen, von den Prüfern erhalten zu können, als Gründe für die Nachfrage nach Prüfungsleistungen.[209] Im empirischen Teil der vorliegenden Arbeit werden diese beiden Nachfrageaspekte am Rande Berücksichtigung finden. Die interne Unternehmenskontrolle kann als Voraussetzung dafür angesehen werden, daß das Management Unternehmensexterne mit richtigen Informationen versorgen kann.

Ob die in Deutschland real existierende Abschlußprüfung grundsätzlich geeignet ist, die Glaubwürdigkeit der Rechnungslegungsinformationen zu steigern und einen Beitrag zur Unternehmenskontrolle und für effiziente Entscheidungen zu leisten, soll hier nur knapp angesprochen werden.[210] Die Ausgestaltung der Abschlußprüfung in Deutschland als Gesetz- und Ordnungsmäßigkeitsprüfung[211] macht zunächst klar, daß sie mit wenigen Ausnahmen nicht wie eine Geschäftsführungsprüfung direkt Hinweise darauf erbringen kann, ob das Management ein aus Sicht der Kapitalgeber effizientes Investitionsprogramm gewählt, ausreichenden Arbeitseinsatz gezeigt und auf den Konsum nicht-pekuniärer Vorteile verzichtet hat. Trotzdem lassen sich Anhaltspunkte identifizieren, die für einen Beitrag der Abschlußprüfung hinsichtlich der Kontrolle des Managements sprechen. Dazu zählen nach Lenz (1993) u.a. die Dokumentationsaufgabe der Buchführung, durch die erst die Grundlage für spätere Geschäftsführungsprüfungen durch Aufsichtsrat oder Gesellschafter geschaffen wird, die Prüfung der Gesamtbezüge der Vorstandsmitglieder nach § 285 Ziffer 9 HGB, die Hinweise auf Managementkonsum erbringen kann, und die

---

[208] Vgl. Ruhnke (Normierung 2000), S. 18-30, hier S. 19.

[209] Vgl. Simunic/Stein (Differentiation 1987), S. 8-10. Zur Zusatznutzenfunktion der Abschlußprüfung vgl. Ruhnke (Normierung 2000), S. 26f.
Im internationalen Kontext wird der Abschlußprüfung oftmals auch eine Versicherungsfunktion zugeordnet. Danach werden Abschlußprüfungen aus dem Motiv nachgefragt, „unter bestimmten Voraussetzungen 'Verluste' vom Prüfer erstattet zu bekommen." Ruhnke (Normierung 2000), S. 28-30, hier S. 28. Wegen der im Gegensatz beispielsweise zu den USA in Deutschland zumindest für Aktionäre einer geprüften Gesellschaft faktisch nicht existierenden Möglichkeit, im Schadensfall sich an den Prüfern schadlos zu halten, ist diese Funktion für den deutschen Markt (noch) von geringer Bedeutung. Vgl. dazu Abschnitt 3.1.3.

[210] Vgl. dazu ausführlich Lenz (Wahl 1993), S. 54ff., 171ff.

[211] Vgl. § 317 HGB. Gemäß IDW Fachgutachten 1/1988, B.I., ist das Ziel der Abschlußprüfung „das Urteil des Abschlußprüfers, ob die Buchführung, der Jahresabschluß und ggf. der Lagebericht den für diese geltenden Normen entsprechen ...".

sog. Redepflicht des Prüfers nach § 321 Abs. 1 Satz 3 HGB, die ein Berichten des Abschlußprüfers im Prüfungsbericht verlangt, wenn in der Prüfung „Unrichtigkeiten oder Verstöße gegen gesetzliche Vorschriften sowie Tatsachen festgestellt worden sind, die den Bestand des geprüften Unternehmens oder des Konzerns gefährden oder seine Entwicklung wesentlich beeinträchtigen können oder die schwerwiegende Verstöße der gesetzlichen Vertreter ... gegen Gesetz, Gesellschaftsvertrag oder die Satzung darstellen." Dazu zählen beispielsweise auch Unterschlagungen durch das Management.[212] Zudem kann die Prüfung des Abhängigkeitsberichtes einen direkten Beitrag zum Abbau von Agency-Problemen zwischen Mehrheitsgesellschaftern und Minderheitsaktionären leisten.[213]

Die aufgezählten Beispiele verdeutlichen nochmals, daß der Beitrag der Abschlußprüfung zur Unternehmenskontrolle hauptsächlich durch die Bereitstellung glaubwürdiger Rechnungslegungsinformationen erreicht wird. Gleiches gilt hinsichtlich ihres Beitrags zur Ermöglichung effizienter Anlegerentscheidungen. Somit ist an dieser Stelle noch auf Aspekte einzugehen, die den Beitrag der Abschlußprüfung in Deutschland zur Stärkung der Glaubwürdigkeit der Rechnungslegungsinformationen beeinträchtigen könnten.[214] Bis 1997 war die Abschlußprüfung grundsätzlich nicht auf die Aufdeckung und Aufklärung doloser Handlungen angelegt.[215] Darunter litt die Glaubwürdigkeit der Abschlußinformationen.[216] Wie die Änderungen durch die HFA-Stellungnahme 7/1997: Zur Aufdeckung von Unregelmäßigkeiten im Rahmen der Abschlußprüfung und das KonTraG, das in § 317 Abs. 1 Satz 3 die Ausrichtung der Abschlußprüfung auf das Erkennen von Unrichtigkeiten und Verstößen gesetzlich festschrieb, in der Praxis umgesetzt werden, läßt sich noch nicht abschließend

---

[212] Vgl. Lenz (Wahl 1993), S. 173-178.
[213] Vgl. IDW (WP-Handbuch I 2000), F 825ff.
[214] Dabei ist klar, daß grundsätzlich nicht mit Sicherheit von der Richtigkeit auch geprüfter Rechnungslegungsinformationen auszugehen ist, da es sich bei einer Abschlußprüfung aus Wirtschaftlichkeitsgründen nicht um eine vollständige Prüfung aller Geschäftsvorfälle eines Jahres handeln kann und weil auch Prüfern unbeabsichtigte Fehler unterlaufen können.
[215] Zur Häufigkeit doloser Handlungen in Deutschland vgl. Langenbucher (Qualität 1997), S. 73.
[216] Vgl. die Ausführungen in Kapitel 1. Vgl. auch Schildbach (Glaubwürdigkeitskrise 1996), S. 2f. und für eine modellbasierte Einschätzung einer „Ausweitung des Prüfungsumfangs auf eine stärkere Lage- und Unterschlagungsprüfung" vgl. Schildbach (Reformansätze 1996), S. 650ff.

beurteilen.[217] Die Krisenwarnfunktion des Abschlußprüfers[218] kann mit den durch das KonTraG geänderten Regelungen zur Lageberichtsprüfung[219] und zu den Berichtspflichten im Bestätigungsvermerk[220] dazu beitragen, Anleger mit für sie relevanten Informationen zu versorgen.[221]

Obwohl die Berufsstandsorganisationen zunehmend dazu übergehen, den Begriff des „pflichtgemäßen Ermessens", mit dem ein WP eine Prüfung durchzuführen hat, durch konkrete in verschiedenen Prüfungsstandards festgesetzte Regelungen auszufüllen, besitzt der Prüfer immer noch große Freiheit bei der Bestimmung von Art und Umfang der vorzunehmenden Prüfungshandlungen.[222] Damit kommt neben der Kompetenz auch der Unabhängigkeit und Unbefangenheit[223] des Prüfers gegenüber den zu Prüfenden besondere Bedeutung dafür zu, wie gut die einzelne Prüfung ihrer Aufgabe der Sicherstellung der Richtigkeit der Rechnungslegungsinformationen gerecht wird.[224] Der deut-

---

[217] Im Gegensatz zu Langenbucher/Blaum (Aufdeckung 1997), S. 441, die in der Neuregelung „eine Verschärfung der Verantwortlichkeit und damit auch der Haftung des WP" sehen, sowie Böcking/Orth (Erwartungslücke 1998), S. 358, lassen die Äußerungen anderer Berufsstandsangehöriger Zweifel aufkommen, ob der Berufsstand ernstlich zu einer Verhaltensänderung bereit ist. Vgl. beispielsweise Dörner (Anforderungen 1998), S. 1; Forster (Abschlußprüfung 1998), S. 44f.; Schindler/Rabenhorst (Auswirkungen 1998), S. 1889f. Vgl. im Hinblick auf das Beharren der erwähnten Autoren auf einer Abgrenzung der Neuregelung zu Unterschlagungsprüfungen Lenz (Wahl 1993), S. 57. Ein Zufriedengeben der Püfer mit Vollständigkeitserklärungen durch das Management der zu prüfenden Gesellschaften dürfte nach den genannten Neuregelungen noch problematischer sein als bisher (vgl. schon HFA Fachgutachten 1/1988, D.II.4.c3: „eine Vollständigkeitserklärung ... ist kein Ersatz für Prüfungshandlungen"). Im Zusammenhang mit den Vorgängen bei der FlowTex Technologie GmbH & Co. KG wurde dieses Vorgehen der Prüfer in der Presse als „Lachnummer" bezeichnet. Vgl. Manager Magazin, April 2000, S. 103. KPMG als betroffene WPG hat mittlerweile ohne Anerkennung einer etwaigen Rechtspflicht 100 Mio. DM an die Geschädigten bezahlt. Vgl. Süddeutsche Zeitung vom 17.5.2001, S. 23.

[218] Vgl. § 321 Abs. 1 Satz 3 HGB.; Clemm (Krisenwarner 1995), S. 67ff.; Götz (Überwachung 1995), S. 341f.; auch Lück/Hunecke (Warnfunktion 1996).

[219] Vgl. § 317 Abs. 2 HGB; auch § 321 Abs. 1 Satz 2 HGB.

[220] Vgl. § 322 Abs. 2 Satz 2 und Absatz 3 HGB.

[221] Inwieweit der Abschlußprüfer Aussagen über die Überlebensfähigkeit des geprüften Unternehmens machen sollte, ist Gegenstand der Diskussion um die sog. Erwartungslücke. Vgl. dazu mit einem umfangreichen Nachweisverzeichnis Marten (Qualität 1999), S. 2f., sowie Böcking/Orth (Erwartungslücke 1998), S. 352ff. Während Clemm (Krisenwarner 1995), S. 69, eine – über die Prüfung des Lageberichtes und der Akzeptierung der going concern-Prämisse – zumindest mittelbare Aussage des Abschlußprüfers über „die Gesundheit bzw. Überlebensfähigkeit des Unternehmens" bejaht, steht der Berufsstand mehrheitlich – auch international – dem ablehnend gegenüber: „Although the auditor´s opinion enhances the credibility of the financial statements, the user cannot assume that the opinion is an assurance as to the future viability of the entity...". International Federation of Accountants (IFAC Handbook 1995), S. 53.

[222] Vgl. etwa die IDW Prüfungsstandards 200 und 201, die zunehmend Teile des IDW Fachgutachtens 1/1988 ersetzen. Der Begriff des „pflichtgemäßen Ermessens" findet sich sowohl im IDW Fachgutachten 1/1988, B.I, als auch im IDW Prüfungsstandard 200, Abschnitt 4, Rn. 18.

[223] Zur Abgrenzung dieser beiden Begriffe vgl. Buchner (Prüfungswesen 1997), S. 38ff.; Sieben/ Russ (Unabhängigkeit 1992), S. 1973ff.

[224] Vgl. dazu das folgende Kapitel 3.

sche Gesetzgeber hat sich in § 319 HGB und § 43 Abs. 1 WPO bemüht, die Unabhängigkeit und Unbefangenheit des Prüfers sicherzustellen.[225]

In der vorliegenden Arbeit ist das gesetzlich und durch die Berufsstandsorganisationen vorgeschriebene Qualitätsniveau der Abschlußprüfung nicht von entscheidender Bedeutung. Vielmehr steht die Einschätzung der Kapitalmarktteilnehmer über die tatsächlich erbrachte Prüfungsleistung im Vordergrund.[226] Qualitätsunterschiede zwischen verschiedenen Prüfern gründen sich auf der Tatsache, daß auch Prüfer rationale, nach Gewinnmaximierung strebende Akteure sind, die ein für sie optimales Verhältnis zwischen Kostenminimierung bei der Durchführung der Prüfung, Vermeidung von Reputationsverlust und Haftungsfällen durch später aufgedeckte Prüfungsfehler und zukünftigen Gewinnmöglichkeiten aus einem Mandat zu erreichen suchen.[227] Im folgenden Kapitel wird diesen Qualitätsdifferenzen ausführlicher nachgegangen, wobei die gemeinhin in der Literatur und auch für die vorliegende Arbeit getroffene Annahme begründet wird, wonach ein positiver Zusammenhang zwischen Größe und Qualitätsniveau einer Prüfungsgesellschaft besteht.

---

[225] Vgl. auch §§ 2, 20ff. der Berufssatzung der Wirtschaftsprüferkammer.

[226] Für ein Modell, das eine Ausweitung der angebotenen Prüfungsqualitäten bei Einführung einer obligatorischen Prüfungspflicht beschreibt, vgl. Ronnen (Effects 1996). Zur Einschätzung der Prüfungsleistung durch Marktteilnehmer als Qualitätsmaßstab vgl. Menon/Williams (Credibility 1991), S. 314, Fußnote 1, die deshalb den Begriff „auditor credibility" statt „auditor quality" bevorzugen.

[227] Vgl. Ballwieser (Agency 1987), S. 337ff.; Ewert (Rechnungslegung 1993), S. 718ff.; Herzig/ Watrin (Rotation 1995), S. 790ff.; Schildbach (Glaubwürdigkeitskrise 1996), S. 3ff.; grundlegend DeAngelo (Independence 1981); Antle (Auditor 1982).

3 Qualitätsdifferenzierung bei Abschlußprüfungsleistungen

Abgeleitet aus den bisherigen Überlegungen, die die Erfordernisse, die Anleger[228] an die Rechnungslegung und ihre Prüfung stellen, klar werden ließen, soll der Begriff „Prüfungsqualität" in dieser Arbeit grundsätzlich angeben, wie gut das Können und wie stark das Wollen eines Prüfers ist, den Grad der Glaubwürdigkeit der Rechnungslegungsinformationen eines Unternehmens durch seine Tätigkeit zu steigern.[229] Durch diesen Beitrag zur Reduzierung des Schätzrisikos ermöglicht der Prüfer effizientere Entscheidungen der Anleger und eine bessere Unternehmenskontrolle. Diese Definition der Prüfungsqualität stellt sowohl ab auf die Prüfungstechnologie als auch auf die Unabhängigkeit des Prüfers.[230] Somit kann die Qualität der Abschlußprüferleistung, dem Vorbild der Mehrzahl der zur Prüfungsqualität erschienenen Arbeiten folgend, mit der Wahrscheinlichkeit, mit der der Prüfer Fehler in der Rechnungslegung entdeckt, und der bedingten Wahrscheinlichkeit, daß er über einen entdeckten Fehler auch berichtet, in Verbindung gebracht werden.[231]

Der Markt für Abschlußprüfungen weist Charakteristika auf, die ihn von anderen Märkten unterscheiden: Die Qualität der von den Prüfern angebotenen Dienstleistung ist vor Auftragserteilung nicht und danach nicht immer und nicht von jedem Beteiligten zu beurteilen. Anleger, die sich als Rechnungslegungsadressaten auf die Richtigkeit der Rechnungslegung verlassen und sie zur Grundlage ihrer Entscheidungen machen, haben im Regelfall weder Zugriff auf die Arbeitspapiere des Prüfers noch auf den Prüfungsbericht. Sie können lediglich das Resultat der Prüfung in der stark verdichteten Form des Bestäti-

---

[228] Die Erfordernisse anderer Personengruppen an die Prüfung bleiben in dieser Arbeit unbeachtet. Zwar wird beispielsweise von Marten (Qualität 1999) zur Definition und Messung der Qualität der Abschlußprüfung ein Ansatz verwendet, der auf die Einschätzung der Qualität durch verschiedene Gruppen abstellt, darunter auch die, die geprüft werden soll. Es ist klar, daß Vorstände ein Interesse an der Kontrolle ihrer Mitarbeiter und insofern an der Qualität der Abschlußprüfung haben. Vgl. Langenbucher (Qualität 1997), S. 63. In der Praxis berichten Prüfer regelmäßig durch sog. Management Letters beispielsweise über festgestellte Schwächen im internen Kontrollsystem. Allerdings kann diese Sichtweise der Prüfung nicht ihre gesetzliche und institutionelle Verankerung erklären. Die Aufgabe der internen Kontrolle kann der Vorstand auch durch die interne Revision oder durch freiwillige Prüfungsaufträge abdecken. Als Adressaten der Jahresabschlußprüfung sind deshalb Unternehmensexterne anzusehen, von denen in dieser Arbeit die Anleger am Kapitalmarkt als Nachfrager nach Abschlußprüfungsleistungen im Mittelpunkt stehen.

[229] Vgl. zum Qualitätsbegriff allgemein Marten (Qualität 1999), S. 121ff., hier insbesondere S. 124. Für eine andere Sichtweise, die mehr auf das „professional judgement" des Prüfers statt auf Unabhängigkeit im Hinblick auf die Generierung kapitalmarktnützlicher Informationen setzt, vgl. Grout et alii (Auditor 1994), S. 311, 331ff.

[230] Neben den beiden genannten Aspekten kann grundsätzlich auch das Ausmaß an Versicherung, das Anleger durch die Haftung der Prüfer für Prüfungsverfehlungen erfahren und auf das sie – in Abhängigkeit von der jeweiligen Rechtsordnung – im Fall eines wirtschaftlichen Schadens zurückgreifen können, als Qualitätsmerkmal gelten. Wegen der in Deutschland zumindest gegenüber Kapitalmarktanlegern grundsätzlich nicht existierenden Dritthaftung der Prüfer ist die Versicherungsfunktion der Abschlußprüfung hierzulande im Gegensatz zu anderen Volkswirtschaften nicht von Bedeutung. Vgl. mit einem Vergleich zu den Regelungen in anderen Ländern Quick (Verantwortung 2000), hier S. 526.

[231] Vgl. DeAngelo (Independence 1981), S. 115f.; DeAngelo (Auditor 1981a), S. 186.

gungsvermerks ersehen. Eine direkte Beurteilung der Prüfungsqualität ist für diesen Personenkreis somit unmöglich.[232] Lediglich durch später – etwa im Zusammenhang mit einer Unternehmenskrise – bekanntwerdende Prüfungsverfehlungen können Außenstehende im nachhinein Informationen über die Prüfungsqualität erhalten.[233] Zu diesem Zeitpunkt haben diese Informationen allerdings hauptsächlich zur Schätzung der durchschnittlich von einem Prüfer erbrachten Qualität für zukünftige Entscheidungen einen Nutzen.

Eine weitere Besonderheit ist der große Einfluß derjenigen, die von den Prüfern geprüft werden sollen, auf die Bestellung und Entlohnung der Prüfer.[234] Damit ist grundsätzlich die Unabhängigkeit der Prüfer gefährdet.

Da wegen unterschiedlicher Nutzenfunktionen der Nachfrager und unterschiedlich starker Interessenkonflikte in den zu prüfenden Unternehmen grundsätzlich verschiedene Qualitäten von Prüfungsleistungen nachgefragt werden[235] und Anbieter darauf durch das Angebot unterschiedlicher Prüfungs-

---

[232] Vgl. Moizer (State 1992), S. 335. Neben der Ergebnisqualität wird in der Literatur darauf hingewiesen, daß in die Beurteilung von Dienstleistungsqualität auch die Dienstleistungsprozeßqualität mit eingehen kann, wenn der Nachfrager am Dienstleistungsprozeß beteiligt ist. Von der Qualität des Prozesses kann auf die Qualität des Ergebnisses geschlossen werden. Vgl. Marten (Qualität 1999), S. 145f. mit den dort angegebenen Literaturhinweisen. Diese Möglichkeit besitzen die Anleger im Gegensatz zum Unternehmensmanagement nicht. Auch Indikatoren, mittels derer sie auf die Prozeßqualität schließen könnten, wie z.B. Prüferstunden oder eingesetztes Personal, werden nicht veröffentlicht.

[233] Vgl. Lenz (Wahl 1993), S. 212-218.

[234] Vgl. Moizer (State 1992), S. 337. Die seit Inkrafttreten des KonTraG geltende Regelung in § 111 Abs. 2 Satz 3 AktG, wonach der Aufsichtsrat und nicht wie zuvor der Vorstand den Prüfungsauftrag formal erteilt, ändert an dieser Feststellung nichts. Vgl. Lenz/Ostrowski (Kontrolle 1997), S. 1523f.

[235] Eine Erklärung für die qualitätsdifferenzierte Nachfrage nach Prüfungsleistungen bietet das Modell von Dopuch/Simunic (1982). Danach sind für die Manager, die im Modell die Nachfrager nach Prüfungsleistungen sind, bei dem Produkt „Prüfung" zwei Eigenschaften zur Bestimmung des Produktnutzens und damit für die Produktdifferenzierung von Bedeutung: der Beitrag des Prüfers zur internen Kontrolle und die Glaubwürdigkeit, die der Prüfer den Rechnungslegungsinformationen bei den externen Rechnungswesennutzern verleiht. Es wird angenommen, daß höherqualitative Prüfungen höhere Kosten verursachen. Als Lösung des Optimierungskalküls der Manager, deren Entlohnung aus einem Anteil am Marktwertzuwachs der Gesellschaft besteht und in deren Nutzenfunktion die Prüfungskosten mit einem negativen Vorzeichen und die durch die Prüfung erreichbare Marktwertsteigerung sowie die – durch die Prüfung reduzierten – Möglichkeiten, sich zusätzliche Vorteile anzueignen, mit einem positiven Vorzeichen eingehen, ergibt sich für jeden Manager eine bestimmte Prüfungsqualität als die optimale. Diese hängt ab von der Höhe der Beteiligung der Manager an Marktwertzuwächsen der Gesellschaft, von ihren Möglichkeiten, sich zusätzliche Vorteile anzueignen, und davon, in welcher Relation zueinander diese Komponenten in die Nutzenfunktion eines Managers eingehen. Somit resultiert aus diesen Modellüberlegungen, daß verschiedene Manager eine unterschiedliche Prüfungsqualität als die für sie optimale nachfragen werden. Vgl. Dopuch/Simunic (Competition 1982), S. 405-414.
Eine alternative Erklärung für die Nachfrage nach unterschiedlichen Prüfungsqualitäten ergibt sich aus Überlegungen, die einen positiven Zusammenhang zwischen der Schwere der Agencyprobleme zwischen Managern und Eignern, bzw. zwischen Eignern und Gläubigern, und dem Nutzen einer höherqualitativen Prüfung herleiten. Vgl. beispielsweise DeAngelo (Auditor 1981a), S. 185; Palmrose (Demand 1984); Lenz (Wahl 1993). Für empirische Arbeiten hierzu vgl. beispielsweise Johnson/Lys (Market 1990); Reed/Trombley/Dhaliwal (Demand 2000). Vgl. in diesem

qualitäten reagieren, werden die Anbieter hochqualitativer Prüfungsleistungen nach Wegen suchen, die qualitative Überlegenheit ihrer Leistungen den Nachfragern glaubhaft zu signalisieren. Der Aufbau von Reputation[236] und eines Markennamens können unter den gegebenen Schwierigkeiten der Qualitätsbeurteilung durch Außenstehende als dahingehende Möglichkeiten angesehen werden. Die Betonung der Gleichmäßigkeit der angebotenen Qualität durch die Berufsstandsorganisationen kann sich allenfalls auf das durch staatliche Regulierung festgesetzte Qualitätsniveau beziehen.[237] Es ist davon auszugehen, daß einige Anbieter eine Prüfungsqualität anbieten werden, die von diesem Qualitätsniveau abweicht.

Aufgrund der Unmöglichkeit für außenstehende Anleger die Abschlußprüfungsqualität einschätzen zu können, werden sie als Indikator für die Qualität einer bestimmten Prüfung Surrogatgrößen verwenden, die sich auf die die betreffende Prüfung durchführende WPG beziehen. Anleger werden demnach für eine bestimmte WPG von einer über alle von dieser WPG in einem bestimmten Zeitraum durchgeführten Prüfungen gleichbleibenden Qualität ausgehen.[238]

Gewöhnlich wird in der Literatur davon ausgegangen, daß ein positiver Zusammenhang zwischen der Größe einer WPG und der Qualität der von dieser WPG angebotenen Prüfungsleistung besteht.[239] Zur Begründung wird häufig auf Überlegungen der Agency- und Signaling-Theorie zurückgegriffen.[240]

Zusammenhang zum großen Einfluß der rechtlichen und institutionellen Rahmenbedingungen auf die Anreize zur Wahl einer bestimmten Prüferqualität die Arbeit von DeFond/Wong/Li (impact 2000).

[236] Zur Definition von „Reputation" vgl. Moizer (Reputation 1997), S. 63, mit Verweis auf Herbig/ Milewicz/Golden (Reputation 1994), S. 23: „Reputation is the estimation of the consistency over time of an attribute of an entity. This estimation is based upon the entity's willingness and ability to repeatedly perform an activity in a similar fashion. ... Reputation ... requires consistency of an entity's actions over a prolonged time for its formation." Vgl. auch Spremann (Reputation 1988), S. 619f. Wenn im folgenden der Begriff „Reputation" verwendet wird, ist damit immer eine hohe Reputation im Sinne der Erbringung hochqualitativer Prüfungsleistungen gemeint.

[237] Neben der staatlichen Regulierung hinsichtlich der Prüfungsqualität ist der Prüfungsmarkt durch weitere Eingriffe des Gesetzgebers gekennzeichnet. So sehen sich die Prüfer Nachfragern gegenüber, die durch die Pflicht zur Abschlußprüfung zumindest zur Nachfrage einer Prüfung, die die Mindestqualitätsanforderungen erfüllt, gezwungen sind. Auf der anderen Seite ist die Zahl der Anbieter wegen der strikten Zulassungsvoraussetzungen relativ begrenzt. Die Markteintrittsbarrieren sind vergleichsweise hoch. Vgl. Moizer (State 1992), S. 337.

[238] Vgl. Dopuch/Simunic (Competition 1982), S. 408.

[239] Daneben werden in der Literatur Qualitätsvorteile sog. Branchenspezialisten, d.h. von Prüfern, die in bestimmten Branchen hohe Marktanteile aufweisen, diskutiert. Diese können durch die Prüfung vieler Mandanten in der Branche branchenspezifisches Wissen aufbauen. Auf der anderen Seite kann die Prüfung verschiedener Konkurrenten in einer Branche durch einen Prüfer Nachteile für die Mandanten wegen des möglicherweise stattfindenden „knowledge transfer" bedeuten. Vgl. Yardley et alii (Supplier 1992), S. 166, mit weiteren Nachweisen. Vgl. auch die aktuelle empirische Arbeit von DeFond/Francis/Wong (Specialization 2000).

[240] Vgl. statt vieler Palmrose (Demand 1984); Eichenseher/Shields (Fit 1989). Zur Kritik an dieser Vorgehensweise und zur Betonung der Wichtigkeit empirischer Fakten in dieser Frage vgl. Dopuch (Demand 1984), S. 253f.

Letztlich jedoch ist diese Frage eine empirisch zu beantwortende. Die Fülle empirischer Studien, vor allem aus dem angelsächsichen Sprachraum, läßt sich in Arbeiten aufteilen, die Honorarprämien für große WPG, die Auswirkungen von Prüfer(qualitäts)wechseln bei den betroffenen Unternehmen und die die Prüferwahl bei IPO-Gesellschaften und deren Auswirkungen zum Gegenstand ihrer Untersuchung gemacht haben.[241] Die Ergebnisse dieser Studien weisen tendenziell darauf hin, daß die Prüfungsleistungen der Big6-WPG von den Marktteilnehmern als Leistungen höherer Qualität beurteilt werden.[242]

Im folgenden werden in dieser Arbeit sowohl Modellüberlegungen, die einen Zusammenhang zwischen der Größe eines Prüfers und der von ihm angebotenen Prüfungsqualität begründen, als auch bisher für den deutschen Markt erschienene empirische Arbeiten zu dieser Frage dargestellt. Die theoretischen Erklärungsansätze für Qualitätsdifferenzen bei Abschlußprüfungsleistungen begründen diesen Zusammenhang zum einen durch die mit zunehmender Größe der WPG steigende Unabhängigkeit und die höhere Haftungsmasse, die den Prüfungsnachfragern in Schadensfällen zur Verfügung steht, zum anderen indirekt über den für größere WPG leichter zu erreichenden Aufbau von Reputation und eines Markennamens, wozu hohe Investitionen, u.a. in Prüfungstechnologie und Werbung, notwendig sind.

Für den Zusammenhang zwischen Größe und Qualität wird teilweise von einer ordinalen Reihung der WPG ausgegangen, teilweise werden die WPG in zwei Gruppen unterteilt, die gemäß der deutlichen, in der Marktstruktur festzustellenden Größenunterschiede gebildet werden.[243] In Deutschland bestehen diese Größenunterschiede zwischen den größten sechs[244] und den anderen Prüfungsanbietern. Unter den größten sechs WPG sind wiederum KPMG und PWC deutlich größer als die anderen vier WPG; unter den kleineren Prüfern lassen sich einige WPG ausmachen, die vergleichsweise groß sind und die im folgenden als Second-Tier-Gesellschaften bezeichnet werden.[245] Im empirischen Teil der vorliegenden Arbeit wird der Vorgehensweise gefolgt, die WPG

---

[241] Vgl. statt vieler Moizer (Reputation 1997).

[242] Vgl. Moizer (Reputation 1997), S. 71f.

[243] Größenunterschiede zwischen Prüfungsgesellschaften werden in der Literatur typischerweise mit Qualitätsunterschieden und Unterschieden im Leistungsangebot in Verbindung gebracht. Die starke Marktposition weniger sehr großer Prüfer und die bessere Qualität ihrer Prüfungsleistungen und ihr breiteres Produktangebot bedingen sich gemäß dieser Überlegungen gegenseitig. Allerdings haben Doogar/Easley (Concentration 1998) gezeigt, daß sich die in der Realität zu beobachtende Marktkonzentration durch ein Modell abbilden läßt, das weder auf Qualitätsunterschiede noch auf Skalenvorteile großer Prüfer zurückgreift.

[244] Zu den Big6 zählen in Deutschland Arthur Andersen Wirtschaftsprüfungsgesellschaft Steuerberatungsgesellschaft mbH (Arthur Andersen), BDO Deutsche Warentreuhand AG Wirtschaftsprüfungsgesellschaft (BDO), Ernst & Young Deutsche Allgemeine Treuhand AG (Ernst & Young), KPMG Deutsche Treuhand-Gesellschaft AG Wirtschaftsprüfungsgesellschaft (KPMG), PWC Deutsche Revision AG Wirtschaftsprüfungsgesellschaft (PWC) und Wollert-Elmendorff Deutsche Industrie-Treuhand GmbH Wirtschaftsprüfungsgesellschaft (WEDIT; gehört dem internationalen Verbund Deloitte Touche Tohmatsu an).

[245] Zur Marktstruktur in Deutschland vgl. Abschnitt 6.2.2.

in zwei bzw. drei Größenklassen – Big6 und andere WPG bzw. Big6, Second Tier und andere WPG – einzuordnen und die Klassen der größeren WPG als die Anbieter höherer Prüfungsqualität einzustufen.[246]

Es wird somit zunächst davon ausgegangen, daß die Kapitalmarktteilnehmer die Größe einer WPG als Indikator für die Qualität der von dieser WPG durchgeführten Prüfungen verwenden und daß Altaktionäre und das Management der IPO-Unternehmen über diese Einschätzung informiert sind und ebenfalls davon ausgehen. Die Ergebnisse der eigenen empirischen Untersuchung können als marktbasierte Einschätzung von Unterschieden in der Prüfungsqualität gedeutet werden.

Im folgenden werden verschiedene theoretische Erklärungsansätze zur Qualitätsdifferenzierung der Prüfungsgesellschaften beschrieben, die einen Zusammenhang zwischen der Größe einer WPG und der von ihr angebotenen Prüfungsqualität behaupten. Danach werden einige der wenigen bisher für den deutschen Markt erschienenen Arbeiten zur Qualität und zu Qualitätsdifferenzen bei Abschlußprüfungsleistungen vorgestellt.

3.1 Erklärungsansätze für Qualitätsunterschiede zwischen großen und kleinen Prüfungsgesellschaften

3.1.1 Qualitätsdifferenzierung im Modell von DeAngelo

Das Low-balling-Modell von DeAngelo (1981 und 1981a) hat sich in der Literatur zur Qualitätsdifferenzierung von Abschlußprüferleistungen als der wohl meistzitierte Erklärungsansatz etabliert.[247] Im folgenden wird lediglich das Grundmodell knapp dargestellt;[248] den zahlreichen in der Literatur zu findenden Modellerweiterungen und -diskussionen[249] wird keine besondere Aufmerk-

---

[246] Neben der Argumentation, die die Existenz großer WPG als Marktreaktion auf Qualitätsunsicherheit erklärt, existieren in der Literatur alternative Erklärungsansätze für die Zweiteilung auf der Anbieterseite des Prüfungsmarktes. Diese beziehen sich vor allem auf Skalenvorteile großer Prüfer, besonders bei der Prüfung großer Mandanten, ein breiteres Dienstleistungsangebot großer WPG (economies of scope; vgl. Mandler (Theorie 1995), S. 40) und auf mögliches monopolistisches Verhalten. Vgl. Dopuch (Demand 1984), S. 254; Dopuch/Simunic (Nature 1980), S. 81ff.; vgl. auch Yardley et alii (Supplier 1992), S. 162ff. Daneben gewinnt als Erklärung für die Existenz einiger sehr großer WPG mit zunehmender Globalisierung und dem Wunsch nach konzerneinheitlicher Prüfung die Notwendigkeit globaler Präsenz einer WPG an Bedeutung. Vgl. Mandler (Theorie 1995), S. 31ff. mit weiteren Nachweisen; auch Mandler (Umbruch 1994), S. 172ff.
Diese Alternativen könnten für die empirische Analyse zum Problem werden, wenn Qualitätsdifferenzen untersucht werden sollen, aber Mandanten aus anderen Gründen sich für die Wahl eines großen oder eines kleinen Prüfers entscheiden.

[247] Auch in der aktuellen Unabhängigkeitsdiskussion spielen diese Überlegungen eine große Rolle. Vgl. Antle et alii (Independence 1997), S. 14ff.

[248] Die Darstellung des Modells ist weitgehend aus Ostrowski/Söder (Einfluß 1999), S. 555-558, entnommen.

[249] Vgl. beispielsweise Stefani (Quasirenten 1999) mit einer Zusammenfassung bisheriger Modellerweiterungen (S. 3-8); auch Ewert/Wagenhofer (Fundierung 2000), S. 51f.

samkeit geschenkt, weil sie – zumindest sofern man von einem starken Einfluß des Managements auf die Prüferwahlentscheidung ausgeht[250] – im großen und ganzen hinsichtlich des Zusammenhangs zwischen der Größe einer WPG und ihrer Unabhängigkeit keine dem Grundmodell grundlegend widersprechenden Erkenntnisse erbringen.

Unter Low-balling versteht man im Markt für (Erst-)abschlußprüfungen die Durchführung einer Prüfung zu einem Honorar, das niedriger als die bei Durchführung der Prüfung anfallenden Kosten ist.

Wie bereits erwähnt, hängt nach DeAngelo der Wert einer Prüfung für die Adressaten des Abschlusses von der Einschätzung der Marktteilnehmer über die Fähigkeit des Prüfers ab, Fehler zu entdecken, und über die Wahrscheinlichkeit, daß der Prüfer einen entdeckten Fehler auch berichtet. Diese Wahrscheinlichkeit verringert sich, wenn die Verwaltung des zu prüfenden Unternehmens die wirtschaftliche Situation des Prüfers gegebenenfalls nachhaltig negativ beeinflussen kann. Je stärker dagegen der Anreiz für den Prüfer ist,[251] einen entdeckten Fehler offenzulegen, desto größer ist die Unabhängigkeit des Prüfers von der Unternehmensverwaltung und desto höher ist ceteris paribus der Wert der Abschlußprüfung für die Kapitalmarktteilnehmer.

Im Modell wird unterstellt, daß bei allen Prüfern die Wahrscheinlichkeit der Fehlerentdeckung ex ante positiv und gleich groß ist; alle Prüfer verfügen somit über die gleichen technologischen Fähigkeiten. In Folgeprüfungen verfügt der amtierende Prüfer über technologische Vorteile gegenüber seinen Konkurrenten, da diese die für die Einarbeitung bei einem neuen Mandanten anfallenden zusätzlichen Kosten p_a auf sich nehmen müssen, um den Wissensstand des amtierenden Prüfers – bezogen auf den betreffenden Mandanten – zu erreichen. Bei einem Prüferwechsel entstehen neben diesen zusätzlichen Kosten für den Prüfer auch Prüferwechselkosten auf Seiten des Mandanten *PW*, z.B. durch die Bereitstellung von Ressourcen, um die zusätzlichen Informationsbedürfnisse des neuen Prüfers zu befriedigen.

[250] Vgl. Ewert/Wagenhofer (Fundierung 2000), S. 52. Für eine Arbeit, die im Rahmen eines Modells mit dem Eigentümer als Prinzipal sowie Manager und Prüfer als Agenten zeigt, daß low balling die Unabhängigkeit des Prüfers steigern kann, wenn der Eigentümer Einfluß auf die Bestellung und Abberufung des Prüfers hat, vgl. Lee/Gu (Independence 1998), zusammenfassend S. 550f.

[251] Ein Prüfer darf als perfekt unabhängig von der Unternehmensverwaltung gelten, wenn er bei einem Verlust des Prüfungsmandats bzw. einer Nichtwiederbestellung für die nächstjährige Abschlußprüfung keine negativen Auswirkungen auf seine wirtschaftliche Situation zu erwarten hat.

Es werden folgende Symbole verwendet:

P_t Kosten einer Prüfung im Zeitpunkt t;

$P_1 = P + p_a$ Kosten einer Erstprüfung;

$P_2 = P_3 = ... = P_\infty = P$ Kosten der nachfolgenden Prüfungen, die als jeweils gleich hoch angenommen werden.

Entsprechend den gesetzlichen Vorschriften für Pflichtprüfungen in Deutschland erfolgt nur eine einjährige Bestellung des Prüfers, d.h. in jeder Periode wird ein neuer Prüfungsvertrag abgeschlossen. Die Nachfrage nach Prüfungsleistungen wird als gänzlich unelastisch angenommen.

H_t Prüfungshonorar im Zeitpunkt t;

H_1 Prüfungshonorar einer Erstprüfung;

$H_2 = H_3 = ... = H_\infty = H$ Honorare für nachfolgende Prüfungen, die annahmegemäß jeweils gleich hoch sind.

Nimmt man an, daß sowohl die Honorarzahlungen als auch die Kosten für die Durchführung der Prüfung jeweils gleichzeitig zu Periodenbeginn anfallen, und unterstellt man eine unendliche Zahl von Folgeprüfungen, ergibt sich in t=1 als Barwert der Gewinne Π, die ein potentieller Prüfer bei Erhalt eines neuen Mandats realisieren kann: $BW(\Pi) = (H_1 - P_1) + \frac{(H - P)}{i}$

Erhält der Prüfer das Mandat, hat er in den Folgeperioden als amtierender Prüfer Vorteile. Tritt nämlich in der zweiten Periode ein anderer Prüfer mit einem Konkurrenzangebot zur Übernahme des Prüfungsauftrages an die Gesellschaft heran, so hätte dieser im Gegensatz zum amtierenden Prüfer die zusätzlichen Kosten einer Erstprüfung zu tragen. Über den gesamten Betrachtungszeitraum müssen sich die Honorarforderungen des Konkurrenten im Barwert mindestens auf dessen Kosten belaufen, also $P_2^K + P/i$ betragen, wobei $P_2^K = P + p_a$. Zusätzlich entstehen bei einem Wechsel des Abschlußprüfers Kosten beim Mandanten.

Der Mandant wird aus Kostenüberlegungen auf einen Prüferwechsel verzichten, wenn der Barwert der Prüfungshonorare des amtierenden Prüfers nicht über dem des Konkurrenten zuzüglich der Prüferwechselkosten liegt:

$H + \frac{H}{i} \leq P_2^K + \frac{P}{i} + PW$ oder: $H \leq P + \frac{i(p_a + PW)}{1 + i}$

Der amtierende Prüfer wird durch dieses Entscheidungskalkül des Mandanten in die Lage versetzt, ein über seinen Kosten liegendes Honorar zu verlangen, das allerdings nicht oberhalb der minimalen – weil gerade noch verlustfreien – Honorarforderung des Konkurrenten liegt. Ein exakt gleich hohes Honorar wie der Konkurrent zu fordern, dürfte für den amtierenden Prüfer nicht mit der Gefahr des Mandatsverlustes verbunden sein, da in diesem Fall der Mandant keinen Anreiz zum Wechsel hat, sofern nächstwichtige Zielkriterien für den amtierenden Prüfer sprechen.

Der amtierende Prüfer wird solange nicht von einem Konkurrenten aus dem Mandat gedrängt werden, wie er folgendes Maximalhonorar nicht überschreitet: $H^* = P + \frac{i(p_a + PW)}{1+i}$

Sind demnach PW und/oder p_a größer als Null, kann der amtierende Prüfer aus jeder Folgeprüfung eine Quasi-Rente erzielen.[252] Der Barwert aller Quasi-Renten aus den sich unendlich oft wiederholenden Folgeprüfungen beträgt zum Zeitpunkt der Übernahme des Erstprüfungsauftrages:

$$BW(QR) = \frac{H^* - P}{i} = \frac{p_a + PW}{1+i}$$

Diese Quasi-Renten sind im Modell die entscheidende Größe, die die Unabhängigkeit des Abschlußprüfers negativ beeinflussen kann.

Um diese Quasi-Renten realisieren zu können, wird der Prüfer an der Fortsetzung des Mandats ein erhebliches Interesse haben, was dazu führen könnte, daß er dem Wunsch der Unternehmensverwaltung nachkommt, einen entdeckten Fehler nicht zu berichten.[253] Das Verhältnis zwischen Mandant und amtierendem Prüfer stellt sich als ein bilaterales Monopol dar.[254] Jede Partei kann der anderen mit der Beendigung der Beziehung drohen. Der Mandant müßte bei einem Prüferwechsel die dabei anfallenden Prüferwechselkosten

---

[252] „Rents are returns in excess of the opportunity cost of the resources to the activity. Quasi rents are returns in excess of the short-run opportunity cost of the resources to the activity." Jensen (Free 1986), S. 323.

[253] Für eine Erweiterung des Modells um konkrete Bedingungen, die gegeben sein müssen, damit eine Drohung des Mandanten mit der Beendigung des Mandatsverhältnisses für den Prüfer glaubhaft ist, vgl. Magee/Tseng (Independence 1990). Vgl. dazu auch Lenz (Wahl 1993), S. 240.

[254] Vgl. Lenz (Low-balling-Effekt 1991), S. 183.

tragen, der Prüfer würde die mandantenspezifischen technologischen Vorteile und den daraus resultierenden Strom an Quasi-Renten verlieren.[255]

Als Begleiterscheinung der Quasi-Renten entsteht wegen des vollkommenen Wettbewerbs um Erstprüfungsmandate Low-balling. Bei der Abgabe eines Gebotes für ein Erstprüfungsmandat antizipieren die Prüfer die zukünftig realisierbaren Quasi-Renten und verlangen deshalb für die Erstprüfung ein unter den Kosten liegendes Honorar.

Bei vollkommenem Wettbewerb gilt die Nullgewinnbedingung für den gesamten Betrachtungszeitraum: $BW(\Pi)^* = (H_1^* - P_1) + \frac{(H^* - P)}{i} = 0$

Da bei Existenz von Prüferwechselkosten und/oder zusätzlichen Kosten einer Erstprüfung $(H^* - P)/i > 0$ und zugleich $P_1 > 0$ gelten, muß $H_1^* < P_1$ folgen. Das Honorar für die Erstprüfung liegt somit unter den von ihr verursachten Kosten.

Je höher die erwarteten Quasi-Renten sind, desto größer muß nach der Logik des Modells das Low-balling ausfallen. Die Reduktion des Prüfungshonorars in der ersten Periode hat den Charakter von sunk costs und ist daher für Entscheidungen in den folgenden Perioden ohne Bedeutung. Nicht das Low-balling an sich, sondern die Quasi-Renten beeinträchtigen damit tendenziell

---

[255] Dye (replacement 1991), S. 348-350, weist zurecht auf den entscheidenden Einfluß der Verteilung der Verhandlungsmacht auf das Entstehen der Quasi-Renten hin. Den bisher dargestellten Modellergebnissen liegt der Gedanke zugrunde, daß die Verhandlungsmacht vollständig oder zumindest überwiegend beim amtierenden Prüfer und nicht beim Mandanten liegt, d.h. daß der Prüfer einen Preis durchsetzen kann, der zwar für den Mandanten günstiger ist als die bei einem Wechsel anfallenden Kosten, aber gleichzeitig dem Prüfer die vollständige Quasi-Rente beläßt. Da jedoch auch der Prüfer bei einem Mandatsverlust einen wirtschaftlichen Verlust erleidet, sollte es dem Mandanten möglich sein, vom Prüfer Preiszugeständnisse zu verlangen. Im Grenzfall kann der Mandant das Honorar der Folgeprüfungen bis auf das Niveau der anfallenden Prüfungskosten drücken. Damit könnte ein Prüfer in den Folgeprüfungen keine Quasi-Renten realisieren, womit auch im Rahmen des Modells von DeAngelo kein Low-balling für die Erstprüfung entstehen könnte.
Auch wenn die Überlegung von Dye grundsätzlich richtig ist, bleibt festzuhalten, daß die Situation des bilateralen Monopols, in der weder dem Prüfer noch dem Mandanten die vollständige Verhandlungsmacht zuwächst, dafür sorgt, daß Quasi-Renten zwar möglicherweise nicht in der Höhe, wie im Modell vorhergesagt, aber doch grundsätzlich existieren. Dyes Einwand stellt deshalb das Modell von DeAngelo nicht generell in Frage.
Im Modell von Dye entstehen Quasi-Renten nur dann, wenn die Höhe der Prüfungsgebühren für die Eigentümer nicht beobachtbar ist. Vgl. für eine Arbeit, die diese beiden konkurrierenden Modelle einem empirischen Test unterzieht, Craswell/Francis (Pricing 1999) mit Verweis auf andere empirische Arbeiten zu diesem Thema (S. 202f.).

die Unabhängigkeit des Prüfers gegenüber dem zu prüfenden Unternehmen.[256]

Allerdings haben die bei anderen Mandanten erzielbaren Quasi-Renten auf einem funktionierenden Markt eine tendenziell die Unabhängigkeit des Abschlußprüfers stärkende Wirkung. Die im Low-Balling-Modell beobachtbaren Quasi-Renten anderer Mandanten wirken als Pfand gegen eine nicht ordnungsgemäße Prüfungsdurchführung. Ein bekanntgewordener Fehler bei einem einzelnen Mandanten veranlaßt andere Mandanten, die Prüfungsaufträge nicht oder nur zu geringeren Gebühren wieder zu erteilen, da das Testat des auffällig gewordenen Prüfers für sie an Wert verloren hat. Es droht dem Prüfer also der Verlust anderer Quasi-Renten, weswegen er Anreizen unterliegt, die Nicht-Offenlegung entdeckter Fehler bei jedem einzelnen Mandanten zu vermeiden.

Bei einem größeren Prüfer fällt die Quasi-Rente eines einzelnen Mandanten prozentual weniger stark ins Gewicht als bei kleineren Prüfern. Mit der geringeren finanziellen Bedeutung eines Mandanten sinkt die Versuchung, diese Quasi-Rente auch um den Preis eines nicht ordnungsgemäßen Prüfungsurteils zu erhalten. Nimmt man an, daß die Höhe der bei unterschiedlichen Mandanten erzielbaren Quasi-Renten mit den Prüfungsgebühren stark positiv korreliert ist, kann die Unabhängigkeit des Prüfers am Verhältnis des einzelnen Prüfungshonorars zur Summe aller von diesem Prüfer während einer Periode erzielten Prüfungshonorare gemessen werden. Je kleiner dieses Verhältnis ausfällt, desto unabhängiger ist nach den Modellüberlegungen von DeAngelo ein Prüfer.

Somit signalisieren große WPG dem Markt eine höhere Unabhängigkeit. Ihre Prüfung ist damit wertvoller als die kleinerer WPG. Das Entstehen großer WPG kann damit auch als Marktreaktion auf das Unabhängigkeitsproblem angesehen werden.[257]

---

[256] Eine Erhöhung der mit einem Mandanten verbundenen Quasi-Renten läßt sich für den Prüfer durch den Verkauf zusätzlicher Dienstleistungen an den Prüfungsmandanten erzielen. Hierbei ist vor allem an Beratungsleistungen zu denken. Verschiedene Modelle kommen in Abhängigkeit von der Annahme der Existenz von spillover Effekten von Beratung und Prüfung bei einem Mandanten zu nicht einheitlichen Ergebnissen. Vgl. Beck/Frecka/Solomon (MAS 1988); Ostrowski/Söder (Einfluß 1999). Vgl. auch Arruñada (Quality 1999), S. 69ff. Antle et alii (Independence 1997), S. 17-27, haben insgesamt keine Bedenken gegen das Angebot zusätzlicher Beratungsleistungen gegenüber den zu prüfenden Unternehmen hinsichtlich einer Beeinträchtigung der Unabhängigkeit des Prüfers. Für eine aktuelle empirische Arbeit vgl. Lennox (Non-audit 1999).
Zu Quasi-Renten und der im folgenden anzusprechenden Pfandwirkung der bei anderen Mandanten erzielbaren Quasi-Renten vgl. auch Arruñada (Quality 1999), S. 49-64.

[257] Eine direkte empirische Überprüfung des DeAngelo-Modells ist solange nicht möglich, wie die Kosten eines Prüfers nicht bekannt sind. Zahlreiche Autoren – beginnend mit Chow/Rice (Qualified 1982) – haben auf unterschiedliche Weise indirekt eine empirische Überprüfung versucht. Insgesamt deuten die Ergebnisse nicht einheitlich in eine Richtung. Vgl. mit Hinweisen auf zahlreiche Studien Craswell/Francis (Pricing 1999), S. 202f.; Moizer (Reputation 1997), S. 64ff.

3.1.2 Qualitätsdifferenzierung im Modell von Klein/Leffler

Eine grundsätzlich ähnliche Überlegung wie bei DeAngelo (1981 und 1981a) liegt dem Reputations-Modell von Klein/Leffler (1981) zugrunde.[258] Anstatt mandantenspezifische Quasi-Renten kann gemäß den Überlegungen bei Klein/Leffler die anbieterspezifische Reputation[259] als Pfand gegen das Erbringen einer Prüfungsleistung von schlechterer als der angekündigten Qualität angesehen werden. Während bei DeAngelo nur Unterschiede in der Unabhängigkeit des Prüfers für eine differenzierte Qualitätseinschätzung relevant sind, bezieht sich die Reputation bei Klein/Leffler ganzheitlich auf den jeweiligen Anbieter.

Da das Modell nicht speziell für den Prüfungsmarkt entwickelt wurde, wird es zunächst in seinen Grundzügen dargestellt, bevor knapp darauf eingegangen wird, wie sich die Modellüberlegungen auf den Prüfungsmarkt übertragen lassen.

Auf dem Markt werden im Modell verschiedene Qualitäten eines Gutes angeboten. Die Nachfrager, die dieses Gut in jeder Periode einmal nachfragen, haben mit Ausnahme der Qualität der nachgefragten Produkte einen vollständigen Marktüberblick. Bei den Gütern handelt es sich um Erfahrungsgüter, d.h. die Verbraucher können erst nach dem Kauf die Qualität des gekauften Gutes feststellen. Liefert ein Anbieter einem Kunden ein Produkt von einer minderen als der zugesagten Qualität, ist diese Information auch für jeden anderen Nachfrager kostenlos verfügbar, und die Nachfrager werden beim Kauf in der nächsten und in den folgenden Perioden diese Information bei ihrer Kaufentscheidung berücksichtigen.

Ein Anbieter, der zum Preis p_1 ein Gut einer hohen Qualität, die über der Mindestqualität liegt, anbietet, wird – wie in Abbildung 2 auf Seite 66 dargestellt – als Mengenanpasser gemäß der sich aus seinem Gewinnmaximierungskalkül ergebenden Regel „Grenzkosten (MC) gleich Preis" eine bestimmte Menge x_1 diese Gutes anbieten. Annahmegemäß verfügen alle Anbieter über die gleiche Produktionstechnologie. Im Marktgleichgewicht wird jeder Anbieter bei x_1 gerade das Minimum seiner Durchschnittskosten (AC) erreichen. Alle Anbieter erzielen einen Gewinn von Null. Alternativ könnte der Anbieter aber auch zum Preis p_1 Güter anbieten, die er zwar als hochqualitativ anpreist, die aber tatsächlich nur der Mindestqualität entsprechen. Die Grenzkostenkurve der Produktion von Gütern minimaler Qualität verläuft rechts von der ursprünglichen Grenzkostenfunktion. Zum Preis p_1 wird der Anbieter dann sein Angebot auf x_3 ausweiten und in der Periode, in der er betrügt, einen Gewinn in Höhe der durch die Punkte $0/p_1$, $0/p_0$, x_0/p_0 und x_3/p_1 begrenzten Fläche erzielen. Aller-

[258] Vgl. zu diesem Abschnitt Klein/Leffler (Performance 1981). Vgl. für eine ähnliche Arbeit auch Shapiro (Premiums 1983).
[259] Beispiele für die Bedeutung von Reputation in anderen Wirtschaftsbereichen sind mit Verweis auf entsprechende Arbeiten bei Firth/Smith (Selection 1992), S. 248, angegeben.

dings wird er in den zukünftigen Perioden für seine Produkte lediglich einen Preis von p_0 erzielen können. Er wird die Menge x_0 anbieten und sein Gewinn wird in jeder der folgenden Perioden – wie im Ausgangsbeispiel – Null betragen. Dennoch stellt sich der betrügende Anbieter besser als der immer ehrliche, da er zumindest in einer Periode einen Gewinn erzielt. Aus diesem Grund werden am Markt höherqualitative Produkte nicht mehr angeboten werden.

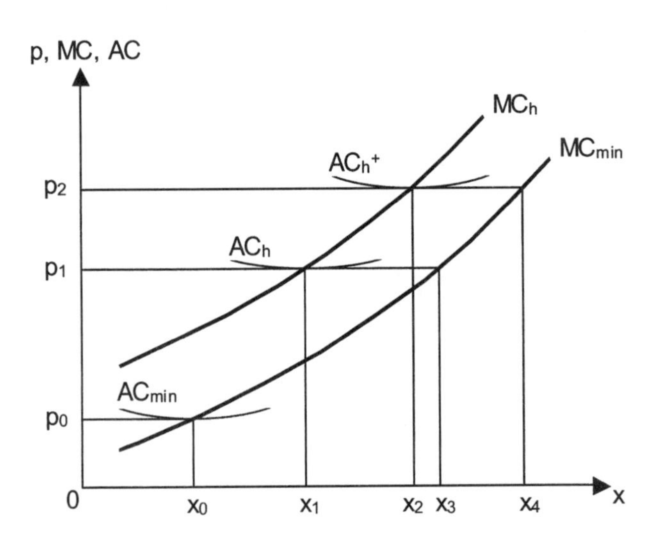

Abbildung 2: Preis-Absatzfunktionen für ein Gut hoher Qualität und ein Gut mit Mindestqualität

Der Marktpreis wird generell auf p_0 sinken. Die von Klein/Leffler vorgeschlagene Möglichkeit für Anbieter von Gütern höherer Qualität, sich von den anderen Anbietern zu separieren, besteht in einer Preisprämie für höherwertige Produkte. Steigt der Preis für die höherqualitativen Güter über das Minimum der Durchschnittskosten eines Anbieters, beispielsweise auf p_2, werden die Anbieter von diesen Gütern die Menge x_2 anbieten und damit in jeder Periode eine Quasi-Rente in Höhe der Fläche $0/p_2$, $0/p_1$, x_1/p_1 und x_2/p_2 erzielen. Solange der Barwert dieser Quasi-Renten höher ist als der Barwert des Vorteils des einmaligen Betrugs, der sich in der neuen Konstellation auf einen Betrag in Höhe der Fläche $0/p_2$, $0/p_0$, x_0/p_0 und x_4/p_2 erhöht, hat der Anbieter keine Veranlassung, die Verbraucher durch Lieferung eines Gutes, das gerade die Minimumqualität erreicht, zu betrügen.[260] Allerdings handelt es sich bei dieser

[260] Diese Bedingung kann unter gewöhnlichen Bedingungen als erfüllt angesehen werden. Vgl. Klein/Leffler (Performance 1981), S. 622f.

Lösung um kein Marktgleichgewicht. Existierende Renten werden weitere Anbieter anlocken, wodurch die gesamte angebotene Menge die Nachfrage nach dem hochqualitativen Gut übersteigen wird. Ein Preisunterbietungswettbewerb, der in einem solchen Fall gewöhnlich eintritt, kann in dieser Situation nicht stattfinden, da es gerade der hohe Preis ist, der notwendig ist, um die hohe Qualität gegenüber den Anlegern glaubhaft zu signalisieren. Die Nachfrager müßten bei jedem Preis, der unter dem „betrugsverhindernden“ Preis liegt, ein betrügerisches Verhalten der Anbieter annehmen. Der betreffende Anbieter könnte seine Produkte deshalb nicht zu einem Preis höher als dem für Güter des Mindestqualitätsniveaus p_0 absetzen.

Da eine Marktbereinigung also in dieser Situation nicht durch Preiswettbewerb eintreten kann, werden die Anbieter firmenspezifische Investitionen vornehmen, um Anreize für den Markteintritt von Konkurrenten, die solche Investitionen ebenfalls tätigen müßten, zu eliminieren. Mit firmenspezifischen Investitionen sind Investitionen gemeint, die nicht anderweitig verwertbar sind. Betrüge demnach ein Anbieter hochqualitativer Güter, verlöre er die firmenspezifischen Investitionen vollständig. Die firmenspezifische Investition wirkt also wie ein Pfand in Händen der Nachfrager gegen einen Qualitätsbetrug des Anbieters. Im Marktgleichgewicht werden die Anbieter von Gütern hoher Qualität firmenspezifische Ausgaben genau in Höhe des Barwerts der zu erwartenden Quasi-Renten tätigen. Die Nullgewinnbedingung ist dann wieder erfüllt, die Durchschnittskosten einschließlich der Kosten der firmenspezifischen Investitionen AC_h^+ sind – wie in Abbildung 2 zu sehen – genauso hoch wie der Preis p_2, den die Anbieter hochqualitativer Güter erzielen. Anreize für Konkurrenten, in den Markt einzutreten, sind nicht mehr vorhanden.

Da Konsumenten normalerweise nicht über die notwendigen Informationen zur Beurteilung verfügen, ob ein hoher Preis auf eine hohe Preisprämie für den Anbieter oder lediglich auf eine ineffiziente Produktion zurückzuführen ist, eignen sich besonders für die Nachfrager beobachtbare firmenspezifische Investitionen, um die Höhe des Pfandes für das Angebot hochqualitativer Güter deutlich werden zu lassen. Bezogen auf WPG ist dabei an Investitionen zum Aufbau und Erhalt eines Markennamens, an Investitionen in das Humankapital der Mitarbeiter und in technische Ausstattung, wie beispielsweise die Entwicklung spezieller Prüfungssoftware,[261] sowie an Werbung[262] zu denken. Als Investitionen in den Markennamen sind dabei neben verschiedenen Mitteln des Marketings und der Öffentlichkeitsarbeit z.B. auch die Veröffentlichungs- und

[261] Die entsprechenden Kosten können beispielsweise im Geschäftsbericht der Öffentlichkeit zur Kenntnis gebracht werden. Vgl. Lenz (Wahl 1993), S. 261. Für relativ aktuelle Daten aus den USA vgl. Antle et alii (Independence 1997), S. 17.

[262] Die restriktiven Regelungen hinsichtlich Werbeaktivitäten von Berufsstandsmitgliedern, wie sie in den früheren Berufsrichtlinien und in der ursprünglichen Fassung der Berufssatzung der Wirtschaftsprüferkammer enthalten waren, sind mittlerweile einer deutlich liberaleren Haltung gewichen. Vgl. § 34 der aktuellen Fassung der Berufssatzung.

Vortragstätigkeit einzelner WP anzusehen.[263] Alle diese Investitionen gehen gemäß den Modellüberlegungen für die einzelnen WPG bei einem Qualitätsbetrug verloren; sie sind nicht anderweitig innerhalb oder außerhalb des Unternehmens verwertbar, weshalb sie als glaubhaftes Pfand für die Erbringung einer hochqualitativen Prüfungsleistung geeignet sind.

Für den Zusammenhang zwischen Größe und Qualität bei den Anbietern am Prüfungsmarkt könnten zunächst die in zahlreichen Studien beispielsweise aus den USA festgestellten höheren Honorare für Big6-WPG im Vergleich zu kleineren Prüfern sprechen.[264] Allerdings gibt es auch Hinweise darauf, daß diese höheren Honorare nicht nur aufgrund einer Preisprämie, die nach dem soeben dargestellten Modell für eine höhere Qualität dieser Prüfungsleistungen sprechen, sondern aufgrund höherer Kosten anfallen könnten.[265] Deutlicher weisen die offensichtlich höheren Investitionen der Big6-WPG in ihren Markennamen, in die Ausbildung ihrer Mitarbeiter und in Prüfungstechnologie auf ein höheres Pfand für das tatsächliche Angebot höherqualitativer Prüfungsleistungen bei diesen Gesellschaften hin. Über einen national und international bekannten Markennamen verfügen lediglich die Big6-Gesellschaften. Insgesamt können die Modellüberlegungen von Klein/Leffler als geeignet angesehen werden, um zu zeigen, daß Big6-WPG bei qualitätsbetrügendem Verhalten mehr zu verlieren haben als kleinere Prüfer und daß sie deshalb von den Prüfungsnachfragern als Anbieter eingeschätzt werden können, die stärkeren Anreizen unterliegen, eine hohe Prüfungsqualität anzubieten.[266]

3.1.3 „Deep Pockets"

In den beiden bisher vorgestellten Modellen gründen Qualitätsunterschiede jeweils darauf, daß ein Prüfer, dessen Leistungen von den Marktteilnehmern als von höherer Qualität angesehen werden, mehr zu verlieren hat als andere Prüfer, wenn er den Qualitätsanforderungen nicht gerecht wird. Dieser Zusammenhang gilt grundsätzlich auch für die folgenden Überlegungen. Allerdings wird jetzt zunächst nicht von unterschiedlichen Prüfungsqualitäten ausgegan-

[263] Vgl. Lenz (Wahl 1993), S. 258-264.

[264] Vgl. beispielsweise Craswell/Francis/Taylor (brand 1995), die neben Honorarprämien für Big8-WPG in Höhe von 30% auch höhere Prämien für sog. Branchenspezialisten unter den WPG ausmachen konnten.

[265] Vgl. Moizer (Reputation 1997), S. 72; Lenz (Wahl 1993), S. 268ff. Ungeachtet der Modellüberlegungen könnte gerade auch der höhere Aufwand, den große WPG bei einer Prüfung auf sich nehmen und der sich in höheren Kosten niederschlägt, für eine höhere Qualität der Prüfungsleistungen von Big6-WPG verantwortlich sein.

[266] Auch wenn die Modellüberlegungen beispielsweise wegen der im Prüfungsmarkt nicht existierenden Möglichkeit für einen betrügenden Anbieter, sein Angebot kurzfristig auszuweiten, oder wegen der in der Realität nicht modellgemäß eintretenden Folgen eines Qualitätsbetrugs nicht immer für die Verhältnisse am Prüfungsmarkt adäquat sind, bietet das Modell insgesamt doch eine auch intuitiv eingängige Erklärung dafür, daß Nachfrager von einem Zusammenhang zwischen dem Markennamen – und damit der Größe – einer WPG und der von ihr angebotenen Prüfungsqualität ausgehen können.

gen. Vielmehr dient die Fähigkeit des Prüfers, für Prüfungsfehler im Schadensfall den Prüfungsnachfragern Ersatz leisten zu können, als Qualitätsmerkmal.[267] Andere Beteiligte neben dem Prüfer sind im Schadensfall häufig nicht mehr zu einer Ersatzleistung fähig. Weil diejenigen Prüfer, die besser in der Lage sind, Schadenersatz zu leisten, als andere Prüfer, die also über „tiefere Taschen" verfügen und somit mehr zu verlieren haben, auch stärkeren Anreizen unterliegen, Prüfungsfehler zu vermeiden, können diese Prüfer dann auch als Anbieter höherqualitativer Prüfungsleistungen angesehen werden.[268] Da große WPG regelmäßig über „tiefere Taschen" verfügen als kleinere Prüfer, können ihre Prüfungsleistungen von den Nachfragern als höherqualitativ eingeschätzt werden als diejenigen kleinerer Prüfer.[269]

Inwiefern die Abschlußprüfung eine Versicherungsfunktion hat, hängt neben der finanziellen Potenz der Prüfer von den geltenden rechtlichen Haftungsregelungen ab. Für den deutschen Markt dürfte wegen der weitgehend ausgeschlossenen Haftung der Abschlußprüfer gegenüber Dritten die Versicherungsfunktion eine weniger wichtige Rolle spielen als in anderen Ländern.[270]

Zusammenfassend läßt sich festhalten, daß die Fähigkeit der Prüfer, für Schäden geradezustehen, als Qualitätssignal für ihre Prüfungsleistungen herangezogen werden kann, auch wenn für den deutschen Markt wegen der herrschenden Haftungssituation dieses Signal weniger stark ausfallen dürfte als in anderen Ländern.[271]

---

[267] Vgl. Ruhnke (Normierung 2000), S. 28-30. Als grundlegend für die Sichtweise des Prüfers als Versicherer, der gegen eine Gebühr bereit ist, einen Teil des Risikos des Eigners zu tragen für dessen Verluste, die aus einem Prüfungsfehler resultieren können, ist die Arbeit von Antle (Auditor 1982) anzusehen.

[268] Vgl. Dye (Wealth 1993), S. 893ff. Für eine Modellerweiterung um Haftungsregeln und ihren Einfluß auf Prüfungsqualität und das gesellschaftlich wünschenswerte Investitionsniveau vgl. Schwartz (Legal 1997). Auf den Einfluß der Versicherbarkeit solcher Schadensfälle durch die Prüfer soll hier nicht eingegangen werden. Vgl. hierzu Ewert/Feess/Nell (Prüfungsqualität 2000), S. 579-581, 585ff.

[269] In einer empirischen Untersuchung hat Palmrose (Litigation 1988) festgestellt, daß Big8-WPG weniger häufig von Haftungsklagen betroffen waren als ausgewählte größere unter den Nicht-Big8-WPG. Der Ausschluß kleinerer Prüfer aus der Untersuchung läßt sich mit der Vermeidung einer Verzerrung der Ergebnisse wegen der tendenziell höheren Attraktivität großer Prüfer als Ziel von Haftungsklagen begründen. Vgl. Palmrose (Litigation 1988), S. 60.

[270] In diesen anderen Ländern ist die Wahl des Prüfers deshalb als beiderseitiger Auswahlprozeß zu verstehen. Nicht nur Mandanten wählen sich den für sie passenden Prüfer, sondern auch die Prüfer werden unter einem strengen Haftungsregime versuchen, die Aufnahme zu riskanter Unternehmen in ihr Mandantenportfolio zu vermeiden. Vgl. Firth/Smith (Quality 1995), S. 243. Vgl. auch Simunic/Stein (portfolio 1990), die von einem positiven Zusammenhang zwischen der Höhe des Prüferhonorars und dem Ausmaß des mit einem Mandanten verbundenen Risikos ausgehen (S. 336ff.).

[271] So deuten beispielsweise die Ergebnisse einer empirischen Arbeit für den Markt im UK darauf hin, daß „the threat of litigation rather than the loss of client-specific rents ... drives the superior accuracy of large auditors." Lennox (Quality 1999), S. 800. Einzelne Fälle, in denen WPG zur Schadensregulierung mittlerweile auch in Deutschland – zumindest außergerichtlich – hohe Beträge bezahlen, könnten auf eine zunehmende Annäherung der deutschen an internationale Verhältnisse hindeuten. Vgl. dazu Fußnote 217.

3.2 Empirische Arbeiten zur Qualitätsdifferenzierung bei Abschlußprüfungsleistungen in Deutschland

Die Wichtigkeit empirischer Analysen zur Beantwortung der Frage nach Qualitätsdifferenzen unter Abschlußprüfungsleistungen wurde schon von Dopuch (1984) betont.[272] Im Gegensatz zu den Staaten des angelsächsischen Sprachraums wurden für den deutschen Markt bisher nur wenige Arbeiten auf diesem Gebiet veröffentlicht.[273] In den letzten Jahren in der deutschen Literatur verfolgte empiriegestützte Forschungsansätze zum Thema „Prüfungsqualität" reichen von der Messung der Abschlußprüferqualität anhand der Publizitätsgüte der von unterschiedlichen Prüfern geprüften Konzernabschlüsse[274] über Arbeiten, die den Zusammenhang untersuchen zwischen unternehmensspezifischen Faktoren und der Wahl von Prüfern unterschiedlicher Qualität[275] bzw. der Entscheidung nicht prüfungspflichtiger Gesellschaften, überhaupt einen Prüfer zu bestellen,[276] bis zur Befragung verschiedener Akteure nach ihrer subjektiven Einschätzung von Prüfungsqualität bzw. von zur Beurteilung von Prüfungsqualität wichtigen Faktoren.[277] Auf die Technik der Befragung greifen auch Arbeiten zurück, die dadurch Einflußfaktoren auf Prüferwahl- und Prüferwechselentscheidungen festzustellen versuchen.[278] Diese Arbeiten eruieren am Rande auch jeweils die Einschätzung der Qualität der Prüferleistungen durch die Befragten.

Die Ergebnisse der Arbeiten, die auf die Qualitätsdifferenzierung unter den Prüferleistungen eingehen, werden im folgenden knapp dargestellt:

Jäckel/Leker (1995) gehen davon aus, daß die Publizitätsqualität von Konzernabschlüssen in stärkerem Maße vom Verhalten der Abschlußersteller und -prüfer abhängt als von den materiellen Rechnungslegungsvorschriften. Die Publizitätsgüte wird durch zwei verschiedene Modelle gemessen, die beide grundsätzlich die Erfüllung der vom Gesetzgeber geforderten Berichtspflichten bei der Ausübung von zahlreichen Wahlrechten in jeweils einem Zahlenwert verdichten, der als Maß für die Publizitätsgüte verwendet wird. Auf Basis von 102 Konzernabschlüssen testen Jäckel/Leker neben anderem die Hypothese, wonach die von den größten WPG geprüften Konzernabschlüsse eine höhere Publizitätsgüte aufweisen als die von kleineren WPG geprüften. Die Prüfungsgesellschaften wurden dabei in drei Größenklassen eingeteilt: zu den größten

---

[272] Vgl. Dopuch (Demand 1984), S. 254.

[273] Für Gründe vgl. Ruhnke (Forschung 1997), S. 315ff., der auch ein umfangreiches Verzeichnis der international erschienenen empirischen Arbeiten zum Bereich „Prüfungswesen" auflistet. Moizer (Reputation 1997), S. 72, weist in seinem Überblicksartikel explizit auf den Mangel an empirischen Arbeiten zur Qualitätsdifferenzierung unter WPG in Deutschland hin.

[274] Vgl. Jäckel/Leker (Konzernpublizität 1995).

[275] Vgl. Lenz (Wahl 1993).

[276] Vgl. Lenz/Verleysdonk (Analyse 1998).

[277] Vgl. Dykxhoorn/Sinning/Wiese (Qualität 1996); Marten (Qualität 1999); Marten/Schmöller (Image 1999); Gierl/Helm (Reputation 2000).

[278] Vgl. Coenenberg/Marten (Wechsel 1993); Marten (Wechsel 1994); Lorenz (Auswahl 1997).

WPG gehören KPMG und C&L, die Gruppe der großen WPG besteht aus BDO, Ernst & Young und WEDIT, alle anderen Prüfer finden sich in der dritten Gruppe. Die Ergebnisse von Jäckel/Leker lassen genauso wie Vorgängerstudien aus den 70er Jahren[279] keine durchgängig signifikanten Ergebnisse erkennen, die eine Qualitätsdifferenzierung unter den Prüfern verschiedener Größenklassen bestätigen.[280] Allerdings deuten vor allem die Ergebnisse der deskriptiven Analyse darauf hin, daß die beiden größten WPG und BDO tendenziell mit Gesellschaften verbunden sind, deren Konzernabschlüsse die beste Publizitätsgüte aufweisen. Die große Streuung der Publizitätsgüte der von den einzelnen WPG testierten Konzernabschlüsse legt darüber hinaus den Verdacht nahe, „daß die unbefriedigende Publizitätsqualität deutscher Konzerne durch den Einfluß des testierenden Abschlußprüfers nur unzureichend erklärt werden kann."[281] Somit ergibt sich bei Jäckel/Leker auch als Resultat, daß die Prüfungsqualität, definiert als Kontrollfunktion für die Publizitätsgüte, bei allen WPG stark verbesserungsbedürftig ist. Die Arbeit von Jäckel/Leker ist die einzige der hier aufgezählten, die anhand objektiver Kriterien eine direkte Messung von Qualitätsunterschieden vornimmt.[282]

Anhand objektiv beobachtbarer Daten wird in der Arbeit von Lenz (1993) untersucht, ob sich bei deutschen Aktiengesellschaften in Abhängigkeit von unternehmensspezifischen Faktoren eine qualitätsdifferenzierte Prüfungsnachfrage feststellen läßt. Dabei zeigt sich allerdings, daß die von vergleichsweise starken fremd- bzw. eigenfinanzierungsbedingten Interessenkonflikten betroffenen Gesellschaften, bei denen von einer höheren Wahrscheinlichkeit für die Bestellung eines großen und damit annahmegemäß hochqualitativen Prüfers auszugehen sein sollte, nicht systematisch häufiger einen großen Prüfer bestellen.

Die anderen hier anzusprechenden Arbeiten basieren auf Befragungen von Wirtschaftsprüfern, Mitgliedern von Unternehmensverwaltungen und außenstehenden Rechnungslegungsadressaten. Der verwendeten Methode der Befragung haftet immer das Problem an, daß die erhaltenen Antworten von der Verfolgung eigennütziger Ziele der Befragten motiviert sein dürften.[283] Dies gilt besonders, wenn die zu Prüfenden ein Urteil über den Prüfer abgeben sollen. Während in der Arbeit von Marten (1994) zum Wechsel des Abschlußprüfers und der Studie von Dykxhoorn/Sinning/Wiese (1996) zur Qualitätsbeurteilung von Prüfern durch die Leiter von Kreditabteilungen deutscher Banken nur am Rande Fragen zur Qualitätsdifferenzierung von Prüfungsleistungen gestellt werden, wobei die Befragten jeweils die Big6-WPG als Anbieter höherqualita-

[279] Vgl. Jäckel/Leker (Konzernpublizität 1995), S. 304.
[280] Es ergeben sich auch unterschiedliche Ergebnisse in Abhängigkeit des verwendeten Indexes.
[281] Vgl. Jäckel/Leker (Konzernpublizität 1995), S. 305.
[282] Zur Kritik an der Vorgehensweise von Jäckel/Leker (Konzernpublizität 1995), die sich hauptsächlich auf den nach Martens Meinung fehlenden unmittelbaren Zusammenhang der Publizitätsgüte zur Qualität der Prüfungsleistung bezieht, vgl. Marten (Qualität 1999), S. 107f.
[283] Vgl. auch die Anmerkungen in Fußnote 23.

tiver Prüfungsleistungen einschätzten,[284] versuchen die folgenden Arbeiten zu ermitteln, welche Erwartungen die Befragten an Prüfer haben und inwieweit sie diese Erwartungen erfüllt sehen. Marten (1999) stellt ein Konzept zur Messung der Qualität von Prüfungsleistungen vor, das auf Unterschieden zwischen Erwartung an und Wahrnehmung von Prüfungsleistungen basiert. Auf Unterschiede zwischen einzelnen real existierenden Prüfungsanbietern oder Gruppen von Prüfungsanbietern wird dabei nicht eingegangen. Auch in der Studie von Gierl/Helm (2000), die mittels einer Conjoint-Analyse geeignete Qualitätssignale für WPG identifiziert, findet keine direkte Beurteilung verschiedener Prüfergruppen statt. Dagegen untersuchen Marten/Schmöller (1999) explizit verschiedene Größenklassen von Prüfern darauf, wie diese von ihren Mandanten hinsichtlich verschiedener Eigenschaften eingeschätzt werden und wie diese Einschätzung von einem Idealbild der Befragten abweicht. Eindeutige Unterschiede zwischen Big6-WPG und anderen Prüfern ergeben sich dabei hinsichtlich der Qualitätseigenschaften meist nicht.

Allen aufgezählten Untersuchungen ist gemein, daß sie nicht kapitalmarktorientiert sind. Im Gegensatz zu den Arbeiten von Jäckel/Leker (1995) und Lenz (1993) wird bei der Konzeption der auf Befragungen basierenden Arbeiten zudem nicht klar, warum (auch) die zu Prüfenden als ökonomische Nachfrager nach Abschlußprüfungsleistungen angesehen werden und welchen Sinn eine Befragung dieser Personengruppe zur Einschätzung von Prüfungsqualität machen kann. Die Kapitalmarktperspektive bringt in der Frage der Qualitätseinschätzung von Prüferleistungen den Vorteil, ein verdichtetes Urteil der subjektiven Einschätzungen vieler Marktteilnehmer erhalten zu können. Wegen der Auswirkungen von Prüferwahl- und wechselentscheidungen auf die Vermögensposition der Beteiligten kommt den objektiv beobachtbaren Entscheidungen hohe Glaubwürdigkeit zu.

Wie sich im weiteren Verlauf der Arbeit zeigen wird, eignet sich gerade die Situation eines IPO besonders, der Frage nach qualitätsdifferenzierten Prüfungsleistungen nachzugehen. Dazu wird im folgenden Kapitel zunächst ein Überblick über die institutionellen Bedingungen für IPO in Deutschland gegeben.

[284] Vgl. Marten (Wechsel 1994), S. 273ff.; auch Coenenberg/Marten (Wechsel 1993), S. 109f.; Dykxhoorn/Sinning/Wiese (Qualität 1996), S. 2033f. Ein abweichendes Ergebnis ergibt sich bei Lorenz (Auswahl 1997), S. 127ff., der ebenfalls nur am Rande auf Qualitätsunterschiede eingeht.

4 Initial Public Offerings

4.1 Begriffsbestimmung

Die Begriffe „Initial Public Offering“ oder kurz „IPO“ und „Going Public“ sowie „Börseneinführung“, „Börsengang“ oder „Aktienerstemission“ werden meist synonym verwendet, ohne in der Literatur inhaltlich eindeutig bestimmt zu sein.[285] In der vorliegenden Arbeit wird unter diesen auch hier synonym verwendeten Begriffen die „erstmalige Plazierung von Aktien eines Unternehmens beim Anlegerpublikum in Verbindung mit dessen Börseneinführung“ verstanden.[286] Diese Definition stellt auf das zeitlich eng zusammenliegende erstmalige öffentliche Angebot an anonyme Anleger und die erstmalige Ermittlung von Börsenkursen für die Aktien der emittierenden Gesellschaft ab.

Ein Angebot der Aktien an ein breites Anlegerpublikum liegt nicht vor, wenn im Rahmen einer Privatplazierung[287] nur bestimmte Personen zur Zeichnung zugelassen werden oder wenn die Verteilung der Aktien an bestimmte Mitgliedschaftsrechte anknüpft. Deshalb werden zwar Equity Carve-Outs als IPO angesehen, nicht aber Spin-Offs.[288] Bei einem Spin-Off werden – vergleichbar mit einer Dividendenzahlung – Vermögensteile eines Unternehmens, speziell Aktien eines Tochterunternehmens, quotal an die Eigentümer des Mutterunternehmens verteilt. Es existiert kein öffentliches Zeichnungsangebot. Im Gegensatz dazu werden beim Equity Carve-Out Aktien eines Tochterunternehmens mit oder ohne Bezugsrecht der Aktionäre des Mutterunternehmens zur Zeichnung angeboten.[289] Im Rahmen eines Equity Carve-Out fließt dem Mutter- und bzw. oder dem Tochterunternehmen Kapital zu. Unabhängig von der Existenz eines Bezugsrechtes handelt es sich bei einem Equity Carve-Out um ein IPO in der hier verwendeten Definition, da sich das Angebot letztendlich an ein breites Publikum richtet.

Für das Vorliegen eines IPO ist es unerheblich, ob die angebotenen Aktien aus einer Kapitalerhöhung oder aus dem Bestand der Altaktionäre stammen. Im zweiten Fall wird dem Unternehmen kein neues Kapital zugeführt; es findet

---

[285] Vgl. statt vieler Ehrhardt (Börseneinführungen 1997), S. 3-5; Schlick (Going Public 1997), S. 6f.

[286] Von Oettingen (Going public 1995), S. 897.

[287] Unter einer Privatplazierung ist der „Direktverkauf der Aktien von nichtbörsennotierten Gesellschaften an ausgewählte und gezielt angesprochene Investoren ohne öffentliches Angebot“ zu verstehen. Siehe Rödl/Zinser (Going Public 1999), S. 302.

[288] Zur Definition dieser Begriffe vgl. Schipper/Smith (Comparison 1986), S. 154; Slovin/Sushka/Ferraro (Carve-Outs 1995), S. 91; Weston/Chung/Hoag (Mergers 1990), S. 224f., 231-235.

[289] Im Untersuchungszeitraum 1990 bis 1999 fand in Deutschland in den analysierten Börsensegmenten Amtlicher Handel, Geregelter Markt und Neuer Markt kein Equity Carve-Out statt, bei dem die emittierten Aktien ausschließlich unter Ausgabe von Bezugsrechten an die Aktionäre des Mutterunternehmens verteilt wurden.
In den letzten Jahren gingen vor allem Beteiligungsgesellschaften dazu über, einen Teil der von ihnen im Zuge des IPO angebotenen Aktien von Gesellschaften, an denen sie beteiligt sind, bevorzugt ihren eigenen Aktionären zur Zeichnung anzubieten.

ausschließlich eine Änderung in der Zusammensetzung der Eigentümer der Gesellschaft statt.

Eine erstmalige Börsennotierung liegt vor, wenn zuvor weder die emittierte Aktiengattung noch eine andere Aktiengattung des Unternehmens an einem Segment einer Börse notiert war, wobei die Notierung an einer ausländischen Börse einer Inlandsnotiz gleichgestellt ist. Grundsätzlich ist somit Voraussetzung für ein IPO, daß zuvor keine Kurse an der Börse und in dem in die Börse einbezogenen Freiverkehr für irgendeine Aktiengattung des Unternehmens ermittelt wurden.[290] Vereinzelt gehen Unternehmen an die Börse, für deren Aktien bereits seit längerer Zeit Kurse von verschiedenen Wertpapierdienstleistern bzw. Maklerunternehmen im sog. Telefonhandel oder „Handel mit außerbörslichen Beteiligungen“ ermittelt werden. Sieht man davon ab, daß die vor IPO gehandelten Aktien zu einem früheren Zeitpunkt normalerweise über ein öffentliches Angebot plaziert worden waren und deshalb wegen des Fehlens des Merkmals der erstmaligen Plazierung nicht von einem IPO in der hier verwendeten Definition gesprochen werden kann, spricht die Kursfeststellung im außerbörslichen Handel für die Zwecke dieser Arbeit gegen das Vorliegen eines IPO. Hier ist ein IPO vor allem deshalb von Interesse, weil es sich um eine Situation handelt, in der sich Anleger Unsicherheit über den Marktwert der angebotenen und in den Börsenhandel einzuführenden Aktien ausgesetzt sehen und die regelmäßig mit dem Entstehen oder einer Zunahme der Interessenkonflikte unter und zwischen den Aktionären und der Unternehmensverwaltung einhergeht. Die über einen längeren Zeitraum verfolgbare Kursentwicklung im außerbörslichen Handel mindert genauso wie das breitere Ausmaß von verfügbaren Unternehmensinformationen die Unsicherheit der Anleger über den Marktwert dieser Aktien.[291]

---

[290] Vgl. Ehrhardt (Börseneinführungen 1997), S. 4.

[291] In diesem Zusammenhang ist auf zwei problematische Aspekte hinzuweisen: Zum einen werden seit vielen Jahren von einzelnen Börsenmaklern im unmittelbaren Vorfeld des IPO die an die Börse kommenden Aktien schon vorab per Erscheinen gehandelt. Durch die fortlaufende Veröffentlichung der Kurse im vorbörslichen Handel in den letzten Jahren im Internet wird den Anlegern ein Anhaltspunkt für den Marktwert der Aktien und damit eine Entscheidungserleichterung über die Zeichnung der Aktien gegeben. Dadurch wird zum Zeitpunkt der Zeichnungsentscheidung die fundamentale Unsicherheit der Anleger über den Marktwert der Aktien reduziert; allerdings ist die Aussagekraft dieser Kurse wegen des geringen Handelsvolumens und des – zumindest auf Verkäuferseite – beschränkten Zugangs zum Handel eingeschränkt. Beispielsweise lag der erste Börsenkurs unter den IPO im Jahr 1999 um bis zu 32% unter dem im Handel per Erscheinen zuletzt gestellten Geldkurs bzw. um 40% über dem zuletzt gestellten Briefkurs. Vgl. Börsenmakler Schnigge AG, http://www.schnigge.de/ipo_historie.php?jahr=1999 (Stand 27.02.2001) nach Eliminierung offensichtlicher Falschangaben und ausländischer Emittenten. Zum anderen kamen im Untersuchungszeitraum AG an die Börse, deren Aktien bereits früher börsennotiert waren, die aber beispielsweise nach einem Abfindungsangebot an die freien Aktionäre nur noch einen vernachlässigbar geringen free float aufwiesen. Vgl. Ehrhardt (Börseneinführungen 1997), S. 4, und den Abschnitt 6.2.3 der hier vorliegenden Arbeit. Im Gegensatz zum Handel per Erscheinen führt die bestehende Börsennotierung dieser AG, die in der Vergangenheit deswegen bestimmten Informationspflichten gegenüber der Öffentlichkeit nachzukommen hatten, dazu, daß die betroffenen Emissionen in dieser Arbeit nicht als IPO angesehen werden.

Plazierung und Börseneinführung der Aktien müssen in engem zeitlichen Zusammenhang stehen. Notierungsaufnahmen von vor längerer Zeit plazierten Aktien fallen nicht unter den Begriff des IPO. Auf Sonderfälle wird im Rahmen der Beschreibung methodischer Probleme der empirischen Untersuchung näher eingegangen.[292]

4.2 Motive für ein IPO

In Abhängigkeit vom Alteigentümer eines IPO-Unternehmens stehen unterschiedliche Motive für ein IPO im Vordergrund.[293] Während bei Privatpersonen als Eigentümern neben der Eigenkapitalbeschaffung die Möglichkeit zur Vermögensdiversifikation, die Maximierung des Verkaufserlöses und bzw. oder der Erhalt des Einflusses auf das Unternehmen einen hohen Stellenwert einnehmen dürften,[294] verfolgt die öffentliche Hand mit Privatisierungen durch IPO vornehmlich politische Ziele. Konzerne versuchen mit der Verselbständigung von Konzerntöchtern Marktwertsteigerungen und Vorteile bei der Eigenkapitalbeschaffung, aber möglicherweise auch private Vorteile für die Unternehmensverwaltung zu erzielen. Venture-Capital- und Private-Equity-Gesellschaften trachten mit dem IPO nach einem möglichst vorteilhaften Ausstieg aus einer Beteiligung bzw. nach der Schaffung der Grundlagen für einen zukünftigen Ausstieg. Das IPO von Konzerntochterunternehmen und als Exit-Kanal für Venture-Capital- und Private-Equity-Gesellschaften hat in Deutschland erst in den letzten Jahren stark an Bedeutung gewonnen.[295]

Die Gesamtheit möglicher Vorteile eines IPO läßt sich in zwei Gruppen einteilen: gesellschaftsbezogene Vorteile, die auf der Unternehmensebene eintreten, und Vorteile für die Altgesellschafter.[296] Unter den gesellschaftsbezogenen Vorteilen ist zuerst der erleichterte Zugang zur Eigenkapitalbeschaffung zu nennen.[297] Gerade für junge Wachstumsunternehmen stellt ein IPO durch die Möglichkeit der Verteilung des Risikos auf viele Anleger häufig die günstigste Möglichkeit der Finanzierung dar. Für solche Gesellschaften ist die Aufnahme von Fremdkapital wegen des zu hohen Ausfallrisikos oftmals nicht möglich[298] und die Beteiligungsmöglichkeit von Venture-Capital (VC)-Gesellschaften bereits ausgeschöpft bzw. nicht vorteilhaft. Für die Zukunft erhält ein

---

[292] Vgl. Abschnitt 6.2.3.

[293] Vgl. Ehrhardt (Börseneinführungen 1997), S. 7f.

[294] Vgl. Langemann (Börsengang 2000), S. 78f. Daß bei Befragungen häufig andere Gründe in den Vordergrund geschoben werden, dürfte mit Aspekten der Selbstdarstellung zusammenhängen. Vgl. beispielsweise Bösl (Börsenreife 1996), S. 190ff.

[295] Vgl. zum IPO von Tochterunternehmen Kaserer/Ahlers (Kursreaktionen 2000).

[296] Vgl. Langemann (Börsengang 2000), S. 80-85.

[297] Vgl. zu Problemen der Eigenfinanzierung gerade mittelständischer Unternehmen Martin (Eigenkapitalzuführung 1998), S. 221, 223f. Dagegen konnten Pagano/Panetta/Zingales (source 1996) für Italien zeigen, daß die Generierung von Kapital zur Finanzierung neuer Investitionsprojekte und des Wachstums der Gesellschaft von untergeordneter Bedeutung unter den Motiven für ein IPO ist.

[298] Vgl. Gerke (Venture 1998), S. 617-619.

Unternehmen durch das IPO grundsätzlich dauerhaft die Möglichkeit, sich durch Ausgabe weiterer Aktien finanzieren zu können.[299] Daneben werden in der Literatur eine gestärkte Verhandlungsposition gegenüber Kreditgebern und damit niedrigere Zinsen für Fremdkapital,[300] Absatzsteigerungen im operativen Geschäft aufgrund des von den Verbrauchern unterstellten Abbaus von Qualitätsunsicherheit der Produkte und der durch die Börsennotierung geschaffenen erhöhten Aufmerksamkeit in der Öffentlichkeit,[301] analoge Vorteile auf dem Beschaffungs- und Arbeitsmarkt[302] sowie die Möglichkeit einer anreizwirksamen Vergütung des Managements, wofür gewöhnlich der Aktienkurs als objektiver Maßstab zur Leistungsbeurteilung des Managements verwendet wird,[303] als Vorteile eines IPO genannt. In diesem Zusammenhang wird auch argumentiert, „der Aktienhandel an der Börse mindere mögliche Konflikte, die aus der Trennung von Eigentum und Führung" entstünden.[304] Dabei bleibt allerdings unbeachtet, daß gerade die Abnahme der Konzentration des Aktienbesitzes durch das IPO für das Entstehen zusätzlicher Agency-Probleme verantwortlich ist.

Unter den häufig genannten Vorteilen eines IPO für die Altgesellschafter sind einige, wie beispielsweise die Möglichkeit der Diversifikation des Vermögens des Altgesellschafters und die Erleichterung einer Nachfolgeregelung, die zwar durch ein IPO erleichtert werden, aber zu ihrem Erreichen nicht notwendigerweise eines IPO bedürfen.[305] Allerdings lassen sich diese Ziele mittels eines IPO so umsetzen, daß gleichzeitig der Verkaufserlös maximiert und der Einfluß auf das börsennotierte Unternehmen aufrechterhalten werden kann. Sowohl private Altaktionäre als auch Konzernleitungen und VC-Gesellschaften werden sich nur dann für den (teilweisen) Verkauf eines Unternehmens mittels eines IPO entscheiden, wenn dieser Weg der Veräußerung der für sie vorteilhafteste ist. Für die Maximierung des Verkaufserlöses durch ein IPO lassen sich drei Gründe nennen: Da eine Unternehmensbeteiligung umso attraktiver ist, je leichter und kostengünstiger sie veräußerbar ist, tritt zum ersten mit der durch das IPO erreichten Erhöhung der Liquidität im Handel mit den standardisierten Aktien grundsätzlich eine Marktwertsteigerung ein.[306] Wie Zingales (1995) zeigt, kann zum zweiten ein IPO als ein verkaufserlösmaximierender Verfahrensschritt beim Verkauf eines ganzen Unternehmens angesehen werden. Der Verkauf von Cash-flow-Anteilsrechten an ein breites Anlegerpublikum, wobei der Alteigentümer wegen unterstellter vollständiger Konkurrenz

---

[299] Vgl. Röell (overview 1996), S. 1073-1075; Schlick (Going Public 1997), S. 8.
[300] Vgl. Langemann (Börsengang 2000), S. 110-122; Sharpe (Asymmetric 1990), S. 1070; Pagano/Panetta/Zingales (Why 1998), S. 39.
[301] Vgl. Stoughton/Wong/Zechner (Product 2000), S. 1-3 mit weiteren Nachweisen; Kunz (Going Public 1991), S. 19.
[302] Vgl. Blättchen (Going Public 1999), S. 40; Carls (Going-Public-Geschäft 1996), S.17f.; Kunz (Going Public 1991), S. 20.
[303] Vgl. die in Fußnote 71 genannte Literatur.
[304] Langemann (Börsengang 2000), S. 80, 89ff.; Holmström/Tirole (Monitoring 1993), S. 678f.
[305] Vgl. Bessler/Kaen/Sherman (Perspective 1998), S. 580, 582.
[306] Vgl. Amihud/Mendelson (Liquidity 1988), S. 6-9; Ostrowski (Offenlegung 1999), S. 23.

unter den Anlegern einen Verkaufserlös in Höhe des Grenzpreises der Käufer erzielen kann, und der Verkauf der Kontrollmehrheit am Unternehmen an einen einzelnen Investor, der die „private benefits“ aus der Stellung als Mehrheitsaktionär im Kaufpreis zu vergüten bereit ist, kann unter bestimmten Voraussetzungen die optimale Strategie für die Alteigentümer selbst dann darstellen, wenn der Alteigentümer nicht einen Preis in Höhe des Käufergrenzpreises aushandeln kann.[307] Zum dritten besteht für die Alteigentümer die Möglichkeit, irrationales Anlegerverhalten auszunutzen.[308] Überoptimismus der Anleger, der erst im Zeitablauf durch Unternehmensveröffentlichung abgebaut wird, kann – bedingt durch einen wegen zu hoher Kosten rationalen Verzicht auf eigene Informationsbeschaffungsaktivitäten – durch massenpsychologische Effekte wie etwa dem Herdeneffekt[309] hervorgerufen werden. Für Alteigentümer besteht durch die Wahl eines Emissionszeitpunktes, in dem die eigene AG ihren Profitabilitätshöhepunkt erreicht hat und der Markt bereits vorangegangene IPO euphorisch aufgenommen hat (hot-issue-Phasen), und durch unterstützende Maßnahmen wie window dressing, Werbung und positive Bankanalysen die Möglichkeit, ihre Erlöse zu steigern.

Während VC-Gesellschaften, die sich im Zuge des IPO oder in der Zeit danach von ihren Aktien trennen, ausschließlich an einem höchstmöglichen Verkaufserlös für ihre Beteiligung interessiert sein werden, stellt sich die Situation bei Privatpersonen, die nach dem IPO oftmals maßgeblich an der Gesellschaft beteiligt bleiben, und Konzernleitungen differenzierter dar. Der Einfluss auf das Unternehmen kann leichter bei einer atomisierten Struktur der durch das IPO hinzukommenden Aktionäre als gegenüber einem anderen Großaktionär aufrechterhalten werden. Für private Altaktionäre, die nach dem IPO im Management der AG tätig sind, können pekuniäre und nicht-pekuniäre Vorteile, die mit dieser Stellung verbunden sind, so wichtig sein, daß sie zur Sicherung ihrer Stellung eine wirksame Kontrolle durch andere Aktionäre mit größerer Beteiligungsquote verhindern wollen.[310] Für Konzernmanager könnte neben der Aufrechterhaltung des Einflusses beim Tochterunternehmen das Erreichen persönlicher Vorteile aus dem IPO von Bedeutung sein. Beispielsweise können Konzernmanager durch die Verteilung des Vermögens ihrer Aktionäre unter dessen Wert an sich selbst oder nahestehende Dritte Vorteile erzielen.[311]

[307] Vgl. Zingales (Insider 1995), S. 425ff.
[308] Vgl. Aggarwal/Rivoli (Fads 1990); Langemann (Börsengang 2000), S. 204-217.
[309] Vgl. Shiller (Überschwang 2000), S. 173ff.
[310] Vgl. Brennan/Franks (Underpricing 1997).
[311] Im hier verwendeten Datenset aller IPO zwischen 1990 und 1999 läßt sich kein höheres Underpricing bei IPO von Konzerntochterunternehmen im Vergleich zu anderen IPO feststellen. Gleiches gilt für AG, die sich zuvor in Staatseigentum oder dem Eigentum von Gewerkschaften oder Vereinen befanden. Bemerkenswert ist jedoch, daß keine dieser Gesellschaften in den letzten drei Jahren des Untersuchungszeitraumes overpriced war, was bei den anderen IPO in knapp 10% der Fälle auftrat.

4.3 Kosten des IPO

Den Vorteilen eines IPO stehen von der Gesellschaft und den Altaktionären zu tragende Kosten gegenüber. Diese Kosten fallen einmalig unmittelbar im Zusammenhang mit dem IPO und danach im Rahmen der Erfüllung von Folgeverpflichtungen an. Sie treten sowohl als Ausgaben[312] auf als auch als nicht ausgabenwirksame Vermögensminderungen.

Zu den einmaligen Kosten gehören neben den eventuell anfallenden Kosten für die Rechtsformumwandlung der Gesellschaft in eine AG oder KGaA und für organisatorische Anpassungen die Druck- und Veröffentlichungskosten für den Börsenzulassungsprospekt bzw. Unternehmensbericht, weitere Veröffentlichungskosten für Verkaufsangebot und Publikationen im Rahmen des Zulassungsverfahrens, Börsenzulassungsgebühren, Ausgaben für Werbung und Kommunikation, Honorare für Emissionsberater, Rechtsanwälte, Prüfer und als meist größter Betrag die Provisionen für die Konsortialbanken. Als Verkaufs-, Management-, Übernahme- und Börseneinführungsprovision und Entlohnung zusätzlicher Leistungen der Bank fallen in Deutschland etwa 4 bis 6% des Emissionserlöses an.[313] Unter den Konsortialbanken erhält der Konsortialführer den größten Anteil, da ihm die Managementprovision vollständig und von den anderen grundsätzlich quotal aufgeteilten Provisionen ein überproportional großer Teil zusteht.[314] Die gesamten ausgabenwirksamen Kosten belaufen sich in Abhängigkeit von der Höhe des Emissionserlöses auf 5 bis 10% von diesem.[315] An nicht ausgabewirksamen Kosten fallen neben der im Vergleich zu alternativen Möglichkeiten des Anteilsverkaufs bzw. der Kapitalzuführung stärkeren Belastung des Managements und der Offenlegung von Unternehmensinformationen[316] vor allem aufgrund der breiten Streuung der Kontrollrechte steigende Agency-Kosten, die sich im Marktwert der Aktien widerspiegeln,[317] und die durch das sog. Underpricing[318] entstehenden Vermögenseinbußen ins Gewicht.[319] Die Emission der Aktien zu einem Preis, der unter dem sich im Börsenhandel ergebenden Marktpreis liegt, bedeutet für die Altaktionäre sowohl bei der Emission von Aktien aus ihrem Bestand als auch bei

---

[312] Eine Übersicht aller ausgabenwirksamen einmaligen und Folgekosten findet sich bei Kiwitz/ Melzer (Kosten 2001). Vgl. auch beispielsweise Rödl/Zinser (Going Public 1999), S. 89ff.

[313] Vgl. Ehrhardt (Börseneinführungen 1997), S. 8f.; Jakob (Initial 1998), S. 46f., 151ff.; Kiwitz/ Melzer (Kosten 2001), S. 51.

[314] Vgl. Kiwitz/Melzer (Kosten 2001), S. 51.

[315] Vgl. Kiwitz/Melzer (Kosten 2001), S. 42, 56; Ehrhardt (Börseneinführungen 1997), S. 8f. mit weiteren Nachweisen.

[316] Durch die Offenlegung entstehen Kosten in Form einer Unternehmenswertreduzierung, wenn Wettbewerber ansonsten unzugängliche Informationen erhalten. Vgl. Smith (Investment Banking 1986), S. 20.

[317] Vgl. Berle/Means (Corporation 1932), S. 112; Schreyögg/Steinmann (Trennung 1981), S. 534-536. Die durch die Trennung von Eigentum und Kontrolle entstehenden Agency-Kosten (vgl. Jensen/Meckling (Theory 1976)) treten zwar regelmäßig bei einem IPO auf, sind aber nicht auf den Fall des IPO beschränkt.

[318] Vgl. Abschnitt 5.1.3. Dort findet sich auch eine Begriffsbestimmung.

[319] Zur Höhe von Underwriter-Provision und Underpricing in den USA vgl. Ritter (Costs 1987).

Emission aus Kapitalerhöhung einen Verlust gegenüber dem Verkauf zum Marktwert.[320] Daneben erleiden die Altaktionäre durch die kostenlose Ausgabe einer Mehrzuteilungsoption an die Konsortialbanken einen Vermögensnachteil.[321]

An laufenden Kosten sind nach dem IPO für börsennotierte AG diejenigen für Erstellung, Prüfung und Veröffentlichung des Jahresabschlusses[322] – soweit sie davon als nicht börsennotierte Gesellschaft befreit wären oder Erleichterungen in Anspruch nehmen könnten –, für den Geschäftsbericht, Zwischenberichte, Ad-hoc-Meldungen, die Durchführung der Hauptversammlung, die Vergütung qualifizierter Aufsichtsräte, für Investor Relations und die Kosten für den Betreuer im Aktienhandel sowie die jährlichen Notierungsgebühren zu berücksichtigen. Dazu kommen wiederum die nicht ausgabenwirksamen Kosten durch die Offenlegung der Unternehmensinformationen, die aus „out-of-pocket production costs, the value of management´s time, and the reduction in firm value from disclosing valuable information otherwise unavailable to the firm´s competitors" bestehen.[323]

4.4 Institutionelle Regelungen

In Deutschland existierten in dem in dieser Arbeit untersuchten Zeitfenster von 1990 bis 1999 zunächst drei verschiedene Börsensegmente: der Amtliche Handel, der Geregelte Markt und der in die Börse einbezogene Freiverkehr.[324] Im März 1997 führte die Deutsche Börse AG mit dem Neuen Markt an der Frankfurter Wertpapierbörse ein weiteres Börsensegment ein. Dieses privatrechtlich organisierte Segment war rechtlich ein Teil des Geregelten Marktes. Der Neue Markt wurde ins Leben gerufen, um innovativen, kleinen bis mittelgroßen Unternehmen, die über ein hohes Wachstumspotential verfügten und

---

[320] Zur Berechnung der Höhe dieses Verlustes vgl. Abschnitt 6.2.6.2.

[321] Eine Mehrzuteilungsoption gleicht einer Call-Option mit dem um die anteilige Underwriterprovision reduzierten Emissionspreis als Basis. Vgl. Muscarella/Peavy/Vetsuypens (Over-Allotment 1992), S. 77. Die Konsortialbanken versichern sich mit dieser Option gegen das Risiko, eine im Zuge des IPO aufgebaute short-Position wegen eines Kursanstiegs nach IPO mit Verlust glattstellen zu müssen. Altgesellschafter oder Gesellschaft verzichten als Stillhalter regelmäßig auf die Bezahlung des Marktwertes dieser Option; allerdings lassen sich für Altgesellschafter und Emittenten auch Vorteile im Zusammenhang mit der Mehrzuteilungsoption, wie beispielsweise das Auslösen stärkerer Verkaufsanstrengungen für die Emission bei den Konsortialbanken, generieren. Vgl. Carter/Dark (Over-Allotment 1990). Zur Vorteilhaftigkeit von Mehrzuteilungsoptionen für die Konsortialbanken vgl. auch Cotter/Thomas (Over-Allotment 1998).

[322] Zu den handelsrechtlichen Vorschriften zur Offenlegung vgl. Ostrowski (Offenlegung 1999), S. 20-22.

[323] Smith (Investment Banking 1986), S. 20.

[324] Der Geregelte Markt wurde nach Inkrafttreten des Börsenzulassungsgesetzes am 4. Mai 1987 etabliert. Der heutige Freiverkehr bildete sich Anfang Mai 1988 aus den zuvor im geregelten Freiverkehr gehandelten Gesellschaften, die nicht die Möglichkeit zum Wechsel in den Geregelten Markt während der einjährigen Übergangsperiode wahrgenommen hatten, und den vorher im ungeregelten Freiverkehr gehandelten Werten. Vgl. Ehrhardt (Börseneinführungen 1997), S. 17f.; Ostrowski (Offenlegung 1999), S. 21.

international orientiert waren, den Zugang zu den Finanzierungsmöglichkeiten des Kapitalmarktes zu eröffnen. Dieses Segment war auch für Unternehmen aus traditionellen Branchen gedacht, die neue Verfahren einsetzten.[325] Bei der überwiegenden Mehrheit der an den Neuen Markt gekommenen Unternehmen handelt es sich um junge Unternehmen, die neuartige Produkte und Dienstleistungen anbieten. Kapitalakquisition bei den Anlegern ist für junge Gesellschaften, die sich in neuen Branchen mit unklaren Zukunftsaussichten aufhalten, demnach also mit hohem Risiko für die Anleger verbunden sind, schwierig. Um Anleger zu veranlassen, Kapital in diese Gesellschaften zu investieren, hatte die Deutsche Börse AG die Emittenten verpflichtet, dem hohen Risiko auf Anlegerseite hohe Transparenz auf Emittentenseite entgegenzustellen. Nach dem Regelwerk des Neuen Marktes wurden die Emittenten zu aktiver und zeitnaher Information der Anleger verpflichtet. Diese Regeln wurden im Laufe der Zeit mehrmals verschärft.[326]

Die an Unternehmenscharakteristika – wie das notwendige Mindestalter der Gesellschaft – gebundenen Zulassungsvoraussetzungen sind am höchsten im Amtlichen Handel, gefolgt von Neuem Markt, Geregeltem Markt und Freiverkehr. Hinsichtlich der Publizitätspflichten zur Emission und danach steht der Neue Markt vor dem Amtlichen Handel;[327] die Freiverkehrsmärkte an den einzelnen Börsen sind hinsichtlich der Zulassungsvoraussetzungen und Publizitätspflichten sehr heterogen.[328] Einzelne Börsen unternahmen in der Vergangenheit Anstrengungen, sich mit speziellen Segmenten innerhalb des Freiverkehrs von anderen Börsen zu differenzieren. Diese Segmente unterscheiden sich hinsichtlich Zulassungsvoraussetzungen und Folgepflichten für die Emittenten deutlich untereinander und vom traditionellen Freiverkehr.[329] Auf eine Darstellung der einzelnen Regelungen wird verzichtet, vor allem weil gerade wegen dieser Inhomogenität des Freiverkehrs und der zahlenmäßig geringen Bedeutung dieses Börsensegmentes es in der eigenen empirischen Untersuchung unberücksichtigt bleibt.

Rechtsgrundlage für ein IPO in den Amtlichen Handel und den Geregelten Markt ist das Börsengesetz iVm der Börsenzulassungsverordnung. Zulassung und Zulassungsvoraussetzungen von Aktien zum Börsenhandel mit amtlicher

[325] Vgl. Förschle/Helmschrott (Neue Markt 1997), S. 190; Benz/Kiwitz (Zulassung 1999), S. 1162.

[326] Vgl. beispielsweise Förschle/Helmschrott (Update 1999), S. 215ff.; Förschle/Helmschrott (Rückblick 2001), S. 111ff.

[327] Vgl. Römer/Müller (Going Public 2000), S. 1674.

[328] Vgl. § 78 BörsG; Freiverkehrsrichtlinien der einzelnen Börsen.

[329] Dazu gehören der Prädikatsmarkt an der Bayerischen Börse, die speziellen IPO-Aktivitäten an der Berliner Wertpapierbörse, der Mittelstandsmarkt an der Bremer Wertpapierbörse und der Start-up-Market an der Hanseatischen Wertpapierbörse Hamburg. Diese Aktivitäten innerhalb der Freiverkehrsmärkte sind genauso wie der Neue Markt in Frankfurt durch höhere Publizitätspflichten gekennzeichnet. Vgl. §§ 9, 10 Richtlinien für den Freiverkehr an der Bayerischen Börse; §§ 3-6 Voraussetzungen für die Einführung von im Zusammenhang mit einem Initial Public Offering in den Freiverkehr an der Berliner Wertpapierbörse einzuführende (!) Aktien; Schubert (Leistungsangebot 1998), 30-31; Ledermann/Marxsen (Start-up-Market 1998), 28-29.

Notierung sind in den §§ 36-40a, 42 BörsG und §§ 1-52 BörsZulVO geregelt. In den §§ 71-73 BörsG und den Börsenordnungen der einzelnen Börsen sind die entsprechenden Regelungen für den Geregelten Markt enthalten.[330]

	Amtlicher Handel	**Geregelter Markt**	**Neuer Markt**[331]
Zulassungsdokument	Zulassungsprospekt	Unternehmensbericht	Emissionsprospekt (zugleich Unternehmensbericht)
Mitantragsteller	Kredit- oder Finanzdienstleistungsinstitut mit Recht zur Teilnahme am Bösenhandel und mind. 730 T Euro haftendem Eigenkapital		
Mindesteigenkapital	–	–	1,5 Mio. Euro
Mindest-emissionsvolumen	2,5 Mio. DM Kurswert	250 T Euro Nennbetrag bzw. 10.000 Stück	5 Mio. Euro Kurswert, davon mind. 50% aus Kapitalerhöhung;[332] mind. 100.000 Aktien aus Kap.-erhöhung
Aktiengattungen	Stamm- und Vorzugsaktien	Stamm- und Vorzugsaktien	Stammaktien
Mindeststreuung	25% des Grundkapitals oder niedrigerer Satz, wenn ordnungsgemäßer Börsenhandel gewährleistet ist	–	grundsätzlich 25%, in Abhängigkeit vom Emissionsvolumen Reduzierung bis auf 10% des Grundkapitals möglich[333]
Mindestalter der Gesellschaft	3 Jahre	–	–
Mindesthalteverpflichtung der Altaktionäre	–	–	6 Monate[334]
Betreuer (Designated Sponsors)[335]	–	–	2

Tabelle 1: Ausgewählte Zulassungsvoraussetzungen für die verschiedenen Marktsegmente[336]

[330] Stellvertretend wird im folgenden ausschließlich die Börsenordnung für die Frankfurter Wertpapierbörse berücksichtigt. Diese verweist hinsichtlich des Mindestinhalts des Unternehmensberichtes auf die Verkaufsprospekt-Verordnung. Vgl. § 59 Abs. 2 Börsenordnung für die Frankfurter Wertpapierbörse.

[331] Das Regelwerk des Neuen Marktes unterlag in den ersten Jahren seines Bestehens mehreren Änderungen. Da der Regelungsstand in einzelnen Zeiträumen für den weiteren Fortgang der Arbeit unerheblich ist, sind hier die zum Zeitpunkt Ende 2000 geltenden Regelungen aufgeführt.

[332] Ausnahmen waren auf begründeten Antrag hin möglich, beispielsweise wenn Venture-Capital-Gesellschaften mit dem IPO den Ausstieg aus einer Beteiligung suchten. Vgl. Benz/Kiwitz (Zulassung 1999), S. 1163.

[333] Bevorrechtigt zugeteilte Aktien (z.B. aus einem „friends and family"-Programm) blieben bei der Berechnung des Streubesitzes unberücksichtigt. Vgl. Regelwerk Neuer Markt Abschnitt 2, Absatz 3.10 (1).

[334] Zur Sicherstellung der Einhaltung des Veräußerungsverbotes durch die Vergabe einer anderen Wertpapierkennummer für die dem Veräußerungsverbot unterliegenden Aktien vgl. Harrer/ Mölling (Verschärfung 1999). Vgl. auch Korfsmeyer (Bedeutung 1999).

[335] Zur Funktion der Betreuer im hybriden Marktmodell des Neuen Marktes, das Auktionssystem mit Market-Maker-System verband, vgl. Gerke (Neue Markt 1999), S. 206; Theissen (Bestandsaufnahme 1998), S. 625ff.

[336] Vgl. die erwähnten einschlägigen Rechtsgrundlagen (Stand Ende 2000).

Die Folgepflichten, die Emittenten zu erfüllen haben, sind in den §§ 44-44d BörsG und §§ 53-70 BörsZulVO (Amtlicher Handel) sowie § 76 BörsG und den verschiedenen Börsenordnungen (Geregelter Markt) niedergelegt. Alle Gesellschaften, die sich im Neuen Markt notieren lassen wollten, benötigten neben einer Zulassung ihrer Aktien zum Geregelten Markt der Frankfurter Wertpapierbörse eine Zulassung der Aktien zum Neuen Markt, die von einem vom Vorstand der Deutschen Börse AG beauftragten Gremium erteilt wurde.[337] Die zusätzlich zu den für den Geregelten Markt geltenden Regelungen für Zulassung und Folgepflichten waren in Abschnitt 2 des Regelwerks Neuer Markt enthalten. Tabelle 1 auf Seite 81 zeigt einige wesentliche Zulassungsvoraussetzungen für die einzelnen Börsensegmente.[338]

Im Mittelpunkt des Zulassungsverfahrens steht der Zulassungsprospekt bzw. der Unternehmensbericht, mit dem die Anleger über die wirtschaftlichen und rechtlichen Verhältnisse des IPO-Unternehmens informiert werden. Der vorgeschriebene Mindestinhalt des von der Börsenzulassungsstelle nur auf Vollständigkeit zu prüfenden Prospekts variiert für die verschiedenen Börsensegmente. Grundsätzlich sind Angaben über die Personen oder Gesellschaften, die die Verantwortung für den Inhalt des Prospektes übernehmen, über die zuzulassenden Wertpapiere, den Emittenten und die Prüfung der Jahresabschlüsse des Emittenten und anderer Angaben im Prospekt aufzunehmen.[339] Hinsichtlich des Emittenten sind neben allgemeinen Angaben solche über sein Kapital, die Geschäftstätigkeit, über seine Vermögens-, Finanz- und Ertragslage, die Rechnungslegung, die Kapitalflußrechnung, über Beteiligungsunternehmen, Ergebnisse und Dividenden, Geschäftsführungs- und Aufsichtsorgane und den jüngsten Geschäftsgang und die Geschäftsaussichten zu machen.[340] Einige die Publizitätsvorschriften betreffende Regelungen sind in Tabelle 2 dargestellt.

Daneben sind von den Emittenten die einschlägigen Normen des Gesetzes über den Wertpapierhandel zu beachten.

Ein gleichzeitig zum IPO in Deutschland stattfindendes Angebot an internationale Anleger erfordert in Abhängigkeit der Art dieses Angebots die Beachtung weiterer Regelungen.[341] Während bei der Ansprache internationaler Investo-

---

[337] Vgl. Regelwerk Neuer Markt, Abschnitt 2, Absatz 2.1 (1).

[338] Zusätzliche Regelungen für Gesellschaften des Amtlichen Handels und des Geregelten Marktes, die gleichzeitig im SMAX notiert werden, sind in der Tabelle nicht berücksichtigt. Vgl. zu den Regelungen der SMAX-Teilnahme Römer/Müller (Going Public 2000), S. 1676; Förschle/Helmschrott (Update 1999), S. 219f.

[339] Vgl. Abschnitte 2.3 und 4.7.

[340] Vgl. §§ 13-16, 18-30 BörsZulVO iVm § 38 Abs. 1 BörsG; Verkaufsprospektverordnung iVm § 59 Abs. 2 Börsenordnung für die Frankfurter Wertpapierbörse und §§ 72f. BörsG; Regelwerk Neuer Markt Abschnitt 2, Absatz 4.1.1-4.1.16. Vgl. auch Früh (Rechnungslegung 1998), S. 51-53.

[341] Vgl. Beaujean (Registrierung 1998); Elben (Rule 144A); insbesondere zu Prospekterfordernissen und -haftung in den USA vgl. Gruson (Prospekterfordernisse 1995).

	Amtlicher Handel	Geregelter Markt	Neuer Markt
Anzahl der Abschlüsse im Zulassungsdokument	3	1	3
Aktualität der Abschlüsse im Zulassungsdokument	Liegt Abschlußstichtag mehr als 9 Monate zurück, ist Zwischenübersicht über die ersten 6 Monate des laufenden Geschäftsjahres aufzunehmen	Abschlußstichtag höchstens 18 Monate vor IPO	Abschlußstichtag höchstens 4 Monate vor IPO
Rechnungslegungsvorschriften in Zulassungsdokument, Jahres- und Zwischenabschlüssen	HGB	HGB	HGB und IAS oder US-GAAP (bis 31.12.2000: Überleitungsrechnung möglich)
Publikationssprache	deutsch	deutsch	deutsch und englisch
Zwischenberichte[342]	mindestens 1	1 Zwischenbericht über die ersten 6 Monate des Geschäftsjahres	3 Quartalsberichte[343]
Analystenveranstaltung	-	-	mindestens jährlich 1
Ad-hoc-Publizität	obligatorisch	obligatorisch	obligatorisch
Veröffentlichungsfristen	Jahresabschluß unverzüglich nach Feststellung, Zwischenbericht 2 Monate nach Abschlußstichtag	Zwischenbericht 2 Monate nach Abschlußstichtag	Jahresabschluß innerhalb von 3 Monaten, Quartalsabschluß innerhalb von 2 Monaten nach Abschlußstichtag

Tabelle 2: Ausgewählte Publizitätsvorschriften für die verschiedenen Marktsegmente[344]

ren über ein Private Placement lediglich eine Übersetzung des deutschen Prospektes anzubieten ist, allerdings der Adressatenkreis auf bestimmte, meist institutionelle Anleger beschränkt bleibt,[345] erfordert ein Listing beispielsweise in den USA einen Börsenzulassungsprospekt, der den gegenüber den deutschen Normen weitergehenden amerikanischen Regeln genügt.[346]

[342] Zum Inhalt von Zwischenberichten vgl. Früh (Rechnungslegung 1998), S. 56ff; Regelwerk Neuer Markt Abschnitt 2, Absatz 7.1.

[343] Vgl. Hanft/Kretschmer (Quartalspublizität 2001).

[344] Vgl. die erwähnten einschlägigen Rechtsgrundlagen (Stand Ende 2000).

[345] In den USA dürfen nach Rule 144A nur „institutionelle Investoren angesprochen werden, die bei der SEC als sogenannte Qualified Institutional Buyers (QUIBs) registriert sind." Buss/Witte (Due Diligence 1999), S. 352. Vgl. auch Langemann (Börsengang 2000), S. 21.

[346] Vgl. Buss/Witte (Due Diligence 1999), S. 351f.

4.5 Verfahrensschritte des IPO

Während noch Mitte der neunziger Jahre als Gesamtdauer eines IPO-Prozesses von der Entscheidung für den Börsengang bis zur Erstnotierung an der Börse etwa zwei Jahre angenommen wurden,[347] hat sich diese Zeitspanne seit Etablierung des Neuen Marktes im Durchschnitt stark reduziert.[348] Ist eine Gesellschaft nicht in der Rechtsform einer AG oder KGaA eingetragen, wird nach den ersten Gesprächen mit Beratern, Banken und Wirtschaftsprüfern die Umwandlung der Gesellschaft der erste konkrete Schritt zum Börsengang sein. Der Zeitpunkt der Auswahl des Konsortialführers kann vor oder nach einer eventuellen Umwandlung liegen.[349] Die konsortialführende Bank prüft grundsätzlich unter Einschaltung weiterer Experten wie Anwälten, Wirtschaftsprüfern und Steuerberatern neben der rechtlichen die wirtschaftliche Börsenreife des Unternehmens. In diesem Rahmen werden häufig die Organisationsstruktur der AG verbessert, die Rechnungslegung an die Anforderungen des Kapitalmarktes angepaßt und moderne Entlohnungssysteme eingeführt.[350] Emittent und Konsortialführer müssen sich auf ein Emissionskonzept einigen, das neben dem Erarbeiten der „investment story" und deren öffentlichkeitswirksamer Kommunikation die Eckpunkte des IPO beinhaltet: Wahl des Börsensegmentes und des Börsenplatzes, Emissionsvolumen und Aufteilung auf Kapitalerhöhung und Altaktionärsbesitz, angestrebte zukünftige Aktionärsstruktur und – am wichtigsten – Emissionspreis und die Art seiner Ermittlung. Grundlage der Emissionspreisfindung ist eine Unternehmensbewertung,[351] die meist vom Konsortialführer selbst, gelegentlich von einem oder unter Mithilfe eines Wirtschaftsprüfers durchgeführt wird.[352] Da jede Unternehmensbewertung auf einer Vielzahl von Annahmen beruht, wodurch jedem Bewerter Möglichkeiten gegeben sind, einen seine eigenen Interessen berücksichtigenden Unternehmenswert zu ermitteln bzw. ermitteln zu lassen, ist der festgelegte Emissionspreis bzw. die Bookbuilding-Spanne regelmäßig das Ergebnis eines Verhandlungsprozesses der beteiligten Parteien. Die Wahl des Zeitpunkts des Börsen-

---

[347] Vgl. Ehrhardt (Börseneinführungen 1997), S. 10-14.

[348] Vgl. Deutsches Aktieninstitut (Gang 1998), S. 9; Harrer/Heidemann (Going Public 1999), S. 257.

[349] Auf die Berücksichtigung von nur vereinzelt auftretenden Selbstemissionen wird verzichtet. Vgl. zu Selbstemissionen Schlick (Going Public 1997), S. 51f.

[350] Vgl. Abschnitt 4.7.

[351] Zu Unternehmensbewertungsverfahren und Emissionspreisfindung vgl. Wegmann/Koch (Emissionspreisfindung 1999); Serfling/Pape/Kressin (Emissionspreisfindung 1999), S. 292-294; McCarthy (Pricing 1999). Neben den gängigen Unternehmensbewertungsverfahren, dem Ertragswert- und dem Discounted-Cash-Flow-Verfahren, kommen im Rahmen eines IPO oftmals zusätzlich Vergleichsverfahren zum Einsatz, die die Bewertung vergleichbarer börsennotierter Gesellschaften und damit auch das aktuelle Bewertungsniveau des Marktes mitberücksichtigen. Zu Ertragswert- und dem Discounted-Cash-Flow-Verfahren vgl. Drukarczyk (Unternehmensbewertung 2001); Copeland/Koller/Murrin (Valuation 1995).

[352] Vgl. Ostrowski/Sommerhäuser (Going Public 2000), S. 967.

gangs und die dann herrschende Marktstimmung haben starken Einfluß auf die Findung des Emissionspreises.[353]

Während bis 1995 in Deutschland alle Emissionen zu einem festen Emissionspreis angeboten wurden, hat sich, beginnend mit dem IPO der Hucke AG im März 1995, das Bookbuildingverfahren[354] durchgesetzt. Dabei wird den Anlegern die Möglichkeit gegeben, innerhalb einer bestimmten Preisspanne ihre Zeichnungsaufträge mit einem Limit zu versehen. Die Preisspanne wird nach einer vor Beginn der Bookbuildingperiode durchgeführten Befragung institutioneller Investoren über deren Zahlungsbereitschaft festgelegt. Auf Basis der von den Anlegern während der Bookbuildingperiode abgegebenen Zeichnungsaufträge samt Preislimit legen Konsortialbanken und Emittent den Emissionspreis fest. Den Anlegern wird demnach ein begrenzter Einfluß auf den tatsächlichen Emissionspreis zugestanden. Die Konsortialbanken reduzieren ihr Absatzrisiko durch Einbeziehung der Investoren in den Prozeß der Emissionspreisbestimmung. Das Bookbuildingverfahren gleicht einem holländischen Tenderverfahren; es weicht von diesem allerdings insofern ab, als nicht immer der markträumende Gleichgewichtspreis zum Emissionspreis bestimmt wird bzw. nicht bestimmt werden kann, wenn dieser oberhalb der Bookbuildingspanne liegt.[355] Eine Vollzuteilung der Zeichnungsorder mit einem Preislimit über dem festgelegten Emissionspreis ist somit nicht gewährleistet; vielmehr sind Repartierungen auch bei Emissionen im Bookbuildingverfahren die Regel.

Kernpunkt der Vorbereitung des IPO sind die Erstellung des Emissionsprospektes und die damit zusammenhängenden Tätigkeiten. Als Grundlage des Prospektes hat sich in den letzten Jahren die Durchführung einer Due Diligence eingebürgert, die meistens vom Konsortialführer koordiniert wird. Die Ergebnisse der Due Diligence liefern wichtige Grundlagen für die Erstellung des Emissionsprospektes und der Unternehmensbewertung.[356] Der Emissionsprospekt dient der Information der Anleger. In ihm sollten alle für eine Zeichnungsentscheidung relevanten Informationen über die Emission und das emittierende Unternehmen enthalten sein.[357]

Die Geschäftsbeziehung zwischen Emittent und Konsortialführer basiert in Deutschland regelmäßig auf Vorverträgen, in denen die wichtigsten Aspekte des Emissionskonzeptes festgehalten sind.[358] Nachdem sich das Bankenkonsortium gebildet hat, wird zwischen Emittent und Konsortialbanken der Emis-

---

[353] Vgl. Serfling/Pape/Kressin (Emissionspreisfindung 1999), S. 290f.

[354] Vgl. Hein (Bookbuilding 1996); Groß (Bookbuilding 1998); Picot/Land (Going Public 1999), S. 573f.; Wallmeier/Rösl (Underpricing 1999), S. 134f.

[355] Vgl. Langemann (Börsengang 2000), S. 34-37.

[356] Vgl. Römer/Müller (Anforderungen 2000), S. 1089.

[357] Daneben werden häufig von den Konsortialbanken im Vorfeld des IPO Unternehmensstudien zur Information der Anleger erstellt.

[358] Zu den verschiedenen mit dem Konsortialführer und den anderen Konsortialbanken abzuschließenden Verträgen vgl. Harrer/Heidemann (Going Public 1999), S. 258f.

sions- und Übernahmevertrag abgeschlossen.[359] Im Übernahmevertrag verpflichten sich die Konsortialmitglieder zur Zeichnung der zu emittierenden Aktien, die aus einer Kapitalerhöhung stammen, bzw. zur Übernahme von Aktien aus Altaktionärsbesitz. Weiterhin verpflichten sich die Konsortialbanken, die Aktien im Publikum zu plazieren.[360] Diese Vorgehensweise entspricht dem in mehreren angelsächsischen Ländern praktizierten „firm commitment"-Verfahren. Die Festübernahme der Aktien durch die Konsortialbanken kann für diese bedeuten, einen evtl. nicht bei den Anlegern untergebrachten Teil der Emission in den Eigenbestand nehmen zu müssen.[361]

Das Zulassungsverfahren[362] an der Börse beginnt etwa drei Monate vor dem IPO. Der Emittent stellt den Zulassungsantrag für seine Aktien zum Börsenhandel zusammen mit den Konsortialbanken. Die Zulassungsstelle prüft aufgrund der einzureichenden Unterlagen, zu denen ein Prospektentwurf gehört, das Vorliegen der formalen Voraussetzungen für die Zulassung.[363] Für ein IPO im Neuen Markt war eine Präsentation der Gesellschaft vor dem Zulassungsausschuß obligatorisch, bei der die Eignung der emittierenden Gesellschaft für den Neuen Markt nachzuweisen war.[364] Stammen die zu emittierenden Aktien aus einer Kapitalerhöhung, ist die Börsenzulassung erst nach Zeichnung der Aktien durch die Konsortialbanken und der Eintragung dieser Kapitalerhöhung im Handelsregister möglich.[365] Nach Prüfung durch die Zulassungsstelle der Börse bzw. den Vorstand der Deutschen Börse AG (Neuer Markt)[366] und Billigung des Prospektes wird dieser veröffentlicht[367] und das Unternehmen in der Öffentlichkeit verstärkt präsentiert. Unmittelbar vor der Prospektveröffentli-

---

[359] Zu Einzelheiten vgl. Hein (Bookbuilding 1996), S. 3f. Als Alternative zur Festübernahme der zu emittierenden Aktien besteht die allerdings kaum verwendete Möglichkeit der kommissionsweisen Plazierung durch die Kreditinstitute. Vgl. Schlick (Going Public 1997), S. 53, 114; Langemann (Börsengang 2000), S. 26f.

[360] Zum Ablauf und der rechtlichen Gestaltung der Übernahme vgl. Picot/Land (Going Public 1999), S. 571ff.; Technau (Rechtsfragen 1998).

[361] Vgl. Schlick (Going Public 1997), S. 52f.

[362] Die „Zulassung von Wertpapieren zum Börsenhandel ist die öffentlich-rechtliche Erlaubnis, für den Handel in den betreffenden Wertpapieren die Börseneinrichtungen zu benutzen". Groß (Zulassung 1999), S. 32. Zum Zulassungsverfahren vgl. §§ 48ff. BörsZulVO; Regelwerk Neuer Markt, Abschnitt 2, Absatz 6.

[363] Vgl. Groß (Zulassung 1999), S. 32-36; Deutsches Aktieninstitut (Gang 1998), S. 10, 12, 41.

[364] Vgl. Förschle/Helmschrott (Rückblick 2001), S. 111; Förschle/Helmschrott (Update 1999), S. 214.

[365] Vgl. Picot/Land (Going Public 1999), S. 572f.

[366] Zur genauen Zusammensetzung des Gremiums, das über die Zulassung zum Neuen Markt entschied, vgl. Benz/Kiwitz (Zulassung 1999), S. 1166.

[367] Ist das Zulassungsverfahren zu Beginn der Zeichnungsfrist noch nicht abgeschlossen, muß mindestens einen Werktag vor dem öffentlichen Angebot ein dem Zulassungsprospekt entsprechender Verkaufsprospekt veröffentlicht werden. Vgl. § 9 Abs. 1 VerkProspG; Assmann/Schütze (Handbuch 1997), § 2 Rn. 137. Vgl. zum zeitlichen Ablauf neben §§ 43, 51, 52 Abs. 1 BörsZulVO bzw. Regelwerk Neuer Markt, Abschnitt 2, Absatz 6.3 insbesondere Kiwitz/Melzer (Kosten 2001), S. 46-49; Schäfer (Wertpapierhandelsgesetz 1999), § 36 BörsG Rn. 37, § 42 BörsG Rn. 7, 10, 13, § 1 VerkProspG Rn. 27, Vor § 5 Rn. 1-3, § 6 Rn. 1-3, 6; Gross (Kapitalmarktrecht 2000), §§ 36-39 BörsG Rn. 16f., § 5 VerkProspG Rn. 1-10; auch Wasserfallen/Wittleder (Pricing 1994), S. 1506; Römer/Müller (Going Public 2000), S. 1675.

chung übernehmen die Konsortialbanken die zu emittierenden Aktien aus Altaktionärsbesitz und legen zusammen mit dem Emittenten den Emissionspreis bzw. unter Nutzung der in der Vorphase von institutionellen Investoren erhaltenen Informationen über deren Zahlungsbereitschaft die Bookbuildingspanne fest. In der danach beginnenden Zeichnungsfrist zeichnen institutionelle und private Anleger die Aktien. Die Zeichnungsgebote sind bis zur Schließung des Buches am letzten Tag der Bookbuildingfrist unverbindlich und können geändert werden.[368] Nach dem Ende der Zeichnungsfrist werden beim Bookbuildingverfahren der endgültige Emissionspreis bekanntgegeben, die Aktien den Anlegern, gegebenenfalls repartiert, zugeteilt und der Emissionserlös von den Konsortialbanken an den Emittenten überwiesen. Mit Aufnahme des Börsenhandels enden die Aktivitäten der Konsortialbanken nicht. Neben der Kurspflege in der Anfangszeit des Börsenhandels übernimmt der Konsortialführer meist die Rolle des Betreuers im Handel mit den emittierten Aktien und begleitet die Gesellschaft mit der regelmäßigen Veröffentlichung von Researchstudien. Etwa vier Wochen nach der Börseneinführung entscheiden die Konsortialbanken, die eine Greenshoe-Option[369] besitzen, über deren Ausübung.

4.6 Emissionskonsortium und Konsortialführer

Der wichtigste Akteur bei einem IPO ist neben dem Emittenten das Emissionskonsortium. Der Zulassungsantrag muß vom Emittenten zusammen mit einem Kredit- oder Finanzdienstleistungsinstitut gestellt werden, das „an einer inländischen Wertpapierbörse mit dem Recht zur Teilnahme am Handel zugelassen“ ist.[370] Bei Finanzdienstleistungsinstituten handelt es sich in der Praxis meist um Maklerunternehmen. WPG waren auch vor der Gesetzesänderung 1997,[371] als für ein IPO an den Geregelten Markt auch andere fachlich geeignete und zuverlässige Unternehmen als Emissionsbegleiter zugelassen waren,[372] nach Auffassung der WPK standesrechtlich an der Mitwirkung der Antragstellung gehindert.[373] Da Konsortialbanken im Gegensatz zum Emittenten normalerweise über eine große Erfahrung im Emissionsgeschäft und über Kenntnisse der aktuellen Marktentwicklungen verfügen, sind sie zur Beratung und Begleitung des Emittenten geeignet. Im Laufe der Zeit können Konsortialbanken ein gewisses Emissionsstandig am Markt aufbauen, das sie genauso wie ihr Vertriebsnetz dem Emittenten zur Verfügung stellen können. Als Mitantragsteller für die Börsenzulassung garantieren die Konsortialbanken die Richtigkeit und Vollständigkeit der Prospektangaben und unterliegen der Prospekthaftung; sie übernehmen das Risiko des Nichtabsatzes der Aktien, Kurspfle-

---

[368] Vgl. Römer/Müller (Going Public 2000), S. 1678f.
[369] Vgl. Hein (Bookbuilding 1996), S. 6f.; Trapp (Greenshoe 1997), S. 120-122; Technau (Rechtsfragen 1998), S. 457-459; Picot/Land (Going Public 1999), S. 574f.
[370] §§ 36 Abs. 2, 71 Abs. 2 BörsG.
[371] Begleitgesetz zum Gesetz zur Umsetzung von EG-Richtlinien zur Harmonisierung bank- und wertpapieraufsichtsrechtlicher Vorschriften vom 22.10.1997 (BGBl. I Nr. 71, 1997, S. 2567ff.).
[372] § 71 Abs. 2 BörsG a.F.
[373] Vgl. Schwark (Börsengesetz 1994), § 71 Rn. 9.

gemaßnahmen nach dem IPO und die technische Verteilung der Aktien.[374] Unter den Konsortialmitgliedern spielt der Konsortialführer eine herausragende Rolle: Er erhält zunächst den Auftrag vom Emittenten für das IPO, koordiniert Due Diligence, Prospekterstellung und Öffentlichkeitsarbeit, führt die Unternehmensbewertung durch und bildet das Konsortium.[375] Für diese Dienstleistungen erhält der Konsortialführer die sog. Management-Provision.[376]

In den letzten Jahren hat sich die Durchführung eines sog. beauty contest zur Auswahl des Konsortialführers etabliert.[377] Dabei stellen mehrere Emissionsbanken dem Emittenten ihre jeweiligen Emissionskonzepte für das IPO dieses Emittenten vor. Der Emittent wählt daraus das für ihn beste Konzept aus. Hauptkriterien werden dabei regelmäßig der angebotene Emissionspreis bzw. die Bookbuildingspanne, das Know how der Investmentbank, ihre Plazierungskraft und die Höhe der an das Konsortium zu bezahlenden Provision sein.[378] Es ist anzunehmen, daß die Wichtigkeit dieser Auswahlkriterien nicht nur von Emittent zu Emittent verschieden ist, sondern auch von der Stimmung am IPO-Markt abhängt: In hot-issue-Phasen werden andere Kriterien gegenüber der Höhe des Emissionspreises tendenziell an Bedeutung verlieren. Grundsätzlich dürfte auch die Reputation des Emissionshauses bei der Auswahl eine Rolle spielen, wenn der Emittent davon in stärkerem Maße profitiert, als er deswegen höhere Kosten für die Provisionen hochreputabler Emissionsbanken zu tragen hat. Der Nutzen aus einer hohen Reputation der Konsortialbanken liegt in einem tendenziell höheren Emissionspreis für den Emittenten, der durch die Wahl eines hochreputablen Emissionshauses ein Signal über seine eigene Qualität an die Anleger abgibt.[379]

Gegen das Risiko des Nichtabsatzes aller zu plazierenden Aktien im Publikum können sich die Konsortialbanken durch einen niedrigen Emissionspreis und die Vereinbarung einer Mehrzuteilungsoption schützen. Letztere ermöglicht den Konsortialbanken die Zusage und Zuteilung einer das Emissionsvolumen übersteigenden Zahl von Aktien. Stornierungen von Zeichnungswünschen institutioneller Investoren und eine schlechte Kursentwicklung nach IPO, die die Konsortialbanken zu Stützungskäufen veranlaßt, können damit so kompensiert werden, daß nach etwaigen Stornierungen oder nach Rückkäufen von Aktien über die Börse das ursprüngliche Emissionsvolumen plaziert wird. Kommt es nicht zu Stornierungen oder Rückkäufen von Aktien, können die Konsortialbanken zur Deckung ihrer short-Position innerhalb einiger Wochen nach dem IPO ihre Mehrzuteilungsoption gegenüber dem Emittenten oder dessen Altge-

[374] Vgl. Schlick (Going Public 1997), S. 111-122; Carls (Going-Public-Geschäft 1996), S. 272-323. Carls (S. 46) nennt als weiteres Risiko das Syndizierungsrisiko, das das Nichtzustandekommen des geplanten Konsortiums und den Ausfall einzelner Konsorten beinhaltet.
[375] Zur Bildung des Konsortiums vgl. Schlick (Going Public 1997), S. 114-116. Vgl. auch Carls (Going-Public-Geschäft 1996), S. 57-67, 206-209.
[376] Zu Provisionen für Konsortialführer und -mitglieder vgl. Abschnitt 4.3.
[377] Vgl. Trobitz/Wilhelm (Going Public 1996), S. 166; Degenhart (Going Public 1999), S. 33f.
[378] Vgl. Schlick (Going Public 1997), S. 122-125.
[379] Vgl. Abschnitt 5.2.

sellschaftern ausüben. Die unentgeltliche Bereitstellung der Mehrzuteilungsoption ist für die Altgesellschafter als ein Teil der Konsortialvergütung anzusehen; ihre Ausübung bedeutet eine Vermögensverschiebung von den Alt- zu den Neuaktionären, da sich letztere „an der Gesellschaft zu einem Preis beteiligen, der den Gleichgewichtspreis unterschreitet."[380]

Die emissionsbegleitenden Banken unterliegen zusammen mit dem Emittenten der Prospekthaftung.[381] Danach haften sie für Vorsatz und grobe Fahrlässigkeit[382] bei unrichtigen oder unvollständigen Angaben im Prospekt bzw. Unternehmensbericht[383] gegenüber den Erwerbern der Aktien, wenn die Unrichtigkeiten und Unvollständigkeiten für das Entstehen des Schadens wesentlich sind.[384] Geschädigte können die Aktien „gegen Erstattung des Erwerbspreises" zurückgeben, „soweit dieser den ersten Ausgabepreis des Wertpapiers nicht übersteigt."[385] Grundsätzlich dürfen die Konsortialbanken bei der Aufnahme von testierten Abschlüssen in den Prospekt auf deren Richtigkeit vertrauen und können im Normalfall hinsichtlich solcher Informationen auf eigene Nachforschungen verzichten.[386] Unter den Konsortialbanken hat der Konsortialführer die mit Abstand größte Verantwortung für einen richtigen und vollständigen Prospekt zu tragen. Dies wird sich auch in der Haftungsverteilung im Innenverhältnis der Konsortialmitglieder niederschlagen.[387]

Es ist anzunehmen, daß Emissionshäuser auf die Begleitung von emissionswilligen Gesellschaften verzichten bzw. dazu nur gegen eine höhere Provision bereit sein werden, wenn sie das Risiko der Inanspruchnahme aus Prospekthaftung oder den möglichen Reputationsverlust als zu hoch ansehen. Neben

[380] Langemann (Börsengang 2000), S. 40-43, hier 41; vgl. ferner die in Fußnote 321 genannte Literatur.

[381] Vgl. §§ 45-49, 77 BörsG. Vgl. auch Groß (Prospekthaftung 1999), S. 200f. Die Börsenprospekthaftung wurde durch das Dritte Finanzmarktförderungsgesetz reformiert. Die folgenden Ausführungen beziehen sich auf die nach dem 1.4.1998 geltenden Vorschriften. Vgl. Kort (Entwicklungen 1999), S. 9; Möllers (Kapitalmarkttauglichkeit 1999), S. 441. Grundlegende Änderungen hinsichtlich der Prospekthaftung der Konsortialbanken waren mit der Gesetzesänderung mit Ausnahme der Reduzierung der Verjährungsfrist (vgl. Kort (Entwicklungen 1999), S. 16) und der Beweislastumkehr (vgl. Fußnote 382; zur alten Regelung vgl. Schwark (Börsengesetz 1994), §§45, 46, Rn. 26) nicht verbunden. Zur ökonomischen Analyse der Prospekthaftung vgl. Grundmann/ Selbherr (Börsenprospekthaftung 1996), S. 989.

[382] Die Beweislast für das Fehlen von Vorsatz oder grober Fahrlässigkeit tragen die Prospekthaftungsverpflichteten. Vgl. § 46 Abs. 1 BörsG; Kort (Entwicklungen 1999), S. 14.

[383] Die Prospekthaftung der Konsortialbank bei IPO im Geregelten Markt ist nicht von der Mitunterzeichnung des Unternehmensberichtes abhängig, vielmehr reicht die Mitantragstellung zur Zulassung der Aktien zum Börsenhandel aus. Vgl. BGH, Urteil vom 14.7.1998 – XI ZR 173/97 (abgedruckt in: Der Betrieb 1998, S. 1755-1757); Römer/Müller (Anforderungen 2000), S. 1090. Für einen aktuellen Fall einer stattgegebenen Unternehmensberichthaftung (MHM Mode Holding AG) vgl. OLG Frankfurt/M., Urteil vom 17.3.1999 – 21 U 260/97; rkr. (abgedruckt in: Der Bertrieb 1999, S. 888-890).

[384] Vgl. Groß (Prospekthaftung 1999), S. 204.

[385] Kort (Entwicklungen 1999), S. 11.

[386] Vgl. Kort (Entwicklungen 1999), S. 17f; Groß (Prospekthaftung 1999), S. 206f.

[387] Vgl. Groß (Prospekthaftung 1999), S. 207, 208f; Schwark (Börsengesetz 1994), §§ 45, 46, Rn. 41; Sittmann (Prospekthaftung 1998), S. 493, 494.

eigenen Analysen dienen den Konsortialbanken zur Reduzierung des Risikos aus Prospekthaftung „Gewährleistungen und Garantien des Emittenten bzw. des Altaktionärs“ und Bescheinigungen verschiedener beteiligter Experten als Rückversicherung gegen unrichtige Angaben des Emittenten.[388] Besondere Bedeutung zur Reduzierung des Prospekthaftungsrisikos kommt der sog. Due Diligence zu.[389] „Die Due Diligence-Prüfung verschafft den Plandaten ein Gütesiegel, das sie für den Banker zur Grundlage seiner eigenen Arbeit und damit indirekt zur Botschaft an die Banken des Konsortiums ... werden läßt.“[390] Mit der Due-Diligence-Prüfung wird meist eine WPG beauftragt, die nicht gleichzeitig Abschlußprüfer des Emittenten ist.[391] Im Rahmen der Due Diligence wird ein geprüfter Jahresabschluß nicht nochmals geprüft.[392] Deshalb dürfte für den Konsortialführer sowohl die Wahl des Due-Diligence-Prüfers als auch die des Abschlußprüfers grundsätzlich von Interesse sein.[393] In einer empirischen Untersuchung gaben IPO-Unternehmen, die in den Jahren 1998 und 1999 an die Börse kamen, einen hohen Einfluß des Konsortialführers auf die Wahl des Due-Diligence-Prüfers an; ein Einfluß des Konsortialführers auf die Wahl des Abschlußprüfers ließ sich nur sehr selten ausmachen.[394] Dies mag seinen Grund darin haben, daß sich die Zeitspanne zwischen Auswahl des Konsortialführers und IPO in den letzten Jahren gegenüber früheren Zeiten stark reduzierte, so daß der Konsortialführer oftmals keine Möglichkeit hat, auf die Wahl des Abschlußprüfers Einfluß zu nehmen. Eine Einflußnahme des Konsortialführers auf die Abschlußprüferwahl läßt sich allerdings für frühere Jahre, als ein IPO meist einen längeren Vorbereitungszeitraum umfaßte, unter der Annahme sich rational verhaltender Akteure theoretisch vermuten.[395] Außerdem könnte die Bestellung der von den Emissionsbanken präferierten Abschlußprüfer ohne deren Zutun in einem Akt vorauseilenden Gehorsams von den Emittenten selbst vorgenommen werden.

4.7 Beteiligung des Abschlußprüfers

Vom emittierenden Unternehmen und dem Konsortialführer werden eine ganze Reihe von Experten, wie Rechtsanwälte, Emissionsberater und Wirtschaftsprüfer, in den IPO-Prozeß miteinbezogen. In dieser Arbeit ist die Stellung des Abschlußprüfers beim IPO von besonderem Interesse. Die von ihm geprüften Konzern-, Jahres- und entsprechenden Zwischenabschlüsse bilden die Grund-

---

[388] Vgl. Technau (Rechtsfragen 1998), S. 454ff. Es ist strittig, inwieweit eine Verpflichtung der emittierenden Gesellschaft oder der abgebenden Aktionäre rechtswirksam ist, im Falle unrichtiger Zusicherungen den Konsortialbanken alle daraus entstehenden Schäden, insbesondere die aus Prospekthaftung resultierenden, zu ersetzen. Vgl. auch Picot/Land (Going Public 1999), S. 573.
[389] Vgl. Abschnitt 4.7.
[390] Buss/Witte (Due Diligence 1999), S. 351.
[391] Vgl. Ostrowski/Sommerhäuser (Going Public 2000), S. 965f.
[392] Vgl. Wißmann (Due Diligence 1999), S. 151.
[393] Vgl. Abschnitt 4.7.
[394] Vgl. Ostrowski/Sommerhäuser (Going Public 2000), S. 964, 966.
[395] Vgl. Abschnitt 5.5.3.

lage für die Verhandlungen zwischen Emittent und Konsortialführer, die Ermittlung des Unternehmenswertes und die Due-Diligence-Prüfung. Als wichtiger Teil des Emissionsprospektes dienen sie der Information der Anleger über die Entwicklung der an die Börse kommenden Gesellschaft in der Vergangenheit. Während der Abschlußprüfer der Gesellschaft im Rahmen des IPO häufig als Berater auf Seiten des Emittenten tätig wird, werden von den Konsortialbanken meist andere Wirtschaftsprüfer mit Analysen und Plausibilitätsprüfungen beauftragt.[396]

Die Beteiligung des Abschlußprüfers im IPO-Prozeß beginnt aufgrund seiner Beziehung zum Unternehmen meist sehr frühzeitig. Er begleitet eine evtl. notwendige Rechtsformumwandlung und organisatorische Neuformierungen, berät bei der Optimierung von Rechnungswesen,[397] Controlling und internem Kontrollsystem und prüft die rechtliche und wirtschaftliche Börsenreife.[398] Bei einer Befragung der von November 1998 bis Juli 1999 an die Börse gekommenen Unternehmen zeigte sich, wie Tabelle 3 zu entnehmen, die starke Beteiligung der Abschlußprüfer bei der Prüfung der rechtlichen und wirtschaftlichen Börsenreife.[399]

	Abschluß-prüfer	**Anderer Prüfer**	**Emissi-onsbank**	**Emissi-onsbera-ter**	**Externer Anwalt**	**nicht durch-geführt**
Rechtliche Börsenreife (n=63)	26 (41,3%)	7 (11,1%)	24 (38,1%)	6 (9,5%)	30 (47,6%)	2 (3,2%)
Wirtschaftliche Börsenreife (n=63)	29 (46,0%)	11 (17,5%)	39 (61,9%)	9 (14,3%)	3 (4,8%)	3 (4,8%)
Due Diligence (n=62)	18 (29,0%)	39 (62,9%)	27 (43,5%)	5 (8,1%)	17 (27,4%)	0 (0,0%)
Unternehmens-bewertung (n=62)	13 (21,0%)	12 (19,4%)	48 (77,4%)	10 (16,1%)	1 (1,6%)	2 (3,2%)

Tabelle 3: Beteiligung von Experten an bestimmten Tätigkeiten im IPO-Prozeß gemäß einer Befragung von IPO-Unternehmen (Mehrfachnennungen möglich)[400]

Im Rahmen der Erstellung des Emissionsprospektes bzw. Unternehmensberichtes sind es mit wenigen Ausnahmen die Abschlußprüfer, die Als-ob-Abschlüsse,[401] Zwischenabschlüsse und Abschlüsse nach internationalen Rech-

[396] Vgl. Früh (Rechnungslegung 1998), S. 47f.
[397] Vgl. zu im Rahmen des IPO vorzunehmenden Änderungen in der Rechnungslegung Frey (Auswirkungen 1999).
[398] Vgl. Förschle/Helmschrott (Neue Markt 1997), S. 193; Koch (Sicherung 1996), S. 144ff.
[399] Vgl. Ostrowski/Sommerhäuser (Going Public 2000), S. 965.
[400] Vgl. Ostrowski/Sommerhäuser (Going Public 2000), S. 961-970.
[401] Vgl. Frey (Auswirkungen 1999), S. 298.

nungslegungsstandards prüfen oder erarbeiten und mit einer Bescheinigung versehen.[402] Die Abschlüsse nach IAS oder US-GAAP werden auch für zurückliegende Jahre im Regelfall erst im Zusammenhang mit dem Börsengang erstellt und geprüft.[403] Obwohl eine Prüfung dieser Abschlüsse gesetzlich nicht vorgeschrieben ist,[404] ist eine – oftmals vorgenommene – Prüfung im Emissionsprospekt anzugeben.[405] Der Abschlußprüfer der letzten drei Geschäftsjahre ist mit dem Wortlaut des Bestätigungsvermerks in den Emissionsprospekt aufzunehmen.[406] Unterlag der Emittent während der letzten drei Geschäftsjahre nicht der gesetzlichen Prüfungspflicht, ist keine nachträgliche Prüfung erforderlich.[407]

Relativ selten werden Abschlußprüfer mit der Durchführung einer Unternehmensbewertung oder der Due-Diligence-Prüfung beauftragt. Vorbehalte der Konsortialführer hinsichtlich der Unabhängigkeit der Abschlußprüfer und Spezialisierungsvorteile bestimmter WPG werden dafür in der Literatur als Gründe genannt.[408] Die Durchführung einer Due-Diligence-Prüfung vor dem IPO ist in Anlehnung an internationale Gepflogenheiten in den letzten Jahren auch in Deutschland zum Standard geworden.[409] Bei einer Due-Diligence-Prüfung handelt es sich um eine „intensive ganzheitliche Unternehmensanalyse".[410] Aufbauend auf einer Analyse der geprüften Abschlüsse der letzten Jahre werden die Planungsrechnungen der emittierenden Gesellschaft auf Plausibilität geprüft und aufgrund der eingehenden Betrachtung aller rechtlichen, organisatorischen und finanziellen Grundlagen und der Stellung der Gesellschaft im Markt[411] die Stärken und Schwächen des Emittenten, Risiken und Chancen der wirtschaftlichen Entwicklung und die kritischen Erfolgsfaktoren herausgearbeitet. Auftraggeber ist regelmäßig der Konsortialführer, der dadurch alle notwendigen Angaben zur Beurteilung der Vorteilhaftigkeit eines IPO, für die Prospekterstellung und zur Unternehmensbewertung erhält. Das Honorar der

---

[402] Vgl. Ostrowski/Sommerhäuser (Going Public 2000), S. 963; Schindler/Böttcher/Roß (Bestätigungsvermerke 2001), S. 478f.
[403] Vgl. Ostrowski/Sommerhäuser (Going Public 2000), S. 967f.
[404] Vgl. die Ausführungen in Abschnitt 2.3.
[405] Vgl. § 30 Abs. 2 BörsZulVO (Amtlicher Handel); Regelwerk Neuer Markt, Abschnitt 2, Absatz 4.1.17 (2); Frey (Auswirkungen 1999), S. 297 (Neuer Markt); keine Regelung für den Geregelten Markt. Das Regelwerk Neuer Markt wurde später um den Hinweis ergänzt, wonach Abschlüsse nach IAS oder US-GAAP zumindest mit einer qualifizierenden Bescheinigung eines Wirtschaftsprüfers zu versehen waren. Vgl. Schindler/Böttcher/Roß (Bestätigungsvermerke 2001), S. 479.
[406] Vgl. § 30 Abs. 1 BörsZulVO (Amtlicher Handel); Regelwerk Neuer Markt, Abschnitt 2, Absatz 4.1.17 (1) (Neuer Markt); im Unternehmensbericht für den Geregelten Markt ist lediglich der Abschlußprüfer des letzten Abschlusses anzugeben; vgl. § 9 VerkProspVO iVm §59 Abs. 2 Börsenordnung für die Frankfurter Wertpapierbörse.
[407] Vgl. Frey (Auswirkungen 1999), S. 297f.
[408] Vgl. Koch/Wegmann (Börseneinführung 1996), S. 161f, 197f; Wißmann (Due Diligence 1999), S. 148; Wegmann/Koch (Due Diligence 2000), S. 1027f.
[409] Vgl. Buss/Witte (Due Diligence 1999), S. 350, 357. Zum Ablauf und den Teilbereichen einer Due Diligence vgl. Wegmann/Koch (Due Diligence 2000); Ganzert/Kramer (Due Diligence 1995); Krüger/Kalbfleisch (Due Diligence 1999).
[410] Wegmann/Koch (Due Diligence 2000), S. 1027.
[411] Vgl. Koch/Wegmann (Branchenstudien 1999), S. 62-65; Loges (Due Diligence 1997), S. 965.

Due-Diligence-Prüfer wird letztlich vom Emittenten getragen.[412] Wie in Tabelle 3 auf Seite 91 angegeben, wurde bei allen an der erwähnten Befragung teilnehmenden Unternehmen eine Due-Diligence-Prüfung durchgeführt. In den meisten Fällen wurde dazu nicht der Abschlußprüfer des Emittenten, sondern eine andere WPG und externe Anwälte beauftragt bzw. war der Konsortialführer selbst beteiligt.[413] Im Rahmen der Befragung waren die Gesellschaften auch nach dem Einfluß des Konsortialführers auf die Wahl des Due-Diligence-Prüfers gefragt worden. 80% der Emittenten bejahten einen solchen Einfluß; unter den Gesellschaften, die anstelle ihres Abschlußprüfers einen anderen Wirtschaftsprüfer beauftragt hatten, berichteten sogar 95% von einer Einflußnahme des Konsortialführers.[414] Das zeigt die Wichtigkeit der Due-Diligence-Prüfung für den Konsortialführer, dessen Hauptinteresse daran in der Reduzierung des Prospekthaftungsrisikos liegt.[415] Die Haftung des Due-Diligence-Prüfers gegenüber dem Konsortialführer wird individuell vereinbart.[416]

Obwohl dem Due-Diligence-Prüfer im Rahmen des IPO eine bedeutende Stellung zukommt, steht nicht er, sondern der Abschlußprüfer im Mittelpunkt dieser Arbeit. Dafür sprechen folgende Gründe:

(a) Der Due-Diligence-Prüfer tritt gegenüber den Anlegern nicht in Erscheinung. Sein Name ist im Gegensatz zu dem des Abschlußprüfers nicht im Prospekt genannt. Dies führt dazu, daß die Wahl des Due-Diligence-Prüfers weder von den Emittenten als Signal eingesetzt, noch von den Anlegern zur Entscheidungsfindung über eine Zeichnung berücksichtigt werden kann.

(b) Für die Anleger sind die im Prospekt enthaltenen geprüften Abschlüsse und der Lagebericht[417] eine für die Zeichnung mitentscheidende Information. Konkrete Plandaten sind in den Prospekten grundsätzlich nicht enthalten. Die Ordnungs- und Gesetzmäßigkeit der Abschlüsse ist von einem eindeutig identifizierbaren Prüfer bestätigt. Im Gegensatz dazu werden die Ergebnisse der Due Diligence oftmals nicht von einem einzigen Akteur erarbeitet. Die Ergebnisse der Due Diligence schlagen sich an vielen Stellen im Prospekt nieder, können aber nicht den einzelnen mit der Durchführung der Due Diligence Beauftragten zugeordnet werden.

---

[412] Vgl. Wegmann/Koch (Due Diligence 2000), S. 1029.
[413] Vgl. auch Wißmann (Due Diligence 1999), S. 146.
[414] Vgl. Ostrowski/Sommerhäuser (Going Public 2000), S. 966.
[415] Vgl. mit Bezug zu den in den USA geltenden Regelungen Gruson (Prospekterfordernisse 1995), S. 93-95.
[416] Vgl. FAR (due diligence-Aufträge 1998), S. 289.
[417] Nur bei einem IPO im Neuen Markt ist neben den Abschlüssen der drei letzten Jahre der Lagebericht des letzten Geschäftsjahres zu veröffentlichen (Regelwerk Neuer Markt, Abschnitt 2, Absatz 4.1.8 (1) Nr. 1).

(c) Als Grundlage der Analysen des Due-Diligence-Prüfers dienen die Daten aus den geprüften Abschlüssen.[418] Liegen geprüfte Abschlüsse vor, werden diese regelmäßig im Rahmen der Due Diligence nicht nochmals geprüft. Die Analyse der Daten aus der Vergangenheit ist Grundlage für die Evaluierung der Planzahlen, die zur Unternehmensbewertung herangezogen werden. Regelmäßig wird der Due-Diligence-Prüfer den Kontakt zum Abschlußprüfer suchen, um weitergehende Einblicke in Rechnungswesen und Kontrollstruktur zu erhalten.[419] Die Richtigkeit der vom Abschlußprüfer geprüften Abschlüsse ist damit für den Due-Diligence-Prozeß von großer Bedeutung.

(d) Die vom Abschlußprüfer geprüften Abschlüsse machen sowohl materiell als auch formal einen wesentlichen Teil – oftmals allein schon die Hälfte – des Emissionsprospektes aus.[420]

(e) In Angleichung an US-amerikanische Verhältnisse hat das Ausstellen eines letter of comfort durch den Abschlußprüfer für die Konsortialbanken in Deutschland in den letzten Jahren an Bedeutung gewonnen.[421] Der letter of comfort, in dem der Abschlußprüfer die Richtigkeit hauptsächlich der neben den geprüften Abschlüssen im Prospekt enthaltenen finanziellen Angaben bestätigt, umfaßt in zeitlicher Hinsicht gewöhnlich den Zeitraum bis zur Herausgabe des Prospektes.[422] Damit wächst dem Abschlußprüfer – sofern die Ausstellung eines entsprechenden letter of comfort vereinbart ist – sowohl inhaltlich als auch zeitraumumfassend eine über die stichtagsbezogene Abschlußprüfung hinausgehende Bedeutung für die Bestätigung der Richtigkeit von Prospektangaben bei.

(f) Als Instrument der Unternehmenskontrolle erfüllt der Abschlußprüfer auch in Zukunft durch die jährliche Abschlußprüfung sowie eine evtl. Prüfung von Quartals- und Zwischenberichten seine Aufgabe.[423] Bei den regelmäßig zu beobachtenden niedrigen Prüferwechselraten börsennotierter AG können die Anleger mit hoher Wahrscheinlichkeit von einer zukünftigen Prüfung durch den im Emissionsprospekt genannten Abschlußprüfer ausgehen.

---

[418] Vgl. Wegmann/Koch (Due Diligence 2000), S. 1030-1032; Wißmann (Due Diligence 1999), S. 144, 151f.; Maute (Due Diligence 1999), S. 138f.

[419] Vgl. FAR (due diligence-Aufträge 1998), S. 288f.

[420] Vgl. Groß (Prospekthaftung 1999), S. 201.

[421] Vgl. die empirischen Ergebnisse bei Ostrowski/Sommerhäuser (Going Public 2000), S. 968.

[422] Vgl. Bosch (Expertenhaftung 1999), S. 278; Picot/Land (Going Public 1999), S. 572; Herz et alii (SEC 1997), S. 62-65, 85ff.; Beatty/Welch (Expenses 1996), S. 548.

[423] Eine Prüfung der Zwischen- und Quartalsberichte ist nicht vorgeschrieben. Vgl. Förschle/Helmschrott (Neue Markt 1997), S. 192. Dies wird von einigen Analysten, die vor allem die Qualität der Quartalsberichte einiger am Neuen Markt notierter Unternehmen bemängelten, kritisiert. Vgl. Handelsblatt vom 15.9.1999, S. 36. Bei der bereits oben erwähnten Befragung gab nur die Hälfte der Unternehmen an, ihre Zwischen- und Quartalsabschlüsse prüfen zu lassen. Vgl. Ostrowski/Sommerhäuser (Going Public 2000), S. 969f.

Die Haftung des Abschlußprüfers für die im Prospekt enthaltenen Jahres-, Zwischen- und Als-ob-Abschlüsse wird meist gegenüber den Konsortialbanken in speziellen Abmachungen vereinbart. Vor Übernahme der Aktien verlangen die Konsortialbanken dazu meist den oben erwähnten letter of comfort, der vom Abschlußprüfer des Emittenten „hinsichtlich der in dem Prospekt enthaltenen Jahresabschlüsse und sonstigen Finanzdaten" ausgestellt wird.[424] Eine Dritthaftung gegenüber den Anlegern aus Prospekthaftung für den gesamten Prospekt kommt bei einem IPO regelmäßig nicht in Frage, da eine nach außen erkennbare Prospektprüfung nicht stattfindet.[425] Allerdings könnte eine Dritthaftung im Rahmen freiwilliger Abschlußprüfungen für die im Prospekt enthaltenen geprüften Jahres- und Zwischenabschlüsse in Betracht gezogen werden.[426] Groß (1999) geht sogar soweit, den Abschlußprüfer aufgrund der Tatsache, daß die geprüften Abschlüsse sowohl materiell als auch formal einen wesentlichen Teil des Prospektes darstellen, und aufgrund des Vertrauens der Anleger in die Richtigkeit und Vollständigkeit der Rechnungslegungsangaben als Prospektverantwortlichen im Sinne des § 45 Abs. 1 BörsG und damit als der Prospekthaftung für die von ihm geprüften, im Prospekt enthaltenen Angaben Unterliegenden anzusehen.[427] Die Prospekthaftung des Emittenten und der begleitenden Konsortialbanken dürfte für geschädigte Anleger allerdings die naheliegendere Anspruchsgrundlage sein. Dafür sprechen die relativ geringe Beachtung, die die Haftung des Abschlußprüfers im Zusammenhang mit einem IPO bisher in der Literatur spielt, und das Fehlen einschlägiger Urteile.[428]

Ökonomisch ist die Funktion des Abschlußprüfers beim IPO im Abbau der Informationsasymmetrie zwischen den Alteigentümern und den Emissionsbanken und Anlegern zu sehen. Die Reduzierung von Unsicherheit über die Richtigkeit der in den Abschlüssen und Lageberichten enthaltenen Daten ermöglicht im Zeitpunkt des IPO eine Reduzierung des sog. Schätzrisikos, damit eine fundiertere Einschätzung des Unternehmenswertes und dadurch letztlich einen vergleichsweise höheren Unternehmenswert. Wie in Kapitel 2 gezeigt wurde, tragen Rechnungslegung und Prüfung zur Milderung der mit dem IPO regelmäßig größer werdenden Agency-Probleme zwischen Großaktionären und Management sowie den außenstehenden Anlegern bei. Wie im folgenden Kapitel näher erläutert wird, kann darüber hinaus die Wahl eines bestimmten Abschlußprüfers als Signal für die Güte des Emittenten und als Signal hin-

---

[424] Vgl. Technau (Rechtsfragen 1998), S. 446f; Harrer/Heidemann (Going Public 1999), S. 259.
[425] Vgl. zur Prospekthaftung für Wirtschaftsprüfer Hartmann/Schwope (Berufsrisiko 1993); Wagner (Prospektprüfung 2000). Auch nach jüngerer Rechtsprechung, die „unter dem Gesichtspunkt eines Vertrages mit Schutzwirkung für Dritte" in bestimmten Fällen eine Dritthaftung des Abschlußprüfers anerkennt, dürfte eine Dritthaftung gegenüber einer Vielzahl anonymer Anleger weiterhin ausgeschlossen bleiben. Vgl. Canaris (Reichweite 1999), S. 208.
[426] Vgl. Land (Wirtschaftsprüferhaftung 1996), S.69-73. Vgl. auch Otto/Mittag (Haftung 1996), S.329ff; Lenz/Ostrowski (Kontrolle 1997), S. 1528f.
[427] Vgl. Groß (Prospekthaftung 1999), S. 201. Anderer Meinung Sittmann (Prospekthaftung 1998), S. 493. Vgl. zu diesem Aspekt auch Bosch (Expertenhaftung 1999), S. 280-282.
[428] Vgl. Bosch (Expertenhaftung 1999), S. 280.

sichtlich der Milderung zukünftiger Agency-Probleme eingesetzt werden. Der Abbau von Informationsasymmetrie zwischen Unternehmensmanagement und außenstehenden Aktionären ist der Beitrag des Abschlußprüfers zur Unternehmenskontrolle, der in Abhängigkeit von der Schwere der Agency-Probleme bei einzelnen AG unterschiedlich hohe Bedeutung erlangt. Auch deshalb sollte eine qualitätsdifferenzierte Nachfrage nach Abschlußprüferleistungen zu erwarten sein. Nachdem zunächst im nächsten Kapitel diese Zusammenhänge theoretisch dargestellt werden, erfolgt in Kapitel 6 eine empirische Analyse hinsichtlich dieser Fragen für den deutschen Markt.

5 Qualitätsdifferenzierte Prüferwahl im Zusammenhang mit einem IPO

5.1 Ökonomische Charakterisierung des Umfelds und der Besonderheiten eines IPO

Die Situation eines IPO eignet sich aus folgenden Gründen besonders, um der Frage nachzugehen, ob in der Einschätzung der Marktteilnehmer Qualitätsdifferenzen unter den Abschlußprüfern bestehen: Viele der neu an die Börse kommenden Gesellschaften sind relativ junge Unternehmen, deren bisherige Entwicklung abseits der Wahrnehmung einer breiten Öffentlichkeit verlief.[429] Die Fähigkeiten ihres Managements und die Aussichten für einen Erfolg ihres Geschäftsmodells am Markt können von den Anlegern schlechter eingeschätzt werden als bei bereits börsennotierten Gesellschaften, deren Entwicklung seit längerer Zeit im Fokus des öffentlichen Interesses steht. Diese mangelhafte Informationslage über die bisherige Entwicklung eines Unternehmens erhöht für die Anleger die Unsicherheit über die Qualität und damit den Wert des Unternehmens. Dabei steht in erster Linie nicht das Unternehmensrisiko im Mittelpunkt. Vielmehr ist das sog. Schätzrisiko entscheidend, also die Unsicherheit über die Richtigkeit und Vollständigkeit von Informationen, mit deren Hilfe sich Aussagen über die Höhe des Unternehmensrisikos bzw. die zukünftige Entwicklung der Gesellschaft machen lassen. Während sich die Berücksichtigung eines hohen Unternehmensrisikos in einem geringeren Marktwert einer Gesellschaft nicht durch deren Informationsverhalten vermeiden läßt, kann durch genauere, vollständigere und glaubwürdigere Informationen das Ausmaß des Schätzrisikos auf Seiten der Anleger reduziert werden, was zu niedrigeren Kapitalkosten und damit zu einem höheren Unternehmenswert führt.[430] Das Schätzrisiko hat sich in verschiedenen Arbeiten als zumindest nicht vollständig diversifizierbar erwiesen.[431]

In der von hohem Schätzrisiko gekennzeichneten Situation eines IPO kommt Institutionen, die dieses Schätzrisiko und damit Qualitätsunsicherheit abbauen helfen können, besondere Bedeutung zu. Wie in Abschnitt 2.5 beschrieben wurde, können Abschlußprüfer grundsätzlich als eine solche Institution angesehen werden, da sie zumindest vergangenheitsbezogene Rechnungslegungsdaten auf ihre Richtigkeit und zukunftsgerichtete Lageberichtsinformationen auf ihre Plausibilität prüfen. Mit der Übernahme weiterer Tätigkeiten, wie der Erstellung, kritischen Durchsicht oder Prüfung von Zwischenabschlüs-

---

[429] In Deutschland gingen im Vergleich zu den USA bis zur Etablierung des Neuen Marktes im Frühjahr 1997 nur wenige sehr kleine und junge und in keinem Fall neugegründete Unternehmen an die Börse. Dies gilt seit 1997 nicht mehr. Doch auch für die Zeit vor 1997 ist festzuhalten, daß eine ganze Reihe bis dahin in der Öffentlichkeit weitgehend unbekannter Familiengesellschaften an die Börse kam.

[430] Vgl. Elliott/Jacobson (Disclosure 1994), S. 81ff.

[431] Vgl. beispielsweise Barry/Brown (information 1986); Lam (Information 1992); Clarkson/Guedes/Thompson (Diversification 1996) jeweils mit weiteren Nachweisen.

sen, Als-ob-Abschlüssen oder Abschlüssen nach internationalen Rechnungslegungsstandards oder der Ausstellung eines letter of comfort, kommt Wirtschaftsprüfern eine über die Abschlußprüfertätigkeit hinausreichende Bedeutung im Rahmen des IPO zu. Bezugnehmend auf die Ausführungen in Kapitel 3 wird im folgenden behauptet, daß unterschiedliche Qualitäten von Prüfungsleistungen das Ausmaß des Schätzrisikos unterschiedlich stark reduzieren.

Vor diesem Hintergrund bietet es sich an, die einzelnen IPO-Unternehmen daraufhin zu untersuchen, wen sie als ihren Prüfer wählten, also welchen Prüfer sie im Hinblick auf das geplante IPO als den für ihre Zwecke am geeignetsten erachteten.[432] Sehr junge Unternehmen oder Unternehmen, die erst kurz vor dem Börsengang in die Rechtsform der AG wechselten, wählen häufig im Jahr vor dem IPO erstmals einen Prüfer. Ältere Unternehmen, die schon längere Zeit als nicht kleine Kapitalgesellschaft der Prüfungspflicht unterlagen, könnten vor dem Börsengang ihren Prüfer wechseln, um dadurch auf die Anforderungen und Wünsche der Anleger und anderer am IPO Beteiligter zu reagieren. Neben der Wahl und dem Wechsel des Prüfers läßt sich durch die Analyse der Reaktionen von Konsortialbanken und Anlegern auf die Prüferwahl deren Einschätzung der Qualität unterschiedlicher Prüfer untersuchen.

Für die Eignung des Szenarios eines IPO zur Durchführung einer Analyse der Qualitätsdifferenzen unter WPG läßt sich daneben anführen, daß die neu an die Börse gehenden Unternehmen meist nicht so groß sind, daß bereits wegen der Größe des Unternehmens die Wahl einer großen WPG determiniert ist.[433] Der Faktor „Größe" spielt unter IPO-Gesellschaften eine weniger bedeutende Rolle für die Prüferwahl als beispielsweise unter bereits börsennotierten Unternehmen; vielmehr sollte davon ausgegangen werden dürfen, daß die Prüferwahlentscheidung bei IPO-Unternehmen hauptsächlich durch die in dieser Arbeit interessierende Qualität des Prüfers bestimmt ist.[434] Als weitere Besonderheit bei IPO-Unternehmen ist ein möglicher Einfluß Dritter, vor allem der Konsortialführer, auf die Prüferwahlentscheidung zu beachten.[435]

---

[432] Die Frage, ob der Prüfer von den Gesellschaftern oder dem Management bestimmt wird, ist unerheblich, da diese Akteure bei einem IPO oftmals identisch sind oder die Gesellschafter starken Einfluß auf das Management besitzen. Ist dies nicht der Fall, kann ebenfalls von der geringen Bedeutung dieser Frage ausgegangen werden, wenn das Interesse der Manager durch geeignete Arrangements auf Marktwertmaximierung ausgelegt ist. Vgl. Chow (Demand 1982), S. 273.

[433] Der Zusammenhang zwischen Unternehmensgröße und der häufigeren Bestellung großer Prüfer, der sich sowohl für den deutschen Prüfungsmarkt als auch international in vielen Studien zeigte, läßt sich auch in der in Abschnitt 6.2.2 dargestellten Marktstrukturuntersuchung beobachten.

[434] Da im Gegensatz beispielsweise zu den USA, wo seit jeher die Finanzierung von Unternehmen oftmals schon in der Start-Phase des Unternehmens über die Börse dargestellt wird, in Deutschland vor allem bis 1997 in der Mehrzahl relativ große Unternehmen an die Börse kamen, darf der Einfluß der Größe der Unternehmen auf die Prüferwahl trotzdem nicht gänzlich unbeachtet bleiben, um nicht eine Verzerrung der Ergebnisse durch unterschiedliche Unternehmensgrößen zu riskieren.

[435] Vgl. zum gesamten Absatz Firth/Smith (Selection 1992), S. 248.

Hinsichtlich der Analyse der Reaktionen der Kapitalmarktteilnehmer auf die Wahl des Prüfers bzw. auf die von verschiedenen WPG geprüften Rechnungslegungsinformationen bietet das Umfeld eines IPO Vorteile, weil außer den Informationen im Prospekt wenig über das Unternehmen bekannt ist und somit am ersten Börsenhandelstag die Anleger genau auf die im Prospekt enthaltenen Informationen hin handeln. Im Gegensatz zu gewöhnlichen event studies gibt es beim IPO nicht das Problem, daß der genaue Zeitpunkt, zu dem sich bestimmte Informationen in den Kursen und Handelsvolumina widerspiegeln, unbekannt ist bzw. nur eingegrenzt werden kann. Nach dem IPO werden meist über einen längeren Zeitraum keine weiteren Informationen des Unternehmens oder Analysen der Emissionsbanken veröffentlicht, was eine längerfristige, von anderen Informationen unverzerrte Analyse der Kapitalmarktreaktionen ermöglicht.[436]

Als letzter Aspekt zur Charakterisierung des IPO-Umfeldes ist die Zunahme der Schwere eigenfinanzierungsbedingter Agency-Probleme zu erwähnen. Der Börsengang eines Unternehmens führt regelmäßig zu einer einschneidenden Änderung der Eigentümer- und Finanzierungsstruktur einer Gesellschaft. Zunehmende Agency-Probleme im Verhältnis zwischen Unternehmensverwaltung und Aktionären resultieren grundsätzlich in einem niedrigeren Marktwert des Unternehmens. Aus dieser Situation ergibt sich die Möglichkeit, den Nutzen der Institution Abschlußprüfung hinsichtlich der Kontrolle der Unternehmensverwaltungen durch den Kapitalmarkt zu hinterfragen. Nimmt der Markt den Nutzen der Institution Abschlußprüfung wahr, sollten als Reaktion auf unterschiedlich schwerwiegende Agency-Probleme unterschiedliche Qualitäten von Prüfungsleistungen nachgefragt werden. Dem Prüfer wächst somit nicht nur zur Reduzierung der Qualitätsunsicherheit auf Seiten der Anleger, sondern auch zur Milderung der durch das IPO sich regelmäßig verschärfenden Agency-Konflikte im Rahmen des IPO Bedeutung zu.[437]

Im folgenden werden zunächst die Interessenlagen der verschiedenen an einem IPO beteiligten Akteure, unterschiedliche Theorieansätze, die für die Analyse von Prüferwahl und -wechsel sowie den Kapitalmarktreaktionen darauf nutzbar gemacht werden können, und das sog. Underpricing-Phänomen beschrieben, bevor die theoretischen Grundlagen für die in Kapitel 6 folgende empirische Analyse konkret expliziert werden.

5.1.1 Interessenlagen der am IPO Beteiligten

Nachdem bereits in Abschnitt 4.2 die Motive für ein IPO angesprochen wurden, soll nun differenzierter auf die Interessenlagen der einzelnen am IPO beteiligten Akteure eingegangen werden. Neben den Alteigentümern und Organmitgliedern der IPO-Gesellschaft sind insbesondere das konsortialführende

[436] Vgl. Jang/Lin (Volume 1993), S. 265f.
[437] Vgl. Firth/Smith (Selection 1992), S. 248.

Emissionshaus, die Anleger und der Abschlußprüfer zu berücksichtigen. Auf andere am IPO-Prozeß beteiligte Experten, wie z.B. Anwälte und verschiedene Berater, sowie staatliche bzw. private Zulassungs- und Aufsichtsstellen wird wegen deren zu vernachlässigendem Einfluß auf den weiteren Verlauf der Arbeit nicht eingegangen.

Rational handelnde Alteigentümer eines IPO-Unternehmens werden im Rahmen des going public versuchen, einen möglichst hohen Erlös für die aus ihrem Bestand verkauften oder aus einer Kapitalerhöhung stammenden Aktien zu erzielen. Lediglich die Überlegung, bei späteren Folgeemissionen bzw. bei einem späteren Verkauf von Aktien über die Börse wegen einer bis dahin durch die anlegerfreundliche Preisgestaltung beim IPO mitverursachten positiven Kursentwicklung höhere Verkaufserlöse erzielen zu können, könnte die Alteigentümer von sich aus zur Festsetzung eines niedrigeren Emissionspreises veranlassen, solange sie dadurch den Kapitalwert der ihnen aus der Erst- und den zukünftigen Emissionen zufließenden Zahlungen maximieren.[438]

Grundsätzlich ergibt sich für die Alteigentümer durch das IPO ein Vermögenszuwachs aufgrund der höheren Fungibilität ihrer Unternehmensanteile.[439] Daneben können die Alteigentümer in Abhängigkeit von der jeweiligen Unternehmenssituation eine ganze Reihe weiterer, bereits in Abschnitt 4.2 genannte Vorteile durch das IPO realisieren, die ihnen durch eine wegen des IPO erzielte Verbesserung der ökonomischen Situation des Unternehmens indirekt zufallen und die sich beispielsweise an der Steigerung des Bekanntheitsgrades des Unternehmens, der Möglichkeit, Mitarbeiter durch stock options zu gewinnen bzw. zu halten, an der Kontrolle durch den Kapitalmarkt oder vorteilhafteren Kreditkonditionen festmachen lassen.

Durch den Verkauf von Aktien können die Altaktionäre zudem ihr Vermögen diversifizieren und damit ein besseres Risiko-Rendite-Mix ihrer Gesamtvermögensposition erreichen. Eine Risikoreduzierung gegenüber einer Situation, in der sie auf ein IPO verzichten, realisieren die Alteigentümer selbst dann, wenn die zu emittierenden Aktien vollständig aus einer Kapitalerhöhung stammen. Zwar dürfte in diesem Fall die Beschaffung neuer Finanzierungsmittel für das Unternehmen im Vordergrund stehen; mit der Kapitalerhöhung und Zeichnung der neuen Aktien durch bisher der Gesellschaft fernstehende Dritte läßt sich allerdings die Einbringung weiteren Kapitals durch die Alteigentümer ins Unternehmen zur Finanzierung geplanter Investitionsprojekte vermeiden und damit eine vergleichsweise höhere Diversifikation des Vermögens der Alteigentümer erreichen. Eine Risikoreduzierung ergibt sich für die Altaktionäre durch ei-

---

[438] Ibbotson/Ritter (Initial 1995), S. 999, nennen im Zusammenhang mit dem Entstehen von Underpricing diese Überlegung die „signalling hypothesis". Wie sich in Abschnitt 5.1.3 zeigen wird, läßt eine Reihe von Autoren ihre Modellüberlegungen zur Erklärung der Existenz von Underpricing auf dieser Annahme basieren.

[439] Vgl. Amihud/Mendelson (Liquidity 1988), S. 6ff.; Pagano/Panetta/Zingales (Why 1998), S. 39f.; Ostrowski (Offenlegung 1999), S. 23.

ne Kapitalerhöhung auch wegen der damit oftmals verbundenen Diversifikation der Investitionsprojekte und Geschäftsaktivitäten innerhalb des Unternehmens.

Neben der Verbesserung ihrer persönlichen Vermögensposition könnten Alteigentümer, die nach dem IPO weiterhin im Management des Unternehmens tätig sind, genauso wie nicht an der Gesellschaft beteiligte Manager darauf bedacht sein, daß die emittierten Aktien unter den Anlegern breit gestreut werden, um sich vor Kontrolle durch Außenstehende zu schützen. Die Aneignung pekuniärer und nicht-pekuniärer Vorteile wird ihnen damit erleichtert. Auch wird durch eine breite Streuung tendenziell die Liquidität der Aktie im Handel steigen, was zu einer tendenziell besseren zukünftigen Kursentwicklung führen dürfte.[440] Die gewünschte breite Streuung der Aktien läßt sich durch das Angebot der Aktien zu einem Preis, der unter dem Marktwert liegt, erzeugen, da in diesem Fall sehr viele Anleger die Aktien zeichnen werden und jedem der Zeichner nur eine geringe Anzahl an Aktien zugeteilt werden kann.[441]

Für Alteigentümer-Manager besteht ein trade-off zwischen dem Wunsch nach Vermögensdiversifizierung, der sie das Ziel verfolgen läßt, einen möglichst hohen Anteil ihrer Aktien an Anleger zu verkaufen, und ihrem Bestreben, auch nach dem IPO die Stimmrechtsmehrheit an der AG zu besitzen. Da die Emission stimmrechtsloser Vorzugsaktien in den letzten Jahren stark an Bedeutung verloren hat, können Alteigentümer nur durch den Verzicht auf eine breitere Diversifizierung ihres Vermögens ihren Stimmrechtseinfluß in der Hauptversammlung sicherstellen. Der Verzicht auf eine breitere Vermögensstreuung durch das IPO kann auch dann rational sein, wenn die Alteigentümer ein bewußtes Underpricing der emittierten Aktien vornehmen. Ein späterer Verkauf von Aktien, der allerdings durch unterschiedlich lange Mindesthaltedauerverpflichtungen begrenzt wird, kann dann für die Alteigentümer die vorteilhaftere Alternative der Abgabe von Aktien sein.[442]

---

[440] Vgl. Booth/Chua (Ownership 1996).

[441] Vgl. Ibbotson/Ritter (Initial 1995), S. 1001; Brennan/Franks (Underpricing 1997), S. 392f. Im Gegensatz zu deren Argumentation bietet für Stoughton/Zechner (IPO-mechanisms 1998) die durch das Underpricing entstehende Überzeichnung für Emittenten und Konsortialbanken die Möglichkeit, Aktien bevorzugt Investoren zuzuteilen, für die es lohnend ist, sich in der Unternehmenskontrolle zu engagieren. Ein starker Block von in der Unternehmenskontrolle aktiven Investoren sollte den Unternehmenswert erhöhen, womit der Anreiz für Alteigentümer zur Auswahl kontrollfreudiger Investoren in den Überlegungen von Stoughton/Zechner klar wird.

[442] In Phasen euphorischer Übertreibung an der Börse, wie sie in der Vergangenheit zeitweilig vor allem am Neuen Markt festzustellen waren, und in den Fällen, in denen sich die Alteigentümer entscheiden, die Aktien unter ihrem angenommenen Marktwert zu emittieren, kann es für Altaktionäre zur Umgehung der Mindesthaltedauerverpflichtungen rational sein, einen möglichst großen Teil der zu emittierenden Aktien an „friends and family“ zu verteilen, um dadurch einen Teil der emittierten Aktien in der eigenen (Familien-) Vermögenssphäre zu halten, um mittels späterer Verkäufe an der Börse Gewinne ohne Rücksicht auf Mindesthaltedauerverpflichtungen realisieren zu können, oder um Kunden, Lieferanten oder Mitarbeitern Vorteile zu verschaffen, die sich im Gegenzug später in Vorteilen für das IPO-Unternehmen und die Altaktionäre niederschlagen. Dabei ist zum einen beispielsweise an eine durch bessere Kundenbindung, höhere Mitarbeitermotivation oder bessere Lieferkonditionen hervorgerufene Steigerung der operativen Ergeb-

Zur Realisierung des IPO und der damit verbundenen Vorteile sind die Alteigentümer auf die Unterstützung vor allem der Konsortialbanken angewiesen. Diesen, speziell der konsortialführenden Bank, kommt unter allen am Börsengang beteiligten Beratern, Finanzintermediären und sonstigen Dienstleistern die wichtigste Rolle zu. Im Gegensatz zum Emittenten bzw. dessen Alteigentümern, für die das IPO im Regelfall eine einmalige Aktion darstellt, ist es Emissionshäusern durch die andauernde Teilnahme am IPO-Geschäft möglich, Reputation aufzubauen.[443] Die Interessenlage des Konsortialführers läßt sich durch die Eckpunkte Maximierung der Provisionserträge, Vermeidung von Prospekthaftung und eines Aufbaus hoher Eigenbestände in den emittierten Aktien und Aufrechterhaltung der Plazierungskraft, also seiner Reputation bei den Anlegern, beschreiben. Zur Steigerung der Provisionserträge wird es zunächst das Ziel jeder im Emissionsgeschäft tätigen Bank bzw. jedes Finanzdienstleisters sein, Emittenten zu gewinnen. Hauptargument dafür dürfte die Höhe des Emissionspreises bzw. der Bookbuildingspanne sein, zu dem das Emissionshaus bereit ist, die Aktien anzubieten. Wie bereits in Abschnitt 4.6 angesprochen dürfte in hot-issue-Märkten die Auswahl des Konsortialführers noch stärker anhand der im beauty contest von den Banken angebotenen Emissionspreise vorgenommen werden als in weniger euphorischen Phasen. In diesen kommt tendenziell den anderen Aspekten des Dienstleistungsangebotes des Konsortialführers stärkere Bedeutung zu. Dazu zählen die Plazierungskraft des Emissionshauses, seine Reputation, verfügbare Researchkapazitäten und die Betreuung des Unternehmens nach dem IPO, beispielsweise als Betreuer im Neuen Markt oder durch regelmäßige Researchberichte. Das Zugeständnis hoher Emissionspreise im Wettbewerb[444] um das Emissionsmandat findet dort seine Grenzen, wo das Emissionshaus befürchten muß, nicht alle Aktien am Markt unterzubringen, seine Reputation bei den Anlegern auf Spiel zu setzen oder im schlimmsten Fall mit zukünftigen Ansprüchen aus Prospekthaftung konfrontiert zu werden. Somit stehen die Konsortialführer in den Verhandlungen mit den Emittenten vor der Herausforderung, gerade den Emissionspreis anzubieten, der ihnen einerseits das Mandat sichert, andererseits sie vor den aufgezeigten negativen Folgen schützt. Konsortialführer verhalten sich rational, wenn sie sowohl ein zu hohes als auch ein zu niedriges Underpricing verhindern.[445] Ein zu hohes Underpricing wird zukünftige Emittenten andere Emissionshäuser vorziehen lassen, ein zu niedriges die Plazierungskraft der Bank oder des Finanzdienstleisters bei zukünftigen Emissionen

---

nisse des IPO-Unternehmens zu denken. Zum anderen dürften die so bedachten Aktionäre tendenziell sich weniger kritisch gegenüber den Managern verhalten und somit ein für die Altaktionäre-Manager positives Gegengewicht zu den anderen Aktionären bilden.

[443] Vgl. die Ausführungen in Abschnitt 5.2.

[444] Die Intensität des Wettbewerbs unter den Banken um Emissionsmandate dürfte ein wichtiger Einflußfaktor auf die Höhe der ausgehandelten Emissionspreise sein. Mangelnder Wettbewerb unter den Banken wird auch als Erklärungsansatz für die Existenz von Underpricing diskutiert. Vgl. Logue (pricing 1973); Kaserer/Kempf (Underpricing-Phänomen 1995), S. 57-59; Chishty/Hasan/Smith (Competition 1996).

[445] Vgl. Langemann (Börsengang 2000), S. 14.

negativ beeinflussen.[446] Voraussetzung für die Vermeidung eines zu hohen oder zu niedrigen Underpricings ist, daß Emissionshäuser in der Lage sind, den Marktwert eines IPO-Unternehmens annähernd richtig vorherzusagen. Da sie grundsätzlich wie die Anleger dem sog. Schätzrisiko bei der Bewertung der IPO-Unternehmen unterliegen, versuchen Emissionshäuser regelmäßig durch eine unter Einschaltung externer Experten, wie beispielsweise Wirtschaftsprüfer, durchgeführte Due-Diligence-Prüfung das Schätzrisiko zu reduzieren.

Als letzter der hier aufgezählten Aspekte der Interessen der Emissionshäuser bei einem IPO ist auf die in Deutschland herrschende institutionelle Begebenheit hinzuweisen, daß es sich bei den Konsortialführern meist um Geschäftsbanken handelt, bei denen Interessenkonflikte zwischen dem Emissionsgeschäft und den traditionellen Bankgeschäften zumindest nicht ausgeschlossen sind. So könnte etwa die Bindung von Geschäftskunden an die Bank durch die Zuteilung unterbewerteter Emissionen gesteigert werden, weshalb die Banken auch aus dieser Sicht starken Anreizen unterliegen dürften, den Emittenten so niedrige Emissionspreise anzubieten, wie es die Wettbewerbsintensität unter den Emissionshäusern zuläßt.[447]

Die Interessenlage des Abschlußprüfers eines IPO-Unternehmens unterscheidet sich grundsätzlich nicht von der des Abschlußprüfers eines anderen Mandanten. Der Abschlußprüfer wird bestrebt sein, das Mandat auch in Zukunft zu behalten, möglicherweise zusätzliche Beratungsaufträge zu akquirieren, diese und die Prüfung mit einem größtmöglichen Gewinn durchzuführen und Haftungsansprüche bzw. Reputationsverluste wegen später aufgedeckter Unzulänglichkeiten bei der Prüfung zu vermeiden. Die gleiche Interessenlage dürfte für den Prüfer gelten, der im Vorfeld des IPO Zwischenabschlüsse, nach internationalen Rechnungslegungsnormen erstellte oder unter bestimmten Prämis-

[446] Vgl. Beatty/Ritter (Investment 1986), S. 214, 217. Beatty/Ritter (Investment 1986), S. 222-227, zeigen empirisch, daß die Emissionshäuser mit den höchsten Abweichungen von einem geschätzten risikoadjustierten Underpricing in der Folgezeit wesentlich höhere Marktanteilsverluste hinzunehmen hatten und häufiger ihre Emissionstätigkeit aufgaben als andere Emissionshäuser. Für Trobitz/Wilhelm (Going Public 1996), S. 175, ist ein Kursanstieg um 10% bei einem IPO geeignet, damit Investoren das IPO als Erfolg bewerten. Vgl. auch McCarthy (Pricing 1999), S. 56f.

[447] Auch unter anderen Regulierungsbedingungen als in Deutschland kann von direkten operativen Vorteilen für die Konsortialbanken in Folge der Zuteilung unterbewerteter Aktien an ihre Kunden ausgegangen werden. Vgl. Shiller (Speculative 1990), S. 62.
Zu den Problemen bei der Zuteilung von Aktien mit hohem Underpricing vgl. Schlick (Going Public 1997), S. 118-120. Neben Geschäftskunden könnten die Konsortialführer versuchen, den von ihnen kontrollierten Kapitalanlagegesellschaften Vorteile durch die Zuteilung unterbewerteter IPO-Aktien zu verschaffen. Eine entsprechende empirische Untersuchung zeigte zwar, daß Kapitalanlagegesellschaften dann höhere Anteile an einer Neuemission erwerben, wenn ihre Mutterbank die Konsortialführung innehat. Allerdings konnte keine vergleichsweise hohe Korrelation zwischen der Höhe des erworbenen Anteils an einer Emission und dem Kurserfolg dieser Emission nachgewiesen werden, weshalb sich eine Bevorzugung der von den Konsortialführern beherrschten Kapitalanlagegesellschaften nicht nachweisen läßt. Vgl. Baums/Theissen (Aktienemissionen 1999), S. 130ff.

sen aufgestellte Abschlüsse, die in den Emissionsprospekt aufgenommen werden, prüft. Als Aussteller eines letter of comfort dürfte für den Abschlußprüfer ähnlich wie für den Due-Diligence-Prüfer der Haftungsaspekt vor allem gegenüber den Konsortialbanken stärker in den Vordergrund rücken. Im Gegensatz zur Dritthaftung des Abschlußprüfers gegenüber den Anlegern dürfte in den meisten Fällen die Haftung gegenüber den Konsortialbanken relativ eindeutig in entsprechenden Verträgen geregelt sein. Weil der Due-Diligence-Prüfer auf weitere Aufträge von dem betreffenden Emissionshaus hoffen darf, wird er tendenziell unabhängiger gegenüber der zu prüfenden Gesellschaft agieren als der Abschlußprüfer.

Für rationale Anleger bringt die Möglichkeit, Neuemissionen zu zeichnen, grundsätzlich den Vorteil einer besseren Diversifizierung ihres Portfolios und damit eine Verbesserung des Rendite-Risiko-Profils. Die Diversifikation ergibt sich besonders daraus, daß es sich bei den IPO-Unternehmen häufig um Unternehmen handelt, die stark wachsen und in jungen Branchen tätig sind, aus denen erst wenige Unternehmen an der Börse notiert sind.[448] Daneben hat sich als weiterer Vorteil über viele Jahrzehnte in den meisten Volkswirtschaften gezeigt, daß sich aufgrund des Underpricing-Phänomens durch Zeichnung und sofortigen Wiederverkauf von zugeteilten Aktien im Durchschnitt Überrenditen erzielen lassen.[449] Den Vorteilen gegenüber steht beim einzelnen IPO für Anleger das Risiko, übervorteilt zu werden. Während Altaktionäre, wie oben angesprochen, im Zuge des IPO grundsätzlich ihre Aktien zu einem möglichst hohen Preis verkaufen wollen, sehen sich Anleger bei der Entscheidung, ob sie die angebotenen Aktien zeichnen sollen, hoher Unsicherheit über den Wert des Unternehmens gegenüber. Sie müssen davon ausgehen, daß der Emittent, die Emissionsbanken oder andere Anleger besser als sie über den Wert der angebotenen Aktien informiert sind. Das Ausmaß des Schätzrisikos und damit der Qualitätsunsicherheit über die angebotenen Unternehmensanteile wird bei rational handelnden Anlegern zu einer gegenüber vergleichbaren, bereits notierten Gesellschaften, in deren Bewertung alle am Markt verfügbaren Informationen eingeflossen sind, geringeren Zahlungsbereitschaft für die angebotenen Aktien führen. Im Extremfall kann zu große Qualitätsunsicherheit zum gänzlichen Erliegen des Marktes für Neuemissionen führen.[450] Die Abnahme des Anteils der meist als Unternehmensorgan tätigen Alteigentümer an dem Unternehmen schafft zudem in Zukunft Agency-Probleme, deren Ausmaß sich tendenziell im Marktwert des Unternehmens niederschlagen wird.[451] Ver-

---

[448] Vgl. zu einer gegensätzlichen Argumentation Mauer/Senbet (Effect 1992), S. 56.
[449] Voraussetzung dafür, daß der einzelne Anleger diese durchschnittliche Überrendite realisieren kann, ist eine gleichmäßige Zuteilung sowohl bei den IPO mit höherem als auch bei den mit niedrigerem oder negativem Underpricing. Dies dürfte in der Realität wegen stärkerer Nachfrage der Anleger bei IPO mit höherem Underpricing nicht der Fall sein. Vgl. auch Abschnitt 5.1.3.2.
[450] Vgl. Akerlof (Lemons 1970).
[451] Vgl. Jensen/Meckling (Theory 1976).

halten sich die Anleger rational, haben die Emittenten die Kosten der asymmetrischen Informationsverteilung zu tragen; die Anleger sind „price protected".[452] Neben den direkten Kosten des Börsengangs haben die Alteigentümer dann auch die Kosten zu tragen, die auf einen Emissionspreis zurückzuführen sind, der unter dem erzielbaren Marktwert der Anteile liegt, wenn diese Probleme nicht existierten. Dieser Abschlag spiegelt sich zum einen im sog. Underpricing wieder, zum anderen wird auch der um die Höhe des Underpricing über dem Emissionspreis liegende Marktwert einen Abschlag aufweisen gegenüber dem in einer nicht durch Informationsasymmetrien gekennzeichneten Situation erzielbaren Wert. Deshalb ist anzunehmen, daß die Alteigentümer Maßnahmen zur Reduzierung der Qualitätsunsicherheit und der aus möglichem moral hazard-Verhalten stammenden Agency-Probleme ergreifen. Auf die letztgenannten Aspekte wird detaillierter im weiteren Verlauf dieses Kapitels eingegangen.

5.1.2 Signaling- vs. Agency-Ansätze

Wie bereits im vorangegangenen Abschnitt angesprochen, existieren bei einem IPO im Verhältnis zwischen den Emittenten und den Anlegern zwei Problembereiche, von denen der eine der sog. Agency-Theorie, der andere der sog. Signaling-Theorie zuzuordnen ist.[453] Wenn die Hypothesen hinsichtlich der Wahl und des Wechsels von Prüfern bei IPO-Unternehmen sowie der Kapitalmarktreaktionen auf die Prüferwahl, die im folgenden unter Nutzung der Erkenntnisse dieser beiden Theorien herzuleiten sind, sich zueinander konsistent verhalten, ist der gleichzeitige Rückgriff auf beide Theorien unproblematisch. Ergäben sich dagegen gegensätzliche Vorhersagen für die Wahl oder den Wechsel des Prüfers, dürfte eine Abwägung der unterschiedlichen Relevanz der beiden Theorien auf die hier interessierenden Fragestellungen nicht unterbleiben.[454] Nachdem alle später empirisch zu testenden Hypothesen abgeleitet wurden, wird am Schluß dieses Kapitels knapp auf ihre Konsistenz eingegangen. In diesem Abschnitt reicht zunächst eine grobe Charakterisierung der Problemkomplexe aus, wobei zur Vermeidung von Wiederholungen die Ausführungen zu Agency-Problemen kurz ausfallen.[455]

Jensen und Meckling (1976) haben die Gefahren für außenstehende Aktionäre beschrieben, die durch das Verhalten von Managern entstehen, die nach dem

---

[452] So die typische Argumentation der positve accounting theory. Vgl. Watts/Zimmerman (Positive 1986), S. 183; vgl. auch Haller (Positive 1994).

[453] Zur Eignung der Agency- und Signaling-Theorie als Grundlage für empirische Untersuchungen vgl. Fischer-Winkelmann (Stellungnahme 1996), S. 996f. Die beiden genannten Theorien tragen zumindest dazu bei, grundlegende in dieser Arbeit wichtige Zusammenhänge besser zu verstehen. Insofern handelt es sich bei der vorliegenden um eine Arbeit „with the selected hypotheses serving more to structure the collection and analysis of empirical data rather than to test specific theories." Dopuch (Demand 1984), S. 254.

[454] Zum Verhältnis zweier Theorien zueinander vgl. Morris (Theory 1987), S. 48ff.

[455] Vgl. für eine ausführlichere Darstellung Abschnitt 2.1.1.

IPO nicht mehr Alleineigentümer ihrer Gesellschaften sind und deshalb für pekuniäre und nicht-pekuniäre Vorteile, die sie aus der Gesellschaft beziehen, nicht mehr vollständig selbst aufzukommen haben. Die Schwere der Agency-Konflikte hängt grundsätzlich von der Gleichrichtung der Interessen von Managern und Anlegern ab. Die Höhe der Beteiligung der Manager am Unternehmen ist in diesem Zusammenhang von Bedeutung. Durch Kontrollen, deren Wirksamkeit auch von den institutionellen Rahmenbedingungen abhängt, und anreizgerechte Vertragsgestaltungen lassen sich Agency-Probleme mildern.[456] Voraussetzung für eine Kontrolle durch die außenstehenden Anleger und ein vertragskonformes Verhalten der Manager ist die Reduzierung der asymmetrischen Informationsverteilung zwischen Managern und Anlegern. Insofern kann dem Prüfer Bedeutung zur Milderung der Agency-Probleme zukommen.[457] Agency-Probleme bestehen regelmäßig auch zwischen Informationsbeschaffern bzw. -verifizierern wie Prüfern oder Konsortialbanken und den Anlegern, die letztendlich die Empfänger dieser Leistungen sind.[458]

Der zweite Problemkomplex hat die Unsicherheit der Anleger über den Marktwert der angebotenen Aktien zum Gegenstand. Die Auswirkungen von Unsicherheit über die Qualität von Gütern auf die Marktergebnisse sind bei Akerlof (1970) beschrieben.[459] Durch eine glaubwürdige Aufdeckung der privaten Informationen der Anbieter hochqualitativer Güter können sich beide Marktseiten verbessern. Die Qualitätsunsicherheit läßt sich grundsätzlich durch Signaling, die Möglichkeit zum Screening, Lizensierung oder Garantien reduzieren.[460] Screening und Signaling unterscheiden sich nur in der Frage, ob die nicht informierte oder die über private Informationen verfügende Partei aktiv wird.[461] Diese Möglichkeiten verfolgen das Ziel der Reduzierung der Informationsasymmetrie zwischen Alteigentümern und Anlegern. Da Screening und die Abgabe von Garantieversprechen im IPO-Markt von untergeordneter Bedeutung sind bzw. mit Signaling teilweise einhergehen, konzentriere ich mich im folgenden auf die Signaling-Ansätze.[462] Die über private Informationen verfügende Marktseite versucht hier diese privaten Informationen mittels eines bestimmten Signals glaubhaft aufzudecken und sich dadurch von Anbietern niedrigerer

---

[456] Vgl. Kaserer (Underpricing 1997), S. 4.

[457] Auf den Beitrag des Prüfers zur Milderung der Agency-Probleme wird detailliert in Abschnitt 5.6 eingegangen.

[458] Vgl. beispielsweise Herzig/Watrin (Rotation 1995), S. 785ff.; vgl. auch Abschnitt 2.5.

[459] Vgl. auch Leland/Pyle (Asymmetries 1977), S. 371f.

[460] Vgl. Hughes (Disclosure 1986), S. 120.

[461] Vgl. Milgrom/Roberts (Economics 1992), S. 154.

[462] Beispielsweise können die Befragung des Vorstands eines IPO-Unternehmens von Analysten oder Pressevertretern in Konferenzen und road shows als Screening-Aktivitäten gedeutet werden. Als indirekte Möglichkeit zum Screening kann die Einschaltung eines Dritten, der das Vertrauen der Anleger genießt, angesehen werden, wenn der Dritte Einblick in die Unternehmensinterna erhält, wie dies regelmäßig z.B. bei Durchführung einer Due-Diligence-Prüfung der Fall ist. Die Möglichkeit zum Screening wird teilweise auch durch die gesetzlich vorgeschriebene Veröffentlichung des Verkaufsprospektes bzw. Unternehmensberichtes geboten, sofern die dort enthaltenen Angaben glaubwürdig sind. Die gesetzliche Prospekthaftung kann als Garantie für die Richtigkeit der im Prospekt gemachten Angaben gedeutet werden.

Qualität zu differenzieren. Dies setzt voraus, daß es sich für Anbieter niedrigerer Qualität nicht lohnt, das gleiche Signal zu senden. Ohne diese Bedingung sind Signale nicht glaubwürdig.[463] Signale lassen sich in ihrer Art danach unterscheiden, ob sie selbst einen Beitrag zur Erreichung der von ihnen signalisierten Eigenschaft leisten oder nicht.[464]

Im Zusammenhang mit einem IPO werden beispielsweise ein bewußt unterhalb des Marktwertes festgesetzter Emissionspreis, die Beteiligungshöhe der Altaktionäre nach dem IPO, die Wahl des Konsortialführers und die Wahl des Abschlußprüfers als Signale der Emittenten diskutiert, mit denen sie ihre privaten Informationen über die zukünftige Entwicklung ihres Unternehmens, also die zukünftig erwarteten Zahlungsüberschüsse und die Unsicherheit, mit der diese behaftet sind, den Anlegern gegenüber aufdecken.[465] Ein bewußter Preisabschlag durch die Alteigentümer wird als Erklärungsansatz für die Existenz von Underpricing genannt.[466] In den entsprechenden Modellen dient die Höhe des Underpricings – teilweise gemeinsam mit der Höhe des Anteils der Alteigentümer am Unternehmen nach IPO – als Signal für die Qualität des IPO-Unternehmens, also den sich unter Berücksichtigung der privaten Informationen der Alteigentümer über bewertungsrelevante Unternehmensaspekte ergebenden Marktwert. Dieses Signal ist glaubhaft, weil sich ein bewußtes Underpricing nur für diejenigen Alteigentümer rentiert, deren Unternehmen sich nach dem IPO als so hochqualitativ erweisen, daß die Alteigentümer bei späteren Aktienverkäufen relativ höhere Erlöse erzielen können. Diese Argumentation steht den Modellüberlegungen gegenüber, die Underpricing als Folge der Qualitätsunsicherheit ansehen. Während in den erstgenannten Modellen Underpricing als Signal eingesetzt wird, sehen z.B. Rock (1986) oder Baron (1982) die Höhe des Underpricing als abhängige Variable an:[467] Underpricing entsteht hier deshalb, weil andernfalls der Emissionsmarkt zusammenbräche bzw. weil die Emissionsbanken über Informationsvorteile gegenüber den Emittenten verfügen, die sie zur Festsetzung eines relativ zum Marktwert zu niedrigen Emissionspreises nutzen. Auf die Verwendung der Höhe des Underpricings als Signal wird in der vorliegenden Arbeit nur am Rande eingegangen,[468] weil die bislang vorliegenden empirischen Untersuchungen insgesamt gegen die Verwendung als Signal sprechen[469] und weil sich im empirischen Teil der vorliegenden Arbeit zeigen wird, daß die Höhe des Underpricings stark von der am Markt herrschenden Stimmung abhängt und wenig auf ein bewußtes Underpricing durch die Emittenten hindeutet.[470]

---

[463] Vgl. Milgrom/Roberts (Economics 1992), S. 155.
[464] In letzterem Fall spricht man von reinen Signalen. Vgl. Yardley et alii (Supplier 1992), S. 169f.
[465] Weitere mögliche Größen, die als Signale Verwendung finden können, nennen Allen/Faulhaber (Signaling 1989), S. 306.
[466] Vgl. Allen/Faulhaber (Signaling 1989); Grinblatt/Hwang (Signalling 1989); Welch (Underpricing 1989); Chemmanur (Pricing 1993).
[467] Vgl. Spiess/Pettway (IPO 1997), S. 984.
[468] Vgl. Abschnitt 5.1.3.1.
[469] Vgl. Ehrhardt (Börseneinführungen 1997), S. 140.
[470] Vgl. Abschnitt 6.2.6.2.

In dieser Arbeit werden hauptsächlich die Größen „Alteigentümeranteil am Unternehmen nach IPO", „Wahl des Abschlußprüfers" und „Wahl des Konsortialführers" als glaubwürdige Signale über die Qualität eines IPO-Unternehmens angesehen. Die Beteiligungshöhe der Alteigentümer nach IPO zeigt, wieviel Vertrauen die Alteigentümer in die Entwicklung ihres Unternehmens haben, bzw. wie weit sie auf eine Vermögensstreuung zu verzichten bereit sind. Dieses Signal ist glaubhaft, weil es einzusetzen bei von hohem Unternehmensrisiko gekennzeichneten Gesellschaften für risikoaverse Alteigentümer wegen der damit verbundenen hohen Nutzeneinbußen nicht sinnvoll ist. Die Bestellung von Dritten, die am Markt bekannt sind für ihre unabhängige und ehrliche Abgabe von Qualitätsurteilen, kann die Richtigkeit der veröffentlichten privaten Informationen der Alteigentümer dokumentieren, also das Schätzrisiko für die Anleger reduzieren. Da sowohl hochqualitative Prüfer als auch ebensolche Emissionshäuser tendenziell höhere Honorare verlangen und mit höherer Wahrscheinlichkeit unrichtige Informationen entdecken und darüber berichten werden, ist der Einsatz dieser Signale für IPO-Unternehmen minderer Qualität sinnlos.[471] Solche Unternehmen haben verständlicherweise kein Interesse an einer präziseren Einschätzung ihres niedrigen Unternehmenswertes, so daß die Wahl eines hochreputablen Prüfers bzw. Konsortialführers als glaubhaftes Signal anzusehen sein sollte.[472]

Die Wahl des Konsortialführers und des Anteils, den die Alteigentümer nach IPO am Unternehmen halten, wurden in zahlreichen empirischen Untersuchungen als wichtige Signale im Emissionsmarkt identifiziert, weshalb ihre Beachtung auch in dieser Arbeit unabdingbar ist. Die Wichtigkeit dieser beiden Signale läßt sich auch durch Veröffentlichungen in populärwissenschaftlichen Medien, die einer breiten Öffentlichkeit zugänglich sind und deshalb im Emissionsmarkt von Bedeutung sein könnten, begründen. Bevor auf diese beiden Signale eingegangen wird, ist zunächst in einem kurzen Exkurs das Underpricing-Phänomen zu beleuchten.

5.1.3 Exkurs: Das Phänomen Underpricing und seine Erklärungsansätze

Die Differenz zwischen dem Emissionspreis, also dem Geldbetrag, zu dem der Emittent seine Aktien den Anlegern anbietet, und dem am ersten Tag, an dem die betreffenden Aktien an der Börse gehandelt werden, festgestellten durchschnittlich höheren Börsenkurs nennt man Underpricing. Häufig wird Underpricing als Reaktion auf die durch Informationsasymmetrien bedingte Unsicherheit über den Wert der emittierten Aktien gedeutet. Insofern sollten zum einen Emittenten einen Anreiz haben, die Unsicherheit über den Marktwert der von ihnen emittierten Aktien, beispielsweise durch die Wahl eines hochqualitativen

---

[471] Signaling werden die Alteigentümer grundsätzlich nur dann betreiben, wenn der dadurch erzielbare Mehrerlös höher ist als die mit diesen Maßnahmen verbundenen Kosten.
[472] Vgl. Sherman/Titman (Participation 2000), S. 3.

Prüfers, zu senken, um dadurch den Emissionserlös zu steigern. Zum anderen sollte sich als Reaktion der Kapitalmarktteilnehmer bei den Gesellschaften ein geringeres Underpricing feststellen lassen, die zur Reduzierung des Schätzrisikos geeignete Maßnahmen ergriffen haben, wie etwa die Bestellung eines Prüfers, dessen Prüfungsleistung am Markt als hochqualitativ gilt.

Die Existenz des Underpricing-Phänomens konnten für den deutschen Markt zuletzt Kaserer/Kempf (1995 und 1996) in empirischen Untersuchungen für den Zeitraum 1983 bis 1992 bzw. 1995, Ljungqvist (1997) für 1970 bis 1993, Ehrhardt (1997) für den Zeitraum 1960 bis 1993, Steib/Mohan (1997) für 1989 bis 1994, Stehle/Ehrhardt (1999) für die Jahre 1960 bis 1995 und Wallmeier/ Rösl (1999) für die bis Ende 1998 an den Neuen Markt gekommenen Unternehmen nachweisen.[473] Das Phänomen ist auch international in fast allen Volkswirtschaften zu beobachten.[474] Meist läßt sich dabei feststellen, daß kleine Emissionen ein signifikant höheres Underpricing aufweisen als größere.[475] Die Aktien von erstmals an die Börse gehenden Unternehmen werden demnach systematisch unter ihren Marktwerten angeboten. Das als Opportunitätskosten zu charakterisierende Underpricing ist als wesentlicher Teil der mit einer Erstemission verbundenen Kosten für die Alteigentümer anzusehen.[476] Als Gründe für das Auftreten des Underpricing-Phänomens lassen sich grundsätzlich folgende drei Erklärungsansätze nennen:[477] Erstens könnten die Emittenten und ihre Berater systematisch den Marktwert ihrer Unternehmen unabsichtlich zu niedrig schätzen, zweitens könnten sie trotz Kenntnis der Marktwerte die Aktien absichtlich mit einem Abschlag auf den bekannten Marktwert anbieten und drittens kann nachfrageseitiges Verhalten dafür verantwortlich sein, daß die Aktien an der Börse über ihrem vom Emittenten richtig geschätzten Marktwert notiert werden.

Gegen den ersten Erklärungsversuch sprechen die über die Zeit hinweg nicht kleiner werdenden Beträge des Underpricings. Emittenten und ihre Berater sollten in der Lage sein, nach entsprechenden Erfahrungen Bewertungsfehler zu vermeiden. Die Vermutung von Stehle/Ehrhardt (1999), wonach die hohen Zeichnungsrenditen in den sechziger bis Anfang der achtziger Jahre mit den „damals noch vorherrschenden traditionellen Methoden der Unternehmensbewertung" in Verbindung zu bringen seien, kann zumindest heute nicht mehr gelten.[478] Hohe Zeichnungsrenditen sind allerdings gerade in den späten

---

[473] Eine knappe Beschreibung früherer Arbeiten für den deutschen Markt findet sich bei Schweinitz (Renditeentwicklungen 1997), S. 18ff.
[474] Vgl. statt vieler die Auflistungen bei Jenkinson/Ljungqvist (Going Public 1996), S. 26; Loughran/Ritter/Rydqvist (International 1994), S. 167ff.
[475] Vgl. Ibbotson/Ritter (Initial 1995), S. 994f.
[476] Vgl. zur schematischen Darstellung dieser Opportunitätskosten Kunz (Going Public 1991), S. 67f.
[477] Vgl. Stehle/Ehrhardt (Renditen 1999), S. 1400. Als Überblick über die in der Literatur genannten Gründe für die Existenz des Underpricing-Phänomens vgl. Ibbotson/Ritter (Initial 1995), S. 995ff.
[478] Stehle/Ehrhardt (Renditen 1999), S. 1400. Vgl. auch Kunz (Underpricing 1990), S. 208f.

neunziger Jahren häufiger denn je zu beobachten. Selbst wenn in den sechziger Jahren adäquate Unternehmensbewertungsmethoden unbekannt gewesen wären, dürfte man annehmen, daß Praktiker Heuristiken zur Anwendung gebracht hätten, die das systematische Auftreten von Underpricing über die Jahre hinweg verhindert hätten.

Der dritte Erklärungsversuch ist weit weniger eindeutig zu entkräften. Sowohl Stützungskäufe der Emissionsbanken[479] als auch die Überschätzung des Wertes der neu an die Börse kommenden Unternehmen durch die Anleger können für ein Underpricing verantwortlich sein. Irrationales Anlegerverhalten scheint zumindest einige Erklärungskraft für die Existenz von Underpricing zu besitzen.[480] Dafür spricht, daß sich im Zeitablauf Perioden ausmachen lassen, in denen besonders hohe Zeichnungsrenditen festzustellen sind. Diese Phasen werden in der Literatur „hot issue markets" genannt.[481] Sie treten häufig dann auf, wenn auch der gesamte Aktienmarkt sich in einer Hausse-Phase befindet. Solche Perioden sind häufig – meist mit einer Vorlaufzeit von sechs bis zwölf Monaten – Auslöser für Phasen hoher Emissionsvolumina am IPO-Markt, was dagegen spricht, daß die Alteigentümer potentieller IPO-Unternehmen hohes Underpricing gleichsetzen mit hohen von ihnen zu tragenden Kosten.[482] Vielmehr werden in diesen Zeitfenstern Irrationalitäten auf Seiten der Anleger für den zu großen Optimismus hinsichtlich der Unternehmenswerte verantwortlich gemacht. Dieser große Optimismus bei den Anlegern könnte aus positiven Erfahrungen bei abgeschlossenen IPO resultieren und sich im Zeitablauf verstärken. Somit kann sich eine auch empirisch oftmals festzustellende Autokorrelation der Zeichnungsrenditen ergeben.[483]

---

[479] Vgl. Ruud (Underwriter 1993); Hanley/Kumar/Seguin (stabilization 1993); Asquith/Jones/Kieschnick (Stabilization 1998). Für modelltheoretische Arbeiten zur Begründung des stabilisierenden Eingriffs der Konsortialbanken in das Marktgeschehen vgl. Chowdhry/Nanda (Stabilization 1996); Benveniste/Busaba/Wilhelm (stabilization 1996).
[480] Vgl. die empirische Arbeit von Aggarwal/Rivoli (Fads 1990); Vgl. auch Shleifer/Vishny (Survey 1997), S. 750.
[481] Vgl. Ibbotson/Ritter (Initial 1995), S. 1002f.
[482] Vgl. Jenkinson/Ljungqvist (Going Public 1996), S. 34.
[483] Vgl. Jenkinson/Ljungqvist (Going Public 1996), S. 32f.; Ibbotson/Ritter (Initial 1995), S. 1003. Für Deutschland konnten Kaserer/Kempf (Underpricing-Phänomen 1995), S. 54f., zwar keine „autokorrelativen Strukturen" des Underpricings, aber eine Abhängigkeit von der Entwicklung des Marktes feststellen. Ritter (Hot Issue 1984) bietet eine Erklärung für das Auftreten von hot-issue-Märkten, die nicht auf irrationalem Verhalten der Anleger, sondern auf unterschiedlichen Risikostrukturen der IPO-Gesellschaften basiert. Demnach kommen in bestimmten Phasen verstärkt Unternehmen an die Börse, die einer bestimmten Branche angehören und von besonders hoher Unsicherheit über ihren Marktwert gekennzeichnet sind. In dieser Phase treten dann höhere Zeichnungsrenditen auf. Vgl. auch Ibbotson/Ritter (Initial 1995), S. 1002f. Als Beispiel hierfür können die Neuemissionen junger Technologiefirmen am Neuen Markt in Deutschland genannt werden.

Die im internationalen Kontext häufig festzustellende langfristige Underperformance von neuemittierten Aktien[484] spricht ebenfalls für die Vermutung der Überbewertung neu an die Börse kommender Unternehmen durch die Anleger.[485] Als Gründe für die langfristige Underperformance werden dann auch gerade (a) der Überoptimismus über die zukünftigen Gewinne und damit den Wert der neu an die Börse kommenden Unternehmen im Zuge des Börsenganges genannt, die durch mangelnde Informationstätigkeit der Anleger stark unterstützt wird, (b) das Verhalten der Emissionsbanken, die das IPO zu einem „event" machen, und (c) das Ausnutzen von „windows of opportunity" durch die Emittenten, die gerade dann ihre Emissionen durchführen, wenn die Lage an den Märkten durch sehr großen Optimismus geprägt ist.[486] Für den deutschen Markt konnten Stehle/Ehrhardt (1999) allerdings unabhängig vom verwendeten Vergleichsportfolio keine statistisch signifikante Underperformance in den 36 Monaten nach dem Börsengang feststellen.[487] Deshalb äußern Stehle/Ehrhardt „erhebliche Zweifel an der Hypothese ..., daß die ersten Kurse von neu eingeführten Unternehmen im Schnitt die jeweiligen wahren Werte übersteigen."[488]

Obwohl die Beobachtung von „hot issue markets" nicht von der Hand zu weisen ist, da deren Existenz ökonomisch aber nicht vollständig erklärbar ist und eine Berücksichtigung in den folgenden, auf rationalem Verhalten der Akteure basierenden Modellüberlegungen nicht vorgesehen ist, steht dieser dritte Erklärungsansatz nicht im Mittelpunkt der folgenden Argumentation. Trotzdem wird er vor allem im empirischen Teil der vorliegenden Arbeit wieder aufgegriffen werden.

Für den weiteren Verlauf der Arbeit ist der zweite Erklärungsansatz am wichtigsten, der besagt, daß positive Zeichnungsrenditen durch das bewußt – freiwillig oder durch die Umstände bedingt – zu niedrige Ansetzen des Emissionspreises entsteht. Dafür könnten sowohl die Emittenten selbst als auch die

---

[484] Vgl. Carter/Dark/Singh (Underwriter 1998), S. 291; Ibbotson/Ritter (Initial 1995), S. 994-996, 1003-1006; Loughran/Ritter/Rydqvist (International 1994), S. 188-190; Stehle/Ehrhardt (Renditen 1999), S. 1410 mit weiteren Nachweisen. Affleck-Graves/Hegde/Miller (Trends 1996) konnten in den USA feststellen, daß zumindest in den ersten drei Monaten nach dem IPO die Gesellschaften, die mit einem Underpricing emittiert worden waren, weiterhin eine bessere Kursentwicklung aufwiesen als der Markt, während zu teuer emittierte AG sich schlechter als der Markt entwickelten. In einer längerfristigen Betrachtung weisen allerdings auch in dieser Studie beide Gruppen eine Underperformance gegenüber der Entwicklung des Marktes auf.

[485] Vgl. Aggarwal/Rivoli (Fads 1990), S. 47ff.

[486] Vgl. Ibbotson/Ritter (Initial 1995), S. 1006f.; Pagano/Panetta/Zingales (Why 1998), S. 41f.; Bessler/Kaen/Sherman (Perspective 1998), S. 590f.

[487] Vgl. Stehle/Ehrhardt (Renditen 1999), S. 1410ff. Ein Grund für das von anderen Volkswirtschaften abweichende Ergebnis könnte in der Größe der neu an die Börse kommenden Gesellschaften liegen. Beispielsweise kamen in den USA relativ häufiger sehr kleine und junge Unternehmen an die Börse. Diese Unternehmen weisen normalerweise ein wesentlich höheres Underpricing auf als größere Unternehmen, sind allerdings auch häufiger auf längere Frist Underperformer. Vgl. Stehle/Ehrhardt (Renditen 1999), S. 1414f.

[488] Stehle/Ehrhardt (Renditen 1999), S. 1415.

Emissionsbanken oder andere an der Emission Beteiligte Gründe haben oder dazu gezwungen werden.

Am häufigsten wurden in der Literatur bisher Informationsasymmetrien zwischen den verschiedenen Gruppen der an einem IPO Beteiligten als Haupterklärungsmuster für die Existenz von Underpricing genannt.[489] Diese Ansätze lassen sich grob in drei, im folgenden näher beschriebene Gruppen einordnen. Gleichgültig zwischen welchen Beteiligten Informationsasymmetrien bestehen, haben letztlich immer die Alteigentümer die Folgen daraus zu tragen, weshalb diese großes Interesse am Abbau dieser Informationsasymmetrien haben sollten. Teilweise problematisch an diesen auf Informationsasymmetrien basierenden Erklärungsansätzen ist die Annahme, daß zwar die Informationsasymmetrie sich in der Festsetzung des vergleichsweise niedrigen Emissionspreises widerspiegelt, allerdings bereits zu Beginn des Börsenhandels keine Rolle mehr in der Bewertung der Unternehmen spielt. In Modellen, in denen die Informationsasymmetrie zwischen verschiedenen Anlegergruppen besteht, läßt sich diese Begebenheit erklären mit dem erst bei Existenz eines Marktes möglichen Einfluß der besseren Informationen auf den Marktpreis der Aktien. Liegen die besseren Informationen allerdings bei nicht am Börsenhandel teilnehmenden Akteuren, wie etwa den mit Mindesthaltedauerverpflichtungen belegten Alteigentümern, wird das Schätzrisiko auf Seiten der Anleger erst im Laufe der Zeit durch Informationen über den Geschäftsverlauf etc. abgebaut.

Die Darstellung der drei Gruppen verschiedener Ansätze eröffnet später die Möglichkeit zu zeigen, wie die Wahl eines bestimmten Prüfers bzw. eines Emissionshauses oder der Höhe der Beteiligung der Altaktionäre nach dem IPO als Mittel zur Reduzierung der Informationsasymmetrien und damit auch zum Abbau der Underpricing-Kosten eingesetzt werden kann. Alternative, bisher nicht angesprochene Erklärungsansätze für die Existenz von Underpricing schließen den Exkurs ab.

5.1.3.1 Informationsasymmetrien zwischen Emittent und Investoren

In den auf dieser Informationsasymmetrie basierenden Modellen besitzen Alteigentümer bzw. Manager nichtöffentliche Informationen über den Marktwert ihres Unternehmens, auf die potentielle Zeichner nicht zurückgreifen können. Wegen des existierenden Schätzrisikos sollten rationale Anleger grundsätzlich nur bei Festlegung eines im Vergleich zum Fall, in dem dieses Schätzrisiko geringer ist, niedrigeren Emissionspreises zur Zeichnung bereit sein. Allen/ Faulhaber (1989) zeigen, daß es in diesem Umfeld für Alteigentümer, deren private Informationen auf eine positive Entwicklung ihres Unternehmens hin-

---

[489] Der Zusammenhang zwischen dem Ausmaß an Unsicherheit über den Marktwert der IPO-Unternehmen auf Seiten der Anleger, gemessen an einer Reihe verschiedener Variabler, und der Höhe des Underpricings hat sich in zahlreichen empirischen Arbeiten gezeigt. Vgl. statt vieler Clarkson/Merkley (uncertainty 1994).

deuten, rational sein kann, als Signal hierfür einen niedrigen Emissionspreis zu wählen. Der Grund dafür liegt in der Erwartung, bei Folgeemissionen aufgrund der bei der Erstemission aufgebauten Reputation höhere Erlöse erzielen zu können.[490] Hauptsächlich weil das Underpricing-Signal keine Zusatzkosten für monitoring-Aktivitäten verlangt, halten es Allen/Faulhaber für die dominante Alternative zum Signaling einer hohen Unternehmensqualität und damit eines hohen Unternehmenswertes gegenüber anderen Signalen, wie z.B. der Wahl der Emissionsbank oder des Prüfers.[491] Allerdings wird dabei nicht berücksichtigt, daß solche anderen Signale die Kosten vermeiden, die durch ein höheres Underpricing im Falle des Verzichts auf diese anderen Signale entstehen. Daneben ist Underpricing im Modell von Allen/Faulhaber nur dann ein geeignetes Signal, wenn Folgeemissionen geplant oder zumindest wahrscheinlich sind.[492] Ähnliche mehrperiodige Modelle wie das von Allen/Faulhaber (1989) wurden von Welch (1989) und Grinblatt/Hwang (1989) veröffentlicht. Diese Modelle zeigen, daß die oftmals von Investmentbankern geäußerte Maxime, wonach ein IPO ein Underpricing haben müsse, um eine bessere Kursentwicklung in der Folgezeit zu ermöglichen, sich als rationales Verhalten der Beteiligten erklären läßt.[493] Empirische Untersuchungen konnten die Überlegungen allerdings nicht nachhaltig bestätigen.[494]

Mauer/Senbet (1992) erklären Underpricing mit der Notwendigkeit einer Prämie für die Anleger, die statt einer diversifizierten Anlage eine Neuemission zeichnen. Dies gilt besonders für neu an die Börse kommende Unternehmen, die das erste Unternehmen ihrer Branche an der Börse sind. Eine Diversifikation mit anderen Unternehmen dieser Branche sei dann nicht möglich.[495] Chemmanur (1993) sieht, angelehnt an Rock (1986), Underpricing als Ausgleich für Informationsbeschaffungskosten der Anleger. Emittenten guter Unternehmen bieten bewußt ein Underpricing an, da sie Interesse daran haben, daß sich die Anleger informieren, um so höhere Verkaufserlöse bei der Abgabe von Aktien nach dem IPO realisieren zu können.

---

[490] Empirisch haben sich mit dieser Fragestellung Spiess/Pettway (IPO 1997) beschäftigt. Sie konnten dabei keine Unterstützung für die Hypothese finden, daß Emittenten mittels Underpricing die Qualität ihres Unternehmens signalisieren. Espenlaub/Tonks (Signalling 1998) fanden in ihrer empirischen Untersuchung von IPO im UK nicht durchgehend signifikante Ergebnisse für die Hypothese, wonach mit höherem Underpricing und einem höheren Anteil der Alteigentümer nach IPO eine höhere Wahrscheinlichkeit für und ein höheres Volumen von Folgeplazierungen bzw. Verkäufen aus Altaktionärsbesitz verbunden sind. Der Zusammenhang zwischen Underpricing und Kursreaktionen auf die Ankündigung von Folgeemissionen wurde von Slovin/Sushka/Hudson (Seasoned 1990) untersucht. Dabei zeigte sich, daß ein hohes Underpricing mit weniger starken negativen Kursreaktionen auf die Ankündigung von Folgeemissionen einhergeht.

[491] Vgl. Allen/Faulhaber (Signaling 1989), S. 304-306.

[492] Vgl. Espenlaub/Tonks (Signalling 1998), S. 1037.

[493] Vgl. Grinblatt/Hwang (Signalling 1989), S. 394.

[494] Vgl. neben den Angaben in Fußnote 490 auch Garfinkel (Subsequent 1993); Jegadeesh/ Weinstein/ Welch (empirical 1993); Michaely/Shaw (Pricing 1994).

[495] Vgl. Mauer/Senbet (Effect 1992), S. 56; Ibbotson/Ritter (Initial 1995), S. 1001.

5.1.3.2 Informationsasymmetrien zwischen verschiedenen Gruppen von Investoren

Die meisten Untersuchungen in der Literatur zum Thema „Underpricing“ bauen auf dem Modell von Rock (1986) auf. Emittenten können darin nicht mit Sicherheit den Marktwert ihres Unternehmens vorhersagen. Unter den Anlegern existieren zwei Gruppen von potentiellen Zeichnern neu zu emittierender Aktien, gut und schlecht informierte. Gut informierte Anleger kennen den Marktwert der Aktien. Schlecht informierte Investoren und das emittierende Unternehmen kennen lediglich die Verteilungsfunktion über den Marktwert. Während gut Informierte nur unterbewertete Aktien zeichnen, zeichnet die andere Gruppe alle Emissionen gleichermaßen. Wird eine nicht-diskriminierende Zuteilung unterstellt, werden schlecht Informierte im Ergebnis höhere Zuteilungsquoten bei zu teuren als bei unterbewerteten Unternehmen erhalten, weil bei letzteren auch die gut Informierten mitbieten. Dieses Ergebnis für die schlechter Informierten wird meist mit dem Begriff des winner´s curse umschrieben.[496] Da sich die Gruppe der schlecht informierten Anleger wegen des Problems der adverse selection unter diesen Umständen vom Markt zurückziehen wird, muß im Durchschnitt – um auch die schlechter Informierten als potentielle Zeichner am Markt zu halten – ein Underpricing auf alle Aktien angeboten werden. Die Höhe dieses durchschnittlichen Underpricings muß so hoch sein, daß dadurch die schlecht informierten Anleger, die alle IPO zeichnen, keine Verluste erleiden. Gut informierte Zeichner werden nach Abzug ihrer Informationskosten ebenfalls mindestens die Rendite der sicheren Anlage erwirtschaften.[497]

Beatty/Ritter (1986) und andere haben die Überlegungen von Rock erweitert, indem sie unternehmensspezifische Faktoren, vor allem das Ausmaß an Unsicherheit über den Marktwert, und das Verhalten anderer Beteiligter, vor allem der Konsortialbanken, berücksichtigen. Eine Implikation des Modells von Rock ist, daß riskantere Unternehmen im Durchschnitt ein höheres Underpricing aufweisen sollten:[498] Bei höherer Unsicherheit über den Marktwert intensiviert sich das Problem des winner´s curse für die schlecht informierten Anleger. Da der Grenznutzen der Informationsbeschaffung bei IPO, die durch eine relativ hohe Unsicherheit über den Marktwert gekennzeichnet sind, höher ist als bei anderen IPO, werden potentielle Zeichner eher bei unsicheren IPO die Kosten der Informationsbeschaffung auf sich nehmen, was dazu führt, daß bei solchen IPO eine relativ große Gruppe gut Informierter beteiligt ist.[499] Diese Gruppe wird im Gegensatz zu den schlecht Informierten nur bei der Emission unterbewerteter Aktien an der Zeichnung teilnehmen, weshalb schlecht informierte Anleger tendenziell häufiger dann eine Zuteilung erhalten, wenn überbewertete Aktien an die Börse gebracht werden. Je weniger und je ungenauere In-

---

[496] Vgl. Ibbotson/Ritter (Initial 1995), S. 995.
[497] Vgl. zu diesem Abschnitt Rock (Underpriced 1986), S. 188ff.
[498] Vgl. Beatty/Ritter (Investment 1986) und die empirische Arbeit von Miller/Reilly (Examination 1987), S. 35f.
[499] Vgl. Carter/Manaster (Reputation 1990), S. 1046.

formationen demnach im Emissionsprospekt enthalten sind, also je höher das Schätzrisiko bei einem IPO-Unternehmen ist, desto stärker sind die Anreize zur Informationsbeschaffung auf Seiten der Anleger und desto höher sollte tendenziell das Underpricing bei diesem Unternehmen ausfallen, um den schlechter informierten Anlegern einen Ausgleich für die höhere Gefahr, überbewertete Aktien gezeichnet zu haben, zu gewähren.

In dieser Modellstruktur ist auch erklärbar, weshalb zum Zeitpunkt der Zeichnung von IPO-Aktien der Markt durch Informationsasymmetrie gekennzeichnet ist, während der Markt wenige Tage später bei Aufnahme des Sekundärhandels in diesen Aktien als informationseffizient angenommen werden kann. Erst mit Aufnahme des Aktienhandels am Markt werden die Informationen der besser Informierten im Marktpreis für alle sichtbar.

Empirische Tests des Modells von Rock zeigen mit dem Modell vereinbare Ergebnisse. Koh/Walter (1989) zeigten für Singapur, wo die Zuteilungsmodalitäten für jedes IPO öffentlich bekanntgegeben werden, daß uninformierte Anleger bei der Zeichnung aller IPO nach Gewichtung mit den jeweiligen Zuteilungsquoten ungefähr eine Rendite in Höhe des Zinssatzes für sichere Anlagen erzielen.[500] Michaely/Shaw (1994) fanden in den USA für eine Gruppe von IPO, an denen sich institutionelle Investoren nicht beteiligen, kein Underpricing, während dies bei Emissionen, an denen sich neben Privatanlegern auch institutionelle beteiligen, der Fall war.[501] Auch wenn die Autoren mehrere Kontrollvariablen in ihre Auswertungen einbeziehen, ist ihr Schluß, wonach kein Underpricing festzustellen ist, wenn zwischen den Zeichnern keine Unterschiede im Grad des Informiertseins festzustellen sind, voreilig. Ehrhardt (1997) nennt an Schwierigkeiten bei diesen empirischen Analysen, daß weder Informationskosten noch die Anteile informierter bzw. nicht informierter Zeichner noch der Zuteilungsmechanismus der Banken beobachtbar seien. Die Untersuchung des Zusammenhangs zwischen der Höhe des Underpricings und der ex-ante-Unsicherheit sei immer von der Eignung der verwendeten Proxy-Variablen abhängig, d.h. es findet hier „immer ein gemeinsamer Test des kausalen Zusammenhangs der o.g. Größen und der Eignung der Proxy-Variablen" statt.[502]

Als Kritik an den Überlegungen Rocks ist zumindest der im Modell nicht erklärte Anreiz für das einzelne IPO-Unternehmen zum Underpricing zu erwähnen.[503] Underpricing ist bei Rock ein Marktphänomen, das eintritt, um den Primärmarkt am Leben zu halten. Klar wird allerdings nicht, warum einzelne Emittenten auf eigene Kosten zur Beseitigung des Marktproblems beitragen soll-

---

[500] Ähnliche Ergebnisse erzielte Keloharju (winner´s curse 1993) für den IPO-Markt in Finnland.
[501] Vgl. auch die ebenfalls Rocks Überlegungen stützenden Ergebnisse bei Ling/Ryngaert (involvement 1997).
[502] Ehrhardt (Börseneinführungen 1997), S. 115.
[503] Vgl. zum folgenden Keasey/Short (Critical 1992), S. 74ff.; Beatty/Ritter (Investment 1986), S. 216f.

ten. Rational wäre vielmehr ein free-rider-Verhalten, also ein Overpricing[504] der eigenen Emission, die aufgrund der allgemeinen Erwartung der Anleger auf ein Underpricing auch gezeichnet würde. Wenn Emittenten kein Interesse haben, das Marktproblem zu lösen, können dafür nur die Konsortialbanken in Frage kommen.[505]

5.1.3.3 Informationsasymmetrien zwischen Emittent, Konsortialführer und Anlegern

In den Modellen von Baron (1982) und Baron/Holmström (1980) sind Emissionshäuser besser über den Kapitalmarkt und den Marktwert der IPO-Unternehmen informiert als Emittenten. Dies nutzen sie aus, indem sie Aktien mit einem Underpricing emittieren. In erster Linie hat dies für die Konsortialbanken den Vorteil, daß sie ihre Anstrengungen zur Vermarktung der Emission reduzieren können, ohne eine nicht vollständige Plazierung der Emission zu riskieren. Neben der Verringerung des Plazierungsrisikos für die Konsortialbanken werden durch das Underpricing mögliche Haftungsansprüche unwahrscheinlicher, und Bankkunden können mit unterbewerteten Emissionen versorgt werden.[506] Die Leistungen der Emissionsbanken werden verstärkt dann nachgefragt, wenn Unternehmen eine hohe Unsicherheit über ihren Marktwert aufweisen. Den Emissionsbanken fällt dann eine höhere Verhandlungsmacht zu, was eine positive Relation zwischen Unsicherheit und der Höhe des Underpricings zur Folge hat. Empirische Analysen des Zusammenhangs zwischen der Gefahr von Haftungsansprüchen und der Höhe des Underpricings haben gemischte Ergebnisse erbracht.[507]

Für Tinic (1988) stellt Underpricing eine Versicherung des Emittenten und der Konsortialbanken gegen Haftungsansprüche und mögliche Reputationsverluste dar. Die Informationsasymmetrie zwischen Emittent und Anlegern wird bei Tinic durch die umfassende Untersuchung des IPO-Unternehmens durch den Konsortialführer gemildert, der aufgrund seiner Spezialisierungsvorteile diese Untersuchung kostengünstiger durchführen kann als die Anleger. Da allerdings auch nach einer sorgfältigen Prüfung sowohl die Konsortialbanken als auch der Emittent selbst Haftungsrisiken gegenüber den Anlegern ausgesetzt bleiben, unterliegen beide Anreizen, durch ein bewußtes Underpricing die Wahrscheinlichkeit eines Haftungsfalles zu reduzieren. Das Underpricing wird dabei umso höher angesetzt, je höher das Risiko eines Haftungsfalles bei einem IPO-Unternehmens ist. Aus diesen Überlegungen ergibt sich, daß hochreputable Emissionshäuser mehr in ihre Fähigkeiten investieren, Due-Dili-

[504] Zum Begriff vgl. Schweinitz (Renditeentwicklungen 1997), S. 13f.

[505] Diese Argumentation bezieht sich auf Modellerweiterungen von Beatty/Ritter (Investment 1986), S. 216f. Sie steht konträr zu den von Rock getroffenen Annahmen. Vgl. Rock (Underpriced 1986), S. 191.

[506] Vgl. Ibbotson/Ritter (Initial 1995), S. 998.

[507] Ibbotson/Ritter (Initial 1995), S. 998f. zählen theoretische und empirische Studien zu diesem Thema auf. Vgl. auch Ehrhardt (Börseneinführungen 1997), S. 116f.

gence-Prüfungen hochqualitativ durchführen zu können, weshalb sie ein relativ geringeres Underpricing benötigen. Hochreputable Emissionshäuser werden zudem auf die Begleitung sehr junger und riskanter Unternehmen, die tendenziell mit höherer Wahrscheinlichkeit zu einem Haftungsfall werden könnten, an die Börse verzichten, wenn der mögliche Reputationsverlust bzw. potentielle Haftungsansprüche für sie zu hoch sind.[508]

5.1.3.4 Andere Erklärungsansätze

Während die soeben genannten Erklärungsansätze effiziente Märkte unterstellen, können auch Marktineffizienzen für das Entstehen von Underpricing verantwortlich sein, die im Gegensatz zu den eingangs zu diesem Exkurs erwähnten Ansätzen nicht auf überschwengliches Verhalten der Anleger zurückzuführen sind, sondern bei rationalem Verhalten der Anleger auftreten.

Kaserer/Kempf (1995) vermuten für den deutschen Markt einen mangelhaften Wettbewerb unter den Emissionsbanken als Grund für Underpricing. Wie im vorigen Abschnitt erläutert, haben Emissionshäuser zur Vermeidung von Haftungsklagen, zur Sicherstellung der Plazierung der zu emittierenden Aktien und auch zur Versorgung von Kunden anderer Geschäftsbereiche mit attraktiven Neuemissionen Anreize für ein bewußtes Underpricing. Im Gegensatz zu den Emittenten selbst haben sie die Kosten des Underpricings nicht zu tragen.[509] Selbst wenn man für den deutschen Markt eine oligopolistische Marktstruktur bei den Emissionsbanken bis Mitte der neunziger Jahre unterstellen könnte, spricht gegen diese Vermutung die Existenz von Underpricing auch in den Volkswirtschaften, für die eine solche Marktstruktur nicht angenommen werden kann. Auch hätten sich gegen Ende der neunziger Jahre die Emissionsrenditen zurückbilden müssen, als häufiger ausländische Banken und zunehmend deutsche Maklerunternehmen und kleinere Emissionshäuser in den Markt drängten. Außerdem dürfte gemäß dieser Erklärung kein Underpricing auftreten, wenn Banken oder Maklerunternehmen ihre eigenen Aktien an die Börse bringen. Dies ließ sich allerdings in empirischen Analysen nicht feststellen.[510]

---

[508] Vgl. Tinic (Anatomy 1988), S. 797-802.
Für Neus (Börseneinführungen 1996) wirkt im Gegensatz dazu die Institution Prospekthaftung wegen der damit verbundenen stärkeren Anreize für die Konsortialbanken zur sorgfältigen Prüfung der IPO-Unternehmen tendenziell die Höhe des Underpricings senkend.

[509] Lediglich eine wegen eines niedrigeren Emissionspreises geringere Provision kann als Kosten des Underpricings für die Banken angesehen werden.

[510] Vgl. Muscarella/Vetsuypens (underpricing 1989).
Unter den in der vorliegenden Arbeit analysierten IPO sind lediglich zwei Banken vertreten, die selbst bzw. deren Mutterunternehmen bei ihrem IPO als Konsortialführer agierten. Diese beiden Gesellschaften weisen ein am Kassakurs des ersten Börsenhandelstages gemessenes Underpricing auf, das nicht auffällig von dem anderer zu dieser Zeit emittierter Gesellschaften abweicht (Gontard & Metallbank: 45,7%; Direkt Anlage Bank: 16,4%).

Ibbotson/Ritter (1995) führen in einigen Ländern geltende staatliche Regulierungen, die beispielsweise bei der Festsetzung der Emissionspreise Obergrenzen vorschreiben, als Grund für die Existenz von Underpricing an.[511] Daneben ist die Absicht der Regierung eines Landes, staatseigene Unternehmen zu privatisieren, als Grund für die Existenz von Underpricing zu nennen, wenn mit der Privatisierung auch das politische Ziel der Beteiligung der Bevölkerung am Kapitalmarkt gefördert werden soll.[512]

Die ökonomischen Rahmenbedingungen in einer Volkswirtschaft und den Stand der Entwicklung der institutionellen Begebenheiten des Kapitalmarktes sehen Sullivan/Unite (1999) als wichtige Einflußfaktoren auf die Höhe des durchschnittlichen Underpricings.[513] Das regulative Umfeld, die Art des Emissionsverfahrens und die Charakteristika der neu an die Börse kommenden Gesellschaften identifizierten Loughran/Ritter/Rydqvist (1994) als Einflußfaktoren auf die Höhe des durchschnittlichen Underpricings in den verschiedenen von ihnen analysierten Volkswirtschaften.[514]

Kim/Krinsky/Lee (1993) stellen in ihrer empirischen Analyse des koreanischen IPO-Marktes einen starken Einfluß des Motivs für das IPO auf die Höhe des Underpricings fest. Das Underpricing fällt tendenziell bei den Gesellschaften, die neues Eigenkapital benötigen, höher aus als bei den IPO, bei denen der Verkauf von Aktien aus Altaktionärsbesitz zum Zweck der Vermögensdiversifizierung im Mittelpunkt steht.[515]

Nach Booth/Chua (1996) ergibt sich Underpricing aus dem Wunsch der Alteigentümer nach einer breiten Streuung der Aktien, wofür die Überzeichnung der Emission Voraussetzung ist. Grund hierfür ist die Sicherstellung einer höheren Liquidität im Handel, was zu einem höheren Marktwert des Unterneh-

---

511 Vgl. Ibbotson/Ritter (Initial 1995), S. 999.

512 In großem Umfang wurde die Überführung von Staatsunternehmen in private Hände unter gleichzeitiger Beteiligung vieler Privatanleger zuerst von der Thatcher-Regierung im UK praktiziert. Neben vielen Fällen aus westlichen Demokratien haben vereinzelt auch osteuropäische Länder einen ähnlichen Ansatz im Zuge der Transformation zur Marktwirtschaft verwendet (vgl. beispielsweise Myant (Transforming 1993)). Underpricing wurde im Rahmen von Privatisierungen allerdings nicht nur eingesetzt, um weite Bevölkerungskreise zur Aktienanlage zu animieren, sondern auch um ausgewählte Personen wie etwa Politiker, die einen Großteil der Emissionen erhielten, zu bereichern. Vgl. Ibbotson/Ritter (Initial 1995), S. 1000.

513 Vgl. Sullivan/Unite (Underpricing 1999), S. 287-289, 297f. Speziell für die Verhältnisse in Deutschland nach der Wiedervereinigung vgl. Steib/Mohan (Reunification 1997), S. 116-123. Für eine Arbeit, deren Ergebnisse den Einfluß der institutionellen Rahmenbedingungen auf die Höhe des Underpricings relativiert, vgl. Lee/Taylor/Walter (Australian 1996), S. 1190ff.
Underpricing als Möglichkeit, Funktionäre oder andere Anlegergruppen, denen bevorzugt Aktien zugeteilt werden, zu bestechen, und den Einfluß der Parameter des IPO-Verfahrens auf die Höhe des Underpricings diskutieren Su/Fleisher (underpricing 1999), S. 174-179, 193-197.

514 Vgl. Loughran/Ritter/Rydqvist (International 1994), S. 167ff. Vgl. auch Bessler/Kaen/Sherman (Perspective 1998), S. 591ff.

515 Die Autoren behaupten, daß die Dringlichkeit, mit der eine Gesellschaft neues Kapital benötigt, starken Einfluß auf die Höhe des Underpricings hat. Vgl. Kim/Krinsky/Lee (Motives 1993), S. 198.

mens führt. Einen anderen Grund für den Wunsch der Alteigentümer nach einer breiten Streuung der Aktien nennen Brennan/Franks (1997): Die Sicherstellung der Kontrolle über das Unternehmen auch nach dem IPO.

Benveniste/Spindt (1989) sehen im Underpricing eine Belohnung der Emissionsbanken an die Investoren für deren Offenlegung ihrer Erwartungen über den Marktwert des IPO-Unternehmens in der Pre-Bookbuilding-Phase.[516] Ohne diese Belohnung wären die Investoren nicht bereit, ihre Erwartungen aufzudecken. Diese Überlegung müßte dazu führen, daß eine Anpassung des Emissionspreises weniger stark nach oben ausfällt, wenn die Investoren der Emission einen höheren als den vom Konsortialführer vorgegebenen Richtwert als Wert beimessen, als nach unten im umgekehrten Fall. Emissionen mit gegenüber der Pre-Bookbuilding-Phase nach oben angepaßten Emissionspreisen sollten demnach tendenziell ein höheres Underpricing aufweisen.[517]

Im Gleichgewichtsmodell von Welch (1992) verlassen sich Anleger bei der Entscheidung, ob sie eine Aktie zeichnen sollen, nicht nur auf ihre eigenen Informationen, sondern beobachten das Verhalten anderer Anleger. Zeichnen diese die Aktie, vermuten die Anleger, daß die anderen über bessere Informationen verfügen, und zeichnen deshalb auch. Um die ersten Anleger zum Zeichnen zu bewegen, die dann die anderen nachziehen, werden die Aktien mit einem Underpricing angeboten.[518]

Nachdem nun sowohl die Interessenlagen der am IPO Beteiligten und das regelmäßig zu beobachtende Underpricing, das für die Alteigentümer Opportunitätskosten darstellt, beschrieben sind, werden jetzt die Beiträge der Wahl des Prüfers und des Konsortialführers sowie der Beteiligung der Alteigentümer nach dem IPO als Signale zur Reduzierung der Informationsasymmetrien untersucht. Können die Alteigentümer durch diese Signale das Schätzrisiko reduzieren und den Anlegern den Marktwert ihres Unternehmens mit höherer Sicherheit signalisieren, sollte dies nicht nur zum Abbau des Underpricings, sondern auch zu höheren Emissionskursen des IPO-Unternehmens führen. Insofern lösen sich die folgenden Ausführungen aus der Enge der Underpricing-Modelle.

---

[516] Vgl. auch Sherman/Titman (Participation 2000).
[517] Hanley (underpricing 1993) hat in einer empirischen Studie diesen Überlegungen entsprechende Ergebnisse erhalten.
[518] Vgl. Ibbotson/Ritter (Initial 1995), S. 997f. Vgl. auch die Impresario-Hypothese von Shiller (Speculative 1990), S. 62f.

5.2 Wahl des Konsortialführers als Signal

Im Gegensatz zu Baron (1982), der die Existenz von Underpricing mit der asymmetrischen Informationsverteilung zwischen Konsortialführer und Emittent begründet, stellt eine ganze Reihe von Autoren auf die Wahl des Konsortialführers als ein Mittel zum Abbau von Informationsasymmetrie zwischen Emittent und Anlegern bzw. zwischen verschiedenen Gruppen von Anlegern ab. Dabei wird unterstellt, daß sich Emissionshäuser hinsichtlich ihrer Reputation unterscheiden und daß Emittenten durch die Wahl hochreputabler Konsortialbanken den Anlegern eine höhere Qualität bzw. eine niedrigere Unsicherheit über den Marktwert ihres Unternehmens signalisieren und dadurch höhere Netto-Emissionserlöse erzielen können.

Bei der Reputation des Emissionshauses handelt es sich vergleichbar der Qualität von Abschlußprüfern um die Einschätzung unbekannter Charakteristika durch Dritte, wobei das Verhalten in der Vergangenheit bestimmend ist für diese Einschätzung.[519] Der Reputationsaufbau bzw. -erhalt von Emissionshäusern wurde in verschiedenen Modellen dargestellt.[520] Da Emissionshäuser im Gegensatz zu den Emittenten fortlaufend ins Emissionsgeschäft involviert sind, können sie Reputation aufbauen, da ihr Verhalten bei vergangenen Emissionen, d.h. die Angemessenheit der festgesetzten Emissionspreise, beobachtbar ist und angenommen werden kann, daß für sie die Kosten aus dem Reputationsverlust bei Fehlverhalten höher sind als der dabei kurzfristig erzielbare Vorteil.[521] Die Reputationsprämien, die hochreputable Emissionshäuser bei der Berechnung ihrer Provisionen durchsetzen können, haben in den bekannten Modellen einen höheren Wert als der Vorteil, der durch bewußtes Fehlverhalten erzielbar ist.[522] Je höher die Reputation eines Emissionshauses, desto tendenziell höher werden die von ihm berechneten Provisionen und sein Gesamtprovisionsaufkommen sein. Beatty/Ritter (1986) haben empirisch gezeigt, daß Emissionshäuser, die mit den von ihnen festgesetzten Emissionspreisen relativ weit von den Marktpreisen entfernt lagen, also Emissionen mit vergleichsweise hohem risikobereinigten Underpricing an den Markt brachten, in der Folgezeit deutlichere Marktanteilsverluste im IPO-Geschäft hinzunehmen hatten als andere Konsortialbanken.[523] Nanda/Yun (1997) zeigten Marktwertverluste börsennotierter Emissionshäuser nach Begleitung einer Emission, die ein Overpricing aufwies, über die direkten Kosten hinaus, während die Begleitung von IPO mit moderatem Underpricing zu signifikanten Marktwertstei-

---

519 Vgl. Milgrom/Roberts (Reputation 1982), S. 283f.; Neus (Emissionskredit 1993), S. 898-902.

520 Vgl. Booth/Smith (Certification 1986); Carter/Manaster (Reputation 1990); Chemmanur/Fulghieri (Reputation 1994); zum Reputationserhalt vgl. auch die kostenorientierte Betrachtung von Nanda/Yun (Reputation 1997), S. 42-46. Vgl. weiterhin Neus (Reputationseffekte 1993).

521 Vgl. Booth/Smith (Certification 1986), S. 264ff. Vgl. auch Abschnitt 3.1.2.

522 Chemmanur/Fulghieri (Reputation 1994) berücksichtigen in ihrem Modell auch eine aufgrund der Schwierigkeiten, die mit der Bewertung von IPO-Unternehmen verbunden sind, mögliche unbeabsichtigte Falschbewertung. Trotz dieser Möglichkeit ändern sich obige Überlegungen im Ergebnis nicht.

523 Vgl. Chemmanur/Fulghieri (Reputation 1994); Beatty/Ritter (Investment 1986).

gerungen der Emissionshäuser führte.[524] Emittenten, die aufgrund der Einmaligkeit ihres IPO dem Problem der Informationsasymmetrie nicht durch eigene Reputation begegnen können, können durch eine Reputationsleihe bei einem Emissionshaus den Anlegern die Angemessenheit des Emissionspreises signalisieren. Konsortialführer geben durch die Übernahme eines Emissionsmandates eine Bestätigung über die Qualität bzw. das Unternehmensrisiko des Emittenten und damit die Angemessenheit des Emissionspreises ab.[525] Voraussetzung für die Glaubwürdigkeit dieses Signals ist das Sinken der Kosten für dieses Signal bei steigender Unternehmensqualität. Gute Emittenten überkompensieren die höheren Provisionen für hochreputable Konsortialbanken durch höhere Netto-Emissionserlöse. Emittenten niedriger Qualität werden durch die Wahl eines hochreputablen Konsortialführers keine höheren Netto-Erlöse erzielen, da ein solcher Konsortialführer, dessen höhere Reputation ihre Ursache eben gerade in Vorteilen bei Prüfung und Beurteilung der Börsenkandidaten hat,[526] diese Unternehmen – wenn er überhaupt zur Übernahme des Mandats bereit ist – nur zu relativ geringen Emissionspreisen an den Markt begleiten wird.

Aus diesen Überlegungen werden in der Literatur verschiedene Implikationen abgeleitet. So wird behauptet, daß IPO-Unternehmen, die eine geringere Unsicherheit über ihren Marktwert aufweisen, tendenziell häufiger von hochreputablen Emissionshäusern an die Börse begleitet werden. Carter/Manaster (1990) unterstellen in ihrer Begründung dieser Hypothese analog zum Modell von Rock zwei unterschiedlich über die Streuung des Marktwertes informierte Anlegergruppen. Anleger werden bevorzugt in die Informationsbeschaffung bei IPO-Unternehmen investieren, die eine vergleichsweise hohe Unsicherheit aufweisen, da hier der Grenznutzen der Informationsbeschaffung am höchsten ist. Mit einem höheren Anteil informierter Anleger muß bei einem IPO die Höhe des Underpricing steigen, um die nicht informierten Anleger für die Gefahr, gegen besser Informierte zu handeln, zu entschädigen.[527] IPO-Unternehmen, die eine relativ geringe Unsicherheit aufweisen und dies den Anlegern signalisieren wollen, können sich dazu hochreputabler Konsortialführer bedienen, die wiederum annahmegemäß zu einer exakteren Marktwertbestimmung fähig und zum Erhalt ihrer Reputation nicht an einer falschen Emissionspreisfestsetzung interessiert sind.[528] Eine glaubhaft signalisierte geringe Unsicherheit über den Marktwert bedeutet einen geringeren Anteil gut informierter Anleger, wes-

---

[524] Vgl. Nanda/Yun (Reputation 1997).
[525] Vgl. Kaserer/Kempf (Underpricing-Phänomen 1995), S. 48f.
[526] Hochreputable Emissionshäuser investieren gemäß dieser Überlegung mehr in Verfahren zur Bewertung der IPO-Unternehmen, was ihnen genauere Schätzungen des Marktwertes von IPO-Unternehmen ermöglicht. Vgl. Chemmanur/Fulghieri (Reputation 1994).
[527] Vgl. Beatty/Ritter (Investment 1986), S. 215f.
[528] Reputationsaufbau und -erhalt sind in diesem Modell exogen gegeben; eine intuitive Erklärung hierfür sowie für die Glaubwürdigkeit des Signals wird unter Bezugnahme auf die Überlegungen von Titman/Trueman (Quality 1986) gegeben. Vgl. Carter/Manaster (Reputation 1990), S. 1051f.

halb von diesen IPO-Unternehmen nur ein relativ geringes Underpricing anzubieten ist.[529]

Somit ergibt sich als weitere Implikation, daß hochreputable Konsortialführer tendenziell häufiger Unternehmen an die Börse begleiten, die ein relativ geringes Underpricing aufweisen.[530] Diese Hypothese leiten auch Chemmanur/Fulghieri (1994) ab, obwohl sie von einem anderen Ansatz ausgehen: Informationsasymmetrie besteht in ihrem Modell zwischen Unternehmensinsidern und den Anlegern. Diese Informationsasymmetrie ist für geringere Emissionspreise und Underpricing verantwortlich, was durch die Bestellung eines hochreputablen Konsortialführers reduziert werden kann.[531] Eng verwandt damit ist die Hypothese, wonach die Netto-Emissionserlöse, also die Erlöse nach Abzug der Vergütung der Konsortialbanken, c.p. für Emittenten, die sich von einem hochreputablen Emissionshaus an die Börse begleiten lassen, höher sein werden als bei Begleitung durch einen Konsortialführer mit niedrigerer Reputation.[532]

Zur Messung der Reputation der Emissionshäuser wird in empirischen Untersuchungen meist auf die Überlegungen von Carter/Manaster (1990), Johnson/ Miller (1988) und Megginson/Weiss (1991) zurückgegriffen.[533] Die beiden erstgenannten Reputationsmaße werden durch Auswertung sog. tombstones[534] gewonnen. Aus der Position der Namensnennung der einzelnen Konsortialbanken auf einem tombstone wird die Reputation bestimmt, wobei eine umso höhere Reputation unterstellt wird, je weiter oben der Name des Emissionshauses unter allen Konsortialmitgliedern auf dem tombstone steht. Die Klassifizierung von Johnson/Miller (1988) ist lediglich eine Modifizierung gegenüber Carter/Manaster (1990). Megginson/Weiss (1991) verwenden dagegen die re-

---

529 Zu beachten sind auch Liquiditätseffekte, die von der Genauigkeit der Emissionspreisfestsetzung ausgehen. Vgl. hierzu Sherman/Titman (Participation 2000), S. 3.

530 Vgl. Carter/Manaster (Reputation 1990). Carter/Dark/Singh (Reputation 1998) und Michaely/ Shaw (Pricing 1994) erweiterten diese Überlegungen auf die langfristige Kursentwicklung von IPO-Unternehmen. Sie testeten die Hypothese, wonach von hochreputablen Emissionshäusern begleitete AG eine weniger schlechte Kurs-Performance in den drei auf das IPO folgenden Jahren aufwiesen als die von Konsortialführern mit geringerer Reputation begleiteten Emittenten. Loo/Lee/Yi (Reputation 1999) untersuchen mit einer analogen Hypothese die operativen Ergebnisse von IPO-AG u.a. in einem Drei-Jahreszeitraum nach IPO. In allen diesen Untersuchungen ergeben sich empirische Resultate, die die Hypothesen stützen.

531 Obwohl auch Chemmanur (Pricing 1993), Allen/Faulhaber (Signaling 1989), Grinblatt/Hwang (Signalling 1989) und Welch (Underpricing 1989) von ähnlichen Überlegungen ausgehen, bleibt die bereits in Abschnitt 5.1.3 angesprochene Frage, warum sich im Börsenhandel plötzlich Preise bilden sollten, die diese Informationsasymmetrie nicht mehr berücksichtigen; dies wäre nur möglich, wenn die Insider an der Börse handeln und sich deshalb ihre überlegenen Informationen in den Börsenkursen niederschlagen.

532 Vgl. Chemmanur/Fulghieri (Reputation 1994).

533 Für einen Vergleich der drei Reputationsvariablen vgl. die Arbeit von Carter/Dark/Singh (Underwriter 1998).

534 Bei tombstones handelt es sich um Anzeigen beispielsweise in Zeitungen, in denen auf ein laufendes IPO hingewiesen oder über ein bereits abgeschlossenes berichtet wird. Für ein Beispiel vgl. Carter/Manaster (Reputation 1990), S. 1055.

lativen Marktanteile der einzelnen Emissionshäuser als Reputationsmaß. Erwähnenswert ist zudem der Ansatz von Beatty/Ritter (1986), die die Reputation der einzelnen Investmentbanken aus deren Fähigkeit in der Vergangenheit ableiten, Emissionspreise unsicherheitsbereinigt so festzusetzen, daß sie den Marktwerten möglichst genau entsprechen.[535] Als weitere Möglichkeit eines Reputationsmaßes ist an den Markennamen eines Emissionshauses zu denken.[536] In der populärwissenschaftlichen Literatur sind in letzter Zeit häufiger Rennlisten zu finden, auf denen den Emissionshäusern, deren Emissionen das höchste Underpricing aufweisen, die höchste Reputation zugesprochen wird.[537]

Zahlreiche empirische Untersuchungen haben die oben angeführten Hypothesen getestet. Insgesamt zeigen sich dabei für die Untersuchungen aus angelsächsischen Ländern Ergebnisse, die die Hypothesen unterstützen.[538] Für den deutschen Markt konnten Kaserer/Kempf (1995) keinen konstanten Zusammenhang zwischen der Reputation des Konsortialführers und der Höhe des Underpricings nachweisen.[539] Wasserfallen/Wittleder (1994) konnten für die Jahre 1961 bis 1987 keine signifikanten Unterschiede in der Höhe der Unsicherheit über den Marktwert und anderen Unternehmenscharakteristika zwischen den von der Deutschen Bank und anderen Banken begleiteten IPO nachweisen. Allerdings weisen die IPO der Deutschen Bank, die 43 der 91

[535] Vgl. Beatty/Ritter (Investment 1986). Die Höhe des für die einzelnen IPO notwendigen Underpricings wird aus einer Regressionsgleichung mit dem Underpricing als abhängiger und zwei verschiedenen Maßen, die die Unsicherheit über den Marktwert widerspiegeln, als unabhängigen Variablen gewonnen. Die Abweichung des tatsächlichen Underpricings von dem hinsichtlich der Unsicherheit eines einzelnen IPO anzunehmenden Underpricing bildet die Größe, aus der sich die Reputation der Underwriter bestimmt.

[536] Vgl. die Ausführungen zu den Modellüberlegungen von Klein/Leffler (Performance 1981) in Abschnitt 3.1.2. Balvers/McDonald/Miller (Reputation 1988), Downes/Heinkel (Signaling 1982), Neuberger/La Chapelle (Tiers 1983) und Hayes (Investment 1971) verwenden Reputationsmaße, die weitestgehend als an Markennamen orientiert angesehen werden können. Sie zählen zur Kategorie hochreputabler Emissionshäuser diejenigen, die über einen längeren Zeitraum im Institutional Investor in der obersten Kategorie aufgeführt sind. Die Grenzen zur Verwendung von Marktanteilen als Reputationsmaß sind dabei – wie bei der Abschlußprüferqualität – wenig deutlich.

[537] Vgl. beispielsweise für ein das Jahr 1999 betreffendes Ranking Wirtschaftswoche, Nr. 3, vom 13.01.2000, S. 116-127; vgl. auch Carls (Going-Public-Geschäft 1996), S. 48- 52. Die so gemessene Reputation bezieht sich ausschließlich auf die Reputation bei den Anlegern, nicht bei den Emittenten, die am Verkauf ihrer Aktien unter Preis wenig Freude haben dürften.
Im Jahr 2000 wurde von der Deutschen Börse AG ein Rating für die Tätigkeit von Banken und anderen Finanzdienstleistern als Designated Sponsors eingeführt. Mit diesem Rating kann eine Konsortialbank ihre Reputation zumindest für den Bereich des Börsenhandels nach IPO signalisieren.

[538] Vgl. statt vieler Carter/Dark/Singh (Underwriter 1998). Cheng/Firth (Forecasts 2000) erhielten allerdings für IPO in Hong Kong keine durchgehend signifikanten Ergebnisse für die Hypothese, daß hochreputable Underwriter (im Gegensatz zu den Prüfern) IPO mit präziseren Ertragsprognosen begleiten.

[539] Vgl. Kaserer/Kempf (Underpricing-Phänomen 1995), S. 55-57.

IPO im Sample an die Börse brachte, ein geringeres Underpricing und eine bessere Kursperformance nach IPO auf.[540]

5.3 Beteiligung der Alteigentümer nach IPO als Signal

Altaktionäre können durch den von ihnen nach dem IPO gehaltenen Anteil am Unternehmen die Höhe des Marktwertes bzw. die Angemessenheit des festgelegten Emissionspreises den Anlegern gegenüber signalisieren.[541] Daneben kann unter dem Gesichtspunkt des Einflusses von Agency-Problemen auf den Marktwert eines Unternehmens angenommen werden, daß zwischen der Beteiligungshöhe der Alteigentümer und der Organmitglieder nach dem IPO und dem Marktwert des Unternehmens ein Zusammenhang besteht.

Leland/Pyle (1977) identifizierten als erste die Bereitschaft der über Insiderinformationen verfügenden Alteigentümer, in ihr Unternehmen zu investieren bzw. darin investiert zu bleiben, als geeignetes Signal zur Kommunikation des Wertes des Unternehmens an außenstehende Anleger.[542] Letztere werden den Unternehmenswert tendenziell umso höher einschätzen, je höher der Anteil der Alteigentümer am Unternehmen nach IPO ist, also je stärker die Alteigentümer auf Kosten des Verzichts auf eine breitere Vermögensdiversifikation ihre Vermögensposition an die Entwicklung des IPO-Unternehmens anbinden. Das Signal der Alteigentümer ist glaubwürdig, wenn gilt, daß die Kosten in Form eines Verzichts auf Vermögensdiversifikation umso höher sind, je niedriger der tatsächliche Unternehmenswert im Vergleich zum Emissionspreis ist.[543] Nur für Alteigentümer von AG mit einem gegenüber dem Emissionspreis höheren Marktwert kann es rational sein, auf eine breitere Diversifikation ihres Vermögens zu verzichten.[544] Leland/Pyle zeigen, daß Alteigentümer höhere Anteile an ihren Unternehmen behalten, als dies für sie optimal wäre, wenn sie eine andere Möglichkeit des Signalisierens des Unternehmenswertes hätten. Mit steigendem spezifischen Unternehmensrisiko und steigender Risikoaversi-

---

[540] Vgl. Wasserfallen/Wittleder (Pricing 1994), S. 1514ff.
Neben mangelndem Wettbewerb unter den Emissionshäusern, der zumindest für die Jahre bis 1996 gelten dürfte, könnte für diese gemischten Ergebnisse die Möglichkeit für Banken in Deutschland verantwortlich sein, neben dem Emissionsgeschäft auch alle anderen Bereiche des Bankgeschäftes anzubieten. Emissionshäuser könnten deshalb – wie bereits in Abschnitt 5.1.1 erwähnt – an einem höheren Underpricing Interesse haben, um sich durch die Zuteilung unterbewerteter Aktien bei anderen Geschäftskunden langfristig Vorteile zu verschaffen, die den Reputationsverlust bei den Emittenten ausgleichen. Gerade bei einem nur geringen Grad an Wettbewerb unter den Emissionshäusern dürfte ein solches Verhalten mit vergleichsweise höherer Wahrscheinlichkeit auftreten.

[541] Für die folgende Argumentation ist der Einwand Boehmers (1993) zu berücksichtigen, daß die Glaubwürdigkeit des Signals „Alteigentümerbeteiligung" weniger vom Anteil der Insider am Unternehmen als vielmehr vom Anteil des Gesamtvermögens der Insider, der im Unternehmen gebunden ist, abhängt. Vgl. Boehmer (Ownership-Retention 1993), S. 93, Fußnote 26.

[542] Vgl. zu den folgenden Überlegungen Leland/Pyle (Asymmetries 1977).

[543] Vgl. Courteau (Under-Diversification 1995), S. 488.

[544] Vgl. Downes/Heinkel (Signaling 1982), S. 3. Insofern kann man die Höhe des Alteigentümeranteils nach IPO als Signal für die Höhe des Underpricings ansehen.

on der Alteigentümer sinkt in ihrem Modell die Beteiligungshöhe. Während bei Leland/Pyle die Alteigentümer mit der ihnen verbleibenden Beteiligung nach IPO die Höhe der von ihnen zukünftig erwarteten Cash flows signalisieren, verwenden Grinblatt/Hwang (1989) den Emissionspreis bzw. die Höhe des Underpricings als zusätzliches Signal, womit berücksichtigt wird, daß in ihrem Modell nicht nur die Höhe, sondern auch die Streuung der zukünftigen Cash flows den Anlegern unbekannt sind. Ähnlich wie bei Allen/Faulhaber (1989) dient hier das Underpricing für den Emittenten dazu, bei Folgeemissionen Vorteile zu erzielen.[545] C.p. ergibt sich aus diesen Modellüberlegungen auch ein positiver Zusammenhang zwischen der Höhe des Underpricings und des Alteigentümeranteils nach IPO.[546] Im Gegensatz zum Ansatz von Grinblatt/Hwang stehen die ohne expliziten Rückgriff auf einschlägige Modellüberlegungen geäußerten Meinungen von Wasserfallen/Wittleder (1994) und von Ljungqvist (1997).[547] Diese Autoren argumentieren, daß die Alteigentümer mit ihrem nach IPO gehaltenen Anteil ihre Verbundenheit zum Unternehmen dokumentieren, was die Unsicherheit der Anleger über den Unternehmenswert reduziere. Eine reduzierte Unsicherheit sei aber mit geringerem Underpricing verbunden. Deshalb bestehe ein negativer Zusammenhang zwischen der Höhe des Alteigentümeranteils und der Höhe des Underpricings.[548] Die Höhe des Underpricings wird hier demnach nicht als Signal für den Unternehmenswert angesehen, sondern sie ergibt sich als Reaktion auf die bestehende Unsicherheit über den Marktwert, die auch nach dem Einsatz von die Höhe des Underpricing reduzierenden Maßnahmen, wie dem Halten einer bestimmten Beteiligungshöhe durch die Altaktionäre nach dem IPO, auf Seiten der Anleger verbleibt. Für Deutschland erhielten weder Wasserfallen/Wittleder bei einer Analyse von 92 IPO aus den Jahren 1961 bis 1987 noch Ljungqvist für 189 IPO von 1970 bis 1993 signifikante Ergebnisse.

Von Hughes (1986) wurde in einem Modell mit den gleichen Annahmen hinsichtlich der Informationsasymmetrie zwischen Emittent und Anlegern neben dem Alteigentümeranteil nach IPO zusätzlich die Veröffentlichung von bewertungsrelevanten Unternehmensinformationen als Signal eingesetzt. Im Ergeb-

[545] Espenlaub/Tonks (Signalling 1998) haben empirisch untersucht, ob die Höhe des Underpricings bzw. des Alteigentümeranteils nach IPO mit einer höheren Wahrscheinlichkeit für eine Folgeemission innerhalb von drei Jahren nach dem IPO und einem höheren Volumen solcher Folgeemissionen einhergeht. Für das Signal „Alteigentümeranteil nach IPO“ ergeben sich keine Hinweise auf häufigere und größere Folgeemissionen oder Insiderverkäufe. Hinsichtlich des Signals „Underpricing“ sind die Ergebnisse nur für das Volumen von Folgeemissionen, nicht aber für die Wahrscheinlichkeit solcher Folgeemissionen statistisch signifikant.
[546] Vgl. Grinblatt/Hwang (Signalling 1989), S. 394, 415.
[547] Implizit lassen sich die folgenden Überlegungen auch aus dem Modell von Leland/Pyle (1977) ableiten.
[548] Vgl. Wasserfallen/Wittleder (1994), S. 1511; Ljungqvist (Pricing 1997), S. 1314.

nis zeigt sich bei Hughes für rationale Emittenten der Einsatz einer Kombination aus beiden Signalen als sinnvoll.[549]

Downes/Heinkel (1982) haben die aus dem Modell von Leland/Pyle (1977) ableitbare Hypothese über den Zusammenhang zwischen der Alteigentümerbeteiligung nach IPO und dem Marktwert einem empirischen Test anhand von 297 IPO aus den USA in den Jahren 1965 bis 1969 unterzogen und dabei hochsignifikante, die Hypothese stützende Ergebnisse erhalten.[550] Für Kanada dagegen ergaben sich bei Krinsky/Rotenberg (1989) aus der Analyse von 115 IPO zwischen 1971 und 1983 hinsichtlich des gleichen Zusammenhangs keinerlei signifikante Ergebnisse.[551] Allerdings konnten Clarkson et alii (1991) in einer Replikationsstudie für 180 IPO aus den Jahren 1984 bis 1987 signifikant höhere Unternehmenswerte bei IPO mit relativ höheren Alteigentümeranteilen nach IPO feststellen.[552] Boehmer (1993) zeigt in seiner empirischen Untersuchung, daß die Signalwirkung des Alteigentümerbesitzes auf den Unternehmenswert stärker bei – gemessen am Buchwert vor IPO – großen Unternehmen ausfällt als bei kleinen.[553]

In einer multivariaten Analyse von Firth (1998) zeigt sich der Alteigentümeranteil gegenüber einer im Prospekt enthaltenen Ertragsprognose für das kommende Geschäftsjahr als wesentlich schwächeres Signal hinsichtlich des Marktwertes von IPO-Unternehmen. Allerdings finden sich Hinweise, daß der Alteigentümeranteil das stärkere Signal „Ertragsprognose“ zu seinen Gunsten abschwächt, also innerhalb der vom stärkeren Signal vorgegebenen Grenzen Wirkung entfaltet.[554]

Als notwendige Bedingung für die Glaubwürdigkeit des Signals „Alteigentümerbeteiligung nach IPO“ ist die Verpflichtung der Insider zu beachten, ihre Aktien für eine bestimmte Dauer nach dem IPO nicht zu verkaufen.[555] So haben Gale/Stiglitz (1989) in einem Zwei-Perioden-Modell, bei dem die Alteigentümer die zunächst beim IPO behaltenen Aktien später verkaufen konnten, gezeigt, daß bei geringer Unsicherheit über die Entwicklung der Gesellschaft nach dem IPO hinsichtlich des Signals „Alteigentümeranteil nach IPO“ kein Separating-Gleichgewicht besteht und daß dieses bei großer Unsicherheit

---

[549] Vgl. Hughes (Disclosure 1986). Für eine empirische Untersuchung des Publizitätsverhaltens von IPO-Unternehmen in Deutschland vgl. Schwarz (Börseneinführungspublizität 1988).
[550] Vgl. Downes/Heinkel (Signaling 1982), S. 4-6. Vgl. auch die Anmerkungen von Ritter (Signaling 1984) zu dieser Analyse.
[551] Vgl. Krinsky/Rotenberg (Signalling 1989).
[552] Vgl. Clarkson et alii (Retained 1991).
[553] Darüber hinaus deuten seine Ergebnisse darauf hin, daß der statistisch signifikante Zusammenhang zwischen der Beteiligung von Insidern nach dem IPO und dem Unternehmenswert großteils auf die Überlegungen der weiter unten in diesem Abschnitt erläuterten wealth-effect-Hypothese zurückzuführen ist und sich weniger unter Signaling-Aspekten ergibt. Vgl. Boehmer (Ownership-Retention 1993), S. 86ff., 91.
[554] Vgl. Firth (forecasts 1998), S. 32, 35f.
[555] Zu in Deutschland geltenden Möglichkeiten und Folgen von Lock-up agreements vgl. beispielsweise Korfsmeyer (Bedeutung 1999).

zwar besteht, aber nicht die pareto-überlegene Lösung gegenüber einem Pooling-Gleichgewicht darstellt. Dies bedeutet, daß bei der bestehenden Möglichkeit eines Verkaufs weiterer Aktien durch die Alteigentümer nach IPO das Signal „Beteiligung der Alteigentümer nach IPO“ für die Anleger wenig glaubwürdig ist. Im Modell von Courteau (1995) fungiert die Länge der Halteverpflichtung der Altaktionäre als Signal für die Richtigkeit der den Anlegern gegebenen Informationen über den Marktwert der Aktien.[556] Nach dem IPO und vor Ablauf der Mindesthaltedauerverpflichtung erfolgt in diesem Modell eine Information über das seit dem IPO erzielte Ergebnis der Gesellschaft. Im Resultat erweist sich die Länge der Mindesthalteverpflichtung als Signal, das sich komplementär zum Signal „Alteigentümeranteil nach IPO“ verhält. Dabei zeigt sich, daß die optimale Mischung aus den beiden Signalen vom Einfluß der in der ersten Periode nach dem IPO veröffentlichten Informationen über das seit dem IPO erzielte Ergebnis des Unternehmens und der danach verbleibenden Unsicherheit über den Wert des Unternehmens auf Seiten der Anleger abhängt. Grundsätzlich wählen Altaktionäre guter Unternehmen längere Mindesthaltedauerverpflichtungen, obwohl sie schon einen höheren Anteil am Unternehmen behalten müssen, um ihre Qualität zu signalisieren. Je geringer der Gehalt der in der Zwischenzeit veröffentlichten Informationen ist und je weniger Unsicherheit über den Unternehmenswert am Ende der Mindesthaltedauer beseitigt ist, desto längere Haltefristen sind notwendig, um mit dem Signal ein ausreichend hohes Verlustpotential im Fall des Abgebens eines falschen Signals für die Alteigentümer zu verknüpfen, d.h. die Existenz eines Separating-Gleichgewichts sicherzustellen.[557]

In den bisher angeführten Modellen bleiben andere, nicht durch Signaling-Überlegungen motivierte Gründe der Alteigentümer für die Wahl der Höhe ihrer Beteiligung nach IPO unbeachtet. Zingales (1995) etwa versteht ein IPO als eine Möglichkeit und einen Verfahrensschritt zum Verkauf eines Unternehmens. Die Alteigentümer versuchen dabei, insgesamt den höchstmöglichen Verkaufserlös zu erhalten. Der Verkauf von Cash-flow-Anteilsrechten an ein breites Anlegerpublikum und der spätere Verkauf des Kontrollrechts an dem Unternehmen kann unter bestimmten Voraussetzungen die optimale Strategie für die Alteigentümer darstellen. Damit wird offensichtlich, daß das Zurückhalten von mehr als 50% der Unternehmensanteile nach dem IPO für die Alteigentümer optimal ist, wenn sie in einem späteren Verkauf der Kontrollmehrheit am Unternehmen an einen großen Investor den höchstmöglichen Verkaufserlös erzielen können. Signaling-Überlegungen spielen dabei keine Rolle. Zu berücksichtigen ist ferner die Wealth-Effect-Hypothese Ritters (1984), wonach die Alteigentümer das Ziel verfolgen, einen bestimmten Betrag durch den Verkauf von Aktien aus dem Unternehmen zu erzielen. Je höher der im Modell exogen vorgegebene Marktwert des Unternehmens ist, desto geringer fällt der

[556] Die Modellstruktur ist ähnlich der des weiter unten ausführlich dargestellten Modells von Datar/Feltham/Hughes (role 1991).
[557] Vgl. Courteau (Under-Diversification 1995).

zu verkaufende Anteil aus, um den bestimmten Geldbetrag zu erlösen.[558] Damit dreht sich die Kausalität zwischen Marktwert des IPO-Unternehmens und Alteigentümeranteil nach IPO gegenüber den Signaling-Überlegungen um. Eine Signalwirkung kommt der Anteilshöhe der Alteigentümer nach IPO in diesem Umfeld nicht mehr zu.[559] Auch die Sicherstellung einer ausreichend hohen Liquidität im Handel mit den Aktien kann genauso wie Unternehmenskontrollaspekte die Wahl der Höhe des Alteigentümeranteils beeinflussen,[560] ohne daß damit Signale über den Marktwert der Aktien gegeben werden. Mit dem Besitz der Kontrollmehrheit am Unternehmen nach IPO können für die Alteigentümer selbst im Fall, daß sie keinen zukünftigen Verkauf erwägen, verschiedene Vorteile verbunden sein.[561]

Neben der Funktion als Signal für den Unternehmenswert spielt die Höhe der Beteiligung der Alteigentümer nach dem IPO eine entscheidende Rolle für die Schwere der Agency-Probleme, die nach dem IPO relevant sind. Mit zunehmenden Agency-Problemen sinkt dabei grundsätzlich der Unternehmenswert.[562] Wie im Grundmodell von Jensen/Meckling (1976) gezeigt, ergeben sich mit abnehmendem Anteil der Insider wachsende Potentiale zur Schädigung der außenstehenden Aktionäre. Diese schützen sich – sofern sie sich rational verhalten – durch eine niedrigere Zahlungsbereitschaft für die Aktien, die umso niedriger ausfällt, je geringer der Anteil der Insider am Unternehmen ist. Andererseits nehmen für einen Großaktionär die Möglichkeiten zu, sich durch die Kontrolle über ein Unternehmen Sondervorteile auf Kosten der anderen Aktionäre zu verschaffen, was Bewertungsabschläge für die frei handelbaren Aktien bedeuten kann. Beide Aspekte zeigten sich in empirischen Analysen des Einflusses der Beteiligungshöhen von Insidern auf den Unternehmenswert. So erhielt Boehmer (1993) unter 1.128 IPO aus den USA ähnliche Ergebnisse wie Morck/Shleifer/Vishny (1988) in ihrer Untersuchung von Fortune 500-Gesellschaften. Danach existiert grundsätzlich ein – nicht immer positiv

[558] Vgl. Ritter (Signaling 1984), S. 1232f.

[559] An der wealth-effect-Hypothese kritisch anzumerken ist die Annahme eines gleich hohen Betrags, den die Alteigentümer unterschiedlich großer Gesellschaften durch das IPO generieren wollen. Neben dem wealth-effect kann auch die Sicherstellung einer bestimmten Liquidität im Börsenhandel kleinere AG dazu zwingen, einen größeren Teil des Grundkapitals an den Markt zu bringen. Vgl. Keasey/McGuinness (Signalling 1992), S. 134.

[560] Vgl. Maug (Large 1998); Booth/Chua (Ownership 1996); zum Trade-off zwischen Kontroll- und Liquiditätsaspekten der Konzentration des Aktienbesitzes vgl. Bolton/von Thadden (Liquidity 1998).

[561] Vgl. Langemann (Börsengang 2000), S. 253ff. Weitere Einwände gegen das Signal „Alteigentümeranteil nach IPO" finden sich bei Firth/Liau-Tan (Valuation 1998), S. 146f.

[562] Vgl. Ritter (Signaling 1984), S. 1233f. Dabei wird die Möglichkeit, daß an die Stelle der Altaktionäre ein anderer Aktionär mit einem ausreichend großen Anteil tritt, um Kontrollaufgaben wahrzunehmen, oder daß allein durch die Börsennotierung ein höheres öffentliches Kontrollniveau erreicht wird, außer acht gelassen. Vgl. Keasey/McGuinness (Signalling 1992), S. 134.

verlaufender – Zusammenhang zwischen der Höhe des Insider-Besitzes an einer AG und deren Marktwert.[563]

5.4 Andere Signale

Neben der Wahl des Konsortialführers, der im folgenden Abschnitt zu behandelnden Wahl des Abschlußprüfers und der Höhe ihrer Beteiligung nach dem IPO können Altaktionäre eine Reihe anderer Größen als Signale im Rahmen des IPO einsetzen, um den Anlegern den Marktwert bzw. die Angemessenheit des Emissionspreises glaubhaft aufzudecken.

Megginson/Weiss (1991) haben, basierend auf der von Booth/Smith (1986) entwickelten Hypothese über die Rolle von Konsortialführern als Zertifizierungsinstanz im IPO-Prozeß, empirisch untersucht, ob die Beteiligung von Venture-Capital (VC)- oder Private-Equity-Gesellschaften am IPO-Unternehmen als Signal dafür angesehen werden kann, daß der Emissionspreis angemessen ist, also alle relevanten Insiderinformationen repräsentiert.[564] Ähnlich wie Emissionshäuser haben VC-Gesellschaften, die häufiger an IPO beteiligt sind, im Fall von falsch gepreisten Emissionen ihre Reputation zu verlieren. Durch ihre weitere Beteiligung am Unternehmen nach dem IPO können sie die Wirkung des von ihnen ausgehenden Signals verstärken. Aus diesen Überlegungen leiten Megginson/Weiss (1991) u.a. folgende Hypothesen ab: IPO-Gesellschaften mit VC-Beteiligung können mit höherer Wahrscheinlichkeit Konsortialführer und Prüfer höherer Qualität für sich gewinnen und eine größere Nachfrage institutioneller Investoren im IPO auf sich ziehen. Wegen der Reduzierung des Schätzrisikos durch die Beteiligung von VC-Gesellschaften weisen diese IPO tendenziell ein geringeres Underpricing und eine geringere Vergütung für die Konsortialbanken und niedrigere Honorare für Prüfer und Berater auf.[565] Die Ergebnisse der empirischen Analyse von Megginson/Weiss (1991) stützen die Hypothesen.

---

[563] Während bei Morck/Shleifer/Vishny (Ownership 1988) ein positiver Zusammenhang zwischen Insiderbesitz und Unternehmenswert, gemessen an Tobins Q, für Insiderbesitz bis 5% und ab 25% gilt, zwischen diesen beiden Werten allerdings ein umgekehrter Zusammenhang festzustellen ist, liegt dieser Bereich bei Böhmer zwischen 33,8% und 58,1%. Morck/Shleifer/Vishny erklären ihr Ergebnis damit, daß in dem Bereich zwischen 5% und 25% Anteilsbesitz der Insider deren potentielle Bereicherungsmöglichkeiten die Effekte aus einer zunehmenden Gleichrichtung der Interessen dominieren. Für eine knappe Darstellung weiterer empirischer Arbeiten zu dieser Thematik vgl. Goergen (Corporate 1999), S. 18ff.
Eine empirische Untersuchung der Post-IPO-Entwicklung von AG – sowohl anhand von Kursrenditen als auch anhand operativer Ergebnisse – in Abhängigkeit von der Eignerstruktur findet sich bei Bessler/Kaen/Sherman (Perspective 1998), S. 596ff.

[564] Vgl. auch die Arbeit von Barry/Muscarella/Peavy/Vetsuypens (venture 1990), in der der Behauptung nachgegangen wird, daß sich die Beteiligung von VC-Gesellschaften wegen deren aktiver Rolle in der Unternehmenskontrolle in einem geringeren Underpricing niederschlägt.

[565] Vgl. Megginson/Weiss (Certification 1991), S. 880, 883.

Die Angabe von Gewinnprognosen im Prospekt wurde von Firth (1998) als starker Indikator für die Höhe des Marktwertes identifiziert.[566] Anhand von 116 IPO aus Singapur, wo im Untersuchungszeitraum im Gegensatz zu Deutschland und den USA viele IPO-Unternehmen freiwillig eine Gewinnprognose für das nächste Geschäftsjahr abgaben, testete Firth u.a. die Hypothese, wonach zwischen dem Marktwert des Unternehmens und der Gewinnprognose ein positiver Zusammenhang besteht, der deutlicher ausfällt als der Zusammenhang zwischen Marktwert und Bilanz- und GuV-Größen aus vergangenen Geschäftsjahren.[567] Daneben testet Firth, ob die von der Gesellschaft im ersten Jahr des Börsenhandels erzielte Überrendite umso tendenziell höher sein wird, je präziser die Gewinnprognose ist. Die empirischen Ergebnisse stützen diese Hypothesen.[568]

Zahlreiche Autoren haben sich mit der Existenz von Bankkrediten bzw. -kreditlinien und dem Ausmaß der Verschuldung als Signale für den Unternehmenswert und die Höhe der Unsicherheit über den Marktwert auseinandergesetzt.[569] Grundsätzlich greifen nach diesen Überlegungen nur Manager, die für ihre Unternehmen positive Zukunftsaussichten sehen, auf einen hohen Anteil Fremdkapital zur Finanzierung zurück.

Schließlich ist auf verschiedene Emissionsparameter einzugehen, die als Signale eingesetzt werden können. Die Art des Emissionsverfahrens wird von Hameed/Lim (1998) in einer empirischen Untersuchung über den IPO-Markt in Singapur analysiert. Dort können Emittenten zwischen einem Festpreis- und einem Tenderverfahren wählen, wobei die Wahl der letzteren Alternative als Signal für eine höhere Qualität des IPO-Unternehmens angesehen werden kann.[570]

Ein Greenshoe dient den Konsortialbanken zur Reduzierung ihres Risikos bei einem IPO. Je höher der Greenshoe, desto mehr Handlungsmöglichkeiten hinsichtlich Emissionsvolumen und Marktaktivitäten nach IPO haben die Konsortialbanken. Es kann argumentiert werden, daß die Konsortialbanken auf einem höheren Greenshoe und damit einem tendenziell geringeren festen Emissionsvolumen bestehen, je höher bei ihnen die Unsicherheit über den Marktwert

---

[566] Vgl. auch Clarkson/Dontoh/Richardson/Sefcik (forecasts 1992); Keasey/McGuinness (Forecasts 1991).

[567] Aufgrund des typischerweise starken Wachstums von IPO-Unternehmen und der Nichtberücksichtigung der durch das IPO zugeflossenen Mittel ist die Aussagekraft der in vergangenen Perioden ausgewiesenen Überschüsse gerade bei IPO-Gesellschaften eingeschränkt. Vgl. hierzu Firth (forecasts 1998), S. 31.

[568] Vgl. hierzu Firth (forecasts 1998).

[569] Vgl. James/Wier (Borrowing 1990); Slovin/Young (Lending 1990); Darrough/Stoughton (Moral 1986); Greenwald/Stiglitz/Weiss (Informational 1984); Ross (Determination 1977).

[570] In zahlreichen empirischen Untersuchungen aus den USA wird die Art des Konsortialvertrages – firm commitment oder best effort – als Signal berücksichtigt. Vgl. statt vieler Beatty (Reputation 1989), S. 701; Booth/Chua (Ownership 1996), S. 298f.

ist. Durch einen kleineren Greenshoe könnten sie den Anlegern ein Signal für eine relativ geringe Unsicherheit über den Marktwert geben.[571]

Bei einem Vergleich der verschiedenen Signale können insgesamt die auf Dritte zurückgreifenden als stärkere Signale als die vom Emittenten selbst ausgesendeten Signale, wie die Beteiligung der Alteigentümer nach dem IPO oder die Höhe des Underpricings, eingestuft werden. Eine Bestrafung für falsche von den Alteigentümern ausgesendete Signale erfolgt für diese – wenn überhaupt – meist erst viel später. Modelle, die auf einen wiederholt im Emissionsgeschäft tätigen Dritten zur Zertifizierung, beispielsweise der Angemessenheit des Emissionspreises, zurückgreifen, erscheinen als schlüssiger und stärkere Signale aussendend.[572]

5.5 Abschlußprüfung als Instrument zur Reduzierung der aus Informationsasymmetrien resultierenden Unsicherheit über den Marktwert neuemittierter Aktien

Ähnlich wie die Wahl eines hochreputablen Emissionshauses kann die Wahl eines hochqualitativen Prüfers als Signal an die Anleger eingesetzt werden, mit dem die Alteigentümer den Anlegern glaubhaft den Wert ihres Unternehmens signalisieren können. Durch dieses Signal läßt sich das Schätzrisiko sowohl für die Anleger als auch für die Konsortialbanken senken. In einem einfachen Modell zeigt Ewert (1990), daß eine Prüfung das Schätzrisiko hinsichtlich der Abschlußinformationen reduziert, was für die Alteigentümer die Erzielung besserer Konditionen im IPO ermöglicht. In diesem Modell existiert, wenn sich das IPO-Unternehmen entscheiden kann, eine Prüfung durchzuführen oder nicht, ein Gleichgewicht, in dem sich für bessere Unternehmen die Prüfung lohnt, während schlechtere Unternehmen sich optimal verhalten, wenn sie sich nicht prüfen lassen. Die Prüfung ist dabei so modelliert, daß keine Zweifel hinsichtlich der Qualität der Prüfung bestehen.[573]

Geht man im Gegensatz zu diesem Modell davon aus, daß am Markt verschiedene Qualitäten von Prüfungsleistungen existieren, können Anleger und Konsortialbanken davon ausgehen, daß – wie in Kapitel 3 erläutert – hochreputable Prüfer den Informationen in den Abschlüssen der IPO-Unternehmen eine höhere Glaubwürdigkeit verleihen als weniger reputable Prüfer.[574]

Für eine Reihe der bisher im angelsächsischen Sprachraum erschienenen empirischen Arbeiten zu Prüferwahl und Prüferwechsel im Zusammenhang mit

---

[571] Vgl. hierzu auch Langemann (Börsengang 2000), S. 41; Dunbar (Use 1995), S. 60.
[572] Vgl. Megginson/Weiss (Certification 1991), S. 881.
[573] Vgl. Ewert (Wirtschaftsprüfung 1990), S. 208ff.; 215ff.
[574] Holland/Horton (Advisers 1993) sprechen in diesem Zusammenhang davon, daß „(t)he use of 'higher quality' advisers could reduce the owner's opportunity to 'cheat' by providing inaccurate information to the market." Holland/Horton (Advisers 1993), S. 19.

einem IPO dienen lediglich zwei modelltheoretische Arbeiten als Grundlage. Die anderen Arbeiten basieren zum größten Teil auf Ad-hoc-Hypothesen; im Mittelpunkt dieser Beiträge steht die Datenauswertung, nicht die Herleitung begründeter Hypothesen.

Im folgenden werden zunächst diese beiden Modelle von Titman/Trueman (1986) und Datar/Feltham/Hughes (1991) eingehender dargestellt, als dies bisher bei der Darstellung der anderen Signale geschehen ist. Aus diesen Modellüberlegungen lassen sich testbare Hypothesen hinsichtlich der Wahl und des Wechsels des Abschlußprüfers im Zusammenhang mit einem IPO ableiten. Diese beiden Modelle verwenden die Wahl der Prüfungsqualität als Signal, mit dessen Hilfe der Emittent den Anlegern gegenüber seine Qualität, also seinen Marktwert, glaubhaft vermitteln kann. Allerdings führen Unterschiede in den Modellstrukturen zu teilweise konträren Hypothesen aus den beiden Modellen. Deshalb ist im Anschluß an die Darstellung der Modelle zu entscheiden, welches Modell aufgrund seiner Annahmen vor dem Hintergrund des rechtlich-institutionellen Umfelds in Deutschland besser als Basis für die eigene empirische Untersuchung geeignet ist. Aus den beiden Modellen ergeben sich keine direkten Rückschlußmöglichkeiten auf den Zusammenhang zwischen der Prüferqualitätswahl und der Höhe des Underpricings, wie er in zahlreichen empirischen Studien unterstellt und getestet wird.

Im Anschluß an die Beschreibung der Modelle von Titman/Trueman, Datar/Feltham/Hughes und zweier die Beteiligung der Konsortialbanken berücksichtigender Modelle wird die Prüferwahl im Kontext der Underpricing-Modelle untersucht. Dabei stehen – wie bei den soeben erwähnten Modellen – nicht nur die Frage nach Bestimmungsfaktoren für die Wahl bestimmter Abschlußprüferqualitäten im Mittelpunkt, sondern auch die testbaren Wirkungen der Bestellung von Prüfern verschiedener Qualität auf Marktergebnisse.[575] Danach wird die Wahl des Prüfers als Instrument zur Reduzierung von moral hazard seitens der Alteigentümer bzw. Manager behandelt.

5.5.1 Das Modell von Titman/Trueman (1986)[576]

Ausgehend von der Informationsasymmetrie zwischen den nach Vermögensdiversifikation strebenden Alteigentümern und den Anlegern zeigen Titman/Trueman, daß die Qualität des vom risikoaversen Alteigentümer gewählten Prüfers als glaubhaftes Signal für „the firm´s true value" gesehen werden kann. Alteigentümer, die über den Unternehmenswert betreffende positive private Informationen verfügen, werden nach diesen Überlegungen einen Prüfer

[575] Dabei ist zu berücksichtigen, daß der Zusammenhang zwischen den Einflußfaktoren auf die Prüferwahl und der Marktreaktion auf die gewählte Prüfungsqualität zwar in die gleiche Richtung weisen kann, aber nicht muß. Vgl. Michaely/Shaw (Choice 1995), S. 17.

[576] Vgl. zu diesem Abschnitt Titman/Trueman (Quality 1986); Ewert (Wirtschaftsprüfung 1990), S. 226-239.

höherer Qualität wählen, was gleichzeitig ein höheres zu bezahlendes Honorar bedeutet, als andere Alteigentümer. Der Alteigentümer verfügt im Modell über private Informationen aufgrund eines Signals *x*, das ihm den tatsächlichen Unternehmenswert μ zeigt:[577] $\tilde{x} = \mu + \tilde{\varepsilon}_1$, wobei $\tilde{\varepsilon}_1$ normalverteilt ist mit einem Mittelwert von Null und einer Varianz von *1/h*.[578] Der Alteigentümer verfügt also nicht über eine private Information, die ihm den Unternehmenswert exakt offenbart, sondern kennt lediglich den Mittelwert einer normalverteilten Zufallsvariablen über den Marktwert.[579]

Hat sich der Alteigentümer zum IPO entschieden, stellt er den risikoneutralen Anlegern einen Prospekt zur Verfügung, dessen Angaben von einem von ihm gewählten Prüfer geprüft wurden. Entscheidend ist dabei, daß der Prüfer nicht nur die Angaben prüft, sondern darüber hinaus auch für den Alteigentümer neue Informationen hinsichtlich des Unternehmenswertes generiert. Dieses öffentlich bekannte Signal über den tatsächlichen Unternehmenswert μ hat die Form: $\tilde{\vartheta} = \mu + \tilde{\varepsilon}_2$, wobei $\tilde{\varepsilon}_2$ normalverteilt ist mit einem Mittelwert von Null und einer Varianz von *1/q*.[580] *q* steht für die Prüfungsqualität, die in diesem Modell als Präzision, mit der aus den vom Prüfer vorgelegten Informationen der Unternehmenswert geschätzt werden kann, definiert wird. Mit zunehmender Prüfungsqualität *q* sinkt die Varianz der vom Prüfer herausgegebenen Information ϑ.[581] Mit steigendem *q* steigen die Kosten der Prüfung *c(q)*. Die Prüfungsqualität wird als von allen Marktteilnehmern kostenlos beobachtbar angenommen.

Bei $\tilde{x}$ und $\tilde{\vartheta}$ handelt es sich um zwei bivariat normalverteilte Variable;[582] für den bedingten Erwartungswert des Unternehmenswertes $\tilde{\mu}$ gilt: $E[\tilde{\mu}|\vartheta, x] = \frac{q}{q+h} \cdot \vartheta + \frac{h}{q+h} \cdot x$[583]. Dieser Ausdruck läßt sich als präzisere

[577] Im Original steht $\tilde{\mu}$ für den am Periodenende anfallenden Zahlungsüberschuß. Dieser entspricht im vorliegenden Zwei-Zeitpunkt-Modell bei einem unterstellten Zinssatz von 0% dem Unternehmenswert.

[578] Unterstellt man a priori eine diffuse Verteilung von $\tilde{\mu}$, dann ist die bedingte Verteilung nach Erhalt des Signals *x* normalverteilt mit dem Mittelwert *x* und der Varianz *1/h*.

[579] In dieser Annahme widerspiegelt sich das grundsätzlich bestehende Unternehmensrisiko.

[580] Die in Fußnote 578 gemachte Aussage gilt hier analog.

[581] Bei normalverteilten Zufallsvariablen entspricht die Präzision dem reziproken Wert der Varianz. Vgl. Ewert (Wirtschaftsprüfung 1990), S. 227.

[582] Annahmegemäß sind die beiden Variablen unabhängig.

[583] Dieser Ausdruck ergibt sich wie folgt: Für bivariat normalverteilte Variable ist die bedingte Dichte $f(\vartheta|x)$ eine Normalverteilungsdichte mit dem Mittelwert $\mu = E[\tilde{\vartheta}] + \frac{\sigma_\vartheta}{\sigma_x} \cdot \rho(\vartheta, x) \cdot (x' - E[x])$ und der Varianz $\sigma^2 = \sigma_\vartheta^2 \cdot (1 - \rho^2)$. Vgl. Schlittgen (Statistik 1998), S. 250. Nach Ersetzen des Korrelationskoeffizienten ρ durch $\frac{Cov(\vartheta, x)}{\sigma_\vartheta \cdot \sigma_x}$ und nach einigen Umformungen erhält man den oben angegebenen erwarteten Mittelwert. Vgl. Ewert (Wirtschaftsprüfung 1990), S. 228.

Schätzung für μ gegenüber dem Fall ansehen, daß man entweder nur auf das Signal x oder das Signal ϑ zurückgreifen kann. Dies ist intuitiv einleuchtend, da die Präzision der beiden Signale (q und h) als Gewichtungsfaktoren für den Einfluß von x und ϑ dienen. Je präziser ein Signal im Verhältnis zum anderen ist, desto stärker ist sein Einfluß auf das Ergebnis. Je präziser demnach die Information des Prüfers – je höher die Prüfungsqualität –, desto mehr Gewicht kommt dieser Information bei. Über diese bessere Schätzung des Mittelwertes von $\tilde{\mu}$ verfügt zunächst nur der Alteigentümer. Die Anleger erhalten diese bessere Schätzung nur, wenn sie die private Information des Alteigentümers x erfahren können. Dies ist der Fall, wenn sie von der Prüferwahl des Alteigentümers auf dessen private Information schließen können. Ist die gewählte Prüfungsqualität q^* eine streng monoton steigende Funktion der privaten Information des Alteigentümers, dann gilt $f(q^*) = x$, was bedeutet, daß die Anleger von der gewählten Prüfungsqualität auf x schließen können. Risikoneutrale Anleger wären dann bereit, das Unternehmen mit $v(\vartheta, q^*) = E(\tilde{\mu}|\vartheta, q^*)$ zu bewerten. Da angenommen werden kann, daß $E[\tilde{\vartheta}|x] = x$, also im Durchschnitt das Signal ϑ den gleichen Wert annehmen wird wie das Signal x, und $f(q^*) = x$, ist der Unternehmenswert v im Durchschnitt eine – wie noch zu zeigen ist – steigende Funktion der gewählten Prüfungsqualität:

$$E[v(\tilde{\vartheta}, q^*)|x] = \frac{q}{q+h} \cdot f(q^*) + \frac{h}{q+h} \cdot f(q^*) = f(q^*).$$

Damit die Anleger darauf vertrauen können, daß der Alteigentümer mit der Wahl von q^* seine private Information x offenbart, muß gezeigt werden, daß ein Separating-Gleichgewicht existiert, in dem es für jeden Alteigentümer rational ist, genau die Prüferqualität zu wählen, die seiner privaten Information über den Unternehmenswert entspricht. Das normalverteilte Endvermögen des Alteigentümers beträgt unter der Annahme obiger Bewertung des Unternehmens durch die Anleger $\tilde{W} = W_0 - I - c(q) + (1-\alpha) \cdot v(\vartheta, q) + \alpha \cdot \tilde{\mu}$, wobei die einzelnen Summanden der Reihe nach angeben: das Anfangsvermögen des Alteigentümers, den Betrag, den er in sein Unternehmen kurz vor dem IPO investiert hat, die Prüferkosten, den Erlös aus dem Verkauf des Anteils $1-\alpha$ an die Anleger und den ihm verbleibenden Anteil am Cash flow des Unternehmens. Es wird ein Zinssatz von Null unterstellt. Als Nutzenfunktion des Alteigentümers wird angenommen: $U(W) = -e^{-a \cdot W}$,[584] wobei a für die Risikoaversion des Alteigentümers steht. Aus dieser Nutzenfunktion läßt sich ein Erwartungswert des Nutzens $E[U(W)] = -e^{-a \cdot \left(E[\tilde{W}|x] - \frac{a}{2} \cdot \sigma^2(\tilde{W}|x)\right)}$ ermitteln, der eine streng

[584] Diese Nutzenfunktion hat die Eigenschaft, an jeder Stelle eine konstante absolute Risikoaversion nach Pratt-Arrow von a aufzuweisen. Dies bedeutet eine vom Gesamtvermögen des Alteigentümers unabhängige Risikoneigung.

monotone Transformation des Ausdrucks im Exponenten $E[\tilde{W}|x]-\frac{a}{2}\cdot\sigma^2(\tilde{W}|x)$ ist. Maximiert man diesen Ausdruck, so maximiert man den gesamten Erwartungsnutzen.[585] $Y=E[\tilde{W}|x]-\frac{a}{2}\cdot\sigma^2(\tilde{W}|x)$ ist also eine obigem Erwartungsnutzen äquivalente Präferenzfunktion.[586] Setzt man in die Funktion *Y* den obigen Ausdruck für das normalverteilte Endvermögen ein, erhält man unter Berücksichtigung der Erwartungen des Alteigentümers:

$$Y=W_0-I+(1-\alpha)\cdot E[v(\tilde{\vartheta},q)|x]-c(q)+\alpha\cdot x-\frac{a}{2}\cdot\sigma^2((1-\alpha)\cdot v(\tilde{\vartheta},q)|x+\alpha\cdot\mu|x).$$

Da der Alteigentümer davon ausgehen kann, daß das Signal ϑ im Durchschnitt seine private Information x den Anlegern offenbaren wird, also $E[\tilde{\vartheta}|x]=x$ gilt, ergibt sich als Erwartungswert über den von den Anlegern unterstellten Unternehmenswert (vgl. oben):

$E[v(\tilde{\vartheta},q)|x]=E[\tilde{\mu}|\vartheta,x]=\frac{q}{q+h}\cdot x+\frac{h}{q+h}\cdot f(q)$. Wie Titman/Trueman zeigen, gilt weiter: $\sigma^2(v(\tilde{\vartheta},q)|x)=\frac{q}{(q+h)\cdot h}$. Die Varianz von $\tilde{\mu}$ beträgt *1/h*. Somit läßt sich *Y* schreiben als:

$$Y=W_0-I+(1-\alpha)\cdot\frac{q\cdot x+h\cdot f(q)}{q+h}-c(q)+\alpha\cdot x-\frac{a}{2}\cdot\frac{q+\alpha^2h}{(q+h)\cdot h}.$$

Y nach *q* differenziert und gleich Null gesetzt, ergibt die Bedingung erster Ordnung für die Wahl der optimalen Prüfungsqualität:

$$\frac{\partial Y}{\partial q}=(1-\alpha)\cdot\frac{(x+h\cdot f'(q))\cdot(q+h)-(qx+h\cdot f(q))}{(q+h)^2}-c'(q)-$$
$$-\frac{a}{2}\cdot\frac{(q+h)\cdot h-(q+\alpha^2h)\cdot h}{((q+h)\cdot h)^2}=$$
$$=(1-\alpha)\cdot\frac{(x-f(q))\cdot h}{(q+h)^2}+(1-\alpha)\cdot\frac{h\cdot f'(q)}{(q+h)}-c'(q)-\frac{a\cdot(1-\alpha^2)}{2\cdot(q+h)^2}\overset{!}{=}0$$

Existiert eine streng monoton steigende Funktion *f(q)*, die gleichzeitig diese Differentialgleichung und die Gleichung $f(q^*)=x$ löst, dann offenbart die vom Alteigentümer gewählte Prüfungsqualität tatsächlich seine private Information x. Eine solche Lösung für die beiden genannten Gleichungen ist folgende

[585] Vgl. Ewert (Wirtschaftsprüfung 1990), S. 108.
[586] Vgl. Neus (Kapitalmarktgleichgewicht 1989), S. 44f. mit Verweis auf Rudolph (Kapitalkosten 1979), S. 16f.; Ewert (Wirtschaftsprüfung 1990), S. 108.

Funktion:[587] $f(q^*) = \frac{\int_{q_{min}}^{q^*} c'(y)(y+h)dy}{(1-\alpha)\cdot h} + \left[\frac{a\cdot(1+\alpha)}{2h}\right]\cdot\left[\ln(q^*+h) - \ln(q_{min}+h)\right] + z$,

wobei z die Integrationskonstante darstellt. Durch Differenzierung nach q ersieht man den streng monoton steigenden Verlauf von $f(q^*)$:

$$\frac{\partial f(q^*)}{\partial q} = \frac{c'(q^*)\cdot(q^*+h)}{(1-\alpha)\cdot h} + \frac{a\cdot(1+\alpha)}{2\cdot(q^*+h)\cdot h} > 0.$$ [588]

Das Hauptresultat aus diesen Modellüberlegungen ist der Zusammenhang zwischen Prüferwahl und privater Information des Alteigentümers. Je höher der Unternehmenswert gemäß der privaten Information ist, desto höher wird die Qualität des vom Alteigentümer gewählten Abschlußprüfers sein. Für die Existenz dieses Signaling-Gleichgewichts sind nicht nur die von hochqualitativeren Prüfern verlangten höheren Prüfungshonorare, sondern vor allem die präziseren Informationen, die diese liefern – also ihr Beitrag zur Reduzierung des Schätzrisikos –, verantwortlich. Höherwertige AG sind an einer akkuraten Bewertung und Festlegung des Emissionspreises interessiert, während Unternehmen mit niedrigem Marktwert nicht auch noch eine Honorarprämie für hochreputable Prüfer bezahlen wollen. Sie präferieren eine ungenauere Bewertung, die nicht ihren tatsächlichen Wert aufdeckt.[589]

Daneben läßt sich aus der Modellstruktur ein weiterer Zusammenhang ermitteln, nämlich der zwischen der Qualität des gewählten Prüfers und der Unsicherheit der privaten Information des Alteigentümers, also der Präzision des Signals x. Wie Titman/Trueman zeigen, steigt mit zunehmender Präzision von x, also höheren Werten für h, die gewählte Prüferqualität. Wenn man davon ausgeht, daß die Präzision der privaten Information des Alteigentümers vom Ausmaß des Unternehmensrisikos abhängt, folgt daraus ein negativer Zusammenhang zwischen dem Ausmaß des Unternehmensrisikos und der Qualität des gewählten Abschlußprüfers.[590]

Problematisch an der Modellstruktur von Titman/Trueman sind neben der Unterstellung eines Kontinuums möglicher Prüfungsqualitäten[591] vor allem die Annahmen, daß durch die Prüfung auch bis dahin für den Alteigentümer unbekannte Informationen generiert werden und daß der Alteigentümer nach Erhalt

[587] Zur Ermittlung dieser Lösung vgl. Ewert (Wirtschaftsprüfung 1990), S. 235 mit Verweis auf Beckmann/Künzi (Mathematik 1984), S. 103ff.
[588] Vgl. zur Stabilität dieses Separating-Gleichgewichts Titman/Trueman (Quality 1986), S. 165f.
[589] Vgl. Sherman/Titman (Participation 2000), S. 2f. analog für die Wahl des Konsortialführers.
[590] Vgl. Titman/Trueman (Quality 1986), S. 168.
[591] Die Aufhebung dieser Prämisse führt zu einem zumindest teilweisen prüferqualitätsklassenabhängigen Pooling. Vgl. Datar/Feltham/Hughes (role 1991), S. 35.

des Prüfungsberichtes keine Möglichkeit mehr hat, das geplante IPO abzusagen. Die erste Annahme steht im Gegensatz zur Bestätigungsfunktion der Abschlußprüfung. Selbst wenn man unterstellt, daß über die Prüfung der im Emissionsprospekt enthaltenen Abschlüsse hinaus eine Due-Diligence-Prüfung unmittelbar vor dem IPO vorgenommen wurde, kann man wohl nur für Unternehmen ohne geeignete Organisationsstrukturen davon ausgehen, daß durch die Due-Diligence Informationen an den Tag kommen, die dem Alteigentümer bis dahin nicht bekannt waren. Diese Informationen werden zwar grundsätzlich im Emissionsprospekt den Anlegern zur Verfügung gestellt; allerdings wird zumindest in Deutschland der Name des Due-Diligence-Prüfers den Anlegern nicht bekanntgegeben. Die im Modell wichtige Rückschlußmöglichkeit vom gewählten (Due-Diligence-)Prüfer auf die private Information des Alteigentümers über die Qualität seines Unternehmens ist somit nicht möglich. Die zweite Annahme über die Unmöglichkeit, das IPO nach der Prüfung abzusagen, ist offenkundig wirklichkeitsfremd. Diese beiden problematischen Annahmen sind in dem im folgenden darzustellenden Modell von Datar/Feltham/Hughes (1991) aufgehoben. Dort wird auch von der modellexogen bestimmten Beteiligung der Alteigentümer nach dem IPO Abstand genommen. Bei Titman/Trueman kommt der Höhe der Alteigentümerbeteiligung nach IPO keine Signalwirkung bei. Allerdings ist die Höhe der Beteiligung negativ korreliert mit der gewählten Prüfungsqualität: je niedriger die gewählte Prüfungsqualität, desto höher α. Dies läßt sich hauptsächlich dadurch begründen, daß der bei höherer Prüfungsqualität höhere Unternehmenswert beim Verkauf eines kleineren Anteils am Unternehmen, $(1-\alpha)$, weniger stark zum Tragen kommt.

Angebotsseitige Aspekte spielen im Modell von Titman/Trueman keine Rolle. Unternehmenswerterhöhende Aspekte, die durch das IPO eintreten – beispielsweise bedingt durch einen höheren Bekanntheitsgrad, eine bessere Entwicklung im Absatzbereich oder Expansionsmöglichkeiten – bleiben im Modell ebenfalls unberücksichtigt.

5.5.2 Das Modell von Datar/Feltham/Hughes (1991)[592]

Wie im Modell von Titman/Trueman versucht bei Datar/Feltham/Hughes (im folgenden: DFH) ein risikoaverser Alteigentümer durch ein IPO sein Vermögen zu diversifizieren und dadurch nicht-systematisches Risiko zu reduzieren. Die Informationsasymmetrie zwischen Alteigentümer und Anlegern kann ersterer durch Einsatz zweier Signale abbauen, nämlich durch die Wahl einer bestimmten Prüferqualität und den Anteil, den er nach dem IPO am Unternehmen hält. Diese beiden Signale werden vom Alteigentümer simultan eingesetzt; die nach Empfang des Signals „Abschlußprüferwahl" für die Anleger noch verbleibende Unsicherheit über den Marktwert wird durch das zweite Signal „Alteigentümeranteil nach IPO" abgebaut. Das Ausmaß der nach Vorlage des Emissionspro-

---

[592] Vgl. zu diesem Abschnitt Datar/Feltham/Hughes (role 1991).

spektes mit dem geprüften Abschluß verbleibenden Unsicherheit hängt ab von der Qualität des Prüfers. Eine perfekte Prüfung deckt die private Information des Alteigentümers über den Unternehmenswert mit Sicherheit auf, so daß in diesem Fall der Alteigentümer keine Anteile am Unternehmen nach dem IPO halten muß, um seine private Information den Anlegern glaubhaft zu signalisieren. Prüferqualität wird somit bei DFH danach definiert, wie diskriminierend der geprüfte Abschluß hinsichtlich des Unternehmenswertes der geprüften Gesellschaft ist.

Ohne auf die Existenz unterschiedlicher Prüferqualitäten einzugehen, wird zunächst die Grundstruktur des Modells von DFH dargestellt: Der Alteigentümer, dessen Nutzenfunktion der bei Titman/Trueman unterstellten entspricht, verfügt über die private Information über den Unternehmenswert $\tilde{x}$, deren Mittelwert μ und deren Varianz σ^2 betragen. Nachdem der aktuelle Abschluß von einem Prüfer *p* geprüft worden war, veröffentlicht der Alteigentümer den Emissionsprospekt samt geprüftem Abschluß und bietet den Anlegern den Anteil $(1-\alpha)$ an seinem Unternehmen zum Preis *v* zum Kauf an. Diese akzeptieren das Angebot und zeichnen die angebotenen Aktien oder verzichten darauf. Aus dem geprüften Abschluß ergibt sich im Modell ein bestimmter Unternehmenswert $\tilde{y}$. Der Abschluß $\tilde{y}$ deckt weder vollständig noch perfekt die private Information des Alteigentümers über den Unternehmenswert auf.[593] Allerdings diskriminiert $\tilde{y}$ insofern, als der Abschlußprüfer *p* nur bereit ist, Abschlüsse zu bestätigen, aus denen sich eine Spannweite möglicher „tatsächlicher" Unternehmenswerte ergibt. Die Wahrscheinlichkeitsverteilung von $\tilde{y}$ hängt ab von μ und *p*. Auf der anderen Seite gibt es für ein Unternehmen, dessen tatsächlicher Unternehmenswert μ beträgt, eine Spannweite möglicher geprüfter Abschlüsse. Diese Zusammenhänge sind in Abbildung 3 auf Seite 139 dargestellt.

Aus der Abbildung ersieht man, daß ein Alteigentümer, der einen geprüften Abschluß *y* den Anlegern vorlegen kann, nicht mehr ein zweites Signal einsetzen muß, das ihn von AG mit Unternehmenswerten, die unter $\underline{\mu}(y,p)$ liegen, abhebt, sondern lediglich mittels des anderen Signals sich von AG mit einem Unternehmenswert von $\underline{\mu}(y,p)$ differenzieren muß. Als dieses zweite Signal dient der Alteigentümeranteil nach IPO. Die Anleger bewerten das Unternehmen aufgrund der ihnen vorliegenden Informationen α und *y* mit $v(\alpha,y)$.

[593] Zum einen können durch die Prüfung des Abschlusses nicht alle Aspekte beleuchtet werden, die in ihrer Gesamtheit die private Information des Alteigentümers ausmachen. Zum anderen verzerren Zufälle und Einflußnahme der Alteigentümer die Aufdeckung aller für eine bestmögliche Schätzung des Unternehmenswertes notwendigen Abschlußinformationen. Vgl. Datar/Feltham/Hughes (role 1991), S. 13.

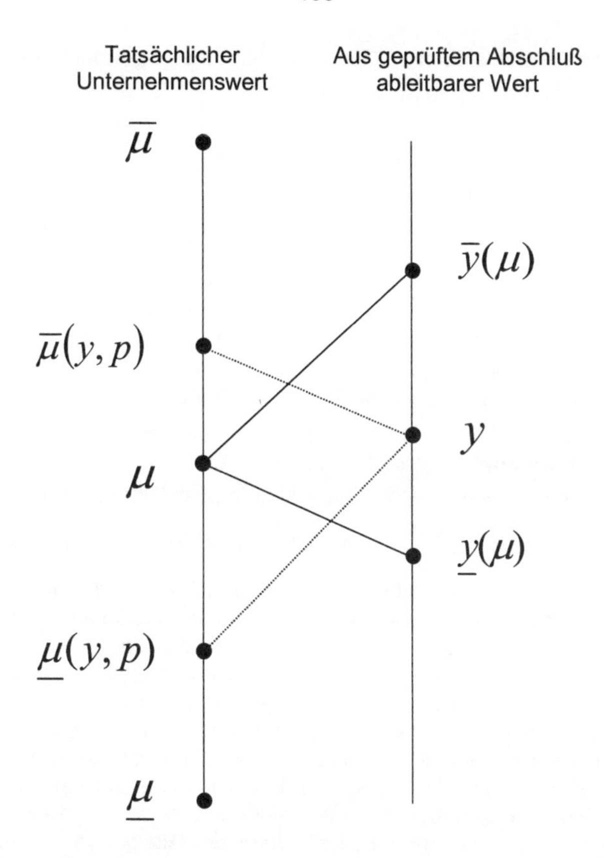

Abbildung 3: Beziehung zwischen tatsächlichem und den sich aus geprüften Abschlüssen ergebenden Unternehmenswerten[594]

Unter Bezugnahme auf die oben erwähnten Modellüberlegungen von Leland/ Pyle (1977) zum Signal „Alteigentümeranteil" läßt sich ausgehend von der im vorigen Abschnitt verwendeten Nutzenfunktion $U(W) = -e^{-a \cdot W}$, dem von den Anlegern aufgrund der erhaltenen Signale erwarteten Unternehmenswert $v(\alpha, y)$ und der leicht abgewandelten Darstellung des Endvermögens des Alteigentümers $\widetilde{W} = -I + (1-\alpha) \cdot v(\alpha, y(\mu, p)) + \alpha \cdot \widetilde{\mu}$ durch Differenzierung nach

[594] Vgl. Datar/Feltham/Hughes (role 1991), S. 14.

α eine Gleichgewichtslösung[595] für α finden, die folgendem Ausdruck genügt:[596] $-a\sigma^2 \cdot [\log(1-\alpha)+\alpha] = \mu - \underline{\mu}(y,p)$

Läge den Anlegern als Signal nur α vor, nicht aber *y*, hätten Gleichgewichtslösungen die Form $-a\sigma^2 \cdot [\log(1-\alpha)+\alpha] = \mu - \underline{\mu}$. Aus dem gewählten α könnten die Anleger hier also nicht auf den Unternehmenswert gemäß der privaten Information des Alteigentümers schließen,[597] sondern auf die Abweichung des Unternehmenswertes von einem niedrigstmöglichen Unternehmenswert, dessen Höhe bei DFH nicht weiter hergeleitet wird. Bei Vorliegen auch des zweiten Signals *y* läßt sich mittels α die Abweichung des Unternehmenswertes vom unter Berücksichtigung des vorliegenden Abschlusses *y* niedrigstmöglichen Unternehmenswert $\underline{\mu}(y,p)$ signalisieren. Setzt man für die Differenz zwischen tatsächlichem und dem unter Berücksichtigung von *y* niedrigstmöglichen Unternehmenswert δ, so ergibt sich: $-a\sigma^2 \cdot [\log(1-\alpha)+\alpha] = \delta$. Nach Bildung des totalen Differentials und Umstellung erhält man $\frac{\partial\alpha}{\partial\delta} = \frac{1-\alpha}{a\sigma^2 \cdot \alpha}$, was für alle möglichen α zwischen 0 und 1 ein Ergebnis größer 0 liefert. Dies bedeutet, daß der Alteigentümeranteil nach IPO mit der Differenz zwischen dem gemäß der privaten Information des Alteigentümers sich ergebenden Unternehmenswert und dem bei gegebenem geprüften Abschluß niedrigstmöglichen Unternehmenswert ansteigt. α kann demgemäß von den Anlegern als Signal für die private Information des Alteigentümers gesehen werden. Andererseits hängt vom geprüften Abschluß *y* ab, wie hoch der Alteigentümeranteil sein muß, um den Unternehmenswert den Anlegern zu signalisieren. Die Prüferwahl dient bei DFH in erster Linie nicht als Signal für die Insiderinformation des Alteigentümers, sondern grenzt die möglichen Unternehmenswerte ein, innerhalb derer der Alteigentümer durch seine Beteiligung nach IPO als zweitem Signal seine private Information offenbart.

Die Qualität der Prüfung hängt von der Wahrscheinlichkeitsverteilung ab, mit der verschiedene Werte von $\underline{\mu}(y)$ auftreten. Ein Prüfer wird als von höherer Qualität eingeschätzt, wenn mit geringerer Häufigkeit bei gegebenem μ relativ kleine Werte von $\underline{\mu}(y)$ ausgewiesen werden. Eine Prüfung p^2 ist von höherer Qualität, wenn sie wahrscheinlichkeitsdominant gegenüber einer anderen Prü-

---

[595] Zur Stabilität dieser Gleichgewichtslösung vgl. Datar/Feltham/Hughes (role 1991), S. 8-11.

[596] Auf eine explizite Herleitung der einzelnen Rechenschritte wird hier verzichtet, da die Vorgehensweise der des im vorigen Kapitel ausführlich dargestellten Modells von Titman/Trueman entspricht.

[597] Dies ist eine Abweichung zum Grundmodell von Leland/Pyle (Asymmetries 1977).

fung p^1 hinsichtlich des Auftretens von $\underline{\mu}(y)$ ist, also gilt: $F(\underline{\mu}(y)|\mu,p^1) \geq F(\underline{\mu}(y)|\mu,p^2)$, wobei F(...) die jeweilige Verteilungsfunktion angibt. Für ein gegebenes μ steigt mit höherer Qualität der Prüfung wegen des Anstiegs von $\underline{\mu}(y)$ der Nutzen der Alteigentümer, da sie ein geringeres α zur Signalisierung des Unternehmenswertes benötigen. Wie DFH für den Fall vorgeschriebener Prüfungen bestimmter Qualität zeigen, hängt der Wert einer Prüfung für die Alteigentümer neben der vorgeschriebenen Prüfungsqualität von der privaten Information der Alteigentümer, der Unsicherheit, mit der die den Unternehmenswert determinierenden Zahlungsüberschüsse tatsächlich eintreten (σ^2), und der Risikoaversion a der Alteigentümer ab. Von Interesse ist dabei vor allem, daß der Wert einer Prüfung mit zunehmendem Unternehmensrisiko steigt. Auch steigt der Wert einer höherqualitativen Prüfung mit zunehmendem Unternehmensrisiko mehr als der Wert weniger hochqualitativer Prüfungen. Dies läßt sich intuitiv mit dem geringeren Anteil erklären, den die Alteigentümer im Durchschnitt bei Bestellung eines höherqualitativen Prüfers nach dem IPO halten müssen. Risikoaverse Alteigentümer messen gerade dann der Reduzierung ihres Anteils einen besonders hohen Wert bei, wenn die daran hängenden Zahlungen mit relativ hoher Unsicherheit belastet sind.[598] Für den Fall der freien Wahl aus unterschiedlichen Prüfungsqualitäten bleiben die Ergebnisse, von der Ausnahme abgesehen, unverändert, daß jetzt einige Unternehmen ein niedrigeres α wählen können als zuvor, um ihren (unveränderten) Unternehmenswert zu offenbaren.[599] Diese Ausnahme entsteht, weil jetzt die Wahl hochqualitativer Prüfer an sich Signalcharakter hat. Unter Berücksichtigung des höheren Nutzens und der höheren Prüfungsgebühren[600] bei der Bestellung eines höherqualitativen Prüfers kann sich ein Alteigentümer, für den sich bei vorgeschriebener gleicher Prüfungsqualität für alle Unternehmen eine hochqualitative Prüfung als suboptimal erweisen würde, mit der Wahl eines hochreputablen Prüfers den Anlegern gegenüber zumindest von solchen Unternehmen differenzieren, für die sich die Bestellung eines hochreputablen Prüfers in keinem Fall lohnt. Er kann deshalb mit einem geringeren α seinen Unternehmenswert offenbaren. Durch die freie Wahl der Prüfungsqualität können sich somit einzelne Alteigentümer besser stellen, ohne daß

---

[598] Diesen Gedanken entwickeln Clarkson/Simunic (association 1994), S. 208, weiter zu der testbaren Hypothese, daß der Alteigentümeranteil nach IPO in Unternehmen mit hoher Unsicherheit, die deshalb optimalerweise einen hochreputablen Prüfer bestellt haben, niedriger ist als bei Unternehmen mit geringerer Unsicherheit, die sich von einem Prüfer geringerer Qualität prüfen ließen.

[599] Daneben existieren in einem Bereich von Unternehmen mit bestimmten Unternehmenswerten Fälle, in denen die betreffenden Unternehmen indifferent sind zwischen der Wahl eines Prüfers höherer oder niedrigerer Qualität. In der Gesamtbetrachtung sind diese Sonderfälle vernachlässigbar. Vgl. Datar/Feltham/Hughes (role 1991), S. 23-27, 31-33.

[600] Die Höhe der Prüfungsgebühren ist annahmegemäß nur von der Prüferqualität abhängig, nicht vom Unternehmensrisiko, also der Unsicherheit zukünftiger Zahlungen des geprüften Unternehmens. Ein Aufheben dieser Annahme läßt keine eindeutige Hypothese über den Zusammenhang zwischen Unternehmensrisiko und Prüferwahl mehr zu. Vgl. Datar/Feltham/Hughes (role 1991), S. 35f.

andere dadurch Nutzeneinbußen hinnehmen müssen. Hinsichtlich des Zusammenhangs zwischen der Unsicherheit der zukünftigen Zahlungsüberschüsse und der gewählten Prüferqualität zeigen DFH für den Fall der freien Wahl der Prüferqualität, daß alle von geringem Unternehmensrisiko gekennzeichneten Gesellschaften auf die Bestellung eines hochreputablen Prüfers zugunsten eines weniger reputablen verzichten, während bei ausreichend großem Unternehmensrisiko tendenziell häufiger ein hochreputabler Prüfer gewählt wird, wobei mit weiter steigender Unsicherheit die Wahrscheinlichkeit für die Wahl des hochreputablen Prüfers weiter ansteigt.

5.5.3 Modelle unter Einbeziehung der Konsortialbanken

Grundsätzlich erfüllen Prüfer und Konsortialbanken unterschiedliche Funktionen im Rahmen eines IPO. Während der Prüfer die im Emissionsprospekt enthaltenen Abschlüsse und Lageberichte durch sein Testat glaubwürdiger macht und damit einen Beitrag zur Bewertung des Unternehmens leistet, sind die Konsortialbanken, insbesondere der Konsortialführer, unmittelbarer in die Festsetzung des Emissionspreises involviert. Dabei bringt er sein Wissen über den Aktienmarkt ein und begibt sich gegenüber den Anlegern in die Prospekthaftung, versichert die Anleger also gegen falsche Angaben im Emissionsprospekt.[601] Da die Konsortialbanken bei der Festsetzung des Emissionspreises auch die Ergebnisse der Prüfertätigkeit berücksichtigen, soll in diesem Abschnitt auf den Zusammenhang zwischen Prüferwahl und dem gewählten Konsortialführer eingegangen werden. Dazu wird zunächst das Modell von Balvers/McDonald/Miller (1988) (im folgenden: BMM) dargestellt, bevor knapp auf die Überlegungen von Bachar (1989) eingegangen wird.

Ausgehend von Rock (1986), der zur Vermeidung des winner´s curse für schlechter informierte Anleger die Notwendigkeit von bewußt von den Konsortialbanken herbeigeführtem Underpricing begründet, untersuchen BMM das Zusammenwirken von Prüfer und Konsortialbank bei einem IPO.[602] Dabei ist die Informationsverteilung dergestalt, daß im Gegensatz zu den nicht informierten Anlegern, dem Emittenten selbst und der Konsortialbank nur die informierten Anleger den Unternehmenswert kennen. Mit Ausnahme der nicht informierten Anleger kennen alle anderen beteiligten Parteien die Reputation des gewählten Emissionshauses. Diese Reputation bezieht sich bei BMM in erster Linie auf die Fähigkeit zur optimalen Festsetzung des Emissionspreises.[603] Über die Reputation des Prüfers existiert keine Informationsasymmetrie. BMM gehen von der Sicht des Konsortialführers aus, der annahmegemäß die Wahl des Prüfers entscheidend mitbestimmen kann. Durch die Bestellung eines hochreputablen Prüfers verfolgt ein hochreputabler Konsortialführer das

[601] Vgl. Hogan (Self-Selection 1997), S. 70.
[602] Vgl. zu diesem Abschnitt Balvers/McDonald/Miller (Reputation 1988); Ewert (Wirtschaftsprüfung 1990), S. 246ff.
[603] Vgl. Ewert (Wirtschaftsprüfung 1990), S. 269.

Ziel, seine eigene Reputation den uninformierten Anlegern zu signalisieren, wofür er bereit ist, den Emittenten beispielsweise durch eine niedrigere Konsortialvergütung für das höhere Honorar eines hochqualitativen Prüfers zu entschädigen. Als Gewinnfunktion des Konsortialführers unterstellen BMM: $\Pi = b \cdot R(A) + R' \cdot \{f - g \cdot E[(u-(v-p))^2]\} - c \cdot A$, wobei *b*, *c*, *f* und *g* positive Konstanten sind. Der erste Summand beinhaltet die Reputation des Emissionshauses *R(A)*, wie sie von den nicht informierten Anlegern aufgrund der beobachtbaren gewählten Prüferreputation *A* angenommen wird. Dabei führt eine höhere dem Konsortialführer unterstellte Reputation über die davon abhängige Kompetenz zur Reduzierung von Unsicherheit über den Marktwert zu einem geringeren Underpricing. An diesem Vorteil der Alteigentümer partizipiert die Konsortialbank. Die Kosten für das Signal Prüferreputation hat sie den Modellannahmen gemäß zumindest teilweise zu tragen (3. Summand). Der zweite Summand beschreibt die Basisprovision der Konsortialbank, die von ihrer tatsächlichen Reputation *R'* abhängt. Negativ wirken sich auf die Höhe dieser Basisprovision Reputationsverluste aus, die aus einer Festsetzung des Emissionspreises *p* herrühren, wenn dieser im Vergleich mit dem Unternehmenswert *v* zu einem Under- oder Overpricing führt, das vom Gleichgewichtsunderpricing *u* abweicht. Der Zusammenhang zwischen der Unsicherheit über den Marktwert auf Seiten der nicht informierten Anleger und der Höhe des Underpricings $\frac{u}{p} = h \cdot (\sigma_v^2 + \sigma_m^2)$, wobei *h* wiederum eine positive Konstante, $\sigma_v^2 = s - \ln A$ und $\sigma_m^2 = r - \ln R$ ist, ist dergestalt, daß höhere Unsicherheit zu einem höheren Gleichgewichtsunderpricing führt.[604] Unsicherheit läßt sich in einen unternehmensspezifischen Teil σ_v^2 und einen marktabhängigen Teil σ_m^2 aufgliedern, deren Ausmaß sich durch Prüfer unterschiedlicher Reputation bzw. Emissionshäuser unterschiedlicher Reputation unterschiedlich stark reduzieren läßt.[605] Aus dieser Grundstruktur leiten BMM als optimale Emissionspreisfestlegung $p^* = \mu - u$[606] ab und zeigen den positiven Zusammenhang zwischen der Reputation des Konsortialführers und der gewählten Prüferreputation.[607] In ihrer Modellumgebung zeigen BMM also, daß ein gewinnmaximierendes Emissionshaus einen Prüfer von gleicher Reputation bevorzugen wird, die es selbst aufweist. Hochreputable Emissionshäuser legen zum Erhalt ihrer Reputation Wert auf die Wahl eines hochqualitativen Prüfers. Deshalb werden ceteris paribus Emissionshäuser mit hoher Reputation mit einer höheren

---

[604] Vgl. Beatty/Ritter (Investment 1986); Beatty (Reputation 1989).

[605] *s* und *r* sind wiederum positive Konstanten. Wie bereits oben erwähnt, hängt die Einschätzung der Reputation des Emissionshauses durch die nicht informierten Anleger von der Reputation des gewählten Prüfers ab.

[606] $E[v] = \mu$

[607] Rechentechnische Einzelheiten sind für den weiteren Fortgang der Arbeit unerheblich und werden deshalb hier nicht explizit dargestellt. Sie sind relativ einfach anhand der Ausführungen im Originaltext (Balvers/McDonald/Miller (Reputation 1988), S. 611f.) oder bei Ewert (Wirtschaftsprüfung 1990), S. 261-264, nachzuvollziehen.

Wahrscheinlichkeit gemeinsam mit hochreputablen Prüfern ein IPO durchführen, als dies bei Emissionshäusern mit geringerer Reputation der Fall ist. BMM fanden in einer empirischen Untersuchung für den US-Markt Bestätigung für diese Hypothese.

Die formale Struktur des Modells von BMM wird von Ewert (1990) zu Recht kritisiert. Ein Signaling-Gleichgewicht für die vom Konsortialführer bestimmte Wahl der Prüferqualität läßt sich im Rahmen dieses Underpricing-Modells nicht herleiten. Dieses Scheitern liegt zum einen daran, daß sich bei Nichtexistenz von Informationsasymmetrie qualitativ unveränderte Resultate ergeben, weswegen die Wahl der Prüferqualität nicht als Signal für die Konsortialbankreputation gegenüber den uninformierten Anlegern eingesetzt werden kann. Zum anderen sind Reputationsverluste, die dann eintreten, wenn ein zu hohes Underpricing oder ein Overpricing auftritt, so modelliert, daß es für den Konsortialführer unmöglich ist, sie zu vermeiden, weil er den nach IPO sich ergebenden Marktwert laut Annahme nicht kennt. Verwendet man zur Behebung dieses Problems anstatt des ex post sich ergebenden Marktwertes den ex-ante-Erwartungswert des Konsortialführers über den Marktwert zur Berechnung des Reputationsverlustes aufgrund der falschen Emissionspreisfestsetzung, wird „jegliches potentielle Signalling mittels der Wahl einer Prüfungsgesellschaft völlig“ ausgeschlossen.[608]

Nichtsdestoweniger können die grundsätzlichen Überlegungen von BMM als Ausgangspunkt zur Erläuterung des Zusammenhangs zwischen Konsortialführer und Prüferwahl herangezogen werden. Wie oben bereits erläutert und wie bei BMM berücksichtigt, werden Konsortialführer bei Festsetzung der Emissionspreise zur Vermeidung von Prospekthaftungsfällen[609] und der Verringerung ihrer Plazierungskraft ein Overpricing und zur Vermeidung des Verlusts künftiger Emissionsmandate ein zu hohes Underpricing zu verhindern versuchen. Wenn höherqualitative Prüfer aufgrund des Generierens glaubhafterer Rechnungslegungsinformationen und „tieferer Taschen“ eine bessere Versicherung für die Konsortialbanken gegen Prospekthaftungsfälle darstellen und die glaubwürdigeren Rechnungslegungsdaten zu einer besseren Schätzung des Marktwertes der zu emittierenden Aktien beitragen, sollte zunächst für jeden Konsortialführer die Bestellung eines hochreputablen Prüfers von Vorteil sein. Höhere Honorare für qualitativ höherwertige Prüfungen, an denen sich der Konsortialführer zumindest teilweise beteiligen muß,[610] könnten trotz der berechtigten Kritik am Modell von BMM dazu führen, daß solche Prüfer nur unter bestimmten Konstellationen bestellt werden. Zum einen könnte sich ein Verzicht auf die Bestellung eines hochreputablen Prüfers lohnen für Emissions-

---

[608] Ewert (Wirtschaftsprüfung 1990), S. 265-273, hier 266.

[609] Vgl. die Ausführungen in Abschnitt 5.1.3.3; Tinic (Anatomy 1988).

[610] Vgl. Firth/Smith (Selection 1992), S. 249, die untersuchen, ob Konsortialführer bei Bestellung hochreputabler Prüfer wegen der damit für sie entstehenden Vorteile hinsichtlich der Glaubwürdigkeit der Rechnungslegungsdaten und deshalb reduzierten Haftungswahrscheinlichkeit geringere Provisionen fordern.

häuser mit geringer Reputation, zum anderen bei Unternehmen mit relativ geringem Unternehmensrisiko.[611] Der Fall, daß die Vermeidung der Bezahlung eines höheren Prüferhonorars den potentiellen Reputationsverlust und Haftungsschaden für ein Emissionshaus überkompensiert, dürfte in der Realität wegen zu geringer Prüferhonorarunterschiede allerdings höchstens für sehr kleine Emissionen und Emissionshäuser mit sehr geringem Reputationskapital gelten. Diese Zusammenhänge greifen nicht direkt auf die bei BMM im Mittelpunkt stehende Signalwirkung der Prüferwahl für die Reputation des Emissionshauses zu, weshalb sie nicht von den oben aufgezählten Kritikpunkten betroffen sind.

Im Modell von Bachar (1989) werden die doppelte asymmetrische Informationsverteilung zwischen Emittent und Konsortialführer, die aus einem unternehmensspezifischen Informationsvorsprung des Emittenten und einem Informationsvorsprung des Konsortialführers hinsichtlich der Nachfrage für die anzubietenden Aktien am Markt besteht, thematisiert und die daraus entstehenden Probleme durch das Signal der Wahl einer bestimmten Prüferqualität einer Lösungsmöglichkeit zugeführt. Das Wissen über die Verhältnisse am Aktienmarkt kann in diesem Modell der Konsortialführer nutzen, um sich mit dem für ihn optimalen, für den Emittenten unbeobachtbaren Anstrengungsniveau bei der Plazierung der Aktien am Markt zu engagieren. Ohne auf die Einzelheiten des Modells einzugehen, ist dessen Ergebnis festzuhalten, wonach unter bestimmten Bedingungen Konsortialführer ein höheres Anstrengungsniveau zur Vermarktung der Aktien wählen und dem Emittenten einen höheren Emissionspreis zugestehen, wenn dieser einen vergleichsweise höherreputablen Prüfer wählte. Daraus ergibt sich in dieser Modellstruktur ein Anreiz für gute Emittenten, hochreputable Prüfer zu wählen.

In Fällen, in denen der Konsortialführer bereits vor Abschluß des Konsortialvertrages über die privaten Informationen des Emittenten verfügt, gilt dieser Zusammenhang nicht mehr. Allerdings kann in jedem Fall gezeigt werden, daß die Bestellung eines hochreputablen Prüfers das Nettoeinkommen der Konsortialbanken steigen läßt. Daraus läßt sich das generelle Interesse der Emissionshäuser an der Bestellung hochreputabler Prüfer ableiten.[612]

5.5.4 Zusammenfassung

Während der Zusammenhang zwischen Konsortialbanken und Prüfern unterschiedlicher Qualität im vorangegangenen Abschnitt deutlich geworden ist, sind die Modelle von Titman/Trueman und von DFH mit den teilweise unterschiedlichen aus ihnen zu ziehenden Schlußfolgerungen kurz zusammenzu-

---

[611] Die Argumentation zum Zusammenhang von Prüferwahl und Unternehmensrisiko vollzieht sich analog zu der bei DFH für die Prüferwahl durch den Emittenten dargestellten. Vgl. auch Simunic/Stein (Differentiation 1987), S. 30f.

[612] Vgl. Bachar (Auditing 1989), zusammenfassend S. 236f.

fassen. Es ist zu entscheiden, welches der beiden Modelle mit den Verhältnissen am deutschen Kapitalmarkt besser vereinbar ist und deshalb der eigenen empirischen Analyse zugrundezulegen ist.

Beide Modelle implizieren einen Zusammenhang zwischen der Qualität des gewählten Abschlußprüfers und der Höhe des (größenbereinigten) Unternehmenswertes des IPO-Unternehmens. Während bei Titman/Trueman die Wahl des Prüfers als Signal für die private Information des Alteigentümers über den Wert seines Unternehmens dient und es dabei nur für hochwertige Unternehmen rational ist, einen hochqualitativen Prüfer zu bestellen, ist im Modell von DFH der geprüfte Abschluß an sich das zunächst unternehmens(mindest)wertbestimmende Element. Prüfer höherer Qualität haben den Vorteil, durch ihr Testat unternehmenswert-diskriminierendere Abschlüsse zu generieren, also die Höhe des Schätzrisikos stärker zu reduzieren. Die von den Prüfern höherer Qualität verlangten höheren Honorare sind wiederum nur Alteigentümer von Unternehmen mit relativ hohen Unternehmenswerten zu zahlen bereit, weil sie aufgrund geringerer Anteile, die sie nach IPO an ihrem Unternehmen zur Signalisierung des tatsächlichen Unternehmenswertes halten müssen, tendenziell einen höheren Nutzenzuwachs erzielen. Mittels des Alteigentümeranteils nach IPO läßt sich der Unternehmenswert innerhalb der vom geprüften Abschluß vorgegebenen Spanne möglicher „tatsächlicher“ Unternehmenswerte signalisieren. Die explizite Berücksichtigung des Inhalts des geprüften Abschlusses, die Rolle des Prüfers als Testierer anstatt als Beschaffer neuer Informationen bei Titman/Trueman, die modellendogene Bestimmung des Alteigentümeranteils nach IPO und das nicht notwendige Kontinuum möglicher Prüfungsqualitäten sprechen hinsichtlich eines höheren Realitätsbezuges für das Modell von DFH. Dieses führt im Vergleich zum Modell von Titman/Trueman zu konträren Ergebnissen bei Betrachtung des Zusammenhangs zwischen gewählter Prüferqualität und der Unsicherheit über die Höhe zukünftiger Zahlungsüberschüsse, also dem Unternehmensrisiko. Titman/Trueman leiten einen negativen Zusammenhang dieser Größen her, während es bei DFH grundsätzlich Unternehmen mit höherer Unsicherheit sind, für die sich die Bestellung hochqualitativer Prüfer rechnet. Dabei unterstellen DFH, daß der Grad der diskriminierenden Wirkung der geprüften Abschlüsse unabhängig von der Unsicherheit des Unternehmens ist. Bessere Prüfer sind immer mit diskriminierenderen Abschlüssen verbunden, unabhängig von der Höhe des Unternehmensrisikos.

Angebotsseitige Faktoren bleiben in beiden Modellen großenteils unberücksichtigt. Zwar verlangen Prüfer höherer Qualität auch höhere Honorare, was teilweise auf eine unterschiedliche Exposition gegenüber Haftungsrisiken zurückzuführen sein könnte; allerdings reagieren Prüfer in den Modellen nicht mit höheren Gebühren auf die Übernahme riskanterer Mandate.[613] Wäre dies doch der Fall, könnten bei einer Gesellschaft mit hohem Unternehmensrisiko

[613] Vgl. Feltham/Hughes/Simunic (Empirical 1991), S. 376.

für die Bestellung eines hochreputablen Prüfers den Grenznutzen übersteigende Grenzkosten anfallen, was in diesem Fall zur Bestellung eines Prüfers minderer Qualität führen sollte.[614] Der vergleichsweise stärkere Anstieg des Honorars als Reaktion auf hohe Unsicherheit über die zukünftigen Cash flows des Unternehmens kann bei hochqualitativen Prüfern, als die die größeren Prüfungsgesellschaften angesehen werden, darin begründet sein, daß diese Gesellschaften aufgrund ihrer höheren Haftungsmasse und des Bestandes an Reputationskapital mehr zu verlieren haben als kleinere WPG.[615] In diesem Zusammenhang kommt der Ausprägung des herrschenden Haftungsregimes Bedeutung zu.[616] Schadenersatzforderungen gegen WPG sind in den unterschiedlichen Rechtsräumen unterschiedlich wahrscheinlich. Gelten vergleichsweise strikte Haftungsregeln für Abschlußprüfer, werden hochqualitative Prüfer für die Übernahme riskanterer Mandate zum Ausgleich potentieller Schäden höhere Honorare verlangen oder bewußt auf solche Mandate verzichten. In beiden Fällen kann dies dazu führen, daß der bei DFH hergeleitete Zusammenhang zwischen Prüferwahl und Unsicherheit der zukünftigen Zahlungsüberschüsse nicht mehr gilt.[617] Während also nachfrageseitig die Beziehung zwischen dem Grenznutzen der Wahl höherreputabler Prüfer und dem Unternehmensrisiko entscheidend ist, steht dem angebotsseitig die Beziehung zwischen den Grenzkosten der Wahl höherreputabler Prüfer und dem Unternehmensrisiko gegenüber.[618]

Die Haftungsregeln für Abschlußprüfer in Deutschland können als wesentlich weniger strikt als diejenigen in den USA gelten.[619] Deshalb sollte die grundsätzlich problematische Nichtberücksichtigung angebotsseitiger Faktoren im Modell von DFH für eine empirische Untersuchung, basierend auf Daten des deutschen Marktes, nicht zu Ergebnissen führen, die den bei DFH hergeleiteten Hypothesen widersprechen.[620] Insgesamt eignet sich somit das Modell von DFH besser als Grundlage einer empirischen Analyse deutscher IPO als die Überlegungen von Titman/Trueman. In der empirischen Analyse wird dem-

[614] Hogan (Self-Selection 1997) hat in einer empirischen Untersuchung versucht, sowohl nachfrage- als auch angebotsseitige Effekte zu berücksichtigen. Er findet Unterstützung für seine Hypothese, wonach Emittenten die Prüferqualität wählen, die die Summe der Kosten aus Prüferhonorar und Underpricing minimiert. Er bezieht sich auf das Modell von DFH, auch wenn in diesem Underpricing keine Rolle spielt, sondern Nutzeneinbußen aus einem höheren Alteigentümeranteil nach IPO in einem Trade-off zu der Höhe der Prüferhonorare stehen.

[615] Vgl. Feltham/Hughes/Simunic (Empirical 1991), S. 382f. Vgl. Hierzu auch Abschnitt 3.1.3.

[616] Vgl. Firth/Smith (Quality 1995), S. 243f.

[617] Genau diese angebotsseitigen Faktoren sind es, die Feltham/Hughes/Simunic für die großenteils den in DFH hergeleiteten Hypothesen zuwiderlaufenden Ergebnisse einer empirischen Untersuchung für den US-amerikanischen Markt verantwortlich machen. Vgl. Feltham/Hughes/Simunic (Empirical 1991), S. 397f.

[618] Vgl. Clarkson/Simunic (association 1994), S. 209.

[619] Vgl. Abschnitte 4.7 und 6.1.1. Eine Beschreibung der Haftungssituation für Abschlußprüfer vor dem Hintergrund des in Deutschland herrschenden Systems der Corporate Governance findet sich bei Gietzmann/Quick (Liability 1998).

[620] Es ist auch darauf hinzuweisen, daß die in Abschnitt 5.3, bei der Diskussion über die Eignung des Signals „Alteigentümeranteil nach IPO" erwähnten Gegenargumente analog für das Modell von DFH gelten.

nach der Hypothese nachgegangen werden, wonach IPO-Unternehmen, die ein vergleichsweise hohes Unternehmensrisiko aufweisen, c.p. mit höherer Wahrscheinlichkeit einen höherqualitativen Prüfer wählen. Da Prüfer höherer Qualität eine genauere Bestimmung des tatsächlichen Unternehmenswertes ermöglichen, sollte sich zeigen, daß Alteigentümer, die einen hochreputablen Prüfer bestellt haben, c.p. tendenziell eine geringere Beteiligung am Unternehmen nach IPO halten als Mandanten weniger reputabler Prüfer, um den tatsächlichen Unternehmenswert den Anlegern gegenüber zu signalisieren. Schließlich kann auch der Hypothese nachgegangen werden, wonach IPO-Unternehmen mit relativ hohem (größenbereinigtem) Unternehmenswert c.p. stärkeren Anreizen unterliegen, einen hochreputablen Prüfer zu bestellen, als Gesellschaften geringeren Wertes.

Auch wenn sich die bisherigen Modellüberlegungen explizit nur auf die Prüferwahl beziehen, lassen sich daraus unter bestimmten Annahmen Hypothesen über das Prüferwechselverhalten im Vorfeld eines IPO ableiten. Menon/ Williams (1991) leiten aus der Überlegung, daß „IPO market participants are willing to pay a premium for auditor credibility" die testbare Hypothese ab, wonach vor einem Börsengang eine signifikant höhere Prüferwechselquote von kleinen hin zu größeren und reputableren Prüfern feststellbar sein solle.[621] Neben den Emittenten haben dabei vor allem Konsortialführer Einfluß auf die Prüferwechselentscheidung. Diese Schlußfolgerung ist nicht ohne weitere Annahmen korrekt. Zum einen vernachlässigen Menon/Williams, welcher Prüfer bisher beim Emittenten tätig war. Bestellten hochwertige Emittenten schon vor dem IPO häufiger hochreputable Prüfer, während bei weniger guten Emittenten weniger reputable Prüfer tätig waren, dann muß es selbst bei Richtigkeit der Überlegungen von Menon/Williams nicht zu signifikant mehr Wechseln im Vorfeld des IPO kommen. Zum anderen wird anscheinend nicht berücksichtigt, daß in den bisher dargestellten Modellen sich für relativ schlechte Unternehmen ein Wechsel zu einem höherreputablen Prüfer nicht rechnet. Die Schlußfolgerungen von Menon/Williams wären nur dann richtig, wenn vor dem IPO die Prüferwahl für die Unternehmen grundsätzlich von geringerer Bedeutung wäre und sie demnach tendenziell den jeweils kostengünstigsten Prüfer bestellt hätten. Auch könnten die Überlegungen von Menon/Williams korrekt sein, wenn die Unterschiede in den Prüfungsgebühren zwischen Prüfern verschiedener Reputation gering sind,[622] so daß jeder Emittent ohne Mehrkosten

---

[621] Menon/Williams (Credibility 1991), S. 315.

[622] Tatsächlich stellen Menon/Williams (Credibility 1991) in ihrer empirischen Untersuchung fest, daß sie keine unterschiedlich hohen Prüfungsgebühren bei kleinen und großen Prüfern nachweisen konnten (S. 330). Bedenkenswert auf der anderen Seite ist die Überlegung von Hogan (Self-Selection 1997), daß große Prüfer höhere Prüfungsgebühren bei relativ unsicheren Unternehmen verlangen werden, um relativ wahrscheinlichere Haftungsverpflichtungen und Reputationsverluste auszugleichen (S. 85).

einen reputablen Prüfer wählen könnte, der seine Abschlußzahlen mit einem Gütesiegel versieht.[623]

Tatsächlich sollte man für IPO-Unternehmen davon ausgehen können, daß vor dem IPO der Prüfer hauptsächlich zur Erfüllung gesetzlicher Vorschriften und unter Kostenaspekten gewählt wurde. Erst durch ihren Einsatz als Signal bzw. als Reaktion auf zunehmende Agency-Probleme gewinnt die Prüferwahl für IPO-Unternehmen an Bedeutung. Deshalb wird in der empirischen Untersuchung auch die Hypothese getestet, wonach im Vorfeld des IPO c.p. verstärkt Prüferwechsel zu Prüfern höherer Qualität festzustellen sein sollten. Dabei sollten Häufigkeit und Richtung der Wechsel abhängen von den bereits oben erwähnten Unternehmensspezifika wie dem Unternehmensrisiko, der Beteiligung der Alteigentümer nach dem IPO oder dem gewählten Konsortialführer. Daneben könnten auch die im folgenden anzusprechenden „Einsatzmöglichkeiten" der Prüferwahl zur Reduzierung neuer, durch das IPO entstehender Agency-Probleme oder zur Reduzierung von Underpricing Einfluß auf Prüferwechselentscheidungen vor einem IPO haben.

Zunächst wird im folgenden die Prüferwahl im Zusammenhang mit den Modellen, in deren Mittelpunkt das Underpricing steht, und als Mittel zur Milderung von Agency-Problemen erörtert. Im Modell von DFH läßt sich wegen der Ausblendung von die Emissionspreisfestsetzung betreffenden Aspekten nicht direkt ein Zusammenhang zum Underpricing herstellen.[624]

5.5.5 Underpricing und Kapitalmarktreaktionen auf die Prüferwahl

Im Gegensatz zu den bisher vorgestellten Modellen zur Prüferwahl spielt das Unternehmensrisiko zur Erklärung der Existenz von Underpricing und für die Prüferwahl im Rahmen der Underpricing-Modelle unmittelbar keine Rolle. In den in den Abschnitten 5.1.3.1 bis 5.1.3.3 aufgezählten Erklärungsansätzen entsteht Underpricing als Reaktion auf asymmetrisch verteilte Informationen über den Unternehmenswert. Anleger bzw. eine bestimmte Gruppe von Anlegern verfügen nicht über die zur Bewertung eines IPO-Unternehmens notwendigen Informationen, über die der Emittent, die Konsortialbanken oder andere Anleger verfügen. Somit ist das Schätzrisiko auf Seiten der weniger gut über den Unternehmenswert informierten Anleger dafür verantwortlich, daß die Alteigentümer die aus dem Underpricing entstehenden Opportunitätskosten zu

[623] In diesem Fall wäre das Signal der Bestellung eines hochreputablen Prüfers gemäß der bisherigen Modellbetrachtungen nichts mehr wert (vgl. Bar-Yosef/Livnat (Selection 1984), S. 301f.), außer wenn sich über unterschiedliche Aufdeckungswahrscheinlichkeiten von Unstimmigkeiten ein Separating-Gleichgewicht etablieren ließe. Wegen der Möglichkeit für den Emittenten, im Fall einer aufgedeckten Unstimmigkeit das IPO abzusagen, ist dies unrealistisch.

[624] Bei Titman/Trueman läßt sich aufgrund der Annahme, daß der Emittent nach Erhalt des Prüfungsberichtes das IPO nicht mehr absagen kann, zumindest schlußfolgern, daß die Wahrscheinlichkeit überbewerteter IPO mit der Bestellung höherreputabler Prüfer sinkt. Vgl. Firth/Liau-Tan (Valuation 1998), S. 147.

tragen haben.[625] Zur Reduzierung des Underpricings bietet sich in diesem Umfeld an, die Informationsunterschiede zwischen den Parteien zu reduzieren.[626] Das Angebot glaubwürdigerer Informationen durch die Bestellung hochreputabler Prüfer kann als eine Möglichkeit gelten, die Informationsunterschiede zu nivellieren.[627]

Zwar ist in dem für den weiteren Verlauf der Arbeit wichtigen Modell von DFH auch das Schätzrisiko ursächlich für die Prüferwahl; allerdings steigen die Anreize zur Wahl einer hohen Prüfungsqualität mit zunehmendem Unternehmensrisiko, weil ein hohes Unternehmensrisiko das Halten einer relativ hohen Beteiligung am Unternehmen nach dem IPO, das bei Bestellung eines weniger reputablen Prüfers notwendig ist, für risikoaverse Alteigentümer teurer macht. In den Underpricing-Modellen wird hinsichtlich der Reduzierung des Schätzrisikos wie bei DFH davon ausgegangen, daß Prüfer höherer Reputation einen stärkeren Beitrag zu dessen Reduzierung leisten. Der Anreiz zur Bestellung höherreputabler Prüfer hängt im Rahmen der Underpricing-Modelle nicht vom Unternehmensrisiko, sondern direkt vom Nutzen für die Altaktionäre in Form eines reduzierten Schätzrisikos für die Anleger und damit eines verminderten Underpricings bzw. eines höheren Emissionserlöses ab:[628] „Value-maximizing owners of the IPO firm will choose the auditing firm with reputation capital that equates the marginal benefit of less underpricing with the marginal cost of a higher quality audit.“[629] Allerdings läßt sich aufgrund der Annahme, daß höherqualitative Prüfer höhere und mit höherer Unsicherheit über den Marktwert stärker steigende Honorare fordern, aus dieser Aussage lediglich die testbare Hypothese ableiten, wonach die Höhe des Underpricings c.p. in inverser Beziehung zur Reputation des Prüfers steht. Aussagen darüber, für welche Un-

[625] Da unabhängig davon, zwischen welchen Parteien eine Informationsasymmetrie besteht, in allen besprochenen Underpricing-Modellen letztlich der Emittent bzw. die Alteigentümer des IPO-Unternehmens die Kosten aus dieser Informationsasymmetrie zu tragen haben, kann auf die Darstellung der einzelnen Modelle und die in allen Modellen ähnliche Wirkung der Wahl unterschiedlicher Prüfungsqualitäten verzichtet werden. Vgl. auch Fußnote 626.

[626] Vgl. Michaely/Shaw (Choice 1995), S. 17.
Dies gilt nicht nur in den Modellen, in denen Underpricing zwangsläufig zur Aufrechterhaltung der Funktionsfähigkeit des IPO-Marktes entstehen muß, sondern auch in den Modellen, die gerade in der Höhe des Underpricings ein Signal für ein gutes Unternehmen sehen. Vgl. beispielsweise Allen/Faulhaber (Signaling 1989). Dieses Signal steht jedoch wie andere Signale (z.B. der zu emittierende Anteil am Grundkapital) in einem trade-off-Verhältnis zur Wahl der Prüferqualität. Damit sollte die Wahl eines hochqualitativen Prüfers auch in diesen Modellen zu einer tendenziellen Verringerung des Underpricings führen.

[627] Vgl. statt vieler Holland/Horton (Advisers 1993), S. 19, 20.

[628] Zur Erinnerung sei an dieser Stelle nochmals auf die Beziehung zwischen Unternehmensrisiko, Schätzrisiko und der Unsicherheit über den Marktwert hingewiesen: Bei einer effizienten Bewertung durch den Markt ist das Ausmaß des Unternehmensrisikos im Marktwert berücksichtigt. Zur Bestimmung des Ausmaßes des Unternehmensrisikos sind Informationen notwendig. Die Verfügbarkeit dieser Informationen bestimmt den Grad der Unsicherheit der Investoren. Damit ist nicht das Unternehmensrisiko an sich, sondern vielmehr das aufgrund von Informationsasymmetrie den Anlegern nicht bekannte Ausmaß des Unternehmensrisikos, also das Schätzrisiko, verantwortlich für die Unsicherheit der Anleger über den Marktwert der AG.

[629] Beatty (Reputation 1989), S. 696.

ternehmen stärkere Anreize bestehen, eine höhere Prüferqualität zu wählen, lassen sich daraus zunächst nicht ableiten.[630] Während Firth/Smith (1992) der Argumentation zuneigen, wonach Unternehmen, die in der Ausgangslage von einer stärkeren Informationsasymmetrie gekennzeichnet sind, mit höherer Wahrscheinlichkeit hochreputable Prüfer wählen,[631] ergibt sich für Michaely/ Shaw (1995) aus der Intention hochreputabler Prüfer, ihre Reputation zu erhalten und deshalb auf Mandanten mit hoher Unsicherheit über den Marktwert zu verzichten, sowie der höheren Honorare hochreputabler Prüfer ein begründeter Zusammenhang zwischen hochreputablen Prüfern und Gesellschaften, die von einer relativ geringen Unsicherheit über den Marktwert auf Seiten der Anleger gekennzeichnet sind.[632] Simunic/Stein (1987) zeigen empirisch, daß die anhand verschiedener Variabler gemessene Unsicherheit eines IPO-Unternehmens mit der Prüferwahl dergestalt zusammenhängt, daß weniger riskante Gesellschaften höherreputable Prüfer wählen.[633] Allerdings bleibt bei den verwendeten Variablen unklar, ob die dadurch gemessene Unsicherheit eine ist, die durch die Tätigkeit eines Prüfers abgebaut werden kann. Dient die Anzahl der im Emissionsprospekt aufgezählten Risikofaktoren als Maß für die Unsicherheit über den Marktwert, so kann der Abschlußprüfer diese Art von Unsicherheit durch seine Prüfungstätigkeit zunächst weit weniger beeinflussen als die Unsicherheit, die sich aus der Unsicherheit über die Glaubwürdigkeit der Rechnungslegungsdaten ergibt. Ein Zusammenhang zwischen den verschiedenen Arten von Unsicherheit läßt sich nur herstellen, wenn man davon ausgeht, daß die Wahrscheinlichkeit von falschen Angaben in der Rechnungslegung mit dem Ausmaß des spezifischen Unternehmensrisikos steigt.[634] Von diesem Zusammenhang wird im empirischen Teil der vorliegenden Arbeit ausgegangen.[635]

Letztendlich ist in den Underpricing-Modellen der Zusammenhang zwischen Prüferwahl und Unsicherheit über den Marktwert vom herrschenden Haftungsregime und der Bedeutung von Prüferreputation zur Reduzierung der Unsicherheit abhängig.[636] Sind die angebotsseitigen Aspekte, die für stark steigende Honorare hochreputabler Prüfer bei riskanten Gesellschaften oder eine Ablehnung solcher Mandate verantwortlich sind, von großer Bedeutung, werden Unternehmen mit hoher Unsicherheit über ihren Marktwert häufiger von Prüfern niedriger Reputation geprüft werden. Ist das Honorar hochreputabler Prüfer, unabhängig vom Grad der Unsicherheit, höher als das weniger reputabler

---

[630] Vgl. auch Simunic/Stein (Differentiation 1987), S. 52.

[631] Vgl. Firth/Smith (Selection 1992), S. 249 in einer Untersuchung für den Markt in Neuseeland. Als Platzhalter für die Unsicherheit über den Marktwert auf Seiten der Anleger dient das Alter der Gesellschaft.

[632] Vgl. Michaely/Shaw (Choice 1995), S. 17.

[633] Vgl. Simunic/Stein (Differentiation 1987), S. 51-57.

[634] Die Überlegung, daß Unternehmen mit höherem Unternehmensrisiko tendenziell häufiger auf eine nicht richtige Darstellung ihrer Lage in der Rechnungslegung zurückgreifen, liegt dem risikoorientierten Prüfungsansatz zugrunde. Vgl. Wiedmann (Prüfungsansatz 1993), S. 17ff.

[635] Vgl. besonders die Abschnitte 6.2.5.3 und 6.2.6.

[636] Vgl. Firth/Smith (Quality 1995), S. 243f.

WPG, wird tendenziell der Nutzen aus der Reduzierung des Schätzrisikos im Vordergrund stehen, und riskantere AG werden häufiger von hochreputablen Prüfern geprüft werden. Wegen des in Deutschland herrschenden relativ entspannten Haftungsregimes für Prüfer dürfte der letztgenannte Ansatz für den deutschen Markt von größerer Bedeutung sein.

Aus diesem Grund sollten IPO-Unternehmen, die durch ein relativ höheres Schätzrisiko belastet sind als andere IPO-Gesellschaften, c.p. stärkeren Anreizen unterliegen, einen hochreputablen Prüfer zu wählen als IPO-Unternehmen, die in der Ausgangssituation ein geringeres Schätzrisiko für die Anleger aufweisen.

Neben dieser Hypothese zur Prüferwahl, die analog auch für die Analyse von Prüferwechseln nutzbar gemacht werden kann, bieten die Underpricing-Modelle auch die Möglichkeit, Reaktionen auf die Prüferwahl untersuchen zu können. So läßt sich die Hypothese testen, wonach die Bestellung eines höherreputablen Prüfers c.p. tendenziell zu einem geringeren Underpricing, bzw. zu höheren Marktwerten führt. Daneben sollten auch verschiedene andere in der Börsenkurs- und -umsatzentwicklung zum Ausdruck kommende Kapitalmarktreaktionen in Abhängigkeit von der gewählten Prüferqualität feststellbar sein. Zudem sollten sich unterschiedliche Prüferqualitäten im Verhalten der Konsortialbanken niederschlagen:[637] Wegen der für sie reduzierten Unsicherheit über den Marktwert sollten die Konsortialbanken bei Bestellung eines hochreputablen Prüfers von den entsprechenden IPO-Unternehmen c.p. eine geringere Vergütung verlangen, sich mit einem kleineren Greenshoe zufriedengeben oder eine engere Bookbuildingspanne akzeptieren.

5.6 Abschlußprüfung als Instrument zur Reduzierung der aus Informationsasymmetrien resultierenden Agency-Probleme

Neben den in den vorangegangenen Abschnitten erörterten adverse selection-Problemen sind zukünftige moral hazard-Probleme für Anleger bei der Entscheidung über die Zeichnung von Aktien von Bedeutung. Anleger haben beim IPO die Möglichkeit, die Effizienz der Unternehmenskontrolle zu bewerten und in ihrer Zahlungsbereitschaft für die angebotenen Aktien zu berücksichtigen. Zahlreiche empirische Untersuchungen haben Hinweise auf einen Zusammenhang zwischen der Verteilung der Stimmrechte und dem Unternehmenswert gezeigt.[638] Ändert sich nach dem IPO die Schwere der Agency-Probleme in einem Unternehmen, hat das Auswirkungen auf die Höhe der zukünftigen Cash flows und damit auf den Marktwert der Aktien.[639] Diesen richtig einzuschätzen erfordert demnach neben der Überwindung der aus adverse selecti-

---

[637] Vgl. dazu auch das in Abschnitt 5.5.3 dargestellte Modell von Balvers/McDonald/Miller (Reputation 1988).
[638] Vgl. Boehmer (Ownership-Retention 1993), S. 78f. mit weiteren Nachweisen.
[639] Vgl. Keasey/McGuinness (Signalling 1992), S. 134.

on auch die Berücksichtigung der aus moral hazard entstehenden Probleme. Fremdfinanzierungsbedingte Agency-Probleme[640] sind in diesem Zusammenhang von untergeordneter Bedeutung.[641] Allerdings können auch sie die Prüferwahl beeinflussen und sind deshalb in der empirischen Analyse zu berücksichtigen.[642] Fremdfinanzierungsbedingte Agency-Probleme werden durch ein IPO mit zumindest teilweiser Kapitalerhöhung regelmäßig kleiner.[643]

Eigenfinanzierungsbedingte Agency-Probleme zeigen sich in Anreizen eines (Eigner-) Managers, sich auf Kosten der (anderen) Aktionäre zu bereichern, wobei die aufgrund einer mit dem IPO entstehenden weniger konzentrierten Aktionärsstruktur verminderte Kontrollintensität ein solches Verhalten erleichtert. Eine höhere Unsicherheit, mit der die zukünftigen Ergebnisse einer Gesellschaft eintreten, verstärkt die Agency-Probleme, weil Abweichungen von geplanten Ergebnissen nicht eindeutig auf das Verhalten des Managements bzw. das Eintreten bestimmter Umweltzustände zurückzuführen sind.

---

640 Im Fall der Fremdfinanzierung bestehen nach Abschluß des Kreditvertrages Schädigungsmöglichkeiten der Gläubiger durch die Eigner. Zu Beispielen vgl. Jensen/Smith (Stockholder 1985), S. 111ff.; Ewert (Wirtschaftsprüfung 1990), S. 24f. mit weiteren Nachweisen. Bei Durchführung von Maßnahmen zur Schädigung der Gläubiger wird von den Eignern nicht mehr die den Gesamtmarktwert des Unternehmens maximierende Strategie gewählt, die sich im Falle der vollständigen Eigenfinanzierung ergeben hätte. Da die Gläubiger die potentielle Schädigung antizipieren werden, d.h. den Marktwert ihres Finanzengagements konstant halten, haben letztendlich allein die Eigner die Reduzierung des Marktwertes des Unternehmens zu tragen. Vgl. Ewert (Wirtschaftsprüfung 1990), S. 25f. Für die einzelnen Schädigungsmöglichkeiten läßt sich zeigen, daß mit zunehmendem Fremdfinanzierungsanteil die Schwere der Agency-Probleme und damit die Höhe der Marktwertminderung steigt. Vgl. Lenz (Wahl 1993), S. 20-22.

641 Die Höhe des Verschuldungsgrades ist für die empirische Analyse nicht nur als Indikator für die Schwere fremdfinanzierungsbedingter Agency-Probleme von Bedeutung, sondern er spielt zum einen als Indikator für das Unternehmensrisiko eine Rolle, zum anderen kann er als Signal für die zukünftige Unternehmensentwicklung eingesetzt werden. Manager werden – gemäß diesen Überlegungen – nur dann mit hohen Verschuldungsgraden arbeiten, wenn sie von positiven Zukunftsaussichten ihres Unternehmens ausgehen. Vgl. Firth/Liau-Tan (Valuation 1998), S. 147 mit weiteren Nachweisen.

642 Vgl. Firth/Smith (Selection 1992), S. 248.

643 Vgl. Röell (overview 1996), S. 1073f. Damit verhält sich die Entwicklung der Schwere fremdfinanzierungsbedigter Agency-Probleme im Zusammenhang mit einem IPO konträr zur Entwicklung der eigenfinanzierungsbedingten, wodurch sich gegenläufige Implikationen beispielsweise hinsichtlich der Prüferwahl ergeben könnten. Allerdings konnte für den deutschen Markt in der Arbeit von Lenz (Wahl 1993) kein positiver Zusammenhang zwischen dem Ausmaß fremdfinanzierungsbedingter Agency-Probleme und der Qualität des gewählten Abschlußprüfers festgestellt werden. Vgl. Lenz (Wahl 1993), S. 418ff., 475.
Die Beachtung fremdfinanzierungsbedingter Agency-Probleme ist besonders im deutschen System der Corporate Governance von Bedeutung, da Banken in Deutschland eine größere Rolle in der Unternehmenskontrolle spielen als der Kapitalmarkt. Vgl. Edwards/Fischer (Germany 1994). Bessler/Kaen/Sherman (Perspective 1998), S. 581 erwähnen als Motiv für ein IPO auf Seiten der Gesellschaft die Flucht aus der Kontrolle der kreditgebenden Banken. Durch das IPO können nicht nur Kredite durch Eigenkapital, sondern aufgrund des besseren Zugangs zum Kapitalmarkt auch durch öffentliche Anleihen ersetzt werden. Die Verwendung der Emissionserlöse zur Reduzierung von Krediten stellt für Deutschland Degenhart (Going Public 1999), S. 29, empirisch fest.

Die Anreize für anlegerschädigendes Verhalten steigen für einen Eigner-Manager mit abnehmender eigener Beteiligung an der Gesellschaft, da er nach dem IPO außenstehende Gesellschafter gemäß derem Beteiligungsverhältnis an den für die auf Gesellschaftskosten in Anspruch genommenen persönlichen Vorteile anfallenden Kosten beteiligen kann. Da rationale Anleger dieses Verhalten antizipieren werden, hat letztlich der Eigner-Manager über einen geringeren Emissionserlös die Folgen der Agency-Probleme zu tragen. Auch in den Fällen, in denen Aktiengesellschaften von einem Management geleitet werden, das nicht oder nur unwesentlich am Eigenkapital der AG beteiligt ist, haben die Alteigentümer beim IPO einen die Schwere der Agency-Probleme berücksichtigenden Abschlag beim Marktwert hinzunehmen. Altaktionäre werden deshalb versuchen, durch geeignete Maßnahmen das Management zu disziplinieren. Die Möglichkeiten hierzu hängen auch von der Zusammensetzung der Eignerseite nach dem IPO und der dadurch determinierten Unternehmenskontrollintensität ab. Die Schwere der Agency-Probleme und damit die Höhe der Marktwertminderung ist umso größer, je weiter die Aktionärsstruktur der AG atomisiert ist. Behalten Alteigentümer auch nach dem IPO eine relativ große Beteiligung an ihrem Unternehmen, können die Anleger davon ausgehen, daß diese in Zukunft einen größeren Anreiz und bessere Möglichkeiten haben, das Management zu überwachen, bzw. bei Fehlverhalten zu ersetzen, als dies bei einer stark atomisierten Aktionärsstruktur möglich ist. Die Kosten für Kontrollaktivitäten stehen für Kleinaktionäre in keinem Verhältnis zu den allen Aktionären zugute kommenden Vorteilen aus diesen Aktivitäten, das ein Abrücken von der Haltung der rationalen Apathie rechtfertigen könnte. Allerdings ist mit der Existenz eines Großaktionärs – wie in Abschnitt 2.1.2 erläutert – auch die aus Vermögensverschiebungspotentialen für Großaktionäre zu Lasten der Minderheitsaktionäre resultierende Gefahr verbunden.

Die verschiedenen Möglichkeiten zur Reduzierung der Agency-Kosten wurden in Abschnitt 2.1.3 erörtert.[644] Dabei und aus den Ausführungen in den Abschnitten 2.4 und 2.5 ergab sich, daß sowohl zur direkten Kontrolle des Handelns der Manager als auch zur Ermittlung der Bemessungsgrundlage einer gewinnabhängigen Entlohnung der Manager und der Regelung der Gewinnverwendung dem Abschluß und der Abschlußprüfung als Mittel zur Milderung der Agency-Probleme Bedeutung zukommt.[645] Lenz (1993) hat den Beitrag von Rechnungswesengrößen zur Milderung der einzelnen Agency-Probleme ausführlich theoretisch hergeleitet.[646] Die aus Kostengründen von den Agenten ermittelten Rechnungswesengrößen sind von geringer Aussagekraft, so-

[644] Einschränkungen der Funktionsfähigkeit des Marktes für Unternehmenskontrolle, wie sie bei großen AG in Deutschland durch Ringverflechtungen, Honoratiorenkartelle usw. feststellbar sind, sind bei IPO-Gesellschaften von geringerer Bedeutung, da diese Unternehmen relativ klein, jung und deshalb noch weniger von derartigen Verwerfungen betroffen sind.
[645] Vgl. Lenz (Wahl 1993), S. 150ff.
[646] Vgl. auch Ewert (Wirtschaftsprüfung 1990), S. 23ff.

lange sie nicht von einem unabhängigen Prüfer auf ihren Wahrheitsgehalt getestet wurden.[647]

Durch die Bestellung eines hochqualitativen Prüfers und die von ihm geprüfte Rechnungslegung gewinnen Anleger Sicherheit über die Verwendung des von ihnen investierten Kapitals. Der Kursabschlag, den Anleger aufgrund der Agency-Probleme bei der Bewertung von Aktien ansetzen, sollte bei Bestellung eines hochreputablen Prüfers geringer ausfallen als bei Bestellung eines Prüfers geringerer Qualität. Da sich Anleger gegen Agency-Konflikte durch Preisabschläge schützen, ist es im Interesse der Emittenten, den Anlegern ein geringes Niveau solcher Konflikte zu verdeutlichen.[648] Dabei dürfte der Nutzen aus der Implementierung strikter Unternehmenskontrolle für Gesellschaften mit ursprünglich größeren Agency-Problemen höher ausfallen, da mit Zunahme der Agency-Probleme die Bedeutung glaubwürdiger Rechnungslegungsinformationen wächst. Bei diesen Gesellschaften handelt es sich tendenziell um diejenigen, bei denen der Eigner-Manager nur über eine geringe Beteiligung nach dem IPO verfügt, die Aktionärsstruktur breit gestreut ist und die von einem tendenziell höheren Unternehmensrisiko gekennzeichnet sind. Da hochqualitative Prüfer in der Regel relativ teurer sind, werden unter Kosten-Nutzenüberlegungen bei Gesellschaften mit relativ geringen Agency-Problemen tendenziell weniger hochqualitative Prüfer gewählt werden.[649]

5.7 Zusammenfassung

In den vorangegangenen Abschnitten wurden unter Rückgriff auf Erkenntnisse der sog. Agency-Theorie und der sog. Signaling-Theorie Implikationen hinsichtlich des Prüferwahl- und -wechselverhaltens bei IPO-Unternehmen sowie der Kapitalmarktreaktionen auf die Prüferwahl abgeleitet. Wie bereits in Abschnitt 5.1.2 angekündigt, ist nun zu prüfen, ob sich die Hypothesen, die aus diesen beiden Theorien hergeleitet wurden, zueinander konsistent verhalten.

Aus den Überlegungen der Signaling-Theorie wurden unter Berücksichtigung der in Deutschland geltenden institutionellen Rahmenbedingungen folgende Hypothesen abgeleitet:

- IPO-Unternehmen mit einem relativ hohen (größenbereinigten) Unternehmenswert werden c.p. mit höherer Wahrscheinlichkeit einen hochreputablen Prüfer bestellen als Gesellschaften geringeren Wertes.

---

[647] Vgl. Watts/Zimmerman (1986), S. 312f.; Ewert (Wirtschaftsprüfung 1990), S. 28-39 mit kritischen Anmerkungen zur mangelhaften theoretischen Fundierung der auch hier vorgestellten Gedankengänge.
[648] Vgl. Simunic/Stein (Differentiation 1987), S. 17.
[649] Vgl. Lenz (Wahl 1993), S. 193ff.

- Alteigentümer eines IPO-Unternehmens, die einen hochreputablen Prüfer bestellt haben, werden c.p. tendenziell eine geringere Beteiligung am Unternehmen nach IPO halten als Mandanten weniger reputabler Prüfer.

- Sowohl IPO-Unternehmen, die ein vergleichsweise hohes Unternehmensrisiko aufweisen, als auch IPO-Unternehmen mit einem vergleichsweise hohen Schätzrisiko werden c.p. mit höherer Wahrscheinlichkeit einen höherqualitativen Prüfer wählen als andere IPO-Gesellschaften.

- IPO-Unternehmen, die von einem hochreputablen Emissionshaus an die Börse begleitet werden, bestellen c.p. mit höherer Wahrscheinlichkeit einen hochreputablen Prüfer als IPO-Gesellschaften, die einen weniger reputablen Konsortialführer beauftragt haben.

- IPO-Unternehmen, die zuvor einen weniger reputablen Prüfer gewählt hatten, wechseln im Vorfeld des IPO c.p. mit höherer Wahrscheinlichkeit zu einem hochreputablen Prüfer als Gesellschaften, die kein IPO planen. Hinsichtlich des Prüferwechsels lassen sich daneben analog zu den oben für die Prüferwahl behaupteten Zusammenhängen zu Unternehmenswert, Beteiligung der Alteigentümer nach dem IPO, Unternehmens- und Schätzrisiko und der Reputation des begleitenden Emissionshauses Hypothesen aufstellen.

- IPO-Unternehmen, die einen hochreputablen Prüfer bestellt haben, haben c.p. ein tendenziell geringeres Underpricing hinzunehmen, werden an der Börse höher bewertet und erzielen hinsichtlich anderer Größen, die die Reaktionen der Marktteilnehmer und Konsortialbanken widerspiegeln, vorteilhaftere Werte.

Aus den Überlegungen der Agency-Theorie lassen sich einige der soeben aufgezählten Hypothesen in gleicher Weise ableiten: So sollten IPO-Unternehmen, die zur Reduzierung der Agency-Probleme einen Prüfer höherer Reputation bestellt haben, c.p. an der Börse mit einer tendenziell höheren Bewertung ihrer Aktien rechnen dürfen. Mit einer geringeren Beteiligung der Altaktionäre nach dem IPO und einer damit einhergehenden stärkeren Atomisierung der Aktionärsstruktur steigen grundsätzlich die Agency-Kosten, was c.p. die Bestellung eines hochreputablen Prüfers wahrscheinlicher macht. Damit ergibt sich aus den Überlegungen der Agency-Theorie der gleiche Zusammenhang zwischen Prüferwahl und Alteigentümerbeteiligung nach dem IPO wie aus der Signaling-Theorie. Auch hinsichtlich des Zusammenhangs zwischen dem Ausmaß des Unternehmens- und Schätzrisikos und der Prüferwahl existiert kein Unterschied zwischen den agency- und den signalingtheoretischen Überlegungen. Eine höhere Unsicherheit verschärft tendenziell Agency-Probleme, was zu einer tendenziell häufigeren Bestellung eines höherreputablen Prüfers führen sollte.

Für die im empirischen Teil dieser Arbeit zu testenden Hypothesen ergeben sich somit keine Probleme dergestalt, daß die Überlegungen aus der Agency- und der Signaling-Theorie zu sich widersprechenden Hypothesen führen.[650] Insgesamt dient die Wahl des Abschlußprüfers sowohl als Möglichkeit der Reduzierung von Agency-Problemen als auch als Signal über die Qualität des Unternehmens. Während unter Agency-Aspekten sich die Zusammenhänge zwischen der Prüferwahl und den verschiedenen aufgezählten Größen, wie etwa dem Marktwert des Unternehmens, herleiten lassen, erfordert die Eignung der Prüferwahl als glaubhaftes Signal etwa für die Angemessenheit des Emissionspreises zudem eine negative Korrelation zwischen den Kosten, die für dieses Signal anfallen, und der Unternehmensqualität bzw. dem Marktwert des Unternehmens. Nur dadurch wird sichergestellt, daß es sich für Unternehmen niedriger Qualität nicht lohnt, mittels dieses Signals eine hohe Qualität vorzuspiegeln. Aufgrund der Bedingung der mit steigendem Marktwert von Unternehmen monoton fallenden Kosten für die erwähnten Signale weisen Signaling-Ansätze striktere Annahmen auf als Agency-Ansätze.[651]

[650] Zum gleichen Ergebnis für verschiedene andere Anwendungsfälle kommt auch Morris (Theory 1987), S. 52f.
[651] Vgl. Boehmer (Ownership-Retention 1993), S. 79.

6 Empirische Analyse der Wahl und des Wechsels des Prüfers bei IPO-Unternehmen sowie der Kapitalmarktreaktionen auf die Prüferwahl

Bevor Vorgehensweise und Ergebnisse der eigenen empirischen Untersuchung präsentiert werden, erfolgt zur Einordnung der vorliegenden Arbeit in den internationalen Forschungskontext zunächst ein Überblick über bisher veröffentlichte Studien, die sich mit Wahl, Wechsel und Folgen der Prüferwahl bei IPO-Gesellschaften beschäftigen.

6.1 Internationale Studien

6.1.1 Rechtliches und ökonomisches Umfeld

Die meisten der im folgenden erwähnten empirischen Untersuchungen beziehen sich auf die Verhältnisse in den USA. Deshalb ist es notwendig, knapp auf die dortige Stellung des Prüfers im IPO-Prozeß einzugehen. In den USA kommt dem Abschlußprüfer im IPO-Prozeß auch aufgrund gesetzlicher Regelungen eine stärkere Bedeutung zu als in Deutschland.[652] Als zweiter entscheidender Unterschied zu hiesigen Verhältnissen ist das wesentlich höhere Haftungsrisiko des in den IPO-Prozeß involvierten Prüfers zu beachten.[653]

Unter den drei typischerweise neben dem Emittenten in den IPO-Prozeß in den USA involvierten Akteuren Underwriter,[654] Prüfer und Rechtsberater ist der Prüfer meist der zuerst – oft schon mehrere Jahre vor IPO – bestellte. Er hat im registration statement, also dem bei der SEC einzureichenden und von dieser zu prüfenden Zulassungsantrag, gemäß den Vorschriften der SEC seine auditor´s opinion über die von ihm geprüften Abschlüsse abzugeben.[655] Die Rechtsprechung hat mit Verweis auf entsprechende Regelungen im Securities Act of 1933 festgestellt, daß die Verantwortlichkeit des Prüfers für die im registration statement enthaltenen Finanzdaten nicht an dem Tag endet, an dem der Prüfer seinen Prüfungsbericht unterschrieben hat. Vielmehr hat er sicherzustellen, daß bis zum effective date[656] keine Änderungen, die wesentlichen

[652] Zum im Gegensatz zur deutschen Gesetz- und Ordnungsmäßigkeitsprüfung grundsätzlich stärker auf die Interessen der Kapitalmarktteilnehmer ausgerichteten Charakter der Abschlußprüfung in den USA vgl. Lenz (Wahl 1993), S. 57f., 175.

[653] Vgl. zu den folgenden Ausführungen Beatty/Welch (Expenses 1996), S. 548-552; Herz et alii (SEC 1997), S. 49-94. Ein Zeitplan eines typischen IPO-Prozesses findet sich bei Herz et alii (SEC 1997), S. 56-59. Mit den besonderen Anforderungen an Prüfer von IPO-Gesellschaften zur Haftungsvermeidung beschäftigen sich Hall/Renner (Lessons 1988).

[654] Unter dem Begriff „Underwriter" sind analog zu dem bisher verwendeten Begriff „Konsortialbanken" die die Emission begleitenden Emisssionshäuser zu verstehen.

[655] Für Details zum sog. accountants´ report vgl. Herz et alii (SEC 1997), S. 105ff.

[656] Das ist der Tag, an dem die SEC das registration statement billigt. Danach können die Aktien an das Publikum verkauft werden. Vgl. Herz et alii (SEC 1997), S. 90.

Einfluß auf die finanzielle Situation des IPO-Unternehmens haben, unberücksichtigt bleiben.[657]

Gegenüber dem Underwriter hat der Prüfer regelmäßig einen comfort letter abzugegeben, in dem grundsätzlich die Richtigkeit der Rechnungslegung und der im Prospekt enthaltenen Finanzdaten des IPO-Unternehmens bestätigt wird. Der exakte Umfang der vom letter of comfort abgedeckten Bereiche variiert und wird in den Verhandlungen des Emittenten mit dem Underwriter vor dessen Bestellung festgelegt.[658] Bei der Erstellung der Teile des Prospektes, die nicht die finanziellen Daten des Unternehmens wiedergeben, wird das Unternehmen meist von einem Anwalt beraten. Allerdings wird auch der Prüfer diese Textteile des Prospektes kritisch überprüfen, um Abweichungen zu den Finanzangaben auszuschließen. Der Underwriter übernimmt neben dem tatsächlichen Verkauf der Aktien Beratungsaufgaben bei der Preis- und Zeitgestaltung der Emission. Insgesamt kann der Prüfer als der am meisten mit dem IPO-Unternehmen vertraute und neben dem Underwriter am stärksten in den IPO-Prozeß involvierte Agent angesehen werden.

Wegen der im Zeitraum, auf den sich die unten aufgeführten empirischen Studien beziehen, geltenden gesamtschuldnerischen Haftung der Beklagten im Haftungsfall (joint and several liability) und der „deep pockets" der Prüfer waren diese besonderen Haftungsrisiken gerade bei IPO ausgesetzt. Jeder der am IPO beteiligten Experten haftete damals für den gesamten Schaden, der aus „false or misleading information" im Prospekt resultierte.[659] Durch eine Ende 1995 beschlossene Änderung der Bundeswertpapiergesetze gilt seither grundsätzlich die nach dem Grad der Schuld festgesetzte anteilige Haftung.[660] Der Haftung nach dem Securities Act of 1933, Section 11, kann der Prüfer entgehen, wenn er nachweisen kann, seine Aufgabe mit ausreichender Sorgfalt und auf Basis umfassender Untersuchungen durchgeführt zu haben. Unter den Experten sind hauptsächlich Prüfer und Underwriter der Haftungsgefahr ausgesetzt; da Anwälte meist nicht eigene Meinungen im Prospekt vertreten und damit nicht als „experts" im Sinne des Gesetzes angesehen werden, ist für sie die Haftungsgefahr wesentlich geringer.[661] Das Haftungsrisiko schlägt sich in der Entlohnung von Underwriter und Prüfer nieder.

6.1.2 Ausgewählte Studien – Vorgehensweise und Ergebnisse

Die Vielzahl der in den englischsprachigen Ländern erschienenen Studien zur Wahl des Abschlußprüfers und der Reaktion der Kapitalmarktteilnehmer auf

---

[657] Vgl. Herz et alii (SEC 1997), S. 85ff.
[658] Zum comfort letter vgl. Herz et alii (SEC 1997), S. 148-153.
[659] Beatty/Welch (Expenses 1996), S. 550.
[660] Vgl. Markus (Haftungsbeschränkungen 1996), S. 93f.; Ruhnke (Normierung 2000), S. 28f.
[661] Zur Haftung vgl. Herz et alii (SEC 1997), S. 13ff.; Beatty/Welch (Expenses 1996), S. 550-552; zu den in den USA herrschenden Begleitumständen, die für das häufige Auftreten von Haftungsklagen dort mitverantwortlich sind, vgl. Quick (Haftungsrisiken 2000), S. 67.

den gewählten Prüfer im Zusammenhang mit IPO soll im folgenden in verschiedene Gruppen zusammengefaßt werden, um einen besseren Überblick über dieses Forschungsfeld zu ermöglichen. Die Reihenfolge entspricht dabei ungefähr derjenigen, in der später die Ergebnisse der eigenen empirischen Untersuchung präsentiert werden.

6.1.2.1 Prüferwechsel im Zusammenhang mit einem IPO

In ihrer Analyse von Prüferwechseln im Vorfeld von IPO nehmen **Carpenter/ Strawser (1971)** Bezug auf eine kurz vorher erschienene AICPA-Studie, in der in einer Befragung der Prüfer die Underwriter als diejenigen ausgemacht wurden, die IPO-Unternehmen drängen, vor dem IPO zu einer national bekannten WPG zu wechseln. Carpenter/Strawser sandten allen Unternehmen, die von Oktober 1969 bis März 1970 ihr IPO durchgeführt hatten, einen Fragebogen zu, der Fragen zum Prüfer und einem eventuellen Prüferwechsel enthielt. Von den 165 antwortenden Gesellschaften hatten 91 in den fünf Jahren vor dem Börsengang den Prüfer gewechselt, wobei 81 der wechselnden AG einen großen, national bekannten Prüfer wählten. Die Entscheidung zum Wechsel ging meist vom Management oder dem Underwriter aus. Der Gewinn an Prestige war allerdings nur einer unter mehreren genannten Gründen für den Wechsel.[662]

Weitgehend losgelöst von Modellüberlegungen untersuchen **Menon/Williams (1991)** das Prüferwechselverhalten von IPO-Unternehmen. Obwohl die meisten Modellüberlegungen davon ausgehen, daß es sich nur für bestimmte Unternehmen rechnet, zu einem großen Prüfer zu wechseln, testen Menon/Williams die Hypothese, wonach im Vorfeld eines IPO generell relativ häufiger ein Prüferwechsel stattfindet; dabei gehen sie auch auf den Einfluß des Underwriters auf die Wahl des Prüfers ein. Die Prüfer werden in der Studie in drei Größengruppen eingeteilt. Bei 1.320 IPO aus den Jahren 1985 und 1986 in den USA zeigt sich in den beiden Jahren vor dem Börsengang für 1.105 Unternehmen, bei denen die notwendigen Daten vorlagen, eine Wechselrate von 6,4% im Vergleich zu 8,9% Wechslern in einem einzigen Jahr in einer Gruppe bereits börsennotierter Unternehmen.[663] Damit ergibt sich aus der empirischen Untersuchung genau das Gegenteil der Vermutung der Autoren. Allerdings zeigt sich auch, daß im Vergleich zu bereits börsennotierten Gesellschaften die prüferwechselnden IPO-Unternehmen signifikant häufiger von einem klei-

[662] Vgl. zu diesem Abschnitt Carpenter/Strawser (Displacement 1971).

[663] Die Wahl bereits börsennotierter Gesellschaften als Vergleichsgruppe ist problematisch. Sinnvoller wäre das Heranziehen von Gesellschaften gewesen, die in der Ausgangslage, also zu Beginn des Beobachtungszeitraumes, mit den IPO-Unternehmen vergleichbar, d.h. nicht börsennotiert, waren und während des Beobachtungszeitraumes im Gegensatz zu den IPO-Unternehmen auch nicht an die Börse gegangen sind. Möglicherweise wäre unter so ausgewählten Vergleichsunternehmen auch die Verteilung der gewählten Prüfergrößenklassen in der Ausgangslage der Verteilung unter den IPO-Unternehmen ähnlicher gewesen. Vgl. Menon/Williams (Credibility 1991), S. 319f.

neren zu einem größeren Prüfer wechseln. Nach dem IPO läßt sich eine erstaunlich hohe Zahl von Prüferwechseln unter den IPO-Unternehmen feststellen; allerdings zeigt sich dabei nicht der von den Autoren erwartete Zusammenhang, wonach nach dem IPO vermehrt zu weniger reputablen Prüfern gewechselt wird, weil die Bedeutung der Prüferreputation für die Unternehmen zurückgeht.

Im Zusammenspiel mit der Wahl der Emissionsbank ergibt sich aus den empirischen Daten ein hochsignifikanter Zusammenhang zwischen der Größenklasse des Prüfers und der Art des Emissionsvertrages mit dem Underwriter. Übernahm die Emissionsbank die gesamten zu plazierenden Aktien, trug sie also das Plazierungsrisiko, wurden die entsprechenden Unternehmen mit weit höherer Wahrscheinlichkeit von einem Big8-Prüfer geprüft, als dies bei Unternehmen der Fall war, die das Plazierungsrisiko selbst trugen.[664] In einer multivariaten Analyse ergeben sich als signifikante Einflußfaktoren auf das Stattfinden eines Prüferwechsels von einem kleinen zu einem größeren Prüfer vor dem IPO die Reputation des Underwriters (Sicherheitswahrscheinlichkeit 99%), die Art des Emissionsvertrages (99%) und die Größe des Unternehmens (95%) jeweils in erwarteter Richtung. Ein Einfluß der Höhe des Alteigentümeranteils nach IPO zeigt sich nicht.[665]

6.1.2.2 Prüferwahl bei Gesellschaften, die ein IPO planen

Eine der meistbeachteten Studien zur Qualitätsdifferenzierung unter Wirtschaftsprüfern, die das Umfeld eines IPO verwendet, ist die Studie von **Simunic/Stein (1987)**. An 469 IPO aus dem Jahr 1981 in den USA werden Hypothesen getestet, die einen Zusammenhang zwischen dem Ausmaß an internem bzw. externem Kontrollbedarf in einem Unternehmen und der Größenklasse des gewählten Prüfers behaupten. Neben dem Beitrag zur internen Kontrolle und der Glaubwürdigkeit, die ein Prüfer bei den Rechnungslegungsnutzern besitzt, ist nach Simunic/Stein auch das Produktangebot des Prüfers entscheidend für die Beurteilung der Prüferqualität. Zur Nachfrage nach Zusatzleistungen wird allerdings in dieser Arbeit wegen mangelhafter theoretischer Grundlagen keine Hypothese gebildet; doch werden einige Größen (Alter, Wachstum, Regulierungsgrad in einem Sektor), von denen die Autoren annehmen, daß sie das Ausmaß der Nachfrage nach Zusatzleistungen widerspiegeln, erhoben und gehen in die Regressionsanalysen ein. Bei der verwendeten dreiklassigen Größeneinteilung in Big8, mittelgroße und kleine Prüfer zeigt sich hochsignifikant ein positiver Zusammenhang zwischen der Größe des Prüfers und der des Underwriters. Bei Big8 und den mittelgroßen Prüfern ergibt sich im Vergleich zu den kleinen Prüfern eine hochsignifikant häufigere Verbindung mit firm-commitment-IPO als mit best-effort-IPO. Bei weiteren uni-

---

[664] Das erstgenannte Emissionsverfahren bezeichnet man als firm-commitment-, das zweitgenannte als best-effort-Verfahren.
[665] Vgl. zu diesem Abschnitt Menon/Williams (Credibility 1991).

variaten Analysen lassen sich signifikante Unterschiede der Mandanten der verschiedenen Prüferklassen bei den die Nachfrage nach interner Kontrolle repräsentierenden Größen „Unternehmensgröße", gemessen an der Bilanzsumme, „geographische Ausbreitung" und „Existenz eines Konzernabschlusses" sowie bei dem Alter und dem Wachstum der IPO-Unternehmen feststellen. Da die Gruppe der mittelgroßen Prüfer hinsichtlich der Charakteristika ihrer Mandanten nicht eindeutig den Big8 oder den kleinen Prüfern zuzuordnen ist, bleibt sie von den folgenden multivariaten Analysen ausgeschlossen. In der multivariaten linearen Regressionsanalyse zeigen sich wiederum die Größe, die geographische Ausbreitung und (nur schwach signifikant bei einer Sicherheitswahrscheinlichkeit von 90%) die Existenz eines Konzernabschlusses als signifikante Einflußfaktoren auf die Prüferwahl. Somit zeigt sich, daß die Nachfrage nach interner Kontrolle Einfluß auf die Prüferwahl hat. Unter den die Nachfrage nach externer Kontrolle repräsentierenden Variablen ist die Variable „Aktienbesitz von Außenstehenden" leicht signifikant, die Variable „Verschuldungsgrad" weist ein der Erwartung entgegengesetztes Vorzeichen auf. Die Autoren finden hierfür die Erklärung, daß Fremdkapitalgeber besser durch andere Mechanismen als die Prüfung gegen Vermögensverschiebungen zu den Eignern geschützt seien. Außenstehende Aktionäre müssen sich dagegen stärker auf den Prüfer als Schutz gegen Vermögensverschiebungen zu den Managern verlassen. Zumindest eine schwache Signifikanz weisen die Größe des Underwriters und die Art des Emissionsvertrages auf. Je größer der Underwriter und wenn der Emissionsvertrag „firm commitment" ist, also je mehr Risiko der Underwriter bei der Emission eingeht, desto wahrscheinlicher ist die Bestellung eines Big8-Prüfers. Die Nachfrage nach einer breiten Leistungspalette der Prüfer, gemessen an den Variablen „Unternehmensalter", „Wachstum" und „Regulierungsgrad", hat unter den analysierten Unternehmen kaum Einfluß auf die Prüferwahl.

Hinsichtlich des Zusammenhangs zwischen der Variablen „Risiko", gemessen an der Anzahl der im Prospekt aufgeführten Risikofaktoren, und der Wahl des Prüfers widerstreiten nach Ansicht der Autoren zwei Effekte. Zum einen haben hochreputable Prüfer höhere Kosten im Fall eines Haftungsfalles zu tragen als kleinere Prüfer, weshalb sie im Gegenzug für das höhere Risiko höhere Prüfungsgebühren verlangen und deshalb für hoch riskante IPO-Unternehmen zu teuer sind. Andererseits verlangt gerade ein hohes Unternehmensrisiko, wodurch sich auch die Möglichkeiten für Außenstehende verringern, das Management zu überwachen, und somit die agency-Kosten steigen, nach hochreputablen Prüfern. In univariaten Analysen zeigt sich hochsignifikant, daß wenig riskante IPO-Unternehmen häufiger mit Big8-Prüfern verbunden sind als riskantere. Dieses Ergebnis könnte auf die großen Haftungsrisiken für Prüfer im US-amerikanischen Rechtssystem zurückzuführen sein. In anderen Rechtssystemen könnte möglicherweise der nachfrageseitige Effekt dominieren. Die Autoren führen als Erklärung an, daß die Dienstleistung des Prüfers doch nicht so entscheidenden Einfluß auf die Reduzierung der Agency-Kosten haben könnte wie angenommen.[666]

Auf Basis des Modells von Datar/Feltham/Hughes[667] testen **Feltham/Hughes/ Simunic (1991)** den Zusammenhang zwischen dem Unternehmensrisiko einer IPO-Gesellschaft und der Wahl des Prüfers. Sie erwarten die Bestellung von Prüfern höherer Qualität bei riskanteren Unternehmen; insofern ist das Modell stark nachfrageseitig orientiert. Aus insgesamt 469 IPO des Jahres 1981[668] wurden nur diejenigen für die empirische Analyse verwendet, die von einem Big8-Prüfer oder einer WPG geprüft wurden, die nicht zu den 14 größten WPG zählt. Die Mandanten der an der Mandantenzahl gemessen neunt- bis 14.-größten WPG wurden eliminiert. Es verblieben dadurch 392 IPO. Aus diesen wurden anhand alternativer Kriterien Paare gematched, die sich in der gewählten Prüfergrößenklasse unterschieden. Die erste Hypothese, wonach riskantere Unternehmen reputablere Prüfer bestellen, wird in zwei Regressionsmodellen – einem mit den Mandanten großer und einem mit den Mandanten kleiner Prüfer – mit dem Marktwert der IPO-Unternehmen als abhängiger Variabler getestet, in denen theoriekonform der Koeffizient der Variablen „Anteil der Alteigentümer nach IPO am Unternehmen“ das Unternehmensrisiko widerspiegelt.[669] Mit Ausnahme des Falles, in dem der Marktwert der IPO-Unternehmen als Matchingkriterium verwendet wird, erweisen sich die Variablen und die Differenz zwischen den beiden Prüfergruppen als schwach signifikant.[670] Hält man die relativ niedrige Sicherheitswahrscheinlichkeit für akzeptabel, bedeutet dies, daß zum einen die Mandanten der Big8-WPG tendenziell die riskanteren Unternehmen sind, zum anderen der Einfluß der Höhe des Alteigentümeranteils mehr Gewicht auf den Marktwert eines IPO-Unternehmens hat, wenn dieses Unternehmen von einer Big8-Gesellschaft geprüft wird. Eine Differenz im Gewicht der Eigenkapitalbuchwerte auf die Marktwerte der Unternehmen in Abhängigkeit vom Prüfer läßt sich dagegen nicht feststellen. In einer alternativen Regressionsanalyse, bei der der Marktwert des Unternehmens als abhängige Variable zur Bereinigung eines möglichen Einflusses der Unternehmensgröße mittels der Eigenkapitalbuchwerte skaliert wurde, ergeben sich dagegen keinerlei signifikante Unterschiede zwischen den beiden Prüfergrößenklassen hinsichtlich des Gewichts des Einflusses der Alteigentümerbeteiligung auf diesen bereinigten Marktwert.

---

[666] Vgl. zu diesem Abschnitt Simunic/Stein (Differentiation 1987).
[667] Vgl. Datar/Feltham/Hughes (role 1991) und Abschnitt 5.5.2.
[668] Es handelt sich um das von Simunic/Stein (Differentiation 1987) verwendete Datenset.
[669] Vgl. Abschnitt 5.5.2. Die für den Alteigentümer mit dem Halten eines hohen Anteils am Unternehmen nach IPO verbundenen Kosten in Form des Verzichts auf Vermögensdiversifikation steigen u.a. mit dem firmenspezifischen Risiko. Der Einfluß der Höhe des Alteigentümeranteils auf den Unternehmenswert, der sich im Regressionskoeffizienten der Variablen „Alteigentümeranteil nach IPO“ widerspiegelt, sollte deshalb gemäß den Modellüberlegungen bei steigendem Risiko wachsen.
[670] Die Sicherheitswahrscheinlichkeiten bewegen sich je nach gewähltem Matching-Kriterium zwischen 94% und 96% für einen einseitigen Test.

Bei univariaten Analysen der ex-ante-Risikofaktoren (Anzahl der Risikofaktoren im Prospekt, Alter und Umsätze des an die Börse gehenden Unternehmens) und des ex-post-Risikofaktors (Varianz der bereinigten Renditen im Börsenhandel) zeigen sich keine signifikanten Unterschiede unter den Mandanten der verschiedenen Prüferklassen. Teilweise deutet sich sogar eine – allerdings statistisch nicht signifikante – Verteilung entgegen der erwarteten Richtung an.[671]

Das Modell von Datar/Feltham/Hughes verwenden **Clarkson/Simunic (1994)** für eine empirische Untersuchung im kanadischen Prüfermarkt, der nicht so stark durch die Gefahr von Haftungsklagen gegen Abschlußprüfer geprägt ist wie der US-amerikanische. Damit spielen angebotsseitige Einflußfaktoren, die Feltham/Hughes/Simunic für das weitgehende Scheitern der empirischen Überprüfung ihres Modells verantwortlich machten, eine weniger starke Rolle. Aus 174 IPO aus den Jahren 1984 bis 1987 wurden mittels der Matching-Technik 44 Paare (88 IPO) gebildet. In einer Regressionsanalyse mit dem Marktwert der Unternehmen als abhängiger Variabler zeigt sich ein hochsignifikant (Sicherheitswahrscheinlichkeit 99% bei einseitigem Test) höherer Koeffizient der Altaktionärsanteilsvariablen in der Gruppe der Big8-Mandanten gegenüber den Mandanten kleinerer Prüfer, was analog zu den obigen Ausführungen bedeutet, daß riskantere Unternehmen tendenziell häufiger von großen WPG geprüft werden.[672] Stellt man statt der 44 Matching-Paare auf die Gesamtheit der 174 IPO ab, zeigt sich dieser Zusammenhang auch signifikant, allerdings auf einem etwas niedrigeren Niveau (95%). Ein unterschiedlicher Einfluß der sich aus den von verschiedenen Prüfergruppen geprüften Abschlüsse ergebenden Eigenkapitalbuchwerte auf den Marktwert der Unternehmen ist nicht festzustellen.

In weiteren Analysen zeigen Clarkson/Simunic, daß auch in Kanada hochreputable Emissionsbanken signifikant häufiger mit Big8-Prüfern bei einem IPO zusammenarbeiten, die von Big8-Gesellschaften geprüften Unternehmen deutlich größer sind und ein signifikant höheres ex-post-Risiko, gemessen an der Varianz der bereinigten Renditen im Börsenhandel, aufweisen als die von kleinen WPG geprüften. In einer multivariaten Analyse zeigen sich die Reputation des Underwriters, die Größe des IPO-Unternehmens, die Art des Emissionsvertrages, die Zugehörigkeit zu den riskanten Öl- und Gasexplorationsgesellschaften und das Risiko, gleichgültig ob ex-ante-Risiko, gemessen an den im Prospekt aufgezählten Risikofaktoren, oder ex-post-Risiko, als in unterschiedlichem Maß signifikante Einflußfaktoren auf die Wahl der Prüferklasse. In einem Vergleich mit den von Simunic/Stein verwendeten Daten aus den USA zeigen sich signifikante Unterschiede (Sicherheitswahrscheinlichkeit 95% bei einseitigem Test) zu den kanadischen Daten hinsichtlich der Einflußfaktoren auf die Prüferwahl in den Größen ex-ante- und ex-post-Risiko und der Art des

---

[671] Vgl. zu diesem Abschnitt Feltham/Hughes/Simunic (Empirical 1991).
[672] Vgl. Fußnote 669.

Emissionsvertrages, sowie bei Zugrundelegung einer Sicherheitswahrscheinlichkeit von 90% im Verschuldungsgrad und der Zugehörigkeit zu den riskanten Öl- und Gasexplorationsgesellschaften. Die Unterschiede sind dabei dergestalt, daß die Richtung des Einflusses der das Unternehmensrisiko widerspiegelnden Variablen zwischen USA und Kanada auf die Prüferklassenwahl konträr verläuft. Dies zeigt sich auch bei einem Vergleich der relativen Häufigkeiten unter den Matching-Paaren, in denen von Big8-Gesellschaften geprüfte IPO-Unternehmen riskanter sind als die von kleinen Prüfern geprüften, zwischen den kanadischen und amerikanischen Daten.[673] Somit zeigen sich deutliche Unterschiede zwischen der Prüferwahl von IPO-Gesellschaften in den USA und Kanada, die die Annahme der Autoren stützen, wonach die durch rechtliche Begebenheiten beeinflußten angebotsseitigen Effekte für die Beziehungen zwischen Prüfern und IPO-Unternehmen von hoher Bedeutung sind.[674]

Ebenfalls das Modell von Datar/Feltham/Hughes verwenden **Firth/Smith (1995)** und **Firth/Liau-Tan (1998)** als Grundlage für ihre empirischen Untersuchungen des IPO-Marktes in Neuseeland und Singapur.

Firth/Liau-Tan (1998) gehen davon aus, daß die Probleme, die bei der empirischen Überprüfung des Modells durch angebotsseitige Effekte auftraten, in Singapur weniger stark zum Tragen kommen. Die Haftungssituation für Prüfer ist in Singapur aus kulturellen und rechtlichen Gründen weit weniger streng als in den USA, weshalb Prüfer in dem hochkompetitiven Prüfungsmarkt nicht abgehalten werden, auch hochriskante IPO-Unternehmen als Prüfer an die Börse zu begleiten. Der Einfluß des Prüfers im IPO dagegen könnte in Singapur stärker als in den USA sein, da auch die dort im Gegensatz zu den USA regelmäßig im Prospekt enthaltenen Vorhersagen über die zukünftige Ertragslage von ihm zu prüfen sind. Bei der Analyse aller 132 IPO, die in den Jahren 1980 bis 1994 in Singapur stattfanden, zeigen sich folgende Ergebnisse: In der deskriptiven Datenauswertung ergeben sich statistisch signifikante Unterschiede (Sicherheitswahrscheinlichkeit 95% im einseitigen Test) zwischen den von Big8- und kleineren Prüfern betreuten IPO nur hinsichtlich des Anteils der Alteigentümer nach IPO und der Varianz der nach dem Marktmodell bereinigten Renditen im Börsenhandel nach IPO. Von Big8-Gesellschaften geprüfte Unternehmen weisen eine kleinere Beteiligung der Alteigentümer und ein höheres Risiko in der Renditeentwicklung auf. Sie sind auch jünger, größer, arbeiten mit einem leicht höheren Verschuldungsgrad und weisen im Prospekt geringfügig höhere Gewinnvorhersagen aus; allerdings sind sie hinsichtlich dieser Größen nicht signifikant verschieden von den von kleinen Prüfern betreuten IPO. Die ex-post-Renditevarianz und der Anteil der Alteigentümer lassen sich auch in der multivariaten Analyse als signifikante Einflußfaktoren auf

[673] Die hier verwendeten US-amerikanischen Daten sind der oben erwähnten Untersuchung von Feltham/Hughes/Simunic (Empirical 1991) entnommen.
[674] Vgl. zu diesem Abschnitt Clarkson/Simunic (association 1994).

die Wahl des Prüfers ausmachen (Sicherheitswahrscheinlichkeit 95% im einseitigen Test). Bei der analog zu Feltham/Hughes/Simunic und Clarkson/Simunic durchgeführten Analyse des Einflusses von Alteigentümeranteil und Buchwert auf den Marktwert der IPO-Unternehmen in Abhängigkeit von der gewählten Prüferklasse zeigen sich keine signifikanten Unterschiede zwischen den von verschiedenen Prüfern begleiteten IPO; allerdings ist – mit Ausnahme des nicht mittels der Eigenkapitalbuchwerte skalierten Modells – ein stärkerer Einfluß dieser Variablen bei den von Big8-Prüfern geprüften Unternehmen auf den Marktwert zu beobachten. Bei der Aufnahme der Variablen „vorhergesagter Gewinn" statt des Eigenkapitalbuchwertes in die Regressionsgleichung ergibt sich im unskalierten Modell ein signifikanter Unterschied in erwarteter Richtung unter den beiden Prüfergruppen hinsichtlich des Einflusses, den die im Prospekt veröffentlichten Ertragsschätzungen auf den Marktwert des Unternehmens haben.[675]

In Neuseeland, das die Basis der Untersuchung von **Firth/Smith (1995)** bildet, herrscht eine ähnlich entspannte Haftungssituation für Prüfer wie in Singapur. Unter den 121 IPO aus den Jahren 1977 bis 1987 lassen sich in der deskriptiven Datenauswertung statistisch hochsignifikant (Sicherheitswahrscheinlichkeit 99% im einseitigen Test) ein niedriger Alteigentümeranteil nach IPO und ein höherer Verschuldungsgrad bei den von Big8-WPG geprüften im Vergleich zu den von kleineren Prüfern betreuten Unternehmen feststellen. Das Unternehmensrisiko, gemessen an der Varianz der nach dem Marktmodell bereinigten Renditen nach IPO, ist bei den von den Big8 geprüften Unternehmen höher (Sicherheitswahrscheinlichkeit 95%). Nur schwach signifikant ist die höhere Wahrscheinlichkeit für die gleichzeitige Beteiligung eines reputablen Konsortialführers bei Big8-WPG. In einer multivariaten Analyse läßt sich ein signifikanter Einfluß des Konsortialführers auf die Prüferwahl nicht feststellen; sowohl Unternehmensgröße, Alteigentümeranteil, Verschuldungsgrad und Unternehmensrisiko sind jeweils mindestens auf dem 95%-Niveau signifikante Einflußgrößen. Bei der Analyse des Einflusses von Alteigentümeranteil, Buchwert bzw. prognostiziertem Gewinn auf den Marktwert der IPO-Unternehmen in Abhängigkeit von der gewählten Prüferklasse ergeben sich für die beiden erstgenannten Variablen schwach signifikante Unterschiede in erwarteter Richtung zwischen den von verschiedenen Prüfern begleiteten IPO (Sicherheitswahrscheinlichkeit 90% im einseitigen Test), für die Variable „prognostizierter Gewinn" läßt sich kein signifikanter Unterschied feststellen.[676]

In einer früheren, nicht auf dem Modell von Datar/Feltham/Hughes basierenden Untersuchung, die **Firth/Smith (1992)** anhand von 103 IPO aus den Jahren 1983 bis 1986 in Neuseeland durchführten, ergeben sich ähnliche auf die Existenz von Qualitätsdifferenzierung unter WPG hindeutende Ergebnisse. Es zeigt sich sowohl in einer uni- wie in der multivariaten Analyse, daß Unterneh-

[675] Vgl. zu diesem Abschnitt Firth/Liau-Tan (Valuation 1998).
[676] Vgl. zu diesem Abschnitt Firth/Smith (Quality 1995).

men mit einem geringeren Anteil der Manager am Kapital, einem höheren Verschuldungsgrad und – allerdings mit schwächerer Signifikanz – einem geringeren Alter, also Unternehmen, die von schwerwiegenderen Agency-Problemen und höherem Schätz- und Unternehmensrisiko geprägt sind, tendenziell häufiger einen Big8-Prüfer bestellt haben. Nicht signifikant ist dagegen der Zusammenhang zwischen Prüferwahl und gewähltem Konsortialführer.[677]

Auch wenn sowohl Firth/Smith (1995) als auch Firth/Liau-Tan (1998) die von ihnen gewonnenen Resultate als Bestätigung der erwarteten Hypothesen sehen, sind gerade die Ergebnisse von Firth/Liau-Tan wegen der oftmals schwachen oder fehlenden Signifikanz vorsichtig zu bewerten. Zusammen mit den Ergebnissen von Clarkson/Simunic (1994) und auch den hochsignifikanten Resultaten von Firth/Smith (1992) zeigen diese Arbeiten jedoch, daß dem rechtlichen Umfeld bei der Aufstellung der Hypothesen besondere Bedeutung beizulegen ist und daß die Modellüberlegungen von Datar/Feltham/Hughes (1991) in einem geeigneten Umfeld zumindest teilweise eine vorläufige Bestätigung erfahren können. Da auch in Deutschland WPG vor Annahme eines Abschlußprüfungsmandates weniger stark Haftungsfragen berücksichtigen müssen als in den USA und sich deshalb weniger selektiv bei der Auswahl ihrer Mandanten verhalten dürften, sollten die Überlegungen von Datar/Feltham/ Hughes hierzulande höhere Relevanz besitzen als in den USA.

Im Gegensatz zu den Überlegungen von Datar/Feltham/Hughes untersuchen **Michaely/Shaw (1995)** neben der Höhe des Underpricings in Zusammenhang mit dem gewählten Prüfer und der längerfristigen Kursentwicklung neu an die Börse gekommener Unternehmen die Hypothese, wonach IPO mit geringem Schätz- und Unternehmensrisiko tendenziell häufiger mit einem hochreputablen Prüfer verbunden sind. Sie gehen davon aus, daß sowohl hochreputable Prüfer nicht jedes Mandat annehmen, sondern anhand des Risikos des Mandanten über die Mandatsannahme entscheiden, als auch wegen höherer Prüfungsgebühren sich die Bestellung eines hochreputablen Prüfers für relativ riskante Unternehmen nicht lohnt. Bei 884 US-amerikanischen IPO aus den Jahren 1984 bis 1988 werden als Indikatoren für das Risiko die Größe des Unternehmens, die Reputation der begleitenden Emissionsbank, der Verschuldungsgrad und die Rentabilität gewählt. Während die beiden erstgenannten Größen vor dem IPO bekannt waren, wurden die beiden letzteren den ersten Geschäftsberichten nach dem IPO entnommen. Im Ergebnis zeigt sich statistisch hochsignifikant (Sicherheitswahrscheinlichkeit über 99%) das erwartete Ergebnis, daß Big8-Prüfer größere Mandanten aufweisen als kleine Prüfer und häufiger mit einem hochreputablen Underwriter verbunden sind. Der Verschuldungsgrad der Big8-Mandanten ist kleiner, die Rentabilität höher als bei Nicht-Big8-Mandanten, allerdings in beiden Fällen statistisch nicht signifikant. In einer multivariaten Analyse ergibt sich neben der Größe des Mandanten und der Reputation des Underwriters auch der Verschuldungsgrad als signifikante Ein-

[677] Vgl. zu diesem Abschnitt Firth/Smith (Selection 1992).

flußgröße auf die Wahl der Prüfergröße. Dieser Zusammenhang gilt sowohl für eine dichotome Unterteilung der Prüfer als auch für eine ordinale Größeneinteilung der Prüfer. Außerdem zeigt sich bei Gesellschaften mit kleinen Prüfern ein signifikant höheres Markt-Buchwert-Verhältnis, was als höheres Unternehmensrisiko bei diesen Gesellschaften gedeutet werden kann. Die Alteigentümerbeteiligung nach IPO und die Beteiligung institutioneller Investoren ist bei mit kleinen Prüfern verbundenen Gesellschaften jeweils höher, allerdings statistisch nicht signifikant.[678]

Einen sowohl nachfrage- als auch angebotsseitige Einflüsse auf die Wahl des Prüfers integrierenden Ansatz testet **Hogan (1997)** an 692 US-amerikanischen IPO aus den Jahren 1990 bis 1992. Ausgehend von der Annahme, daß die Wahl eines hochreputablen Prüfers mit einem höheren Prüferhonorar, aber auch mit reduzierten Kosten wegen eines geringeren Underpricings einhergeht, wird nach Hogan von den einzelnen, durch unterschiedliche Charakteristika geprägten Unternehmen genau der Prüfer gewählt, der die Summe der Kosten aus Underpricing und Prüfungshonorar minimiert. Dies kann dann im Gegensatz zu den Überlegungen von Datar/Feltham/Hughes dazu führen, daß hochriskante Unternehmen auf die Wahl einer Big6-WPG verzichten. Die Ergebnisse, die durch Anwendung der Technik einer self-selectivity analysis gewonnen werden, deuten zwar teilweise auf eine gesamtkostenminimierende Prüferwahl hin, sind aber insgesamt gemischt und lassen keine über die hinsichtlich ihrer Prüferwahl unterschiedlichen Gruppen von Unternehmen konsistente Identifikation von Einflußfaktoren auf die Prüferwahl zu.

In der deskriptiven Analyse des Datenmaterials zeigt sich der bekannte Zusammenhang zwischen der Bestellung hochreputapler Prüfer und ebensolcher Konsortialführer sowie der Art des Emissionsvertrages in hochsignifikanter Weise.[679] Für die eigene empirische Untersuchung sind die Arbeit von Hogan wie auch die weiter unten anzusprechenden Arbeiten von Beatty (1993) und Beatty/Welch (1996) wegen der in Deutschland nicht im Prospekt anzugebenden Vergütung des Prüfers nicht von Bedeutung.

Dem Zusammenspiel zwischen Prüfer und Underwriter bei IPO gilt das Hauptaugenmerk der Untersuchung von **Balvers/McDonald/Miller (1988)**. In der empirischen Analyse unter 1.182 US-amerikanischen IPO aus den Jahren 1981 bis 1985 zeigt sich ein hochsignifikanter Zusammenhang zwischen der Wahl eines Underwriters einer bestimmten Reputationsklasse und der Wahl eines ebensolchen Prüfers.[680]

---

[678] Vgl. zu diesem Abschnitt Michaely/Shaw (Choice 1995).
[679] Vgl. zu diesem Abschnitt Hogan (Self-Selection 1997).
[680] Vgl. zu diesem Abschnitt Balvers/McDonald/Miller (Reputation 1988).

6.1.2.3 Reaktionen der Kapitalmarktteilnehmer und Konsortialbanken auf die Prüferwahl bei IPO-Unternehmen

6.1.2.3.1 Der Einfluß der Prüferwahl auf die Höhe der Konsortialvergütung

In der bereits oben ausführlich dargestellten Studie von **Menon/Williams (1991)** konnte unter 720 IPO aus den Jahren 1985 und 1986 in den USA, für die die notwendigen Daten vorlagen, ein Einfluß der Reputation des Prüfers auf die Höhe der Underwritergebühren nur bei den mittels eines firm-commitment-Emissionsvertrages an die Börse gebrachten IPO-Unternehmen festgestellt werden (Sicherheitswahrscheinlichkeit 95%). Bei von Big8-WPG geprüften Mandanten fallen die Gebühren an das Konsortium tendenziell kleiner aus als bei Unternehmen mit einem regionalen oder lokalen Prüfer. Zwischen den beiden letztgenannten Gruppen konnten keine Unterschiede festgestellt werden. Bei best-effort-IPO könnte die Wahl des Prüfers von geringerer Bedeutung sein, da das Risiko des Underwriters in diesen Fällen niedriger ist. Zudem war im Sample bei keinem der best-effort-IPO ein hochreputabler Underwriter involviert.[681]

Firth/Smith (1992) konnten in ihrer 103 IPO aus den Jahren 1983 bis 1986 in Neuseeland umfassenden Untersuchung in einer Regressionsanalyse hohe statistische Signifikanz für die Vermutung gewinnen, wonach die Bestellung eines Big8-Prüfers für die an die Börse gehenden Unternehmen mit geringeren Gebühren an den Underwriter verbunden ist.[682]

In ihrer im nächsten Abschnitt näher vorgestellten Untersuchung US-amerikanischer IPO aus den Jahren 1992 bis 1994 finden **Beatty/Welch (1996)** unter 823 IPO einen negativen Einfluß der am Marktanteil gemessenen Größe des gewählten Abschlußprüfers auf die Höhe der Vergütung der Konsortialbanken. Statistisch signifikant ist dieser Einfluß sowohl unter allen analysierten als auch in der Teilgruppe der sehr jungen und kleinen IPO-Unternehmen; keine Signifikanz ergibt sich dagegen unter den älteren und größeren IPO-Gesellschaften.[683]

6.1.2.3.2 Die Höhe des Underpricings in Abhängigkeit vom gewählten Prüfer

Beatty (1989) testet die Hypothese eines inversen Zusammenhangs zwischen der Reputation des Abschlußprüfers des an die Börse gehenden Unternehmens und der Höhe der Zeichnungsrendite. Dazu wird angenommen, daß einerseits der Grund für das Underpricing in asymmetrischer Informationsvertei-

---

[681] Vgl. zu diesem Abschnitt Menon/Williams (Credibility 1991).
[682] Vgl. zu diesem Abschnitt Firth/Smith (Selection 1992).
[683] Vgl. zu diesem Abschnitt Beatty/Welch (Expenses 1996), S. 576ff.

lung über den Unternehmenswert besteht, andererseits der Abschlußprüfer einen Beitrag zum Abbau der daraus resultierenden Unsicherheit über den Unternehmenswert auf Anlegerseite leisten kann, was einhergeht mit der Existenz von Honorarprämien für hochreputable Prüfer, deren Beitrag zum Abbau der Unsicherheit vergleichsweise höher ist. Bei 2.215 Unternehmen, die in den Jahren 1975 bis 1984 ihr IPO in den USA durchführten, zeigen sich die erwarteten Ergebnisse. So waren sowohl das Underpricing als auch die Standardabweichung der Tagesrenditen der ersten 20 Börsenhandelstage nach dem IPO (als Indikator für die Unsicherheit über den Marktwert des Unternehmens) bei den von großen Prüfern geprüften Unternehmen hochsignifikant geringer, während Prüfungs- und andere Gebühren in Zusammenhang mit dem IPO höher ausfielen als bei von kleinen Prüfern geprüften Gesellschaften. Letzteres läßt sich nicht nur durch die Tatsache erklären, daß die großen Prüfer wesentlich größere Mandanten prüften als kleine Prüfer, sondern auch durch im Durchschnitt höhere Reputationsprämien, die die großen WPG erzielen können. Auf Grundlage einer multivariaten Analyse konnte der hochsignifikante Unterschied des Einflusses von Big8- und Non-Big8-WPG auf die Höhe des Underpricings bestätigt werden. Dabei zeigte sich allerdings auch, daß unter den 20 in die Analyse einbezogenen WPG zwischen den größten fünf und den mittleren sechs Gesellschaften kaum ein Unterschied besteht, während sich beide Gruppen stark von der Gruppe der kleinsten neun WPG abheben. Daneben zeigte sich in der multivariaten Analyse ein signifikanter Einfluß (Sicherheitswahrscheinlichkeit mindestens 94% bei zweiseitigem Test) auf die Höhe des Underpricings in jeweils erwarteter Richtung von Größen, die nach Ansicht von Beatty zur Abbildung von Unsicherheit dienen (Alter des Unternehmens, Typ des Emissionsvertrages, Anteil der angebotenen Aktien am Gesamtaktienkapital, Zugehörigkeit zu der damals riskanten Öl- und Gasbranche) und die Reputation des Underwriters widerspiegeln. In einer weiteren Analyse zeigt Beatty den hochsignifikant (Sicherheitswahrscheinlichkeit 99%) inversen Zusammenhang zwischen der Höhe des Underpricings und der Reputation des Abschlußprüfers, gemessen an der Honorarprämie, die reputablere Prüfer verlangen können. Da diese Prämie nicht direkt beobachtbar ist, wird sie durch den Vergleich der beobachtbaren Honorare mit einem aus einer Regressionsanalyse geschätzten „Normalhonorar" ermittelt. Dabei zeigt sich, daß Big8-Prüfer hochsignifikant höhere Reputationsprämien erhalten als kleinere Prüfer. In der schon oben angesprochenen feineren Unterteilung des Marktes in drei Größenklassen ergibt sich zwar eine höhere Reputationsprämie für die größten fünf WPG gegenüber den beiden anderen Gruppen, allerdings zeigt sich hier auch ein hochsignifikanter Unterschied zwischen den mittleren sechs und den kleinsten neun Prüfern. Daraus schlußfolgert Beatty, daß die meist verwendete dichotome Einteilung der Prüfer nicht korrekt sein könnte, da diese beiden Gruppen untereinander nicht homogen seien.[684]

In ihrer Analyse von insgesamt 960 IPO aus den Jahren 1992 bis 1994 aus den USA, in deren Mittelpunkt Qualität und Entlohnung von Prüfern, Konsortialbanken und Rechtsberatern bei IPO-Unternehmen sowie deren Einfluß auf das Underpricing stehen, stellen **Beatty/Welch (1996)** einen signifikant die Höhe des Underpricing reduzierenden Einfluß der Wahl reputablerer Prüfer fest. Dabei verwenden Beatty/Welch als Reputationsmaß nicht eine Klasseneinteilung, sondern eine Rangfolge nach den Marktanteilen der WPG. Einen negativen Zusammenhang zwischen der Höhe des Underpricings und der Anzahl der im Prospekt aufgeführten Risikofaktoren konnten sie genausowenig empirisch nachweisen wie einen Einfluß auf das Underpricing in Fällen, in denen der Prüfer eine ungewöhnlich hohe Vergütung erhält. Die könnten Anleger als „Bestechung" des Prüfers interpretieren und deswegen von einer vergleichsweise höheren Unsicherheit über den Marktwert bei den betroffenen IPO-Unternehmen ausgehen. Auch läßt sich nicht signifikant zeigen, daß hochreputable Prüfer auf die Angabe von mehr Risikofaktoren im Prospekt drängen, um sich gegen Haftungsklagen besser abzusichern.

Bei einer Analyse der Einflußfaktoren auf die Höhe der Prüferhonorare zeigen sich geringere Honorare bei den größeren Prüfern als bei den kleineren. Bei großen und relativ alten Unternehmen zeigt sich dieser Zusammenhang noch wesentlich ausgeprägter als bei kleinen, jungen Firmen. Beatty/Welch nehmen an, daß die Anzahl der im Prospekt aufgelisteten Risikofaktoren das Risiko eines Haftungsfalles für die Prüfer mindert und sich deshalb ein negativer Zusammenhang zwischen der Anzahl der Risikofaktoren und der Höhe des Prüferhonorars feststellen lassen sollte. Allerdings zeigte sich ein teilweise signifi-

---

[684] Vgl. zu diesem Abschnitt Beatty (Reputation 1989). Beatty hat die Analyse von Einflußfaktoren auf die Höhe des Prüferhonorars im Umfeld eines IPO in zwei späteren Arbeiten fortgesetzt, von denen nur eine, nämlich Beatty/Welch (Expenses 1996), oben erwähnt ist. In der anderen – Beatty (Compensation 1993) – identifiziert er bei der Auswertung von 1.191 IPO aus den Jahren 1982 bis 1984 neben Einflußfaktoren, die die Größe und räumliche Ausbreitung des geprüften Unternehmens, die Zugehörigkeit des Prüfers zu den Big6 und die Art des Bestätigungsvermerks widerspiegeln, auch in einem inversen Verhältnis die Höhe des Underpricings als hochsignifikante Einflußgröße auf die Höhe des Prüfungshonorars. Nach Beattys Ansicht erhalten die Prüfer in den Fällen, in denen die Konsortialbanken zur Versicherung gegen Prospekthaftungsklagen den Emissionspreis sehr niedrig angesetzt und damit ein hohes Underpricing bewirkt haben, gerade wegen dieses auch für sie reduzierten Risikos von Haftungsklagen geringere Honorare. Daneben erwiesen sich ein in den auf das IPO folgenden Jahren stattfindendes Delistung, eine Insolvenz oder eine class action wegen falscher Angaben im Prospekt als signifikante Einflußfaktoren auf die Höhe der Prüfungsgebühren. Damit findet die These Unterstützung, wonach Prüfer bei riskanten IPO höhere Gebühren verlangen. Vorausgesetzt ist bei dieser Art der Untersuchung, daß Prüfer das Ausmaß des Risikos bei den einzelnen Unternehmen erkennen und dies in ihrer Preissetzung berücksichtigen.

kant gegenläufiges empirisches Ergebnis: je mehr Risikofaktoren, desto mehr hatten die Mandanten den Prüfern zu bezahlen.[685]

In der bereits im vorangegangenen Abschnitt erwähnten Arbeit über neuseeländische IPO von **Firth/Smith (1992)** ergibt sich weder bei uni- noch bei multivariater Analyse ein signifikanter Einfluß der Klassenzugehörigkeit des Prüfers (Big8 – Non-Big8) auf die Höhe des Underpricings. Daneben untersuchen Firth/Smith die Anzahl der IPO mit Overpricing unter den von großen bzw. kleinen Prüfern begleiteten Gesellschaften. Sie nehmen an, daß aufgrund der vorliegenden glaubwürdigeren Unternehmensinformationen bei den von Big8 geprüften AG diese seltener Kursabschläge im Börsenhandel hinzunehmen haben. Die geringe Zahl der IPO mit Overpricing ist unter den beiden Prüfergruppen allerdings nicht unterschiedlich hoch.[686]

In der im nächsten Abschnitt ausführlich besprochenen Arbeit von **Jang/Lin (1993)** zeigt sich bei einer univariaten Analyse von 680 US-amerikanischen IPO aus den Jahren 1986 und 1987 ein signifikant höheres Underpricing bei den von kleinen Prüfern begleiteten IPO-Unternehmen als bei den Mandanten von Big8-WPG.[687]

In einer 230 Gesellschaften aus dem Vereinigten Königreich, die ihr IPO im Unlisted Securities Market durchführten, umfassenden Studie (1986 bis 1989) stellen **Holland/Horton (1993)** sowohl uni- als auch multivariat signifikante Unterschiede in der Höhe des Underpricings in Abhängigkeit vom begleitenden Prüfer fest. Mandanten von den größten neun und den mittelgroßen Prüfungsgesellschaften haben ein kleineres Underpricing hinzunehmen als die Mandanten kleinerer Prüfer. Berechnet man das Underpricing nicht auf den ersten Börsenhandelstag, sondern auf den zweiten oder 14., werden die Ergebnisse weniger signifikant. In einer weiteren Analyse über die Zeit stellen die Autoren fest, daß die Zusammenhänge im Zeitablauf nicht konstant bleiben. So scheint es, daß in Phasen, in denen viele IPO stattfinden, die Wahl des Prüfers mehr Einfluß auf die Höhe des Underpricings hat als in weniger aktiven IPO-Zeiten. Als Erklärung nennen Holland/Horton die bessere Möglichkeit für die Prüfer in aktiven Phasen, sich die IPO-Kandidaten auszusuchen; große Prüfer akzeptieren dann nur gute IPO.[688] Als alternative Erklärung bietet sich der höhere Druck auf die Emittenten in den aktiven Phasen an, dem Markt ihre Qualität im Vergleich zu den anderen IPO zu signalisieren.

Ng/Fung/Tai (1994) haben für Hong Kong anhand von 62 IPO aus den Jahren 1989 bis 1991 sowohl uni- als auch multivariat keine signifikanten Ergebnisse für einen Unterschied in der Höhe des Underpricings in Abhängigkeit vom gewählten Prüfer finden können. Auch ergibt sich in einer Regressionsanalyse

[685] Vgl. zu diesem Abschnitt Beatty/Welch (Expenses 1996).
[686] Vgl. zu diesem Abschnitt Firth/Smith (Selection 1992).
[687] Vgl. zu diesem Abschnitt Jang/Lin (Volume 1993), S. 273f.
[688] Vgl. zu diesem Abschnitt Holland/Horton (Advisers 1993).

kein Einfluß des Underwriters oder der Höhe der Beteiligung der Altaktionäre nach IPO; als signifikante Einflußgrößen erweisen sich ein Teil der die Unsicherheit über den Marktwert auf Anlegerseite beschreibenden Variablen und die Marktindexentwicklung in den letzten drei Wochen vor dem IPO. Die Ergebnisse ändern sich nicht, wenn statt der Einteilung der Prüfer in Big6 und andere Prüfer eine Unterteilung in Big2 und andere gewählt wird oder analog zu Beatty (1989) die Prüfer nach der aus einer Regression gewonnenen Höhe der Prüfungshonorarprämien eingeteilt werden.[689]

In der bereits im vorangegangenen Abschnitt vorgestellten Arbeit von **Michaely/Shaw (1995)** zeigt sich bei 884 US-amerikanischen IPO aus den Jahren 1984 bis 1988 in der univariaten Analyse ein signifikant niedrigeres Underpricing bei Unternehmen, die von einem Big8-Prüfer geprüft wurden, im Vergleich zu von kleinen Prüfern geprüften Gesellschaften. Das gleiche Ergebnis ergibt sich bei einer Einteilung der Prüfer in drei Größenklassen. Auch in einer multivariaten Analyse, in die neben dem Prüfer auch die Reputation des Underwriters und die Emissionsgröße einbezogen sind, ergibt sich ein signifikantes Ergebnis in erwarteter Richtung. In einer weiteren deskriptiven Datenanalyse zeigen Michaely/Shaw, daß Gesellschaften mit großen Prüfern relativ seltener ein sehr hohes Underpricing oder ein Overpricing aufweisen. Die Standardabweichung der Zeichnungsrendite ist bei von großen Prüfern geprüften Unternehmen kleiner als bei Gesellschaften mit mittelgroßen oder kleinen Prüfern. Damit zeigt sich nach Ansicht der Autoren, daß die Anleger IPO-Unternehmen, die einen Big8-Prüfer bestellt haben, als weniger riskant einschätzen als von kleineren Prüfern geprüfte.

Bei der Überprüfung, ob sich die Einschätzung der Prüfer[690] und der Marktteilnehmer über die Höhe des Schätz- und Unternehmensrisikos bei den IPO-Gesellschaften in einer längerfristigen Betrachtung als richtig erweist, ergeben sich nicht die erwarteten Resultate. Unternehmen mit großen Prüfern entwickeln sich in den beiden auf den Börsengang folgenden Jahren, gemessen an ihrem Börsenkurs, nicht besser als andere Unternehmen. Im Gegenteil zeigen die von einer Second-Tier-Gesellschaft geprüften Gesellschaften die beste Kursentwicklung; dieses Ergebnis ist allerdings statistisch nicht signifikant. Im Gegensatz zur Wahl des Konsortialführers – die von reputableren Konsortialführern an die Börse gebrachten Unternehmen weisen eine tendenziell bessere Kursentwicklung auf als die von weniger reputablen Emissionshäusern begleiteten – zeigt sich in einer multivariaten Analyse die Prüferwahl nicht als signifikante Variable für die längerfristige Kursentwicklung.[691]

---

[689] Vgl. zu diesem Abschnitt Ng/Fung/Tai (Reputation 1994).
[690] Wie in Abschnitt 6.1.2.2 beschrieben, argumentieren Michaely/Shaw (Choice 1995), daß hochreputable Prüfer nicht jedes Mandat annehmen, sondern anhand des Risikos des Mandanten über die Mandatsannahme entscheiden.
[691] Vgl. zu diesem Abschnitt Michaely/Shaw (Choice 1995).

Lediglich der Vollständigkeit halber soll eine Studie von **Neill/Pourciau/ Schaefer (1995)** nicht unerwähnt bleiben, in der der Einfluß der Ausnutzung von Bewertungswahlrechten im Abschluß, speziell die Wahl bestimmter Abschreibungsmethoden und Verbrauchsfolgeverfahren, auf die Bewertung von US-amerikanischen IPO-Unternehmen und die Höhe des Underpricings im Mittelpunkt steht. In einem multivariaten linearen Regressionsmodell mit der Höhe des Underpricings als abhängiger Variabler erweist sich die Variable, die die Wahl einer Big8-WPG oder eines kleineren Prüfers angibt, im Gegensatz zu den Variablen, die für die Konsortialführerklasse, den Alteigentümeranteil nach IPO und die gewählte Bilanzierungsmethode stehen, als nicht signifikante Einflußgröße. Aufgrund des auch im Vergleich zu den anderen hier aufgelisteten Arbeiten außergewöhnlich niedrigen Bestimmtheitsmaßes R^2 von 2,5% sind die Ergebnisse dieses Regressionsmodells kaum erwähnenswert.[692]

In der schon im vorangegangenen Abschnitt angesprochenen Arbeit von **Hogan (1997)** läßt sich ein Vergleich der Höhe des Underpricings zwischen den von Big6-WPG und kleinen Prüfern begleiteten Mandanten aus einer deskriptiven Datenanalyse ersehen. Diese univariate Analyse der Höhe des Underpricings bei den beiden Prüfergruppen erbringt gemischte Ergebnisse: Mandanten kleiner Prüfer weisen ein am Mittelwert gemessen geringeres Underpricing auf als von Big6-Gesellschaften geprüfte Unternehmen, während sich dieser Unterschied bei Betrachtung der Mediane genau umkehrt. Die Unterschiede sind nicht signifikant.[693]

Die aktuellste der hier aufgezählten Studien stammt von **Willenborg (1999)**. Er konzentriert sich darin auf kleine IPO-Unternehmen, hauptsächlich um statt der Informationsfunktion der Abschlußprüfung ihre Versicherungsfunktion in den Mittelpunkt zu stellen. Speziell unter Start-up-Unternehmen, die ein IPO planen, spielt nach Ansicht des Autors die sich in genaueren und glaubwürdigeren Informationen für die Anleger widerspiegelnde Prüfungsqualität eine geringe Rolle, weil die Abschlüsse dieser Gesellschaften regelmäßig „contain little meaningful accounting information about which a higher-quality auditor could be more precise."[694] Dagegen sind Anleger bei diesen von hohem Unternehmensrisiko gekennzeichneten Gesellschaften mehr an einer Versicherung gegen mögliche Kursverluste interessiert als an genauen Rechnungslegungsinformationen, die für die Bewertung dieser Gesellschaften nur eine stark untergeordnete Rolle spielen. Diese Versicherungsfunktion sollten große Prüfer mit ihrer größeren Haftungsmasse glaubwürdiger ausfüllen als kleinere Prüfer. Bei 270 kleinen firm-commitment-IPO an der NASDAQ aus den Jahren 1993 und 1994 mit Emissionserlösen von jeweils weniger als zehn Mio. US$ weisen sowohl unter den start-up- als auch unter den bereits über dieses Stadium hinausgewachsenen Gesellschaften die Mandanten kleiner Prüfer ein

---

[692] Vgl. zu diesem Abschnitt Neill/Pourciau/Schaefer (Valuation 1995).
[693] Vgl. zu diesem Abschnitt Hogan (Self-Selection 1997).
[694] Willenborg (Emprical 1999), S. 228.

höheres Underpricing im Vergleich zu den von Big6- und Second-Tier-WPG betreuten Unternehmen auf. In multivariaten Regressionsanalysen läßt sich ein auf dem 99%-Niveau signifikanter Einfluß der Prüferwahl auf die Höhe des Underpricings sowohl bei den start-up- als auch den anderen kleinen Gesellschaften nur in der Hälfte der, gemessen am Emissionsvolumen, größeren unter den analysierten Unternehmen feststellen. Dies deutet nach Ansicht von Willenborg auf die Wichtigkeit der Versicherungsfunktion des Abschlußprüfers hin, da die „deep pockets“ der Prüfer mit zunehmendem Emissionsvolumen und damit zunehmender Höhe möglicher Haftungsansprüche für die Anleger an Bedeutung gewinnen. Je stärker eine solche Versicherung durch die Wahl eines größeren Prüfers gegeben ist, desto geringer kann die Höhe des Underpricings ausfallen, ohne die Zeichnung der Aktien zu gefährden. Daß auch unter den über die start-up-Phase hinausgewachsenen IPO-Unternehmen ein inverser Zusammenhang zwischen der Größe der Prüfer und der Höhe des Underpricings festzustellen ist, zeigt nach Ansicht des Autors daneben die Bedeutung der Informationsfunktion, dergemäß höherqualitative Prüfer den Anlegern genauere Daten zur Bewertung der Gesellschaften zur Verfügung stellen, was ein geringeres Underpricing notwendig macht.

Als weitere Unterstützung für die von ihm angenommene Versicherungsfunktion der Prüfer sieht Willenborg das Ergebnis eines weiteren linearen Regressionsmodells mit der Höhe des Honorars der Prüfer als abhängiger Variabler an, das hochsignifikant einen Einfluß des Emissionsvolumens auf die Honorarhöhe zeigt.[695]

Das Zusammenspiel von Underwriter und Prüfer und beider Einfluß auf die Höhe des Underpricings wird von **Balvers/McDonald/Miller (1988)** untersucht. Bei 1.182 IPO von OTC-Gesellschaften in den USA im Zeitraum 1981 bis 1985 zeigt sich in einer uni- und einer multivariaten Analyse ein signifikant höheres Underpricing bei den Mandanten kleiner Prüfer als bei den von einer Big8-WPG betreuten Gesellschaften. Treten bei einem IPO sowohl ein hochreputabler Underwriter als auch ein Prüfer hoher Reputation gemeinsam auf, sollte sich nach den Modellüberlegungen der Autoren der negative Einfluß der Reputation auf die Höhe des Underpricings reduzieren, d.h., es werden abnehmende Grenzerträge der Unsicherheitsreduzierung bei gleichzeitiger Bestellung jeweils hochreputabler Prüfer und Konsortialführer unterstellt. Diese Hypothese fand signifikante Unterstützung in der empirischen Analyse. Bei Verwendung einer diskreten Ordnung der Prüfer nach den vereinnahmten Prüfungsgebühren anstatt der dichotomen Klasseneinteilung ergaben sich keine Unterschiede zu den oben genannten Ergebnissen.[696]

---

[695] Vgl. zu diesem Abschnitt Willenborg (Emprical 1999).
[696] Vgl. zu diesem Abschnitt Balvers/McDonald/Miller (Reputation 1988).

6.1.2.3.3 Der Marktwert in Abhängigkeit vom gewählten Prüfer

Bereits in der empirischen Arbeit von Feltham/Hughes/Simunic (1991) und den darauf aufbauenden Nachfolgearbeiten wurde implizit der Einfluß des gewählten Prüfers auf den Marktwert eines IPO-Unternehmens untersucht. Wegen ihrer konzeptionell anderen Hauptfragestellung, nämlich der nach dem Zusammenhang zwischen Unternehmensrisiko und Prüferwahl, wurden diese Arbeiten in Abschnitt 6.1.2.2 eingeordnet. Im Gegensatz dazu testen **Keasey/McGuinness (1992)** direkt anhand eines Regressionsmodells den Einfluß verschiedener Variabler auf die Höhe des Marktwertes eines IPO-Unternehmens. Ausgehend von der Hypothese, wonach Anleger die Wahl eines hochreputablen Prüfers als glaubhaftes Signal für positive private Informationen der Alteigentümer ansehen und deshalb bei solchen Gesellschaften tendenziell höhere Marktwerte zu erwarten sind, stellen die Autoren anhand von 190 IPO in den Unlisted Securities Market im Vereinigten Königreich in den Jahren zwischen 1984 und 1986 u.a. einen auf dem 95%-Niveau signifikanten Einfluß der beauftragten WPG auf den Marktwert in erwarteter Richtung fest.[697]

Einige Jahre zuvor hatten bereits **Simunic/Stein (1987)** in ihrer oben eingehend beschriebenen Studie zur Qualitätsdifferenzierung unter Wirtschaftsprüfern im Umfeld von 469 IPO aus dem Jahr 1981 in den USA u.a. auch den Einfluß des Prüfers auf den Marktwert des Unternehmens analysiert. Obwohl man hinsichtlich des Einflusses des gewählten Prüfers auf den Marktwert eines Unternehmens in Relation zu seinem Buchwert aus der deskriptiven Analyse ersieht, daß große Prüfer relativ häufiger Mandanten haben, deren Marktwert sich aus einem höheren Multiplikator auf den Buchwert der Aktien ergibt, bringt eine Regressionsanalyse nur einen sehr schwachen Hinweis darauf, daß der Prüfer für einen höheren relativen Marktwert verantwortlich sein könnte. Allerdings zeigt sich bei einer detaillierteren Analyse für Arthur Andersen und die damalige Peat Marwick Mitchell ein hochsignifikanter Zusammenhang mit Unternehmen, die einen hohen Multiplikator besitzen.[698] Kritisch an der Deutung der Markt-Buchwertrelation der Autoren ist anzumerken, daß diese Relation auch als Risikomaßstab für das Unternehmen und nicht als Maßstab für den Marktwert gedeutet werden könnte.

6.1.2.3.4 Der Zusammenhang zwischen Prüferwahl und Handelsvolumen

Ausgehehend von den Modellüberlegungen von Kim/Verrechia (1991), wonach die Genauigkeit und Glaubwürdigkeit neuer Informationen in Relation zu dem vor Bekanntwerden dieser neuen Information herrschenden Informationsniveau positiv mit der Stärke und dem Volumen der Kapitalmarktreaktion darauf verknüpft ist, und Grundy/McNichols (1989), die behaupten, daß eine ge-

[697] Vgl. zu diesem Abschnitt Keasey/McGuinness (Signalling 1992).
[698] Vgl. zu diesem Abschnitt Simunic/Stein (Differentiation 1987).

nauere Information in sehr kurzer Zeit vom Markt vollständig verarbeitet wird, während die Anpassung des Marktes bei ungenaueren Informationen länger dauert und deshalb ein höheres Handelsvolumen in den Tagen nach Bekanntgabe der Information festzustellen ist, testen **Jang/Lin (1993)** anhand von 680 US-amerikanischen firm-commitment-IPO aus den Jahren 1986 und 1987, ob die von hoch reputablen Prüfern begleiteten IPO am ersten Handelstag an der Börse ein höheres und an den folgenden Tagen ein niedrigeres Handelsvolumen aufweisen als die von kleinen Prüfern geprüften IPO-Unternehmen.[699]

In der univariaten Analyse zeigt sich der Erwartung entsprechend ein hochsignifikant größeres Handelsvolumen bei den Big8-Mandanten am ersten Börsenhandelstag und ein schwachsignifikant geringeres Handelsvolumen in den folgenden Tagen als bei den Mandanten kleinerer Prüfer. Noch deutlicher zeigt sich der Unterschied, wenn man IPO, die sowohl einen Big8-Prüfer als auch einen hochreputablen Konsortialführer gewählt haben, mit IPO vergleicht, die jeweils auf weniger reputable Prüfer und Konsortialführer gesetzt haben. Im großen und ganzen bestätigen sich diese Ergebnisse auch in einer multivariaten Regressionsanalyse.[700] In einer Dreiklasseneinteilung der Prüfer ergibt sich aus der Regressionsanalyse lediglich ein Unterschied zwischen Big8- und den anderen Prüfern; zwischen national tätigen Nicht-Big8-WPG und kleinen regionalen Prüfern waren keine Unterschiede festzustellen. In einer weitergehenden Analyse zeigte sich ein Einfluß der dichotomen Prüferklasseneinteilung auf das Handelsvolumen am ersten und im Zeitraum des sechsten bis 30. Handelstages nach dem IPO nur unter den von weniger reputablen Emissionshäusern an die Börse begleiteten Emissionen, nicht unter den von hochreputablen Konsortialführern begleiteten. Auch war der Einfluß in erwarteter Richtung deutlicher bei den IPO ausgeprägt, bei denen die Alteigentümer nach IPO einen kleineren Anteil am Kapital hielten. Dies deutet darauf hin, daß Anleger gerade bei IPO, die – gemessen am Alteigentümeranteil und der Konsortialführerreputation – eine vergleichsweise höhere Unsicherheit aufweisen, der Reputation des Prüfers Beachtung schenken.[701] Dieses Ergebnis ist zudem konsistent zu den von Balvers/McDonald/Miller (1988) hinsichtlich der Höhe des Underpricings festgestellten abnehmenden Grenzerträgen der

---

[699] Die bedeutendste weitere Einflußgröße auf die Handelsvolumina dürften Unterschiede im Ausmaß der durch eine Information hervorgerufenen Meinungsänderungen unter den Anlegern darstellen. Vgl. Jang/Ro (Trading 1989), S. 244, zusammenfassend S. 260. Damit existieren zwei sich widersprechende Argumentationen hinsichtlich des Einflusses der Prüferwahl auf das Handelsvolumen. Zum einen führen nach Kim/Verrechia (Volume 1991) glaubwürdigere Informationen zu höheren Handelsvolumina, zum anderen ist gemäß der soeben vorgestellten Argumentation eine stärker unterschiedliche Deutung einer Information durch die Anleger – was häufiger bei den mit höherer Unsicherheit behafteten Informationen der Fall sein dürfte – der Grund für ein höheres Handelsvolumen. Jang/Lin befreien sich aus diesem Dilemma, indem sie behaupten, zwischen Glaubwürdigkeit – also einem geringen Schätzrisiko – und Unsicherheit, die sie mit dem Unternehmensrisiko gleichsetzen, unterscheiden zu können. Vgl. Jang/Lin (Volume 1993), S. 269f.

[700] Daneben zeigte sich die Reputation des Underwriters als hochsignifikanter Einflußfaktor auf die Höhe der Handelsvolumina und ihre Entwicklung.

[701] Vgl. zu diesem Abschnitt Jang/Lin (Volume 1993).

Unsicherheitsreduzierung bei gleichzeitiger Bestellung jeweils hochreputabler Prüfer und Konsortialführer.

6.1.2.4 Zusammenfassung

Die Aufzählung der Arbeiten in den vorangegangenen Abschnitten[702] hat nicht in allen Bereichen eine eindeutige Richtung der empirischen Resultate deutlich werden lassen. Zum Teil dürften dafür unterschiedliche rechtliche und ökonomische Rahmenbedingungen in den verschiedenen Volkswirtschaften, in denen die Untersuchungen stattfanden, verantwortlich sein.

Hinsichtlich der Prüferwechsel vor einem IPO zeigte sich in den beiden dazu vorliegenden Studien in der Prüferwechselrichtung eine tendenzielle Bevorzugung größerer WPG; allerdings ließen sich bei Menon/Williams (1991) insgesamt keine häufigeren Prüferwechsel unter IPO-Unternehmen als unter bereits börsennotierten AG feststellen.

In den Arbeiten zur Prüferwahl bei IPO-Unternehmen zeigt sich nahezu durchgängig ein signifikanter Zusammenhang zwischen dem gewählten Prüfer und dem Konsortialführer sowie der Größe des IPO-Unternehmens. Auch Variable, die den internen Kontrollbedarf widerspiegeln, erweisen sich als signifikante Einflußgrößen auf die Prüferwahl. Dagegen läßt sich ein signifikanter, in der Richtung konsistenter Einfluß von Risikovariablen auf die Prüferwahl nicht feststellen. Da die in den USA mit ihrem damals äußerst strengen Haftungsregime angesiedelten Arbeiten alle einen Zusammenhang zwischen von geringem Unternehmensrisiko gekennzeichneten Gesellschaften und der Wahl großer Prüfer zeigen, während sich in Arbeiten aus Ländern mit entspannter Haftungssituation ein genau gegenteiliger Zusammenhang ergibt, deutet sich ein Einfluß der haftungsrechtlichen Begebenheiten für Prüfungsleistungen in den verschiedenen Volkswirtschaften auf die Ergebnisse an. Insgesamt sind die Ergebnisse allerdings – ähnlich wie in den Arbeiten über den Zusammenhang zwischen Prüferwahl und Underpricing – in vielen Fällen nicht statistisch signifikant, was möglicherweise auch daran liegen könnte, daß zur Charakterisierung von Unternehmensrisiko bzw. der Unsicherheit über den Marktwert auf Anlegerseite unterschiedliche und zum Teil möglicherweise ungeeignete Va-

[702] Neben den Arbeiten zum Wechsel und zur Wahl des Prüfers bei IPO-Unternehmen und den Reaktionen auf diese Prüferwahl wurde das Umfeld eines IPO in den letzten Jahren auch herangezogen, um den Einfluß einer Prüfung auf die Genauigkeit von im Prospekt veröffentlichten Ertragsschätzungen zu untersuchen. Signifikante Ergebnisse, wonach die von großen WPG betreuten IPO-Unternehmen genauere Ertragsschätzungen veröffentlichen, erbrachten die Arbeiten von Jelic/Saadouni/Briston (accuracy 1998) und Firth/Smith (Selection 1992) nicht. Lediglich Cheng/ Firth (Forecasts 2000), S. 440-444 konnten für Hong Kong zumindest teilweise signifikante Ergebnisse in erwarteter Richtung berichten. In einer weiteren Arbeit führte die Prüfung der Ertragsschätzungen zwar zu weniger zu positiven Darstellungen der zukünftigen Erträge, als dies unter den nicht geprüften Ertragsschätzungen der Fall war, allerdings erhöhte sich durch die Prüfung die Genauigkeit der Vorhersagen insgesamt kaum. Vgl. McConomy (Bias 1998).

riable, wie etwa die Anzahl der im Prospekt aufgeführten Risikofaktoren oder die Streuung der Tagesrenditen im späteren Börsenhandel, herangezogenen werden.[703]

Relativ eindeutig läßt sich ein negativer Einfluß großer Prüfer auf die Höhe der Vergütung der Konsortialbanken unter den drei erwähnten Studien feststellen.

Ein die Höhe des Underpricings reduzierender Einfluß der Wahl eines großen Prüfers läßt sich zwar nicht immer statistisch signifikant, aber doch in nahezu allen Arbeiten, die auf den Märkten in den USA und im Vereinigten Königreich basieren, in erwarteter Richtung feststellen. Für andere Volkswirtschaften ergeben sich keine signifikanten Ergebnisse. Ebenfalls nicht immer hochsignifikant, aber doch in erwarteter Richtung verlaufen die Ergebnisse über den Zusammenhang zwischen der Wahl eines großen Prüfers und dem Marktwert des IPO-Unternehmens, den zunächst höheren und danach stärker zurückgehenden Umsätzen im Börsenhandel und der im Zusammenhang mit dem Underpricing knapp angesprochenen geringeren Streuung der Renditeentwicklung der Aktien dieser Gesellschaften im Börsenhandel.

Insgesamt ergeben sich damit zumindest in der Tendenz Ergebnisse, die den aus den theoretischen Überlegungen abgeleiteten Erwartungen entsprechen und die somit als Referenz für die eigene Untersuchung herangezogen werden können.

6.2 Eigene empirische Untersuchung

Wie auch der Überblick über die internationalen Studien im vorangegangenen Abschnitt gezeigt hat, ist die Beachtung der rechtlichen und institutionellen Begebenheiten für die Beurteilung der empirischen Ergebnisse unabdingbar, speziell zum Vergleich mit Ergebnissen aus anderen Rechtsräumen.[704] Aus diesem Grund wurden in Kapitel 4 zumindest grob die rechtlichen und verfahrenstechnischen Bedingungen des deutschen IPO-Marktes angesprochen. Die Hauptunterschiede hinsichtlich der Stellung des Abschlußprüfers im IPO-Prozeß zu den in den USA geltenden Bedingungen sind in Abschnitt 6.1.1 erwähnt. Nicht charakterisiert wurden bisher der IPO-Markt in Deutschland in den der Untersuchung zugrunde liegenden Jahren von 1990 bis 1999, die Marktstellung der einzelnen Banken und Finanzdienstleister im IPO-Geschäft und der Markt für Abschlußprüfungen in Deutschland. Diese drei Aspekte sollen zunächst Beachtung finden, bevor nach Ausführungen zu Datengrundlagen und dem methodischen Vorgehen die Ergebnisse der empirischen Analyse präsentiert werden.

---

[703] Bei vielen der aufgeführten Studien wird zudem nicht klar, was genau mit dem Begriff „Risiko" bzw. „Unsicherheit" gemeint ist.
[704] Vgl. Jenkinson/Ljungqvist (Going Public 1996), S. 6, 24.

6.2.1 Börsengänge in den 90er Jahren

6.2.1.1 Überblick

Die Entwicklung des IPO-Marktes von 1990 bis 1999 ist durch zwei einschneidende Ereignisse maßgeblich geprägt: dem Börsengang der Deutschen Telekom AG im Herbst 1996 und der Schaffung des Neuen Marktes im Frühjahr 1997. Dieser war als neues, privatrechtlich organisiertes Börsensegment für

	1980	**1981**	**1982**	**1983**	**1984**	**1985**	**1986**	**1987**	**1988**	**1989**
Amtlicher Handel	3	1	2	6	11	8	16	9	3	8
Geregelter Markt[705]	0	1	2	1	10	4	11	10	11	17
Freiverkehr	1	0	0	4	2	1	1	0	0	1
Gesamtanzahl	**4**	**2**	**4**	**11**	**23**	**13**	**28**	**19**	**14**	**26**
Kurswert der Emissionen in Mio. DM	51	56	17	319	1.679	1.804	4.972	1.765	814	2.368
in % der Gesamtmarktkapitalisierung	0,04	0,04	0,01	0,14	0,68	0,41	1,04	0,51	0,18	0,38

	1990	**1991**	**1992**	**1993**	**1994**	**1995**	**1996**	**1997**	**1998**	**1999**
Amtlicher Handel	11	9	1	5	3	12	6	10	15	28
Geregelter Markt	17	10	7	3	8	8	6	4	13	10
Freiverkehr	2	0	0	2	4	0	2	8	8	22
Neuer Markt								10[706]	39	111[707]
Gesamtanzahl	**30**	**19**	**8**	**10**	**15**	**20**	**14**	**32**	**75**	**171**
Kurswert der Emissionen in Mio. DM	3.032	3.202	1.020	967	1.287	6.975	24.807[708]	5.093	6.202	20.485
in % der Gesamtmarktkapitalisierung	0,54	0,54	0,18	0,12	0,17	0,84	2,40	0,34	0,34	0,73

Tabelle 4: Neuemissionen inländischer Emittenten in Deutschland von 1980 bis 1999[709]

---

705 Der Geregelte Markt wurde erst 1987 geschaffen. Für die Jahre davor beziehen sich die Angaben auf den Geregelten Freiverkehr.

706 Da unter den im DAI-Factbook 2000 aufgelisteten Neuemissionen inländischer (!) Unternehmen drei ausländische Gesellschaften enthalten waren, wurde die im DAI-Factbook angegebene Zahl der Neuemissionen um diese drei Gesellschaften reduziert. In allen drei Fällen handelt es sich um Unternehmen des Neuen Marktes.

707 Wie für das Jahr 1997 waren in der Auflistung im DAI-Factbook 2000 drei ausländische Gesellschaften enthalten, um die die Anzahl der in den Neuen Markt gegangenen Gesellschaften reduziert wurde.

708 Davon entfallen auf die Deutsche Telekom AG 19.665 Mio. DM.

709 Vgl. Deutsches Aktieninstitut (DAI-Factbook 2000), Blatt 03-2, 03-6, S. 1-6, 03-8. Offensichtliche Fehler in den Angaben des DAI-Factbook wurden bereinigt.
In der im DAI-Factbook 2000 enthaltenen Liste der Neuemissionen sind nicht nur IPO in der in dieser Arbeit verwendeten Definition enthalten, sondern auch einzelne Notierungsaufnahmen, Emissionen einer zweiten Aktiengattung, nachdem eine andere Aktiengattung dieser Gesellschaft bereits notiert ist, oder im Zuge von Fusionen neu eingeführte Aktien. Diese Fälle sind neben weiteren, aufgrund anderer Gründe eliminierten Gesellschaften in Anhang 2 aufgeführt. Aus den in Tabelle 4 aufgeführten Daten ergibt sich nach Bereinigung um die in Anhang 2 genannten Fälle die Datengrundlage für die empirische Untersuchung. Vgl. Abschnitt 6.2.3.

junge, innovative Unternehmen gedacht, die ihr Wachstum durch die Ausgabe von Eigenkapitaltiteln finanzieren wollten. In der Zeit vor diesen beiden Ereignissen bewegte sich die Neuemissionstätigkeit in Deutschland auf dem relativ niedrigen Niveau der späten 70er und 80er Jahre; hauptsächlich gingen damals schon größere, im Markt etablierte Unternehmen an die Börse. Ab 1997 stieg die Zahl der neu mit ihren Aktien an die Börse kommenden Gesellschaften sehr stark an, wobei es sich häufig um im Vergleich zu den Vorjahren kleinere, jüngere und oftmals noch nicht mit ihren Produkten im Markt etablierte Unternehmen handelte. Zudem war seither festzustellen, daß ausländische Emittenten mit zunehmender Häufigkeit in Deutschland – vor allem am Neuen Markt – ihr IPO durchführten, was auf eine generelle Attraktivitätssteigerung des deutschen Kapitalmarktes hindeutete.[710] Tabelle 4 auf Seite 181 zeigt sowohl die zahlenmäßige als auch die größengewichtete Emissionstätigkeit von 1980 bis 1999. Die gleichzeitige Emission von verschiedenen Aktiengattungen einer Gesellschaft wird dabei als ein IPO gewertet.

	NYSE	NASDAQ	Tokio	UK	Schweiz	Deutschland
Anzahl IPO von 1986 bis 1999	2.146	6.449	518	2.502	300	481
Kurswert aller IPO von 1989 bis 1999 in Mio. US$	415.534	172.064	k.A.	110.003	26.693	45.934
Gesamtmarktkapitalisierung Ende 1999 in Mrd. US$	11.437,6	5.204,6	4.455,3	2.855,4	693,1	1.432,2
Gesamtmarktkapitalisierung in % des BIP 1999	USA: 181,1		Japan: 104,0	200,7	269,3	67,8
Kurswert aller IPO von 1989 bis 1999 in Relation zur Gesamtmarktkapitalisierung 1999	3,63	3,31	k.A.	3,85	3,85	3,21
Kurswert aller IPO von 1989 bis 1999 in Relation zum BIP 1999	4,52	1,87	k.A.	7,73	10,37	2,17
Kurswert der IPO 1997 in Relation zum BIP 1997	0,56	0,25	k.A.	0,90	0,71	0,14
Kurswert der IPO 1998 in Relation zum BIP 1998	0,51	0,16	k.A.	0,48	2,85	0,17
Kurswert der IPO 1999 in Relation zum BIP 1999	0,78	0,55	k.A.	0,52	4,02	0,65

Tabelle 5: Börseneinführungen inländischer Gesellschaften an ausgewählten Börsen[711]

[710] Allein im Jahr 1999 haben 24 ausländische Gesellschaften (Fortunecity.com Inc., WizCom Technologies Ltd., Rhein Biotech N.V., Highlight Communications AG, Sanochemia Pharmazeutika AG, Agfa-Gevaert N.V., Charles Vögele Holding AG, Brain Force Software AG, BEKO Holding AG, AT & S Austria Technologie & Systemtechnik AG, ADCON Telemetry AG, OTI On Track Innovations Ltd., Trintech Group PLC, The Fantastic Corporation, Fabasoft AG, musicmusicmusic inc., Dialog Semiconductor AG, RT-SET Ltd. (heute: vi[z]rt Ltd.), Plaut AG, ebookers.com Plc., Orad Hi-Tec Systems Ltd, Poet Holdings Inc., Toys International.com, Röhrig High Tech Plastics AG) ein IPO in Deutschland durchgeführt. Vgl. Deutsche Börse (Fact Book 1999), S. 15-17; eigene Recherchen.

[711] Vgl. Deutsches Aktieninstitut (DAI-Factbook 2000), Blatt 03-3-1, 03-4-2, 05-1, 05-2, 05-3; eigene Berechnungen.

Zur Einschätzung der Finanzierungskraft eines Kapitalmarktes ist die Größe „Kurswert aller im Rahmen von IPO emittierter Aktien eines Jahres im Verhältnis zur Gesamtmarktkapitalisierung dieses Jahres" nicht geeignet, da sie die Relation der Marktkapitalisierung zu volkswirtschaftlichen Gesamtaggregaten außer acht läßt. Deshalb wurde zur Beurteilung der Finanzierungskraft des deutschen Kapitalmarktes im internationalen Vergleich u.a. der Kurswert der neuemittierten Aktien ins Verhältnis zum BIP gesetzt. Tabelle 5 zeigt die im Vergleich zu anderen Volkswirtschaften unterentwickelte Nutzung des deutschen Kapitalmarktes zur Eigenkapitalaufnahme durch bisher nicht notierte AG. Während die über die Jahre 1989 bis 1999 aufsummierten Kurswerte der IPO zu ihren jeweiligen Emissionszeitpunkten im Verhältnis zum BIP des Jahres 1999 den internationalen Rückstand Deutschlands verdeutlichen, zeigt unter den jüngsten, einzeln aufgeführten Jahren das Jahr 1999 zumindest gegenüber dem Vereinigten Königreich eine Verbesserung an.

Der Zusammenhang zwischen Emissionstätigkeit und der herrschenden Stimmung an der Börse ist aus Abbildung 4 auf Seite 184 zu ersehen: Steigende Kurse am Aktienmarkt gehen tendenziell einher mit einer verstärkten Emissionstätigkeit. Ähnliche Muster konnten bereits für verschiedene Volkswirtschaften in der Vergangenheit festgestellt werden.[712] In den früheren Jahren des in den Graphiken abgebildeten Zeitraumes läßt sich bei einem Vergleich der halbjährlichen prozentualen Marktindexveränderung mit der Häufigkeit von IPO erkennen, daß die Kursentwicklung etwa ein halbes Jahr der IPO-Aktivität vorausläuft. In den letzten Jahren mit ihren exzessiven Kursausschlägen ist die gewählte halbjährliche Darstellung der Marktindexveränderung gegenüber dem unmittelbaren Blick auf die Indexentwicklung weniger gut geeignet zur Feststellung eines Zusammenhangs mit der IPO-Aktivität. Dies liegt zum einen daran, daß die halbjährliche Stichtagsbetrachtung die oftmals starken Kursschwankungen während des Halbjahres außer acht läßt, und zum anderen an einer in den letzten Jahren stark verkürzten Vorbereitungszeit, die die Gesellschaften bis zum IPO benötigen. Zumindest für die jüngsten Jahrgänge fällt die steigende Zahl von IPO mit dem anwachsenden relativen Bewertungsniveau des Marktes, gemessen am durchschnittlichen Kurs-Gewinn-Verhältnis aller notierten Gesellschaften, zusammen. Da in der Praxis zur Bestimmung der Emissionspreise auch Vergleiche zur Bewertung bereits notierter Gesellschaften zum Einsatz kommen,[713] gewinnt die Durchführung eines IPO für die Alteigentümer mit steigendem Bewertungsniveau des Marktes an Attraktivität.

---

[712] Vgl. Bessler/Kaen/Sherman (Perspective 1998), S. 590f.; neben weiteren Nachweisen findet sich bei Kaserer/Kempf (Underpricing-Phänomen 1995), S. 54f., ein empirischer Beleg für den deutschen Markt.

[713] Vgl. Fußnote 351.

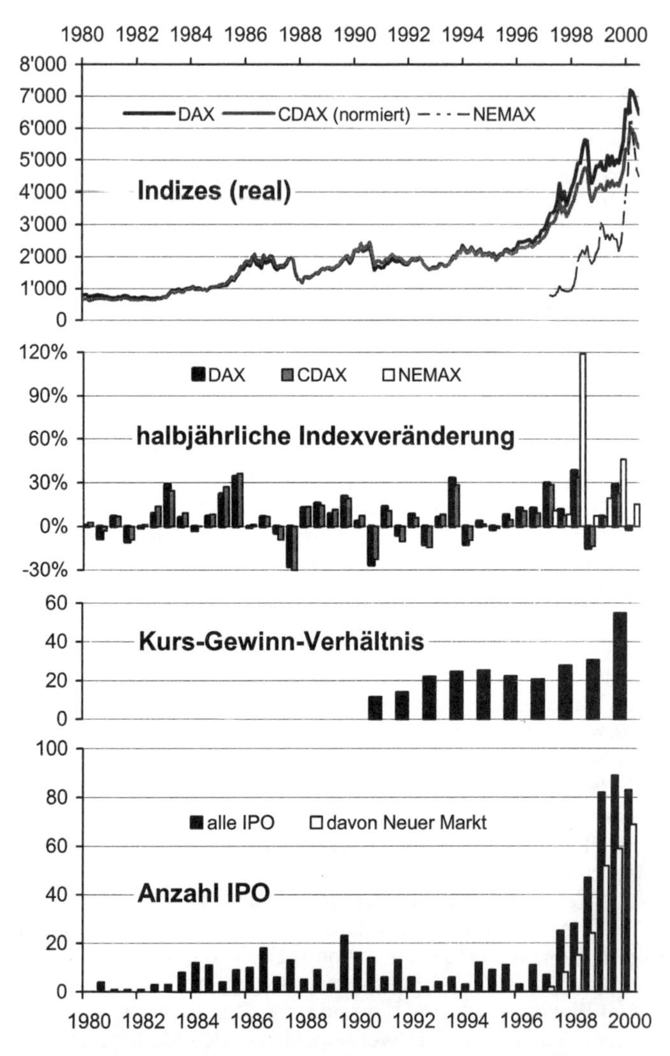

Abbildung 4: Marktentwicklung und Häufigkeit von IPO[714]

[714] Der Kursverlauf der Indizes wurde aus den mittels des Verbraucherpreisindex inflationsbereinigten Monatsschlußkursen gebildet. Unbereinigte Kursdaten wurden freundlicherweise von der Deutschen Börse AG zur Verfügung gestellt. Die Kurse für den CDAX wurden zur anschaulicheren Darstellung mit dem Faktor 10 multipliziert. Der Verbraucherpreisindex wurde aus einer Veröffentlichung des Statistischen Bundesamtes im Internet (http://www.statistik-bund.de/indicators/d/prtab01.htm (Stand: Februar 2001)) und verschiedenen Jahrgängen der Fachserie 17, Reihe 7 des Statistischen Bundesamtes errechnet. Die Verbraucherpreisindices vor 1991 beziehen sich nur auf das frühere Bundesgebiet. Der Index ist genormt auf 1995 = 100. Zu den Kurs-Gewinn-

Eine Reaktion der Alteigentümer in der Form, daß sie bei einem höheren Bewertungsniveau des Marktes einen höheren Anteil am Grundkapital nach IPO im Rahmen des IPO abgeben, läßt sich aus Tabelle 6 nicht ablesen. Vielmehr zeigt sich, daß die vergleichsweise stärkeren Kursgewinne am Neuen Markt nicht mit der Abgabe größerer Kapitalanteile durch die Alteigentümer zusammenfallen.[715]

in %	Amtlicher Handel	Geregelter Markt	Neuer Markt	gesamt
1990	28,26	36,25		33,12
1991	32,64	28,46		30,55
1992		39,10		39,10
1993	26,99	32,78		29,47
1994	29,73	31,83		31,13
1995	30,99	29,80		30,49
1996	47,08	28,77		37,09
1997	43,75	35,82	35,25	38,98
1998	49,01	31,09	28,57	33,16
1999	37,87	29,21	29,49	30,91
gesamt	37,54	32,26	29,59	32,39

Tabelle 6: Durchschnittlich im Rahmen des IPO abgegebener Kapitalanteil[716]

6.2.1.2 Der Markt für Finanzdienstleister als Konsortialführer

Unter den 318 in dieser Arbeit analysierten IPO aus den Jahren 1990 bis 1999, von denen 86 auf den Amtlichen Handel, 77 auf den Geregelten Markt und 155 auf den Neuen Markt entfallen,[717] läßt sich in den letzten Jahren mit der zunehmenden Häufigkeit von IPO eine abnehmende Konzentration unter den Konsortialführern feststellen. In Tabelle 7 auf Seite 186 sind alle Finanzdienstleistungsunternehmen aufgenommen, die im Untersuchungszeitraum an mindestens zehn IPO als Konsortialführer beteiligt waren. Während bis 1997 neben der den Markt dominierenden Deutschen Bank nur die beiden anderen Großbanken Dresdner Bank und Commerzbank sowie die WestLB und die BHF-Bank zumindest zeitweise erwähnenswerte Marktanteile gewinnen konnten, änderte sich mit dem Wachsen des Neuen Marktes das Bild. Am stärksten

Verhältnissen, die erst ab 1990 verfügbar waren, vgl. Deutsches Aktieninstitut (DAI-Factbook 2000), Blatt 09.1-6. Die Anzahl der IPO entspricht den Angaben in Tabelle 4. Die Anzahl der IPO im ersten Halbjahr 2000 wurde entnommen aus Deutsches Aktieninstitut (DAI-Factbook 2000), Blatt 03-7, S. 7-9.

[715] Bei diesen jungen, meist von einem hohen Unternehmensrisiko gekennzeichneten Gesellschaften dürfte, wie in den Abschnitten 5.3 und 5.5.2 erläutert, tendenziell eine höhere Beteiligung der Altaktionäre nach dem IPO als Signal an die Anleger notwendig sein, um die Übernahme der Emission durch einen Konsortialführer und die Zeichnung durch die Anleger sicherzustellen.

[716] Die Werte sind ohne Berücksichtigung von Mehrzuteilungsoptionen aus den 318 dieser Untersuchung zugrundeliegenden IPO berechnet.

[717] Zur Ermittlung dieser Zahlen vgl. Abschnitt 6.2.3.

konnte davon die DG Bank profitieren, die mit zwei Ausnahmen seit 1997 ausschließlich IPO an den Neuen Markt begleitete. Insgesamt ist festzuhalten, daß die für frühere Zeiträume festzustellende oligopolistische sich deutlich hin zu einer wettbewerblichen Marktstruktur geändert hat.[718] Eine Größengewichtung anhand der Emissionsvolumina ändert an dieser grundsätzlichen Aussage nichts.

Anzahl Mandate	1990	1991	1992	1993	1994	1995	1996	1997	1998	1999	gesamt
Deutsche Bank	10	6	3	1	2	5,5	1,3	4,8	5,5	13,3	52,5
Dresdner Bank	3	3				4	2,3	4,3	7,5	12,3	36,5
Commerzbank	4	3		1	1	2		2	1,3	10,5	24,8
DG Bank	1		1		2		1	4	8,5	13	30,5
WestLB	1	1	1		1	3	2	2,5	4	8	23,5
BHF-Bank	3	1	2	3				0,3	2,5	4	15,8
HypoVereinsbank[719]		1		1	2		2	0,3	5,5	10	21,8
Gontard & Metallbank[720]								1	7	6,3	14,3
andere	1	1		1	1	4,5	2,3	1,7	23,2	62,5	98,2
gesamt	23	16	7	7	9	19	11	21	65	140	318
Marktanteil von Deut., Dresd. und Commerzb. in % (Anzahl)	73,9	75,0	42,9	28,6	33,3	60,5	33,3	53,2	22,1	25,8	35,8
Marktanteil von Deut., Dresd. und Commerzb. in % (Emissionsvolumen)	91,4	86,5	37,5	16,5	57,7	67,1	65,1	57,0	34,1	27,3	52,1

Tabelle 7: Mandatsverteilung unter Konsortialführern[721]

6.2.1.3 Der Markt für Abschlußprüfungen bei IPO-Unternehmen

Analog zu den Konsortialführern zeigt Tabelle 8 eine grobe Marktstruktur für Abschlußprüfungsleistungen bei IPO-Unternehmen, wobei auf den Abschlußprüfer des letzten ordentlichen Jahres- und Konzernabschlusses vor dem IPO abgestellt wird.

---

[718] Vgl. Kaserer/Kempf (Underpricing-Phänomen 1995), S. 57-59; Uhlir (Underpricing-Phänomen 1989), S. 12.

[719] Auf die ehemalige Bayerische Vereinsbank entfallen davon 7,5 Emissionen.

[720] Am 30.12.1998 gelangte die Metallbank in die Einflußsphäre des alleinigen Aktionärs der Heinrich Gontard & Co. AG, der Gold-Zack AG. Mit Handelsregistereintrag vom 6. April 1999 wurde die MetallBank GmbH auf die Heinrich Gontard & Co. AG verschmolzen (vgl. Börsenzulassungsprospekt 1999, S. 24-28). In der Tabelle sind auch für 1997 und 1998 die Emissionen der beiden damals noch unabhängigen Institute zusammengefaßt.

[721] Bei gemeinsamer Konsortialführung wurden die Mandate anteilig aufgeteilt. Emissionsvolumina sind auf Basis der Emissionspreise berechnet; die Anzahl emittierter Aktien umfaßt die geplante Abgabe aus Kapitalerhöhungen und Altaktionärsbesitz sowie tatsächlich ausgeübte Mehrzuteilungsoptionen.

Anzahl Mandate	1990	1991	1992	1993	1994	1995	1996	1997	1998	1999	gesamt
KPMG	4	4	1	1	1	5,5		2,5	7	26	52
Arthur Andersen	0,5	2	1				1	3	11	27	45,5
C&L, ab 1998: PWC	2	3		1		4	2	3	5,5	17	37,5
Ernst & Young	2	1	2			0,5	1	3	3	13	25,5
andere Big6	3	2			1	1,5	2	6	4	4,5	24
kleine Prüfer	10,5	3	3	5	7	7,5	5	3,5	34,5	50,5	129,5
fehlende Angabe[722]	1	1								2	4
gesamt	23	16	7	7	9	19	11	21	65	140	318
Marktanteil der Big6 in %[723]	52,3	80,0	57,1	28,6	22,2	60,5	54,5	83,3	46,9	63,4	58,8

Tabelle 8: Mandatsverteilung unter Abschlußprüfern von IPO-Unternehmen[724]

Der Marktanteil der großen WPG bleibt anders als bei den Konsortialführern auch in den Jahren 1998 und 1999, in denen viele kleine Gesellschaften an die Börse kamen, weiterhin hoch. Im Vergleich zu der anschließend präsentierten, nicht auf IPO-Unternehmen beschränkten Marktstruktur für Abschlußprüferleistungen fällt vor allem die sehr starke Marktstellung von Arthur Andersen unter den IPO-Gesellschaften auf.

Um einen Referenzpunkt für die nachfolgenden Untersuchungen zu gewinnen, wird im folgenden zunächst die Struktur des Marktes für Abschlußprüferleistungen bei AG und KGaA und ihre Veränderung zwischen 1990 und 1996 bzw. 1997 beschrieben.[725]

6.2.2 Der Markt für Abschlußprüfungen bei börsennotierten und nicht börsennotierten AG und KGaA

Der Markt für Abschlußprüfungen hatte in den Jahren vor Beginn des Untersuchungszeitraumes 1990 bedeutende Strukturveränderungen sowohl auf der Nachfrage- als auch auf der Angebotsseite zu bewältigen. Auf der Nachfrageseite wurden mit dem Bilanzrichtliniengesetz vom 19.12.1985 mittelgroße

---

[722] Vier jeweils aus Konzern- bzw. Gesellschaftsumstrukturierungen hervorgegangene AG hatten im Prospekt keinen Prüfer des letzten Abschlusses ihres Rechtsvorgängers genannt bzw. waren in der damaligen Form nicht prüfungspflichtig. Alle vier AG haben im Prospekt geprüfte Als-ob- oder Pro-forma-Abschlüsse veröffentlicht.

[723] Der angegebene Marktanteil ergibt sich aus dem Quotienten aus der Anzahl der von Big6-WPG gehaltenen Mandate und allen Mandaten, für die entsprechende Angaben im Prospekt enthalten waren.

[724] Bei joint audits wurden die Mandate hälftig auf die beiden beteiligten Prüfer aufgeteilt. Den einzelnen Big6-WPG wurden die Mandate kleinerer Prüfer, an denen sie in den jeweiligen Jahren mehrheitlich beteiligt waren, zugerechnet. Zu Einzelheiten der Zurechnung vgl. auch die Ausführungen im folgenden Abschnitt, insbesondere Fußnote 734.

[725] Aktuellere Daten, die den gesamten Untersuchungszeitraum bis 1999 abdecken, sind zur Zeit nicht verfügbar.

GmbH und große GmbH, soweit sie nicht bereits nach dem Publizitätsgesetz verpflichtet waren, erstmals für das nach dem 31.12.1986 beginnende Geschäftsjahr prüfungspflichtig; für kleine AG bestand ab Anfang 1986 keine Prüfungspflicht mehr.[726]

Auf der Angebotsseite war eine große Konzentrations- und Internationalisierungswelle der Branche 1990 abgeschlossen: KPMG hatte zum 1.1.1990 die Treuverkehr AG übernommen, Treuarbeit AG und Treuhand-Vereinigung befanden sich bereits mehrheitlich im Besitz der Deutsche Revision AG, die sich 1990 der internationalen Organisation von Coopers & Lybrand anschloß. Schitag arbeitete bereits mit Ernst & Young, die Deutsche Warentreuhand mit BDO und WEDIT mit Deloitte Ross Tohmatsu (heute: DTT) zusammen.[727] Mit Ausnahme des im Jahr 1998 vollzogenen Zusammenschlusses von C & L Deutsche Revision AG und Price Waterhouse GmbH (im folgenden: PW) zur PWC Deutsche Revision AG fand die Zunahme der Konzentration im Prüfermarkt während der Jahre des Untersuchungszeitraumes von 1990 bis 1999 ihre Fortsetzung in der kontinuierlichen Übernahme kleinerer durch verschiedene große WPG.[728]

Bevor auf die Struktur des Marktes für Abschlußprüfungen bei börsennotierten allgemeinen[729] AG eingegangen wird, soll zunächst in Tabelle 9 auf Seite 190 eine breiter gefaßte Marktstruktur für die Jahre 1990 und 1996,[730] basierend jeweils auf einer Vollerhebung aller im vom Verlag Hoppenstedt & Co. herausgegebenen Handbuch der deutschen AG (HdAG) enthaltenen allgemeinen Aktiengesellschaften, dargestellt werden. Im HdAG, Jahrgang 1991/92, in dem hauptsächlich die Gesellschaften mit ihren Abschlüssen für das Jahr 1990 enthalten sind, waren 2.250 verschiedene AG aufgeführt.[731] Allerdings waren nur von 1.620 AG sowohl der Name des Abschlußprüfers als auch die Bilanz-

---

[726] Vgl. Adler/Düring/Schmaltz (Rechnungslegung 6. Auflage), § 316 HGB, Rn. 15.

[727] Vgl. Lenz (Wahl 1993), S. 335-338.

[728] Vgl. Lenz (Entwicklungstendenzen 1999), S. 541f.

[729] Unter allgemeinen AG werden hier alle AG und KGaA verstanden, die keine Bank oder Versicherung sind. Aufgrund im Vergleich zu den allgemeinen AG abweichender Bilanzstrukturen bei Banken und Versicherungen ist die Vergleichbarkeit dieser Gesellschaften untereinander nicht gegeben; deshalb werden sie nicht zusammengefaßt ausgewertet. Vermutlich wegen der zur Prüfung von Banken und Versicherungen notwendigen Spezialkenntnisse läßt sich für diese beiden Branchen jeweils tendenziell eine höhere Konzentration im Markt für Abschlußprüfungen feststellen als bei den allgemeinen AG. Vgl. Lenz/Ostrowski (Markt 1999), S. 402f.

[730] Bei jeder der beiden Untersuchungen wurden die Jahreszahlen 1990 bzw. 1996 nicht eng ausgelegt, so daß auch einige wenige Gesellschaften miteinbezogen sind, deren Bilanzzahlen sich auf das Jahr 1989 oder 1991 bzw. 1995 oder 1997 beziehen.

[731] Vgl. zur Marktstrukturanalyse für das Jahr 1990 Lenz (Struktur 1996), S. 269-279 und 313-318; Lenz (Wahl 1993), S. 360ff. Die hier dargestellte Marktstruktur wurde aus dem den beiden genannten Arbeiten zugrundeliegenden Datenset von Lenz ermittelt. Abweichungen zu den Ergebnissen von Lenz erklären sich hauptsächlich aus der Verwendung einer einheitlichen Grundgesamtheit – Lenz greift für die Betrachtung der Anzahl der Mandate auf eine andere Grundgesamtheit zurück als für die bilanzsummenbezogenen Betrachtung –, der abweichenden Behandlung von joint audits und der Zuordnung der Mandate der Deutsche Baurevision AG und der Süddeutsche Baurevision GmbH zur WEDIT (DTT)-Gruppe.

bzw. Konzernbilanzsumme angegeben. Auf diesen 1.620 Gesellschaften beruht die folgende Auswertung für das Jahr 1990. Joint audits wurden den beteiligten Prüfern jeweils hälftig zugerechnet. Für die bilanzsummengewichteten Größen wurde auf die Konzernbilanzsumme der Gesellschaften abgestellt. Die Bilanzsumme des Einzelabschlusses wurde nur dann herangezogen, wenn keine entsprechende Konzerngröße existierte.

Für das Jahr 1996 wurde die gleiche Vorgehensweise gewählt. Aus den Jahrgängen 1996/97 und 1997/98 des HdAG wurden insgesamt 2.193 allgemeine AG erfaßt, von denen für 1.699 Prüfer[732] und Bilanzsummen verfügbar waren. Wie für 1990 befinden sich unter diesen 1.699 allgemeinen AG einige, für die nur Angaben für das Jahr 1995 (40 AG) bzw. 1997 (eine AG) im HdAG verfügbar waren. In Anbetracht geringer Prüferwechselraten und tendenziell geringer Änderungen in den Bilanzsummen zwischen zwei aufeinanderfolgenden Jahren dürften diese zeitlichen Verschiebungen ohne entscheidenden Einfluß auf die Ergebnisse bleiben.[733]

Zur Abgrenzung eines Prüfungsanbieters wurden den einzelnen WPG ihre Tochtergesellschaften zugerechnet. Als Zuordnungskriterium wurde grundsätzlich der mehrheitliche Besitz der Anteile an einer anderen Gesellschaft gewählt.[734]

Die Marktanteile der einzelnen Prüfer sind mittels verschiedener Surrogatgrößen für die in Deutschland nicht veröffentlichten Prüfungshonorare geschätzt. Als Surrogate kamen die Anzahl der Mandate, die Summe der Bilanzsummen der Mandanten und die Summe aus den Wurzeln der Bilanzsummen der Mandanten zum Einsatz. Die letztgenannte Surrogatgröße hat sich in der auf einer

---

[732] Bei zwei Gesellschaften waren statt eines Abschlußprüfers einmal ein Konkursverwalter und einmal die interne Revision der Muttergesellschaft angegeben. Aus Vereinfachungsgründen und dem geringen Einfluß dieser beiden Fälle auf die im folgenden dargestellten Ergebnisse wurden diese beiden Gesellschaften als Mandanten kleiner Prüfer behandelt.

[733] Die Marktstruktur für das Jahr 1996 wurde aus dem der Arbeit von Bauer (Wechsel 1999) zugrundeliegenden Datenset ermittelt. Aufgrund eines Vergleichs der im Datenset enthaltenen börsennotierten AG mit den aus dem Bundesanzeiger und aus Geschäftsberichten gewonnenen Daten (vgl. Lenz/Ostrowski (Markt 1999)) konnten unter den 495 im HdAG enthaltenen börsennotierten AG bei acht AG falsche Prüferangaben festgestellt und eliminiert werden. Abweichungen zu den Ergebnissen von Bauer erklären sich hauptsächlich aus der Verwendung einer anderen Grundgesamtheit – Bauer greift nur auf AG zurück, für die Daten für 1996 vorliegen, während hier, wie im Text erwähnt, auch wenige AG mit Daten für 1995 bzw. 1997 einbezogen werden – und der Eliminierung von sechs größeren AG, die hier nicht den allgemeinen AG zugeordnet werden (Allianz AG, AMB Aachener und Münchener Beteiligungs-AG, Citicorp Deutschland, Nürnberger Beteiligungs-AG, Volkswagen Financial Services und DBV Winterthur Holding AG).

[734] Aufgrund über den gesamten Untersuchungszeitraum von 1990 bis 1999 bestehender enger organisatorischer Verflechtungen wurden zudem die WIBERA Wirtschaftsberatung AG aufgrund einer 49%-Beteiligung der C&L-Gruppe und die Deutsche Baurevision AG aufgrund der bestehenden Arbeitsgemeinschaft der WEDIT (DTT)-Gruppe zugerechnet. Zum 1.1.1999 hat PWC den Anteil der restlichen 51% an der WIBERA erworben. Vgl. den im Bundesanzeiger Nr. 4 vom 7.1.2000, S. 135ff., veröffentlichten Abschluß der PWC Deutsche Revision AG über das zum 30.06.1999 endende Geschäftsjahr, insbesondere S. 136, 139.

Befragung von Unternehmen nach der Höhe der Prüfungshonorare basierenden Untersuchung von Strickmann (2000) als die mit Abstand treffsicherste herausgestellt.[735] Die beiden anderen Surrogatgrößen werden angegeben, um einen zusätzlichen Einblick in die Größenstruktur der zugrundeliegenden Mandate und Marktanteile zu gewinnen. Zur Messung der absoluten Konzentration werden verschiedene Konzentrationsraten verwendet.[736]

Prüfer	Anzahl der Mandate		Marktanteil in % der Mandate		Marktanteil in % der Bilanzsummen der Mandanten		Marktanteil in % der Wurzel der Bilanzsumme der Mandanten	
	1990	1996	1990	1996	1990	1996	1990	1996
KPMG	285,5	297	17,62	17,48	33,83	30,28	25,55	24,04
C&L	266,5	316,5	16,45	18,63	36,30	43,76	26,15	29,86
Ernst & Young	106,5	108	6,57	6,36	5,58	3,63	6,47	6,14
WEDIT (DTT)	88	116	5,43	6,83	5,22	6,83	6,17	7,20
BDO	85,5	86,5	5,28	5,09	6,40	4,87	6,80	6,19
Arthur Andersen	40	56,5	2,47	3,33	0,76	1,54	1,90	2,95
PW	13	31	0,80	1,82	1,00	0,83	1,09	1,52
kleine Prüfer	735	687,5	45,37	40,46	10,91	8,26	25,88	22,09
Total	1.620	1.699	100,00	100,00	100,00	100,00	100,00	100,00
CR2[737]			34,07	36,11	70,13	74,04	51,70	53,90
Marktanteil der Big7[738]			54,63	59,54	89,09	91,74	74,12	77,91

Tabelle 9: Marktanteile der Wirtschaftsprüfungsgesellschaften bei 1.620 bzw. 1.699 allgemeinen AG in den Jahren 1990 und 1996

Zu beiden untersuchten Zeitpunkten ist eine hohe Konzentration des Marktes für Abschlußprüfungsleistungen bei allgemeinen Aktiengesellschaften festzustellen. Die beiden größten Anbieter halten zusammen einen Anteil von etwas über 50%, die Big7 zusammen einen Anteil von etwa 75% an diesem Markt. Während der sechs Jahre von 1990 bis 1996 hat die Konzentration weiter zugenommen. Auf Kosten des Marktanteils kleiner Prüfer konnten vor allem C&L sowie WEDIT und Arthur Andersen erwähnenswerte Marktanteilszuwächse realisieren. Die beiden größten Prüfungsanbieter konnten aufgrund des Wach-

[735] Vgl. Strickmann (Wirtschaftsprüfung 2000), S. 219-222. Für das Vereinigte Königreich konnte in einer Studie über die Jahre 1972 und 1982 gezeigt werden, daß die sich auf Grundlage der beobachtbaren Honorare errechnete Konzentration auf dem Prüfungsmarkt bei Verwendung des Surrogates „Bilanzsumme" über- und bei Verwendung des Surrogates „Wurzel aus der Bilanzsumme" unterschätzt wird. Vgl. Moizer/Turley (Surrogates 1987).

[736] Vgl. zur Berechnung von Konzentrationsraten Lenz/Ostrowski (Markt 1999), S. 401. Die Entwicklung von Herfindahl-Index und – zur Messung der relativen Konzentration – Gini-Koeffizient zwischen den beiden untersuchten Zeitpunkten verläuft in gleicher Richtung wie die dargestellten Konzentrationsraten. Vgl. Bauer (Wechsel 1999), S. 81.

[737] Gemeinsamer Marktanteil der beiden größten Anbieter.

[738] Bis zum Zusammenschluß von C & L Deutsche Revision AG und Price Waterhouse GmbH im Jahr 1998 bestand die Gruppe der mit Abstand größten WPG in Deutschland aus sieben Gesellschaften. Die zu den Big6 zählenden Gesellschaften sind in Fußnote 244 aufgezählt.

stums von C&L ihren gemeinsamen Marktanteil weiter erhöhen. Aus dem Vergleich der verschiedenen angegebenen Surrogatgrößen zeigt sich, daß in der Mandantenstruktur der beiden größten Anbieter große Unternehmen relativ häufiger vertreten sind.

Für die festgestellten Marktstrukturänderungen kann es verschiedene Gründe geben: Abschlußprüferwechsel, den Aufkauf kleinerer Prüfer durch große und (hinsichtlich der bilanzsummengewichteten Größen) unterschiedliches Bilanzsummenwachstum der Mandanten. Um Referenzwerte für die Analyse des Prüferwahl- und -wechselverhaltens der IPO-Unternehmen zu gewinnen, wird den Abschlußprüferwechseln, und um diese von unechten Prüferwechseln[739] abzugrenzen, den Aufkäufen kleiner durch größere WPG näher nachgegangen. Dazu wurden zunächst die AG aus den beiden Grundgesamtheiten 1990 und 1996 herausgefiltert, die in beiden Grundgesamtheiten enthalten sind. Für 1996 wurden zum Vergleich mit 1990 nur die AG herangezogen, deren Angaben sich auch tatsächlich auf das Jahr 1996 beziehen (41 AG mit Daten aus 1995 bzw. 1997 blieben unbeachtet). Insgesamt sind 1.128 Gesellschaften in beiden obigen Grundgesamtheiten enthalten. Unter diesen kam es bei 36 Aktiengesellschaften zu einem Wechsel von einer kleinen zu einer großen Prüfungsgesellschaft aufgrund der Tatsache, daß die kleine WPG aus dem Jahr 1990 bis 1996 sich zwischenzeitlich einer großen WPG angeschlossen hatte.[740] In diesen Fällen liegt kein echter Prüferwechsel vor. Allein durch diese Übernahmen kleiner durch große WPG wurde ein Marktanteil von 3,07%[741] hin zu den großen WPG bewegt. Diese Zahl kann als Untergrenze für das durch den Anschluß kleiner Prüfer an große bewegte Marktvolumen gelten, da Fälle, in denen sich zuvor in eigener Praxis tätige WP einer großen WPG angeschlossen haben, hier nicht erfaßt wurden. Diese – vermutlich wenigen – Fälle sind in den in Tabelle 10 aufgeführten Prüferwechseln enthalten. Der Prozeß der Übernahme kleinerer WPG durch größere hat sich auch nach 1996 fortgesetzt. Prominente Beispiele sind der Erwerb der Dr. Lipfert GmbH durch C&L und der WTG-Rheinland Revisions- und Treuhand-Gesellschaft mbH durch

[739] Unechte Prüferwechsel treten auf, wenn ein Prüfungsanbieter während zweier Beobachtungszeitpunkte von einem anderen Prüfer übernommen wird und die Mandate des erstgenannten im zweiten Zeitpunkt beim zweitgenannten verbucht werden.

[740] Es handelt sich um folgende Prüfungsgesellschaften (in Klammern jeweils die Anzahl der betroffenen Mandate): Rheinisch-Westfälische Wirtschaftsprüfung GmbH (10), SRG Südrevision GmbH (6) und Industrie-Treuhand-GmbH (3) zu C&L, Landestreuhand Weihenstephan GmbH (8) zu WEDIT, Gellert-Wirtschaftsprüfung GmbH (2) und Treuhand Aktiengesellschaft Rheinland (3) zu KPMG, „Habetreu“ Hamburger Wirtschaftsprüfungsgesellschaft und Treuhand-Gesellschaft m.b.H. (1) und Dr. Vonderreck und Schulte (1) zu BDO und Dr. Köcke & Partner GmbH (2) zu PW.

[741] Gemessen an der Surrogatgröße „Wurzel (Bilanzsumme 1996)“ im Vergleich zu 3,19%, gemessen an der Anzahl der Mandate, bzw. 1,81%, gemessen an den Bilanzsummen 1996.

KPMG im Jahr 1997.[742] 1998 erfolgte die vollständige Übernahme der JUS GmbH durch die KPMG,[743] und zum Jahresanfang 1999 erwarb PWC die Societäts Treuhand Gruppe.[744]

Wechselrichtung (von – zu)	**klein – klein**		**klein – groß**		**groß – groß**		**groß – klein**		**Wechsel gesamt**		**AG gesamt**
	AG	Zahl	AG	Zahl	AG	Zahl	AG	Zahl	AG	Zahl	
alle AG	67	65,5	73	71	113	109,5	45	43,5	296	289,5	1.128
öffentliche AG	7	7	9	9	33	32,5	14	14	63	62,5	164
nicht öffentliche AG	60	58,5	64	62	80	77	31	29,5	233	227	964

Tabelle 10: Prüferwechsel unter 1.128 AG zwischen 1990 und 1996[745]

Die Anzahl der Unternehmen, die von 1990 bis 1996 zumindest teilweise ihren Abschlußprüfer gewechselt haben, beträgt bereinigt um Doppelzählungen 296 (26,24%).[746] AG, die sich mehrheitlich im Besitz der öffentlichen Hand befinden,[747] sind in obiger Tabelle separat ausgewiesen, weil hier die Entscheidun-

[742] Vgl. Lenz/Ostrowski (Markt 1999), S. 410. Allein unter den 1.128 AG, die sowohl 1990 als auch 1996 erfaßt sind, hatte die Dr. Lipfert GmbH 1996 8,5 Mandate inne, die WTG-Rheinland Revisions- und Treuhand-Gesellschaft mbH hatte unter den allgemeinen AG kein Mandat, besitzt aber bei der Prüfung von Versicherungen einen für kleine WPG beachtlichen Marktanteil.
Im Jahr 1997 wurden von der KPMG auch die beiden personell verflochtenen WPG Dr. Schmitt & Partner GmbH und Brühmüller Klose & Partner GmbH erworben.

[743] Zuvor war KPMG nur mit 40% indirekt beteiligt.

[744] Zudem wurden von PWC zum Jahresanfang 1999 die noch nicht in ihrem Besitz befindlichen 51% an der Wibera AG erworben. Vgl. Fußnote 734.

[745] Unter „AG“ ist die Anzahl der von einem Prüferwechsel betroffenen Gesellschaften, unter „Zahl“ die Anzahl der Wechsel, wobei beispielsweise der Wechsel eines von zwei joint-audit-Prüfern als halber Wechsel gezählt wird, angegeben.
Haben AG während des Untersuchungszeitraumes ihren Prüfer zweimal gewechselt, sind sie in obiger Tabelle sowohl unter „AG“ als auch unter „Zahl“ doppelt vertreten. Da die den Prüfer wechselnden AG über die Jahre 1990 bis 1996 hinweg zu einem großen Teil im HdAG verfolgt werden konnten, wurde bei drei AG festgestellt, daß sie in diesem Zeitraum zweimal den Prüfer wechselten. Dabei handelt es sich um Bavaria-St. Pauli-Brauerei AG, Auerbräu AG und Hofbrauhaus Coburg Verwaltungs-AG, wobei die beiden letztgenannten 1996 zur Paulaner-Salvator-Beteiligungs AG bzw. zur Paulaner Brauerei AG gehörten. Da AG, die zu den beiden Zeitpunkten 1990 und 1996 den gleichen Abschlußprüfer aufwiesen, nicht weiter untersucht wurden, könnte die Zahl der tatsächlichen Prüferwechsel leicht unterschätzt sein, wenn diese AG innerhalb des Untersuchungszeitraumes zweimal den Prüfer gewechselt haben, wobei sie beim zweiten Wechsel zu ihrem ursprünglichen Prüfer aus dem Jahr 1990 zurückgekehrt sein müßten.

[746] Doppelzählungen kommen beispielsweise zustande, wenn eine AG, die 1990 von einer großen WPG geprüft wurde, sich 1996 für ein joint audit aus einer anderen großen WPG und einem kleinen Prüfer entschieden hatte. In diesem Fall fällt diese AG sowohl in die Kategorie „groß – groß“ als auch „groß – klein“.

[747] Als Quelle zur Bestimmung der Beteiligungsverhältnisse diente das HdAG 1996/97 bzw. 1997/98. Vereinzelt wurde zudem auf das von der Commerzbank AG herausgegebene Handbuch „Wer gehört zu wem“, 19. Auflage 1997, zurückgegriffen.

gen über Prüferwechsel Sonderfaktoren unterliegen.[748] Von den 164 AG mit der öffentlichen Hand als Mehrheitseigner wechseln 38,41% den Abschlußprüfer in dem hier untersuchten Sechs-Jahres-Zeitraum, was zu einer durchschnittlichen jährlichen Prüferwechselrate von 6,40% führt. Dagegen lassen sich unter den anderen AG lediglich 24,17% bzw. 4,03% jährliche durchschnittliche Prüferwechsel feststellen. Ein Chi-Quadrat-Test, basierend auf einer Vier-Felder-Tafel, zeigt bei Zugrundelegung einer Sicherheitswahrscheinlichkeit von 99,9%, daß die Hypothese, wonach sich AG in öffentlichem Besitz und solche in privatem Besitz nicht hinsichtlich der Häufigkeit von Prüferwechseln unterscheiden, abgelehnt werden kann. Auch in der Richtung der Prüferwechsel zeigen sich Unterschiede zwischen privat und öffentlich beherrschten AG: Zwar ist die Gruppe der Prüferwechsel, bei denen eine große WPG durch eine andere große WPG ersetzt wird, unabhängig vom Mehrheitseigner die größte. Ein Wechsel von einer großen WPG zu einem kleineren Prüfer kommt bei den öffentlich beherrschten AG relativ zu den anderen AG wesentlich häufiger, ein Wechsel von einem kleinen zu einem großen Prüfer relativ seltener vor.[749] Ein Grund hierfür könnte die Förderung regional tätiger kleinerer WPG durch kommunale Anteilseigner sein. Aufgrund der festgestellten Abweichungen im Prüferwechselverhalten und weil es sich bei den im weiteren Verlauf untersuchten IPO-Unternehmen mit wenigen Ausnahmen um AG mit privaten Anteilseignern handelt, werden die AG mit der öffentlichen Hand als Mehrheitseigner zur Analyse von Prüferwechseln im weiteren nicht mehr beachtet.

Im Hinblick auf die Analyse der IPO-Unternehmen, bei denen es sich hauptsächlich um kleinere AG handelt, ist in Tabelle 11 auf Seite 194 dargestellt, wie sich AG unterschiedlicher Größe, gemessen an ihrer (Konzern-)Bilanzsumme, in der Häufigkeit der von ihnen vollzogenen Prüferwechsel unterscheiden. Dazu wurden alle 964 nicht im Eigentum der öffentlichen Hand stehenden AG ihrer Bilanzsumme (1996) nach geordnet und in acht Gruppen zu je 120 oder 121 AG eingeteilt.[750] Die Zahlen in den Feldern geben Unternehmen an, die mindestens teilweise den Prüfer gewechselt haben. AG, die zweimal den Prüfer wechselten, sind wieder doppelt erfaßt.[751]

Auffallend ist die mit zunehmender Unternehmensgröße abnehmende Neigung, den Prüfer zu wechseln. Die unterschiedliche Häufigkeit der verschiedenen Arten von Prüferwechseln läßt sich durch die unterschiedliche Prüferverteilung im Ausgangszeitpunkt in den einzelnen Gruppen zumindest teilweise

---

[748] Hauptsächlich dürften von den öffentlichen Entscheidungsgremien häufig beschlossene turnusmäßige Prüferwechsel eine entscheidende Rolle spielen. Vgl. Bauer (Wechsel 1999), S. 86f.

[749] Der mit 39,6% gegenüber 43,0% etwas geringere Anteil kleiner Prüfer bei den öffentlich beherrschten Unternehmen im Ausgangsjahr 1990 beeinflußt diese Feststellungen nicht entscheidend.

[750] Die Gruppen 1, 2 und 7 und 8 beinhalten jeweils 121 AG. In Gruppe 1 befinden sich die kleinsten, in Gruppe 8 die größten AG.

[751] Auch zwei AG, die mit ihrem jeweils einen Wechsel gleichzeitig in zwei verschiedene Prüferwechselkategorien gehören, sind in beiden Kategorien, also doppelt erfaßt. Vgl. Fußnote 752.

Größenklasse	**1**	**2**	**3**	**4**	**5**	**6**	**7**	**8**
klein – klein	25	16	8	2	3	1	5	0
klein – groß	13	11	7	5	8	4	11	5
groß – groß	5	6	12	16	12	11	8	10
groß – klein	4	4	5	5	4	6	2	1
gesamt[752]	47	37	32	28	26	22	25	16
durchsch. jährl. Wechselquote	**6,47**	**5,10**	**4,44**	**3,89**	**3,61**	**3,06**	**3,44**	**2,20**
AG mit kleinem Prüfer 1990[753]	92	78	61	41	51	31	48	17
in % von allen AG	76,03	64,46	50,83	34,17	42,50	25,83	39,67	14,05
Anteil der Wechsler unter den AG mit kleinen Prüfern 1990	**41,30**	**34,62**	**24,59**	**17,07**	**21,57**	**16,13**	**33,33**	**29,41**

Tabelle 11: Prüferwechsel in Abhängigkeit von der Unternehmensgröße

erklären. In Größengruppe 1 ist der Anteil kleiner Prüfer wesentlich höher als bei größeren AG; demnach ist auch nicht verwunderlich, wenn hier Wechsel weg von kleinen Prüfern häufiger als bei größeren AG stattfinden. Setzt man die Anzahl der Prüfwerwechsel bei AG mit kleinen Prüfern ins Verhältnis zur Anzahl der Unternehmen, die 1990 einen kleinen Prüfer bestellt hatten, nivellieren sich mit Ausnahme der kleinsten Gesellschaften die oben festgestellten Unterschiede in der Prüferwechselrichtung unter den unterschiedlich großen Gesellschaften. Berechnet man zusätzlich den Anteil der von einem kleinen zu einem großen Prüfer wechselnden Gesellschaften unter den AG, die ursprünglich einen kleinen Prüfer bestellt hatten, ergeben sich keine nennenswerten Unterschiede unter den ersten sechs Größenklassen; die beiden Klassen mit den größten Unternehmen weisen dagegen eine durchschnittlich fast doppelt so hohe Rate solcher Wechsel auf.

Aus den Angaben in Tabelle 11 ist ferner festzuhalten, daß sich der in früheren Konzentrationsstudien festgestellte Zusammenhang zwischen der Größe eines Unternehmens und der Wahl des Prüfers auch hier identifizieren läßt. Größere Unternehmen greifen tendenziell seltener auf die Dienste kleinerer Prüfer zurück. Als Gründe für dieses Verhalten können die fehlende Kapazität kleiner Prüfer zur Durchführung von Prüfungen bei großen Unternehmen, eine weniger umfangreiche Angebotspalette zusätzlicher Dienstleistungen und die

[752] In den Größenklassen 5 und 7 ergibt sich die Gesamtzahl der Prüferwechsel nicht aus der Summe der Anzahlen der einzelnen Prüferwechselkategorien, da in diesen Größenklassen jeweils eine AG enthalten ist, die wegen der gleichzeitigen Zugehörigkeit zu zwei verschiedenen Prüferwechselkategorien doppelt gezählt ist. Vgl. Fußnote 751.

[753] AG, die neben einem großen Prüfer in einem joint audit auch einen kleinen Prüfer bestellen, sind hier als AG mit kleinem Prüfer erfaßt.

fehlende Präsenz im Ausland, um dortige Unternehmenstochtergesellschaften prüfen zu können, genannt werden.[754]

Nach dieser Gesamtmarktbetrachtung soll nun in den beiden folgenden Tabellen detaillierter auf börsennotierte und nicht-börsennotierte AG eingegangen und sollen Unterschiede zwischen diesen beiden Gruppen hinsichtlich Prüferwahl und Prüferwechsel deskriptiv dargestellt werden. Dazu wird grundsätzlich wieder auf die beiden bisher verwendeten Grundgesamtheiten aus den Jahren 1990 und 1996 zurückgegriffen. Für die börsennotierten Unternehmen liegen allerdings aktuellere Zahlen für das Jahr 1997 vor, die auf Basis einer Vollerhebung gewonnen wurden.[755] Auch für 1996 wird die bisher verwendete Datengrundlage durch eine Vollerhebung unter den börsennotierten AG ersetzt.[756] Für das Jahr 1990 bilden weiterhin die im HdAG erfaßten börsennotierten AG die Datengrundlage.[757]

Zum Jahresende 1990 waren laut Auflistung in der Börsen-Zeitung vom 31.12.1990 an den deutschen Börsen 580 allgemeine AG, 38 Bank-AG und 31 Versicherungs-AG mit Sitz im Inland notiert. Von den 580 allgemeinen AG konnte durch Recherche im HdAG von 552 der Prüfer ermittelt werden.[758] 1996 waren 680 inländische AG an den deutschen Börsen notiert, unter denen sich nach Bereinigung um Gesellschaften in Insolvenz u.ä. 590 allgemeine AG befanden, von denen für 586 die notwendigen Daten erhoben werden konnten. Unter den 705 zum Jahresultimo 1997 notierten Gesellschaften befanden sich nach entsprechenden Bereinigungen 611 allgemeine AG, von denen für

[754] Vgl. zu diesen auch analog für die Erklärung zunehmender Konzentration auf dem Prüfungsmarkt genannten Gründen statt vieler Strickmann (Wirtschaftsprüfung 2000), S. 301-306 mit weiteren Nachweisen.
[755] Vgl. Hüllweck/Ostrowski (Abschlußprüfer 2000).
[756] Vgl. Lenz/Ostrowski (Markt 1999).
[757] Aufgrund des schon längere Zeit zurückliegenden Jahres 1990 erschien eine Recherche der veröffentlichten Jahres- und Konzernabschlüsse, was regelmäßig bei den Gesellschaften, die ihren Abschluß nicht im Bundesanzeiger veröffentlicht haben, zu einer Anforderung ihrer Geschäftsberichte führt, als zu aufwendig. Trotz der gelegentlichen Ungenauigkeiten des HdAG, vor allem was die richtige Jahreszuordnung bei Prüferwechseln angeht, wurde deshalb auf das der Arbeit von Lenz (Wahl 1993) zugrundeliegende Rohdatenset zurückgegriffen. Für die Jahre 1996 und 1997 wurde der weit aufwendigere, aber auch exaktere Weg der Datenerhebung über Bundesanzeiger und Geschäftsberichte der AG gewählt.
[758] Neun weitere allgemeine AG waren im HdAG enthalten, allerdings fehlte für sie jeweils die Angabe des Abschlußprüfers, weshalb sie aus der Untersuchung ausgeschlossen wurden (Berliner AG für Industriebeteiligungen, DETEWE-Deutsche Telephonwerke Bet. AG, Guano-Werke AG, Haus- und Heim Wohnungsbau AG, Kammgarnspinnerei zu Leipzig AG, Karwendelbahn AG, Nordhäuser Tabakfabriken AG, Pommersche Provinzial-Zuckersiederei AG und Wolldeckenfabrik Weil der Stadt AG).

606 entsprechende Daten vorlagen.[759] Bis zum Ende des Untersuchungszeitraumes dieser Arbeit 1999 ergab sich auf der Anbieterseite des Prüfermarktes in Deutschland als einschneidende Veränderung der Zusammenschluß von C&L und Price Waterhouse. Die erstmals bei der Auswertung der Abschlüsse aus dem Jahr 1998 feststellbaren Auswirkungen dieses Zusammenschlusses auf die Marktstruktur bleiben in den folgenden Tabellen unberücksichtigt.

Prüfer	Anzahl der Mandate		Marktanteil in % der Mandate		Marktanteil in % der Wurzel der Bilanzsumme der Mandanten	
	1990	1996	1990	1996	1990	1996
KPMG	159,5	169	14,93	15,24	21,02	21,44
C&L	180,5	209	16,90	18,85	26,53	29,97
Ernst & Young	60	59	5,62	5,32	6,85	5,99
WEDIT (DTT)	50,5	64	4,73	5,77	5,79	6,61
BDO	48,5	50,5	4,54	4,55	4,79	5,49
Arthur Andersen	19	23,5	1,78	2,12	1,50	2,10
PW	9	21	0,84	1,89	1,81	2,24
kleine Prüfer	541	513	50,66	46,26	31,71	26,16
Total	1.068	1.109	100,00	100,00	100,00	100,00
CR2			31,83	34,09	47,55	51,41
Marktanteil der Big7			49,34	53,74	68,29	73,84

Tabelle 12: Marktanteile der Wirtschaftsprüfungsgesellschaften bei nicht börsennotierten allgemeinen AG in den Jahren 1990 und 1996

Die beiden Teilmärkte für börsennotierte und nicht börsennotierte Gesellschaften unterscheiden sich hinsichtlich ihres Konzentrationsgrades beträchtlich. Während unter den börsennotierten AG die beiden größten Prüfungsanbieter Marktanteile von deutlich über 50% und die Big7 von etwa 80% aufweisen (Tabelle 13), sind die Anteile der kleinen Prüfer unter den nicht börsennotierten AG (Tabelle 12) um 12% (1990) bzw. fast 10% (1996) höher als bei den börsennotierten. Die Konzentration hat sich im Untersuchungszeitraum in beiden Teilmärkten weiter erhöht, wobei die prozentuale Marktanteilszunahme der Big7 unter den nicht börsennotierten AG höher ausfällt. Die Daten für 1997 deuten eine weitere Zunahme der Konzentration an.

Die Gründe für die unterschiedlich hohe Konzentration in den beiden Teilmärkten könnten zum einen in den tendenziell unter börsennotierten AG stärker auftretenden Problemen aus Informationsasymmetrien, zu deren Milderung höherqualitative Prüfer nachgefragt werden, und zum anderen daran liegen, daß unter den börsennotierten Unternehmen häufiger größere Unternehmen

[759] In die Marktstukturanalyse bei Hüllweck/Ostrowski (Abschlußprüfer 2000) sind nur 605 allgemeine AG einbezogen. Nach Veröffentlichung dieser Studie ging der Abschluß einer weiteren AG ein. Für eine ausführlichere Beschreibung der Vorgehensweise vgl. Hüllweck/Ostrowski (Abschlußprüfer 2000), S. 3f.; Lenz/Ostrowski (Markt 1999), S. 398f.

zu finden sind, von deren Prüfung kleinere Prüfer aufgrund ihrer zu geringen Personalkapazität ausgeschlossen bleiben. Letzterem wird in Tabelle 14 beispielhaft für das Jahr 1996 nachgegangen.

Prüfer	Anzahl der Mandate			Marktanteil in % der Mandate			Marktanteil in % der Wurzel der Bilanzsumme der Mandanten		
	1990	1996	1997	1990	1996	1997	1990	1996	1997
KPMG	126	128,25	132	22,83	21,89	21,78	30,49	26,94	28,30
C&L	86	106,25	103	15,58	18,13	17,00	25,74	30,94	29,79
Ernst & Young	46,5	49	57	8,42	8,36	9,41	6,04	6,20	7,43
WEDIT (DTT)	37,5	51	51	6,79	8,70	8,42	6,59	7,69	7,38
BDO	37	36	40	6,70	6,14	6,60	8,99	7,02	7,15
Arthur Andersen	21	33	32	3,80	5,63	5,28	2,32	3,82	3,68
PW	4	10	13	0,72	1,71	2,15	0,30	0,63	0,91
kleine Prüfer	194	172,5	178	35,14	29,44	29,37	19,53	16,76	15,37
Total	552	586	606	100,00	100,00	100,00	100,00	100,00	100,00
CR2				38,41	40,02	38,78	56,23	57,88	58,09
Marktanteil der Big7				64,84	70,56	70,64	80,47	83,24	84,64

Tabelle 13: Marktanteile der Wirtschaftsprüfungsgesellschaften bei börsennotierten allgemeinen AG in den Jahren 1990, 1996 und 1997[760]

Bilanzsumme in Mio. DM	< 15	< 50	< 100	< 200	< 400	< 1.000	< 5.000	> 5.000	gesamt
börsennotierte AG	54	77	56	92	87	89	89	42	586
Anteil kleiner Prüfer in %	50,0	42,9	35,7	24,5	32,2	23,0	23,0	2,4	29,4
Mittelwert BS in Mio. DM	8,061	33,608	76,601	144,75	291,3	630,69	2.051	28.191	2.506
nicht börsennotierte AG	208	208	122	142	131	152	119	27	1.109
Anteil kleiner Prüfer in %	75,5	60,8	54,9	39,8	35,5	26,6	16,0	0	46,3
Mittelwert BS in Mio. DM	7,476	29,960	73,365	143,15	280,86	625,04	2.094	14.249	723,9

Tabelle 14: Marktanteil kleiner Prüfer in unterschiedlich großen börsennotierten und nicht börsennotierten AG 1996

[760] Die Angaben für 1996 und 1997 basieren auf Lenz/Ostrowski (Markt 1999) und Hüllweck/Ostrowski (Abschlußprüfer 2000). Zu geringen Änderungen gegenüber diesen Veröffentlichungen kommt es für 1996 wegen zweier nachträglich eingegangener und jetzt berücksichtigter Abschlüsse sowie der Umwidmung einer als allgemeine AG eingestuften Gesellschaft zu einer Versicherungs-AG. Hinsichtlich der Daten für 1997 ergeben sich Änderungen wegen eines nachträglich eingegangenen und jetzt berücksichtigten Abschlusses (Prüfer: KPMG) und der in Hüllweck/ Ostrowski (Abschlußprüfer 2000) fälschlich unterbliebenen Zuordnung der Dr. Schmitt & Partner GmbH WPG zur KPMG-Gruppe. Der Marktanteil von KPMG erhöht sich aufgrund dieser Korrekturen hauptsächlich zu Lasten kleiner Prüfer um etwa ein halbes Prozent. Aus Vereinfachungsgründen und wegen des geringen Einflusses auf die Ergebnisse wurde in 1997 eine im Freiverkehr notierte AG, die auf eine Abschlußprüfung verzichtete, den kleinen Prüfern als Mandant zugeordnet.

Mit Ausnahme der sehr großen AG mit Bilanzsummen größer als eine Mrd. DM ist in jeder Größenklasse ein höherer Anteil kleiner Prüfer bei den nicht börsennotierten AG festzustellen als bei den börsennotierten AG. In den vier Größenklassen mit Unternehmen bis 200 Mio. DM Bilanzsumme sind diese Unterschiede bei Anwendung eines χ^2-Tests mindestens auf dem 95%-Niveau signifikant.[761] Neben der Unternehmensgröße läßt sich somit auch für das Vorliegen einer Börsennotierung ein Einfluß auf die Wahl des Abschlußprüfers vermuten. Ob zwischen börsennotierten und nicht börsennotierten AG auch Unterschiede in der Prüferwechselhäufigkeit feststellbar sind, wird im folgenden zum Abschluß dieses Abschnitts untersucht.

Dazu wurden aus den 1.128 AG, die sowohl für 1990 als auch 1996 mit den notwendigen Angaben in der Datengrundlage enthalten sind, zum einen die AG selektiert, die zu beiden Zeitpunkten börsennotiert waren, zum anderen diejenigen AG, die zu keinem der beiden Zeitpunkte börsennotiert waren. Die in Mehrheitsbesitz der öffentlichen Hand stehenden AG wurden aufgrund ihrer oben festgestellten Sonderstellung wiederum ausgeklammert.

Wechselrichtung (von – zu)	**klein – klein**		**klein – groß**		**groß – groß**		**groß – klein**		**Wechsel gesamt**		**AG gesamt**
	AG	Zahl	AG	Zahl	AG	Zahl	AG	Zahl	AG	Zahl	
nicht öffentliche AG	60	58,5	64	62	80	77	31	29,5	233	227	964
davon börsennotierte AG	18	17,5	36	35	45	43	13	12	111	107,5	436
Wechsel in %[762]	11,4		22,9		16,2		4,7		25,5		
davon nicht börsennotierte AG	42	41	24	23	29	28,5	15	14,5	109	107	474
Wechsel in %	17,3		9,9		12,6		6,5		23,0		

Tabelle 15: Prüferwechsel unter sowohl 1990 als auch 1996 börsennotierten bzw. nicht börsennotierten AG[763]

Es zeigt sich bei den börsennotierten AG mit insgesamt 25,46% prüferwechselnden AG (Jahresdurchschnitt: 4,24%) ein nur unwesentlich – statistisch nicht signifikant – höherer Wert als bei den zu keinem Zeitpunkt börsennotier-

[761] Die moderat höheren durchschnittlichen Bilanzsummen der börsennotierten AG in fast allen Größenklassen verzerren das Ergebnis nicht entscheidend. Selbst wenn man in den unteren Größenklassen den Anteil kleiner Prüfer bei börsennotierten AG mit dem in der nächsthöheren Größenklasse bei den nicht börsennotierten AG vergleicht, zeigen sich niedrigere Marktanteile der kleinen Prüfer bei börsennotierten AG.

[762] Die hier angegebenen Prozentzahlen beziehen sich bei den Kategorien „klein – klein" und „klein – groß" auf die Anzahl der AG mit kleinen Prüfern im Ausgangsjahr 1990, in den beiden anderen Kategorien analog auf die Anzahl der AG, die 1990 einen großen Prüfer bestellt hatten. Im Ausgangsjahr 1990 hatten von den zu beiden Untersuchungszeitpunkten börsennotierten AG 157,5 einen kleinen und 278,5 einen Big7-Prüfer, unter den zu keinem Zeitpunkt börsennotierten AG 243 AG einen kleinen und 231 einen großen Prüfer bestellt.

[763] Vgl. die Erläuterungen in den Fußnoten 745 und 746.

ten AG (23% bzw. im Jahresdurchschnitt 3,83%).[764] Auffallend ist jedoch, daß börsennotierte AG deutlich seltener zu kleinen Prüfern wechseln als nicht börsennotierte. Nicht börsennotierte AG bevorzugen bei einem Prüferwechsel, auch wenn sie zuvor einen kleinen Prüfer bestellt hatten, einen neuen Prüfer aus der gleichen Größenklasse. Der Anteil kleiner Prüfer in der Ausgangslage 1990 ist mit 51,3% bei den nicht börsennotierten AG deutlich höher gegenüber 36,1% bei den börsennotierten AG. Daraus errechnen sich Quoten für Prüferwechsel bei AG, die 1990 einen kleinen Prüfer bestellt hatten, von 34,29% für die börsennotierten AG und 27,16% für nicht börsennotierte AG.

In einem letzten Schritt soll ansatzweise der Frage nachgegangen werden, ob diese Unterschiede im Prüferwechselverhalten zwischen börsennotierten und nicht börsennotierten AG auf unterschiedliches Größenwachstum der zu prüfenden Unternehmen zurückgeführt werden können. In der Literatur werden als Anlässe für Prüferwechsel vor allem Eigentümerwechsel und – oftmals damit zusammenhängende – Wechsel im Management der zu prüfenden Unternehmen genannt.[765] Diese Faktoren werden im weiteren Verlauf der Arbeit bei der Analyse des Prüferwechselverhaltens von IPO-Unternehmen beachtet. Für diesen Abschnitt soll davon ausgegangen werden, daß börsennotierte und nicht börsennotierte Gesellschaften von diesen Faktoren gleichermaßen betroffen sind. In Tabelle 16 auf Seite 200 sind die 436 sowohl 1990 als auch 1996 börsennotierten AG und die 474 in keinem dieser beiden Jahre börsennotierten AG anhand ihres durschnittlichen Bilanzsummenwachstums während dieses Sechsjahreszeitraumes[766] in fünf Gruppen eingeordnet.

Unternehmen mit negativem Wachstum und solche mit sehr hohem Wachstum weisen bei börsennotierten wie bei nicht börsennotierten AG höhere Prüferwechselquoten auf als Unternehmen mit einem jährlichen Wachstum von drei bis 15%. In den einzelnen Wachstumsklassen ist bei den börsennotierten AG mit einer Ausnahme durchgehend das Ersetzen kleiner durch große Prüfer die vorherrschende Prüferwechselrichtung, während unter den nicht börsennotierten AG tendenziell häufiger Wechsel innerhalb einer Prüfergrößenklasse stattfinden. Damit ergeben sich die schon in Tabelle 15 festgestellten Ergebnisse auch nach einer Bereinigung um unterschiedliches Wachstum der zu prüfenden Gesellschaften. Obwohl die Ergebnisse in Tabelle 16 aus methodischer

---

[764] Zwischen den Jahren 1996 und 1997 konnten unter börsennotierten AG über 6% echte Prüferwechsel identifiziert werden. Vgl. Hüllweck/Ostrowski (Abschlußprüfer 2000), S. 7. Ob es sich dabei um eine einmalige Erscheinung oder um eine beginnende Änderung des Prüferwechselverhaltens der Unternehmen handelt, werden zukünftige Untersuchungen zeigen müssen.

[765] Vgl. jeweils mit weiteren Nachweisen Strickmann (Wirtschaftsprüfung 2000), S. 289-295; Marten (Wechsel 1994), S. 73ff., 237-283.

[766] Das durchschnittliche Bilanzsummenwachstum entspricht $\sqrt[6]{\frac{\text{Bilanzsumme 1996}}{\text{Bilanzsumme 1990}}} - 1$.

durchschnittliche jährliche Wachstumsrate	< -3%	-3% bis +3%	+3% bis +7%	+7% bis +15%	> +15%	gesamt
Anzahl börsennotierter AG	78	109	92	101	56	436
Anteil kleiner Prüfer 1990 in %	35,9	29,8	39,1	34,7	46,4	36,1
klein – klein	17,9	9,2	5,6	11,4	15,4	11,4
klein – groß	21,4	21,5	27,8	14,3	30,8	22,9
groß – groß	18	22,2	10,7	10,6	20	16,2
groß – klein	10	2,6	0	6,1	6,7	4,7
Prüferwechsel	30,8	26,6	19,6	19,8	35,7	25,5
Anzahl nicht börsennotierter AG	65	137	93	108	71	474
Anteil kleiner Prüfer 1990 in %	56,9	47,4	48,4	49,1	60,6	51,3
klein – klein	27,0	16,9	11,1	11,3	23,3	17,3
klein – groß	13,5	9,2	4,4	5,7	18,6	9,9
groß – groß	25,0	13,9	8,3	12,7	3,6	12,6
groß – klein	7,1	4,2	6,3	3,6	17,9	6,5
Prüferwechsel	36,9	21,9	14,0	16,7	33,8	23,0

Tabelle 16: Prüferwechsel (in %) unter sowohl 1990 als auch 1996 börsennotierten bzw. nicht börsennotierten AG in Abhängigkeit von deren Wachstum[767]

Sicht nicht unangreifbar sind,[768] tragen sie doch meines Erachtens dazu bei, den bis hierher betriebenen Aufwand zur Konstruktion einer Kontrollgruppe – nämlich der zwischen 1990 und 1996 nicht börsennotierten AG – zum Zweck des Vergleichs mit den IPO-Unternehmen zu rechtfertigen: Es zeigt sich, daß börsennotierte und nicht börsennotierte AG sich hinsichtlich ihres Prüferwechselverhaltens nicht nur wegen unterschiedlichen Unternehmenswachstums unterscheiden. Gleiches gilt hinsichtlich des Prüferwahlverhaltens, wo Unterschiede zwischen börsennotierten und nicht börsennotierten Gesellschaften nicht allein auf unterschiedliche Unternehmensgrößen zurückgeführt werden können. Im Vergleich zu einer Kontrollgruppe, deren Unternehmen in der Ausgangslage mit den IPO-Unternehmen vergleichbar sind, kann unterschiedliches Prüferwahl- und -wechselverhalten bei IPO-Unternehmen stichhaltiger

---

[767] Die Erläuterungen zu Tabelle 15 gelten hier analog. Vgl. Fußnoten 762 und 763. Börsennotierte AG mit kleinen Prüfern weisen ein durchschnittliches jährliches Wachstum von 5,8% gegenüber 4,1% bei AG mit Big7-WPG auf. Bei den nicht börsennotierten AG lauten die Wachstumsraten auf 8,1% gegenüber 7,4%. AG, die in einem joint audit sowohl einen kleinen als auch einen Big7-Prüfer gemeinsam mit der Prüfung beauftragt hatten, blieben bei der Berechnung der Wachstumsraten ausgeschlossen.

[768] Bei Gesellschaften, die während des Untersuchungszeitraumes erstmals einen Konzernabschluß veröffentlichten, wurde das Wachstum als Relation einer Konzernbilanzsumme zu einer Einzelabschlußbilanzsumme errechnet. Weiterhin wurde unterstellt, daß bei allen AG zwischen den beiden Untersuchungszeitpunkten genau sechs Jahre liegen, was bei AG, die in der Zwischenzeit eine Geschäftsjahresänderung vorgenommen hatten, nicht korrekt ist. Erstrebenswert, aber mit unangemessen großem Aufwand verbunden, wäre auch die genaue Erfassung der Wachstumsraten bis zum Jahr des Prüferwechsels gewesen, anstatt in jedem Fall den groben Sechsjahreszeitraum anzusetzen. Schließlich ist zu den Ergebnissen einschränkend anzumerken, daß neben den Wachstumsraten zur angemessenen Beurteilung von Prüferwechseln zusätzlich die Unternehmensgröße bzw. das Überspringen bestimmter Größenbereiche eine Rolle spielen könnten.

herausgearbeitet werden als bei Verwendung einer Kontrollgruppe aus bereits börsennotierten AG.[769] Andere weitergefaßte Untersuchungen, die auch nicht börsennotierte Gesellschaften einbeziehen, sich nicht ausschließlich auf große Gesellschaften beziehen[770] und deshalb als Kontrollgruppe möglicherweise geeignet gewesen wären, sind für den deutschen Markt nicht bekannt.

6.2.3 Methodik der Gewinnung der Datengrundlage für die empirische Analyse

6.2.3.1 Abgrenzung der einzubeziehenden IPO-Unternehmen und Datenerfassung

Für den Untersuchungszeitraum von 1990 bis 1999 mußten zunächst die IPO bestimmt werden, die in die Untersuchung Eingang finden sollten. Es wurden alle deutschen AG und KGaA in die Untersuchung einbezogen, die an den Marktsegmenten Amtlicher Handel, Geregelter Markt und Neuer Markt ein IPO durchführten, sofern nicht die im folgenden genannten Gründe gegen die Einbeziehung einer Gesellschaft sprachen.[771] Auf die Berücksichtigung von Freiverkehrswerten wurde aus zwei Gründen verzichtet: Zum einen ist die Informationsbeschaffung – gerade für die schon länger zurückliegenden IPO in den Freiverkehr – teilweise unmöglich, zum anderen bildet der Freiverkehr seit einigen Jahren kein in sich homogenes Marktsegment mehr. Einzelne Börsen hatten in der Vergangenheit in ihrem Freiverkehr Untersegmente gebildet, die sich in ihren Zulassungsvorschriften und Folgepflichten stark voneinander unterschieden. Dies führte dazu, daß einige Freiverkehrsgesellschaften Informationspflichten ähnlich den am damaligen Neuen Markt notierten AG zu erfüllen hatten, während für andere weit weniger strenge Regeln als für am Geregelten Markt notierte AG galten. Die Informationsrisiken, die Anleger bei der Zeichnung von Freiverkehrswerten eingehen, sind somit zu heterogen, um diese Gesellschaften neben den anderen Marktsegmenten als homogenes Marktsegment in die Analyse einbeziehen zu können.

Da IPO wegen der hohen Unsicherheit der Anleger über den Marktwert der emittierten Aktien und der mit dem IPO durch die Änderung der Eigentümerstruktur einhergehenden Zunahme der Agency-Probleme als Umfeld für Untersuchungen über Prüferwahl und -wechsel interessant sind, müssen Fälle von der Untersuchung ausgeschlossen werden, die diesen typischen Charakteristika nicht gerecht werden. Grundsätzlich sind in dieser Arbeit nur Börseneinführungen von Interesse, in deren Vorfeld ein öffentliches Verkaufsangebot für

---

[769] Diesen methodisch zweifelhaften Weg beschreiten Menon/Williams (Credibility 1991), S. 319.

[770] So beziehen Quick/Wolz/Seelbach (Struktur 1998) in ihre Marktstrukturuntersuchung für die Jahre 1991 und 1994 die 200 größten deutschen AG ein, Marten/Schultze (Konzentrationsentwicklungen 1998) ermitteln aus „250 zufällig ausgewählten großen Unternehmen" für 1990 bis 1994 Konzentrationskennziffern (S. 370).

[771] Vgl. auch Abschnitt 4.1.

die betreffenden Aktien gemacht worden war und für die davor kein organisierter Handel bestand. Zu einem solchen organisierten Handel zählt hier auch der sog. Telefonhandel und der Handel bei Wertpapierdienstleistern wie der Valora Effekten Handel AG oder der AHAG Wertpapierhandelsbank.[772] Durch dieses Kriterium wird sichergestellt, daß Anleger vor dem IPO über keine Anhaltspunkte über den Marktwert eines Unternehmens, wie sie außerbörsliche Aktienpreise darstellen, verfügen. Dementsprechend wird auch die Erstemission einer zweiten Aktiengattung (z.B. Vorzugsaktien), nachdem eine andere Aktiengattung (z.B. Stammaktien) bereits notiert ist, nicht als IPO bewertet.

Notierungsaufnahmen an der Börse ohne unmittelbar vorgelagertes öffentliches Verkaufsangebot, die meist dann auftreten, wenn sich die Aktien schon vor Notierungsaufnahme in Streubesitz befanden oder die Aktien Altaktionären im Zuge einer Unternehmensumstrukturierung angeboten wurden (Spin-Off), werden hier genausowenig berücksichtigt wie Fälle, in denen Altaktionäre auf die im öffentlichen Verkaufsangebot offerierten Aktien ein Bezugsrecht besaßen, auf das sie nicht bereits im Vorfeld verzichtet hatten. Dies war in wenigen Fällen festzustellen und betraf immer Gesellschaften, die schon vor dem IPO über einen relativ breiten Streubesitz verfügten. Dagegen werden Equity Carve-Out und die in den letzten Jahren häufiger festzustellenden Fälle, in denen Aktionäre von Beteiligungsgesellschaften beim Börsengang von Tochtergesellschaften eine bevorrechtigte Zuteilung auf einen Teil der emittierten Aktien besitzen, als IPO behandelt.

Weiterhin wurden Gesellschaften ausgeschlossen, die sich vor IPO zu nicht geringen Teilen[773] in Streubesitz befinden, selbst wenn für diese Gesellschaften kein außerbörslich organisierter Handel stattfand. In diesen Fällen ist die Unsicherheit über den Marktwert weniger hoch, da ein heterogener Aktionärskreis bereits in der Vergangenheit die Erfüllung bestimmter Informationspflichten bedungen haben dürfte. Gesellschaften mit einem relativ breiten, aber homogenen und untereinander persönlich bekannten Kreis von Gesellschaftern verbleiben dagegen in der Untersuchungsgesamtheit, sofern die Gesellschafter auf die emittierten Aktien nicht ein Bezugsrecht besaßen.[774]

---

[772] Vgl. zur Unschädlichkeit eines Handels per Erscheinen im unmittelbaren Vorfeld des IPO die Ausführungen in Fußnote 291 in Abschnitt 4.1.

[773] Als Grenzwert wurden hierfür 3% angesetzt.

[774] In diesen Fällen befinden sich die Streubesitzaktien meist im Eigentum von Freunden, Mitarbeitern oder Geschäftspartnern. Auch fällt in diese Kategorie z.B. die Interseroh AG, die vor IPO im Eigentum von 182 Aktionären aus der Entsorgungswirtschaft stand.
Unschädlich für die Einbeziehung in die Untersuchung ist auch ein zeitlich erst wenige Monate vor dem IPO entstandener Streubesitz, sofern nicht vor IPO im außerbörslichen Handel Kurse für diese Aktien ermittelt wurden. Dies war bei zwei Gesellschaften der Fall. Die Änderung in der Eignerstruktur tritt in diesen Fällen so zeitlich nah am IPO ein, daß dadurch sowohl eine maßgebliche Reduzierung der Unsicherheit über den Marktwert bis zum IPO nicht stattfindet als auch ein etwaiger Prüferwechsel als Reaktion auf die geänderte Eignerstruktur von dem der Untersuchung zugrundeliegenden Zeitfenster erfaßt wird.

Als Ausgangspunkt zur Ermittlung der in diese Untersuchung einzubeziehenden IPO wurden die im DAI-Factbook 2000 abgedruckten Listen der Neuemissionen inländischer Unternehmen in Deutschland verwendet, die durch verschiedene andere Publikationen auf Vollständigkeit überprüft wurden.[775] Neben wenigen offensichtlichen Falschangaben wurden von dieser Liste außer den Freiverkehrswerten und Gesellschaften mit Sitz im Ausland 28 im Anhang 2 aufgeführte Gesellschaften eliminiert, weil sie den oben genannten Anforderungen an ein für diese Arbeit geeignetes IPO nicht entsprechen.[776]

Von den verbleibenden 318 IPO-Unternehmen wurde eine Vielzahl verschiedener Daten erhoben, die sich auf die Emissionsparameter, Unternehmenscharakteristika, Abschlußinformationen und die Entwicklung im späteren Börsenhandel beziehen. Auf eine Beschreibung der erhobenen Daten wird an dieser Stelle zugunsten einer Charakterisierung der Größen dort, wo sie in die Analyse eingehen, verzichtet.[777] Hauptquelle zur Erhebung der Daten waren die vollständigen Emissionsprospekte bzw. Unternehmensberichte, die von den meisten Unternehmen nach teilweise mehrfacher Anforderung zugesandt wurden. Einige Prospekte wurden von den Emissionsbanken zugeschickt, und für einige der IPO aus den früheren Jahren des Untersuchungszeitraumes wurde auf Börsen-Zeitung, Handelsblatt und FAZ zurückgegriffen, in denen die zur damaligen Zeit noch weniger umfangreichen Prospekte oftmals vollständig abgedruckt waren.

Neben den Prospekten wurde – hauptsächlich zur Ermittlung der Altaktionärsstruktur einer Gesellschaft in den früheren Jahren des Untersuchungszeitraumes, als diese Angaben noch nicht regelmäßig in der notwendigen Detailliertheit im Prospekt enthalten waren – auf redaktionelle Berichte der Börsen-Zeitung und vereinzelt anderer Zeitungen zurückgegriffen. Waren in Einzelfällen die Abschlußprüfer der Jahre vor dem IPO nicht im Prospekt angegeben, wurde, sofern möglich, auf Geschäftsberichte bzw. im Bundesanzeiger veröffentlichte Abschlüsse zurückgegriffen. Somit wurde zur Erhebung der Daten, die zur Beurteilung der an die Börse gehenden Unternehmen durch die Anleger notwendig waren, nur auf – auch zum damaligen Zeitpunkt – für jeden Anleger verfügbare Daten zurückgegriffen.

---

[775] Listen mit den IPO der letzten Jahre finden sich beispielsweise auf den Internetseiten der Börsen-Zeitung (http://www.boersen-zeitung.com/online/wpi/index_ipo.html (Stand: März 2001)). Daneben wurden verschiedene Publikationen der Deutschen Börse AG (verschiedene Jahrgänge des Fact Book, div. Datenbanken im Internet), die IPO-Liste des Hoppenstedt Börsenforums (http://www.boersenforum.de/ goingp1.htm und .../goingp2.htm (Stand: Juni 2000)), Veröffentlichungen verschiedener Geschäftsbanken und für die IPO aus den Jahren bis 1997 eine von der Deutschen Börse AG zur Verfügung gestellte Liste verwendet.

[776] Eine ähnliche Vorgehensweise findet sich bei Wittleder (Going Public 1989), S. 28-30, in dessen Untersuchung IPO aus den Jahren 1961 bis 1987 aufgenommen wurden. Vgl. auch Ehrhardt (Börseneinführungen 1997), S. 77f. Andere Autoren verzichten meist auf eine explizite Beschreibung des zugrundeliegenden Datensets.

[777] Der Grund für die mit dem Fortgang der Arbeit sukzessive vorzunehmende Beschreibung der Operationalisierung der zu analysierenden Größen liegt vor allem in einer komfortableren Handhabung für den Leser, der sich dadurch häufiges Zurückblättern erspart.

Börsenkurse und -umsätze wurden von der Karlsruher Kapitalmarktdatenbank bezogen,[778] verschiedene Indizes wurden von der Deutschen Börse AG zur Verfügung gestellt.[779] Grundsätzlich wurden die an der Frankfurter Wertpapierbörse festgestellten Kurse verwendet; gab es dort für eine Aktie keine Kursfeststellung, wurden die Kursdaten der „Heimatbörse" dieser Gesellschaft herangezogen. Die Höhe der Ausnutzung des Greenshoes wurde durch Einsichtnahme in die das Jahr, in dem das IPO stattfand, betreffenden Geschäftsberichte der entsprechenden Gesellschaften,[780] durch Internetrecherche auf den Seiten der IPO-Unternehmen bzw. der Emissionsbanken oder in vielen Fällen durch Anfragen bei den Gesellschaften ermittelt.

Im Ergebnis konnten von allen 318 hier interessierenden IPO die notwendigen Daten ermittelt werden. Es handelt sich somit um eine lückenlose Vollerhebung.

6.2.3.2 Ausgewählte Probleme

Obwohl die Charakterisierung der im Laufe der empirischen Analysen verwendeten Variablen regelmäßig dort erfolgen soll, wo sie zum Einsatz kommen, ist vorab knapp auf wenige grundsätzliche Problemfelder einzugehen. Diese betreffen die Behandlung von IPO mit gleichzeitiger Emission von Stamm- und Vorzugsaktien, die Berechnung der Beteiligung von Organmitgliedern und Altaktionären an der IPO-Gesellschaft, den Umgang mit Rechnungslegungsdaten, besonders denjenigen, die nicht bei allen Gesellschaften aus Abschlüssen nach HGB, sondern auch aus nach internationalen Rechnungslegungsnormen aufgestellten Abschlüssen stammen, und die Definition von Prüferklassen sowie die Zuordnung von Tochtergesellschaften zu den Big6-WPG.

a) Brachte ein Unternehmen sowohl Stamm- als auch Vorzugsaktien gleichzeitig an die Börse, wurde dies als ein IPO gewertet. In diesen drei Fällen wurde das Emissionsvolumen als Summe aus beiden Aktiengattungen errechnet, wo-

[778] Ein Überblick über die Karlsruher Kapitalmarktdatenbank findet sich bei Herrmann (Kapitalmarktdatenbank 1996).

[779] Bei den Kursdaten der Karlsruher Kapitalmarktdatenbank handelt es sich um Kassakurse. Die ersten für die IPO-Unternehmen festgestellten Börsenkurse wurden genauso wie einzelne in der Karlsruher Kapitalmarktdatenbank fehlende Kassakurse der Börsen-Zeitung entnommen. Alle Börsenkurszeitreihen wurden um technisch bedingte Aktienkursveränderungen wie z.B. Dividendenzahlungen nach der Methode der „Opération blanche" bereinigt. Da eine Bereinigung innerhalb der untersuchten ersten 120 Börsentage bei nur relativ wenigen Unternehmen und dann meist nur im hinteren Bereich der Zeitreihe auftrat, wurde aus Vereinfachungsgründen die progressive Bereinigung angewandt, bei der alle nach dem Bereinigungsereignis liegenden Kurse angepaßt werden. Die Kurse unmittelbar nach Aufnahme der Börsennotierung bleiben bei diesem Verfahren unverändert. Vgl. zur Bereinigung der Kurse Sauer (Bereinigung 1991).

[780] Stammte der Greenshoe aus einer bei Ausübung durchzuführenden Kapitalerhöhung, läßt sich seine Inanspruchnahme an der Veränderung der Höhe des gezeichneten Kapitals ablesen. Über die Ausübung von aus Altaktionärsbesitz stammenden Mehrzuteilungsoptionen wird gelegentlich im Textteil der Geschäftsberichte berichtet.

bei die unterschiedlichen Emissionspreise für Stamm- und Vorzugsaktien berücksichtigt wurden. Zur Berechnung des Underpricings und anderer kapitalmarktbezogener Größen wurde alleine auf die Stammaktien abgestellt bzw. unterstellt, daß alle emittierten Aktien Stammaktien waren.

b) Zur Bestimmung der Höhe der Beteiligung von Vorständen, Aufsichtsräten und Altaktionären am IPO-Unternehmen wurde auf die kapitalmäßige Beteiligung dieser Gruppen, nicht auf ihre Stimmrechte, abgestellt, d.h. es wurde nicht zwischen Vorzugs- und Stammaktien oder dem haftenden Komplementärkapital bei einer KGaA unterschieden. Halten Vorstandsmitglieder ihre Beteiligung am IPO-Unternehmen indirekt über eine andere Gesellschaft, wurde ihre Beteiligung durch Multiplikation der von den Vorständen an der Zwischengesellschaft gehaltenen Anteile mit der Beteiligung der Zwischengesellschaft am Grundkapital des IPO-Unternehmens ermittelt. Für persönlich den Aufsichtsratsmitgliedern zurechenbare indirekte Beteiligungen wurde eine 50%-Grenze verwendet: Halten Aufsichtsräte des IPO-Unternehmens mehr als 50% der Anteile an einer Gesellschaft, die Aktionär des IPO-Unternehmens ist, wurde ihnen persönlich dieser Anteil vollständig zugerechnet, andernfalls nicht. Vorständen und Aufsichtsräten wurden stets die von ihren Familienangehörigen gehaltenen Anteile voll zugerechnet, da von einer gleichen Interessenlage innerhalb einer Familie ausgegangen wurde. In Fällen, in denen Verwandte unterschiedliche Familiennamen tragen und im Prospekt das Verwandtschaftsverhältnis nicht explizit angegeben war, kann es zu einer Unterschätzung der Beteiligungshöhe kommen.

Im Zusammenhang mit der Beteiligung von Organen und Altaktionären ist die Mindesthalteverpflichtung von Interesse. Halteverpflichtungen wurden nur berücksichtigt, wenn sie gegenüber Dritten, also der Börse oder den Emissionsbanken, abgegeben wurden, unverbindliche Selbstverpflichtungen blieben unberücksichtigt.

c) In der empirischen Untersuchung finden oftmals Daten Verwendung, die aus den im Prospekt veröffentlichten Abschlüssen stammen. Grundsätzlich wurden diese Daten dem aktuellsten, vollständig im Prospekt enthaltenen Konzernabschluß bzw. bei Nicht-Konzernen dem entsprechenden Einzelabschluß entnommen, sofern dieser Abschluß sich auf das Unternehmen in der wirtschaftlichen Form bezieht, in der es an die Börse kommt. Nicht notwendigerweise handelt es sich bei diesen Abschlüssen um ein volles Geschäftsjahr umfassende, sondern oftmals um Quartals- oder Halbjahresabschlüsse. Diese wurden verwendet, obwohl sie zum Teil ungeprüft waren und Strömungsgrößen wie z.B. Umsatzerlöse und Jahresüberschuß unter der Annahme, daß sich diese Größen im Gesamtjahr linear entwickeln, auf das Gesamtjahr hochgerechnet werden mußten. Die Intention für diese Vorgehensweise ist darin zu sehen, daß Anleger und andere Verfahrensbeteiligte vor allem interessiert sind an der wirtschaftlichen Lage des Unternehmens, wie sie sich unmittelbar vor dem IPO darstellt, und auf dieser Grundlage Entscheidungen treffen. Aus diesem Grund wurden bei unmittelbar vor dem IPO umstrukturierten Unternehmen die zu erhebenden Daten grundsätzlich aus Als-ob-Abschlüssen entnommen, die die wirtschaftliche Lage nach der Fusion, Eingliederung etc. widerspiegeln.

Ein Problem bei der Verwendung der Daten aus den aktuellsten Abschlüssen stellt die Tatsache dar, daß der aktuellste im Prospekt enthaltene Abschluß nicht immer die tatsächliche aktuelle Bilanzstruktur der Gesellschaft vor dem IPO wiedergibt. Zwischenzeitlich stattgefundene Kapitalerhöhungen oder Gewinnausschüttungen haben Auswirkungen auf die Höhe des aktuellen Eigenkapitals. Da die Entwicklung des Grundkapitals und der Rücklagen durch andere Angaben im Prospekt regelmäßig nachvollzogen werden kann, wurde die aktuelle Höhe des Eigenkapitals vor dem IPO durch Anpassung der aktuellsten Abschlüsse an zwischenzeitlich stattgefundene Kapitalerhöhungen ermittelt. Da über zwischenzeitliche Gewinnausschüttungen nur teilweise in den Prospekten Angaben gemacht wurden und die Höhe der Gewinnausschüttungen in den meisten Fällen nicht erheblich ist, wurde in diesen Fällen auf eine Berücksichtigung verzichtet.

Bei Daten aus Abschlüssen früherer Jahre war zu unterscheiden, wozu diese Daten verwendet werden sollten. Wird beispielsweise, um das Unternehmensrisiko einer IPO-Gesellschaft abzuschätzen, die Profitabilität der Gesellschaft in den letzten Jahren ermittelt, interessieren die Daten der Gesellschaft, so wie sie aktuell besteht und wie sie die Anleger teilweise erwerben. Sind also in den letzten Jahren größere Umstrukturierungen, Fusionen u.ä. vorgenommen worden, wurde zur Ermittlung dieser Daten, soweit möglich, auf Als-ob-Abschlüsse abgestellt, die das Unternehmen so darstellen, als sei die Umstrukturierung schon zu Beginn der Betrachtungsperiode vorgenommen worden. Soll dagegen das Größenwachstum des IPO-Unternehmens ermittelt werden, wurde auf die tatsächliche Größe des Unternehmens in den einzelnen betrachteten Jahren zurückgegriffen.

Als Problem erwies sich das Auftreten von Abschlüssen nach unterschiedlichen Rechnungslegungsnormen. Lagen Abschlüsse nach verschiedenen Rechnungslegungsnormen vor, wurden grundsätzlich die notwendigen Daten aus den HGB-Abschlüssen entnommen. Lagen HGB-Abschlüsse nicht vor, wurden aus den IAS- und US-GAAP-Abschlüssen, soweit wie möglich, entsprechende Größen ermittelt. HGB-Abschlüsse wurden präferiert, weil sie die am häufigsten verfügbaren waren. Das Problem der Nicht-Vergleichbarkeit der nach unterschiedlichen Normen aufgestellten Abschlüsse wird auch dadurch gemildert, daß in der Untersuchung oftmals nicht absolute Werte, sondern Quotienten aus verschiedenen Größen und prozentuale Veränderungen der Größen verwendet werden.

d) Wie bereits bei der Beschreibung des Marktes für Abschlußprüfungen in Abschnitt 6.2.2 praktiziert, werden auch im folgenden den großen WPG die

Mandate ihrer Tochtergesellschaften zugerechnet. Dazu wurde für jedes Jahr im Untersuchungszeitraum bestimmt, an welchen kleineren Prüfern die großen WPG mehrheitlich beteiligt waren.[781] Die Beteiligungsverhältnisse wurden aus den im Bundesanzeiger oder in den Geschäftsberichten veröffentlichten oder von den Gesellschaften, die ihrer Veröffentlichungspflicht nicht nachgekommen waren, auf Anfrage zugesandten Beteiligungslisten entnommen.[782]

Grundsätzlich werden die Prüfer im folgenden in drei Größenklassen eingeteilt: Big6-WPG, Second-Tier-WPG und kleine Prüfer. Da bisher noch nicht geschehen, soll an dieser Stelle die Gruppe der in dieser Arbeit als Second-Tier-WPG eingestuften WPG definiert werden. Diese Unternehmen sind im Vergleich zu den anderen Nicht-Big6-WPG größer, national tätig und bieten eine breitere Leistungspalette an. Zur Aufnahme zu den Second-Tier-WPG mußte jeder der in der IPO-Grundgesamtheit vertretenen Prüfer grundsätzlich folgende Kriterien erfüllen: Sowohl unter den Grundgesamtheiten aller oben untersuchten AG 1990 und 1996 als auch unter den börsennotierten AG aus den Jahren 1990, 1996 und 1997 mußte die betreffende WPG zu den 20 größten unter den kleinen, nicht konzerngebundenen Prüfern gehören. Durch die Betrachtung der börsennotierten AG wird die Existenz eines gewissen Kapitalmarktstandings bei den Prüfern sichergestellt. Außerdem mußte die WPG an mindestens zwei IPO im Untersuchungszeitraum beteiligt gewesen sein. Diese Bedingungen erfüllten Warth & Klein G.m.b.H., Dr. Ebner, Dr. Stolz und Partner GmbH, Susat & Partner OHG und AWT Allgemeine Wirtschaftstreuhand GmbH. Gellert-Wirtschaftsprüfung GmbH und Dr. Lipfert GmbH erfüllten bis zu ihrer jeweiligen Übernahme 1992 bzw. 1997 die Kriterien und zählen deshalb bis zu den Übernahmejahren zu den Second Tier. Dr. Rödl & Partner GmbH und Haarmann, Hemmelrath & Partner GmbH konnten die Kriterien nicht durchgehend, sondern erst in den letzten Jahren erfüllen; da alle von diesen beiden WPG begleiteten IPO am Ende des Untersuchungszeitraumes liegen, werden auch sie unter die Second Tier eingereiht. Außerdem wurden die zu den internationalen Second-Tier-WPG zählenden Grant Thornton GmbH und Pannell Kerr Forster GmbH auch in dieser Arbeit zu diesen gezählt. Abschließend sei angemerkt, daß die genannten WPG keine abschließende Aufzählung aller Second-Tier-WPG in Deutschland darstellen, da hier nur diejenigen aufgeführt sind, deren Mandanten im Untersuchungszeitraum ein IPO durchführten.

---

[781] Eine Ausnahme stellt die Zuordnung der WIBERA Wirtschaftsberatung AG zu C&L und der Deutsche Baurevision AG zu WEDIT trotz jeweils fehlender Mehrheitsbeteiligung dar. Vgl. zur Begründung Fußnote 734.

[782] Für die Jahre 1990 bis 1996 wurde auf die Ergebnisse der Arbeit von Fink (Anteilsbesitz 1998), die nach der gleichen Vorgehensweise ermittelt worden waren, zurückgegriffen.

6.2.4 Prüferwechsel bei IPO-Unternehmen

In diesem Abschnitt wird der Hypothese nachgegangen, wonach vor dem IPO bei den zuvor von kleinen WPG geprüften Gesellschaften c.p. mit einer höheren Wahrscheinlichkeit ein Prüferwechsel zu einer großen WPG stattfindet, als dies der Fall ist bei Unternehmen, die kein IPO durchführen. Begründet wurde diese Hypothese mit der beim IPO auftretenden hohen Unsicherheit der Anleger über den Marktwert der Aktien und aufgrund der Veränderung in der Eigentümerstruktur wachsenden Agency-Problemen. Zur Reduzierung des Schätzrisikos und der Milderung der Agency-Probleme sollten große WPG einen höheren Beitrag leisten können als kleine Prüfer. Geht man davon aus, daß die Unternehmen vor dem Zeitpunkt der Entscheidung für ein IPO den für sie unter Kosten-Nutzen-Aspekten besten Prüfer gewählt haben, sollte zumindest für einen Teil der Gesellschaften, die zuvor einen kleinen Prüfer beauftragt haben, der mit größerer Unsicherheit über den Marktwert, höherem Unternehmensrisiko und schwerwiegenderen Agency-Problemen steigende Nutzen eines großen Prüfers dessen höheres Honorar überkompensieren und sie zu einem Prüferwechsel veranlassen. Je höher das Schätz- und Unternehmensrisiko, die entstehenden Agency-Probleme und je höher die Verkaufsquote der Alteigentümer, die von den Anlegern annahmegemäß als negatives Signal gewertet wird, ausfallen, desto stärker sollte der Anreiz zur Bestellung einer großen WPG sein, um mit Hilfe dieses Signals einen angemessenen Emissionspreis erzielen zu können.

Vor der empirischen Überprüfung dieser Hypothese erfolgt zunächst eine deskriptive Darstellung des Prüferwechselverhaltens der IPO-Unternehmen. Dabei werden Banken und Versicherungen aufgrund ihrer die Prüferwahl beeinflussenden Spezifika ausgeschlossen. Unter den 318 IPO-Unternehmen befinden sich sieben Banken, wovon sechs vor dem IPO von Big6-WPG geprüft wurden, und fünf Versicherungen, wovon drei KPMG, die beiden anderen kleine Prüfer bestellt hatten. Prüferwechsel unter den Banken waren in den Jahren vor dem IPO nicht festzustellen,[783] lediglich eine Versicherungs-AG wechselte von einem kleinen zu einem anderen kleinen Prüfer. Tabelle 17 zeigt die Verteilung der Prüfer des drittletzten (IPO –3) und des letzten ordentlichen Abschlusses (IPO –1) vor dem IPO unter den 306 allgemeinen AG.[784] Die Angaben unter „IPO 0" beziehen sich auf diejenigen WPG, die an der Erstellung, Prüfung oder Durchsicht des aktuellsten im Prospekt enthaltenen Abschlusses beteiligt waren, unabhängig davon, ob es sich um Jahres-, Konzern-, entsprechende Als-ob- oder Zwischenabschlüsse nach HGB oder nach internationalen Rechnungslegungsnormen handelt, und die mit einer entsprechenden Be-

[783] Der Vollständigkeit halber sei darauf hingewiesen, daß die auf die Heinrich Gontard & Co. AG verschmolzene MetallBank GmbH zur Prüfung des letzten Abschlusses vor dem IPO einen Prüferwechsel von KPMG zu BDO vorgenommen hatte.

[784] Im Gegensatz zu den regelmäßig erst kurz vor dem IPO auch für weiter zurückliegende Jahre nachträglich erstellten Als-ob- und Pro-Forma-Abschlüssen sowie Abschlüssen nach US-GAAP oder IAS ist in Tabelle 17 unter IPO –1 der im jeweiligen Geschäftsjahr tatsächlich bestellte Abschlußprüfer angegeben.

scheinigung oder einem Bestätigungsvermerk im Prospekt erwähnt sind. Von den 306 IPO fanden 79 im Amtlichen Handel, 75 im Geregelten Markt und 152 im Neuen Markt statt.

Prüfer	Amtlicher Handel		Neuer Markt		Geregelter Markt		Alle IPO		
alle Angaben in %	IPO –3	IPO –1	IPO –3	IPO –1	IPO –3	IPO –1	IPO –3	IPO –1	IPO 0
KPMG	15,19	22,15	5,26	15,79	4,00	9,33	7,52	15,85	16,83
Arthur Andersen	5,06	10,76	6,91	20,39	4,00	8,00	5,72	14,87	15,36
PWC (Als-ob-Gruppe)	18,35	25,32	4,60	9,55	6,67	7,33	8,66	13,07	13,23
C&L	15,19	17,72	1,97	4,28	6,67	6,67	6,54	8,33	8,17
Price Waterhouse	3,16	6,33	0,66	1,32	0,00	0,67	1,14	2,45	2,45
PWC	0,00	1,27	1,97	3,95	0,00	0,00	0,98	2,29	2,61
Ernst & Young	5,06	4,43	4,61	8,55	5,33	10,67	4,90	8,00	8,17
BDO	1,90	2,53	1,32	2,63	2,67	4,00	1,80	2,94	3,59
WEDIT	3,80	2,53	0,66	1,32	4,00	5,33	2,29	2,61	2,61
Second Tier	5,06	6,33	2,63	11,84	2,67	10,67	3,27	10,13	10,62
andere kleine Prüfer	34,18	25,95	36,51	29,28	36,00	40,67	35,78	31,21	29,58
keine Prüfung	7,59	0,00	28,29	0,66	12,00	2,67	18,95	0,98	0,00
fehlende Angabe	3,80	0,00	9,21	0,00	22,67	1,33	11,11	0,33	0,00
Total	100,00	100,00	100,00	100,00	100,00	100,00	100,00	100,00	100,00
Marktanteil der Big6	49,36	67,72	23,36	58,22	26,67	44,67	30,89	57,35	59,80

Tabelle 17: Marktanteile verschiedener Abschlußprüfer der Abschlüsse vor IPO, gemessen an der Anzahl der Mandate [785]

Unter den Prüfern des letzten ordentlichen Abschlusses vor IPO zeigt sich ein dem im Gesamtprüfungsmarkt aller allgemeinen AG festgestellten ähnlicher hoher Marktanteil der Big6. Bei den durchschnittlich größeren IPO-Unternehmen im Amtlichen Handel ist die Konzentration unter den Prüfern des letzten Abschlusses vor IPO der im Markt für Abschlußprüfungen bei börsennotierten AG vergleichbar, in den anderen Marktsegmenten liegt sie darunter. Gegenüber den nicht börsennotierten Unternehmen weisen die IPO-Gesellschaften nur einen leicht höheren Anteil großer Prüfer auf. Im Vergleich zur Prüfung des drittletzten Abschlusses vor IPO, also zwischen zwei und drei Jahren vor IPO, steigt der Anteil großer Prüfer über alle Marktsegmente hinweg stark an. Dieser Anstieg setzt sich abgeschwächt bis unmittelbar vor das IPO fort. Allerdings darf bei der Betrachtung des Marktanteils der Big6 zwei bis drei Jahre vor IPO nicht außer acht gelassen werden, daß diese Größe in Relation zu allen Gesellschaften und nicht zu den sich einer Prüfung unterziehenden berechnet ist. Auf letztgenannte Basis bezogen, halten die Big6 bei allen IPO-Gesellschaften bei der Prüfung des drittletzten Abschlusses vor IPO einen Anteil von 44,17%. Die Zugewinne der Big6 und der Second-Tier-Gesellschaften bis zum Börsengang gehen zu einem nicht unbedeutenden Teil nicht zu La-

[785] Bei Beteiligung zweier WPG an der Prüfung zu einem bestimmten Zeitpunkt wurden die Mandate hälftig aufgeteilt.

sten der kleinen Prüfer; Big6- und Second-Tier-WPG können anscheinend den Großteil der Mandate von AG auf sich ziehen, die sich zuvor noch nicht haben prüfen lassen[786] bzw. die für diese Zeit keine Angaben im Prospekt über eine Prüfung machten.

Innerhalb der Big6 ergeben sich bemerkenswerte Unterschiede in den Marktanteilen zur Verteilung im Gesamtmarkt. Sehr auffällig ist hierbei die starke Position von Arthur Andersen. PWC, BDO und WEDIT bleiben dagegen unter ihren im Gesamtmarkt erzielten Marktanteilen.

Weiteren Aufschluß über die durch den Vergleich der Marktstruktur zwei bis drei Jahre vor IPO mit derjenigen unmittelbar vor IPO deutlich gewordenen Veränderungen während dieses Zeitraumes bringt die Betrachtung von Prüferwechseln im Zweijahreszeitraum vom drittletzten bis zum letzten vollständigen Geschäftsjahr vor dem IPO.[787] Insgesamt war von den 306 allgemeinen AG bei 144 der Prüfer, der den Abschluß des dritten abgeschlossenen Geschäftsjahres vor dem IPO prüfte, der gleiche, der das letzte abgeschlossene Geschäftsjahr vor IPO prüfte. 34 AG hatten für das dritte Jahr vor dem IPO keinen Prüfer im Prospekt angegeben, 55 AG unterlagen drei Jahre vor IPO entweder noch nicht der Prüfungspflicht und hatten sich auch nicht freiwillig einer Abschlußprüfung unterzogen oder waren noch nicht gegründet und wurden erst in den folgenden Jahren bis zum IPO erstmals geprüft. 3 AG hatten selbst für das letzte abgeschlossene Geschäftsjahr vor dem IPO noch keinen Prüfer bestellt. Somit haben 70 AG, für die sowohl für den drittletzten als auch den letzten Abschluß vor IPO die notwendigen Daten vorliegen, in diesem Zeitraum den Prüfer gewechselt, was unter 214 AG[788] eine Quote von 32,71% bzw. von durchschnittlich jährlich 16,36% zumindest teilweise den Abschlußprüfer wechselnden Gesellschaften ergibt.[789] Berücksichtigt man dazu die Gesellschaften, für die lediglich die Daten für das letzte und das vorletzte Geschäftsjahr vor IPO vorliegen, erhöht sich die Zahl der prüferwechselnden Gesellschaften um 7 auf 77 AG und die der insgesamt zu berücksichtigenden AG

---

[786] Unter der Rubrik „Keine Prüfung" finden sich alle AG, die im Emissionsprospekt explizit angegeben haben, nicht geprüft worden zu sein, ihren Abschluß von einem Steuerberater oder einem WP lediglich mit einer Bescheinigung versehen haben lassen oder zu diesem Zeitpunkt noch nicht existierten.

[787] Aus Vergleichbarkeitsgründen bleibt der Zeitraum bis unmittelbar vor das IPO wegen der unterschiedlichen Länge dieses Zeitraumes bei den einzelnen AG und der Tatsache, daß es sich bei den Tätigkeiten der Prüfer unmittelbar vor dem IPO oftmals nicht um eine typische Abschlußprüfung handelt, zunächst unbeachtet.

[788] Diese Zahl errechnet sich als Summe aus 144 nicht wechselnden und 70 prüferwechselnden AG.

[789] Auf Basis der 214 AG, für die zu allen drei untersuchten Zeitpunkten die notwendigen Daten vorliegen, ergibt sich für AG im Amtlichen Handel eine durchschnittliche jährliche Prüferwechselrate in den Jahren vor dem IPO von 12,14%, im Geregelten Markt von 13,27% und im Neuen Markt von 21,05%.

um 38 auf 252.[790] Daraus errechnet sich eine Prüferwechselquote von 30,56% bzw. jährlich durchschnittlich 16,52%.[791] Im Vergleich zu den im Untersuchungszeitraum zu keinem Zeitpunkt börsennotierten Unternehmen im Vergleichsset, die eine durchschnittliche jährliche Prüferwechselquote von 3,83% aufweisen, ergibt sich eine statistisch höchst signifikant höhere Wechselquote unter den IPO-AG. Allerdings ist bei diesem Vergleich einschränkend anzumerken, daß sich die Unternehmen der Vergleichsgruppe von den IPO-Unternehmen in Größe und Wachstum unterscheiden. Bei der folgenden Analyse der Prüferwechselrichtung wird hierauf näher eingegangen. Noch stärker gilt diese Einschränkung für einen Vergleich zu den börsennotierten AG, der sowohl für die AG im Vergleichsset als auch für die zwischen 1996 und 1997 börsennotierten AG, die eine außergewöhnlich hohe Prüferwechselrate von über 6% während eines Jahres aufwiesen, höchst signifikante Unterschiede in der Prüferwechselhäufigkeit erbringt.[792]

Eigentümerwechsel können – wie oben erwähnt – als wichtiger Anlaß für Prüferwechsel angenommen werden. Neue Mehrheitseigner ersetzen relativ häufig den bisherigen durch einen ihnen bekannten Prüfer. Bei Konzernen kann durch den Prüferwechsel dem Wunsch nach konzerneinheitlicher Prüfung Rechnung getragen werden. Der Frage, ob die bei IPO-Unternehmen ermittelten hohen Prüferwechselraten durch häufigere Eigentümerwechsel im Vorfeld des IPO beeinflußt sind, soll auf pragmatische Weise dadurch nachgegangen werden, daß die Gesellschaften, bei denen innerhalb von fünf Jahren vor dem IPO mindestens die Hälfte der damaligen Unternehmensanteile zu einem neuen Gesellschafter übergingen, gesondert betrachtet werden. Die Prüferwechselquote unter den 38 AG, die im Beobachtungszeitraum einen solchen Eigentümerwechsel aufweisen, ist mit 44,74%, bzw. jährlich 22,37% zwar höher als bei den 166 AG ohne Eigentümerwechsel, die auf 30,72% bzw. 15,36% durchschnittliche jährliche Prüferwechsel kommen.[793] Im Vergleich zu den AG in den Vergleichsgrundgesamtheiten der zwischen 1990 und 1996 nicht börsennotierten AG sowie der börsennotierten AG zeigt sich dennoch weiterhin eine statistisch höchst signifikant höhere Prüferwechselrate bei den IPO-Unternehmen,

---

[790] Die 38 zusätzlichen AG setzen sich zusammen aus zwölf von den 34 AG, die für das dritte Jahr vor IPO keinen Prüfer im Prospekt angegeben hatten, und 26 von den 55 AG, die zwei bis drei Jahre vor ihrem IPO aus verschiedenen Gründen noch nicht geprüft wurden.

[791] Bei der Berechnung dieses Wertes wurde berücksichtigt, daß 38 AG nur während eines Jahres, 214 AG dagegen während zweier Jahre auf Prüferwechsel untersucht wurden.

[792] Geeignete, auf vergleichbare zugrundeliegende Zeiträume umgerechnete χ^2-Tests erbringen jeweils bei Zugrundelegung einer Sicherheitswahrscheinlichkeit von 99,9% signifikante Ergebnisse.

[793] Diese Analyse wurde auf Basis der 214 AG durchgeführt, für die sowohl für den drittletzten als auch für den letzten Abschluß vor IPO die notwendigen Daten vorliegen. Bei zehn der hier interessierenden IPO-Unternehmen konnte ein etwaiger Eigentümerwechsel nicht aus den Angaben im Prospekt entnommen werden. Sie bleiben deshalb an dieser Stelle aus der Betrachtung ausgeschlossen. Der Unterschied in der Häufigkeit der Prüferwechsel zwischen den AG mit und ohne Eignerwechsel ist bei Zugrundelegung einer Sicherheitswahrscheinlichkeit von 95% bei Einsatz eines χ^2-Tests nicht signifikant.

bei denen kein Eigentümerwechsel im Fünfjahreszeitraum vor dem IPO stattgefunden hatte.[794] Da sich unter 66 zufällig aus den nicht börsennotierten Vergleichsgesellschaften ausgewählten AG eine ähnlich hohe Quote von Mehrheitsaktionärswechseln wie bei den IPO-Unternehmen feststellen ließ, bleibt die Einflußgröße „Eignerwechsel" bei den folgenden Vergleichen des Prüferwechselverhaltens im Vergleich zu einer Gruppe von Kontrollunternehmen unberücksichtigt.[795]

Nachdem in einem ersten Schritt das vergleichsweise häufigere Auftreten von Prüferwechseln bei IPO-Unternehmen gezeigt wurde, soll jetzt die Richtung der Prüferwechsel im Mittelpunkt stehen. Einen ersten Überblick über die Richtung der Prüferwechsel vermittelt Tabelle 18, in der alle oben identifizierten 77 prüferwechselnden AG enthalten sind.[796] Die durch Eigentümerwechsel gekennzeichneten AG verbleiben zunächst unter den analysierten AG, da bei ihnen ein Einfluß des geplanten Börsengangs auf die Entscheidung zum Prüferwechsel zumindest nicht ausgeschlossen werden kann.

Man erkennt, daß Wechsel unter Big6-WPG nur selten auftreten. Kleine Prüfer müssen in den Jahren vor dem IPO 37 Mandate an Big6-Gesellschaften und 8,5 an Second-Tier-WPG abgeben, während sie nur zwei Mandate von großen WPG hinzugewinnen können. Um die Mandatsverteilung in der Ausgangssituation zwei bis drei Jahre vor dem IPO zu berücksichtigen, sind in der letzten Spalte von Tabelle 18 für die einzelnen Prüfer jeweils die von Prüferwechseln betroffenen Mandate im Verhältnis zu den in der Ausgangssituation gehaltenen Mandaten angegeben. Fast die Hälfte der Gesellschaften, die in der Ausgangslage Mandanten kleiner Prüfer sind, wechselt vor dem IPO den Prüfer, davon drei Viertel zu Big6- und Second-Tier-WPG.

---

[794] Wiederum erbringen entsprechende χ^2-Tests bei Zugrundelegung einer Sicherheitswahrscheinlichkeit von 99,9% jeweils signifikante Ergebnisse. Da in den Vergleichsgrundgesamtheiten durch Eigentümerwechsel veranlaßte Prüferwechsel nicht aussortiert wurden, wird der Unterschied zwischen IPO-Unternehmen und anderen AG hinsichtlich der Häufigkeit von Prüferwechseln bei einem Vergleich der angegebenen Wechselquoten sogar noch unterschätzt.

[795] Da die Erfassung möglicher Eigentümerwechsel unter allen Vergleichsunternehmen mit einem unvertretbar hohen Aufwand verbunden gewesen wäre, wurden nur die genannten 66 AG betrachtet. Unter diesen ließen sich innerhalb des Sechsjahreszeitraumes von 1990 bis 1996 bei 18,2% der AG ein Wechsel des Mehrheitsaktionärs feststellen, während die Quote unter den IPO-Unternehmen innerhalb eines Fünfjahreszeitraumes 18,6% betrug. Die 66 ausgewählten AG setzen sich aus 40 nicht von einem Prüferwechsel betroffenen AG und 26 prüferwechselnden AG zusammen. Diese beiden Gruppen unterscheiden sich untereinander hinsichtlich des Auftretens von Eigentümerwechseln kaum (19,2% Eigentümerwechsel in der Gruppe der prüferwechselnden AG, 17,5% in der anderen Gruppe).

[796] Da in der Tabelle, abweichend von der bisher verwendeten Angabe der Anzahl der Gesellschaften, die zumindest teilweise den Prüfer wechselten, zu einer Mandatszählung übergegangen wird und bei elf AG nur ein teilweiser Prüferwechsel stattfand, reduziert sich die Anzahl der betroffenen Mandate auf 71,5.

Prüfer alt	Prüfer neu KP-MG	AA	C&L	PW	PWC	EY	WE-DIT	BDO	Sec. Tier	kleine Prüfer	ge-samt	in % der Mandate
KPMG			1								1	3,70
AA	1									1	2	8,16
C&L		1						1			2	9,52
PW											0	0
PWC											0	0
EY	0,5	1		0,5					1		3	15,79
WEDIT			1								1	14,29
BDO				0,5						1	1,5	23,08
Second Tier						0,5					0,5	3,13
kleine Prüfer	11	11	4,5	2,5	1	4	1	2	8,5	15	60,5	48,99
gesamt	12,5	13	6,5	3,5	1	4,5	1	3	9,5	17	71,5	28,37

Tabelle 18: Richtung der Prüferwechsel (in Anzahl der Mandate)[797]

Um dieses Ergebnis richtig werten und den Einfluß des geplanten Börsenganges bestimmen zu können, ist der Vergleich mit dem Prüferwechselverhalten in einer Kontrollgruppe notwendig. Die Kontrollgruppe muß aus Gesellschaften bestehen, die den IPO-Unternehmen in wichtigen Charakteristika ähnlich sind, sich von diesen aber gerade dadurch unterscheiden, daß sie kein IPO planen. Aufgrund der im Verlauf der Arbeit bisher gewonnenen Erkenntnisse erscheint es sinnvoll, von den Gesellschaften in der Kontrollgruppe zu verlangen, daß sie ähnlich groß und ein ähnliches Wachstum wie die IPO-Unternehmen aufweisen sollten; daneben sollten sie im Ausgangszeitpunkt nicht börsennotiert sein. Grundsätzlich bieten sich die in Abschnitt 6.2.2 identifizierten 474 AG, die von 1990 bis 1996 zu keinem Zeitpunkt börsennotiert waren, als Kontrollgruppe an. Von diesen mußten weitere neun AG eliminiert werden, die nach 1996 neu an die Börse kamen und deren Prüferwahl durch dieses zukünftige Ereignis beeinflußt sein könnte. Da es sich bei den IPO-Unternehmen mit wenigen Ausnahmen um Gesellschaften mit einer Bilanzsumme unter einer Mrd. DM handelt, wurden weiterhin alle 72 AG mit Bilanzsummen im Jahr 1996 größer als eine Mrd. DM aus der Gruppe der Vergleichsunternehmen ausgeschlossen. Es verbleiben 393 Unternehmen in der Kontrollgruppe, deren Charakteristika in Tabelle 19 auf Seite 214 näher beschrieben sind. Die Größe der Unternehmen wird dabei anhand der Konzernbilanzsumme, bzw. falls kein Konzernabschluß vorliegt, anhand der Einzelabschlußbilanzsumme gemessen. Während bei den Unternehmen in der Kontrollgruppe auf die Bilanzsummen 1996

[797] Einbezogen sind die 252 AG, für die zumindest für die letzten beiden abgeschlossenen Geschäftsjahre vor dem IPO der Prüfer bekannt ist.
Ein Prüferwechsel von einem kleinen Prüfer zu KPMG fand 1998 bei der Constantin Film AG statt, die zuvor von der JUS GmbH geprüft wurde, deren Alleingesellschafter im Jahr 1998 die KPMG wurde. Da nicht klar ist, ob die über die Prüferwahl abstimmende Hauptversammlung zeitlich vor oder nach der Übernahme der JUS GmbH durch KPMG stattfand, und weil hier nicht, wie typischerweise bei unechten Prüferwechseln, das Mandat bei der übernommenen WPG verblieb, wird in diesem Fall – auch im Hinblick auf das dadurch von der Gesellschaft gegebene Signal „Prüferwechsel zu einer großen WPG“ – von einem echten Prüferwechsel ausgegangen. Eine alternative Behandlung als Nicht-Prüferwechsel ändert an den bisher und im folgenden dargestellten Testresultaten im Ergebnis nichts. Bei Mandanten anderer im Untersuchungszeitraum von großen WPG übernommenen Prüfern ergaben sich derartige Probleme nicht.

zurückgegriffen wird, ist der Zehnjahreszeitraum, in dem die hier untersuchten IPO-Unternehmen an die Börse gingen, zu lang, um die (Konzern-)Bilanzsummen des letzten Abschlusses vor dem IPO unbereinigt um ein Normalwachstum zu verwenden. Zur Bestimmung dieses Normalwachstums greife ich auf die in Abschnitt 6.2.2 angesprochenen 1.128 börsennotierten und nicht börsennotierten Gesellschaften zurück,[798] für die sowohl für 1990 als auch für 1996 (und zwar exakt für 1996) die notwendigen Daten vorliegen. Die Bilanzsummen dieser AG wuchsen in den sechs Jahren von 1990 bis 1996 durchschnittlich (bilanzsummengewichtet) um 46,82%. Bereinigt man um Ausreißer, die besonders hohes bzw. besonders hoch negatives Wachstum aufweisen, erhält man einen Wert für das durchschnittliche Wachstum von 45,42%.[799] Daraus errechnet sich nach $(1+p)^6 = 1{,}4542$ ein jährliches Bilanzsummenwachstum von 6,44% bzw. 6,61% ohne Bereinigung um Ausreißer. Um die Vergleichbarkeit der einzelnen IPO-AG untereinander und zu den AG in der Kontrollgruppe herzustellen, werden die Bilanzsummen des aktuellsten im Prospekt enthaltenen Abschlusses der IPO-Unternehmen mit der Bilanzsummenwachstumsrate von 6,44% auf das Jahr 1996 auf- bzw. abgezinst.

	252 IPO-Unternehmen		**393 Vergleichsunternehmen**	
	Mittelwert	Median	Mittelwert	Median
Bilanzsumme (BS) 1996 in Mio. DM	943,4[800]	70,0	172,6	68,5
durchsch. jährl. Wachstum der BS[801]	53,54%	25,59%	6,46%	4,02%
durchsch. jährl. BS-Wachst. in Mio. DM	71,60[802]	8,30	7,29	1,28
Prüfer in Ausgangslage				
Big6	44,64%		42,24%	
Second Tier	6,35%		3,82%	
andere kleine Prüfer	49,01%		53,94%	

Tabelle 19: Charakteristika der Unternehmen in der Kontrollgruppe im Vergleich zu denen der IPO-Unternehmen

[798] Vgl. Tabelle 10 auf Seite 192.

[799] Bei den Ausreißern handelt es sich um 23 AG, die ihre Position unter jeweils acht gleich groß gebildeten Größenklassen von 1990 bis 1996 mindestens um drei Größenklassen verbessert oder verschlechtert haben.

[800] Ohne Berücksichtigung der Deutschen Telekom AG ergibt sich ein Wert von 295,5 Mio. DM, ohne 16 AG mit auf 1996 umgerechneten Bilanzsummen größer einer Mrd. DM ergeben sich 134,8 Mio. DM.

[801] Bei den IPO-Unternehmen wird das durchschnittliche jährliche Wachstum in den zwei bis drei Jahren vor IPO gemessen, wobei unterschiedliche Zeiträume auf Monate genau erfaßt wurden. Bei den Vergleichsunternehmen ist das durchschnittliche jährliche Wachstum im Sechsjahreszeitraum zwischen 1990 und 1996 angegeben. Bei einigen AG, die erst im zweiten Beobachtungszeitpunkt einen Konzernabschluß erstellt hatten, wird zur Ermittlung des Wachstums eine Konzern- mit einer Einzelabschlußgröße verglichen. Wegen der bei einigen Gesellschaften fehlenden Angabe des drittletzten Abschlusses vor IPO wurden die Angaben des prozentualen und des absoluten Wachstums lediglich aus 184 IPO-Unternehmen gewonnen.

[802] Ohne Berücksichtigung der Deutschen Telekom AG ergeben sich 39,03 Mio. DM.

Hinsichtlich der an der Bilanzsumme gemessenen Größe der Unternehmen können die beiden Gruppen als ähnlich angesehen werden. Der hohe Mittelwert bei den IPO-Unternehmen ist durch einige sehr große Unternehmen nach oben verzerrt; nach Bereinigung um diese Unternehmen ergibt sich ein ausreichend ähnlicher Wert.[803] Problematischer stellen sich die deutlich höheren Wachstumsraten bei den IPO-Gesellschaften im Vergleich zu den AG der Kontrollgruppe dar. In der Gesamtbetrachtung des Marktes für Abschlußprüfungen konnte sowohl für die schrumpfenden als auch für die stark wachsenden Gesellschaften eine höhere Zahl von Prüferwechseln insgesamt und von Wechseln von kleinen zu großen Prüfern identifiziert werden, so daß das Wachstum als Einflußgröße auf Prüferwechselentscheidungen nicht unberücksichtigt bleiben darf. Das absolute Wachstum der Bilanzsummen zeigt, daß die hohen prozentualen Wachstumsraten bei den IPO-Unternehmen nicht auf kleinere Bilanzsummen zu Beginn des jeweiligen Betrachtungszeitraumes zurückzuführen sind. Eine Lösung dieses Problems wird im folgenden dergestalt angeboten, daß die AG in einzelne – auch in der Gesamtmarktbetrachtung verwendete – Wachstumsklassen eingeteilt und separate Analysen innerhalb der Klassen durchgeführt werden.

Der in der Ausgangslage leicht höhere Anteil kleiner Prüfer unter den Unternehmen der Kontrollgruppe sollte tendenziell eine höhere Prüferwechselrate von kleinen zu großen Prüfern bewirken, weswegen dieser kleine Unterschied in der Mandatsverteilung die Ergebnisse nicht in unerwünschter Richtung verzerren kann. Tabelle 20 auf Seite 216 zeigt neben den hier interessierenden Prüferwechseln von kleinen zu großen WPG auch die Häufigkeit aller Wechsel. Die Ergebnisse in Tabelle 20 beziehen sich wegen fehlender Angaben nur auf 184 AG, für die Wachstumsraten ermittelbar waren.[804]

Um die Prüferwechselhäufigkeit unter den Gesellschaften in der Kontrollgruppe, die an sechs Zeitpunkten eine Möglichkeit zum Prüferwechsel im Vergleich zu zwei Zeitpunkten bei den IPO-Unternehmen hatten, derjenigen unter den IPO-AG vergleichbar zu machen, wird die Anzahl der Prüferwechsel der Kontrollunternehmen durch drei geteilt. Bei einer unterstellten Gleichverteilung der Prüferwechsel über den Sechsjahreszeitraum ergibt sich dadurch ein Durchschnittswert der Prüferwechsel über drei Zweijahresperioden. Die sich ergebenden Anzahlen von Prüferwechseln sind, jeweils nach oben gerundet, unter „normiert“ angegeben.

---

[803] Die angesprochenen großen Unternehmen werden nicht aus der Untersuchung ausgeschlossen, da große Gesellschaften tendenziell seltener den Prüfer wechseln und sie somit das Ergebnis nicht in der Weise verzerren, daß diese AG aufgrund ihrer Größe für häufigere Wechsel in der Gruppe der IPO-Unternehmen verantwortlich gemacht werden könnten.

[804] Vgl. Fußnote 801. Die Marktstruktur unter den 184 IPO-AG weicht mit 44,29% Marktanteil der Big6, 5,43% für die Second-Tier-WPG und 50,27% für kleine Prüfer nur unwesentlich von der in Tabelle 19 für die 252 IPO-AG angegebenen ab. Der Median der Bilanzsummen unter den 184 AG beträgt weiterhin 70 Mio. DM, der Mittelwert steigt auf 1.185 Mio. DM, beläuft sich aber nach Eliminierung der Deutschen Telekom AG auf 297,6 Mio. DM und entspricht damit fast dem sich für 252 IPO-AG ergebenden Wert.

durchschnittl. jährliche Wachstumsrate	< -3%	-3% bis +3%	+3% bis +15%	> +15%	gesamt
Anzahl IPO-Unternehmen	11	13	44	116	184
Prüferwechsel (in %)	5 (45,5)	5 (38,5)	9 (20,5)	38 (32,8)	57 (31,0)
„klein zu groß“ (in %)[805]	4 (36,4)	3 (23,1)	3 (6,8)	23 (19,8)	33 (17,9)
in % aller Wechsel	80,0	60,0	33,3	60,5	57,9
Prüferwechsel zu Big6 unter AG mit kleinen Prüfern[806]	4 (57,1)	2 (28,6)	2 (11,1)	22 (31,9)	30 (29,7)
Anzahl Kontrollunternehmen	63	117	155	58	393
Prüferwechsel (in %)	24 (38,1)	27 (23,1)	25 (16,1)	18 (31,0)	94 (23,9)
„klein zu groß“ (in %)	5 (7,9)	5 (4,3)	4 (2,6)	6 (10,3)	20 (5,1)
in % aller Wechsel	20,8	18,5	16,0	33,3	21,3
Prüferwechsel zu Big6 unter AG mit kleinen Prüfern[807]	5 (13,2)	5 (7,8)	3 (3,5)	6 (15,8)	19 (8,4)
Anzahl Kontrollunternehmen – normiert –	63	117	155	58	393
Prüferwechsel (in %)	8 (12,7)	9 (7,7)	9 (5,8)	6 (10,3)	32 (8,1)
„klein zu groß“ (in %)	2 (3,2)	2 (1,7)	2 (1,3)	2 (3,4)	7 (1,8)
Prüferwechsel zu Big6 unter AG mit kleinen Prüfern	2 (5,3)	2 (3,1)	1 (1,2)	2 (5,3)	7 (3,1)

Tabelle 20: Prüferwechsel bei 184 IPO-Unternehmen im Zweijahreszeitraum vor dem IPO im Vergleich zu Prüferwechseln bei 393 Kontrollunternehmen in einem Sechsjahreszeitraum und umgerechnet auf einen Zweijahreszeitraum[808]

Für jede Wachstumsklasse gilt, daß die IPO-Gesellschaften häufiger den Prüfer wechseln, häufiger einen Prüferwechsel von einem kleinen zu einem großen Prüfer vornehmen und der Anteil der letztgenannten Wechselart an allen Prüferwechseln höher ist als bei den Unternehmen der Kontrollgruppe; dies gilt sogar, wenn man die Kontrollunternehmen unbereinigt um den vergleichsweise längeren Untersuchungszeitraum betrachtet. χ^2-Tests zeigen für jede der vier Wachstumsklassen eine signifikant höhere Anzahl von Prüferwech-

805 Second-Tier-WPG wurden für diese Untersuchung unter die kleinen Prüfer eingereiht. Unter die Kategorie „Prüferwechsel von klein zu groß“ fallen alle AG, die zumindest teilweise einen kleinen Prüfer durch eine Big6-WPG ersetzt haben.

806 Im Hinblick auf die im folgenden näher analysierten AG, die in der Ausgangslage **ausschließlich** einen kleinen Prüfer bestellt hatten, und um zusätzlich die Ergebnisse in der Zeile „Prüferwechsel von klein zu groß“ dahingehend abzusichern, daß nicht unterschiedliche Marktanteile kleiner Prüfer in der Ausgangslage diese Ergebnisse in einzelnen Wachstumsklassen verzerren, ist hier die Anzahl der AG, die zumindest teilweise von kleinen zu großen Prüfern gewechselt sind, in Relation zu den AG angegeben, die in der Ausgangslage ausschließlich von kleinen Prüfern geprüft wurden. Unter 138 IPO-Unternehmen mit ausschließlich kleinen Prüfern in der Ausgangslage konnte für 101 AG das durchschnittliche jährliche Wachstum ermittelt werden. Diese 101 AG bilden die Basis für die Angaben in dieser Zeile.

807 Vgl. Fußnote 806. 226 AG bilden die Basis für die Angaben in dieser Zeile.

808 Die angegebenen Zahlen beziehen sich auf AG, die zumindest teilweise den Prüfer wechselten, nicht auf die Anzahl der gewechselten Mandate.

seln unter den IPO-AG im Vergleich zu den Kontrollunternehmen (normiert).[809] Bei Zugrundelegung einer Sicherheitswahrscheinlichkeit von 99% ergibt sich mit Ausnahme der dritten Wachstumsgruppe zwischen IPO- und Kontrollunternehmen ein signifikant häufigeres Auftreten von Wechseln von kleinen zu großen Prüfern.[810]

Als Beispiel einer der Durchführung eines χ^2-Tests zugrundeliegenden Vier-Felder-Tafel weist Tabelle 21 die Anzahl von Prüferwechseln von kleinen zu großen WPG unter den AG aus, die zu Beginn des Untersuchungszeitraumes ausschließlich einen kleinen Prüfer bestellt hatten. Da in der Vier-Felder-Tafel keine Aufspaltung in Wachstumsklassen vorgenommen wird, bilden alle 252 IPO-Unternehmen, für die die notwendigen Daten vorliegen, anstatt der bisher betrachteten 184 AG, für die zudem das Wachstum ermittelt werden konnte, die Datenbasis.

	252 IPO-AG	393 AG der Kontrollgruppe – normiert –	gesamt
Wechsel zu großem Prüfer	38	7	45
kein Wechsel zu großem Prüfer	100	219	319
alle AG mit in der Ausgangslage kleinen Prüfern	138	226	364

Tabelle 21: Vier-Felder-Tafel der AG mit in der Ausgangslage ausschließlich kleinen Prüfern[811]

Der χ^2-Test erbringt eine Testgröße V = 47,23 (Freiheitsgrad 1), was bedeutet, daß die Hypothese, wonach sich IPO- und Kontrollunternehmen (normiert) mit in der Ausgangslage ausschließlich kleinen Prüfern nicht hinsichtlich der Häufigkeit eines zumindest teilweisen Wechsels zu einer Big6-WPG unterscheiden, bei Zugrundelegung einer Sicherheitswahrscheinlichkeit von 99,9% abgelehnt werden kann.[812] Zählt man Second-Tier-WPG nicht wie bisher zu den kleinen Prüfern, sondern zu den großen, ergibt sich ein noch deutlicherer Unterschied zwischen IPO- und Vergleichsunternehmen (V = 70,53 bzw. 42,39

[809] Die zugrundegelegten Sicherheitswahrscheinlichkeiten betragen 95% für die Gruppe der AG mit negativem Wachstum und jeweils 99% für die anderen drei Wachstumsgruppen. Für die ersten drei Gruppen wurde wegen der kleinen Besetzungszahlen jeweils eine nach Yates korrigierte Testgröße verwendet. Zur Yates´schen Korrektur vgl. Basler (Methodenlehre 1994), S. 244ff.

[810] Für alle Gruppen wurde wegen der kleinen Besetzungszahlen jeweils die nach Yates korrigierte Testgröße verwendet.

[811] Charakteristika der in der Tabelle enthaltenen Gesellschaften:

	138 IPO-Unternehmen		226 Vergleichsunternehmen	
	Mittelwert	Median	Mittelwert	Median
Bilanzsumme (BS) 1996 in Mio. DM	129,0	50,5	130,7	35,4
durchsch. jährl. Wachstum der BS	52,01%	30,78%	6,50%	4,46%
durchsch. jährl. BS-Wachst. in Mio. DM	16,9	6,7	5,8	0,8

[812] Selbst bei Verwendung der Kontrollgruppe in der nicht um den längeren Untersuchungszeitraum bereinigten Form, bei dann 19 Wechseln von kleinen zu großen Prüfern, zeigt sich eine auf dem 99,9%-Niveau signifikant geringere Wechselhäufigkeit zu großen Prüfern als bei den IPO-Unternehmen.

bei Verzicht auf eine Normierung). Dieses Ergebnis deutet darauf hin, daß diejenigen IPO-Unternehmen, die nicht zu einer Big6-WPG wechseln, sich sehr viel häufiger für einen Wechsel zu einer Second-Tier-Gesellschaft entscheiden, als dies unter den Kontrollunternehmen der Fall ist.

Die zuletzt präsentierten Ergebnisse fallen aufgrund der vernachlässigten Berücksichtigung von Unterschieden im Wachstum der Gesellschaften etwas zu deutlich aus. In Tabelle 20 auf Seite 216 wurden für die einzelnen Wachstumsklassen die Wechsel zu großen Prüfern unter den in der Ausgangslage ausschließlich einen kleinen Prüfer bestellenden Gesellschaften ermittelt, wobei für die 138 IPO-AG wegen fehlender Angaben nur bei 101 das Wachstum bestimmt werden konnte. Im Vergleich zu den 226 AG der Kontrollgruppe in auf einen gleich langen Untersuchungszeitraum normierter Form ergeben sich auf dem 99%-Niveau nur für die erste und die vierte Wachstumsklasse eine signifikant höhere Wechselanzahl unter den IPO-Unternehmen. Kleine Besetzungszahlen in den einzelnen Feldern erschweren trotz deutlicher Unterschiede in den jeweiligen Wechselraten den Nachweis signifikanter Unterschiede.[813] Trotzdem läßt sich aus der Gesamtheit der Ergebnisse der bisher durchgeführten Analysen eine erhöhte Anzahl an Wechseln von kleinen zu großen Prüfern im Vorfeld eines IPO mit hinreichender Sicherheit feststellen.

Bereits in Tabelle 20 hat sich der Zusammenhang zwischen dem Unternehmenswachstum und der Prüferwahl gezeigt. Ähnlich wie unter den Gesellschaften der Kontrollgruppe weisen sowohl IPO-Unternehmen mit negativem oder sehr niedrigem Wachstum als auch solche mit sehr hohem Wachstum eine höhere Prüferwechselquote und eine höhere Quote von Wechseln von kleinen zu Big6-Prüfern auf als AG mit einem jährlichen Wachstum im Bereich zwischen drei und 15%. Besonders hoch ist die Quote der Wechsel von kleinen zu großen Prüfern bei den IPO-AG mit negativem oder gering positivem Wachstum, während unter den Kontrollunternehmen zwar die Prüferwechselquote unter den schrumpfenden Gesellschaften am höchsten ist, aber die Quote der Wechsel von einem kleinen zu einem großen Prüfer ihren höchsten Wert unter den am stärksten wachsenden AG erreicht. Die hohe Wechselrate von kleinen zu großen Prüfern unter den AG mit negativem Wachstum, also bei AG, die meist in den Jahren vor dem IPO eine sich reduzierende Geschäftstätigkeit oder Umstrukturierungen zu bewältigen hatten, könnte so gedeutet werden, daß gerade diese AG darauf angewiesen sind, mit der Bestellung eines hochqualitativen Prüfers Vertrauen bei den Anlegern aufzubauen.

[813] Zur Sicherheit wurden weitere Analysen mit – von den bisher verwendeten – abweichenden Wachstumsklassen durchgeführt. Dabei wurden Wachstumsklassen für die Kontrollunternehmen möglichst vorteilhaft gebildet, d.h. es wurden jeweils mindestens 30 Gesellschaften umfassende Wachstumsklassen so gebildet, daß unter den Kontrollunternehmen möglichst viele Wechselunternehmen in einer solchen Klasse sind. Im Vergleich zu IPO-Gesellschaften mit entsprechenden Wachstumsraten zeigte sich in jeder Klasse eine höhere Wechselanzahl bei den letztgenannten AG. Obwohl die Unterschiede mehrheitlich bei Zugrundelegung einer Sicherheitswahrscheinlichkeit von 95% signifikant waren, ergaben sich aufgrund der teilweise sehr kleinen Besetzungszahlen allerdings wiederum nicht immer auf dem 95%-Niveau signifikante Unterschiede.

Eine andere Erklärung könnte die notwendige Unterstützung bei der Unternehmensumstrukturierung durch einen über ein breites Leistungsspektrum verfügenden großen Prüfer sein. Um Hinweise auf weitere mögliche Einflußfaktoren auf die Prüferwechselentscheidung zu einem großen Prüfer zu erhalten, sind in Tabelle 22 auf den folgenden Seiten Unterschiede zwischen zu größeren Prüfern wechselnden und nicht wechselnden unter den 138 IPO-AG dargestellt. Die einzelnen Variablen sind in drei Gruppen zusammengefaßt: In der ersten Gruppe finden sich Variable, die für die Größe und räumliche Ausbreitung der Gesellschaft, besonderen Beratungsbedarf, einen Eigentümerwechsel oder die Beteiligung einer VC- oder einer Private-Equity-Gesellschaft am IPO-Unternehmen stehen. Diese Variablen könnten für einen Wechsel zu einer großen WPG mit entsprechenden Kapazitäten und breiter Leistungspalette verantwortlich sein. Variable, die das Ausmaß fremdfinanzierungsbedingter und durch das IPO entstehender eigenfinanzierungsbedingter Interessenkonflikte sowie die weitere Beteiligung bisheriger Aktionäre nach IPO widerspiegeln, finden sich in der zweiten Gruppe, während die letzte Gruppe Variable beinhaltet, die das Unternehmens- und Schätzrisiko des IPO-Unternehmens charakterisieren. Eine Trennung zwischen Variablen, die für das Ausmaß des Schätzrisikos, und denjenigen, die für die Höhe des Unternehmensrisikos stehen, ist schwierig. Da in den zu testenden Hypothesen sowohl die Höhe des Unternehmensrisikos als auch die des Schätzrisikos in gleicher Richtung auf Prüferwahl- und -wechselentscheidungen wirken, soll vorerst eine konkrete Differenzierung zwischen diesen Variablen unterbleiben.[814] Einige Variablen wie etwa die die Existenz eines Aktienoptionsprogramms für Vorstände betreffenden könnten auch in einer anderen Gruppe ausgewiesen werden. Ein bestehendes Aktienoptionsprogramm kann nicht nur für einen besonderen Beratungsbedarf, der durch einen großen Prüfer zusätzlich abgedeckt werden könnte, verantwortlich sein, sondern kann auch als eigenfinanzierungsbedingte Agency-Probleme reduzierende Variable eingestuft werden.[815]

Auf den ersten Blick zeigen sich zumindest in der ersten und der letzten Variablengruppe der Erwartung entsprechende Unterschiede zwischen von kleinen Prüfern zu Big6-WPG wechselnden und nicht wechselnden Gesellschaften. Die Wechsler wachsen schneller, sind stärker im Ausland aktiv, haben mit höherer Wahrscheinlichkeit ein wertorientiertes Anreizsystem vor dem IPO implementiert, sind häufiger von einem Wechsel des Mehrheitseigners betroffen, und häufiger haben sich an ihnen VC- oder Private-Equity-Gesellschaften beteiligt.

---

[814] Vgl. auch die Ausführungen in Abschnitt 6.2.5.3.

[815] Vgl. Serfling/Pape/Kressin (Emissionspreisfindung 1999), S. 296.

	100 nicht zu Big6 wechselnde AG	38 zu Big6 wechselnde AG	10 zu Sec. Tier wechselnde AG[816]
durchsch. Bilanzsumme (1996) in Mio. DM[817]	117,9	158,1	128,1
durchsch. jährl. Wachstum der Bilanzs.[818]	48,4%	60,5%	41,1%
durchsch. jährl. Bilanzs.-wachst. in Mio. DM	14,0	23,9	23,0
durchsch. Anzahl ausländ. Tochtergesellsch.	2,1	3,4	2,6
Anteil AG mit Aktienoptionsprogramm[819]	36,0%	63,2%***	70,0%**
Anteil AG mit Eigentümerwechsel[820]	10,75%	21,05%	0%
Anteil AG mit VC- bzw. Private-Equity-Beteiligung	21,0%	47,4%***	20,0%
durchsch. VG im aktuellsten Abschluß vor IPO[821]	55,77	53,04	66,56**
durchsch. VG nach IPO[822]	31,28	27,54	31,39
durchsch. Verbindl. in Rel. zur Marktkap.[823]	27,15	22,17	23,56
durchsch. Anteil der Altaktionäre nach IPO[824]	65,86%	64,76%	65,72%
durchsch. Anteil der Organmitgl. nach IPO[825]	52,96%	45,05%	57,73%
durchsch. Verkaufserlös der Organmitglieder im Zuge des IPO in Mio. DM[826]	14,3	43,2	27,6
durchsch. Anteil alter Aktien am Emiss.-vol.[827]	28,5%	28,8%	27,0%

[816] Für die Analyse der von kleinen zu Second-Tier-WPG gewechselten Unternehmen wurden die 122 AG herangezogen, die in der Ausgangslage von einem kleinen Prüfer betreut wurden. Von diesen wechselten 37 zu einer Big6-, zehn zu einer Second-Tier-WPG, und 75 blieben bei einem kleinen Prüfer. Die angegebenen Signifikanzen beziehen sich auf Unterschiede zu den 75 nicht prüferwechselnden Gesellschaften.
[817] Es ist jeweils die Bilanzsumme aus dem aktuellsten im Prospekt enthaltenen Abschluß angegeben. Um die ihr IPO in verschiedenen Jahren durchführenden Gesellschaften vergleichbar zu machen, wurden die Bilanzsummen mittels der oben errechneten durchschnittlichen jährlichen Bilanzsummenwachstumsrate von 6,44% auf das Jahr 1996 auf- bzw. abdiskontiert.
[818] Die Datenbasis bilden hier 101 AG, für die das jährliche Wachstum der Bilanzsummen im Zeitraum vom drittletzten Geschäftsjahr vor dem IPO bis zum aktuellsten im Prospekt enthaltenen Abschluß ermittelbar war. Dabei handelt es sich um 71 nicht zu einer Big6-WPG wechselnde (darunter 9 zu einer Second-Tier-WPG wechselnde AG) und 30 zu einer Big6-WPG wechselnde AG.
[819] Die Existenz eines Aktienoptionsprogramms für Vorstandsmitglieder wurde bereits unterstellt, wenn im Prospekt angegeben war, daß eine Hauptversammlung vor dem IPO, an der also nur die Altaktionäre ein Stimmrecht besaßen, darüber einen Beschluß zu fassen beabsichtigt. Ankündigungen im Prospekt, eine nach dem IPO stattfindende Hauptversammlung über die Einführung eines Aktienoptionsprogramms abstimmen zu lassen, reichten nicht aus, um die AG unter die ein solches Programm besitzenden Gesellschaften einzuordnen.
[820] In den fünf Jahren vor dem IPO mußten mehr als 50% der Anteile den Besitzer gewechselt haben, um die AG als von einem Eigentümerwechsel betroffen zu charakterisieren.
[821] Dieser Verschuldungsgrad errechnet sich als Quotient aus den im aktuellsten im Prospekt enthaltenen Abschluß ausgewiesenen Verbindlichkeiten zur Bilanzsumme und ist in % angegeben. Auf eine Anpassung an nach dem Abschlußstichtag und vor dem IPO vorgenommene Kapitalerhöhungen wurde verzichtet.
[822] Im Unterschied zum vorgenannten Verschuldungsgrad werden hier die im aktuellsten im Prospekt enthaltenen Abschluß ausgewiesenen Verbindlichkeiten auf die Bilanzsumme bezogen, die sich unter Berücksichtigung von nach dem Abschlußstichtag und vor dem IPO vorgenommenen Kapitalerhöhungen und den im Rahmen des IPO der Gesellschaft zugeflossenen Mittel ergibt. Dabei wird unterstellt, daß die zufließenden Mittel in vollem Umfang zu einer Bilanzerweiterung führen, d.h. daß damit keine Verbindlichkeiten getilgt wurden.
[823] Dieser Verschuldungsgrad errechnet sich als prozentuale Relation der im aktuellsten im Prospekt enthaltenen Abschluß ausgewiesenen Verbindlichkeiten zur auf Basis des Emissionspreises und unter Berücksichtigung der in Form eines Greenshoes angebotenen Aktien errechneten Marktkapitalisierung des Unternehmens.
[824] Die Werte sind auf Basis aller angebotenen Aktien (incl. Greenshoe) ermittelt.
[825] Die Werte sind auf Basis aller angebotenen Aktien (incl. Greenshoe) ermittelt.
[826] Es sind alle Gesellschaften berücksichtigt, an denen die Organmitglieder vor dem IPO eine Beteiligung von mindestens zehn Mio. DM (berechnet auf Basis des auf das Jahr 1996 mittels der durchschnittlichen jährlichen Inflationsrate im Untersuchungszeitraum von 2,5% auf- bzw. abdiskontierten Emissionskurses) hielten. Dadurch reduziert sich die Anzahl der in dieser Variablen berücksichtigten AG auf 129. Die angegebenen Verkaufserlöse sind in realen Größen des Jahres 1996 angegeben.
Die angegebenen Werte sind unabhängig von der tatsächlichen Ausübung unter Berücksichtigung aller mittels eines Greenshoes angebotener Aktien ermittelt.

Anteil AG mit Großbank als Konsortialführer[828]	32,0%	39,5%	50,0%
durchsch. Markt-/Buchwert-Verhältnis[829]	3,15	3,49**	3,42
durchsch. Bestehensdauer als AG in Jahren	3,79	1,17	0,75
Anteil Neuer-Markt-Unternehmen	46,0%	71,1%***	70,0%
Anteil AG mit geringem Umsatz[830]	9,38%	15,79%	0%
durchsch. Anzahl Risikofaktoren im Prosp.[831]	14,8	16,1	19,3*
durchsch. aktuelle Rentabilität[832]	10,94%	7,71%*	-0,10%*
durchsch. Umsatzrentabilität 1[833]	3,48%	0,82%	-2,67%
durchsch. Umsatzrentabilität 2[834]	7,00%	2,84%	0,18%*
Anteil AG mit negativem Ergebnis[835]	30%	50%**	40%
Anteil AG mit negativem Wachstum[836]	5,6%	13,3%	0%

*** signifikant bei Zugrundelegung einer Sicherheitswahrscheinlichkeit von 99% (2-seitiger Test)
** signifikant bei Zugrundelegung einer Sicherheitswahrscheinlichkeit von 95% (2-seitiger Test)
* signifikant bei Zugrundelegung einer Sicherheitswahrscheinlichkeit von 90% (2-seitiger Test)

Tabelle 22: Deskriptive Darstellung der Unterschiede zwischen zu einem Big6-Prüfer bzw. zu einer Second-Tier-WPG wechselnden und anderen AG unter den 138 IPO-Unternehmen, die in der Ausgangslage ausschließlich einen kleinen Prüfer bestellt hatten[837]

---

[827] Zur Ermittlung der Werte wurden auch die im Rahmen einer Greenshoe-Option angebotenen Aktien berücksichtigt.

[828] Zu den Großbanken werden hier Deutsche Bank, Dresdner Bank und Commerzbank gezählt.

[829] Der Marktwert wurde auf Grundlage des Emissionspreises bestimmt, der Buchwert entspricht der Summe aus dem im letzten Abschluß vor IPO ausgewiesenen Eigenkapital, eventuell bis zum IPO durchgeführten Kapitalerhöhungen und dem durch die Kapitalerhöhung im Zuge des IPO zugeflossenen Betrag. Unter der Bilanzposition „Eigenkapital" ausgewiesene Anteile anderer Gesellschafter wurden vom Eigenkapital subtrahiert.

[830] Eine Gesellschaft fällt unter die AG mit geringem Umsatz, wenn sie im aktuellsten im Prospekt enthaltenen Abschluß auf ein gesamtes Jahr umgerechnete Umsatzerlöse von weniger als unbereinigt zehn Mio. DM ausweist.

[831] Da in den Emissionsprospekten aus den früheren Jahren des Untersuchungszeitraumes oftmals entsprechende Angaben fehlten, reduziert sich die Zahl der hier einbezogenen AG auf 66 unter den nicht wechselnden und 33 unter den wechselnden AG.

[832] Die Rentabilität wird hier als Verhältnis des Ergebnisses der gewöhnlichen Geschäftstätigkeit zur Bilanzsumme aus dem aktuellsten Abschluß im Prospekt ermittelt. Zur Begründung dieser Vorgehensweise vgl. Fußnote 918.

[833] Die Umsatzrentabilität 1 errechnet sich als Verhältnis des Jahresüberschusses zu den Umsatzerlösen im Abschluß des letzten vollständigen Geschäftsjahres vor dem IPO. Auf das Heranziehen der aktuellsten Abschlüsse als Berechnungsbasis wurde verzichtet, um die Einflüsse saisonaler Schwankungen, die bei Verwendung von Quartals- oder Halbjahresabschlüssen die Ergebnisse verzerren können, auszuschließen.

[834] Die Umsatzrentabilität 2 errechnet sich als Verhältnis des Ergebnisses der gewöhnlichen Geschäftstätigkeit zu den Umsatzerlösen im Abschluß des letzten vollständigen Geschäftsjahres vor dem IPO.

[835] Eine AG fällt in diese Kategorie, wenn sie in den Abschlüssen der drei letzten Geschäftsjahre vor dem IPO mindestens einmal ein negatives Jahresergebnis oder ein negatives Ergebnis der gewöhnlichen Geschäftstätigkeit ausweisen mußte.

[836] Das Wachstum wird durch einen Vergleich der Bilanzsummen des aktuellsten im Prospekt enthaltenen Abschlusses und des Abschlusses über das drittletzte Geschäftsjahr vor dem IPO ermittelt. Vgl. auch Fußnote 818.

[837] Bei einzelnen Variablen konnten wegen fehlender Angaben nicht alle 138 AG einbezogen werden. Bei Variablen mit einer relativ hohen Anzahl von Gesellschaften mit fehlenden Daten ist dies besonders vermerkt.
Die angegebenen Werte sind Mittelwerte; die entsprechenden Mediane unter den Nicht-Dummy-Variablen zeigen mehrheitlich in gleicher Richtung verlaufende Unterschiede zwischen den zu Big6 wechselnden und nicht zu Big6 wechselnden AG. Vgl. hierzu auch Fußnote 839. Die angegebenen Signifikanzen beziehen sich jeweils auf einen Mann-Whitney-Test, also auf einen Vergleich der Mediane.

Neben der häufigeren Wahl einer der drei Großbanken Deutsche Bank, Dresdner Bank und Commerzbank als Konsortialführer dürften die wechselnden IPO-Unternehmen für die Anleger mit einem höheren Unternehmens- und Schätzrisiko behaftet sein: Sie weisen ein höheres Markt-/Buchwert-Verhältnis und eine geringere Rentabilität in der Vergangenheit auf, bestehen kürzer in der Rechtsform einer AG, gehören häufiger zu den an den Neuen Markt kommenden Gesellschaften und zu denjenigen, die aktuell weniger als zehn Mio. DM jährliche Umsatzerlöse ausweisen können, in den letzten drei Jahren vor dem IPO mindestens einmal ein negatives Ergebnis oder während dieses Zeitraums insgesamt eine schrumpfende Bilanzsumme zu verzeichnen hatten. Diese Ergebnisse zeigen sich in gleicher Weise, wenn man statt der Mittelwerte die in Tabelle 22 nicht angegebenen Mediane für einen Vergleich heranzieht.[838] Bei der bisher nicht angesprochenen Höhe der Bilanzsumme zeigen die Mediane Werte von 53,1 Mio. DM bei den nicht wechselnden und 46,3 Mio. DM bei den wechselnden AG, also einen Unterschied in gegenüber der Betrachtung der Mittelwerte entgegengesetzter Richtung. Wie sich bereits in der Betrachtung des Prüfungsmarktes bei börsennotierten und nicht börsennotierten AG in Tabelle 11 auf Seite 194 zeigte, läßt sich mit Ausnahme für die sehr großen AG kein Zusammenhang zwischen Unternehmensgröße und Wechselhäufigkeit von kleinen zu großen Prüfern feststellen, weswegen auch hier eine weitere Deutung der Größenunterschiede zwischen wechselnden und nicht wechselnden AG unterbleiben soll.

In der zweiten Variablengruppe zeigen die zu einer Big6-WPG wechselnden Gesellschaften zwar bei Betrachtung der Mittelwerte eine leicht höhere Tendenz bei bisherigen Aktionären, im Zuge des IPO „Kasse zu machen“ und damit etwas stärkere eigenfinanzierungsbedingte Interessenkonflikte an als bei den AG, die weiterhin von einem kleinen Prüfer betreut wurden. Hinsichtlich fremdfinanzierungsbedingter Interessenkonflikte gilt das Umgekehrte. Da die Mediane der Variablen in der zweiten Gruppe aber teilweise Unterschiede zwischen wechselnden und nicht wechselnden AG in entgegengesetzter Richtung aufweisen, lassen sich in der zweiten Variablengruppe keine den Erwartungen entsprechenden Ergebnisse festhalten.

Da für die meisten Variablen nicht von einer Normalverteilung ausgegangen werden kann, wurden die Unterschiede in den einzelnen Variablen mittels des

[838] Unter den bisher genannten Variablen gilt diese Aussage einzig für die durchschnittliche Bestehensdauer als AG nicht, da die Mediane hier in beiden Gruppen jeweils ein Jahr betragen. Da bei dieser Variablen einige Ausreißerwerte festgestellt werden konnten, wurde überprüft, ob allein diese Ausreißer für den relativ großen Unterschied unter den Mittelwerten verantwortlich sind. Ein gestutzter Mittelwert, in dessen Berechnung jeweils 5% der kleinsten und größten Werte nicht eingehen, zeigte genauso wie eine Analyse der Verteilung dieser Variablen ein geringeres Alter unter den zu einer Big6-WPG wechselnden AG als unter den nicht wechselnden AG.

Mann-Whitney-Tests analysiert.[839] Die teilweise festgestellten signifikanten Unterschiede zwischen den nicht und den zu einer Big6-WPG wechselnden Gesellschaften deuten zusammen mit der Tatsache, daß in den Variablengruppen eins und drei mit Ausnahme der nicht weiter interessierenden Größenvariablen alle Unterschiede in den Variablen zwischen den Gesellschaften in erwarteter Richtung verlaufen, darauf hin, daß die zu einer Big6-Gesellschaft wechselnden AG tendenziell von höherem Unternehmensrisiko und höherer Unsicherheit für die Anleger über den Marktwert gekennzeichnet sind als die nicht wechselnden Unternehmen. Für diese Unternehmen zeitigt ein Wechsel zu einem Prüfer höherer Qualität tendenziell einen höheren Nutzenzuwachs, so daß für diese Gesellschaften – sofern die Prüfer auf die höhere Unsicherheit nicht mit den Nutzenzuwachs aufzehrenden höheren Honorarforderungen reagieren – ein Prüferwechsel vergleichsweise vorteilhafter sein dürfte als für von geringerer Unsicherheit und niedrigerem Unternehmensrisiko gekennzeichnete AG. Insofern sind die erhaltenen Ergebnisse im Einklang mit der Erwartung. Bei der Deutung der Signifikanzen darf allerdings nicht außer acht gelassen werden, daß allein die Vielzahl der untersuchten Variablen die Wahrscheinlichkeit erhöht hat, bei der ein oder anderen Variablen einen signifikanten Unterschied festzustellen. Zudem zeigten geeignete logistische Regressionsanalysen mit dem Wechsel bzw. Nicht-Wechsel zu einer Big6-WPG als abhängiger Variabler bei Einschluß verschiedener Variabler sowohl hinsichtlich der Güte der Anpassung der Regressionsmodelle als auch hinsichtlich der Signifikanz der Variablen keine akzeptablen Werte.[840] An dieser Stelle wird auf ihre Darstellung verzichtet und auf Abschnitt 6.2.5 verwiesen, in dem derartige Analysen für alle allgemeinen IPO-AG durchgeführt werden.

Die in der letzten Spalte von Tabelle 22 angegebenen Werte für die von einer kleinen zu einer Second-Tier-WPG wechselnden Gesellschaften zeigen in den Variablengruppen eins und drei mit ein paar Ausnahmen Unterschiede zu den nicht den Prüfer wechselnden AG in gleicher Richtung, wie sie zwischen den nicht zu einer Big6- und den zu einer Big6-WPG wechselnden Unternehmen bestehen. Eine Betrachtung der Mediane in den beiden Variablengruppen führt lediglich hinsichtlich Bilanzsumme und jährlichen prozentualen Wachstums zu Unterschieden in umgekehrter Richtung gegenüber den sich bei Be-

---

[839] Wie bereits angesprochen, verlaufen die Mediane, auf die sich der Mann-Whitney-Test bezieht, mit Ausnahme der Variablen „Bilanzsumme", „VG im aktuellsten Abschluß vor IPO", „durchsch. Anteil der Altaktionäre nach IPO", „durchsch. Verkaufserlös der Organmitglieder im Zuge des IPO", „durchsch. Anteil alter Aktien am Emiss.-vol." und „durchsch. Bestehensdauer als AG" in gleicher Richtung wie die in Tabelle 22 angegebenen Mittelwerte zwischen wechselnden und nicht wechselnden AG. Nur teilweise können sog. Ausreißer für die Unterschiede zwischen Mittelwerten und Medianen verantwortlich gemacht werden.

[840] Auch für die logistischen Regressionsanalysen gilt, daß sich Modelle entwerfen ließen, die vereinzelt signifikante Variable identifizierten, was jedoch bei einer Vielzahl durchgeführter Regressionsanalysen wenig besagt. Modellen, die das Wachstum der Gesellschaft, Eigentümerwechsel, Altaktionärsbeteiligung nach IPO und verschiedene die Unsicherheit widerspiegelnde Variable beinhalteten, mangelte es an einer akzeptablen Güte der Anpassung und signifikanten Variablen.

trachtung der Mittelwerte ergebenden, womit auf Basis der Mediane die zu einer Second-Tier-WPG wechselnden AG bei diesen beiden Variablen Unterschiede in gleicher Richtung wie die zu einer Big6-WPG wechselnden gegenüber den nicht wechselnden AG aufweisen. Relativ stark weichen die Ergebnisse bei den Variablen „Eigentümerwechsel" und „bestehender VC- bzw. Private-Equity-Beteiligung" gegenüber den unter den zu Big6-WPG wechselnden AG festgestellten ab. Aufgrund der geringen Anzahl der Fälle sind diese Ergebnisse sowie ein Vergleich der zu einer Second-Tier-Gesellschaft mit den zu Big6-WPG wechselnden Unternehmen wenig aussagekräftig.

Vergleicht man die zu einer Big6-WPG wechselnden AG mit der um Unternehmen, die in der Ausgangslage eine Second-Tier-WPG bestellt hatten oder zu einer solchen in den Jahren vor dem IPO wechselten, reduzierten Gruppe der nicht zu einer Big6-WPG wechselnden Gesellschaften, ergibt sich hinsichtlich signifikanter Unterschiede ein kaum verändertes Bild gegenüber dem Vergleich der 100 nicht zu Big6-WPG wechselnden AG mit den 38 wechselnden.[841] Obwohl die Variablen der zu einer Second-Tier-WPG wechselnden Unternehmen vielfach ähnliche Werte wie die zu einer Big6-WPG wechselnden AG aufweisen, verzerren sie den in Tabelle 22 dargestellten Vergleich, bei dem die zu einer Second-Tier-WPG wechselnden AG unter den Nicht-Wechslern ausgewiesen sind, nicht so stark, daß sich deutlich signifikantere Unterschiede zwischen den zu einer Big6-Gesellschaft wechselnden und den weiterhin bei einem sehr kleinen Prüfer verbleibenden AG ergäben.

Als letzter Aspekt sollen in diesem Abschnitt „Prüferwechsel" in der Zeit zwischen der Prüfung des letzten ordentlichen im Prospekt enthaltenen Abschlusses und der Durchführung des IPO beleuchtet werden. Unmittelbar vor dem IPO werden WPG bei den IPO-Unternehmen oftmals tätig, um Zwischenabschlüsse, Als-ob- bzw. Pro-forma-Abschlüsse oder Abschlüsse nach internationalen Rechnungslegungsnormen zu erstellen und zu bescheinigen, einer kritischen Durchsicht zu unterziehen oder nach einer Abschlußprüfung mit einem Testat zu versehen. Soweit hierüber im Prospekt entsprechende Angaben gemacht wurden, wurden diese erfaßt. Unter den 306 allgemeinen IPO-AG beauftragten 20 für die Tätigkeiten unmittelbar vor dem IPO zumindest teilweise einen anderen als ihren bisherigen Abschlußprüfer, wovon neun AG, die bisher einen kleinen Abschlußprüfer hatten, eine Big6-WPG und zwei andere mit bisher kleinem Prüfer eine Second-Tier-Gesellschaft wählten. Unter drei weiteren AG, die bisher noch keine Prüfung hatten vornehmen lassen, beauftragten zwei eine Big6-WPG und eine einen kleinen Prüfer mit verschiedenen Tätig-

[841] Lediglich die Unterschiede bei den Variablen „durchsch. Anteil der Organmitglieder nach IPO" und „durchsch. Umsatzrentabilität 2" sind dann zusätzlich auf dem 90%-Niveau signifikant. Bei den Variablen „durchsch. Markt-/Buchwert-Verhältnis" und „durchsch. aktuelle Gesamtkapitalrentabilität" erhöht sich die Signifikanz der Unterschiede auf 99% bzw. 95%.

keiten im Zuge des IPO.[842] Unter 95 AG, die ihren letzten ordentlichen Abschluß noch ausschließlich von kleinen Prüfern (ohne Second-Tier-WPG) prüfen ließen oder noch nicht prüfungspflichtig waren, wählten somit elf zum IPO zumindest zusätzlich eine Big6-WPG, während 82 AG weiterhin auf die Dienste kleiner Prüfer zurückgriffen.[843] Eine Analyse der Unterschiede zwischen diesen beiden Gruppen verlief weitgehend ergebnislos. Auf dem 99%-Niveau unterscheiden sich die beiden Gruppen signifikant nur darin, daß die zumindest zusätzlich eine Big6-WPG beauftragenden AG häufiger ein Aktienoptionsprogramm vor dem IPO implementierten und erst kürzere Zeit in der Rechtsform einer AG bestanden. Bei Zugrundelegung einer Sicherheitswahrscheinlichkeit von 90% zeigt sich neben Unterschieden in Größe und Wachstum der Gesellschaften lediglich eine signifikant höhere Zahl von Risikofaktoren im Prospekt unter den wechselnden AG. Zusätzlich zu den in Tabelle 22 aufgezählten Variablen wurde untersucht, ob ein fast regelmäßig erst unmittelbar vor dem IPO aufgestellter Abschluß nach IAS oder US-GAAP die Unternehmen veranlaßte, sich der Dienste einer Big6-WPG zu versichern. Zwar hatte ein größerer Anteil unter den zusätzlich die Dienste von Big6-WPG in Anspruch nehmenden Unternehmen einen solchen Abschluß erstellt als die ausschließlich von kleinen Prüfern betreuten AG (54,5% gegenüber 42,7%). Dieser Unterschied ist allerdings nicht signifikant. Somit zeigt sich, daß zwar ein relativ hoher Prozentsatz von IPO-Unternehmen mit bisher kleinem Prüfer zusätzlich die Dienste von Big6-WPG unmittelbar vor IPO in Anspruch nimmt. Hinweise darauf, welche Gründe hierfür ausschlaggebend sein könnten, konnten allerdings nicht identifiziert werden. Möglicherweise ist die optimale Prüferwahl im Hinblick auf das IPO für die von unterschiedlichem Unternehmensrisiko, Unsicherheit über den Marktwert und Schwere der Interessenkonflikte gekennzeichneten IPO-Unternehmen bereits mit der Bestellung des letzten Abschlußprüfers abgeschlossen; die Entscheidung über die Auswahl eines unmittelbar vor dem IPO zusätzlich beauftragten Prüfers könnte von anderen hier nicht aufgedeckten Faktoren determiniert sein. Darüber hinaus ist auf die stark eingeschränkte Aussagekraft der hier dargelegten Ergebnisse aufgrund der relativ kleinen Anzahl zu beobachtender Fälle hinzuweisen.

Insgesamt konnte in diesem Abschnitt festgestellt werden, daß AG, die ein IPO planen, c.p. mit höherer Wahrscheinlichkeit einen Prüferwechsel durchführen und die Gesellschaften, die in der Ausgangslage einen kleinen Prüfer bestellt hatten, c.p. signifikant häufiger zu einer größeren WPG wechseln. Damit findet die in diesem Abschnitt zu testende Hypothese für die in den Jahren 1990 bis 1999 in Deutschland durchgeführten IPO Bestätigung. Zusammenhänge zwischen Variablen, die u.a. das Unternehmensrisiko, die Unsicherheit

[842] Eine weitere Gesellschaft, bei der die Angabe der Prüfer der letzten ordentlichen Abschlüsse im Prospekt fehlte, bleibt an dieser Stelle unbeachtet.
[843] Weitere zwei AG, die von kleinen Prüfern jeweils zu Second-Tier-WPG wechselten, bleiben im folgenden unbeachtet.

über den Marktwert und das Ausmaß von finanzierungsbedingten Interessenkonflikten widerspiegeln, und dem Auftreten eines Prüferwechsels in den Jahren vor dem IPO konnten zwar nicht durchgehend signifikant nachgewiesen werden. Allerdings deuten Unterschiede in den das Unternehmensrisiko repräsentierenden Variablen darauf hin, daß IPO-bezogene Aspekte Einfluß auf eine Prüferwechselentscheidung haben könnten. Die Ergebnisse rechtfertigen zumindest die eine größere Zahl von AG einbeziehende Analyse des Einflusses der hier verwendeten und von weiteren Variablen auf die Wahl des Abschlußprüfers im folgenden Abschnitt. Dabei sind dann auch alle diejenigen Unternehmen unter den analysierten, die bisher aus verschiedenen Gründen unbeachtet blieben. Entscheiden sich die Unternehmen bei ihrer Prüferwahl rational, darf angenommen werden, daß die nicht wechselnden AG bereits zuvor den für sie optimalen Prüfer gewählt hatten.

6.2.5 Prüferwahl bei IPO-Unternehmen

In diesem Abschnitt sollen Einflußfaktoren auf die qualitätsdifferenzierte Auswahl von Prüfern durch IPO-Unternehmen analysiert werden. Die Hypothesen, denen in diesem Abschnitt nachgegangen wird, behaupten einen Einfluß verschiedener das Unternehmens-, das Schätzrisiko und das Ausmaß eigenfinanzierungsbedingter Interessenkonflikte widerspiegelnder Variabler auf die Prüferwahl. Zur Reduzierung des Schätzrisikos und der Milderung der Agency-Probleme sollten davon stärker betroffene IPO-Unternehmen stärkeren Anreizen zur Wahl eines hochqualitativen Prüfers, der annahmegemäß einen höheren Beitrag zur Unsicherheitsreduzierung und zur Milderung der Agency-Probleme leisten kann, unterliegen als andere AG. Die Existenz angebotsseitiger Effekte, die etwa in einer eng am Unternehmensrisiko orientierten Honorarfestsetzung der Prüfer bestehen könnte, wird dabei für den deutschen Markt mit den für Prüfer sehr vorteilhaften Haftungsregeln als von soweit untergeordneter Bedeutung angesehen, daß bei von relativ hohem Risiko und schweren Interessenkonflikten gekennzeichneten IPO-Unternehmen nicht der Nutzen eines großen Prüfers durch dessen höheres Honorar überkompensiert wird. Daneben wird in diesem Abschnitt analog zu Feltham/Hughes/Simunic (1991) untersucht, ob den von unterschiedlichen Prüfern geprüften Abschlüssen unterschiedliche Relevanz für die Bewertung der IPO-Unternehmen zugebilligt wird. Zusammen mit dem Alteigentümeranteil nach IPO könnte die Wahl eines bestimmten Abschlußprüfers als Signal über den Unternehmenswert an die Anleger angesehen werden. Je höher das Unternehmensrisiko und je höher die Verkaufsquote der Alteigentümer, die von den Anlegern annahmegemäß als Signal für die Einschätzung der zukünftigen Entwicklung der Gesellschaft durch die Altaktionäre gewertet wird, ausfallen, desto stärker sollte der Anreiz zur Wahl eines hochreputablen Prüfers sein, um einen angemessenen Emissionspreis erzielen zu können.

Bevor diesen Hypothesen nachgegangen wird, erfolgt zunächst eine deskriptive Darstellung der Prüferwahl bei IPO-Unternehmen. Banken und Versicherungen bleiben dabei wiederum ausgeschlossen. Tabelle 23 zeigt die Verteilung der Prüfer des letzten ordentlichen Abschlusses vor IPO unter den 306 allgemeinen AG. Neben den sich aus der Zahl der von den einzelnen WPG gehaltenen Mandate ergebenden Marktanteilen sind in der Gesamtbetrachtung auch die mit der Wurzel aus der Bilanzsumme jedes Mandanten gewichteten Marktanteile angegeben. Die Bilanzsummen aller IPO-Unternehmen wurden wiederum auf das Jahr 1996 umgerechnet.[844] Zum Vergleich ist die

Prüfer	**Amtlicher Handel**	**Neuer Markt**	**Geregelter Markt**	**alle IPO**			**393 AG der Kontrollgruppe[845]**	
alle Angaben in %	Anzahl	Anzahl	Anzahl	Anzahl	Wu(BS)	Wu(BS) ohne DT[846]	Anzahl	Wu(BS)
KPMG	22,15	15,79	9,33	15,85	20,68	23,11	13,10	15,61
Arthur Andersen	10,76	20,39	8,00	14,87	10,01	11,19	1,78	1,72
PWC (Als-ob-Gruppe)	25,32	9,55	7,33	13,07	27,89	19,40		
C&L	17,72	4,28	6,67	8,33	24,70	15,83	14,63	18,84
Price Waterhouse	6,33	1,32	0,67	2,45	2,36	2,64	3,05	4,25
PWC	1,27	3,95	0,00	2,29	0,83	0,93		
Ernst & Young	4,43	8,55	10,67	8,00	6,43	7,19	5,85	7,68
BDO	2,53	2,63	4,00	2,94	2,32	2,60	4,45	5,38
WEDIT	2,53	1,32	5,33	2,61	2,88	3,22	5,34	5,75
Second Tier[847]	6,33	11,84	10,67	10,13	6,44	7,20	3,82	3,79
andere kleine Prüfer	25,95	29,28	40,67	31,21	22,47	25,12	47,96	36,99
keine Prüfung	0,00	0,66	2,67	0,98	0,52	0,58		
fehlende Angabe	0,00	0,00	1,33	0,33	0,36	0,40		
Total	100,00	100,00	100,00	100,00	100,00	100,00	100,00	100,00
Marktanteil der Big6	67,72	58,22	44,67	57,35	70,22	66,71	48,22	59,22

Tabelle 23: Struktur des Marktes für Abschlußprüfungsleistungen bei allgemeinen IPO-AG und Kontrollunternehmen, gemessen an der Anzahl der Mandate und der Summe der Wurzeln aus den Bilanzsummen der Mandanten[848]

[844] Vgl. die Ausführungen zur Umrechnung auf Seite 214.

[845] In der Kontrollgruppe blieben AG, die keinen Prüfer hatten, ausgeschlossen, weil nicht ermittelt werden konnte, ob AG, für die im HdAG kein Prüfer angegeben ist, tatsächlich keinen Prüfer hatten oder ein vorhandener Prüfer nicht abgedruckt wurde.

[846] Da die Deutsche Telekom AG mit ihrem anhand der Wurzel aus der Bilanzsumme gemessenen Marktanteil von 10,54% einen sehr starken Einfluß auf die Marktstruktur hat, ist in dieser Spalte die Marktstruktur bei Eliminierung der Deutschen Telekom AG angegeben.

[847] Die einzelnen Second-Tier-WPG halten folgende Mandate (die erste Zahl gibt die Anzahl der Mandate unter den IPO-Unternehmen, die zweite die unter den Unternehmen der Kontrollgruppe an): Warth & Klein: 4,5 / 2, Dr. Ebner, Dr. Stolz und Partner: 4 / 5, Susat & Partner: 4 / 2, AWT Allgemeine Wirtschaftstreuhand: 3 / 0, Gellert-Wirtschaftsprüfung: 0,5 / 0, Dr. Lipfert: 2 / 4, Dr. Rödl & Partner: 5 / 1, Haarmann, Hemmelrath & Partner: 4 / 1, Grant Thornton: 2 / 0 und Pannell Kerr Forster: 2 / 0.

[848] Die Grundgesamtheit der IPO-Unternehmen besteht aus 306 AG, wovon 79 im Amtlichen Handel, 75 im Geregelten und 152 im Neuen Markt notiert sind. Bei Beteiligung zweier WPG an der Prüfung zu einem bestimmten Zeitpunkt wurden die Mandate hälftig aufgeteilt.

Marktstruktur unter den bereits im vorangegangenen Abschnitt als Kontrollgruppe verwendeten 393 nicht börsennotierten AG im Jahr 1996 angegeben.[849]

Bei einem Vergleich der IPO in den verschiedenen Börsensegmenten ergeben sich höhere Marktanteile der Big6-Gesellschaften unter den in den Amtlichen Handel kommenden AG gegenüber den Neuer-Markt-Unternehmen, unter denen wiederum ein höherer Anteil gegenüber den ein IPO in den Geregelten Makt durchführenden AG festzustellen ist. Umgekehrt verhält es sich mit den Marktanteilen der kleinen Prüfer, wobei der Unterschied zwischen Amtlichem Handel und Neuem Markt mit 25,95% zu 29,28% sehr gering ausfällt. Second-Tier-WPG sind unter den in den Amtlichen Handel kommenden Unternehmen weit weniger stark als Prüfer vertreten als unter den AG in den beiden anderen Börsensegmenten. Nur zum Teil lassen sich diese Unterschiede durch die unterschiedliche Größe der in die einzelnen Börsensegmente kommenden Gesellschaften erklären. Zwar sind die Unternehmen des Amtlichen Handels mit einer auf das Jahr 1996 umgerechneten durchschnittlichen Bilanzsumme von 2,86 Mrd. DM (Median 296 Mio. DM) bzw., ohne Berücksichtigung der Deutschen Telekom AG, 793 Mio. DM deutlich größer als die Unternehmen im Neuen Markt mit einer durchschnittlichen Bilanzsumme von 51 Mio. DM (Median: 22 Mio. DM) und die des Geregelten Marktes mit 155 Mio. DM (Median: 104 Mio. DM). Allerdings wählten die gegenüber den Unternehmen am Neuen Markt deutlich größeren AG im Geregelten Markt häufiger einen kleinen Prüfer als die Neuer-Markt-Unternehmen. Eine mögliche Erklärung hierfür könnte sein, daß Neuer-Markt-Unternehmen bereits zur Prüfung ihres letzten ordentlichen Abschlusses vor IPO einen Prüfer bestellten, dem eine höhere Kompetenz in der Prüfung der im Rahmen des IPO grundsätzlich zu erstellenden Abschlüsse nach internationalen Rechnungslegungsnormen zugebilligt wurde.

---

[849] In der Kontrollgruppe wurde die Marktstruktur aus dem Jahr 1996 herangezogen, weil dieses etwa in der Mitte des Untersuchungszeitraumes liegende Jahr am ehesten dem Anspruch gerecht wird, jedes IPO-Unternehmen hinsichtlich seiner Prüferwahl mit der zur Zeit des IPO herrschenden Prüfungsmarktstruktur zu vergleichen.
Unter den Unternehmen der Kontrollgruppe herrscht eine andere Branchenstruktur als unter den IPO-Unternehmen. Einige Branchen, wie Brauereien, Energieversorgungsunternehmen und WP-Gesellschaften, die in der Kontrollgruppe vertreten sind, sind unter den IPO-AG mit wenigen Ausnahmen nicht zu finden. Obwohl sich zeigt, daß in einigen dieser Branchen ähnlich wie unter Banken und Versicherungen unterschiedliche Strukturen auf dem Markt für Abschlußprüfungen herrschen, wurden Unternehmen dieser und anderer unter den IPO-AG kaum vertretenen Branchen hier nicht aus der Kontrollgruppe ausgeschlossen. Dieses Vorgehen läßt sich rechtfertigen zum einen durch die Tatsache, daß ein Ausschluß aller derartigen Unternehmen die Kontrollgruppe zahlenmäßig so stark verringern würde, daß Vergleiche dann unter der Existenz geringer Besetzungszahlen leiden. Zum anderen herrscht in diesen Branchen – mit Ausnahme der Prüfung von WP-Gesellschaften – tendenziell eine höhere Anbieterkonzentration als unter den anderen Unternehmen der Kontrollgruppe. Für den hier durchgeführten Vergleich, in dem die relativ häufigere Wahl großer WPG durch IPO-Unternehmen gezeigt werden soll, ist man durch Einschluß der in Frage stehenden Branchen unter die Kontrollunternehmen auf der „sicheren Seite". Eine Alternativanalyse mit Kontrollunternehmen, unter denen Brauereien, Energieversorger und WPG ausgeschlossen wurden, führte zu keinen Änderungen hinsichtlich der hier präsentierten Ergebnisse.

Während 90,8% der in den Neuen Markt kommenden AG einen solchen Abschluß in den Prospekt aufnahmen, waren dies unter den AG des Geregelten Marktes nur 2,7%, bei AG im Amtlichen Handel 13,9%. Die Unterschiede zwischen den Marktanteilen der einzelnen Prüfer, gemessen an der Zahl und der mit der Wurzel aus der Bilanzsumme gewichteten Mandate, zeigt – selbst wenn man die Verzerrung aufgrund der Deutschen Telekom AG beseitigt –, daß Second-Tier-WPG und kleine Prüfer tendenziell kleinere Mandanten betreuen, während KPMG und C&L ähnlich wie im Gesamtprüfungsmarkt relativ häufiger die größeren Unternehmen prüfen. Im Gegensatz zum Gesamtprüfungsmarkt nahm Arthur Andersen unter den IPO-Unternehmen eine starke Marktstellung ein. Besonders die im Durchschnitt kleineren, in den Neuen Markt kommenden AG wählten diesen Prüfer.

Im Vergleich zur Marktstruktur für Abschlußprüfungsleistungen unter den bereits börsennotierten AG weisen die IPO-Unternehmen eine geringere Konzentration auf;[850] kleinere Prüfer halten unter den IPO-Unternehmen einen deutlich höheren Marktanteil als unter den börsennotierten AG, was zu einem Großteil auf die unterschiedliche Größe von IPO-Unternehmen und bereits börsennotierten AG zurückzuführen sein dürfte. Gegenüber den 393 nicht börsennotierten Kontrollunternehmen ergibt sich bei den IPO-Unternehmen ein deutlich geringerer Marktanteil kleiner Prüfer. Im Gegenzug halten KPMG, Arthur Andersen und die Second-Tier-WPG unter den IPO-AG höhere Marktanteile als unter den nicht börsennotierten Unternehmen. Um festzustellen, ob diese Differenzen auf unterschiedliche Unternehmensgrößen zurückzuführen sind, wurde die in Tabelle 24 auf Seite 230 dargestellte unternehmensgrößendifferenzierte Marktstrukturuntersuchung durchgeführt.

Unternehmen mit einer Bilanzsumme größer als eine Mrd. DM waren im vorangegangenen Abschnitt bei der Konstruktion der Kontrollgruppe ausgeschlossen worden, um eine insgesamt vergleichbare Größenstruktur sicherzustellen.[851] In den restlichen sechs Größenklassen ergeben sich für die drei untersten und die Klasse mit den Unternehmen, die eine Bilanzsumme zwischen einer halben und einer Mrd. DM ausweisen, geringere Marktanteile kleiner Prüfer bei den IPO-Unternehmen; allerdings sind die Unterschiede nur in der ersten und dritten Klasse bei Zugrundelegung einer Sicherheitswahrscheinlichkeit von 99% statistisch signifikant. Sowohl unter den IPO-AG als auch unter den Kontrollunternehmen nimmt der Anteil der Big6-WPG mit steigender Un-

[850] Vgl. Tabelle 13 auf Seite 197. Eine Darstellung der Marktstruktur für Abschlußprüferleistungen unter börsennotierten AG, differenziert nach einzelnen Börsensegmenten, findet sich für das Jahr 1996 bei Lenz/Ostrowski (Markt 1999), S. 403. Dabei zeigt sich sowohl für die amtlich als auch für die im Geregelten Markt notierten AG ein geringerer Marktanteil für kleinere Prüfer, als ihn Second-Tier- und kleine Prüfer unter den ein IPO in den Amtlichen Handel bzw. den Geregelten Markt durchführenden AG halten.

[851] Der Medianwert der Bilanzsummen der IPO-Unternehmen liegt mit 58 Mio. DM trotz des Ausschlusses sehr großer Unternehmen unter den Vergleichsunternehmen niedriger als unter den Unternehmen der Kontrollgruppe (68,5 Mio. DM). Die durchschnittliche Bilanzsumme unter allen IPO-Unternehmen ist stark durch die Deutsche Telekom AG verzerrt.

ternehmensgröße tendenziell zu, wobei diese Entwicklung bei den IPO-Unternehmen wesentlich inkonsistenter verläuft; gerade bei IPO-Unternehmen mit Bilanzsummen bis 250 Mio. DM läßt sich kein klarer Trend erkennen. Diese Ergebnisse weisen darauf hin, daß zumindest unter den kleineren der IPO-Unternehmen der bevorstehende Börsengang zu einem gegenüber den nicht an die Börse gehenden Gesellschaften veränderten Prüferwahlverhalten führt.

Bilanzsumme (1996) in Mio. DM	**< 15**	**< 40**	**< 100**	**< 250**	**< 500**	**< 1.000**	**> 1.000**	**gesamt**
306 IPO-Unternehmen	67	64	53	64	27	12	19	306
Anteil Big6 in %	53,7	49,2	57,5	53,1	64,8	75,0	89,5	57,4
Anteil Second Tier in %	17,9	7,0	14,2	5,5	7,4	8,3	2,6	10,1
Anteil kleiner Prüfer in %	26,9	42,2	28,3	38,3	27,8	16,7	7,9	31,2
Mittelwert BS in Mio. DM	9,0	25,6	65,5	159,0	341,5	721,3	11.131	801,5
393 AG der Kontrollgruppe	79	86	57	70	61	40	0	393
Anteil Big6 in %	24,1	39,5	43,9	61,4	69,7	65,0		48,2
Anteil Second Tier in %	2,5	5,8	3,5	1,4	6,6	2,5		3,8
Anteil kleiner Prüfer in %	73,4	54,7	52,6	37,1	23,8	32,5		48,0
Mittelwert BS in Mio. DM	7,7	27,2	65,4	154,4	371,4	692,0		172,6

Tabelle 24: Struktur des Marktes für Abschlußprüfungsleistungen bei allgemeinen IPO-AG und Kontrollunternehmen in Abhängigkeit von der Größe der Mandanten, gemessen an der Anzahl der Mandate

Im Hinblick auf die in diesem Kapitel anzustellende Analyse möglicher Einflußfaktoren auf die Prüferwahl bei IPO-Unternehmen ist jeder IPO-AG genau ein Prüfer zuzuordnen. Im Fall einer Abschlußprüfung, an der verschiedene Prüfer beteiligt waren, wurde im Gegensatz zur bisherigen Vorgehensweise in den folgenden Tabellen das Mandat jeweils dem größten der beteiligten Prüfer zugeordnet. Die Beteiligung eines Prüfers einer höheren Qualitätsstufe soll annahmegemäß ausreichen, den Anlegern das mit der Bestellung eines hochreputablen Prüfers verbundene Signal zu übermitteln. Tabelle 25 zeigt die sich nach dieser Zuordnung der entsprechenden Prüfer auf die einzelnen IPO-Unternehmen ergebende Verteilung.

	Amtlicher Handel		**Neuer Markt**		**Geregelter Markt**		**alle IPO**	
	Anzahl	in %	Anzahl	in %	Anzahl	in %	Anzahl	in %
Big6	54	68,35	90	59,21	34	45,33	178	58,17
Second Tier	5	6,33	19	12,50	8	10,67	32	10,46
andere kleine Prüfer	20	25,32	42	27,63	30	40,00	92	30,07
keine Prüf., fehl. Ang.			1	0,66	3	4,00	4	1,31
Total	79	100,00	152	100,00	75	100,00	306	100,00

Tabelle 25: Für die Analyse relevante Prüfer des letzten ordentlichen Abschlusses vor IPO bei 306 allgemeinen IPO-AG

Da auch die Bestellung der bereits im letzten Abschnitt angesprochenen WPG, die erst im Rahmen des IPO durch Erstellung, kritische Durchsicht oder Prüfung von Zwischenabschlüssen, Als-ob-Abschlüssen oder Abschlüssen nach internationalen Rechnungslegungsnormen bei den IPO-Unternehmen tätig wurden und im Prospekt unter Nennung ihrer Tätigkeit aufgeführt sind, als Signal für die Anleger angesehen werden kann, sollen in der folgenden Analyse alternativ auch diese WPG berücksichtigt werden. Analog zum oben angesprochenen Vorgehen wird in Tabelle 26 jedem IPO-Unternehmen die größte unter den an der Prüfung des letzten ordentlichen Abschlusses oder an einer der aufgezählten Tätigkeiten im Zusammenhang mit dem IPO beteiligten WPG zugeordnet.

	Amtlicher Handel		**Neuer Markt**		**Geregelter Markt**		**alle IPO**	
	Anzahl	in %	Anzahl	in %	Anzahl	in %	Anzahl	in %
Big6	56	70,89	97	63,82	37	49,33	190	62,09
Second Tier	6	7,59	20	13,16	8	10,67	34	11,11
andere kleine Prüfer	17	21,52	35	23,03	30	40,00	82	26,80
Total	79	100,00	152	100,00	75	100,00	306	100,00

Tabelle 26: Für die Analyse relevante Abschlußprüfer und am IPO beteiligte WPG bei 306 allgemeinen IPO-AG

Die Rubriken „keine Prüfung" und „fehlende Angabe" existieren in Tabelle 26 nicht mehr, weil die vier zum Zeitpunkt des letzten ordentlichen Abschlusses vor IPO darunter fallenden AG im Rahmen des IPO sich der Dienste einer WPG versichert hatten.

Zur Gewinnung eines ersten Überblicks wird zunächst die um einige Variablen veränderte dreiteilige, schon aus dem letzten Abschnitt bekannte Tabelle möglicher Einflußfaktoren auf die Prüferwahl präsentiert, bevor auf die wichtigsten Einflußfaktoren detaillierter eingegangen wird. Im Unterschied zur Analyse der Prüferwechsel, bei der sich schon andeutete, daß Second-Tier-Gesellschaften sich von den anderen kleinen Prüfern hinsichtlich ihrer Variablenwerte zu sehr unterscheiden, um mit diesen in einer Gruppe betrachtet werden zu können, bei der aber die geringen Besetzungszahlen eine von vornherein separate Untersuchung der drei Gruppen erschwerte, sind in Tabelle 27 die drei verschiedenen Prüfergruppen separat ausgewiesen. Tabelle 27 stellt ab auf die jeweils größte unter den an der Prüfung des letzten ordentlichen Abschlusses oder an den Tätigkeiten im unmittelbaren Vorfeld des IPO beteiligten WPG. Eine allein sich auf die Prüfer des letzten ordentlichen Abschlusses beziehende analoge Tabelle findet sich im Anhang 3.

	kleine Prüfer	Second Tier	Big6
n	82	34	190
Bilanzsumme (1996) in Mio. DM (Median)	59,4	32,0	64,9
jährl. Wachstum der BS[852] (Median)	25,8%	38,7%*	24,3%
Anzahl ausländ. Tochtergesellsch. (Median)	1	1	2***
Anteil AG, die vor IPO Konzerntöchter waren	15,9%	5,9%	22,1%
Anteil AG mit Konzernabschluß	72,0%	73,5%	78,9%
Anteil AG mit internation. Rechnungslegung	42,7%	58,8%	50,5%
Anteil AG mit Kapitalflußrechnung im Prospekt	69,5%	94,1%***	76,3%
Anteil AG mit Aktienoptionsprogramm	29,3%	52,9%**	55,8%***
Anteil AG mit VC- bzw. Private-Equity-Bet.	22,0%	32,4%	33,7%*
VG im aktuellsten Abschl. vor IPO[853] (Median)	55,46	59,61	53,43
Anteil der Altaktionäre nach IPO[854] (Median)	67,3%	68,7%	68,6%
Anteil der Organmitgl. nach IPO[855] (Median)	55,5%	58,8%	50,0%**
Lock-up-Frist für Organmit.[856] (Median)	12 Mon.	12 Mon.	12 Mon.
Verkaufserlös der Organmitglieder im Zuge des IPO in Mio. DM[857] (Median)	6,9	6,9	4,2
Anteil alter Aktien am Emiss.vol.[858] (Median)	29,1%	32,9%	25,0%
Anteil AG mit Großbank als Konsortialführer	31,7%	26,5%	43,2%*
Emissionsvol. (1996) in Mio. DM[859] (Median)	44,8	59,6	79,3***
Anteil AG mit Prüfung des aktuellst. Abschl.	69,5%	70,6%	65,3%
Anteil AG mit Gewinnprognose im Prospekt	0,98%	0,95%	0,88%

[852] Die Datenbasis bilden hier 212 AG, für die Wachstumsraten ermittelbar waren. Dabei handelt es sich um 132 AG mit einer Big6-WPG, 57 mit einem kleinen Prüfer und 23 mit einer Second-Tier-WPG.

[853] Der Verschuldungsgrad errechnet sich als Quotient aus den im aktuellsten im Prospekt enthaltenen Abschluß ausgewiesenen Verbindlichkeiten zur Bilanzsumme und ist in % angegeben.

[854] Die Werte sind auf Basis aller angebotenen Aktien (incl. Greenshoe-Option) ermittelt.

[855] Die Werte sind auf Basis aller angebotenen Aktien (incl. Greenshoe-Option) ermittelt.

[856] Es sind hier nur die 227 AG (kleine Prüfer: 57, Second-Tier-WPG: 28, Big6-WPG: 142) erfaßt, die im Prospekt eine Angabe über die Mindesthaltedauer machten und bei denen nach IPO eine Beteiligung der Organmitglieder bestand. In der ersten Hälfte des Untersuchungszeitraumes verzichteten viele Gesellschaften auf diese Angabe. Dabei ist nicht klar, ob diese AG auf die Angabe verzichteten, weil es keine Verpflichtung zu einer Mindesthaltedauer in diesem Unternehmen gab oder weil eine entsprechende Angabe damals nicht zu den Standardangaben im Prospekt gehörte. Berücksichtigt man alle 274 AG mit bestehenden Beteiligungen der Organmitglieder nach IPO und nimmt für die AG ohne entsprechende Angabe im Prospekt die Nichtexistenz einer Mindesthaltedauervereinbarung an, beträgt der Median bei den Mandanten kleiner Prüfer 6 Monate, Big6-WPG 12 Monate und Second-Tier-WPG 9 Monate, was ein der Erwartung widersprechendes Ergebnis darstellt.

[857] Es sind alle Gesellschaften berücksichtigt, an denen die Organmitglieder vor dem IPO eine Beteiligung von mindestens zehn Mio. DM (berechnet auf Basis des auf das Jahr 1996 auf- bzw. abdiskontierten Emissionskurses) hielten. Dies war bei 265 AG der Fall. Die angegebenen Verkaufserlöse sind in realen Größen des Jahres 1996 angegeben.
Die Werte sind unabhängig von der tatsächlichen Ausübung unter Berücksichtigung aller mittels eines Greenshoes angebotenen Aktien ermittelt.

[858] Zur Ermittlung der Werte wurden auch die im Rahmen einer Greenshoe-Option angebotenen Aktien berücksichtigt.

[859] Das hier angegebene Emissionsvolumen errechnet sich aus der Anzahl der emittierten Aktien (incl. ausgeübter Greenshoe) und dem Emissionspreis. Zur Herstellung der Vergleichbarkeit im Zeitablauf wurden alle Emissionen mit der im Untersuchungszeitraum durchschnittlich auftretenden Inflationsrate von 2,5% p.a. auf das Jahr 1996 auf- bzw. abgezinst.

Markt-/Buchwert-Verhältnis[860] (Median)	2,95	3,33	3,20*
Bestehensdauer als AG in Jahren (Median)	1	1	1
Anteil Neuer-Markt-Unternehmen	42,7%	58,8%	51,1%
Anteil AG mit geringem Umsatz[861]	10,3%	15,2%	11,6%
Anzahl Risikofaktoren im Prosp.[862] (Median)	15	15,5	15
aktuelle Rentabilität[863] (Median)	12,0%	5,6%***	10,0%*
Anteil AG mit negativem Ergebnis[864]	28,1%	50,0%**	43,8%**
Anteil AG mit negativem Wachstum[865]	5,3%	4,3%	9,1%
Streuung der Tagesrenditen 2-120[866] (Median)	3,12%	4,37%	3,91%
Streuung der Tagesrenditen 2-20[867] (Median)	3,22%	4,43%	3,95%

*** signifikant bei Zugrundelegung einer Sicherheitswahrscheinlichkeit von 99% (2-seitiger Test)
** signifikant bei Zugrundelegung einer Sicherheitswahrscheinlichkeit von 95% (2-seitiger Test)
* signifikant bei Zugrundelegung einer Sicherheitswahrscheinlichkeit von 90% (2-seitiger Test)

Tabelle 27: Deskriptive Darstellung der Unterschiede zwischen IPO-Unternehmen, die einen kleinen, einen Second-Tier- oder einen Big6-Prüfer als Abschlußprüfer des letzten Abschlusses vor dem IPO oder zur Durchführung bestimmter Tätigkeiten in unmittelbarem Zusammenhang mit dem IPO bestellt haben[868]

[860] Der Marktwert wurde auf Grundlage des Emissionspreises bestimmt, der Buchwert entspricht der Summe aus dem im letzten Abschluß vor IPO ausgewiesenen Eigenkapital, eventuell bis zum IPO durchgeführten Kapitalerhöhungen und dem durch die Kapitalerhöhung im Zuge des IPO zugeflossenen Betrag. Unter der Bilanzposition „Eigenkapital" ausgewiesene Anteile anderer Gesellschafter wurden vom Eigenkapital subtrahiert.

[861] Eine Gesellschaft fällt unter die AG mit geringem Umsatz, wenn sie im aktuellsten im Prospekt enthaltenen Abschluß auf ein gesamtes Jahr umgerechnete Umsatzerlöse von weniger als unbereinigt zehn Mio. DM ausweist.

[862] Da in den Emissionsprospekten aus den früheren Jahren des Untersuchungszeitraumes oftmals entsprechende Angaben fehlten, reduziert sich die Zahl der hier einbezogenen AG auf 222 (kleine Prüfer: 51, Second-Tier-WPG: 26, Big6-WPG: 145).

[863] Die Rentabilität wird hier als Verhältnis des Ergebnisses der gewöhnlichen Geschäftstätigkeit zur Bilanzsumme aus dem aktuellsten Abschluß im Prospekt ermittelt. Zur Begründung dieser Vorgehensweise vgl. Fußnote 918.

[864] Eine AG fällt in diese Kategorie, wenn sie in den Abschlüssen der drei letzten Geschäftsjahre vor dem IPO mindestens einmal ein negatives Jahresergebnis oder ein negatives Ergebnis der gewöhnlichen Geschäftstätigkeit ausweisen mußte.

[865] Wegen fehlender Angaben werden hier nur 212 AG (kleine Prüfer: 57, Second-Tier-WPG: 23, Big6-WPG: 132) berücksichtigt.

[866] Zur Berechnung der durchschnittlichen Streuung der Tagesrenditen wird hier auf die 120 ersten Börsenhandelstage abgestellt, wobei die sich am ersten Handelstag ergebende Zeichnungsrendite ausgeklammert wird. Die zugrundeliegenden Tagesrenditen sind nicht um die Marktentwicklung bereinigt.

[867] Analog zur vorangegangenen Variablen ist hier die auf Basis der ersten 20 Börsenhandelstage errechnete Tagesrenditenstreuung angegeben.

[868] Bei einzelnen Variablen konnten wegen fehlender Angaben nicht alle 306 AG einbezogen werden. Bei Variablen mit einer relativ hohen Anzahl von Gesellschaften mit fehlenden Daten ist dies besonders vermerkt.
Die angegebenen Signifikanzen beziehen sich jeweils auf den mittels eines Mann-Whitney-Tests vorgenommenen Vergleich zu den von kleinen Prüfern betreuten Unternehmen.

In der ersten Gruppe von Variablen, die Gründe für die Wahl einer großen WPG aufgrund deren Kapazitäten und breiter Leistungspalette widerspiegeln, ergeben sich Unterschiede zwischen den von kleinen Prüfern und von Big6-WPG geprüften IPO-Unternehmen größtenteils in erwarteter Richtung: Die von einer Big6-WPG betreuten AG sind etwas größer, sind stärker mit Tochtergesellschaften im Ausland vertreten, waren vor dem IPO häufiger in einen Konzern integriert und hatten häufiger Venture-Capital- bzw. Private-Equity-Gesellschaften als Kapitalgeber. Die bisher noch nicht betrachtete Variable „Konzerntochter" zielt darauf ab, daß Konzerne als tendenziell größere Unternehmen häufiger eine Big6-WPG mit der Abschlußprüfung beauftragen, was aufgrund der häufig festzustellenden konzerneinheitlichen Prüfung zu einer häufigeren Abschlußprüfung durch eine Big6-WPG bei IPO-Unternehmen, die zuvor in einen Konzern integriert waren, führen sollte. Ähnlich läßt sich die Einbeziehung der Variablen „VC-Beteiligung" in die erste Variablengruppe rechtfertigen, auch wenn diese Variable aufgrund ihrer Relevanz für die Existenz eigenfinanzierungsbedingter Interessenkonflikte in der zweiten oder wegen der unsicherheitsreduzierenden Signalwirkung der Beteiligung einer VC-Gesellschaft auch in der dritten Variablengruppe ausgewiesen werden könnte. Die restlichen Variablen in der ersten Gruppe richten sich auf Komplexität sowie die Notwendigkeit besonderer Kentnisse bei der Abschlußprüfung und zur Befriedigung eines Beratungsbedarfs des Mandanten: Die von Big6-WPG betreuten AG sind diejenigen, die häufiger einen Konzernabschluß aufstellen, nach internationalen Rechnungslegungsnormen bilanzieren, im Prospekt eine Kapitalflußrechnung präsentieren und vor dem IPO ein Aktienoptionsprogramm implementiert haben. Einzig beim durchschnittlichen jährlichen Wachstum der AG in den letzten beiden Jahren vor dem IPO unterscheiden sich die von Big6- und kleinen Prüfern betreuten AG entgegen der Erwartung: die von Big6-WPG betreuten AG sind die vergleichsweise weniger stark wachsenden Gesellschaften.

Unterschiede zwischen den Mandanten von Second-Tier-WPG und kleinen Prüfern sind in erwarteter Richtung neben dem Wachstum bei den Variablen, die für Prüfungskomplexität und die Notwendigkeit besonderer Kenntnisse auf Seiten der WPG stehen, sowie bei der Beteiligung von VC-Gebern festzustellen.

Auch wenn die Unterschiede zwischen Big6- bzw. Second-Tier-WPG zu den von kleinen Prüfern betreuten Mandanten nur teilweise bei Anwendung eines Mann-Whitney-Tests statistisch signifikant sind, deutet zumindest für die Big6-WPG die Konsistenz in der Richtung der Unterschiede zu den Mandanten kleiner Prüfer auf den bestehenden Einfluß der zur Prüfung bestimmter Mandanten notwendigen Existenz von aureichender Kapazität und von besonderen Kenntnissen auf Seiten der WPG auf die Prüferwahlentscheidung hin.[869]

Lediglich bei einer Variablen läßt sich in der zweiten Variablengruppe, in der sich fremdfinanzierungsbedingte und durch das IPO entstehende eigenfinanzierungsbedingte Interessenkonflikte sowie die weitere Beteiligung bisheriger Aktionäre nach IPO widerspiegeln, ein signifikanter Unterschied zwischen Mandanten kleiner und großer Prüfer feststellen: Vorstands- und Aufsichtsratsmitglieder halten nach IPO einen geringeren Anteil am IPO-Unternehmen, wenn eine Big6-WPG bestellt ist. Dieses der Erwartung entsprechende Ergebnis wird relativiert durch andere Ergebnisse in dieser Variablengruppe. So realisieren die Organmitglieder der von Big6-WPG betreuten Unternehmen geringere Verkaufserlöse für im Rahmen des IPO angebotene eigene Aktien; Altaktionäre von Big6-Mandanten ziehen sich weniger stark durch den Verkauf ihrer Aktien im IPO aus dem Unternehmen zurück. Insgesamt zeigen die Ergebnisse bei den in der zweiten Gruppe versammelten Variablen ein wenig konsistentes Bild.

Wie sich schon unter den Prüferwechslern andeutete, werden Big6-Mandanten häufiger von einer der drei Großbanken Deutsche Bank, Dresdner Bank oder Commerzbank an die Börse begleitet als die von kleinen Prüfern betreuten AG. Der Frage, ob dies auf die Einflußnahme der Konsortialführer zurückzuführen ist oder ob die Höhe des Emissionsvolumens der IPO-Unternehmen als übergeordnete Variable sowohl Prüferwahl als auch die Auswahl des Konsortialführers beeinflußt, soll weiter unten nachgegangen werden. Hinsichtlich der anderen in der dritten Gruppe versammelten Variablen, die das Unternehmens- und Schätzrisiko bei den IPO-Unternehmen beschreiben, lassen sich über alle Variablen hinweg relativ konsistente Unterschiede zwischen den Mandanten kleiner und Big6-Prüfer in erwarteter Richtung feststellen. Big6-Mandanten lassen ihren aktuellsten im Prospekt enthaltenen Abschluß seltener einer Abschlußprüfung unterziehen, machen seltener eine quantitativ aussagekräftige Ertragsprognose für mindestens das nächste Geschäftsjahr, weisen eine höhere Markt-/Buchwert-Relation auf, gehören häufiger zu den Unternehmen, die an den Neuen Markt wollen, jährliche Umsatzerlöse von aktuell weniger als 10 Mio. DM generieren, weniger rentabel arbeiten, häufiger in den letzten Jahren mindestens einmal ein negatives Ergebnis ausweisen und häufiger in den letzten Jahren einen Schrumpfungsprozeß durchlaufen mußten. Im Alter der AG und in der Anzahl der im Prospekt aufgeführten Risikofaktoren

[869] Leicht beeinflußt könnten die Ergebnisse gerade hinsichtlich der für Prüfungskomplexität und die Notwendigkeit besonderer Prüferkenntnisse und die Beteiligung von VC-Gesellschaften stehenden Variablen durch eine im Zeitablauf zunehmende Konzentration im Prüfungsmarkt sein: Die Bilanzierung nach internationalen Normen, die Veröffentlichung von Kapitalflußrechnungen und die Etablierung von Aktienoptionsplänen gewannen wie die Finanzierung durch VC-Geber erst in den letzten Jahren des Untersuchungszeitraumes – vor allem unter den in den Neuen Markt und eingeschränkt unter den in den Amtlichen Handel kommenden Gesellschaften – stark an Bedeutung, also in einem Zeitraum, in dem der Marktanteil der Big6-WPG größer gewesen sein dürfte als zuvor.

unterscheiden sich die Gesellschaften in ihren Medianwerten nicht.[870] Als marktorientiertes Ex-post-Unsicherheitsmaß ist die Streuung der unbereinigten Tagesrenditen in den ersten 120 bzw. 20 Börsenhandelstagen angegeben.[871] Auch diese Variablen zeigen eine höhere Unsicherheit über den Marktwert bei den von großen Prüfern betreuten IPO-Unternehmen an.

In den meisten das Unternehmens- und Schätzrisiko wiedergebenden Variablen sind die festgestellten Unterschiede auch zwischen den von kleinen und von Second-Tier-WPG betreuten AG festzustellen.

Auch wenn unter den Variablen der dritten Gruppe nur einige Unterschiede zwischen den von großen und kleinen Prüfern betreuten IPO-Unternehmen statistisch signifikant ausfallen, läßt sich aufgrund der Konstanz, mit der auch bei den nicht von signifikanten Unterschieden gekennzeichneten Variablen die Unterschiede in erwarteter Richtung auftreten, zum jetzigen Stand der Untersuchung festhalten, daß die Mandanten großer Prüfer tendenziell ein höheres Maß an Unternehmens- und Schätzrisiko aufweisen als die von kleinen Prüfern betreuten IPO-Unternehmen. Sowohl zwischen den einzelnen Ex-ante-Risikovariablen untereinander als auch zwischen Ex-ante- und Ex-post-Risikovariablen lassen sich signifikante Korrelationen feststellen.

Vor einer multivariaten Analyse sollen im folgenden zunächst die in dieser Arbeit hauptsächlich als potentielle Einflußfaktoren auf die Prüferwahl interessierenden Variablen, in denen sich das Unternehmens- und Schätzrisiko, der von Alteigentümern gehaltene Anteil nach dem IPO und die Wahl des Konsortialführers widerspiegeln, tiefergehend betrachtet werden.

6.2.5.1 Prüferwahl in Abhängigkeit der Wahl des Konsortialführers

Anders als in den angelsächsischen Ländern haben Untersuchungen über die Reputation von Konsortialbanken in Deutschland keine Ergebnisse erbracht, die konsistent bei bestimmten Emissionshäusern Reputationsvorsprünge vor den Konkurrenten zeigen. Reputationsvorsprünge wurden dabei mit dem Auftreten eines geringeren Underpricings bei den von höherreputablen Konsortialführern begleiteten IPO gleichgesetzt.[872] Diese Studien beziehen in ihre Untersuchung über den Zusammenhang von Konsortialführerreputation und Höhe des Underpricings keine anderen Einflußfaktoren auf die Höhe des Underpri-

---

[870] Die Mittelwerte unterscheiden sich allerdings in erwarteter Richtung: Big6- Mandanten sind mit durchschnittlich 3,9 Jahren jünger als die von kleinen Prüfern betreuten AG (4,3 Jahre) und weisen mit durchschnittlich 16,3 mehr Risikofaktoren im Prospekt aus (kleine Prüfer: 14,9).

[871] Eine Bereinigung der Tagesrenditen mit Hilfe verschiedener Indices, wie DAX, CDAX und – für die Unternehmen des Neuen Marktes – NEMAX erbrachte für die Streuung in der Richtung der Unterschiede zwischen den Mandanten verschiedener Prüferklassen keine abweichenden Ergebnisse.

[872] Vgl. Kaserer/Kempf (Underpricing-Phänomen 1995), S. 55-57; Ehrhardt/Stehle (Banken 1998), S. 11-13.

cings ein, wie etwa die Risikostruktur des Unternehmens oder das Auftreten von sog. hot-issue-Phasen. Da für Deutschland auch keine Studien vorliegen, die analog zur Arbeit von Carter/Manaster (1990) durch die Auswertung sog. tombstones ein Reputationsmaß für Konsortialführer entwickelt haben, wird für die vorliegende Arbeit deshalb eine pragmatische Vorgehensweise zur Klassifizierung der Emissionsbanken gewählt. Die Banken werden nach dem Kriterium der über den gesamten Untersuchungszeitraum festzustellenden Marktstellung in zwei Reputationsklassen eingeteilt; auf eine diskrete Reihung der Banken wird verzichtet. In die Klasse der reputabelsten Banken gehen diejenigen ein, die die größten Marktanteile im IPO-Geschäft besitzen. Aus Tabelle 7 auf Seite 186 ist ersichtlich, daß über die Jahre des Untersuchungszeitraumes 1990 bis 1999 hinweg durchgehend die drei privaten Großbanken Deutsche Bank, Dresdner Bank und Commerzbank sowie die WestLB, gemessen an der Anzahl der begleiteten Emissionen, stark am Markt vertreten waren.[873] Die WestLB erreicht allerdings, gemessen an den Emissionsvolumina, nicht die Marktstellung der drei anderen genannten Banken, weshalb hier nur die drei größten Banken in die Gruppe der hochreputablen Konsortialführer aufgenommen werden.[874] In einer Alternativbetrachtung werden zusätzlich die großen US-amerikanischen und großbritannischen Emissionshäuser in die Gruppe der hochreputablen Konsortialführer aufgenommen.[875]

Der Zusammenhang zwischen Prüfer und Konsortialführer ist auf Seite 238 in Tabelle 28 noch einmal bei einer Einstufung der drei Großbanken und in Tabelle 29 bei der zusätzlichen Einstufung der angelsächsischen Emissionshäuser als große Konsortialführer dargestellt. Die beiden Tabellen umfassen jeweils alle allgemeinen IPO-AG, die von Big6-WPG oder von kleinen Prüfern bei der Prüfung des letzten ordentlichen Abschlusses oder bei Tätigkeiten im unmittelbaren Vorfeld des IPO betreut wurden. Die Mandanten von Second-Tier-Gesellschaften bleiben ausgeschlossen, um zwei deutlich unterschiedliche Prüfergrößenklassen miteinander vergleichen zu können. Für die Zuordnung einer IPO-AG zu den großen Konsortialführern reichte aus, wenn bei gemeinsamer Konsortialführung mehrerer Banken mindestens ein großer Konsortialführer beteiligt war.

Aus der Gegenüberstellung der beiden Tabellen ersieht man, daß IPO-AG mit einem angelsächsischen Emissionshaus als Konsortialführer in nur zwei Fällen von einem kleinen, in 16 Fällen aber von einer Big6-WPG betreut wurden. Deshalb ist der Zusammenhang zwischen der Bestellung von Big6-WPG und

---

[873] Die DG Bank konnte sich erst in den letzten Jahren signifikante Marktanteile im IPO-Geschäft sichern; ihre Mandanten sind meist kleinere Gesellschaften, die an den Neuen Markt kommen.
[874] Bei diesen handelt es sich zugleich um die größten Banken in der Bundesrepublik, die im Fall von Prospekthaftungsansprüchen mit ihrer hohen Haftungsmasse über „deep pockets" verfügen und auch in anderen Geschäftsbereichen als hochreputabel gelten dürften.
[875] Dabei handelt es sich unter den IPO im Untersuchungszeitraum um Goldman Sachs, Morgan Stanley, JP Morgan, Merill Lynch, Salomon Brothers, Lehman Brothers, Schroders, Fleming, Banc Boston Robertson Stephens, Credit Suisse First Boston und UBS (Warburg Dillon Read).

der Beauftragung eines großen Konsortialführers in Tabelle 29 auf dem 99%-Niveau signifikant, während die Nullhypothese, wonach Prüfer- und Konsortialführerwahl statistisch unabhängig sind, bei alleiniger Berücksichtigung der drei deutschen Großbanken als große Konsortialführer – wie bereits aus Tabelle 27 bekannt – nur bei Zugrundelegung einer Sicherheitswahrscheinlichkeit von 90% abgelehnt werden kann. Diese univariate Analyse allein läßt noch keine

	Konsortialführer		
	groß	klein	gesamt
Big6-WPG	82	108	190
kleiner Prüfer	26	56	82
gesamt	108	164	272

Tabelle 28: Vier-Felder-Tafel: Prüfer – Konsortialführer (nur drei Großbanken als große Konsortialführer)

	Konsortialführer		
	groß	klein	gesamt
Big6-WPG	98	92	190
kleiner Prüfer	28	54	82
gesamt	126	146	272

abelle 29: Vier-Felder-Tafel: Prüfer – Konsortialführer (auch angels. Emissionshäuser als große Konsortialführer)

aussagekräftigen Schlußfolgerungen darüber zu, ob die Beauftragung eines großen Konsortialführers direkt zusammenhängt mit der Bestellung einer Big6-WPG. Vor allem der Einflußfaktor „Größe des IPO-Unternehmens" könnte die Ergebnisse überlagern: Größere Gesellschaften, die mit höherer Wahrscheinlichkeit große Prüfer bestellen, weisen tendenziell ein höheres Emissionsvolumen auf, was wiederum die Beauftragung eines großen Konsortialführers wahrscheinlicher macht. Um dieser Vermutung nachzugehen, werden die IPO-Unternehmen in sechs Größenklassen[876] eingeteilt und auf gewählte Prüfer und Konsortialführer untersucht.

Für jede Größenklasse gilt, daß große Konsortialführer jeweils bei Gesellschaften tätig sind, die deutlich häufiger eine Big6-WPG bestellt haben, als dies bei den von kleinen Konsortialführern an die Börse begleiteten AG der Fall ist. Allerdings sind diese Unterschiede in keiner Größenklasse bei Zugrundelegung einer Sicherheitswahrscheinlichkeit von 95% statistisch signifikant, was hauptsächlich an den geringen Besetzungszahlen in den einzelnen Größenklassen liegen dürfte, die den Nachweis signifikanter Unterschiede erschweren. Andererseits kann allerdings auch davon ausgegangen werden, daß der in der Gesamtbetrachtung festgestellte signifikante Zusammenhang

[876] Die Größenklassen entsprechen den bereits in Tabelle 24 verwendeten mit der Ausnahme, daß hier die AG mit einer auf das Jahr 1996 auf- bzw. abdiskontierten Bilanzsumme größer als 500 Mio. DM zur Vermeidung kleiner Besetzungszahlen in einer Gruppe zusammengefaßt sind.

zum Teil dem Einfluß der Unternehmensgröße zuzuschreiben sein dürfte.[877] Die in Tabelle 30 angegebenen Prozentsätze der IPO-AG mit großen Konsortialführern in den einzelnen Größenklassen zeigen deutlich die mit zunehmender Unternehmensgröße häufigere Bestellung eines großen Konsortialführers.

Bilanzsumme in Mio. DM	**< 15**	**< 40**	**< 100**	**< 250**	**< 500**	**> 500**	**gesamt**
IPO-Unternehmen	55	58	45	60	25	29	272
Anteil großer Kons.-führer in %	18,2	22,4	48,9	68,3	68,0	79,3	46,3
großer Konsortialführer	10	13	22	41	17	23	126
davon Big6-WPG	8	10	18	26	14	22	98
Anteil Big6-WPG in %	**80,0**	**76,9**	**81,8**	**63,4**	**82,4**	**95,7**	77,8
kleiner Konsortialführer	45	45	23	19	8	6	146
davon Big6-WPG	31	27	16	10	4	4	92
Anteil Big6-WPG in %	**68,9**	**60,0**	**69,6**	**52,6**	**50,0**	**66,7**	63,0
Testgröße χ^2-Test[878]	0,10	0,63	0,91	0,63	1,45	1,75	7,00

Tabelle 30: Prüfer und Konsortialführer bei unterschiedlich großen IPO-Unternehmen (drei deutsche Großbanken und angelsächsische Emissionshäuser als große Konsortialführer)

Bezieht man ausschließlich die drei deutschen Großbanken in die Gruppe der großen Konsortialführer ein, ergibt sich zwar auch in jeder Größenklasse ein höherer Anteil Big6-Prüfer unter den IPO-Gesellschaften, die eine Großbank mit der Konsortialführung beauftragt haben, als bei den von kleinen Emissionshäusern an die Börse gebrachten AG, allerdings sind diese Ergebnisse wie oben in keiner Größenklasse signifikant.

Da ein Einfluß des Konsortialführers auf die Prüferwahl aufgrund der zu diesem Zeitpunkt schon erfolgten Mandatsvergabe an einen Konsortialführer zumindest bei den neu mit Tätigkeiten im unmittelbaren Zusammenhang mit dem IPO beauftragten WPG feststellbar sein sollte, wurden die 20 AG, die zumindest teilweise mit diesen Tätigkeiten eine andere als die zur Prüfung des letzten ordentlichen Abschlusses bestellte WPG beauftragt hatten, separat analysiert. Lediglich vier dieser AG wurden von einem großen Konsortialführer an die Börse gebracht; von diesen entschieden sich nur zwei AG für eine Big6-WPG. Unter den neun AG, die von einem kleinen Abschlußprüfer zu einer Big6-WPG wechselten, wurde nur eine von einer großen Emissionsbank an die Börse begleitet. Trotz der geringen Anzahl einbezogener Fälle deuten diese Ergebnisse darauf hin, daß große Emissionsbanken, deren tendenziell hö-

[877] Eine logistische Regressionsanalyse mit der Unternehmensgröße und dem Konsortialführer als unabhängigen Variablen und dem Prüfer als abhängiger Variabler wies zwar bei Zugrundelegung einer Sicherheitswahrscheinlichkeit von 90% den Konsortialführer als signifikante Variable aus; allerdings ist die Güte des Modells mit einem Bestimmtheitsmaß (R^2 nach Nagelkerke) von 6,1% nicht geeignet, diesem Ergebnis hohe Bedeutung beizumessen.

[878] Die 95%-Schranke der χ^2-Verteilung mit dem Freiheitsgrad 1 beträgt 3,84, die 99%-Schranke 6,63. Wegen kleiner Besetzungszahlen sind für die jeweils beiden Größenklassen mit den kleinsten und größten AG die nach Yates korrigierten Testgrößen angegeben.

heres Reputationskapital auf dem Spiel steht, keinen stärkeren Einfluß auf die IPO-Unternehmen ausüben, eine große WPG zu beauftragen, als dies bei kleinen Konsortialführern der Fall ist.

Der Zusammenhang zwischen Prüfer- und Konsortialführerwahl könnte auch abhängen vom Grad der Möglichkeit zur Generierung von Informationen über das IPO-Unternehmen durch den Konsortialführer. Es wurde deshalb zusätzlich untersucht, ob Konsortialführer, die gleichzeitig einen Sitz im Aufsichtsrat des IPO-Unternehmens besaßen und deswegen über vergleichsweise umfassendere und glaubwürdigere Informationen über die AG verfügen dürften, seltener mit der Bestellung eines Big6-Prüfers verbunden waren. Bei 56 der 272 AG war die konsortialführende Bank im Aufsichtsrat des IPO-Unternehmens vertreten.[879] 36 dieser AG (64,3%) hatten eine Big6-WPG bestellt, während dies unter den anderen 216 AG, bei denen der Konsortialführer kein Aufsichtsratsmandat besaß, 154 AG (71,3%) taten. Dieser Unterschied ist allerdings auf dem 90%-Niveau genauso wenig signifikant, wie er es unter den beiden Gruppen der von großen bzw. kleinen Konsortialführern begleiteten AG ist.

Zusammengefaßt betrachtet hat sich in diesem Abschnitt gezeigt, daß der Zusammenhang zwischen der gleichzeitigen Bestellung großer Konsortialführer und Big6-WPG teilweise durch die Unternehmensgröße der IPO-AG beeinflußt wird. Allerdings läßt sich nach weitgehender Ausblendung des Größenenffekts ein zwar nicht signifikanter, aber doch für alle Unternehmensgrößenklassen geltender Zusammenhang zwischen der Wahl eines großen Konsortialführers und einer ebensolchen WPG feststellen. Hinsichtlich eines Einflusses großer Emissionshäuser auf die Bestellung großer Prüfer deuten die Ergebnisse, die wegen der Unbeobachtbarkeit des Zeitpunktes der Bestellung des Konsortialführers aus den wenigen Fällen gewonnen wurden, in denen mit den Tätigkeiten in unmittelbarem Zusammenhang mit dem IPO ein bisher nicht bestellter Prüfer betreut wurde, nicht auf die Existenz eines solchen Einflusses hin. In einer aktuellen empirischen Untersuchung, die auf einer Befragung von AG basierte, die in den Jahren 1998 und 1999 ihr IPO durchführten, konnte ein Einfluß der konsortialführenden Emissionsbanken auf die Bestellung des Abschlußprüfers ebenfalls nicht festgestellt werden.[880]

---

[879] Tendenziell häufiger traten diese Fälle in der ersten Hälfte des Untersuchungszeitraumes auf. Große und kleine Konsortialführer hielten jeweils gleich häufig ein Aufsichtsratsmandat bei ihren Mandanten.

[880] Vgl. Ostrowski/Sommerhäuser (Going Public 2000), S. 964.

6.2.5.2 Prüferwahl in Abhängigkeit der Beteiligung der Alteigentümer bzw. Organmitglieder nach IPO

Die Höhe der Beteiligung der Alteigentümer nach dem IPO – in der Literatur durchgängig mit α bezeichnet – kann als Signal der Altaktionäre an die Anleger angesehen werden, das das Vertrauen der Altaktionäre in die Qualität ihres Unternehmens bzw. die Sicherheit, mit der zukünftige Einzahlungsüberschüsse eintreten, widerspiegelt.[881] Die Glaubwürdigkeit dieses Signals dürfte neben der Höhe des Unternehmensrisikos, dessen Ausmaß das Halten eines vergleichsweise gering diversifizierten Portfolios für risikoaverse Alteigentümer unterschiedlich teuer werden läßt, abhängig sein vom Anteil, den die Beteiligung am IPO-Unternehmen am Gesamtvermögen der einzelnen Alteigentümer ausmacht. Aufgrund der Unbeobachtbarkeit des Gesamtvermögens der einzelnen Akteure muß für die Analyse hier davon ausgegangen werden, daß Unterschiede in den einzelnen Gesamtvermögen die Ergebnisse nicht systematisch verzerren. Bedeutung kommt ferner der Frage zu, ob sich der Anteil der Altaktionäre dadurch reduziert, daß wegen einer Kapitalerhöhung der Anteil verwässert wird oder daß die Altaktionäre „Kasse machen", also beim IPO Aktien aus ihrem Altbestand verkaufen. In diesem Zusammenhang ist für die Glaubwürdigkeit des Signals mitentscheidend, daß die Altaktionäre ihren Anteil nicht nach dem IPO über Verkäufe an der Börse reduzieren können, bzw. wie lange ihnen solche Verkäufe unmöglich sind.[882] Die Beteiligung der Organmitglieder nach IPO ist auch zur Einschätzung der Schwere potentieller eigenfinanzierungsbedingter Interessenkonflikte zu beachten.

Bisher wurden in dieser Arbeit fünf verschiedene Variable verwendet,[883] die für das Vertrauen bisheriger Aktionäre in ihre Unternehmen stehen können: Die Beteiligung aller Alteigentümer nach IPO, die Beteiligung der Mitglieder von Vorstand und Aufsichtsrat bzw. deren Familienangehörigen nach IPO, soweit die Beteiligung ihrem Privatvermögen zuzurechnen ist, die Länge der Lock-up-Periode, der die Aktien der Organmitglieder unterliegen, der Erlös, den die Organmitglieder durch den Verkauf von Aktien im Zuge des IPO generieren, und der Anteil der aus Altaktionärsbesitz stammenden Aktien am gesamten Emissionsvolumen. Je mehr diese Variablen eine Verpflichtung der Alteigentümer signalisieren, weiterhin am Unternehmen beteiligt zu sein und das IPO nicht als Möglichkeit zum Ausstieg zu benutzen, desto weniger Bedeutung sollte der Bestellung eines hochreputablen Prüfers zukommen. Unter den zu Big6-WPG als Abschlußprüfer wechselnden Gesellschaften zeigten sich in der Richtung

---

[881] Die Wealth-Effect-Hypothese bleibt hier unbeachtet. Sie besagt, daß α anstatt als Signal lediglich als Zusammenhang gedeutet werden kann, wonach der Anteil, den die Altaktionäre abgeben, umso geringer ausfällt je höher der Marktwert des Unternehmens ist. Vgl. Abschnitt 5.3.

[882] Vgl. Gale/Stiglitz (Informational 1989), S. 469.

[883] In den bisher vorliegenden empirischen Arbeiten kamen teilweise unterschiedliche Größen zur Beschreibung der Beteiligung der Alteigentümer zum Einsatz. So verwenden Clarkson et alii (1991) alle Aktien der Altaktionäre, während Simunic/Stein (1987) lediglich auf die im Besitz von „officers and directors" sich befindenden Aktien abstellen. Vgl. Clarkson et alii (Retained 1991), S. 122f.; Simunic/Stein (Differentiation 1987), S. 37.

der Unterschiede gegenüber den weiterhin bei kleinen Prüfern bleibenden AG den Erwartungen entsprechende, allerdings nicht signifikante Ergebnisse. Hinsichtlich der Abschlußprüferwahl ergaben sich in Tabelle 27 gemischte Ergebnisse: Gemäß der Erwartung war die Beteiligung der Organmitglieder nach IPO unter den Big6-Mandanten signifikant niedriger als bei den von kleineren Prüfern betreuten Gesellschaften. Hinsichtlich der Länge der Lock-up-Frist ließ sich kein Unterschied zwischen von kleinen und von Big6-WPG betreuten Mandanten feststellen, die anderen Variablen zeigten Unterschiede in der Erwartung entgegengesetzter Richtung an.

Als erste wird die die Beteiligung der Organmitglieder nach IPO angebende Variable näher analysiert. Ihr kommt nicht nur deshalb besondere Bedeutung unter den hier behandelten Variablen zu, weil sie zugleich auch die Schwere der Interessenkonflikte zwischen Management und außenstehenden Aktionären abbildet. Organmitglieder sind bei IPO-Unternehmen, in denen oftmals die Großaktionäre selbst einen Vorstandsposten ausfüllen, sowohl hinsichtlich der Bestellung der Prüfer als auch des Ablaufs des IPO die bestimmenden Kräfte, während außenstehenden Aktionären auch aufgrund ihrer oftmals relativ geringen Beteiligung weniger Einfluß auf die Entscheidungen zugebilligt werden dürfte. Die Beteiligung von Aufsichtsratsmitgliedern ist nur dann unter „Beteiligung der Organmitglieder“ erfaßt, wenn die Aufsichtsräte diese Anteile im Privatvermögen halten oder, sofern sie indirekt über eine Gesellschaft gehalten werden, sie oder ihre Familienangehörigen mit mindestens 50% an dieser Gesellschaft beteiligt sind. Damit wird erreicht, daß das im Anteil der Organmitglieder repräsentierte Kapital als glaubhaftes Signal angesehen werden kann, da es sich dabei tatsächlich um privates Vermögen der Organmitglieder handelt. In Tabelle 31 sind alle allgemeinen IPO-AG, die nicht eine Second-Tier-WPG mit der Abschlußprüfung oder anderen Tätigkeiten im Zusammenhang mit dem IPO bestellt haben, in fünf Gruppen unterschiedlicher Beteiligungshöhen der Organmitglieder nach IPO unterteilt.[884] Im oberen Teil der Tabelle sind Variable aufgeführt, die den Zusammenhang zwischen der prozentualen Beteiligung der Organmitglieder nach dem IPO und der Prüferwahl beeinflussen könnten. Die angegebenen DM-Beträge, mit denen die Organmitglieder an den IPO-Unternehmen beteiligt sind, machen deutlich, daß höhere Beteiligungsquoten auch tatsächlich mit höheren absoluten Beteiligungsbeträgen einhergehen.

Auf den ersten Blick läßt sich im unteren Teil von Tabelle 31 sowohl bei Berücksichtigung der WPG, die Tätigkeiten im Rahmen des IPO übernahmen, als auch bei Fokussierung auf die Prüfer des letzten ordentlichen Abschlusses vor IPO (Big6-„Abschlußprüfer“) unter den Gesellschaften mit geringer Beteiligung der Organmitglieder nach IPO eine häufigere Bestellung eines Big6-Prüfers

[884] Neben den von Second-Tier-WPG betreuten Mandanten mußten drei weitere AG wegen fehlender Daten von dieser Untersuchung ausgeschlossen bleiben.

Beteilig. der Organmitgl. nach IPO	≤ 5%	≤ 25%	≤ 50%	≤ 70%	> 70%	gesamt
Anzahl der IPO-Unternehmen	39	34	55	103	38	269
Beteilig. der Organmitgl. nach IPO in Mio. DM (Median)	0	23,0	69,2	113,8	227,8	81,1
Unternehmenswert in Mio. DM[885] (Median)	514,3	180,7	175,6	176,7	298,2	204,9
Bilanzsumme in Mio. DM (Median)	295,9	65,7	31,0	37,4	112,4	62,4
Anteil AG mit großem Kons.-führer[886]	66,7%	55,9%	36,4%	37,9%	52,6%	46,1%
Big6-WPG	35	28	32	67	27	189
Anteil Big6-WPG	**89,7%**	**82,4%**	**58,2%**	**65,0%**	**71,1%**	70,3%
Anteil Big6-„Abschlußprüfer"	89,7%	77,8%	54,7%	59,8%	64,9%	66,3%

Tabelle 31: Wahl von WPG bei IPO-Unternehmen mit unterschiedlicher Beteiligung der Organmitglieder nach IPO[887]

feststellen. In den Klassen der AG mit Beteiligungsquoten größer als 25% zeigt sich mit zunehmender Beteiligungsquote ein leichter Anstieg in der Häufigkeit der Bestellung einer großen WPG.[888] Bei näherer Betrachtung wird der Einfluß der Unternehmensgröße auf einen Teil der Ergebnisse deutlich:[889] Sowohl an der Bilanzsumme als auch am Unternehmenswert gemessen, sind unter den AG in den Klassen mit der niedrigsten und der höchsten Beteiligung der Organmitglieder tendenziell größere Unternehmen versammelt als in den anderen Klassen. Auch wenn sich in Tabelle 24 auf Seite 230 kein über alle Unternehmensgrößenklassen hinweg stetig mit zunehmender Größe steigender Anteil großer Prüfer feststellen ließ, war doch der Anteil großer Prüfer unter den größten AG deutlich höher als in den anderen Größenklassen. Deshalb ist die in Tabelle 32 durchgeführte weitergehende Analyse, die den Größeneffekt weitgehend ausschließt, erforderlich. In Tabelle 31 deutet sich gerade bei Betrachtung der drei mittleren Beteiligungsklassen, deren Unternehmen sich hinsichtlich ihrer Größe sehr ähnlich sind, an, daß auch nach Berücksichtigung unterschiedlicher Unternehmensgrößen anstatt von einer kontinuierlich mit zunehmender Beteiligungshöhe selteneren Bestellung großer Prüfer von

[885] Als Unternehmenswert wird die Marktkapitalisierung auf Basis des Emissionspreises und der gesamten nach dem IPO existierenden Aktienanzahl verwendet, wobei ein aus einer nach dem IPO durchzuführenden Kapitalerhöhung stammender Greenshoe unabhängig von seiner tatsächlichen Ausübung als vollständig ausgeübt unterstellt wird.

[886] Neben den drei deutschen Großbanken werden hier auch die angelsächsischen Emissionshäuser zu den großen Konsortialführern gezählt.

[887] Alle DM-Größen sind mittels der im Untersuchungszeitraum durchschnittlich herrschenden Inflationsrate bzw. dem durchschnittlichen Bilanzsummenwachstum auf das Jahr 1996 auf- bzw. abdiskontiert. Die Beteiligung der Organmitglieder ist auf Basis aller angebotenen Aktien (incl. Greenshoe) berechnet.

[888] Dieses Ergebnis nährt die Vermutung, daß es sich hierbei um eine Reaktion auf mit zunehmender Beteiligungshöhe der Organmitglieder problematischer werdende potentielle Interessenkonflikte zwischen Groß- und Kleinaktionären handeln könnte. Diesem Aspekt, der weitergehender Analysen bedürfte, wird in dieser Arbeit nicht weiter nachgegangen.

[889] Ähnlich wie die Ergebnisse hinsichtlich der Prüferwahl stellen sich diejenigen hinsichtlich der Wahl des Konsortialführers dar. Auch hier ist nicht ohne weiteres klärbar, ob AG mit geringer Beteiligung der Organmitglieder häufiger ein hochreputables Emissionshaus wählen oder ob die Ergebnisse durch die Variable „Unternehmensgröße" beherrscht sind.

einer besonderen Bevorzugung der Wahl einer Big6-WPG gegenüber kleinen Prüfern bei Gesellschaften mit sehr geringer Beteiligung der Organmitglieder auszugehen ist. Deshalb werden in der folgenden Tabelle die AG, die geringe Beteiligungsquoten bis 25% aufweisen, mit den anderen Gesellschaften verglichen.[890]

In jeder Unternehmensgrößenklasse wählen Gesellschaften, an denen die Organmitglieder eine vergleichsweise niedrige Beteiligung nach IPO halten, häufiger eine Big6-WPG statt eines kleinen Prüfers als in den von hohen Beteiligungsquoten gekennzeichneten IPO-Unternehmen. Die Unterschiede sind allerdings statistisch nicht signifikant, was wiederum durch die geringen Besetzungszahlen bedingt sein dürfte.

Bilanzsumme in Mio. DM	**< 15**	**< 40**	**< 100**	**< 250**	**< 500**	**> 500**	**gesamt**
Anzahl der IPO-Unternehmen	55	58	45	57	25	29	269
Anteil AG mit Org.-bet. ≤ 25% in %	18,2	10,3	26,7	31,6	32,0	65,5	27,1
Org.-bet. ≤ 25%	10	6	12	18	8	19	73
davon Big6-WPG	9	5	12	12	7	18	63
Anteil Big6-WPG in %	**90,0**	**83,3**	**100,0**	**66,7**	**87,5**	**94,7**	86,3
Org.-bet. > 25%	45	52	33	39	17	10	196
davon Big6-WPG	30	32	22	23	11	8	126
Anteil Big6-WPG in %	**66,7**	**61,5**	**66,7**	**59,0**	**64,7**	**80,0**	64,3
Testgröße χ^2-Test[891]	1,18	0,36	3,64	0,31	0,50	0,36	12,34

Tabelle 32: Prüfer und unterschiedliche Beteiligung der Organmitglieder am IPO-Unternehmen nach IPO bei unterschiedlich großen IPO-Unternehmen

Die bisherigen Betrachtungen ließen Veränderungen der Beteiligungshöhen durch Verkäufe der Organmitglieder im Zuge des IPO unbeachtet. Da gerade dies von den Anlegern als Signal aufgefaßt werden dürfte, inwieweit die Organmitglieder ihr eigenes Vermögen auf eine erwartete positive Unternehmenszukunft setzen oder das IPO benutzen, um ihre Beteiligung zumindest teilweise zu einem möglichst hohen Preis zu verkaufen, ist in Tabelle 33 dargestellt, welche Prüfer die von unterschiedlich hohen Beteiligungsverkäufen der Organmitglieder betroffenen Unternehmen wählen. Um Verzerrungen durch unterschiedlich hohe Beteiligungen der Organmitglieder vor dem IPO zumindest abzumildern, sind in der Tabelle nur Gesellschaften mit Beteiligun-

[890] Alternativ wurde die in Tabelle 32 dargestellte Analyse bei Bildung von zwei anhand der Grenze einer Beteiligungsquote von 50% getrennter Beteiligungsklassen wiederholt. Mit Ausnahme einer Größenklasse zeigte sich auch hier die häufigere Wahl von Big6-WPG bei den AG mit einer Beteiligung der Organmitglieder bis 50%. Allerdings waren die Unterschiede geringer als bei der in Tabelle 32 vorgenommenen Einteilung.

[891] Die 95%-Schranke der χ^2-Verteilung mit dem Freiheitsgrad 1 beträgt 3,84, die 99,9%-Schranke 10,83. Wegen kleiner Besetzungszahlen sind mit Ausnahme der Klassen „< 250" und „gesamt" jeweils die nach Yates korrigierten Testgrößen angegeben.

gen der Organe von mehr als zehn Mio. DM – bewertet zum Emissionskurs – vor IPO berücksichtigt.

Verkaufserlös der Organmitgl. im Zuge des IPO in Mio. DM	**< 0,05**	**< 5**	**< 17,5**	**> 17,5**	**gesamt**
Anzahl der IPO-Unternehmen	67	46	59	60	232
Verkauf der Organmitglieder in % ihrer Beteiligung vor IPO (Median)	0	4,8	10,0	18,7	6,7
Unternehmenswert in Mio. DM[892] (Median)	186,9	138,8	181,5	317,8	192,3
Bilanzsumme in Mio. DM (Median)	36,1	26,5	37,4	113,5	45,6
Anteil AG mit großem Kons.-führer[893]	34,3%	34,8%	45,8%	56,7%	43,1%
Big6-WPG	50	33	35	39	157
Anteil Big6-WPG	**74,6%**	**71,7%**	**59,3%**	**65,0%**	67,7%
Anteil Big6-„Abschlußprüfer"	67,2%	68,9%	55,9%	61,0%	63,0%

Tabelle 33: Wahl von WPG bei IPO-Unternehmen mit unterschiedlich hohen Aktienverkäufen der Organmitglieder im Zuge des IPO[894]

Die Ergebnisse aus Tabelle 33 entsprechen nicht der Erwartung. Es läßt sich keine häufigere Bestellung von Big6-WPG unter den AG ausmachen, deren Organmitglieder im Zuge des IPO Aktien in relativ großem Ausmaß verkaufen. Teilt man die AG statt nach der absoluten nach den prozentualen Verkaufserlösen der Organmitglieder ein, ausgehend von ihrer Beteiligung vor dem IPO, ergeben sich keine wesentlichen Änderungen, worauf bereits die mit zunehmenden absoluten Verkaufserlösen steigenden prozentualen Verkäufe der Organmitglieder hindeuten. Die Verzerrung der Ergebnisse durch Unterschiede in den Unternehmensgrößen ist hier unproblematisch, da selbst die Tatsache, daß es sich bei den AG mit den höchsten Verkaufserlösen der Organe durchschnittlich um die größten Gesellschaften handelt, nicht zu einer häufigeren Bestellung von Big6-WPG als bei den durchschnittlich kleineren AG mit niedrigeren Aktienverkäufen führt.[895] Im Gegensatz zur Prüferwahl zeigt sich mit zu-

[892] Als Unternehmenswert wird die Marktkapitalisierung auf Basis des Emissionskurses und der gesamten nach dem IPO existierenden Aktienanzahl verwendet, wobei ein aus einer nach dem IPO durchzuführenden Kapitalerhöhung stammender Greenshoe unabhängig von seiner tatsächlichen Ausübung als vollständig ausgeübt unterstellt wird.

[893] Neben den drei deutschen Großbanken zählen hier auch die angelsächsischen Emissionshäuser zu den großen Konsortialführern.

[894] Alle DM-Größen sind mittels der im Untersuchungszeitraum durchschnittlich herrschenden Inflationsrate bzw. dem durchschnittlichen Bilanzsummenwachstum auf das Jahr 1996 auf- bzw. abdiskontiert.

[895] Die Betrachtung von Unternehmenswerten und Verkaufserlösen der Organmitglieder läßt vermuten, daß der sog. wealth-Effekt, nach dem Altaktionäre bei AG mit geringerem Unternehmenswert einen höheren Anteil ihrer Aktien verkaufen, um einen bestimmten absoluten Verkaufserlös zu erzielen, als dies Altaktionäre von AG mit höherem Unternehmenswert tun, für Deutschland nicht existiert. Eine hier nicht dargestellte Korrelationsanalyse untermauert diese Vermutung.

nehmender Höhe der Verkaufserlöse der Organmitglieder eine tendenziell häufigere Wahl eines großen Konsortialführers.[896]

Als letzter Aspekt der Beteiligung von Organmitgliedern an IPO-Unternehmen ist auf die Mindesthaltedauer einzugehen, zu der sich die Organmitglieder laut den Angaben im Prospekt verpflichtet haben, auf Aktienverkäufe nach dem IPO zu verzichten.

Mindesthaltedauer der Organmitgl. in Mon.	**≤ 6**	**≤ 12**	**> 12**	**gesamt**
Anzahl der IPO-Unternehmen	75	105	19	199
Beteiligung der Organmitglieder nach IPO in Mio. DM (Median)	101,0	94,4	59,0	85,8
Verkauf der Organmitglieder in Mio. DM (Median)	6,5	4,3	2,6	4,4
Verkauf der Organmitglieder in % ihrer Beteiligung vor IPO (Median)	5,3	6,3	7,6	6,0
Unternehmenswert in Mio. DM (Median)	177,1	204,9	129,1	182,7
Bilanzsumme in Mio. DM (Median)	31,7	31,1	63,7	33,7
Anteil AG mit großem Kons.-führer[897]	36,0%	42,9%	21,1%	38,2%
Big6-WPG	52	77	13	142
Anteil Big6-WPG	**69,3%**	**73,3%**	**68,4%**	71,4%
Anteil Big6-„Abschlußprüfer"	63,6%	68,3%	66,7%	66,3%

Tabelle 34: Wahl von WPG bei IPO-Unternehmen mit unterschiedlich langen Mindesthaltedauerverpflichtungen der Organmitglieder[898]

Auch hier findet die zugrundeliegende Hypothese durch das empirische Ergebnis keine Unterstützung. Gesellschaften, deren Organmitglieder sich nur zu einer relativ kurzen Mindesthaltedauer verpflichten, bestellen nicht merklich häufiger Big6-WPG. Die Bilanzsummen der AG mit der längsten Mindesthaltedauer der Organmitglieder sind zwar durchschnittlich höher als bei den anderen Gesellschaften, eine Durchführung der schon bekannten Größenbereinigung kann wegen der geringen Anzahl der AG in dieser Gruppe aber keinen Erkenntnisgewinn liefern. Allerdings deutet der Unterschied zwischen der ersten und der zweiten Mindesthaltedauergruppe, deren AG sich in der Unternehmensgröße kaum unterscheiden, nicht auf der Erwartung entsprechende Ergebnisse nach einer Größenbereinigung hin. Die anderen in Tabelle 34 aufgeführten Variablen verdeutlichen die Schwierigkeiten, ein Muster hinsichtlich

[896] Dies gilt auch bei einer Klassenbildung nach den prozentualen Verkäufen der Organmitglieder.

[897] Neben den drei deutschen Großbanken zählen hier auch die angelsächsischen Emissionshäuser zu den großen Konsortialführern.

[898] Nach Ausklammerung der Mandanten von Second-Tier-WPG sind hier 199 von den 227 AG erfaßt, die im Prospekt eine Angabe über die Mindesthaltedauer machten und bei denen nach IPO eine Beteiligung der Organmitglieder bestand. Vgl. auch die Angaben in Fußnote 856. Alle DM-Größen sind mittels der im Untersuchungszeitraum durchschnittlich herrschenden Inflationsrate bzw. dem durchschnittlichen Bilanzsummenwachstum auf das Jahr 1996 auf- bzw. abdiskontiert.

der unterschiedlich langen Mindesthaltedauerverpflichtungen zu erkennen: Organmitglieder, die sich zu einer langen Mindesthaltedauer verpflichten, haben durchschnittlich weniger Geld in ihrem Unternehmen gebunden[899] und reduzierten ihre prozentuale Beteiligung im Zuge des IPO deutlicher, ihre absolute Beteiligung allerdings um einen kleineren Betrag als die Organmitglieder bei anderen AG. Alle Ergebnisse bleiben tendenziell unverändert, wenn außer den AG mit einer nach IPO bestehenden Beteiligung der Organmitglieder, die im Prospekt explizit eine Aussage zu Mindesthaltedauerverpflichtungen machten, auch diejenigen AG ohne eine solche Angabe mit einer Mindesthaltedauer von 0 Monaten in die Analyse Eingang finden.[900]

In Tabelle 35 sind die Ergebnisse der analog zur bisherigen Vorgehensweise durchgeführten Analysen hinsichtlich des Zusammenhangs zwischen Prüferwahl und Beteiligung, Verkaufserlösen und Mindesthaltedauerverpflichtungen aller Altaktionäre dargestellt. Die Resultate hinsichtlich des Zusammenhangs zwischen Prüferwahl und Beteiligung der Alteigentümer nach dem IPO ähneln den für die Organmitglieder ermittelten: Gesellschaften, deren Altaktionäre nach dem IPO nur noch eine relativ geringe Beteiligung von unter 50% halten,

Beteilig. der Altaktionäre nach IPO	**< 50%**	**< 65%**	**< 75%**	**≥ 75%**	**gesamt**
Bilanzsumme in Mio. DM (Median)	136,7	56,9	31,6	105,3	64,2
Anteil Big6-WPG	**91,7%**	**63,2%**	**69,8%**	**69,7%**	69,9%

Verkaufserlös der Altakt. in Mio. DM	**0**	**< 15**	**< 50**	**> 50**	**gesamt**
Bilanzsumme in Mio. DM (Median)	111,8	21,1	49,2	233,4	64,2
Anteil Big6-WPG	**66,2%**	**66,7%**	**63,9%**	**88,5%**	69,9%

Anteil alter Aktien am Emissionsvolumen	**0%**	**≤ 25%**	**< 50%**	**< 75%**	**> 75%**	**gesamt**
Bilanzsumme in Mio. DM (Median)	113,1	31,1	36,5	100,0	305,9	64,2
Anteil Big6-WPG	**67,2%**	**76,1%**	**62,7%**	**59,5%**	**96,2%**	69,9%

Mindesthaltedauer der Altakt. n. IPO	**≤ 6 Mon.**	**≤ 12 Mon.**	**> 12 Mon.**	**gesamt**
Bilanzsumme in Mio. DM (Median)	38,6	33,9	136,3	62,4
Anteil Big6-WPG	**69,4%**	**76,3%**	**68,8%**	72,4%

Tabelle 35: Wahl von WPG bei IPO-Unternehmen in Abhängigkeit verschiedener die Beteiligung der Altaktionäre nach dem IPO betreffender Variabler[901]

[899] Dies gilt sowohl für die in der Tabelle angegebenen DM-Beträge als auch mit geringeren Unterschieden zwischen den Mindesthaltedauerklassen für die prozentuale Beteiligung der Organmitglieder nach IPO.

[900] Die Verpflichtung einer Mindesthaltedauer für die sich nach IPO im Besitz von Altaktionären bzw. Organmitgliedern befindlichen Aktien und ihre Angabe im Prospekt hat erst in den letzten Jahren an Bedeutung gewonnen. Während 1990 nur eine Gesellschaft eine Mindesthaltedauer im Prospekt bekanntgab, in 1991 keine, in 1992 zwei, 1993 vier, 1994 zwei, 1995 sechs und 1996 vier, ist eine solche Angabe ab 1997 zum Standard geworden, der nur vereinzelt nicht erfüllt wird.

[901] Hinsichtlich der ersten drei Variablen gingen jeweils 272, hinsichtlich der Mindesthaltedauer 217 IPO-Gesellschaften in die Auswertung ein. Alle DM-Größen sind auf das Jahr 1996 auf- bzw. abdiskontiert.

wählen häufiger Big6-WPG. Allerdings befinden sich in dieser Gruppe nur 24 AG, während sich in den anderen drei Gruppen eine der Erwartung widersprechende Entwicklung zeigt. Nach einer Aufteilung auf die bekannten Unternehmensgrößenklassen ergibt sich zwar in jeder Größenklasse unter den AG mit einer Alteigentümerbeteiligung unter 50% eine – nicht signifikant – häufigere Wahl einer Big6-WPG; andererseits sind die Ergebnisse sehr gemischt, wenn man die Grenze für die Aufteilung in AG mit hoher und niedriger Alteigentümerbeteiligung bei 65% statt bei 50% zieht.

Im Gegensatz zu den Ergebnissen bei den Organmitgliedern sind Gesellschaften, deren Altaktionäre im Zuge des IPO Aktien mit einem relativ hohen Gegenwert verkaufen, auch nach Einteilung in verschiedene Unternehmensgrößenklassen häufiger mit Big6-WPG verbunden als AG mit geringeren Verkaufserlösen der Altaktionäre im Zuge des IPO.[902] Dieser Zusammenhang gilt allerdings nicht, wenn statt der absoluten auf die prozentualen Verkäufe im Rahmen des IPO abgestellt wird. Ebenfalls insgesamt wenig eindeutige Ergebnisse ergeben sich nach einer Unternehmensgrößenbereinigung bei der Analyse des Verhältnisses der aus Altaktionärsbesitz stammenden zu allen angebotenen Aktien und der Prüferwahl. Keine Änderung gegenüber den bereits oben gezeigten Ergebnissen sind beim Zusammenhang zwischen der Dauer von Mindesthaltedauerverpflichtungen und der Prüferwahl festzustellen.

Insgesamt sind die empirischen Ergebnisse in diesem Abschnitt enttäuschend. Lediglich zwischen der Beteiligungshöhe von Organmitgliedern bzw. eingeschränkt zwischen derjenigen von Altaktionären nach dem IPO und der Prüferwahl läßt sich ein Zusammenhang in erwarteter Richtung erkennen, der allerdings nach Berücksichtigung unterschiedlicher Unternehmensgrößen nicht signifikant ausfällt. Auch wenn nicht ausgeschlossen werden kann, daß die Ergebnisse bei den anderen analysierten Variablen durch hier unbeachtete Einflüsse, wie z.B. das Unternehmensrisiko oder die Beteiligung von VC-Gesellschaften vor dem IPO, überlagert sein könnten, wurde doch hinreichend deutlich, daß der hier interessierende Zusammenhang der verschiedenen „Beteiligungsvariablen" zur Prüferwahl nicht gegeben sein dürfte. Für die Beteiligung von Organmitgliedern bzw. Altaktionären nach IPO wird der durch andere Variablen möglicherweise beeinflußte Zusammenhang zur Prüferwahl in der multivariaten Analyse in Abschnitt 6.2.5.4 näher betrachtet.

[902] Bei Aufteilung in die bekannten Unternehmensgrößenklassen sind mit Ausnahme der größten Unternehmen in allen Klassen häufiger Big6-WPG bei den von hohen Alteigentümerverkäufen gekennzeichneten AG festzustellen. Die Unterschiede sind nicht signifikant.

6.2.5.3 Prüferwahl in Abhängigkeit des Unternehmens- und Schätzrisikos der IPO-Unternehmen

In Kapitel 5 der vorliegenden Arbeit stand wiederholt der für die Entscheidung der Anleger über die Zeichnung einer Neuemission fundamental wichtige Aspekt des Schätzrisikos im Mittelpunkt. Sowohl in den Modellen zur Erklärung der Existenz des Underpricing-Phänomens als auch bei den Erklärungsansätzen zur Wahl einer bestimmten Prüfungsqualität oder eines bestimmten Konsortialführers spielt die Unsicherheit über den Marktwert neu an die Börse kommender Aktien eine wichtige bzw. grundlegende Rolle. Diese Unsichheit ist nicht direkt beobachtbar, weshalb geeignete Ersatzgrößen verwendet werden müssen.[903] Anhand einer Reihe von Variablen,[904] die das mit einer AG für die Anleger verbundene Schätzrisiko zu erfassen versuchen, wird im folgenden der Hypothese nachgegangen, wonach die tendenziell von hohem Schätzrisiko gekennzeichneten IPO-Unternehmen häufiger einen hochreputablen Prüfer bestellen, um auf Seiten der Anleger die Unsicherheit und damit Bewertungsabschläge zu reduzieren.

Bei von hohem Unternehmensrisiko gekennzeichneten Gesellschaften fallen die Kosten für die Alteigentümer wegen der bei Bestellung eines weniger reputablen Prüfers höheren nach dem IPO zu haltenden Beteiligung tendenziell höher aus als bei weniger riskanten AG, weshalb bei Gesellschaften mit relativ hohem Unternehmensrisiko mit einer tendenziell häufigeren Wahl eines hochreputablen Prüfers zu rechnen sein sollte. Daneben kann auch davon ausgegangen werden, daß zwischen Unternehmens- und Schätzrisiko ein positiver Zusammenhang besteht. Deshalb sollen im folgenden neben den direkt das Schätzrisiko zu erfassen versuchenden Variablen auch die das Unternehmensrisiko beschreibenden Variablen zur Charakterisierung des Schätzrisikos herangezogen werden. Neben der Bedeutung zur Bewertung eines Unternehmens existiert auch ein proportionaler Zusammenhang des Schätz- und Unternehmensrisikos zur Schwere der in einem Unternehmen bestehenden eigenfinanzierungsbedingten Agency-Konflikte.

Das Schätzrisiko, dem sich die Anleger vor der Zeichnungsentscheidung ausgesetzt sehen, wird durch Variable gemessen, die das Ausmaß der Verfügbarkeit von Informationen über das Unternehmen charakterisieren. Im bisherigen Verlauf der Arbeit ergaben sich sowohl bei der Analyse der Prüferwechsel als auch der Prüferwahl für fast alle verwendeten Risikovariablen Unterschiede in erwarteter Richtung zwischen Gesellschaften, die eine Big6-WPG und einen kleinen Prüfer bestellt hatten.

---

[903] Vgl. Löffler (Investorenunsicherheit 2000), S. 60.

[904] Zu den in bisherigen Arbeiten verwendeten Risikovariablen vgl. Hogan (Self-Selection 1997), S. 69f.; Holland/Horton (Advisers 1993), S. 21, 25; Wasserfallen/Wittleder (Pricing 1994), S. 1510f.

Zunächst soll in Tabelle 36 als Variable, die das Ausmaß des Schätzrisikos beeinflußt, das Alter der Gesellschaft in der Rechtsform der AG analysiert werden.[905] Dieses gibt an, wie lange ein Unternehmen bereits den für Kapitalgesellschaften geltenden Publizitätsvorschriften unterliegt und aufgrund der Rechtsform verstärkt im Blickfeld der Öffentlichkeit agiert, was tendenziell das in der Öffentlichkeit vorhandene Informationsniveau über eine AG steigern dürfte.[906] Daneben könnten grundsätzlich auch folgende Größen als das

Alter als AG in Jahren	**0**	**1**	**2 - 3**	**> 4**	**gesamt**
Anzahl der IPO-Unternehmen	92	107	35	38	272
Bilanzsumme in Mio. DM (Median)	25,1	84,4	84,6	209,5	64,2
Anteil AG mit großem Konsortialführer[907]	43,5%	47,7%	48,6%	67,9%	46,3%
Beteilig. der Altaktionäre nach IPO (Median)	69,3%	67,1%	67,6%	47,4%	68,3%
Anteil Big6-WPG[908]	**75,0%**	**70,1%**	**57,1%**	**68,4%**	69,9%

Tabelle 36: Wahl von WPG bei unterschiedlich lange vor IPO in der Rechtsform einer AG bestehenden IPO-Unternehmen[909]

Schätzrisiko beschreibende Variable verwendet werden: (a) das Vorhandensein einer quantitativen Gewinnprognose im Prospekt, wodurch die Unternehmensverwaltung den Anlegern einen teilweisen Einblick in ihre Planungen erlaubt und sich durch deren Veröffentlichung einer Bindung hinsichtlich des Erreichens der Prognose unterwirft, (b) die für das Börsensegment, in das das IPO erfolgen soll, geltenden Publizitätsvorschriften,[910] (c) das Vorhandensein von Abschlüssen nach internationalen Rechnungslegungsnormen und einer Kapitalflußrechnung, die beide für Anleger einen Zugewinn an relevanten Informationen bedeuten, und (d) die Größe der Emission, die als Stellvertretergröße für das öffentliche Interesse an diesem IPO und damit für das Ausmaß verfügbarer Informationen über das betreffende IPO-Unternehmen in der Öffentlichkeit eingesetzt werden kann. Diese Größen werden aus folgenden Gründen hier nicht verwendet: Wie bereits aus Tabelle 27 zu entnehmen war,

[905] Vgl. Pagano/Panetta/Zingales (Why 1998), S. 36ff.

[906] Anstatt auf das Alter der AG hätte man hier auch die Anzahl der zurückliegenden Jahre, für die im Prospekt Abschlüsse veröffentlicht sind, heranziehen können. Hauptsächlich weil das Alter als Variable anzusehen ist, die umfassender über die Präsenz eines Unternehmens in der öffentlichen Wahrnehmung Auskunft gibt, wurde diese Variable zur Beschreibung des in der Öffentlichkeiten herrschenden Informationsniveaus über das IPO-Unternehmen präferiert.

[907] Wie bereits im vorangegangenen Abschnitt praktiziert, werden auch in diesem Kapitel immer die angelsächsischen Emissionshäuser zu den großen Konsortialführern gezählt.

[908] Auf die Darstellung der Anteile der Big6-„Abschlußprüfer", also der Anteile der von IPO-Unternehmen zur Prüfung des letzten ordentlichen Jahresabschlusses vor dem IPO bestellten Big6-WPG, wird in diesem Abschnitt verzichtet, da zum einen diese Ergebnisse bisher in der Tendenz kaum eine Änderung zeigten gegenüber den unter zusätzlicher Berücksichtigung der mit Tätigkeiten im Zusammenhang mit dem IPO beauftragten Prüfern erhaltenen. Zum anderen bleibt bei den Ergebnissen für die Big6-„Abschlußprüfer" die ebenfalls auf die Höhe des Schätzrisikos wirkende Bestellung der erst kurz vor dem IPO beauftragten und im Prospekt genannten WPG unberücksichtigt.

[909] Einbezogen sind alle 272 allgemeinen AG, die nicht eine Second-Tier-WPG gewählt haben.

[910] Vgl. Löffler (Investorenunsicherheit 2000), S. 61f.

veröffentlichen weniger als ein Prozent der IPO-Unternehmen eine quantitative Gewinnprognose, was eine sinnvolle Analyse dieser Variablen unmöglich macht. Die Berücksichtigung von Abschlüssen nach IAS oder US-GAAP, Kapitalflußrechnungen und des stark mit der Unternehmensgröße korrelierten Emissionsvolumens als das existierende Schätzrisiko beschreibenden Variablen, die erwartungsgemäß einen negativen Zusammenhang zur Wahl eines großen Prüfers aufweisen sollten, kollidiert mit der Tatsache, daß diese Variablen auch für die Komplexität und die Notwendigkeit besonderer Kenntnisse bei den Prüfern stehen, was die Bestellung einer Big6-WPG, die über die notwendige Kapazität und Leistungspalette verfügt, wahrscheinlicher macht. Aufgrund dieser beiden gegenläufiger Effekte unterbleibt eine Analyse des Zusammenhangs zwischen diesen Variablen und der Prüferwahl. Das gleiche gilt für das gewählte Börsenmarktsegment, da diese Variable eine starke Korrelation zu den vorgenannten Variablen aufweist.[911]

Obwohl die länger als AG bestehenden IPO-Unternehmen durchschnittlich größer sind und häufiger von großen Konsortialführern begleitet werden, werden diese weniger häufig von einer Big6-WPG betreut als jüngere AG. Da sich die Gesellschaften zumindest in den ersten drei Alterklassen kaum hinsichtlich der Altaktionärsbeteiligung unterscheiden, deutet sich auch keine von dieser Variablen ausgehende, ernstzunehmende Verzerrung der Ergebnisse an. Die Unterschiede zwischen der ersten und der letzten Altersgruppe sind allerdings nicht statistisch signifikant. Auch eine – analog zu der z.B. in Tabelle 32 durchgeführte – Größenbereinigung zeigt mit einer Ausnahme bei allen Größenklassen die häufigere Wahl von Big6-WPG bei den weniger als zwei Jahre als AG bestehenden im Vergleich zu den älteren AG. Diese Unterschiede sind allerdings wiederum nicht signifikant.

In vielen angelsächsischen Sudien wird die Unsicherheit über den Marktwert auf Seiten der Anleger anhand der sich nach dem IPO im Börsenhandel ergebenden Streuung der (Tages-)renditen gemessen. Die Verwendung dieser Größe ist nicht unproblematisch, was allerdings in keiner dieser Studien erwähnt wird: Die Höhe der so gemessenen Unsicherheit dürfte der Annahme

---

[911] Das Schätzrisiko für die Anleger und die Wahrscheinlichkeit für die Bestellung einer Big6-WPG sollte mit zunehmenden Informationspflichten, die vor der Zulassung zu einzelnen Börsenmarktsegmenten zu erfüllen sind, abnehmen. Der Neue Markt kann als das Marktsegment mit den umfassendsten Informationspflichten im Prospekt vor dem Amtlichen Handel und dem Geregelten Markt angesehen werden. AG, die gleichzeitig mit dem IPO in Deutschland ein öffentliches Angebot in den USA abgegeben haben, stellen tendenziell ein gegenüber dem Neuen Markt höheres Informationsniveau durch die SEC Registrierung bereit. Dies gilt nicht für AG, die gemäß Rule 144 A in den Handel in den USA einbezogen werden, da sich für diese Aktien eine SEC-Registrierung vermeiden läßt, womit in diesen Fällen keine über die im deutschen Emissionsprospekt enthaltenen Angaben hinausgehenden Informationen anzubieten sind (vgl. Hayn (Internationale 1997), S. 366-370, insbesondere 369f; vgl. auch Röhler (American 1997)). Da sowohl die Zulassung zum Neuen Markt als auch ein öffentliches Angebot in den USA beispielsweise eine Rechnungslegung nach internationalen Normen verlangt, was tendenziell die Bestellung großer Prüfer wahrscheinlicher macht, kollidieren auch hier zwei in ihrer Richtung gegenläufige Einflußfaktoren auf die Prüferwahl.

entsprechend, wonach Big6-WPG einen stärkeren Beitrag zum Abbau der Unsicherheit leisten, von der zu erklärenden Variablen, nämlich der Prüferwahl, zumindest teilweise abhängig sein.[912] Insofern findet hier eine Vermischung von Ursache und Wirkung statt. Lediglich um dem interessierten Leser einen Vergleich zu internationalen Studien zu ermöglichen, und im Vorgriff auf die im weiteren Verlauf der Arbeit noch durchzuführende Analyse von Marktreaktionen auf die Prüferwahl sind in Tabelle 37 die Zusammenhänge zwischen der Höhe der in den ersten 120 bzw. den ersten 20 Börsenhandelstagen auftretenden Streuung der nicht um Indexrenditen bereinigten Tagesrenditen und der Prüferwahl abgebildet.[913] Die Ergebnisse sind stark durch unterschiedliche Unternehmensgrößen beeinflußt, was zumindest teilweise auch die unterschiedliche Beteiligung großer Konsortialführer in den einzelnen Streuungsklassen erklären dürfte. Nach Durchführung der bekannten Größenbereinigung ergibt sich zwar keine signifikante, aber doch mit jeweils einer Ausnahme in allen Unternehmensgrößenklassen unter den AG mit relativ hoher Streuung eine häufigere Beteiligung von Big6-WPG.[914]

Streuung der Tagesrenditen 2-120 in %	**< 2**	**< 4**	**< 6**	**> 6**	**gesamt**
Anzahl der IPO-Unternehmen	72	70	67	53	262
Bilanzsumme in Mio. DM (Median)	233,7	84,7	28,0	17,1	64,2
Anteil AG mit großem Kons.-führer	63,9%	50,0%	35,8%	24,5%	45,0%
Beteilig. der Altakt. nach IPO (Median)	66,7%	62,1%	67,1%	72,3%	68,3%
Anteil Big6-WPG	**68,1%**	**65,7%**	**76,1%**	**69,8%**	69,8%

Streuung der Tagesrenditen 2-20 in %	**< 3**	**< 6**	**< 8**	**> 8**	**gesamt**
Anzahl der IPO-Unternehmen	111	84	35	32	262
Bilanzsumme in Mio. DM (Median)	189,4	31,7	26,3	19,0	64,2
Anteil AG mit großem Kons.-führer	63,1%	33,3%	34,3%	25,0%	45,0%
Beteilig. der Altakt. nach IPO (Median)	66,7%	66,2%	71,7%	73,9%	68,3%
Anteil Big6-WPG	**66,7%**	**70,2%**	**82,9%**	**65,6%**	69,8%

Tabelle 37: Zusammenhang zwischen der Wahl der WPG und der sich nach IPO im Börsenhandel ergebenden Streuung der Tagesrenditen[915]

Sinnvoller als der Rückgriff auf diese Ex-post-Größen zur Beurteilung der Unsicherheit über den Marktwert könnte die Verwendung von Variablen sein, die das Unternehmensrisiko beschreiben, wenn man einen positiven Zusammenhang zwischen Unternehmens- und Schätzrisiko zu unterstellen bereit ist.

---

[912] Vgl. dazu ausführlich Abschnitt 6.2.6.5.

[913] Zur Beeinflussung der Standardabweichung der Renditenentwicklung durch Kursstützungsaktivitäten der Konsortialbanken vgl. Ljungqvist (Pricing 1997), S. 1313f.

[914] Dabei wurden jeweils die AG in den beiden Klassen mit den höchsten Streuungen von den in den beiden anderen Klassen abgegrenzt.

[915] Einbezogen sind alle 262 allgemeinen AG, für die die notwendigen Kursreihen vorlagen und die nicht eine Second-Tier-WPG gewählt haben.

Wegen der mit zunehmender Höhe des Unternehmensrisikos für die Alteigentümer c.p. steigenden Anreize für eine Bestellung eines hochreputablen Prüfers ergibt sich auch ein direkter Zusammenhang zwischen Unternehmensrisiko und Prüferqualitätswahl. Im folgenden wird unterstellt, daß IPO-Unternehmen mit einem höheren Markt-/Buchwertverhältnis, geringen Umsatzerlösen, niedriger Rentabilität oder negativen Ergebnissen sowie in den Jahren vor dem IPO zurückgehenden Bilanzsummen von höherem Unternehmensrisiko gekennzeichnet sind und daß diese Gesellschaften auch die Anleger vor größere Schwierigkeiten stellen, die zukünftige Unternehmensentwicklung zu prognostizieren.[916]

	negatives Ergebnis		**negatives Wachstum**		**geringer Umsatz**	
	ja	**nein**	**ja**	**nein**	**ja**	**nein**
n	104	163	15	174	29	230
Bilanzsumme in Mio. DM	28,3	112,3	118,1	63,6	10,0	84,8
Anteil großer Konsortialführer	37,5%	50,9%	40,0%	49,4%	17,2%	50,4%
Beteilig. d. Altaktionäre nach IPO	68,8%	68,2%	55,8%	68,2%	71,8%	67,6%
Anteil Big6-WPG	**77,9%**	**63,8%**	**80,0%**	**69,0%**	**72,4%**	**69,6%**

Tabelle 38: Wahl von WPG bei IPO-Unternehmen in Abhängigkeit verschiedener das Unternehmensrisiko angebender Variabler[917]

In Tabelle 38 sind für die Variablen, die angeben, ob ein IPO-Unternehmen in den die letzten drei ordentlichen Geschäftsjahre betreffenden Abschlüssen und in einem aktuellen Zwischenabschluß vor dem IPO mindestens einmal einen Jahresfehlbetrag oder ein negatives Ergebnis der gewöhnlichen Geschäftstätigkeit ausweisen mußte, ob in den letzten drei Jahren vor dem IPO ein Rückgang der Bilanzsumme zu verzeichnen war und ob das Unternehmen weniger als zehn Mio. DM Jahresumsatz auf Basis des aktuellsten Abschlusses im Prospekt erzielte, die prinzipiell auch aus Tabelle 27 auf Seite 233 entnehmbaren Ergebnisse aufbereitet. Der sich dort als auf dem 95%-Niveau als signifikant zeigende Unterschied in der Häufigkeit der Bestellung einer Big6-WPG bei IPO-AG mit einem in den letzten Jahren ausgewiesenen negativen Ergebnis erweist sich hier als nicht von unterschiedlichen Unternehmensgrößen beeinflußt. Im Gegenteil sind die AG mit negativen Ergebnissen durchschnittlich wesentlich kleiner als die anderen Gesellschaften. Gleiches gilt für die IPO-Unternehmen mit geringen Umsatzerlösen, bei denen der Unterschied in der Prüferwahl zwar der Erwartung entspricht, aber nicht signifikant ausfällt.

[916] Daneben bieten sich zahlreiche andere Größen, wie z.B. Verschuldungsgrade, Liquiditäts- und andere Bilanzkennzahlen, aber auch die wirtschaftliche Stellung der Großaktionäre oder die Beteiligung institutioneller Investoren als das Unternehmensrisiko angebende Variable an.

[917] Wegen fehlender Angaben werden in der Variablen „negatives Ergebnis" nur 267 AG (kleine Prüfer: 82, Big6-WPG: 185), in der Variablen „negatives Wachstum" 189 AG (kleine Prüfer: 57, Big6-WPG: 132) und in der Variablen „geringer Umsatz" 259 AG (kleine Prüfer: 78, Big6-WPG: 181) berücksichtigt. Die angegebenen durchschnittlichen auf das Jahr 1996 auf- bzw. abdiskontierten Bilanzsummen und Altaktionärsbeteiligungen nach dem IPO stellen Medianwerte dar.

Wegen geringer Besetzungszahlen ist eine Einteilung in Unternehmensgrößenklassen wenig hilfreich. Hinsichtlich der Variablen „negatives Wachstum" zeigt sich ein nicht signifikantes, aber in erwarteter Richtung verlaufendes Ergebnis, das allerdings durch unterschiedliche Unternehmensgrößen verzerrt sein könnte. Die Einteilung in Größenklassen zeigt mit einer Ausnahme für alle Größenklassen eine häufigere, aber in keinem Fall signifikant häufigere Wahl von Big6-WPG bei von schrumpfenden Bilanzsummen betroffenen im Vergleich zu anderen AG.

In Tabelle 39 sind als weitere, allerdings nicht dichotome Variable das Markt-/Buchwert-Verhältnis, dessen Kehrwert angibt, welcher Teil des Unternehmensmarktwertes durch Eigenkapital gedeckt ist bzw. welcher Teil auf zukünftigen Erwartungen beruht, und die Rentabilität, gemessen am Verhältnis des Ergebnisses der gewöhnlichen Geschäftstätigkeit in Relation zur Bilanzsumme im aktuellsten Abschluß,[918] dargestellt.

Markt-/Buchwert-Verhältnis[919]	**< 2,5**	**< 3,5**	**< 4,5**	**> 4,5**	**gesamt**
Anzahl der IPO-Unternehmen	71	96	62	35	264
Bilanzsumme in Mio. DM (Median)	189,4	37,7	33,0	53,4	63,1
Anteil AG mit großem Kons.-führer	56,3%	41,7%	35,5%	60,0%	46,6%
Beteilig. der Altakt. nach IPO (Median)	65,5%	66,9%	71,9%	75,0%	68,5%
Anteil Big6-WPG	**69,0%**	**60,4%**	**74,2%**	**88,6%**	69,7%

Aktuelle Rentabilität in %	**< 1**	**< 10**	**< 25**	**> 25**	**gesamt**
Anzahl der IPO-Unternehmen	49	75	95	44	263
Bilanzsumme in Mio. DM (Median)	18,4	146,7	98,6	15,3	62,4
Anteil AG mit großem Kons.-führer	32,7%	48,0%	55,8%	34,1%	45,6%
Beteilig. der Altakt. nach IPO (Median)	70,4%	67,0%	66,7%	71,6%	68,5%
Anteil Big6-WPG	**79,6%**	**70,7%**	**67,4%**	**63,6%**	70,0%

Tabelle 39: Wahl von WPG bei IPO-Unternehmen in Abhängigkeit verschiedener das Unternehmensrisiko abbildender Variabler[920]

[918] Die Rentabilitätsgröße wurde auf diese außergewöhnliche Weise gebildet, weil das Setzen des Ergebnisses in Relation zum eingesetzten Eigenkapital sich nicht als sinnvoll erwies. Hauptsächlich weil besonders die in den Neuen Markt kommenden Gesellschaften vor dem IPO oftmals mit einem sehr geringen Eigenkapital arbeiten, ergäben sich bei Heranziehen des Eigenkapitals wenig aussagekräftige Prozentwerte. Das Festmachen des Ergebnisses an der Unternehmensgröße, gemessen an der Bilanzsumme, sollte dieses Problem zumindest in ausreichendem Maße beseitigen. Die Berechnung einer Umsatzrentabilität war wegen der starken Unterschiede in den Umsatzhöhen der einzelnen Gesellschaften ebenfalls wenig geeignet.

[919] Der Marktwert wurde auf Grundlage des Emissionspreises bestimmt, der Buchwert entspricht der Summe aus dem im letzten Abschluß vor IPO ausgewiesenen Eigenkapital, eventuell bis zum IPO durchgeführten Kapitalerhöhungen und dem durch die Kapitalerhöhung im Zuge des IPO zugeflossenen Betrag. Unter der Bilanzposition „Eigenkapital" ausgewiesene Anteile anderer Gesellschafter wurden vom Eigenkapital subtrahiert.

[920] Wegen fehlender Angaben werden in der Variablen „Markt-/Buchwert-Verhältnis" nur 264 AG (kleine Prüfer: 80, Big6-WPG: 184) und in der Variablen „Aktuelle Rentabilität" 263 AG (kleine Prüfer: 79, Big6-WPG: 184) berücksichtigt.

Auch bei diesen beiden Variablen sind der Erwartung entsprechende Ergebnisse festzustellen. Ein Vergleich der ersten mit der letzten Markt-/Buchwert-Verhältnis-Gruppe anhand eines χ^2-Tests erbringt eine auf dem 95%-Niveau signifikant häufigere Beauftragung einer Big6-WPG bei den AG mit den höchsten Markt-/Buchwert-Verhältnissen. Die Unterschiede sind sogar bei Zugrundelegung einer Sicherheitswahrscheinlichkeit von 99% signifikant, wenn man alle AG bei Ansatz eines Markt-/Buchwert-Verhältnisses von 3,5 als Trennwert in zwei Gruppen teilt und diese miteinander vergleicht. Der Einfluß unterschiedlicher Unternehmensgrößen dürfte bei diesen Vergleichen sogar noch zu einer Unterschätzung der Unterschiede beitragen.

Obwohl deutlich unterschiedliche Unternehmensgrößen zwischen den beiden mittleren und den anderen Rentabilitätsgruppen die Analyse der Unterschiede in der Wahrscheinlichkeit der Wahl einer Big6-WPG bei unterschiedlich rentablen Unternehmen insgesamt beeinträchtigen dürften, läßt sich auch dort eine häufigere Wahl von Big6-WPG bei AG mit negativer oder nur leicht positiver Rentabilität konstatieren. Der Unterschied zwischen der ersten und der letzten Rentabilitätsgruppe ist auf dem 95%-Niveau allerdings nicht signifikant.

Blickt man auf alle bisher untersuchten Risikovariablen – außer den lediglich zu Vergleichszwecken aufgeführten Streuungen der Tagesrenditen – zurück, darf festgehalten werden, daß sich sowohl für das Alter als AG als auch für sämtliche das Unternehmensrisiko beschreibenden Variablen Unterschiede hinsichtlich der Prüferwahl in erwarteter Richtung feststellen lassen. Auch wenn die Unterschiede nur zum Teil statistisch signifikant sind, spricht die Konsistenz der Unterschiede über alle untersuchten Variablen hinweg für das Bestehen eines Zusammenhangs zwischen dem Ausmaß des Schätz- sowie des Unternehmensrisikos und der Prüferwahl. Im Hinblick auf die im nächsten Abschnitt folgende multivariate Regressionsanalyse bietet es sich an, die verschiedenen Risikovariablen zu einer zu verdichten. Dazu wird eine dichotome Variable gebildet, die dann ein IPO-Unternehmen als ein vergleichsweise riskantes auszeichnet, wenn von fünf bisher in diesem Abschnitt untersuchten Schätz- und Unternehmensrisikovariablen mindestens drei auf ein relativ riskantes Unternehmen hindeuten. Diese Vorgehensweise dürfte auch der Wahrnehmung riskanter IPO-Unternehmen durch die Anleger in der Praxis entsprechen. Die Bedingungen für „hohes Risiko" lauten im einzelnen: das Alter des Unternehmens in der Rechtsform einer AG beträgt weniger als zwei Jahre, das Markt-/Buchwert-Verhältnis ist höher als 3,5, die hier verwendete Rentabilitätsgröße nimmt Werte kleiner als 10% an, die Gesellschaft hat in den letzten Jahren mindestens einmal ein negatives Ergebnis erzielt, und der aktuelle Jahresumsatz des Unternehmens vor dem IPO beträgt weniger als 10 Mio. DM. Unter den bisher aufgeführten Risikovariablen geht allein die für eine negative Bilanzsummenentwicklung stehende Variable aufgrund der sehr geringen Zahl betroffener Unternehmen nicht in diese „aggregierte" Variable ein. Innerhalb der fünf einbezogenen Variablen bestehen teilweise starke Korrelationen zwischen einzelnen Variablen, beispielsweise zwischen „Rentabilität" und „negatives Ergebnis", die allerdings aufgrund der Auswahlregel „drei aus fünf" nicht dazu führen können, daß Unternehmen als „riskant" eingestuft werden, die nicht in mehreren voneinander unabhängigen Risikovariablen dieses Kriterium erfüllen. Zudem wurde alternativ eine Analyse bei Verwendung der Auswahlregel „vier aus fünf" durchgeführt, die bis hin zum Signifikanzniveau die gleichen Ergebnisse wie die in Tabelle 40 dargestellten erbringt.

	hohes Risiko		
	ja	**nein**	**gesamt**
n	83	169	252
Bilanzsumme in Mio. DM (Median)	25,7	100,0	63,1
Anteil AG mit großem Kons.-führer	36,1%	52,1%	46,8%
Beteilig. der Altakt. nach IPO (Median)	71,3%	67,0%	68,5%
Anteil Big6-WPG	**78,3%**	**65,1%**	69,4%

Tabelle 40: Wahl der WPG bei von unterschiedlich hohem Risiko gekennzeichneten IPO-Unternehmen[921]

Der Unterschied zwischen von hohem und von weniger hohem Risiko geprägten IPO-Unternehmen hinsichtlich der Häufigkeit der Beauftragung von Big6-WPG ist bei Zugrundelegung einer Sicherheitswahrscheinlichkeit von 95% statistisch signifikant (Testgröße χ^2-Test: 4,59; Freiheitsgrad 1). Dieses Ergebnis ist umso bemerkenswerter, als sich andeutet, daß die AG mit relativ geringem Risiko durchschnittlich größer sind und öfter einen großen Konsortialführer wählen als die von hoher Unsicherheit gekennzeichneten Gesellschaften.[922]

Zum Abschluß dieses Abschnitts ist knapp auf die in einigen internationalen Studien verwendete Anzahl der im Prospekt aufgeführten Risikofaktoren als Maß für das Unternehmensrisiko einzugehen. Wie oben die die Streuung der Tagesrenditen im Börsenhandel angebende Variable wird die Auswertung der Variablen „Anzahl Risikofaktoren" hier nur der Vollständigkeit und Vergleichbarkeit halber aufgeführt. In den USA kommt aufgrund der für die an einem IPO Beteiligten geltenden strengeren Haftungsregeln der Nennung möglichst

---

[921] Es wurden 252 IPO-Unternehmen einbezogen, für die die Angaben zur Ermittlung der Variablen "hohe Unsicherheit" vollständig vorlagen und die nicht Mandanten einer Second-Tier-WPG waren.

[922] Zwischen den Variablen „hohe Unsicherheit" und „Wahl eines großen Konsortialführers" zeigt sich ein auf dem 95%-Niveau signifikanter negativer Zusammenhang. Während also hochriskante Unternehmen mit höherer Wahrscheinlichkeit einen Big6-Prüfer bestellen als weniger riskante AG, lassen sie sich seltener von einem hochreputablen Emissionshaus an die Börse begleiten. Der Grund könnte in angebotsseitigen Effekten liegen. Konsortialbanken sind über die Prospekthaftung und die der Öffentlichkeit gegenüber offensiv vermittelte Beteiligung an einem bestimmten IPO wesentlich stärker mit ihrem Vermögen und Reputationskapital exponiert als Prüfer. Während große Emissionshäuser deshalb vermutlich unter den IPO-Kandidaten auswählen, ist von WPG in Deutschland nicht bekannt, daß sie die Übernahme von bestimmten Mandaten ablehnen. Dabei unterscheiden sie sich von ihren angelsächsischen Kollegen, für die in der dortigen Literatur – wie in Abschnitt 6.1.2 erwähnt – häufig solche angebotsseitigen Effekte unterstellt werden.

vieler der bestehenden Risiken im Prospekt als Exkulpationsmöglichkeit große Bedeutung zu.[923] In der Regulation S-K der SEC ist die Nennung der Risikofaktoren an prominenter Stelle im Prospekt vorgeschrieben,[924] in Deutschland existierte eine Verpflichtung zur Angabe von Risikofaktoren nur für IPO in den Neuen Markt.[925] Auch wenn mit der fortschreitenden Anpassung an internationale Usancen seit 1997 die Aufzählung der Risikofaktoren im Prospekt in Deutschland zum Standard wurde, dürfte die Anzahl der aufgeführten Risikofaktoren eher das Resultat der Anwendung normierter Vorgehensweisen unterschiedlicher Konsortialführer als einer unternehmensindividuellen Risikoeinstufung sein.[926] Daneben existieren methodische Probleme bei der Erfassung der Anzahl der Risikofaktoren.[927]

Anzahl Risikofaktoren	**≤ 10**	**≤ 15**	**≤ 20**	**> 20**	**gesamt**
Anzahl der IPO-Unternehmen	37	67	47	45	196
Bilanzsumme in Mio. DM (Median)	57,9	62,4	25,0	14,8	31,6
Anteil AG mit großem Kons.-führer	46,0%	50,8%	40,4%	24,4%	41,3%
Beteilig. der Altakt. nach IPO (Median)	66,2%	69,0%	65,6%	71,3%	68,5%
Anteil Big6-WPG	**62,2%**	**79,1%**	**74,5%**	**75,6%**	74,0%

Tabelle 41: Zusammenhang zwischen der Wahl der WPG und der im Prospekt angegebenen Anzahl von Risikofaktoren[928]

Tendenziell sind AG, die relativ viele Risikofaktoren in ihren Prospekten aufzählen, häufiger mit Big6-WPG verbunden als die AG mit nur sehr wenigen genannten Risikofaktoren. Nach einer Einteilung in Unternehmensgrößenklassen beauftragen die AG mit mehr als 15 Risikofaktoren mit einer Ausnahme in jeder Größenklasse häufiger – allerdings nicht statistisch signifikant – Big6-WPG als Unternehmen mit einer geringeren Anzahl aufgeführter Risikofaktoren.

Zusammengefaßt weisen die Ergebnisse in diesem Abschnitt deutlich auf einen Zusammenhang hin zwischen der Prüferwahl und dem Ausmaß des Schätzrisikos, dem sich Anleger bei einem IPO-Unternehmen a priori ausgesetzt sehen, sowie dem Ausmaß des Unternehmensrisikos. Wenn auch nicht immer statistisch signifikant, so wählen doch konsistent über alle untersuchten Variablen hinweg die von höherer Unsicherheit und höherem Unternehmensrisiko geprägten IPO-Unternehmen mit höherer Wahrscheinlichkeit eine Big6-

[923] Vgl. Beatty/Welch (Expenses 1996), S. 569.
[924] Vgl. Herz et alii (SEC 1997), S. 1092.
[925] Vgl. Regelwerk Neuer Markt, Abschnitt 2, Absatz 4.1.16.
[926] Teilweise lassen sich unter den von einem Emissionshaus betreuten IPO Muster in der Auflistung der Risikofaktoren feststellen.
[927] Beispielsweise fassen Unternehmen bestimmte Risiken in einem Risikofaktor zusammen, während andere für jedes dieser einzelnen Risiken einen eigenen Risikofaktor bilden. Zur Existenz solcher Erfassungsprobleme vgl. Simunic/Stein (Differentiation 1987), S. 53.
[928] Wegen fehlender Angaben sind nur 196 AG (kleine Prüfer: 51, Big6-WPG: 145) berücksichtigt.

WPG anstatt einen kleinen Prüfer als weniger riskante IPO-AG. Für den Untersuchungszeitraum findet sich demnach Unterstützung für die Hypothese, wonach für die Alteigentümer riskanterer Unternehmen stärkere Anreize existieren, mittels der Wahl eines hochreputablen Prüfers die Unsicherheit auf Seiten der Anleger zu reduzieren. Inwieweit sich dieses Ergebnis im Zusammenspiel mit den anderen besprochenen Variablen als stabil erweist, soll die folgende multivariate Analyse zeigen.

6.2.5.4 Multivariate Analyse

Neben der im vorangegangenen Abschnitt gebildeten dichotomen Risikovariablen[929] gehen die Höhe der Beteiligung der Altaktionäre bzw. der Organmitglieder nach dem IPO, die dichotome Konsortialführervariable und als Platzhalter für die Unternehmensgröße die Bilanzsumme in die multivariate Analyse ein. Damit bleibt eine ganze Reihe bisher erwähnter Variabler ausgeschlossen. So werden Variable, die die Komplexität und die Notwendigkeit prüferischer Spezialkenntnisse beschreiben, wie z.B. die Existenz von Abschlüssen nach IAS oder US-GAAP, nicht einbezogen, weil diese Variablen – wie bereits oben erwähnt – nicht in eindeutiger Richtung mit der Wahl einer bestimmten Prüferklasse in Verbindung gebracht werden können: Zum einen sollte – was sich auch in der univariaten Analyse zeigte – eine höhere Komplexität der von der WPG zu erbringenden Leistungen tendenziell die häufigere Beauftragung großer Prüfer bewirken. Zum anderen tragen Abschlüsse nach internationalen Normen, Kapitalflußrechnungen etc. zu einer Reduzierung des Schätzrisikos auf Seiten der Anleger bei, was gemäß der in dieser Arbeit aufgestellten Hypothese tendenziell häufiger einen Verzicht auf die Leistungen hochreputabler Prüfer bedeuten sollte. Ein pragmatisches Vorgehen muß auch hinsichtlich der Variablen gewählt werden, die die Beteiligung von Organmitgliedern bzw. Altaktionären nach IPO beschreiben. Im Abschnitt 6.2.5.2 wurden neben der Beteiligungshöhe weitere Faktoren untersucht, die als für das Vertrauen der Altaktionäre in ihr Unternehmen stehend aufgefaßt werden können. Aufgrund methodischer Probleme[930] und der Tatsache, daß die Beteiligungshöhen die meistbeachteten Variablen in diesem Bereich sein dürften, die zudem den Vorteil besitzen, gleichzeitig das Ausmaß eigenfinanzierungsbedingter Interessenkonflikte widerzuspiegeln, erfolgt eine Konzentration allein auf diese beiden die Beteiligung von Altaktionären bzw. Organmitgliedern nach IPO angebenden Variablen. Durch den Einschluß von lediglich jeweils vier unabhängigen Variablen in die folgenden logistischen Regressionsmodelle,[931] die allein nicht ausreichen, um die komplexe Entscheidung, ob ein IPO-Unternehmen eine

[929] Vgl. Tabelle 40 auf Seite 256.

[930] Beispielsweise erscheint eine Verdichtung dieser Variablen – ähnlich der Vorgehensweise bei den Risikovariablen – zu einer Variablen aufgrund der Tatsache, daß wegen fehlender Angaben zu Mindesthaltedauerverpflichtungen viele Unternehmen aus der Analyse ausgeschlossen werden müßten, als wenig sinnvoll.

[931] Zu logistischen Regressionsverfahren vgl. Norusis (SPSS 1999); Kleinbaum (Logistic 1998); Krafft (Regression 1997); Aldrich/Nelson (Logit 1984).

Big6- oder eine kleine WPG wählt, hinreichend exakt zu spezifizieren, ist eine eingeschränkte Erklärungskraft der Regressionsmodelle zu erwarten.

Das erste logistische Regressionsmodell besitzt die Form:

$$\text{Prüferwahl} = \beta_0 + \beta_1 \cdot \text{Bilanzsumme} + \beta_2 \cdot \text{Konsortialführer} + \\ + \beta_3 \cdot \text{Organmitgliederbeteiligung} + \beta_4 \cdot \text{Risiko} + \varepsilon$$

Die abhängige Variable dieses Regressionsmodells nimmt bei der Wahl einer Big6-WPG als Abschlußprüfer oder als im Zusammenhang mit dem IPO tätig werdenden Prüfer den Wert 1, bei Wahl eines kleinen Prüfers den Wert 0 an. Als Bilanzsummen sind die auf das Jahr 1996 auf- bzw. abgezinsten Bilanzsummen des aktuellsten im Prospekt enthaltenen Abschlusses in Mrd. DM angegeben, die Variable „Konsortialführer" nimmt den Wert 1 an, wenn eine der drei deutschen Großbanken oder ein angelsächsisches Emissionshaus die Konsortialführung übernahmen, und 0 bei der Wahl eines anderen Emissions-

	gesamt			ohne Ausreißer[932]		
	β	σ	Signifikanz[933]	β	σ	Signifikanz
Bilanzsumme in Mrd. DM	0,877	0,572	0,125	1,601	0,840	0,057
Konsortialführer (dichotom)	0,688	0,309	0,026	0,642	0,318	0,044
Beteiligung der Organmitglieder nach IPO in %	-0,011	0,006	0,068	-0,011	0,006	0,092
Risiko (dichotom)	0,929	0,329	0,005	1,028	0,336	0,002
Konstante	0,599	0,380	0,114	0,510	0,391	0,192
Δ –2 Log-Likelihood 24,640	Freiheitsgr.: 4		Sign. 0,000	28,712	FG: 4	Sign. 0,000
R^2 nach Nagelkerke 0,133				0,156		

Tabelle 42: Ergebnisse des logistischen Regressionsmodells mit der Prüferwahl als abhängiger Variabler I[934]

[932] Für zwei IPO-Unternehmen (Heilit & Woerner Bau-AG und Schlott AG) ergab sich in der ersten Regression jeweils ein absoluter standardisierter Residuenwert größer als zwei Standardabweichungen. Das Regressionsmodell „ohne Ausreißer" wiederholt die erste Regression nach Ausschluß dieser beiden Gesellschaften. Demnach reduziert sich die Anzahl der berücksichtigten AG auf 247.

[933] Die angegebenen Signifikanzen beziehen sich auf den Wald-Test über die Hypothese, wonach ein Regressionskoeffizient den Wert 0 annimmt. Die dazugehörenden Sicherheitswahrscheinlichkeiten, mit denen diese Hypothese abgelehnt werden kann, also sich ein Einfluß der unabhängigen auf die abhängige Variable nachweisen läßt, ergeben sich als 1 – Signifikanz. Vgl. Kleinbaum (Logistic 1998), S. 134ff.

[934] Es sind insgesamt 249 AG einbezogen, wovon 174 eine Big6-WPG und 75 einen kleinen Prüfer gewählt haben. Second-Tier-WPG bleiben ausgeschlossen. Für die Regression ohne Ausreißer reduziert sich die Zahl um zwei AG, die einen kleinen Prüfer gewählt haben.

hauses als Konsortialführer. Die Beteiligung der Organmitglieder nach dem IPO ist in % des Grundkapitals der AG angegeben.[935] Signalisiert die vereinigte Risikovariable bei einem Unternehmen ein hohes Schätz- und Unternehmensrisiko, nimmt „Risiko“ den Wert 1 an, andernfalls 0.

Die Güte des Modells, d.h. die Verläßlichkeit, mit der die vom Modell geschätzten Werte den tatsächlichen entsprechen, kann bei logistischen Regressionsmodellen[936] auf verschiedene Arten beurteilt werden. Das Auszählen der vom Modell richtig und falsch geschätzten Fälle stellt die einfachste und intuitiv einleuchtendste Vorgehensweise dar.[937] Die obigen Modelle schätzen bei 67,5% (gesamt) und 69,2% (ohne Ausreißer) der IPO-Unternehmen den gewählten Prüfer – Big6-WPG oder kleiner Prüfer – richtig. Diese Werte deuten auf eine nicht sehr hohe Güte der Modelle hin.[938] Unter *Δ −2 Log-Likelihood* ist

[935] Die Beteiligungsquoten sind jeweils unter der Annahme einer vollständigen Ausübung des Greenshoes berechnet.

[936] Für den nicht mit logistischen Regressionsmodellen vertrauten Leser seien knapp die zur Deutung der Ergebnisse notwendigen Grundlagen erläutert (vgl. auch Norusis (SPSS 1999), S. 36ff.): In einem logistischen Regressionsmodell wird die Wahrscheinlichkeit geschätzt, mit der ein durch die abhängige Variable repräsentiertes Ereignis (hier: die Wahl einer Big6-WPG) eintritt oder nicht eintritt. Bei einer Wahrscheinlichkeit größer als 50% sagt das Modell den Eintritt des Ereignisses voraus. Diese Wahrscheinlichkeit p errechnet sich wie folgt:
$p = \frac{1}{1+e^{-Z}}$, wobei $Z = \beta_0 + \beta_1 \cdot X_1 + \beta_2 \cdot X_2 + ... + \beta_n \cdot X_n$. Die einzelnen X stehen für die unabhängigen Variablen, n gibt deren Anzahl im Modell an. Nimmt Z einen Wert größer 0 an, bedeutet dies, daß das Modell den Eintritt des Ereignisses voraussagt. Die Parameter für das Modell werden nach der maximum-likelihood-Methode geschätzt.
Am Beispiel der Heyde AG soll die Funktionsweise verdeutlicht werden. Dazu werden die im ersten oben abgebildeten Regressionsmodell unter Einschluß aller AG geschätzten Modellparameter verwendet. Die Heyde AG weist eine auf 1996 abgezinste Konzernbilanzsumme von 0,031669 Mrd. DM und eine Beteiligung der Organmitglieder nach IPO von 66,75% aus. Sie wurde nicht von einem großen Emissionshaus an die Börse begleitet, und die vereinigte Risikovariable nahm den Wert 0 an. Daraus errechnet sich ein Wert für Z von
$Z = 0{,}599 + 0{,}877 \cdot 0{,}031669 + 0{,}688 \cdot 0 - 0{,}011 \cdot 66{,}75 + 0{,}929 \cdot 0 = -0{,}1075$. Daraus ergibt sich als Wahrscheinlichkeit für die Bestellung einer Big6-WPG: $p = \frac{1}{1+e^{0{,}1075}} = 0{,}473 \mathrel{\hat{=}} 47{,}3\%$
Somit schätzt das Modell, daß die Heyde AG nicht eine Big6-WPG beauftragt hat, was in diesem Fall auch der Realität entspricht.

[937] Vgl. für Probleme, die mit diesem Gütemaß verbunden sind, Aldrich/Nelson (Logit 1984), S. 57.

[938] Diese Einschätzung wird dadurch untermauert, daß die angegebenen Quoten richtig klassifizierter Fälle nicht höher sind als die sich bei undifferenzierter Zuordnung aller AG in diejenige Prüferklasse, die in der Untersuchungsgesamtheit häufiger vertreten ist, ergebenden. Auch bei den im folgenden dargestellten Modellen sind die Quoten richtig klassifizierter Fälle bestenfalls leicht höher als bei undifferenzierter Zuordnung. Auf der anderen Seite ist zu erwähnen, daß der große Unterschied in der Anzahl von Big6-Mandanten und den von kleinen Prüfern betreuten AG bei undifferenzierter Zuordnung aller AG zu den Big6-WPG zu einer relativ hohen Trefferquote führt, ohne daß eine gleichmäßig über beide Gruppen verteilte richtige Klassifizierung erreicht wird. Vgl. Krafft (Regression 1997), S. 631f.

in der Tabelle die Differenz zwischen der *–2 Log-Likelihood*[939] des Ausgangsmodells, das nur die Konstante beinhaltet, und der des Modells mit allen in der Tabelle aufgeführten Variablen angegeben. Diese Differenz[940] – die sog. Likelihood ratio – ist eine annähernd nach der χ^2-Verteilung mit einer Anzahl Freiheitsgraden, die sich aus der Differenz der Variablenzahlen in den beiden Modellen errechnet, verteilte Testgröße, mit der sich eine Aussage über die Hypothese machen läßt, wonach die Koeffizienten für alle Variablen außer der Konstanten den Wert 0 besitzen. In beiden obigen Modellen kann diese Hypothese bei Zugrundelegung einer Sicherheitswahrscheinlichkeit von 99,9% abgelehnt werden. Das bedeutet, daß sich der Erklärungsgehalt des Modells durch die Einbeziehung der vier Variablen erhöht hat. Daß der Erklärungsgehalt der Modelle trotzdem relativ niedrig ist, zeigt der Wert des Pseudo-R^2.[941]

---

[939] Die Likelihood-Funktion gibt die Wahrscheinlichkeit an, mit der sich unter Berücksichtigung aller Untersuchungsobjekte im Modell die tatsächlichen Werte beobachten lassen. Vgl. Kleinbaum (Logistic 1998), S. 110. Regelmäßig wird der mit –2 multiplizierte natürliche Logarithmus der Likelihood zur Beurteilung der Güte des Modells verwendet; dieser Wert ist asymptotisch χ^2-verteilt mit einer Anzahl Freiheitsgraden, die sich aus der Differenz zwischen der Zahl der Beobachtungen und der Zahl der Parameter des Modells errechnet. Bei einem perfekten Modell, d.h. einem Modell, bei dem die Likelihood-Funktion den Wert 1 annimmt, weist diese transformierte Größe den Wert 0 aus. Vgl. Krafft (Regression 1997), S. 630.

[940] Da eine bessere Güte des Modells einen niedrigeren *–2 Log-Likelihood*-Wert bedeutet, muß die Differenz immer positiv sein, wenn sich durch die Aufnahme der Variablen ins Modell die Güte verbessert.

[941] Das Bestimmtheitsmaß R^2 wird bei linearen Regressionen zum Test der Anpassungsgüte des Modells herangezogen. Es gibt den Prozentsatz der durch die unabhängigen Variablen im Modell erklärten Abweichung von der Gesamtabweichung zwischen Mittelwert und den einzelnen beobachteten Werten an. Vgl. Backhaus et alii (Analysemethoden 2000), S. 20ff. Da die Parameter eines logistischen Regressionsmodells nicht mit dem Ziel bestimmt werden, einen möglichst großen Teil der Abweichungen durch das Modell zu erklären, kann der Anteil der durch das Modell erklärten Abweichungen auch kein Maß für die Güte des Modells sein. (Daß ein logistisches Regressionsmodell mit seiner dichotomen abhängigen Variablen nicht unter dem Ziel, einen möglichst großen Teil der Abweichungen durch das Modell zu erklären, geschätzt werden kann, wird bei Betrachtung der Varianz einer binomial verteilten Zufallsvariablen deutlich.

Diese beträgt $\sigma^2 = n \cdot p \cdot (1-p)$, was bedeutet, daß die Varianz minimiert werden kann, wenn p die Werte 0 oder 1 annimmt. In einem logistischen Regressionsmodell, das von diesen Extremwerten mit dem Ziel einer besseren Schätzung abweicht, erhöht sich somit automatisch die Varianz.) Vgl. Aldrich/Nelson (Logit 1984), S. 56. Stattdessen werden in der Literatur verschiedene auf der Likelihood-Funktion basierende Pseudo-R^2 zur Beurteilung der Modellgüte vorgeschlagen. Das hier verwendete R^2 nach Nagelkerke modifiziert das nach Cox und Snell ermittelte R^2

($R^2 = 1 - \left[\frac{\text{Likelihood des Modells nur mit Konstante}}{\text{Likelihood des Gesamtmodells}}\right]^{\frac{2}{N}}$, wobei N für die Anzahl der in die Analyse einbezogenen Fälle steht) dahingehend, daß es dieses R^2 in Relation zu dem sich bei bestmöglicher Anpassung ergebenden R^2 setzt: $R^2(\text{Nagelkerke}) = \frac{R^2}{R^2_{max}}$,

wobei $R^2_{max} = 1 - [\text{Likelihood des Modells nur mit Konstante}]^{\frac{2}{N}}$. Damit erreicht das R^2 nach Nagelkerke bei perfekter Modelanpassung den Wert 1. Vgl. Norusis (SPSS 1999), S. 45f. Zur Begründung, warum die in logistischen Regressionsmodellen sich ergebenden R^2 tendenziell kleiner ausfallen als die sich bei linearen Regressionsmodellen einstellenden, vgl. Krafft (Regression 1997), S. 631.

Ein Wert von 0,133 für das nach Nagelkerke modifizierte Pseudo-R^2 bedeutet, daß gerade 13,3% der „Gesamtabweichungen" durch das Modell erklärt werden. Variable, die den großen Rest der „Abweichungen" erklären könnten, sind somit nicht im Modell enthalten. Ernsthafte Multikollinearitätsprobleme deuten sich für die beiden obigen Modelle bei Betrachtung der Korrelationskoeffizienten nicht an.

	gesamt				ohne Ausreißer			
	Bilanzs.	Konsor.	Beteil.	Risiko	Bilanzs.	Konsor.	Beteil.	Risiko
Bilanzsumme	1,000				1,000			
Konsortialführer	-0,200	1,000			-0,241	1,000		
Beteilig. Organmitg.	0,173	0,012	1,000		0,150	0,004	1,000	
Risiko	0,154	0,135	0,010	1,000	0,154	0,128	0,009	1,000

Tabelle 43: Korrelationsmatrix der unabhängigen Variablen im logistischen Regressionsmodell aus Tabelle 42

Die Analyse der einzelnen Variablen muß immer vor dem Hintergrund der geringen Güte der Modelle gesehen werden. Die Variablen „Konsortialführer" und „Risiko" zeigen sich auf dem 95%-Niveau bzw. auf dem 99%-Niveau als Variable mit einem signifikant von 0 verschiedenen Koeffizienten. Die Beteiligung der Organmitglieder ist auf dem 90%-Niveau nur schwach signifikant; die Unternehmensgröße erweist sich erst nach Ausschluß zweier Ausreißer-AG als schwach signifikant. Diese sich aus der Anwendung des Wald-Tests ergebenden Signifikanzen wurden zusätzlich mittels des Likelihood-ratio-Tests überprüft.[942] Sowohl für das Modell mit allen 249 IPO-Unternehmen als auch für das ohne Ausreißer ergeben sich mit Ausnahme der Unternehmensgröße Signifikanzen auf den gleichen Niveaus wie bei Anwendung des Wald-Tests. Dazu kann bei Anwendung des Likelihood-ratio-Tests mit einer Sicherheitswahrscheinlichkeit von 95% (gesamt) bzw. 99% (ohne Ausreißer) die Hypothese abgelehnt werden, daß der Koeffizient der Variablen „Unternehmensgröße" den Wert 0 besitzt.

Bezieht man statt der Beteiligung der Organmitglieder nach IPO die der Altaktionäre in das Regressionsmodell mit ein, ergeben sich die in Tabelle 44 angegebenen Resultate.

[942] Analog zum Likelihood-ratio-Test, mit dem die Güte des gesamten Modells wie oben beschrieben beurteilt werden kann, dient die Differenz zwischen dem *–2 Log-Likelihood*-Wert eines Modells mit einer bestimmten Variablen und dem *–2 Log-Likelihood*-Wert eines Modells ohne diese Variable als Testgröße, mittels derer die Hypothese, wonach der Koeffizient der interessierenden Variablen gleich 0 ist, abgelehnt oder nicht abgelehnt werden kann. Vgl. Kleinbaum (Logistic 1998), S. 130ff.; Norusis (SPSS 1999), S. 39f.

	gesamt			ohne Ausreißer[943]		
	β	σ	Signifikanz	β	σ	Signifikanz
Bilanzsumme in Mrd. DM	1,102	0,577	0,056	1,879	0,817	0,021
Konsortialführer (dichotom)	0,667	0,304	0,028	0,608	0,312	0,051
Beteiligung der Altaktionäre nach IPO in %	-0,013	0,011	0,242	-0,017	0,012	0,144
Risiko (dichotom)	0,993	0,328	0,002	1,111	0,337	0,001
Konstante	0,876	0,764	0,252	1,093	0,809	0,176
Δ –2 Log-Likelihood 23,183	Freiheitsgr.: 4	Sign. 0,000		28,493	FG: 4	Sign. 0,000
R^2 nach Nagelkerke 0,124				0,153		

Tabelle 44: Ergebnisse des logistischen Regressionsmodells mit der Prüferwahl als abhängiger Variabler II[944]

Wie sich bereits in Abschnitt 6.2.5.2 andeutete, stellt sich die die Beteiligung der Altaktionäre nach IPO angebende Variable im Gegensatz zur Beteiligung der Organmitglieder als nicht signifikanter Einflußfaktor auf die Prüferwahl heraus. Mit Ausnahme der höheren Signifikanz der Unternehmensgröße ergeben sich kaum Änderungen zum obigen, die Beteiligung der Organmitglieder einschließenden Modell. Die in der Tabelle angegebenen Signifikanzen, die sich auf den Wald-Test beziehen, bleiben bei Anwendung des Likelihood-ratio-Tests mit einer Ausnahme[945] nahezu unverändert. 68,7% bzw. 69,6% (ohne Ausreißer) der Fälle werden vom Modell richtig klassifiziert, Multikollinearitätsprobleme deuten sich wiederum nicht an.

Neben den dargestellten logistischen Regressionsmodellen wurden analoge Modelle für die Wahl des Prüfers des letzten ordentlichen Abschlusses vor dem IPO geschätzt. Sie sind in Anhang 4 abgedruckt. Diese Modelle weisen sowohl eine etwas bessere Güte als auch in der Tendenz auf einem höheren Niveau signifikante Variable auf als die in diesem Abschnitt abgebildeten Modelle, deren abhängige Variable die Wahl des Abschlußprüfers oder der unmittelbar im Rahmen des IPO mit bestimmten Tätigkeiten beauftragten WPG angibt. Dieser Unterschied deutet darauf hin, daß bei den wenigen IPO-Unternehmen, die erst im Zusammenhang mit dem IPO zumindest zusätzlich eine

[943] Die beiden gleichen Unternehmen wie in Tabelle 42 erwiesen sich als Ausreißer. Vgl. Fußnote 932.

[944] In die Regressionsanalysen sind insgesamt 252 AG einbezogen, wovon 175 eine Big6-WPG und 77 einen kleinen Prüfer gewählt haben. Für die Regression ohne Ausreißer reduziert sich die Zahl um zwei AG, die einen kleinen Prüfer gewählt haben.

[945] Davon betroffen ist die Variable „Bilanzsumme" im Modell ohne Ausreißer. Sie ist bei Anwendung des Likelihood-ratio-Tests auf dem 99,9%-Niveau signifikant.

Big6-WPG mit verschiedenen Tätigkeiten beauftragten,[946] ein geringer Einfluß von den im Modell enthaltenen Variablen auf diese Prüferwahl ausgeht. Anscheinend spielen andere, im Modell nicht erfaßte Faktoren für die Entscheidung von bisher von einem kleinen Prüfer betreuten AG eine Rolle, ob eine Big6-WPG mit der Prüfung von Als-ob-Abschlüssen, Abschlüssen nach internationalen Normen etc. beauftragt wird. Beispielsweise könnten besondere Kenntnisse oder kurzfristig verfügbare Personalkapazitäten, die mit höherer Wahrscheinlichkeit bei den Big6-Gesellschaften vorhanden sind, solche Faktoren sein.

Um die bisher weitgehend vernachlässigten Second-Tier-WPG zu berücksichtigen, wurden die obigen logistischen Regressionsmodelle unter Einschluß der Second-Tier-WPG wiederholt. Dabei wurde hinsichtlich der abhängigen Variablen auf die Wahl des Abschlußprüfers oder der unmittelbar im Rahmen des IPO mit bestimmten Tätigkeiten beauftragten WPG abgestellt. Eine Bereinigung um Ausreißer wurde nicht vorgenommen. Gleichgültig, ob man die Second-Tier-WPG unter die kleinen WPG oder unter die Big6-WPG zählt, verschlechtert sich die Güte der Regressionsmodelle. Auch wenn sich die Signifikanzen der einzelnen Variablen sowohl in den Modellen, die die Beteiligung der Organmitglieder nach IPO als Variable beinhalten, als auch bei Einbeziehung der Alteigentümerbeteiligung nach IPO gegenüber den oben abgebildeten Regressionsmodellen teilweise ändern, sind diese Änderungen nicht von so großem Ausmaß, daß sie zu grundlegend anderen Ergebnissen führen. Auf eine Darstellung der einzelnen Modelle kann deshalb verzichtet werden. Alternative Modelle, in denen die wenigen von Second-Tier-WPG betreuten IPO-Unternehmen mit den von Big6-WPG bzw. den von kleinen Prüfern betreuten verglichen wurden, sind wegen einer nochmals deutlich verminderten Modellgüte nicht weiter erwähnenswert.

Faßt man die Ergebnisse der multivariaten Analyse zusammen, bleibt festzuhalten, daß sich im großen und ganzen die in den einzelnen univariaten Untersuchungen festgestellten Ergebnisse bestätigen. Die Entscheidung, welchen Konsortialführer ein IPO-Unternehmen wählt, und die Höhe des Risikos erweisen sich durchgehend als signifikante Einflußgrößen auf die Wahl einer Big6-WPG oder eines kleinen Prüfers. Die Beteiligung der Organmitglieder nach IPO ist eine schwach signifikante Größe, während sich die Beteiligung der Altaktionäre nach IPO als nicht signifikante Variable zeigt. Die Ergebnisse hinsichtlich der Second-Tier-WPG bestätigen im nachhinein die Vorgehensweise,

[946] Unter den in den Modellen berücksichtigten IPO-Unternehmen beauftragten acht, die für die Prüfung ihres letzten ordentlichen Abschlusses vor dem IPO einen kleinen Prüfer bestellt hatten, zusätzlich zum IPO eine Big6-WPG. Ein weiterer Unterschied unter den in die Modelle einbezogenen AG ergibt sich dadurch, daß drei AG, die zuvor keinen Abschlußprüfer bestellt oder darüber keine Angabe gemacht hatten, für die Durchführung der Tätigkeiten im Rahmen des IPO eine Big6-WPG wählten.

diese von der Analyse weitgehend auszuschließen und sich auf die deutlich unterschiedlich großen Prüferklassen Big6-WPG und kleine Prüfer zu konzentrieren. Wie sich teilweise in der deskriptiven Darstellung andeutete, werden die Second-Tier-WPG am Markt anscheinend nicht eindeutig als den Big6 ähnlich, aber auch nicht den kleinen Prüfern ähnlich eingestuft. Die geringe Anzahl der von Second-Tier-WPG betreuten AG erschwert eine aussagekräftige Analyse.

Im Vergleich zu den in Abschnitt 6.1.2 erwähnten Studien ist die Güte der hier präsentierten Regressionsmodelle im Durchschnitt etwas geringer,[947] was sich allerdings durch die geringere Anzahl aufgenommener Variabler relativiert.

6.2.5.5 Anwendung des Modells von Datar/Feltham/Hughes auf die Verhältnisse in Deutschland

Im letzten Teil dieses Kapitels über die Prüferwahl bei IPO-Unternehmen soll in der Tradition der empirischen Arbeiten von Feltham/Hughes/Simunic (1991), Clarkson/Simunic (1994), Firth/Smith (1995) und Firth/Liau-Tan (1998) das in Abschnitt 5.5.2 beschriebene Modell von Datar/Feltham/Hughes (1991) vor dem Hintergrund des in Deutschland herrschenden Rechts- und insbesondere des Haftungsrahmens getestet werden. Die aufgeführten Studien verwenden folgendes lineare Regressionsmodell:

$\text{Marktwert} = \beta_0 + \beta_1 \cdot \alpha + \beta_2 \cdot \text{Eigenkapital nach IPO} + \varepsilon$, wobei

$\alpha = -[\ln(1 - \text{Alteigentümeranteil nach IPO}) + \text{Alteigentümeranteil nach IPO}]$, also eine transformierte Größe des Alteigentümer- bzw. alternativ des Organmitgliederanteils nach IPO darstellt. In diesem Bewertungsmodell steht der Regressionskoeffizient β_1 für die Risikoaversion der Alteigentümer und das unternehmensspezifische Risiko, dem sich die Alteigentümer ausgesetzt sehen. Je höher der Wert, den dieser Regressionskoeffizient annimmt, desto „teurer" ist es für die Altaktionäre auf eine Diversifizierung ihres Vermögens zu verzichten, und desto glaubwürdiger ist das Signal der Alteigentümer, das diese mit dem von ihnen nach dem IPO weiterhin gehaltenen Anteil am Unternehmen abgeben, für die Anleger, und desto höher sollte der Marktwert ausfallen. Das sich hier aus dem aktuellsten im Prospekt enthaltenen Abschluß, eventuell bis zum IPO durchgeführten Kapitalerhöhungen und den im Rahmen des IPO zufließenden Mitteln ergebende Eigenkapital wird im Modell in Abhängigkeit von der Reputation des mit der Abschlußprüfung beauftragten Prüfers als Untergrenze der von den Anlegern für möglich gehaltenen Unternehmenswerte angesehen. Das Regressionsmodell wird jeweils für die von großen und für die

[947] Diese Vergleiche bleiben unvollständig, da in den erwähnten Studien meist nur ein einziges Gütemaß angegeben wird, von dem in einigen Fällen – nämlich bei Präsentation eines R^2 – die Berechnung unklar bleibt.

von kleinen WPG geprüften Unternehmen geschätzt. Die zu testenden Hypothesen besagen, daß β_1 in der Regressionsanalyse unter den AG in der Gruppe mit den Big6-Mandanten höher ausfallen sollte als in der Gruppe mit den von kleinen Prüfern betreuten Unternehmen, da in Gesellschaften mit höherem Unternehmensrisiko ein höherer Anreiz für die Alteigentümer besteht, einen von den Anlegern als hochreputabel angesehenen Prüfer zu wählen, um dadurch den Unternehmenswert auch bei einer angestrebten geringeren Beteiligung nach dem IPO signalisieren zu können. Der Koeffizient β_2 sollte ebenfalls unter den Big6-Mandanten größer ausfallen als in der anderen Gruppe, da Anleger größeres Vertrauen in die von großen Prüfern geprüften Abschlüsse haben sollten und deswegen das in diesen Abschlüssen ausgewiesene Eigenkapital mit einem höheren Wert in die Unternehmensbewertung eingehen sollte, als dies bei von weniger reputablen Prüfern geprüften Abschlüssen der Fall ist. In Tabelle 45 sind die beiden Regressionsmodelle alter-

	Big6			kleine Prüfer			Differenz
	β	σ	Konfidenz-intervall	β	σ	Konfidenz-intervall	β
Konstante	209,98***	54,60	102,45; 317,52	-11,06	17,52	-45,95; 23,84	
α (Organmitglieder)	7,68	158,78	-305,63; 320,98	90,02*	40,68	8,98; 171,07	-82,35
Eigenkapital nach IPO in Mio. DM	1,68***	0,01	1,66; 1,71	2,68***	0,13	2,42; 2,93	-0,99
R^2		0,992			0,855		
F-Wert		10632,5***			221,4***		
	β	σ	Konfidenz-intervall	β	σ	Konfidenz-intervall	β
Konstante	156,48	81,68	-4,69; 317,65	-8,84	27,57	-63,73; 46,06	
α (Alteigentümer)	114,04	149,68	-181,30; 409,38	50,39	50,29	-49,75; 150,52	63,65
Eigenkapital nach IPO in Mio. DM	1,68***	0,01	1,66; 1,71	2,60***	0,14	2,33; 2,88	-0,92
R^2		0,992			0,825		
F-Wert		10721,3***			181,6***		

*** Koeffizient signifikant bei Zugrundelegung einer Sicherheitswahrscheinlichkeit von 99,9%
** Koeffizient signifikant bei Zugrundelegung einer Sicherheitswahrscheinlichkeit von 99%
* Koeffizient signifikant bei Zugrundelegung einer Sicherheitswahrscheinlichkeit von 95%

Tabelle 45: Ergebnisse des linearen Regressionsmodells von Datar/ Feltham/Hughes (1991) für den deutschen Markt I[948]

[948] In die oberen Regressionsgleichungen sind 183 AG mit Big6-WPG und 78 AG mit kleinen Prüfern, in die beiden unteren 184 bzw. 80 AG einbezogen. Alle DM-Größen sind auf das Jahr 1996 auf- bzw. abgezinst. Alteigentümer- und Organmitgliederanteile sind unter Einschluß des geplanten Greenshoes ermittelt. Bei den angegebenen Konfidenzintervallen handelt es sich um solche zur Vertrauenswahrscheinlichkeit von 95%.

nativ mit dem Anteil der Organmitglieder (oben) und der Alteigentümer (unten) nach dem IPO dargestellt. Der Marktwert als abhängige Variable wurde auf Basis der Emissionspreise und unter der Annahme, daß der gesamte geplante Greenshoe plaziert wird, errechnet und versteht sich in Mio. DM. Die alternative Verwendung eines auf Basis des Kassakurses des ersten Börsenhandelstages berechneten Marktwertes führte zu annähernd identischen Ergebnissen.

Die Ergebnisse aus Tabelle 45 stehen im Widerspruch zu den Hypothesen: Die Regressionskoeffizienten β_1 und β_2 sind in drei von vier Fällen größer in den Regressionsgleichungen für die Gruppe der von kleinen Prüfern betreuten Gesellschaften als in den für die Gruppe der Big6-Mandanten. Die positive Differenz für β_1 in den Modellen mit der Beteiligung der Alteigentümer nach dem IPO als unabhängiger Variabler erweist sich bei Betrachtung der Konfidenzintervalle als auf dem 95%-Niveau nicht signifikant. Die Güte der Modelle ist sehr hoch, schwerwiegende Multikollinearitätsprobleme treten nicht auf.[949] Heteroskedastizitätsprobleme deuten sich an in den Regressionsmodellen, in die die Gruppe der Mandanten kleiner Prüfer einbezogen ist.[950] Da das Vorliegen von Heteroskedastizität nicht zu einer Verzerrung der Regressionskoeffizienten führt, sind die genannten Ergebnisse davon nicht beeinträchtigt. Eliminiert werden die Heteroskedastizitätsprobleme bei den die Gruppe der Mandanten kleiner Prüfer betreffenden Regressionen in den folgenden Regressionsmodellen, in denen zur Berücksichtigung unterschiedlicher Unternehmensgrößen die Regressionsgleichungen durch das Eigenkapital nach IPO geteilt werden. Die Modelle besitzen dann die Form:[951]

$$\frac{\text{Marktwert}}{\text{Eigenkapital nach IPO}} = (\hat{\beta}_0 + \beta_2) + \beta_1 \cdot \frac{\alpha}{\text{Eigenkapital nach IPO}} + \frac{\varepsilon}{\text{Eigenkapital nach IPO}}$$

Als abhängige Variable dient in den folgenden Regressionsmodellen somit das Markt-/Buchwert-Verhältnis. Die Güte dieser Modelle reduziert sich durch das Ausschließen der Größenvariablen stark.

[949] Der niedrigste Toleranzwert beträgt unter den vier Regressionen 0,995, der höchste Korrelationskoeffizient beträgt 0,069. Vgl. zur Analyse von Multikollinearität Backhaus et alii (Analysemethoden 2000), S. 41f., 49ff.

[950] Das Vorliegen von Heteroskedastizität wurde durch visuelle Inspektion der Residuen und durch Anwendung des Verfahrens von Glejser untersucht. Vgl. Backhaus et alii (Analysemethoden 2000), S. 38f.

[951] Vereinfachend ist für die Modelle unterstellt, daß β_0 eine lineare Funktion der Größe „Eigenkapital nach IPO“ ist: $\beta_0 = \hat{\beta}_0 \cdot \text{Eigenkapital nach IPO}$.

	Big6			kleine Prüfer			Differenz
	β	σ	Konfidenz-intervall	β	σ	Konfidenz-intervall	β
Konstante	2,24*	1,00	0,27; 4,20	2,79***	0,15	2,50; 3,08	
α (Organmitglieder)	465,36***	88,55	290,64; 640,09	38,96**	14,10	10,88; 67,04	426,404
R^2		0,132			0,091		
F-Wert		27,618***			7,636**		
	β	σ	Konfidenz-intervall	β	σ	Konfidenz-intervall	β
Konstante	0,04	0,52	-1,00; 1,07	2,67***	0,16	2,35; 3,00	
α (Alteigentümer)	447,07***	19,49	408,61; 485,53	31,19**	10,73	9,83; 52,55	415,881
R^2		0,743			0,098		
F-Wert		526,096***			8,453**		

*** Koeffizient signifikant bei Zugrundelegung einer Sicherheitswahrscheinlichkeit von 99,9%
** Koeffizient signifikant bei Zugrundelegung einer Sicherheitswahrscheinlichkeit von 99%
* Koeffizient signifikant bei Zugrundelegung einer Sicherheitswahrscheinlichkeit von 95%

Tabelle 46: Ergebnisse des linearen Regressionsmodells von Datar/ Feltham/Hughes (1991) für den deutschen Markt II[952]

Nach Bereinigung um den Einfluß unterschiedlicher Unternehmensgrößen besitzen die Regressionskoeffizienten wie zuvor jeweils das erwartete Vorzeichen. Auch die Unterschiede zwischen den beiden Gruppen hinsichtlich der Regressionskoeffizienten verlaufen jetzt in der in der Hypothese behaupteten Richtung. Wie durch den Vergleich der Konfidenzintervalle zur Vertrauenswahrscheinlichkeit von 95% leicht zu erkennen ist, sind die von den Konfidenzintervallen jeweils umfaßten Bereiche disjunkt; die Regressionskoeffizienten β_1 unterscheiden sich somit signifikant in erwarteter Richtung voneinander. Diese Aussage läßt sich aufrechterhalten, wenn Konfidenzintervalle zur Vertrauenswahrscheinlichkeit von 99% betrachtet werden[953] oder ein T-Test zum Vergleich zweier Regressionskoeffizienten eingesetzt wird.[954]

[952] In die oberen Regressionsgleichungen sind 183 AG mit Big6-WPG und 78 AG mit kleinen Prüfern, in die beiden unteren 184 bzw. 80 AG einbezogen. Alle DM-Größen sind auf das Jahr 1996 auf- bzw. abgezinst. Alteigentümer- und Organmitgliederanteile sind unter Einschluß des geplanten Greenshoes ermittelt. Bei den angegebenen Konfidenzintervallen handelt es sich um solche zur Vertrauenswahrscheinlichkeit von 95%.

[953] Die Konfidenzintervalle zur Vertrauenswahrscheinlichkeit von 99% betragen in den im oberen Teil von Tabelle 46 dargestellten Modellen etwa (235; 696) für die Gruppe der Big6-Mandanten und (2; 76) für die Gruppe der von kleinen Prüfern betreuten Gesellschaften, in den im unteren Teil der Tabelle dargestellten Modellen etwa (396; 498) für die Gruppe der Big6-Mandanten und (3; 60) für die Gruppe der von kleinen Prüfern betreuten Gesellschaften. Zur Berechnung der Konfidenzintervalle für Regressionskoeffizienten vgl. Sachs (Statistik 1999), S. 552f.

[954] Ein T-Test zum Vergleich zweier Regressionskoeffizienten erbringt eine Testgröße t = 2,54 (oberer Teil von Tabelle 46) bzw. t = 6,55. Damit kann in beiden Fällen die Hypothese, wonach sich die Regressionskoeffizienten in den beiden Gruppen nicht voneinander unterscheiden, bei Zugrundelegung einer Sicherheitswahrscheinlichkeit von 99% (zweiseitiger Test) abgelehnt werden. Die t-Werte sind hier lediglich aus Gründen der Vergleichbarkeit zu den erwähnten internati-

Die Ergebnisse in diesem Abschnitt sind somit insgesamt zwiespältig: In den unskalierten Modellen, die jeweils eine sehr hohe Anpassungsgüte aufweisen, ergeben sich Unterschiede zwischen den von Big6- und kleinen WPG betreuten Gesellschaften in den Hypothesen entgegengesetzter Richtung. Dagegen ist die Güte bei den mittels der Unternehmensgrößen skalierten Modellen, die statistisch hochsignifikante Unterschiede zwischen den beiden Gruppen der von unterschiedlich großen WPG betreuten Gesellschaften hinsichtlich β_1 in erwarteter Richtung zeigen, meist so gering, daß die Aussagekraft der Modelle darunter stark leidet. Damit reiht sich diese Analyse nahtlos ein in die bisher vorliegenden internationalen Studien, die im großen und ganzen ebenfalls nur gemischte Ergebnisse erbrachten. Gerade wegen der relativ entspannten Haftungssituation für Prüfer in Deutschland, die im Modell nicht explizit berücksichtigte angebotsseitige Einflüsse auf die Ergebnisse wenig wahrscheinlich macht, stellte der deutsche Markt ein geeignetes Umfeld für diese Untersuchung dar.

Möglicherweise ist das im Modell indirekt ermittelte Unternehmensrisiko aufgrund marktseitiger Einflüsse verzerrt. So dürften – wie sich auch in den folgenden Abschnitten zeigen wird – andere im Modell unberücksichtigte Faktoren, wie beispielsweise die allgemeine Verfassung des Aktienmarktes im Vorfeld eines IPO, die Festsetzung der Emissionspreise und damit die Höhe des Unternehmenswertes beeinflussen. Insofern dürfte die im vorangegangenen Abschnitt entwickelte Risikovariable besser als die in diesem Modell verfolgte Vorgehensweise zur Erfassung des Unternehmensrisikos geeignet sein.

6.2.6 Reaktionen von Kapitalmarktteilnehmern und Konsortialbanken auf die Prüferwahl bei IPO-Unternehmen

Nachdem bisher – meist unter Rückgriff auf Überlegungen der positiven Theorie – der Frage nachgegangen wurde, von welchen Faktoren die Wahl bzw. der Wechsel des Abschlußprüfers bei Unternehmen abhängt, die ein IPO planen, werden im folgenden die Reaktionen von Marktteilnehmern und Konsortialführern auf die Prüferwahl analysiert. Konkret wird der Frage nachgegangen, ob Anleger und Emissionshäuser der Begleitung von IPO-Unternehmen durch Big6-WPG eine stärker unsicherheitssenkende Wirkung zuschreiben als einer Beteiligung kleinerer Prüfer. Somit können die folgenden Analysen auch als implizite Bewertung der Prüferqualität durch den Markt aufgefaßt werden.

In diesem Abschnitt werden neben den bisher ausschließlich betrachteten allgemeinen AG grundsätzlich auch Banken und Versicherungen in die Analysen

---

onalen Studien angegeben. Ein Testverfahren, das im Fall stark ungleicher Restvarianzen in den beiden Regressionsmodellen anzuwenden ist und dessen Einsatz wegen der hier vorliegenden starken Restvarianzenungleichheit geboten ist, erbringt als Ergebnis ebenfalls einen auf dem 99%-Niveau signifikanten Unterschied der Regressionskoeffizienten. Zu den Testverfahren vgl. Sachs (Statistik 1999), S. 553-555.

eingeschlossen, da von einem gegenüber den allgemeinen AG abweichenden Prüferwahlverhalten dieser AG im folgenden kein entscheidender Einfluß auf die Ergebnisse ausgehen sollte. Da neben der Prüferwahl auch andere Faktoren die Verfügbarkeit und Verlässlichkeit von Unternehmensinformationen für die Anleger direkt oder indirekt beeinflussen, sind Wechselwirkungen mit diesen Faktoren zu berücksichtigen, weshalb neben uni- auch multivariate Analysemethoden in diesem Abschnitt zum Einsatz kommen. Bevor auf die auch in internationalen Studien bereits behandelten Zusammenhänge zwischen Prüferqualität und der Höhe des Underpricings, der Umsatzentwicklung im Börsenhandel und dem Abbau des Schätzrisikos nach Aufnahme des Börsenhandels nachgegangen wird, werden zunächst einige Aspekte des IPO-Verfahrens beleuchtet, die in direktem Zusammenhang zur Einschätzung der Konsortialbanken über das Ausmaß der mit einem IPO-Unternehmen verbundenen Unsicherheit über seinen Marktwert und der Qualität der gewählten WPG stehen könnten.

6.2.6.1 Prüferwahl und IPO-Verfahrensvariable

Auf Grundlage der in dieser Arbeit bisher verfolgten Argumentationslinien werden in diesem Abschnitt die Festlegung von Bookbuildingspanne und Volumen der Greenshoe-Option sowie die Höhe der Vergütung der Konsortialbanken auf eine eventuelle Abhängigkeit vom gewählten Prüfer in Form von Ad-hoc-Hypothesen getestet. Behauptet wird dabei, daß die Breite der Bookbuildingspanne die Unsicherheit der Konsortialbanken bei der Festlegung des Emissionspreises beschreibt.[955] Je höher das Schätzrisiko und je unsicherer sich die Konsortialbanken bei der Bestimmung des Marktwertes eines IPO-Unternehmens sind, desto breiteren Raum werden sie den Anlegern für die Abgabe von Geboten innerhalb der Spanne einräumen. Die Bestellung eines das Ausmaß des Schätzrisikos stärker verringernden hochqualitativen Prüfers sollte deshalb c.p. die Konsortialbanken häufiger zum Verzicht auf die Festlegung sehr weiter Bookbuildingspannen veranlassen. Ähnlich läßt sich ad hoc eine Hypothese über die Höhe des geplanten Greenshoes aufstellen, mit dessen Hilfe die Konsortialbanken teilweise die Entscheidung über das letztendliche Emissionsvolumen auf die Anleger übertragen können: Je geringer das Schätzrisiko, desto c.p. seltener sollten die Konsortialbanken auf einen, gemessen am Gesamtemissionsvolumen, großen Greenshoe Wert legen bzw. einen solchen gegenüber dem Emittenten durchsetzen können. Betrachtet man den Greenshoe nicht nur als ein Instrument zur flexiblen Anpassung des Emissionsvolumens an die Nachfrage der Anleger, sondern als zusätzliche Vergütungskomponente für die Konsortialbanken,[956] sollte diese Komponente wie die gesamte Vergütung der Konsortialbanken bei von geringerer Unsicherheit gekennzeich-

---

[955] Vgl. Löffler (Investorenunsicherheit 2000), S. 60f.; „Die Relation ‚Preisspanne zu Preisuntergrenze' kann als Indiz für die Bewertungsunsicherheit der Banken aufgefaßt werden." Langemann (Börsengang 2000), S. 35.

[956] Zum Greenshoe als Kostenfaktor der Emission vgl. Ritter (Costs 1987), 269ff.

neten IPO-Unternehmen tendenziell geringer ausfallen, da sich sowohl das Absatzrisiko als auch das Risiko von Prospekthaftungsfällen für die Konsortialbanken durch die Bestellung eines hochqualitativen Prüfers verringern sollte.

Aus Emittentensicht wird folglich der Frage nachgegangen, ob sich die Wahl eines höherreputablen Prüfers, die tendenziell mit einem höheren Honorar einhergeht, dergestalt bezahlt macht, daß gegenüber den Konsortialbanken bessere Konditionen durchsetzbar sind. Tabelle 47 zeigt deskriptiv sowohl für alle IPO-Unternehmen als auch nur für die IPO in den Neuen Markt Unterschiede zwischen den von verschiedenen WPG betreuten Unternehmen hinsichtlich der angesprochenen Variablen. Da nicht bei allen drei Variablen von einer Normalverteilung ausgegangen werden kann, sind neben den Mittel- auch die Medianwerte aufgeführt.

	alle IPO							
	Big6		**Second Tier**		**kleine Prüfer**		**gesamt**	
	MW	Medi.	MW	Medi.	MW	Medi.	MW	Medi.
Breite der Bookbuildingspanne[957] in %	16,2	15,7	16,6	16,5	16,9	15,6	16,4	15,7
Greenshoe in % des Emissionsvolumens	13,0	13,5	11,4	11,1	12,1	11,8	12,6	12,4
Konsortialvergütung in % des gesamten Emissionserlöses	5,08	5,00	5,20	5,11	5,06	5,13	5,09	5,04

	Neuer Markt							
	Big6		**Second Tier**		**kleine Prüfer**		**gesamt**	
	MW	Medi.	MW	Medi.	MW	Medi.	MW	Medi.
Breite der Bookbuildingspanne in %	16,0	15,4	16,6	16,8	16,4	15,5	16,1	15,4
Greenshoe in % des Emissionsvolumens	12,9	12,4	11,5	11,1	11,8	11,1	12,5	11,3
Konsortialvergütung in % des gesamten Emissionserlöses	5,28	5,16	5,32	5,28	5,33	5,25	5,30	5,22

Tabelle 47: Werte verschiedener Emissionsparameter bei von verschiedenen Prüfern betreuten IPO-Unternehmen[958]

[957] Die Breite der Bookbuildingspanne wurde auf Basis des Mittelwertes der Spanne wie folgt errechnet: $\text{Breite BB-Spanne} = \frac{BB_{oben} - BB_{unten}}{\frac{BB_{oben} + BB_{unten}}{2}}$, wobei BB_{unten} bzw. BB_{oben} das untere bzw. das obere Ende der Bookbuildingspanne angeben.

[958] Die in dieser und der folgenden Tabelle angegebenen Prüfer sind die Abschlußprüfer bzw. die mit zusätzlichen Tätigkeiten im Zuge des IPO betrauten WPG.
Einbezogen sind bei der das Bookbuilding betreffenden Variablen 242 AG, bei denen ein solches Verfahren im Untersuchungszeitraum zur Anwendung kam. Davon entfallen 155 Fälle auf den Neuen Markt (Big6: 99, Second Tier: 20, kleine Prüfer: 36), 26 auf den Geregelten Markt (15, 4, 7) und 61 auf den Amtlichen Handel (47, 3, 11). In die Auswertung der Greenshoe-Variablen gingen 194 AG ein, bei denen ein solcher existierte (Neuer Markt: 134, davon Big6: 88, Second Tier: 18, kleine Prüfer: 28; Geregelter Markt: 9 (4, 2, 3); Amtlicher Handel: 51 (40, 3, 8)), und in die Auswertung der Konsortialvergütung 246 AG mit entsprechenden Angaben im Prospekt (Neuer Markt: 146, davon Big6: 90, Second Tier: 20, kleine Prüfer: 36; Geregelter Markt: 32 (15, 6, 11); Amtlicher Handel: 68 (48, 6, 14)).

Weder bei Anwendung eines T-Tests für zwei unabhängige Stichproben noch eines Mann-Whitney-Tests ergeben sich bei Zugrundelegung einer Sicherheitswahrscheinlichkeit von 90% signifikante Unterschiede zwischen den von Big6-WPG bzw. Second-Tier-WPG und den von kleinen Prüfern betreuten AG. Auch die in Tabelle 48 dargestellte Aufteilung in verschiedene Klassen deutet nicht auf konsistent in die erwartete Richtung zeigende Ergebnisse hin. Zwar reduziert sich der Anteil der Big6-WPG unter den IPO-Unternehmen, die relativ hohe Vergütungen an die Konsortialbanken zu bezahlen haben, und unter den Gesellschaften, für die eine sehr breite Bookbuildingspanne festgelegt wird. Allerdings ist der Anteil der Big6-WPG unter den AG noch geringer, deren Emission in den Jahren, in denen das Bookbuildingverfahren bereits etabliert war, zum Festpreis durchgeführt wurde. Entgegen der Erwartung ist der Anteil der Big6-WPG höher unter den AG mit einem relativ großen Greenshoe.[959]

Breite der Bookbuildingspanne in %	**0**	**< 13**	**< 16**	**< 20**	**≥ 20**	**gesamt**
Anteil Big6-WPG	**30,8%**	**62,2%**	**70,0%**	**71,8%**	**56,5%**	64,7%

Greenshoe in % des Emissionsvolumens	**0**	**≤ 10**	**≤ 15**	**> 15**	**gesamt**
Anteil Big6-WPG	**55,0%**	**66,0%**	**66,4%**	**75,7%**	65,0%

Konsortialvergütung in % des gesamten Emissionserlöses	**≤ 4,5**	**< 5,5**	**≥ 5,5**	**gesamt**
Anteil Big6-WPG	**62,8%**	**62,7%**	**60,3%**	62,2%

Tabelle 48: Zusammenhang zwischen der gewählten WPG und verschiedenen Emissionsparametern[960]

Um Wechselwirkungen der Prüferwahl mit anderen möglichen Einflußgrößen auf die drei hier untersuchten Variablen zu berücksichtigen, wurden lineare Regressionsanalysen durchgeführt. Die zusätzlich zur WPG in die Regressi-

[959] Weiterführende Analysen zeigten, daß dieses Ergebnis stark durch die Wahl des Konsortialführers überlagert sein dürfte. Große Emissionshäuser können tendenziell häufiger höhervolumige Greenshoe-Optionen für sich durchsetzen: Unter den IPO, die einen Greenshoe beinhalteten, betrug dieser durchschnittlich 13,3% des Emissionsvolumens bei von großen Emissionshäusern begleiteten Emissionen im Vergleich zu 11,9% bei Begleitung durch einen kleinen Konsortialführer (Medianwerte: 14,3% zu 11,1%). Bezieht man alle AG ein, die nach dem erstmaligen Einsatz einer Greenshoe-Option in Deutschland bei dem IPO der SGL Carbon AG im Jahr 1995 an den Markt kamen, also auch die Gesellschaften, die den Konsortialbanken keinen Greenshoe einräumten, obwohl diese Vorgehensweise bereits etabliert war, ergeben sich noch deutlichere Unterschiede (Mittelwerte: 12,1% zu 7,8%; Medianwerte: 13,7% zu 10,0%).

[960] Die Anzahl der jeweils einbezogenen AG verändert sich gegenüber den in Fußnote 958 angegebenen Werten bei der Variablen „Breite der Bookbuildingspanne" durch die Einbeziehung von 13 IPO-Unternehmen (Big6: 4, Second Tier: 2, kleine Prüfer: 7), die zu einem Zeitpunkt, als das Bookbuildingverfahren bereits praktiziert wurde, ihre Aktien zum Festpreis – also mit einer Breite der BB-Spanne von 0 – emittierten. Das Bookbuilding-Verfahren wurde erstmals von der Hucke AG bei ihrem IPO 1995 eingesetzt. Es sind damit alle Fälle seit dem IPO der Hucke AG in der Tabelle berücksichtigt. Bei der Variablen „Greenshoe" kommt es zu einer Berücksichtigung weiterer 60 AG, bei deren IPO kein Greenshoe eingesetzt wurde, obwohl dieses Verfahren zuvor schon praktiziert worden war.

onsmodelle aufgenommenen Variablen repräsentieren zum einen spezifische Unternehmenscharakteristika, zum anderen die Entwicklung des Aktienmarktes im Dreimonatszeitraum vor dem IPO und die besonderen Verhältnisse am Neuen Markt. Eine genauere Beschreibung der Größen und eine Erläuterung der Motivation ihrer Einbeziehung findet sich im folgenden Abschnitt. Die linearen Regressionsmodelle haben die Form:

$$\begin{aligned} AV = {} & \beta_0 + \beta_1 \cdot \text{Emissionsvolumen} + \beta_2 \cdot \text{Risiko} + \beta_3 \cdot \text{Organmitgliederbeteiligung} + \\ & + \beta_4 \cdot \text{Konsortialführer} + \beta_5 \cdot \text{WPG} + \beta_6 \cdot \text{Marktrendite vor IPO} + \\ & + \beta_7 \cdot \text{Neuer Markt} + \varepsilon \end{aligned}$$

mit den einzelnen Emissionsparametern „Breite der Bookbuildingspanne", „Höhe des Greenshoe" und „Höhe der Konsortialvergütung" als jeweiligen abhängigen Variablen (AV).

Die Ergebnisse der Regressionsanalysen für die beiden erstgenannten abhängigen Variablen zeigen, daß die in die Regressionsgleichung aufgenommenen unabhängigen Variablen kaum einen nennenswerten Beitrag zur Erklärung der abhängigen Variablen leisten. Ein Bestimmtheitsmaß R^2 von 2% (Bookbuildingspanne) bzw. 5,3% (Greenshoe) und nicht signifikante F-Werte sprechen gegen eine weitere Auswertung der einzelnen Variablen.

Anders stellt sich das Ergebnis hinsichtlich der Höhe der Vergütung an die Konsortialbanken dar. Dieses Modell weist ein R^2 von 13,2% und einen auf dem 99,9%-Niveau signifikanten F-Wert auf.[961] Unter den unabhängigen Variablen erweisen sich „Neuer Markt" auf dem 90%- und „Emissionsvolumen" und „Konsortialführer" auf dem 95%-Niveau als signifikante Einflußvariable. Während erwartungsgemäß ein kleineres Emissionsvolumen und die Zugehörigkeit zum Neuen Markt zu einer prozentual höheren Vergütung an die Konsortialbanken führen, überrascht das Ergebnis, wonach die Begleitung durch größere Emissionshäuser tendenziell mit einer prozentual niedrigeren Vergü-

[961] Ernsthafte Multikollinearitätsprobleme deuten sich bei Betrachtung der Korrelationskoeffizienten und der Toleranzen nicht an. Der niedrigste Toleranzwert beträgt 0,820 (für die Variable „Neuer Markt"), der höchste Korrelationskoeffizient beträgt –0,343. Hinweise auf Heteroskedastizität und Autokorrelation lassen sich aus einem Diagramm, auf dessen Achsen die Residuen und die prognostizierten Werte der abhängigen Variablen abgetragen sind, bzw. aus dem Ergebnis eines Durbin/Watson-Tests nicht entdecken. Zum Problem der Verletzung einzelner Modellprämissen vgl. Backhaus et alii (Analysemethoden 2000), S. 38ff.

tung an diese Konsortialbanken verbunden ist.[962] Ein Einfluß der beauftragten WPG auf die Höhe der Vergütung der Konsortialbanken läßt sich nicht feststellen.[963]

Insgesamt betrachtet konnten die in diesem Abschnitt beobachteten Ergebnisse keine Hinweise auf eine Beeinflussung des Verhaltens der Konsortialbanken bei der Festlegung der Bookbuildingspanne, der Höhe des Greenshoes und der Höhe ihrer Vergütung durch die Qualität des gewählten Prüfers erbringen. Wie die Ergebnisse der Regressionsmodelle nahelegen, spielen anscheinend andere, hier nur unzureichend erfaßte Variable eine größere Rolle bei der Erklärung der verschiedenen abhängigen Variablen als die Prüferwahl.

6.2.6.2 Prüferwahl und Underpricing

Das Ausmaß der Unsicherheit über den Marktwert wurde in den in Abschnitt 5.1.3 erwähnten Arbeiten sehr häufig als grundlegende Ursache für das Auftreten von Underpricing genannt. In den Modellen zur Prüferwahl bei IPO-Unternehmen verfolgten die Alteigentümer mit der Wahl eines hochreputablen Prüfers annahmegemäß das Ziel, die Unsicherheit auf Seiten der Anleger zu reduzieren, dadurch einen möglichst hohen Emissionspreis zu erzielen und somit implizit die Höhe des Underpricings gering zu halten. Underpricing kommt in diesen Modellen durch ein bewußtes Ansetzen des Emissionspreises unter dem Marktwert zustande. Die Höhe dieses bewußten Underpricings werden Emittent und Konsortialführer tendenziell so bestimmen, daß die Zeichnung der angebotenen Aktien durch die Anleger sichergestellt ist. Sofern

---

[962] Dieses Ergebnis zeigt sich auch bei einer univariaten Analyse unter 246 IPO mit den notwendigen Angaben, unter denen die 104 AG, die sich von einem großen Emissionshaus an die Börse begleiten ließen, durchschnittlich 4,85% des Emissionserlöses als Vergütung an die Konsortialbanken bezahlen mußten (Medianwert: 4,57%), während die von kleineren Emissionshäusern begleiteten AG durchschnittlich 5,27% (Medianwert: 5,17%) zu bezahlen hatten.
Um modellexogene Änderungen der durchschnittlichen Konsortialvergütungen im Zeitablauf zu berücksichtigen, wurde die Regressionsanalyse mit der Höhe der Konsortialvergütung als abhängiger Variabler ausschließlich mit den im relativ engen zeitlichen Rahmen von 1997 bis 1999 durchgeführten IPO wiederholt (R^2 von 12,9%, *F*-Wert auf 99,5%-Niveau signifikant). Das Vorzeichen des (nicht signifikanten) Regressionskoeffizienten der Konsortialführervariablen änderte sich dabei gegenüber der Gesamtbetrachtung nicht. Bei einer weiteren Wiederholung ausschließlich mit den zwischen 1997 und 1999 im Neuen Markt erfolgten IPO (R^2 von 18,3%, *F*-Wert auf 99,9%-Niveau signifikant) erwies sich der gewählte Konsortialführer auf dem 90%-Niveau als signifikante Variable in der Richtung, daß die Begleitung durch große Emissionshäuser tendenziell zu höheren Konsortialvergütungen führt. Möglicherweise sind Unternehmensspezifika, die durch die unabhängigen Variablen im Regressionsmodell nicht oder nur unzureichend repräsentiert sind, für die oben angeführten, der Erwartung widersprechenden Ergebnisse verantwortlich. Unter den untereinander relativ homogenen Unternehmen des Neuen Marktes zeigen sich jedenfalls Ergebnisse in erwarteter Richtung.

[963] Dies gilt auch, wenn statt aller IPO-Unternehmen nur die von 1997 bis 1999 stattgefundenen bzw. nur die in den Neuen Markt durchgeführten IPO betrachtet werden. Nicht im Regressionsmodell erfaßte Unternehmensspezifika bzw. Änderungen im Zeitablauf scheinen die Ergebnisse hinsichtlich des Einflusses der gewählten WPG nicht nennenswert zu beeinflussen. Vgl. Fußnote 962.

man dieser Argumentation folgen will, erfolgt durch die Höhe des bewußten Underpricings auch eine Einschätzung der Konsortialführer über das Ausmaß der mit einem IPO-Unternehmen verbundenen Unsicherheit auf Anlegerseite.[964] Aus Sicht der Emittenten läßt sich die Problemstellung in der Frage zusammenfassen, ob durch die Wahl einer hohen Prüferqualität sich tendenziell Konsortialführer und Anleger mit einem geringeren bewußten Underpricing zufriedengeben. Zunächst wird im folgenden überprüft, ob das traditionell als prozentualer Unterschied des ersten Börsenkurses gegenüber dem Emissionspreis berechnete Underpricing bei IPO von Big6-Mandanten niedriger ausfällt als bei IPO-Unternehmen, die von kleineren Prüfern betreut werden. Anschließend wird auf eine alternative Berechnungsmethode der Höhe des Underpricings eingegangen.

In Tabelle 49 auf Seite 276 wird die Höhe des Underpricings auf drei verschiedene Arten berechnet: als prozentuale Rendite zwischen dem Emissionspreis und dem am ersten bzw. zwanzigsten Börsenhandelstag festgestellten Kassakurs[965] (*UP (0, 1)* bzw. *UP (0, 20)*) sowie als prozentuale Rendite zwischen dem Emissionspreis und dem um die Indexentwicklung in diesem Zeitraum bereinigten, am zwanzigsten Börsenhandelstag festgestellten Kassakurs (UP_{ber} *(0, 20)*).[966] Der Kurs des 20. Börsenhandelstages ist angegeben, um etwaige hier nicht interessierende Störfaktoren auf die Kursentwicklung in den ersten Börsenhandelstagen, die für eine nicht effiziente Marktbewertung verantwortlich sein könnten, auszublenden. Da das Underpricing keine normalverteilte Größe darstellt, ist neben dem Mittelwert (MW) jeweils auch der Medianwert angegeben. Sofern im Einzelfall nicht explizit etwas anderes angegeben ist, wird im folgenden hinsichtlich der Prüfer grundsätzlich auf den jeweils größten unter den an der Prüfung des letzten ordentlichen Abschlusses oder an Tätigkeiten im Zusammenhang mit dem IPO beteiligten abgestellt.

---

[964] Durch die Etablierung des Bookbuildingverfahrens dürfte auch der Einfluß institutioneller Anleger durch die Beteiligung im Vorfeld der Festlegung der Bookbuildingspanne und aller Anleger durch die Möglichkeit zur limitierten Zeichnung auf die „Bestimmung" des bewußten Underpricings gewachsen sein.

[965] Bei einer Berechnung des Underpricings auf Basis des ersten an der Börse festgestellten Kurses für eine Aktie ergaben sich nur sehr geringfügige Abweichungen gegenüber der hier vorgenommenen Berechnung auf Basis der Kassakurse des ersten Börsenhandelstages.

[966] Zur Bereinigung wurde grundsätzlich der Deutsche Aktienindex DAX herangezogen. Lediglich die Renditen für die im Neuen Markt notierten AG sind mit dem NEMAX All Share-Index bereinigt. Alternative Bereinigungen mit dem die Breite des Gesamtmarktes erfassenden CDAX führten zu keinen wesentlichen Änderungen der Ergebnisse. Die Formeln zur Ermittlung des Underpricings lauten: $UP = \frac{K_t}{K_0} - 1$ bzw. $UP_{ber} = \frac{K_t}{K_0} - \frac{Index_t}{Index_0}$, wobei K_t für den Kassakurs des Börsenhandelstages t, K_0 für den Emissionspreis und $Index_0$ für den Indexstand am Börsentag vor der Erstnotierung steht. Auf eine weitere Bereinigung des Underpricings, die die Marktentwicklung im Zeitraum von der Festlegung des Emissionspreises bis zum Börsenhandelstag vor dem IPO erfaßt, wurde verzichtet. Vgl. hierzu Kunz (Underpricing 1990), S. 207f.

alle Angaben in %	Amtlicher Handel						Geregelter Markt					
	UP (0, 1)		UP (0, 20)		UP_{ber}(0, 20)		UP (0, 1)		UP (0, 20)		UP_{ber}(0, 20)	
	MW	Medi.	MW	Medi.	MW	Medi.	MW	Medi.	MW	Medi.	MW	Medi.
Big6	10,52	4,07	11,80	0,50	9,92	1,83	10,27	3,17	5,32	0,15	6,25	-0,17
Second Tier	26,35	3,24	36,01	8,71	34,62	8,48	12,08	7,65	13,10	6,02	12,72	8,49
andere kleine Prüfer	3,81	2,49	0,66	-0,51	-0,31	-4,17	20,73	5,26	30,43	1,16	28,87	3,76
Total	10,22	3,69	11,16	0,57	9,50	0,53	14,67	4,74	16,24	0,85	16,03	0,95

	Neuer Markt						alle IPO					
	UP (0, 1)		UP (0, 20)		UP_{ber}(0, 20)		UP (0, 1)		UP (0, 20)		UP_{ber}(0, 20)	
	MW	Medi.	MW	Medi.	MW	Medi.	MW	Medi.	MW	Medi.	MW	Medi.
Big6	62,79	38,41	80,61	46,83	75,67	37,41	36,48	7,84	44,80	10,88	42,94	9,04
Second Tier	66,54	42,69	75,73	65,00	75,43	68,67	46,63	20,77	53,99	27,85	54,54	21,58
andere kleine Prüfer	33,14	23,15	52,81	32,84	49,81	32,67	22,40	7,74	33,60	8,00	32,61	5,98
Total	56,39	33,33	73,52	46,75	69,63	40,49	33,80	8,00	42,79	10,58	41,42	9,08

Tabelle 49: Höhe des Underpricings bei von verschiedenen Prüfern betreuten IPO-Unternehmen[967]

Mit Ausnahme der sich für IPO in den Geregelten Markt ergebenden Werte weisen in der univariaten Betrachtung entgegen der Erwartung die Mandanten von Big6-WPG konsistent ein höheres Underpricing auf als die von kleinen Prüfern betreuten Gesellschaften.[968] Die Mandanten der Second-Tier-WPG weisen im Durchschnitt ein höheres Underpricing auf als die anderen Gesellschaften. Um weiterreichende Einblicke in die Struktur des Zusammenhangs zwischen Prüferwahl und Höhe des Underpricings zu gewinnen, sind in Tabelle 50 alle IPO in Klassen von AG mit unterschiedlich hohem Underpricing *UP (0, 1)* zusammengefaßt.

Während sich unter den Emissionshäusern ein der Erwartung entsprechendes Bild zeigt, wobei AG, die ein mäßiges Underpricing aufweisen, tendenziell öfter und AG mit sehr hohem Underpricing sowie die zu teuer emittierten AG seltener von hochreputablen Emissionsbanken an die Börse begleitetet werden,

[967] Es sind alle 318 IPO des Untersuchungszeitraumes einbezogen, wovon 86 im Amtlichen Handel (Big6: 62, Second Tier: 6, kleine Prüfer: 18), 77 im Geregelten Markt (38, 8, 31) und 155 im Neuen Markt (99, 20, 36) stattfanden. Die angegebenen Durchschnittswerte für die Höhe des Underpricings sind nicht mit den Emissionsvolumina der einzelnen IPO gewichtet. Weil anscheinend kleinere Emissionen tendenziell ein höheres Underpricing aufweisen und weil es sich bei den ein vergleichsweise hohes Underpricing aufweisenden IPO am Neuen Markt um relativ kleine Emissionen handelt, fällt das mit den auf das Jahr 1996 auf- bzw. abgezinsten, auf Basis der Emissionspreise berechneten Emissionsvolumina gewichtete Underpricing unter allen IPO geringer aus (jeweils Mittelwert): *UP (0, 1)*: 19,49%, *UP (0, 20)*: 22,65%, UP_{ber} *(0, 20)*: 20,66%.
Die sieben Bank-AG unterscheiden sich hinsichtlich des bei ihnen durchschnittlich auftretenden Underpricings kaum von den allgemeinen AG, die fünf Versicherungen dagegen waren mehrheitlich overpriced.

[968] Die Unterschiede zwischen den Mandanten von Big6- und kleinen Prüfern unter den IPO im Geregelten Markt sind bei Zugrundelegung einer Sicherheitswahrscheinlichkeit von 90% weder bei Anwendung eines t-Tests für zwei unabhängige Stichproben noch eines Mann-Whitney-Tests statistisch signifikant.

Höhe des Underpricings	over-priced	≤ 3%	≤ 10%	≤ 50%	> 50%	ge-samt
Anzahl AG	33	74	70	73	68	318
Anteil Big6-WPG in %	54,5	64,9	67,1	53,4	69,1	62,6
Anteil Second Tier in %	12,1	9,5	4,3	15,1	13,2	10,7
Anteil kleiner Prüfer in %	33,3	25,7	28,6	31,5	17,6	26,7
AG mit groß. Kons.-führer in %	39,4	54,1	61,4	39,7	32,4	46,2
Emiss.-vol. in Mio. DM[969]	70,4	79,8	89,2	56,0	54,2	68,8
Marktrendite vor IPO[970]	-0,4%	1,3%	2,7%	3,5%	8,3%	3,4%
IPO in den Neuen Markt in %	51,5	23,0	21,4	65,8	85,3	48,7
AG mit „hohem Risiko" in %[971]	48,3	23,9	25,0	39,1	43,3	34,4
Beteilig. der Altaktionäre nach IPO[972]	61,9%	63,7%	68,6%	73,6%	70,9%	68,5%
Beteilig. der Organmitgl. nach IPO	47,3%	53,3%	50,0%	53,8%	50,9%	52,1%

Tabelle 50: Zusammenhang zwischen der gewählten WPG und der Höhe des Underpricings UP (0, 1)

sind die Ergebnisse hinsichtlich der Prüfer wenig geeignet, um daraus eine bestimmte Tendenz ablesen zu können. Um den gleichzeitigen Einfluß verschiedener Variabler auf die Höhe des Underpricings zu berücksichtigen, wurden lineare Regressionsanalysen[973] durchgeführt, deren Ergebnisse Tabelle 51 auf Seite 279 zu entnehmen sind.[974] Dabei sind neben Prüfer und Konsortialführer die in den vorangegangenen Abschnitten verwendete Risikovariable, die Beteiligung von Altaktionären bzw. Organmitgliedern nach IPO als Variable zur Erfassung des an die Anleger signalisierten Vertrauens in das IPO-Unternehmen, das Emissionsvolumen, das in anderen Studien als Einflußfaktor auf die

---

[969] Angegeben ist der Medianwert des auf 1996 auf- bzw. abdiskontierten und auf Basis des Emissionspreises berechneten Emissionsvolumens. Ein etwaiger Greenshoe ist unabhängig von seiner tatsächlichen Ausübung im Emissionsvolumen enthalten.

[970] Angegeben ist der Mittelwert der Rendite des DAX im Zeitraum von drei Monaten vor dem IPO bis zum Tag vor dem IPO.

[971] In die Auswertung für diese in Tabelle 40 auf Seite 256 beschriebene dichotome Variable gingen wegen fehlender Angaben lediglich 285 AG ein.

[972] Die Angaben bei dieser und der nächsten Variablen stellen Medianwerte dar. Ein vorhandener Greenshoe ging unabhängig von seiner tatsächlichen Ausübung jeweils vollständig in die Berechnung der Beteiligungsquoten ein.

[973] Zu Grundlagen der linearen Regressionsanalyse vgl. Norusis (SPSS Base 1999), S. 189ff.; Backhaus et alii (Analysemethoden 2000), S. 1ff.

[974] Neben den in den linearen Regressionsmodellen enthaltenen Variablen könnten Kurspflegemaßnahmen der Konsortialbanken die Höhe des Underpricings beeinflussen. Einen Hinweis auf solche gemeinhin unbeobachtbaren Kurspflegemaßnahmen liefert die Information über die Ausübung des Greenshoes. Eine vollständige Ausübung des Greenshoes dürfte tendenziell zu einem gegenüber der Situation, in der die Greenshoe-Aktien nicht auf den Markt kommen bzw. in den ersten Börsenhandelstagen von den Konsortialbanken zurückgekauft werden, niedrigeren Underpricing führen. Da sich die verschiedenen Prüferklassen hinsichtlich der Ausübung des Greenshoes bei ihren Mandanten kaum unterscheiden, ist von Unterschieden in der Ausübung des Greenshoes kein entscheidender Einfluß auf den Zusammenhang zwischen der Höhe des Underpricings und der Prüferwahl zu erwarten. Im Durchschnitt wird unter den 194 IPO-Unternehmen, die den Konsortialbanken eine Greenshoe-Option eingeräumt hatten, bei den Big6-Mandanten der Greenshoe zu 73,5%, den Second-Tier-WPG zu 78,3% und bei den Mandanten kleiner Prüfer zu 71% ausgeübt. Berücksichtigt man nur die 134 IPO in den Neuen Markt, betragen die Werte 80,1%, 83,3% und 79,3%. Zu den hier berücksichtigten AG vgl. auch Fußnote 958.

Höhe des Underpricings identifiziert werden konnte, und zwei Marktvariable berücksichtigt. Bei diesen handelt es sich um eine dichotome Variable, die angibt, ob das IPO im Neuen Markt oder in den beiden anderen Marktsegmenten erfolgte, und um die Rendite des DAX in einem Dreimonatszeitraum unmittelbar vor dem IPO. Wie aus Abbildung 4 auf Seite 184 zu entnehmen ist, besteht ein Zusammenhang zwischen der Marktindexentwicklung und der IPO-Aktivität. Weiterhin läßt sich zeigen – was sich in Tabelle 50 andeutet –, daß in Phasen hoher IPO-Aktivität tendenziell ein durchschnittlich höheres Underpricing auftritt. Aus Tabelle 49 läßt sich entnehmen, daß die Höhe des Underpricings bei den IPO in den Neuen Markt sich stark von der unter den anderen IPO festzustellenden unterscheidet.[975] Diese Aspekte deuten auf die Existenz sog. hot-issue-Märkte hin. Die in die Regressionsgleichung aufgenommenen Marktvariablen berücksichtigen diese hier nicht modellendogen erklärten Marktbesonderheiten. Die Regressionsgleichungen besitzen somit die Form:

$$\begin{aligned} UP = {} & \beta_0 + \beta_1 \cdot \text{Emissionsvolumen} + \beta_2 \cdot \text{Risiko} + \beta_3 \cdot \text{Organmitgliederbeteiligung} + \\ & + \beta_4 \cdot \text{Konsortialführer} + \beta_5 \cdot \text{WPG} + \beta_6 \cdot \text{Marktrendite vor IPO} + \\ & + \beta_7 \cdot \text{Neuer Markt} + \varepsilon \end{aligned}$$

Die Variablen „Risiko“, „Konsortialführer“, „WPG“ und „Neuer Markt“ sind dichotome Variable, die bei „hohem Risiko“, der Begleitung durch einen großen Konsortialführer bzw. eine Big6-WPG und bei einem IPO in den Neuen Markt jeweils den Wert 1 annehmen. Das Emissionsvolumen ist ein auf Basis der Emissionspreise berechneter und auf das Jahr 1996 normierter Wert.

Die Güte der Schätzung ist für beide Regressionsmodelle mit einem Bestimmtheitsmaß R^2 von jeweils unter 20% gering. Allerdings sind diese Werte nicht schlechter als die in der Mehrzahl der oben beschriebenen internationalen Studien ausgewiesenen.[976] Auch wenn damit nur ein relativ geringer Anteil der

[975] Gesellschaften, die ein IPO in den Neuen Markt durchführten, unterscheiden sich ex ante von den anderen IPO-Unternehmen zum einen dadurch, daß sie tendenziell ein höheres Unternehmens- und (damit) auch ein höheres Schätzrisiko aufweisen. Zum anderen sollten die im Vergleich zu den anderen Börsenmarktsegmenten strikteren Informationspflichten im Neuen Markt das Schätzrisiko tendenziell reduzieren. Auch aufgrund der ex post feststellbaren Unterschiede der IPO in den Neuen Markt nicht nur hinsichtlich der Höhe des Underpricings wird die Variable „Neuer Markt“ in diese und die folgenden Regressionsanalysen einbezogen. Im Gegensatz zu den folgenden Ergebnissen für den Neuen Markt ergab sich bei Jones/Burrowes/Ameen (Initial 1999) in einer Untersuchung der IPO in den Alternative Investment Market an der Börse in London, dessen gelistete Unternehmen und dessen Anforderungen an die Unternehmen denen des Neuen Marktes ähnlich sind, kein höheres Underpricing als unter IPO in die anderen Marktsegmente der Börse. Die Autoren erklären dies mit den strikten Anforderungen an die IPO-Unternehmen, die ihrer Ansicht nach das grundsätzlich höhere Unternehmensrisiko dieser Gesellschaften hinsichtlich der Unsicherheit über den Marktwert ausgleichen. Welcher dieser beiden gegenläufigen Effekte für den deutschen Markt dominiert, ist fraglich.

[976] Bemerkenswert ist in diesem Zusammenhang die Rechtfertigung, die Beatty/Ritter (Investment 1986), S. 223, für das sich bei einer von ihnen durchgeführten linearen Regression einstellende R^2 von 0,07 angeben: „It is worth noting that the R^2 is quite low at 0.07. This is as it should

	UP (0, 1)			UP_{ber} (0, 20)[977]		
	β	σ	Signifikanz	β	σ	Signifikanz
Emissionsvol. in Mrd. DM	0,003	0,023	0,906	-0,004	0,035	0,911
Risiko (dichotom)	-0,118	0,069	0,092	-0,110	0,106	0,299
Beteiligung der Organmitgl. nach IPO in %	0,001	0,001	0,528	0,002	0,002	0,257
Konsortialführer (dichotom)	-0,133	0,063	0,035	-0,129	0,096	0,179
WPG (dichotom)	0,117	0,067	0,082	0,088	0,102	0,392
Marktrendite vor IPO	1,001	0,302	0,001	1,349	0,459	0,004
Neuer Markt (dichotom)	0,352	0,067	0,000	0,489	0,102	0,000
Konstante	0,081	0,088	0,358	0,050	0,134	0,709
F-Wert	8,603	Freiheitsgr.: 7	Sign. 0,000	6,725	FG: 7	Sign. 0,000
R^2	0,198			0,162		

Tabelle 51: Ergebnisse der Regressionsmodelle mit der Höhe des Underpricings als abhängiger Variabler[978]

Streuung der abhängigen Variablen durch die unabhängigen Variablen erklärt wird, zeigen die hochsignifikanten *F*-Werte, daß alle unabhängigen Variablen zusammen zur Erklärung der abhängigen Variablen beitragen. Ernsthafte Multikollinearitätsprobleme deuten sich bei Betrachtung der Korrelationskoeffizienten und der Toleranzen nicht an.[979]

be. If the R^2 was high, it would imply that the *actual* initial return on an offering is predictable. The theory states that there is a positive relation between ex ante uncertainty and *expected* initial return. The reason for this positive relation is that it is difficult for investors to predict the actual initial return on a high-risk issue, ..., even though the average initial return in a large sample can be predicted with reasonable accuracy. Consequently, the low R^2 is consistent with Proposition 1." (Hervorhebungen im Original).

[977] Zur Bereinigung wurde für alle IPO der Deutsche Aktienindex DAX herangezogen.

[978] Es sind 252 AG, für die die notwendigen Daten vorlagen, in die Analyse einbezogen, wovon 176 Mandanten einer Big6-WPG und 76 eines kleinen Prüfers waren. Mandanten von Second-Tier-WPG sind nicht berücksichtigt.

[979] Der niedrigste Toleranzwert beträgt bei den beiden Regressionen 0,782 (für die Variable „Neuer Markt“), der höchste Korrelationskoeffizient beträgt –0,369. Zum Problem der Multikollinearität vgl. Backhaus et alii (Analysemethoden 2000), S. 41-43.
Alle Modelle in diesem und dem nächsten Abschnitt 6.2.6.3 sind nicht frei von Heteroskedastizitätsproblemen. Allerdings sind diese Probleme meiner Meinung nach nicht so stark, daß sie die Ergebnisse entscheidend beeinflussen. Da das Vorliegen von Heteroskedastizität nicht zu einer Verzerrung der Regressionskoeffizienten führt, sondern lediglich den Standardfehler des Koeffizienten verfälscht und zu ineffizienten Schätzungen führt, ergäben sich lediglich bei Aussagen über die Signifikanz einzelner Koeffizienten Probleme. Da im folgenden die interessierende WPG-Variable meist ein der Erwartung widersprechendes Vorzeichen trägt, ist eine – möglicherweise durch das Vorliegen von Heteroskedastizität beeinflußte – Aussage über die Signifikanz dieser Variablen unnötig.
Trotzdem durchgeführte Regressionsanalysen mit verschiedenen nichtlinearen Transformationen der abhängigen Variablen, die das Heteroskedastizitätsproblem milderten, führten zu größtenteils unveränderten Ergebnissen. Vgl. zum Problem der Heteroskedastizität und seiner Behandlung Backhaus et alii (Analysemethoden 2000), S. 38f.; Kennedy (Econometrics 1998), S. 117ff.; Dougherty (Econometrics 1992), S. 200-216.

Die Vorzeichen der Regressionskoeffizienten entsprechen bei den Regressoren „Risiko", „Organmitgliederbeteiligung" und „WPG" bei beiden Regressionen nicht der Erwartung. Damit bestätigt sich in der multivariaten Analyse das Ergebnis, daß die Begleitung von IPO-Unternehmen durch eine Big6-WPG nicht zu einem tendenziell geringeren Underpricing bei diesen Emissionen führt. Hochsignifikante t-Werte ergeben sich lediglich bei den beiden Marktvariablen; auf dem 95%-Niveau ist zudem die Variable „Konsortialführer" in der Regression auf *UP (0, 1)* signifikant. Bei einer Einbeziehung der Beteiligung der Altaktionäre statt der Organmitglieder nach IPO ändern sich die Ergebnisse nur unwesentlich. Das gleiche gilt, wenn statt der WPG, die als Abschlußprüfer oder wegen der Übernahme bestimmter Tätigkeiten im Zuge des IPO im Prospekt erwähnt ist, der Prüfer des Abschlusses über das letzte ordentliche Geschäftsjahr vor dem IPO in die Regressionsgleichung einbezogen wird. Schließlich wurde eine Regressionsanalyse nur unter Einschluß der IPO in den Neuen Markt durchgeführt, um diese meist sehr kleinen, jungen und riskanten Gesellschaften, die alle innerhalb eines relativ engen Zeitfensters von gut zwei Jahren an die Börse kamen, isoliert von den anderen AG betrachten zu können.[980] Die Güte dieser Modelle ist mit Werten für R^2 von 0,315 (*UP (0, 1)*) bzw. 0,217 (UP_{ber} *(0, 20)*) wesentlich höher als bei den bisher betrachteten Regressionen, was daran liegen könnte, daß der zur Berechnung der Marktrendite in den drei Monaten vor dem IPO herangezogene NEMAX All Share-Index die Marktentwicklung für die IPO in den Neuen Markt besser widerspiegelt, als dies bei Verwendung des DAX für alle IPO der Fall ist. Die Marktrendite zeigt sich dann auch als hochsignifikante Einflußgröße auf die Höhe des Underpricings. Daneben ist auf dem 95%-Niveau lediglich die Höhe des Emissionsvolumens in erwartet negativer Richtung signifikant. Damit zeigt sich für die IPO-Unternehmen im Neuen Markt eine starke Abhängigkeit der Höhe des Underpricings von der Entwicklung des Index des Neuen Marktes im Vorfeld des jeweiligen IPO und vom Grad der Knappheit der emittierten Aktien. Der Koeffizient der Variablen „WPG" ist in beiden Regressionsmodellen positiv, was bedeutet, daß die von Big6-WPG begleiteten Emissionen mit tendenziell höherem Underpricing verbunden sind, als dies bei Mandanten kleiner Prüfer der Fall ist.[981] Andere Einflußfaktoren spielen – vertraut man den Ergebnissen der Regressionsanalyse – in der hot-issue-Phase, als die der Hauptteil des

[980] Die zugrundeliegenden Regressionsgleichungen unterscheiden sich lediglich dadurch von den oben verwendeten, daß zum einen die Variable „Neuer Markt" entfernt wurde und die Marktrendite vor dem IPO statt am DAX am NEMAX All Share-Index gemessen wurde. Die abhängige Variable UP_{ber} *(0, 20)* wurde ebenfalls statt mittels des DAX mit dem NEMAX All Share bereinigt.

[981] Gleiches gilt unter den IPO in den Neuen Markt auch für die Wahl des Konsortialführers.

hier untersuchten Zeitraumes seit Entstehen des Neuen Marktes bis Ende 1999 charakterisiert werden kann, nur eine stark untergeordnete Rolle.[982]

Vor einer zusammenfassenden Wertung der bisher hinsichtlich des Zusammenhangs zwischen Prüferwahl und Underpricing erhaltenen Ergebnisse wird eine alternative, den Verlust der Altaktionäre durch das Underpricing messende Größe vorgestellt. Die Verwendung der Höhe des Underpricings in der bisher dargestellten Form ist dann unproblematisch, wenn lediglich die Rendite, die Anleger durch Zeichnung und sofortigen Wiederverkauf an der Börse erzielen können, ermittelt werden soll. Wird jedoch Underpricing mit einem Verlust der Alteigentümer gleichgesetzt, den diese entweder bewußt in Kauf nehmen oder durch bestimmte Maßnahmen, wie z.B. die Bestellung bestimmter Konsortialführer und Prüfer, zu minimieren versuchen, ist eine Größe zu definieren, die den Verlust der Alteigentümer genauer widerspiegelt als das Underpricing in der bisher verwendeten Form. In dieser Größe muß berücksichtigt sein, wieviele Aktien, bzw. welchen Anteil an ihrem Unternehmen die Altaktionäre beim IPO unter Wert abgeben.[983] Unterstellt man, daß der erste Börsenkurs dem tatsächlichen Marktwert der Aktien entspricht, und nimmt man weiter an, daß alle im IPO angebotenen Aktien zu diesem Marktpreis bei den Anlegern plazierbar gewesen wären und daß die Zunahme der Liquidität bei Kauf und Verkauf von Aktien nach einem IPO keinen Einfluß auf ihren Wert hätte, errechnet sich ein Verlust für die Altaktionäre in Höhe von *VT*:[984]

$VT = [(\alpha \cdot N_n \cdot MP) + ((N_v - \alpha \cdot N_n) \cdot EP)] - [(N_n \cdot MP) - (N_n - N_v) \cdot EP]$, wobei α den Anteil der Alteigentümer am Unternehmen nach IPO, N_n die Aktienanzahl der Gesellschaft nach IPO, entsprechend N_v die Aktienanzahl vor IPO, *MP* den am ersten Handelstag an der Börse festgestellten Marktpreis und *EP* den Emissionspreis angeben. Aus dieser Gleichung läßt sich die Höhe des Verlustes für die Altaktionäre leicht nachvollziehen: In der ersten eckigen Klammer ist die tatsächliche Vermögensposition der Altaktionäre nach IPO angegeben, die aus ihrem verbliebenen Anteil α am Marktwert des Unternehmens und dem Erlös der zum Emissionspreis aus ihrem Bestand im Zuge des IPO verkauften Aktien besteht. In der zweiten eckigen Klammer ist die hypothetische Vermögensposition der Altaktionäre angegeben, die sich aus ihrem 100%-Anteil am Unternehmen, bewertet zum Marktpreis, abzüglich der durch die im Zuge des IPO aus einer Kapitalerhöhung zugeflossenen Mittel ergibt.

---

[982] Diese Ergebnisse über die IPO am Neuen Markt legten eine weitere Analyse nahe, die nur die IPO bis zum Jahr 1996 beinhaltete, um mögliche Verzerrungen der Gesamtergebnisse durch die IPO des Neuen Marktes und der von den Entwicklungen im Neuen Markt möglicherweise nicht unbeeinflußten anderen Marktsegmente auszuklammern. Die Güte des nur 70 AG, für die alle notwendigen Angaben vorhanden waren, umfassenden Regressionsmodells mit *UP (0, 1)* als abhängiger Variabler ist mit einem auf dem 95%-Niveau nicht signifikanten *F*-Wert gering. Lediglich die Marktentwicklung in den drei Monaten vor dem IPO erscheint als signifikante Variable.

[983] Vgl. Jenkinson/Ljungqvist (Going Public 1996), S. 28f.

[984] Eine vom Grundgedanken her ähnliche Berechnung findet sich bei Spiess/Pettway (IPO 1997), S. 975. Vgl. auch Brennan/Franks (Underpricing 1997), S. 400-402 mit Verweis auf Barry (Initial 1989).

Die obige Gleichung zusammengefaßt ergibt $VT = -(1-\alpha)\cdot(N_n \cdot (MP - EP))$, was nichts anderes aussagt, als daß sich der Verlust der Alteigentümer aus der Differenz zwischen Markt- und Emissionspreis, bezogen auf den von den Alteigentümern im Rahmen des IPO abgegebenen Unternehmensanteil, ergibt. Bezogen auf ihre unter obigen Annahmen bestimmte hypothetische Vermögensposition vor IPO (bzw. unter der Annahme, daß die Aktien zum Marktpreis emittiert worden wären), errechnet sich der prozentuale Verlust, den die Alteigentümer durch das Underpricing erleiden, als $\frac{-(1-\alpha)\cdot(N_n \cdot (MP - EP))}{(N_n \cdot MP) - (N_n - N_v)\cdot EP}$. Dieser Verlust ist solange kleiner als das traditionell berechnete Underpricing, als die Altaktionäre im Rahmen des IPO nicht 100% ihres Unternehmens verkaufen. Die Höhe der Verlustrate wächst mit der Höhe des Anteils am Unternehmen, den die Alteigentümer im Zuge des IPO aufgeben; dabei spielt allerdings eine Rolle, ob dies durch den Verkauf eigener Aktien oder durch die durch eine Kapitalerhöhung eintretende Verwässerung des Anteils entsteht. Der prozentuale Verlust ist bei gleicher Beteiligungshöhe der Alteigentümer nach IPO umso höher, je höher die Kapitalerhöhung im Vergleich zum Verkauf von Aktien aus Altaktionärsbestand ausfällt. Grund hierfür ist der Nenner obiger Formel, der umgeformt $N_n \cdot (MP - EP) + N_v \cdot EP$ ergibt. Während der Ausdruck im Zähler unabhängig ist von der Ursache, wie α entsteht – Verkauf aus Altbestand oder Kapitalerhöhung –, wird der Nenner umso größer je größer die Aktienanzahl vor IPO war, d.h., je niedriger das Volumen der durchzuführenden Kapitalerhöhung ausfällt. Somit ist der gesamte prozentuale Verlust umso geringer, je kleiner die Kapitalerhöhung – eine gleich hohe Aktienanzahl nach IPO unterstellt – ausfällt.

In Tabelle 52 sind sowohl für alle Alteigentümer als auch für die Organmitglieder der IPO-Gesellschaft die Verluste aus Underpricing in absoluter und prozentualer Höhe in Abhängigkeit von der gewählten WPG angegeben. Als Basis der Marktwertberechnung wurde der Kassakurs des ersten Börsenhandelstages verwendet.[985] Es wird jeweils von einer vollständigen Ausübung des Greenshoes ausgegangen.

Ähnlich wie bei der Analyse des traditionell berechneten Underpricings zeigen die Ergebnisse hier mit einer Ausnahme entgegen der Erwartung höhere Verluste bei den von Big6-WPG betreuten IPO-Unternehmen als bei den Mandanten kleiner WPG. Um den Einfluß anderer Größen auf die Höhe der Verluste von Altaktionären und Organmitgliedern zu berücksichtigen, wurden analog zum Vorgehen bei der Untersuchung des traditionell berechneten Underpricings Regressionsanalysen durchgeführt. Die in Tabelle 53 auf Seite 284 dargestellten Ergebnisse beziehen sich jeweils auf IPO aus allen Marktsegmenten. Alternativ nur für die IPO des Neuen Marktes durchgeführte Regressions-

[985] Alternative Berechnungen auf Basis des ersten Börsenkurses und des Kassakurses des 20. Börsenhandelstages führten zu keinen wesentlich anderen Ergebnissen.

analysen erbrachten keine erwähnenswerten Unterschiede gegenüber den präsentierten Ergebnissen.

	Verlust der Altaktionäre durch Underpricing							
	alle IPO				Neuer Markt			
	in Mio. DM		in %		in Mio. DM		in %	
	MW	Median	MW	Median	MW	Median	MW	Median
Big6	54,7	9,6	6,44	2,51	54,8	21,3	10,40	8,07
Second Tier	29,9	10,5	8,52	4,23	42,9	29,9	9,88	9,90
kleine Prüfer	14,1	4,5	3,14	2,99	24,2	9,4	7,16	5,82
Total	41,2	7,7	5,78	2,88	46,1	20,1	9,58	7,68
	Verlust der Organmitglieder durch Underpricing[986]							
Big6	29,0	6,9	7,86	5,27	38,7	17,7	11,19	10,23
Second Tier	23,1	9,1	9,13	7,23	27,5	12,3	9,23	9,79
kleine Prüfer	13,4	4,7	5,84	3,86	19,9	7,8	7,96	6,25
Total	23,8	6,9	7,44	5,11	32,3	16,0	10,09	9,17

Tabelle 52: Höhe der Verluste von Alteigentümern und Organmitgliedern durch Underpricing in Abhängigkeit von der Prüferwahl[987]

Ernsthafte Multikollinearitätsprobleme deuten sich bei Betrachtung der Korrelationskoeffizienten und der Toleranzen in keinem der Modelle an.[988] Die Güte der Modelle ist vergleichsweise hoch. Der außergewöhnlich hohe R^2-Wert im Regressionsmodell mit der Höhe des absoluten Verlustes der Altaktionäre als abhängiger Variabler ist auf den hohen Erklärungsgehalt der Höhe des Emissionsvolumens zurückzuführen. Hinsichtlich der in dieser Arbeit vor allem interessierenden Variablen „WPG“ zeigen sich mehrheitlich der Erwartung widersprechende Ergebnisse. So war im Untersuchungszeitraum die Wahl einer Big6-WPG für Altaktionäre und Organmitglieder mit durchschnittlich höheren Verlusten verbunden als die Wahl kleiner Prüfer. Lediglich in der Regressionsgleichung mit der absoluten Verlusthöhe der Altaktionäre als abhängiger Variabler ergibt sich ein Ergebnis in erwarteter Richtung. Dieses ist allerdings nicht

[986] Analog zur Berechnung des Verlustes der Altaktionäre ergibt sich derjenige der Organmitglieder als $VT = -(\alpha_1 - \alpha_2) \cdot (N_n \cdot (MP - EP))$, wobei α_1 für die prozentuale Beteiligung der Organmitglieder vor dem IPO und α_2 für die nach dem IPO stehen. Zur Berechnung des prozentualen Verlustes ist dieser Wert ins Verhältnis zu folgendem Nenner zu setzen: $(\alpha_1 \cdot N_n \cdot MP) - \alpha_1 \cdot (N_n - N_v) \cdot EP$

[987] Alle DM-Beträge sind mit der durchschnittlichen Inflationsrate von 2,5% auf das Jahr 1996 auf- bzw. abgezinst. Die Verluste der Alteigentümer wurden aus allen 318 IPO des Untersuchungszeitraumes bzw. 155 IPO in den Neuen Markt ermittelt. Die die Organmitglieder betreffenden Ergebnisse beziehen sich auf 230 IPO (Big6: 135, Second Tier: 29, kleine Prüfer: 66) bzw. 131 IPO in den Neuen Markt (Big6: 79, Second Tier: 19, kleine Prüfer: 33), bei denen der Wert im Nenner des den prozentualen Verlust angebenden Quotienten mindestens zehn Mio. DM betrug. Damit wird sichergestellt, daß die Ergebnisse nicht durch Gesellschaften verzerrt werden, an denen die Organmitglieder vor IPO nicht oder nur in sehr geringem Umfang beteiligt waren.

[988] Der niedrigste Toleranzwert beträgt unter den vier Regressionen 0,760 (für die Variable „Neuer Markt“), der höchste Korrelationskoeffizient beträgt –0,400.

signifikant. Nicht signifikant ist auch der Einfluß der gewählten Konsortialführer, der allerdings in drei der vier Modelle wenigstens in erwarteter Richtung verläuft.[989]

	Regressionskoeffizienten β			
Abhängige Variable	**Verlust der Altaktionäre in Mio. DM**	**Verlust der Altaktionäre in %**	**Verlust der Organmitgl. in Mio. DM**	**Verlust der Organmitgl. in %**
Emissionsvol. in Mrd. DM	162,57***	-0,001	94,93***	-0,004
Risiko (dichotom)	4,44	-0,055***	1,87	-0,046***
Beteiligung der Organmitgl. nach IPO in %	0,18	-0,000	0,38**	-0,001**
Konsortialführer (dichotom)	-4,68	-0,007	7,17	-0,018
WPG (dichotom)	-0,40	0,027	1,22	0,017
Marktrendite vor IPO	88,01**	0,291***	61,86*	0,169**
Neuer Markt (dichotom)	31,92***	0,088***	21,90**	0,072***
Konstante	-23,79*	0,017	-28,78**	0,071***
R^2	0,948	0,212	0,301	0,303
F-Wert	629,591***	9,395***	10,700***	10,821***

*** signifikant bei Zugrundelegung einer Sicherheitswahrscheinlichkeit von 99,9%
** signifikant bei Zugrundelegung einer Sicherheitswahrscheinlichkeit von 99%
* signifikant bei Zugrundelegung einer Sicherheitswahrscheinlichkeit von 95%

Tabelle 53: Ergebnisse der Regressionsmodelle mit der Höhe des Verlustes für Altaktionäre bzw. Organmitglieder aus Underpricing als abhängiger Variabler[990]

Zusammengefaßt müssen die in diesem Abschnitt gewonnenen Ergebnisse als der dieser Untersuchung zugrundeliegenden Hypothese widersprechend interpretiert werden. Die Beauftragung einer Big6-WPG hat sich für Alteigentümer und Organmitglieder nicht über ein geringeres Underpricing bezahlt gemacht. Stattdessen haben sich Variable, die die „Stimmung" am Aktienmarkt vor dem IPO widerspiegeln, durchgehend als wichtige Einflußfaktoren auf die Höhe des Underpricings erwiesen. Daraus erwachsen auch Zweifel an dem sowohl hier als auch in den meisten Arbeiten zum Underpricing unterstellten „bewußten" Underpricing. Anscheinend sind in stärkerem Ausmaß als Konsortialführer und Emittenten, die durch ein bewußt in Abhängigkeit bestimmter Unternehmenscharakteristika zu niedriges Festsetzen des Emissionspreises Underpricing entstehen lassen, nachfrageseitige Faktoren für die Existenz unterschiedlich hohen Underpricings verantwortlich. Die bereits im theoretischen Teil dieser Arbeit deutlich gewordenen Probleme, die mit den Underpricing als

[989] Erwähnenswert unter den anderen unabhängigen Variablen ist lediglich die dichotome Risikovariable, die entgegen der Erwartung in hochsignifikanter Weise negativ mit dem prozentualen Verlust, aber erwartungsgemäß, allerdings statistisch nicht signifikant, positiv mit der absoluten Verlusthöhe verbunden ist.

[990] In die Regressionsanalyse mit dem Verlust der Alteigentümer als abhängiger Variabler sind 252 AG (Big6-Mandanten: 176; Mandanten kleiner Prüfer: 76), in die mit dem Verlust der Organmitglieder als abhängiger Variabler 182 AG (Big6-Mandanten: 122; Mandanten kleiner Prüfer: 60) einbezogen. Mandanten von Second-Tier-WPG sind jeweils nicht berücksichtigt.

Gleichgewichtslösung charakterisierenden Modellen verbunden sind, könnten also zumindest dafür mitverantwortlich sein, daß die Ergebnisse hinsichtlich der Prüferwahl nicht den Erwartungen entsprechen.

Firth/Smith (1992) haben die Argumentation dieser Gleichgewichtsmodelle implizit ins Gegenteil verkehrt, als sie den Anteil zu teuer emittierter IPO („overpriced") in Abhängigkeit der Prüferwahl unter der Prämisse analysierten, daß dies wegen eines höheren Vertrauens der Anleger bei Big6-Mandanten seltener der Fall sein sollte. Diese Argumentation könnte man dahingehend weiterführen, daß Big6-Mandanten insgesamt ein höheres Underpricing erzielen sollten als die von kleinen Prüfern betreuten IPO-Gesellschaften. Selbst wenn man statt der in der vorliegenden Arbeit vertretenen Auffassung, daß Underpricing durch bewußtes Handeln von Konsortialbanken und Emittenten entsteht, eine nachfrageseitige, nicht gleichgewichtsorientierte Erklärung für die Existenz unterschiedlich hohen Underpricings gelten lassen will, wonach dann das höhere Vertrauen, das Anleger den von großen WPG betreuten IPO-Unternehmen entgegenbringen, zu einem höheren Underpricing führen sollte, läßt sich auch hierfür keine statistisch signifikante Unterstützung durch das Datenmaterial finden. Mit welchen Erwartungen man auch immer einen Zusammenhang zwischen Prüferwahl und Underpricing untersucht: Als Ergebnis bleibt festzuhalten, daß der Einfluß der Prüferwahl im Vergleich zu anderen Variablen von geringer Bedeutung ist.

6.2.6.3 Prüferwahl und Marktwert der IPO-Unternehmen

Nahezu durchgängig war in den erwähnten Modellen zur Prüferwahl bei IPO-Unternehmen als Grund für die Prüferwahl die Maximierung des Verkaufserlöses bzw. des Marktwertes der Gesellschaft genannt. Wegen des Signalcharakters der Bestellung eines hochreputablen Prüfers, des reduzierten Schätzrisikos und der gemilderten zukünftigen Agencyprobleme sollten die Anleger grundsätzlich zu einer höheren Bewertung der Mandanten von Big6-WPG bereit sein. Ob Mandanten großer Prüfer tatsächlich tendenziell eine höhere Bewertung am Markt erzielen, wird mittels eines Regressionsmodells mit dem auf das Jahr 1996 auf- bzw. abdiskontierten Marktwert[991] der IPO-Unternehmen als abhängiger Variabler überprüft. Die unabhängigen Variablen des Regressionsmodells sind die im vorangegangenen Abschnitt verwendeten mit Ausnahme des Emissionsvolumens, das durch das bilanzielle Eigenkapital nach dem IPO ersetzt wurde, mit dem die unterschiedlichen Buchwerte der Gesellschaften Eingang in das Regressionsmodell finden.[992] Die in Tabelle 54 auf Seite 286 für alle IPO und nur die IPO in den Neuen Markt dargestellten Ergebnisse

---

[991] Der Marktwert wird auf Basis des Kassakurses des ersten Börsenhandelstages ermittelt und ist in Mio. DM zu verstehen.

[992] Die Aufnahme der Eigenkapitalvariablen ins Regressionsmodell bedingt, daß zur Wahrung der Vergleichbarkeit der Gesellschaften in dieser Analyse Banken und Versicherungen ausgeschlossen bleiben.

der Regressionsmodelle ändern sich kaum, wenn statt der Beteiligung der Organmitglieder die Höhe der Altaktionärsbeteiligung nach dem IPO in die Modelle einbezogen wird.

	alle IPO			Neuer Markt		
	β	σ	Signifikanz	β	σ	Signifikanz
Eigenkapital nach IPO in Mio. DM	1,96	0,01	0,000	2,91	0,34	0,000
Risiko (dichotom)	-5,89	75,83	0,938	59,41	47,47	0,213
Beteiligung der Organmitgl. nach IPO in %	0,51	1,28	0,693	1,70	1,07	0,115
Konsortialführer (dichotom)	171,27	68,79	0,013	138,29	55,13	0,013
WPG (dichotom)	124,28	73,84	0,094	60,80	55,21	0,273
Marktrendite vor IPO	-8,62	329,52	0,979	184,42	99,28	0,066
Neuer Markt (dichotom)	83,09	72,87	0,255			
Konstante	-5,19	97,08	0,957	-36,89	74,05	0,619
F-Wert 4.551,8	Freiheitsgr.: 7 Sign. 0,000			22,113	FG: 6 Sign.0,000	
R^2 0,992				0,523		

Tabelle 54: Ergebnisse der Regressionsmodelle mit der Höhe des Unternehmensmarktwertes als abhängiger Variabler[993]

Ernsthafte Multikollinearitätsprobleme deuten sich bei Betrachtung von Korrelationskoeffizienten und Toleranzen in keinem der Modelle an.[994] Das Bestimmtheitsmaß ist im Modell aller IPO sehr hoch, bei den IPO in den Neuen Markt im Vergleich zu entsprechenden internationalen Studien hoch. In beiden Modellen erweisen sich die Höhe des Eigenkapitals und die Wahl eines großen Emissionshauses als Konsortialführer als hochsignifikante Einflußvariable auf den Marktwert einer Gesellschaft. Die gewählte WPG kann dagegen bei Zugrundelegung einer Sicherheitswahrscheinlichkeit von 95% nicht als statistisch signifikante Einflußgröße identifiziert werden. Wenn man bereit ist, das 90%-Niveau als ausreichenden Grenzwert zu akzeptieren, läßt sich unter allen IPO gerade noch ein signifikanter Einfluß der Prüferwahl konstatieren. Im Zusammenhang betrachtet, fügt sich dieses Ergebnis nahtlos in die Reihe der bei der Analyse des Underpricings und der IPO-Verfahrensvariablen erhaltenen Resultate ein, wonach sich ein Einfluß der Variablen „WPG" auf die verschiedenen abhängigen Variablen kaum feststellen läßt.

[993] In die alle allgemeinen IPO-AG einschließende Regressionsanalyse sind 249 AG (Big6-Mandanten: 174; Mandanten kleiner Prüfer: 75), in die nur die IPO in den Neuen Markt berücksichtigende Analyse 128 AG (Big6-Mandanten: 93; Mandanten kleiner Prüfer: 35) einbezogen. Mandanten von Second-Tier-WPG sind jeweils nicht berücksichtigt. Alle DM-Größen sind auf das Jahr 1996 auf- bzw. abgezinst.

[994] Der niedrigste Toleranzwert beträgt unter den beiden Regressionen 0,757, der höchste Korrelationskoeffizient –0,411.

6.2.6.4 Prüferwahl und die Entwicklung des Umsatzvolumens im Handel

Unterstellt man die Richtigkeit der auf Kim/Verrechia (1991) zurückgehenden Überlegung, wonach relativ zum zuvor herrschenden Informationsniveau genauere und glaubwürdigere neue Informationen mit stärkeren und mit höheren Transaktionsvolumina einhergehenden Kapitalmarktreaktionen verknüpft sind,[995] solche Informationen gemäß anderen Arbeiten aber in kürzerer Zeit vom Markt vollständig verarbeitet werden,[996] dann sollte sich unter den Mandanten großer Prüfer unmittelbar nach dem IPO ein höheres Handelsvolumen, danach ein niedrigeres Handelsvolumen feststellen lassen als bei den von kleineren Prüfern betreuten IPO-Unternehmen.[997] Die Situation des IPO eignet sich für eine Untersuchung des Zusammenhangs zwischen der Glaubwürdigkeit von Informationen und der Entwicklung des Handelsvolumens besonders, weil die ersten Börsenhandelstage die erste Möglichkeit für die Kapitalmarktteilnehmer darstellen, die im Rahmen des IPO erhaltenen Informationen im Handel umzusetzen.[998]

In Abbildung 5 auf Seite 288 ist für jeden der ersten 30 Börsenhandelstage das durchschnittliche Handelsvolumen der Mandanten großer und kleiner Prü-

[995] Zur Begründung des Zusammenhangs zwischen neuen Informationen und einer Steigerung des Handelsvolumens sowie zum Verhältnis von Informationseffekt und dem Einfluß einer neuen Information auf das Ausmaß des Konsenses unter den Anlegern über den Marktwert vgl. Holthausen/Verrecchia (Informedness 1990). Für eine empirische Analyse des Zusammenhangs zwischen dem Grad des Konsenses unter Analysten und dem Handelsvolumen vgl. Ziebart (Association 1990); vgl. auch Miller/Reilly (Examination 1987), S. 36. Den Zusammenhang zwischen der Kursreaktion und der Änderung des Handelsvolumens auf eine neue Information haben Bamber/Cheon (Differential 1995) empirisch analysiert.

[996] Vgl. Grundy/McNichols (Trade 1989).

[997] Vgl. Abschnitt 6.1.2.3.4, insbesondere auch die kritischen Anmerkungen zu dieser Argumentation in Fußnote 699.

[998] Vgl. Jang/Lin (Volume 1993), S. 265f.
Unterschiede im Informationsniveau der Anleger über die verschiedenen Gesellschaften vor dem Start des IPO-Prozesses werden im folgenden als vernachlässigbar bzw. sich durchschnittlich über alle untersuchten Unternehmen ausgleichend angesehen.
Zu Arbeiten, die sich mit den Auswirkungen der unterschiedlichen Interpretation neuer Informationen durch verschiedene Anleger auf die Höhe des Handelsvolumens beschäftigen, vgl. Bamber/Barron/Stober (Volume 1999) mit weiteren Nachweisen.

fer, berechnet als Quotient aus der Anzahl umgesetzter Aktien und der Anzahl emittierter Aktien,[999] angegeben.[1000]

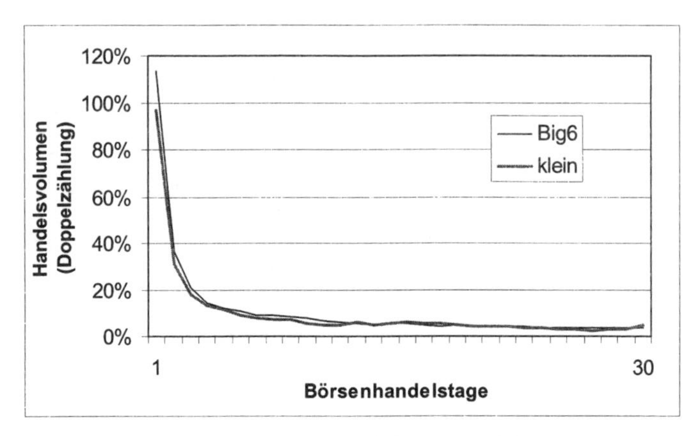

Abbildung 5: Handelsvolumen der Aktien von Mandanten großer und kleiner Prüfer in den ersten 30 Börsenhandelstagen[1001]

Mit Ausnahme des ersten Handelstages an der Börse zeigen sich keine deutlichen Unterschiede in den Umsätzen zwischen Big6-Mandanten und Mandanten kleiner Prüfer. Bei Anwendung eines Mann-Whitney-Tests lassen sich bei Zugrundelegung einer Sicherheitswahrscheinlichkeit von 95% (zweiseitiger Test) an keinem der ersten 30 Börsenhandelstage signifikante Unterschiede zwischen den beiden Unternehmensgruppen feststellen. Der Unterschied am ersten Börsenhandelstag ist der einzige, der zumindest auf dem 90%-Niveau signifikant ausfällt. Die Ergebnisse eines T-Tests für zwei unabhängige Stichproben weichen von denjenigen des Mann-Whitney-Tests mit wenigen Ausnahmen nicht ab. Die Schnelligkeit, mit der die Umsätze abnehmen, vollzieht sich zwischen den beiden von unterschiedlichen Prüfern betreuten Unternehmensgruppen sehr ähnlich. Auch läßt sich über die gesamten ersten 30 Börsenhandelstage hinweg insgesamt kein signifikantes höheres prozentuales

[999] In der Anzahl der emittierten Aktien sind die aus einem Greenshoe stammenden Aktien berücksichtigt, sofern dieser Greenshoe tatsächlich ausgeübt wurde. Abweichungen zwischen der im Prospekt angegebenen Anzahl zu emittierender Aktien und der in einigen Fällen geringer ausgefallenen Anzahl tatsächlich emittierter Aktien wurden in den Fällen, in denen entsprechende Informationen vorlagen, so berücksichtigt, daß nur die tatsächlich im Besitz des Anlegerpublikums sich befindenden Aktien in die Berechnung eingehen. Eventuelle weitere, über das im Prospekt angegebene Volumen hinausgehende Aktienverkäufe der Alteigentümer sind nicht berücksichtigt.

[1000] In der Karlsruher Kapitalmarktdatenbank, der die Umsatzdaten entnommen sind, wird im Untersuchungszeitraum eine Doppelzählung der Umsätze vorgenommen, d.h. es werden sowohl die Käufer- als auch die Verkäuferseite berücksichtigt. Neben börslichen sind auch außerbörsliche Umsätze, wie z.B. Direktgeschäfte unter Banken, in den Daten berücksichtigt.

[1001] Einbezogen sind 78 IPO-Unternehmen mit kleinen Prüfern und 186 mit Big6-WPG, für die die notwendigen Daten vorlagen.

Handelsvolumen, also keine höhere Liquidität bei einer der beiden Gruppen feststellen.

Um den Einfluß der Prüferwahl auf die Höhe der Umsätze isoliert von anderen Faktoren analysieren zu können, werden wiederum die schon bekannten linearen Regressionsmodelle eingesetzt. Der mögliche Einfluß auf das Handelsvolumen läßt sich bei den Variablen „Risiko", „Beteiligung der Organmitglieder"[1002] und „Konsortialführer" analog zur Variablen „WPG" begründen. Hinter der Aufnahme des Emissionsvolumens in die Regressionsgleichung steht die Überlegung, daß größere Emissionen tendenziell stärker bei institutionellen Anlegern Beachtung finden. Somit dürfte sich in Abhängigkeit von der Größe einer Emission die Zusammensetzung des Aktionärskreises ändern, was bei unterschiedlicher Affinität zum längerfristigen Halten der Aktien zwischen den Anlegergruppen Einfluß auf das Handelsvolumen in den ersten Börsenhandelstagen haben könnte.

Abhängige Variable	**Volumen 1. Börsenhandelstag in %**		**durchsch. Volumen 16.-30. Börsenhandelstag in %**		**durchsch. Volumen 1.-30. Börsenhandelstag in %**	
	β	σ	β	σ	β	σ
Emissionsvol. in Mrd. DM	-1,02	2,94	-0,04	0,14	-0,09	0,27
Risiko (dichotom)	-4,29	8,98	0,83*	0,42	0,53	0,81
Beteiligung der Organmitgl. Nach IPO in %	-0,17	0,15	-0,01	0,01	-0,00	0,01
Konsortialführer (dichotom)	-15,07	8,27	-0,76	0,39	-2,02**	0,75
WPG (dichotom)	17,26	8,84	-0,28	0,41	1,29	0,80
Marktrendite vor IPO	-31,96	40,24	-0,15	1,88	2,51	3,65
Neuer Markt (dichotom)	99,22***	8,73	3,09***	0,41	8,25***	0,79
Konstante	60,62***	11,56	3,17***	0,54	6,61***	1,05
R^2	0,442		0,316		0,437	
F-Wert	25,95***		15,08***		25,354***	

*** signifikant bei Zugrundelegung einer Sicherheitswahrscheinlichkeit von 99,9%
** signifikant bei Zugrundelegung einer Sicherheitswahrscheinlichkeit von 99%
* signifikant bei Zugrundelegung einer Sicherheitswahrscheinlichkeit von 95%

Tabelle 55: Ergebnisse der Regressionsmodelle mit den Umsatzvolumina in verschiedenen Zeitabschnitten nach dem IPO als abhängigen Variablen[1003]

[1002] Jang/Lin (Volume 1993), S. 270f., begründen die Aufnahme des Alteigentümeranteils nach IPO als Variable in ihr Regressionsmodell mit der Berücksichtigung der Möglichkeit von Verkäufen am Markt durch die Alteigentümer. Je höher der Alteigentümeranteil nach dem IPO, desto tendenziell höher sollten solche Verkäufe ihrer Meinung nach auftreten und zu einem desto höheren Handelsvolumen führen.

[1003] Die abhängige Variable ist in % des Emissionsvolumens angegeben. Vgl. auch die Angaben in Fußnote 999. Es sind jeweils 237 AG in die Analysen einbezogen, wovon 166 Mandanten einer Big6-WPG und 71 eines kleinen Prüfers waren. Mandanten von Second-Tier-WPG sind nicht berücksichtigt.

Die Modelle weisen eine im Vergleich zur Studie von Jang/Lin (1993) höhere Güte auf, was vor allem am hohen Erklärungsgehalt der Variablen liegen dürfte, die die IPO in den Neuen Markt auszeichnet. Unter den IPO in den Neuen Markt zeigt sich in jeder der drei dargestellten Zeitabschnitte eine höhere Liquidität. Der hier interessierende Einfluß des gewählten Prüfers auf das Handelsvolumen ist zwar in erwarteter Richtung festzustellen, nämlich unter den Big6-Mandanten tendenziell ein höheres Volumen am ersten Börsenhandelstag und über den gesamten beobachteten Zeitraum und ein geringeres Volumen in der zweiten Hälfte des Untersuchungszeitraumes; allerdings ist dieser Einfluß nur bei dem Regressionsmodell mit dem Handelsvolumen am ersten Handelstag als abhängiger Variabler auf dem 90%-Niveau signifikant. Multikollinearitäts- und Heteroskedastizitätsprobleme deuten sich in keinem der drei Modelle an.[1004]

Weitere Regressionsanalysen, mit denen Unterschiede in der Schnelligkeit der Reduzierung des Umsatzvolumens im Zeitablauf analysiert werden sollten,[1005] wiesen eine zu geringe Güte auf, um eine sinnvolle Analyse der Einflußfaktoren durchführen zu können. Auf die Darstellung dieser Modelle wird deshalb verzichtet.

6.2.6.5 Prüferwahl und die Entwicklung der Renditenstreuung im Handel

Eng zusammenhängend mit den im vorangegangenen Abschnitt angestellten Überlegungen läßt sich die Entwicklung der Streuung der Tagesrenditen nach dem IPO analysieren.[1006] Diese Streuung, mit der das sich in verschiedenen Studien zumindest als nicht vollständig diversifizierbar erwiesene Schätzrisiko erfaßt werden soll,[1007] sollte bei Vorliegen genauerer und glaubwürdigerer Informationen insgesamt geringer und schneller abnehmend ausfallen.[1008] In Abbildung 6 ist für die ersten zwölf Handelswochen nach dem IPO die durchschnittliche Streuung der Tagesrenditen in jeder dieser Wochen dargestellt.

[1004] Der niedrigste Toleranzwert beträgt unter den drei Regressionen 0,781, der höchste Korrelationskoeffizient beträgt –0,365.

[1005] Dazu wurden als abhängige Variable Quotienten aus dem Umsatz am ersten Börsenhandelstag und den Umsätzen an verschiedenen späteren Tagen bzw. Zeiträumen verwendet.

[1006] Zur konzeptionellen Ähnlichkeit der Analyse der Entwicklung von Handelsvolumen und Streuung von Kursänderungen nach dem Bekanntwerden neuer Informationen vgl. Holthausen/Verrecchia (Informedness 1990), S. 204f. Zur Akzeptanz der Streuung der Tagesrenditen als Ersatzgröße für die Unsicherheit der Anleger über den Marktwert vgl. Löffler (Investorenunsicherheit 2000), S. 60.

[1007] Vgl. zur Frage der Diversifizierbarkeit des Schätzrisikos Barry/Brown (information 1986); Lam (Information 1992); Clarkson/Guedes/Thompson (Diversification 1996), jeweils mit weiteren Nachweisen.

[1008] Für empirische Arbeiten, die im weiteren Sinne ähnliche Zusammenhänge zwischen Schätzrisiko und Renditenentwicklung nach einem IPO untersuchen, vgl. Lam (Information 1992); Clarkson/Thompson (Estimation 1990).

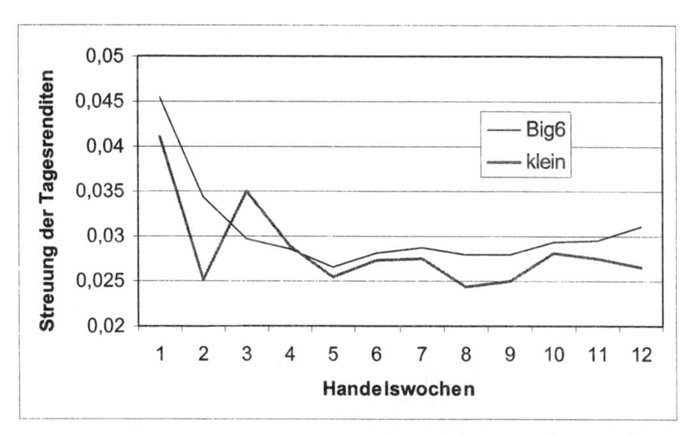

Abbildung 6: Tagesrenditenstreuung der Aktien von Mandanten großer und kleiner Prüfer in den ersten 60 Börsenhandelstagen[1009]

Im Widerspruch zur Erwartung deutet sich in der Abbildung eine insgesamt höhere Streuung unter den von Big6-WPG betreuten IPO-Unternehmen an. Eine schnellere Abnahme der Streuung unter Big6-Mandanten läßt sich ebenfalls nicht feststellen. Zur Berücksichtigung weiterer Einflußgrößen auf die Streuung der Tagesrenditen werden die bekannten Regressionsmodelle eingesetzt.[1010] In Tabelle 56 auf Seite 292 ist neben der durchschnittlichen Streuung der Tagesrenditen in den ersten zwölf Handelswochen und, um außergewöhnliche Effekte in den ersten Handelswochen auszuklammern, in der siebten bis zur zwölften Handelswoche auch die Streuung der Tagesrenditen in einem die 120 ersten Börsenhandelstage umfassenden Zeitraum dargestellt.

Die Güte aller drei Regressionsmodelle ist relativ hoch. Hinsichtlich der einzelnen Variablen unterscheiden sich die Ergebnisse nicht stark von den im vorangegangenen Abschnitt für die Modelle mit verschiedenen Umsatzvariablen als abhängigen Variablen ermittelten. So läßt sich auch in dieser letzten Regressionsanalyse kein signifikanter Einfluß des gewählten Prüfers auf die abhängige Variable feststellen.[1011] Wie in Abbildung 6 ergibt sich auch in den Regressi-

[1009] Einbezogen sind 80 IPO-Unternehmen mit kleinen Prüfern und 191 mit Big6-WPG, für die die notwendigen Daten vorlagen. Auf eine Bereinigung der zugrundeliegenden Tagesrenditen um die Marktentwicklung wurde verzichtet.

[1010] Auf eine Berücksichtigung des Greenshoes, dessen Existenz möglicherweise durch damit erleichterte kursbeeinflussende Maßnahmen der Konsortialbanken zu einer niedrigeren Streuung der Tagesrenditen führt, wurde verzichtet, da die Kriterien, nach denen Konsortialbanken sich zum Eingreifen in das Marktgeschehen entscheiden, unbeobachtbar sind.

[1011] Dies gilt auch, wenn statt der unbereinigten Renditen um die Entwicklung des DAX bereingte Renditen den Berechnungen zugrundegelegt werden.

Abhängige Variable	durchsch. Streuung in Wochen 1-12		durchsch. Streuung in Wochen 7-12		Streuung in den ersten 120 Handelstagen	
	β	σ	β	σ	β	σ
Emissionsvol. in Mrd. DM	-0,02	0,07	-0,01	0,08	-0,01	0,08
Risiko (dichotom)	0,35	0,22	0,24	0,24	0,56*	0,25
Beteiligung der Organmitgl. nach IPO in %	-0,00	0,00	0,00	0,00	0,00	0,00
Konsortialführer (dichotom)	-0,41*	0,20	-0,17	0,22	-0,36	0,23
WPG (dichotom)	0,21	0,22	0,24	0,23	0,22	0,24
Marktrendite vor IPO	-1,12	1,00	-2,91**	1,06	-1,73	1,11
Neuer Markt (dichotom)	2,41***	0,22	2,31***	0,23	3,09***	0,24
Konstante	1,88***	0,29	1,65***	0,31	2,32***	0,32
R^2	0,460		0,399		0,533	
F-Wert	28,530***		22,167***		38,102***	

*** signifikant bei Zugrundelegung einer Sicherheitswahrscheinlichkeit von 99,9%
** signifikant bei Zugrundelegung einer Sicherheitswahrscheinlichkeit von 99%
* signifikant bei Zugrundelegung einer Sicherheitswahrscheinlichkeit von 95%

Tabelle 56: Ergebnisse der Regressionsmodelle mit den Streuungen der Tagesrenditen in verschiedenen Zeitabschnitten nach dem IPO als abhängigen Variablen[1012]

onsanalysen entgegen der Erwartung eine höhere Streuung für die von Big6-WPG betreuten Gesellschaften im Vergleich zu den Mandanten kleiner Prüfer. Unter den von großen Emissionshäusern an die Börse begleiteten AG läßt sich eine geringere Streuung der Tagesrenditen feststellen, allerdings nur in einer der Regressionen mit schwacher Signifikanz. Unter den anderen Variablen zeigt sich lediglich, daß die AG des Neuen Marktes durchgängig hochsignifikant höhere Streuungen aufweisen als die IPO in den anderen Marktsegmenten.

[1012] Die abhängige Variable besitzt die Dimension Tagesrendite in %. Es wurden jeweils nicht um die Marktentwicklung bereinigte Renditen zugrundegelegt. In die Regressionsanalyse sind jeweils 242 AG, für die die notwendigen Daten vorlagen, einbezogen, wovon 169 Mandanten einer Big6-WPG und 73 eines kleinen Prüfers waren. Mandanten von Second-Tier-WPG sind nicht berücksichtigt. Multikollinearitäts- und Heteroskedastizitätsprobleme deuten sich in keinem der Modelle an. Der niedrigste Toleranzwert beträgt unter den drei Regressionen 0,776, der höchste Korrelationskoeffizient –0,376.

7 Zusammenfassung der Ergebnisse und Schlußbemerkungen

Im ersten Abschnitt der empirischen Analyse, der Prüferwahl und Prüferwechsel bei IPO-Unternehmen zum Gegenstand hatte, finden die im theoretischen Teil der Arbeit hergeleiteten Hypothesen weitgehend Unterstützung. Die unter den IPO-Unternehmen im Vergleich zu einer Gruppe nicht notierter Aktiengesellschaften, die kein IPO planen, im Vorfeld des IPO signifikant häufiger auftretenden Prüferwechsel weisen auf die Bedeutung der Prüferwahlentscheidung für IPO-Unternehmen hin. Dabei zeigt sich, daß IPO-Unternehmen hochsignifikant häufiger von kleinen zu großen Prüfern wechseln, also eine – wie gemeinhin unterstellt – höhere Prüfungsqualität wählen, als dies bei den Vergleichsunternehmen der Fall ist. Im Vergleich der von einem kleinen zu einer Big6-WPG wechselnden mit den bei einem kleinen Prüfer bleibenden IPO-Unternehmen weisen die wechselnden bei allen das Unternehmensrisiko repräsentierenden Variablen höhere – wenn auch nicht immer statistisch signifikant höhere – Werte auf als die bei einem kleinen Prüfer bleibenden Gesellschaften. Dieses Ergebnis war nach den Ausführungen im Theorieteil für den deutschen Markt erwartet worden. Angebotsseitige Effekte, die etwa in einer eng am Unternehmensrisiko orientierten Honorarfestsetzung der Prüfer bestehen könnten, sollten für den deutschen Markt mit seiner für Prüfer relativ entspannten Haftungssituation von soweit untergeordneter Bedeutung sein, daß bei von relativ hohem Risiko und schweren Interessenkonflikten gekennzeichneten IPO-Unternehmen nicht der Nutzen eines großen Prüfers durch dessen höheres Honorar überkompensiert wird. Für die Alteigentümer der von hoher Unsicherheit über den Marktwert auf Anlegerseite und hohem Unternehmensrisiko gekennzeichneten Gesellschaften rechnet sich die Bestellung eines großen Prüfers unter diesen Bedingungen relativ besser als für andere IPO-Unternehmen. In diesem Zusammenhang waren ebenfalls häufigere Wechsel von kleinen zu Big6-Prüfern unter den IPO-Unternehmen erwartet worden, deren Altaktionäre und Organmitglieder im Zuge des IPO einen höheren Anteil ihrer Anteile abgeben bzw. deren Beteiligung nach dem IPO vergleichsweise gering ausfällt. Diese Unterschiede ließen sich zwar feststellen, allerdings nur in geringem, statistisch nicht signifikantem Umfang.

Die in den Jahren vor dem IPO von einem kleinen zu einem Big6-Prüfer wechselnden Gesellschaften wachsen schneller, sind stärker im Ausland aktiv, haben mit höherer Wahrscheinlichkeit ein wertorientiertes Anreizsystem vor dem IPO implementiert und sind häufiger von einem Wechsel des Mehrheitseigners betroffen; an ihnen haben sich häufiger VC- oder Private-Equity-Gesellschaften beteiligt, und häufiger werden sie von einem großen Emissionshaus an die Börse begleitet. Allerdings zeigten sich diese Unterschiede nicht immer in statistisch signifikanter Weise. Entgegen den theoretischen Erwartungen konnte festgestellt werden, daß die von einem kleinen zu einer Big6-WPG wechselnden Gesellschaften nicht von einem höheren Ausmaß fremdfinanzierungsbedingter Interessenkonflikte gekennzeichnet sind als die nicht wechselnden IPO-Unternehmen.

Hinsichtlich der Prüferwahl zeigt sich insgesamt die im Vergleich zu den nicht börsennotierten Unternehmen häufigere Wahl von Big6- und Second-Tier-Gesellschaften bei den IPO-Unternehmen. Nach einer Einteilung der Gesellschaften in Größenklassen gilt dieser Zusammenhang – wenn auch nicht immer statistisch signifikant – zumindest noch für die Gruppen mit den relativ kleinen IPO-Unternehmen. IPO-Unternehmen mit Big6-Prüfern sind durchschnittlich größer und haben einen höheren Bedarf nach prüferischen Spezialkenntnissen und zusätzlichen Beratungsleistungen als die Mandanten kleiner Prüfer. Für sämtliche das Schätz- und Unternehmensrisiko beschreibenden Variablen zeigen sich Unterschiede hinsichtlich der Prüferwahl in erwarteter Richtung. Auch wenn die Unterschiede nur zum Teil statistisch signifikant sind, spricht die Konsistenz der Unterschiede über alle untersuchten Variablen hinweg für das Bestehen eines positiven Zusammenhangs zwischen dem Ausmaß des Schätz- sowie des Unternehmensrisikos und der Wahl eines großen Prüfers. Bei der aggregierten Risikovariablen läßt sich ein auf dem 95%-Niveau signifikanter Unterschied im Prüferwahlverhalten feststellen. Ähnlich, aber weniger deutlich fallen die bisher angesprochenen Unterschiede zwischen Second-Tier- und kleinen Prüfern aus.

Wie sich schon bei der Analyse der Prüferwechsel andeutete, läßt sich unter den Big6-Mandanten kein höheres Ausmaß fremdfinanzierungsbedingter Interessenkonflikte feststellen als unter den Mandanten kleiner Prüfer. Im Gegensatz zur Analyse der Prüferwechsel erbringt die Untersuchung des Zusammenhangs zwischen Prüferwahl und Beteiligung der Altaktionäre bzw. Organmitglieder nach dem IPO nur mehr gemischte Ergebnisse.[1013] Dagegen zeigt sich der erwartete Zusammenhang von Prüferwahl und Wahl des Konsortialführers: Die von einem großen Emissionshaus begleiteten IPO-Unternehmen bestellen tendenziell häufiger eine Big6-WPG. Allerdings ist dieser Zusammenhang teilweise durch den Größeneffekt überlagert.

Die Ergebnisse der univariaten Analysen bestätigen sich in der durchgeführten multivariaten Analyse: Die Größe des Konsortialführers und das Ausmaß des Risikos zeigen sich in den allerdings mit nicht sehr hoher Aussagekraft ausgestatteten Modellen als hochsignifikante Einflußgrößen auf die Prüferwahl. Die Unternehmensgröße und die Beteiligung der Organmitglieder erweisen sich zumindest noch als schwach signifikante Einflußvariable auf die Entscheidung zwischen einer Big6-WPG und einem kleinen Prüfer, während bei einer alternativen Einbeziehung der Beteiligung der Alteigentümer nach dem IPO diese

[1013] Allerdings hatte sich auch schon in den theoretischen Ausführungen gezeigt, daß aufgrund des am deutschen Kapitalmarkt gering ausgeprägten Minderheitenschutzes nicht eindeutig zu klären ist, ob rationale Altaktionäre zur Maximierung ihres Emissionserlöses tendenziell häufiger dann einen höherqualitativen Prüfer bestellen sollten, wenn Anleger wegen der mit einem vergleichsweise großen Aktienbesitz verbundenen Stellung der Altaktionäre oder wegen eines zu weitgehenden Rückzugs der Altaktionäre aus der Gesellschaft und der damit zusammenhängenden Zunahme eigenfinanzierungsbedingter Interessenkonflikte Gefahr laufen, Nachteile zu erleiden.

Variable keinen signifikanten Einfluß hat. Die Mandanten von Second-Tier-WPG blieben von der multivariaten Analyse ausgeschlossen. Bezieht man diese Gesellschaften mit ein, indem man sie entweder in die Gruppe der Big6-WPG oder alternativ in die Gruppe der kleinen Prüfer einordnet, zeigen sich in beiden Fällen weniger deutliche Ergebnisse.

Abschließend zur Frage der Prüferwahl wurden Tests zu den Modellüberlegungen von Datar/Feltham/Hughes (1991) durchgeführt. Da angebotsseitige Faktoren bei der Prüferwahl in Deutschland eine vergleichsweise geringere Rolle spielen dürften, war mit Ergebnissen gerechnet worden, die die Modellüberlegungen deutlicher stützen als dies bei der für die USA durchgeführten Untersuchung von Feltham/Hughes/Simunic (1991) der Fall war. Die Ergebnisse sind allerdings sehr gemischt. Es läßt sich nicht durchgängig zeigen, daß große Prüfer bevorzugt von riskanteren Gesellschaften bestellt werden, für deren Alteigentümer das Halten einer hohen Beteiligung nach dem IPO tendenziell teurer ist. Ein Grund für die nicht der Erwartung entsprechenden Ergebnisse könnte die Ermittlung des Unternehmensrisikos im Modell sein, die indirekt im Zusammenhang mit der Beteiligungshöhe der Altaktionäre bzw. Organmitglieder nach dem IPO erfolgt, was gerade dann zu einer Verzerrung führt, wenn, wie sich im folgenden zeigen wird, der Unternehmenswert, der im Modell die abhängige Variable darstellt, von anderen Faktoren als den im Modell berücksichtigten stark beeinflußt wird.

Hinsichtlich der Reaktionen von Anlegern und Konsortialbanken auf die Prüferwahl erbringt die empirische Analyse durchgehend nicht die Ergebnisse, die gemäß den theoretischen Überlegungen erwartet wurden. So kann nicht nachgewiesen werden, daß die Prüferwahl das Verhalten der Konsortialbanken bei der Festlegung der Bookbuildingspanne, der Höhe des Greenshoes und der Höhe ihrer Vergütung beeinflußt. Auch offenbart sich im Verhalten der Anleger keine Honorierung der Wahl eines großen Prüfers: Weder sind die Höhe des Underpricings bzw. die Kosten für die Altaktionäre aus Underpricing bei den von Big6-WPG geprüften IPO-Unternehmen kleiner, noch ist bei diesen Gesellschaften die Streuung der Tagesrenditen im Börsenhandel geringer, noch lassen sich hinsichtlich der Entwicklung des Handelsvolumens an der Börse die erwarteten Ergebnisse feststellen. Ein positiver Einfluß der Wahl eines großen Prüfers auf den Marktwert eines IPO-Unternehmens läßt sich nur mit äußerst geringer Signifikanz feststellen.

Insgesamt deuten die Ergebnisse der empirischen Analyse darauf hin, daß IPO-Unternehmen zwar bevorzugt größere Prüfer bestellen, was sich in signifikant häufigeren Wechseln von kleinen zu großen Prüfern im Vorfeld des IPO und der vergleichsweise häufigeren Bestellung eines großen Prüfers manifestiert. Auch zeigt sich das gemäß den theoretischen Überlegungen erwartete Verhalten der Emittenten hinsichtlich der Prüferwahl in Abhängigkeit ihrer unternehmensspezifischen Charakteristika. Auf die Qualitätsbeurteilung der Prüferleistungen bezogen weist dieses Verhalten der Emittenten darauf hin, daß sie die Prüfungsleistungen großer Prüfer als höherqualitativ einschätzen oder zumindest der Meinung sind, daß Anleger oder andere Beteiligte dies tun.

Im Gegensatz dazu sind Anleger und Konsortialbanken offensichtlich nicht bereit, die Prüfungsleistungen großer Prüfer als Leistungen von höherer Qualität einzuschätzen und zu honorieren. Die Bewertung der Prüferqualität durch den Kapitalmarkt weist auf keinen Qualitätsvorsprung der Big6-WPG gegenüber kleinen Prüfern hin. Die Beauftragung einer Big6-WPG hat sich für Alteigentümer und Organmitglieder nicht über ein geringeres Underpricing oder bessere Emissionskonditionen bezahlt gemacht.

Gerade bei der Deutung der Ergebnisse hinsichtlich des Zusammenhangs zwischen der Höhe des Underpricings und der Prüferwahl ist an dieser Stelle nochmals auf bestimmte Modellannahmen hinzuweisen: Die in dieser Arbeit gewählte Argumentation zur Erklärung des Underpricing-Phänomens unterstellt ein „bewußtes" Underpricing. Die Ergebnisse der durchgeführten Regressionsanalysen deuten allerdings darauf hin, daß offenbar in stärkerem Ausmaß als Konsortialführer und Emittenten, die durch ein bewußt in Abhängigkeit bestimmter Unternehmenscharakteristika zu niedriges Festsetzen des Emissionspreises Underpricing entstehen lassen, nachfrageseitige Faktoren für die Existenz unterschiedlich hohen Underpricings verantwortlich sind. Die bereits im theoretischen Teil dieser Arbeit deutlich gewordenen Probleme, die mit den Underpricing als Gleichgewichtslösung charakterisierenden Modellen verbunden sind, könnten also für die erhaltenen Ergebnisse verantwortlich sein.

Die Problematik der joint tests[1014] – also das Testen mindestens zweier Hypothesen in einem Test, nämlich hier z. B. der Hypothese, daß die Höhe des Underpricings durch die Wahl eines hochqualitativen Prüfers reduziert werden kann, und der Hypothese, wonach große WPG Prüfungsleistungen höherer Qualität erbringen – gilt nicht nur im Zusammenhang mit Underpricing, sondern grundsätzlich für alle in dieser Arbeit durchgeführten Tests. Allerdings scheinen in der Frage der Prüferwechsel und der Prüferwahl die zugrundeliegenden theoretischen Überlegungen stringenter zu sein als hinsichtlich des Zusammenhangs zwischen der Wahl des Prüfers und der Höhe des Underpricings.

Trotz der genannten Einwände dürfen die Ergebnisse hinsichtlich der Kapitalmarktreaktionen auf die Prüferwahl nicht als wertlos abgetan werden. Zu deutlich ist über alle Tests hinweg das Ergebnis, wonach sich eine Beeinflussung des Verhaltens der Anleger und der Konsortialbanken nicht feststellen läßt.

[1014] Vgl. Palmrose (Demand 1984), S. 230. Vgl. auch Fama (Capital 1991), S. 1575ff., 1608.

Im Vergleich zu anderen Studien aus kapitalmarktorientierter Sicht, die vor allem in den angelsächsischen Ländern durchgeführt wurden, zeigen sich für den deutschen Markt deutlichere, den Erwartungen entsprechende Ergebnisse hinsichtlich Prüferwahl und -wechsel bei IPO-Unternehmen. Das Gegenteil gilt für die Reaktionen der Kapitalmarktteilnehmer auf die Prüferwahl im Vergleich zu Arbeiten für die USA und das UK. Dort läßt sich im Gegensatz zum deutschen Markt mehrheitlich ein die Höhe des Underpricings reduzierender Einfluß der Wahl großer Prüfer feststellen. Diese gegensätzlichen Ergebnisse lassen sich durch die unterschiedlichen regulatorischen Rahmenbedingungen erklären. Die deutlich entspanntere Haftungssituation für deutsche Prüfer dürfte angebotsseitige Faktoren bei der Prüferwahl in den Hintergrund treten lassen. In den angelsächsischen Ländern werden Prüfer relativ riskante Gesellschaften als Mandanten ablehnen oder entsprechende Honorarprämien von diesen Gesellschaften verlangen, wodurch die Anreize für solche Gesellschaften zur Bestellung einer großen WPG im Vergleich zu Deutschland reduziert sind. Auf der anderen Seite verwundert nicht, daß das strengere Haftungsregime in den angelsächsischen Ländern zusammen mit der insgesamt stärkeren Beteiligung der Prüfer im IPO-Prozeß die Anleger veranlaßt, die Bestellung großer Prüfer, die über relativ „tiefe Taschen“ verfügen, zu honorieren.

Für den deutschen Prüfungsmarkt bedeuten die Ergebnisse dieser Arbeit folgendes: Zum einen bevorzugen Emittenten offensichtlich die großen Namen unter den WPG. Dies mag damit zusammenhängen, daß diese WPG ein breiteres Leistungsspektrum besitzen, international ausgerichtet sind und auch die im Rahmen eines IPO notwendigen Kapazitäten kurzfristig verfügbar haben. Zum anderen deutet gerade die Tatsache, daß riskantere Unternehmen mit höherer Wahrscheinlichkeit große WPG bestellen, auf eine Prüferauswahl zu Zertifizierungszwecken durch diese Gesellschaften hin. Zumindest dürften also die Emittenten oder ihre Berater davon ausgehen, daß ihnen die Wahl einer großen WPG Vorteile bei der Anlegerschaft verschafft.

Anders stellt sich die Situation in der Einschätzung der Anleger dar, in deren Entscheidungen die Prüferwahl einer IPO-Gesellschaft keine Rolle spielt. Dies zeigt, daß für die Anleger große WPG nicht mit einer vergleichsweise höheren Prüfungsqualität verbunden sind, oder, daß die Prüfung der Abschlüsse für sie insgesamt von geringer Bedeutung ist. Ersteres deutete auf einen Handlungsbedarf bei den großen Prüfungsgesellschaften, letzteres beim gesamten Berufsstand hin.

In der Einleitung wurde bereits angesprochen, worauf auch die Ergebnisse dieser Arbeit hinweisen: Die WPG haben es bisher versäumt, den Anlegern den Nutzen ihrer Dienstleistung „Prüfung“ ausreichend deutlich zu machen. Insofern kann von einem Glaubwürdigkeitsproblem des Berufsstandes gesprochen werden, das nicht ohne volkswirtschaftliche Folgen für die Funktionsfähigkeit des Kapitalmarktes bleibt. Seit einiger Zeit liegen sowohl aus der Praxis als auch aus der wissenschaftlichen Diskussion eine Reihe von Vorschlägen zur Verbesserung der Institution „Abschlußprüfung“ vor. Unter diesen Vorschlägen scheinen mir die Reform des Haftungsregimes und die Frage der Trennung von Prüfungs- und Beratungstätigkeiten der WPG von zentraler Bedeutung zu sein, um Prüfungsleistungen für die Kapitalmarktteilnehmer werthaltiger werden zu lassen.

Daneben dürfte hinsichtlich der Qualitätsunterschiede zwischen Prüfungsleistungen verschiedener Anbieter mehr Transparenz notwendig sein, um den Kapitalmarktteilnehmern eine bessere Einschätzung der Qualitätsunterschiede zu ermöglichen. Die auch in dieser Arbeit verwendete Gleichsetzung von Größe und Qualität einer WPG ist zwar theoretisch gut begründet. Empirische Arbeiten, die diesem Zusammenhang unmittelbar durch eine Analyse der Resultate der Prüfungstätigkeit nachgehen, sind aber kaum vorhanden.[1015] Für zukünftige wissenschaftliche Forschungsanstrengungen bietet sich in diesem Zusammenhang die Aufgabe an, anhand valider Kriterien festzustellen, welche Prüfungsgesellschaften tatsächlich Leistungen höherer Qualität erbringen.

[1015] Eine Ausnahme stellt die in Abschnitt 3.2 angesprochene Arbeit von Jäckel/Leker (Konzernpublizität 1995) dar.

Anhang

Anhang 1: In die Untersuchung einbezogene IPO

Erläuterungen zu Anhang 1:

Marktsegment:	AH	Amtlicher Handel
	GM	Geregelter Markt
	NM	Neuer Markt
Branche:	A	Allgemeine AG
	B	Bank
	V	Versicherung

UP (0, 1) bzw. UP (0, 20): prozentuale Rendite zwischen dem Emissionspreis und dem am ersten bzw. zwanzigsten Börsenhandelstag festgestellten Kassakurs (ohne Bereinigung um die Indexentwicklung).

Verlust aus UP: Verlust der Altaktionäre aus Underpricing in %, analog zu der vor Tabelle 52 auf Seite 283 beschriebenen Berechnung.

Emissionsvolumen: bewertet zum Emissionspreis.

Organmitgl. nach IPO: Beteiligung der Organmitglieder nach dem IPO in % unter Berücksichtigung des geplanten Greenshoes; vgl. auch Abschnitt 6.2.3.2.

Altaktionäre nach IPO: Beteiligung der Altaktionäre nach dem IPO in % unter Berücksichtigung des geplanten Greenshoes; vgl. auch Abschnitt 6.2.3.2.

Prüferwechsel: Prüferwechsel während der maximal zwei Jahre vor dem letzten ordentlichen Abschluß vor dem IPO. Dabei bedeuten:

- 0: kein Prüferwechsel
- 1: Erstmalige Prüfung im Untersuchungszeitraum
- kk: Wechsel von einem kleinen zu einem anderen kleinen Prüfer
- ks: Wechsel von einem kleinen zu einer Second-Tier-WPG
- kg: Wechsel von einem kleinen zu einer Big6-WPG
- etc.

WP-Gruppe 1: für die Analyse relevante Prüfer des letzten ordentlichen Abschlusses vor IPO, vgl. Tabelle 25.

WP-Gruppe 2: für die Analyse relevante Abschlußprüfer und am IPO beteiligte WPG, vgl. Tabelle 26.

Konsortialvergütung: in % des Emissionserlöses.

IPO-Unternehmen	IPO-Datum	Markt-segment	Branche	Bookbuilding-spanne von bis	Emissionspreis	1. Kurs	1. Kassakurs	UP (0, 1)	20. Kassakurs	UP (0, 20)	Verlust aus UP in %	Emissionsvolumen in T€
Dürr AG	04.01.1990	AH	A	Festpreis	555 DM	630 DM	630 DM	13.51%	614 DM	10.63%	2.89%	56'753
Kaufhalle AG	01.02.1990	AH	A	Festpreis	330 DM	360 DM	360 DM	9.09%	386 DM	16.97%	2.70%	118'108
B.U.S Berzelius Umwelt-Service AG (ST/VZ)	05.02.1990	GM	A	Festpreis	330 DM	520 DM	520 DM	57.58%	485 DM	46.97%	21.06%	123'170
Signalbau Huber AG (VZ)	12.02.1990	GM	A	Festpreis	250 DM	275 DM	275 DM	10.00%	310 DM	24.00%	4.61%	12'782
Schön & Cie AG	22.02.1990	GM	A	Festpreis	650 DM	670 DM	670 DM	3.08%	643 DM	-1.08%	0.75%	19'940
Maschinenfabrik Berthold Hermle AG (VZ)	10.04.1990	GM	A	Festpreis	320 DM	430 DM	430 DM	34.38%	398 DM	24.38%	6.01%	16'361
Herlitz International Trading AG	18.04.1990	GM	A	Festpreis	480 DM	520 DM	520 DM	8.33%	526 DM	9.58%	3.77%	24'542
Revell AG	02.05.1990	GM	A	Festpreis	285 DM	300 DM	300 DM	5.26%	292 DM	2.46%	2.39%	10'492
Simona AG	04.05.1990	GM	A	Festpreis	260 DM	300 DM	300 DM	15.38%	333 DM	28.08%	3.90%	18'611
Walter AG	07.06.1990	AH	A	Festpreis	500 DM	525 DM	525 DM	5.00%	635 DM	27.00%	2.27%	49'340
Villeroy & Boch AG (VZ)	08.06.1990	AH	A	Festpreis	580 DM	616.5 DM	616.5 DM	6.29%	659 DM	13.62%	1.94%	208'249
Hirsch AG	12.06.1990	GM	A	Festpreis	400 DM	430 DM	430 DM	7.50%	446 DM	11.50%	3.68%	13'089
Vossloh AG	13.06.1990	GM	A	Festpreis	420 DM	443 DM	443 DM	5.48%	530 DM	26.19%	1.98%	30'064
Fröhlich Bauunternehmung AG	06.07.1990	GM	A	Festpreis	270 DM	390 DM	390 DM	44.44%	404 DM	49.63%	18.61%	18'499
Sartorius AG (ST/VZ)	10.07.1990	GM	A	Festpreis	710 DM	775 DM	775 DM	9.15%	800 DM	12.68%	4.79%	77'097
C.H.A. Chemie Holding AG	14.08.1990	GM	A	Festpreis	250 DM	273 DM	273 DM	9.20%	285 DM	14.00%	2.50%	15'339
Jungheinrich AG (VZ)	30.08.1990	AH	A	Festpreis	340 DM	340 DM	340 DM	0.00%	270 DM	-20.59%	0.00%	164'104
Kraftanlagen Heidelberg AG	21.09.1990	AH	A	Festpreis	440 DM	457.5 DM	457.5 DM	3.98%	490 DM	11.36%	0.38%	31'496
Gold-Zack-Werke AG	01.10.1990	AH	A	Festpreis	350 DM	325 DM	325 DM	-7.14%	330 DM	-5.71%	-4.00%	17'716
Tiag Tabbert-Industrie AG	13.11.1990	GM	A	Festpreis	380 DM	380 DM	380 DM	0.00%	363 DM	-4.47%	0.00%	29'143
Jado AG (VZ)	04.12.1990	GM	A	Festpreis	430 DM	435 DM	435 DM	1.16%	405 DM	-5.81%	0.57%	26'383
DBV Holding AG	06.12.1990	AH	V	Festpreis	675 DM	705 DM	705 DM	4.44%	700 DM	3.70%	2.13%	460'162

IPO-Unternehmen	Organ-mitgl. nach IPO	Altak-tionäre nach IPO	Prüfer des letzten ordentlichen Abschlusses bzw. Konzernabschlusses vor dem IPO	Prüfer-wechsel	WP-Gruppe 1	WP-Gruppe 2	Konsortialführer	Konsorti-alvergü-tung in %
Dürr AG	80.00	80.00	Dr. Ebner, Dr. Stolz und Partner/Schitag Schwäbische Treuhand	sg(0,5)	Big6	Big6	Deutsche Bank	4.05
Kaufhalle AG	0.00	75.00	Treuhand KG Hartkopf & Rentrop	0	Big6	Big6	Dresdner Bank	4.07
B.U.S Berzelius Umwelt-Service AG (ST/VZ)	0.00	57.80	KPMG	1	Big6	Big6	Dresdner Bank	n.a.
Signalbau Huber AG (VZ)	38.60	62.96	Central Treuhand AG	kk	klein	klein	Deutsche Bank	n.a.
Schön & Cie AG	0.00	75.00	Coopers & Lybrand	0	Big6	Big6	Commerzbank	n.a.
Maschinenfabrik Berthold Hermle AG (VZ)	80.00	80.00	Bansbach Schübel Brösztl & Partner GmbH "BSB"	0	klein	klein	Deutsche Bank	n.a.
Herlitz International Trading AG	60.30	60.32	Gesellschaft existiert noch nicht	kein Prüfer	kein Prüfer	klein	Deutsche Bank	n.a.
Revell AG	4.00	55.00	Deloitte Haskins & Sells GmbH	0	Big6	Big6	BHF Bank	n.a.
Simona AG	n.a.	76.67	Dr. Dornbach & Partner	0	klein	klein	Dresdner Bank	n.a.
Walter AG	61.40	61.40	Dr. Lipfert GmbH	0	SecTier	SecTier	Deutsche Bank	4.5
Villeroy & Boch AG (VZ)	75.00	75.00	KPMG	0	Big6	Big6	Deutsche Bank	4.17
Hirsch AG	54.30	54.29	Dr. Kleinertz, Nehring und Partner KG, Düsseldorf	n.a.	klein	klein	WestLB	n.a.
Vossloh AG	72.00	72.00	BDO	kg	Big6	Big6	Deutsche Bank	n.a.
Fröhlich Bauunternehmung AG	50.37	50.37	Dr. Hartmut Nebe	0	klein	klein	DG Bank	4.28
Sartorius AG (ST/VZ)	57.52	57.52	WEDIT	0	Big6	Big6	Commerzbank	n.a.
C.H.A. Chemie Holding AG	34.89	73.91	Treuverkehr AG	0	Big6	Big6	Deutsche Bank	n.a.
Jungheinrich AG (VZ)	68.53	68.53	Arthur Andersen/Ernst & Whinney	0	Big6	Big6	Commerzbank	n.a.
Kraftanlagen Heidelberg AG	0.00	90.00	Treuhand-Vereinigung AG	0	Big6	Big6	BHF Bank	n.a.
Gold-Zack-Werke AG	0.00	66.67	Haas Bacher Scheuer Wirtschaftsprüfungs-GmbH	0	klein	klein	Deutsche Bank	4.33
Tiag Tabbert-Industrie AG	50.00	50.00	"Atlantic" Revisions- und Treuhand mbH	0	klein	klein	BHF Bank	n.a.
Jado AG (VZ)	n.a.	66.67	Siefert, Sättele und Partner GmbH	0	Big6	Big6	Deutsche Bank	n.a.
DBV Holding AG	0.00	50.00	GBR Gesellschaft für Beratung und Revision mbH	kk	klein	klein	Commerzbank	n.a.

IPO-Unternehmen	IPO-Datum	Markt-segment	Branche	Bookbuilding-spanne von bis	Emissionspreis	1. Kurs	1. Kassakurs	UP (0, 1)	20. Kassakurs	UP (0, 20)	Verlust aus UP in %	Emissionsvolumen in T€
Hymer AG	27.12.1990	AH	A	Festpreis	750 DM	750 DM	750 DM	0.00%	704 DM	-6.13%	0.00%	32'116
Deutsche Pfandbrief- und Hypothekenbank AG	12.03.1991	AH	B	Festpreis	400 DM	436 DM	436 DM	9.00%	475 DM	18.75%	3.84%	190'238
Lindner Holding KGaA	20.03.1991	GM	A	Festpreis	500 DM	540 DM	540 DM	8.00%	560 DM	12.00%	4.08%	44'738
Quante AG (VZ)	22.03.1991	AH	A	Festpreis	380 DM	414 DM	414 DM	8.95%	437 DM	15.00%	3.94%	38'858
Steffen AG (VZ)	04.06.1991	GM	A	Festpreis	430 DM	434 DM	434 DM	0.93%	385 DM	-10.47%	0.38%	21'986
Gebr. März AG	17.06.1991	GM	A	Festpreis	415 DM	470 DM	470 DM	13.25%	448 DM	7.95%	0.80%	42'437
Barmag AG	04.07.1991	AH	A	Festpreis	325 DM	327 DM	327 DM	0.62%	317 DM	-2.46%	0.13%	47'458
Volksfürsorge Holding AG	19.07.1991	AH	V	Festpreis	800 DM	802 DM	802 DM	0.25%	763.5 DM	-4.56%	0.06%	409'032
Aachener und Münchener Lebensversicherung AG	19.08.1991	AH	V	Festpreis	1'600 DM	1'500 DM	1'500 DM	-6.25%	1'400 DM	-12.50%	-1.67%	245'420
Robert Cordier AG	11.09.1991	GM	A	Festpreis	215 DM	217 DM	217 DM	0.93%	194 DM	-9.77%	0.23%	10'993
Kögel Fahrzeugwerke AG (VZ)	13.09.1991	GM	A	Festpreis	270 DM	272 DM	272 DM	0.74%	238.5 DM	-11.67%	0.45%	35'893
Rheinhold & Mahla AG	09.10.1991	GM	A	Festpreis	390 DM	390 DM	390 DM	0.00%	373 DM	-4.36%	0.00%	45'663
Turbon International AG	25.10.1991	GM	A	Festpreis	340 DM	345 DM	345 DM	1.47%	342 DM	0.59%	0.62%	22'599
Möbel Walther AG (VZ)	13.11.1991	GM	A	Festpreis	470 DM	475 DM	475 DM	1.06%	474 DM	0.85%	0.35%	48'061
Otto Reichelt AG	05.12.1991	AH	A	Festpreis	360 DM	385 DM	385 DM	6.94%	360 DM	0.00%	4.12%	97'554
Friedrich Grohe AG (VZ)	09.12.1991	AH	A	Festpreis	355 DM	359 DM	359 DM	1.13%	348 DM	-1.97%	0.60%	167'412
A. Friedr. Flender AG	18.12.1991	AH	A	Festpreis	330 DM	332 DM	332 DM	0.61%	332.5 DM	0.76%	0.27%	72'442
Sachsenmilch AG	07.01.1992	GM	A	Festpreis	80 DM	80 DM	80 DM	0.00%	75.5 DM	-5.63%	0.00%	30'678
Böwe Systec AG	13.04.1992	GM	A	Festpreis	315 DM	330 DM	330 DM	4.76%	310 DM	-1.59%	1.24%	17'716
Sto AG (VZ)	12.05.1992	GM	A	Festpreis	490 DM	496 DM	496 DM	1.22%	491.5 DM	0.31%	0.47%	35'075
Rheiner Moden AG	19.05.1992	GM	A	Festpreis	390 DM	395 DM	395 DM	1.28%	392 DM	0.51%	0.79%	19'940

IPO-Unternehmen	Organ-mitgl. nach IPO	Altak-tionäre nach IPO	Prüfer des letzten ordentlichen Abschlusses bzw. Konzernabschlusses vor dem IPO	Prüfer-wechsel	WP-Gruppe 1	WP-Gruppe 2	Konsortialführer	Konsorti-alvergü-tung in %
Hymer AG	79.06	79.06	GTR Gesellschaft für Treuhand und Revision mbH	0	klein	Big6	SüdwestLB	4.67
Deutsche Pfandbrief- und Hypothekenbank AG	n.a.	53.49	Treuarbeit AG	0	Big6	Big6	Deutsche Bank	n.a.
Lindner Holding KGaA	63.02	63.54	RTK Revisions- und Treuhandgesellschaft Kröninger Niedner Scherbauer GmbH	0	klein	klein	Dresdner Bank	n.a.
Quante AG (VZ)	66.67	66.67	Düsseldorfer Treuhand-Ges. Altenburg & Tewes AG	0	klein	klein	Deutsche Bank	3.95
Steffen AG (VZ)	66.67	66.67	Arthur Andersen	1	Big6	Big6	Deutsche Bank	n.a.
Gebr. März AG	93.33	93.33	Gellert Wirtschaftspr. GmbH/Dipl.-Kfm. Max Oelmaier Wirtschaftspr. GmbH	n.a.	SecTier	SecTier	Bankgesellschaft Berlin	6.71
Barmag AG	0.00	79.00	KPMG	0	Big6	Big6	BHF Bank	n.a.
Volksfürsorge Holding AG	0.00	75.00	KPMG/ATH Allgem. Treuhandges. mbH	0	Big6	Big6	Deutsche Bank	n.a.
Aachener und Münchener Lebensversicherung AG	0.00	75.00	KPMG	0	Big6	Big6	Dresdner Bank	n.a.
Robert Cordier AG	80.00	80.00	KPMG	kg	Big6	Big6	Dresdner Bank	n.a.
Kögel Fahrzeugwerke AG (VZ)	58.06	58.06	Schitag Schwäbische Treuhand	1	Big6	Big6	Commerzbank	n.a.
Rheinhold & Mahla AG	66.00	68.19	Treuhand-Vereinigung AG	0	Big6	Big6	Bayerische Hypothe-ken- und Wechselbank	n.a.
Turbon International AG	67.50	67.50	BDO	0	Big6	Big6	Deutsche Bank	n.a.
Möbel Walther AG (VZ)	75.00	75.00	n.a.	n.a.	n.a.	Big6	Commerzbank	n.a.
Otto Reichelt AG	0.00	60.15	WEDIT	0	Big6	Big6	Deutsche Bank	4.19
Friedrich Grohe AG (VZ)	60.24	60.24	Arthur Andersen	0	Big6	Big6	Commerzbank	n.a.
A. Friedr. Flender AG	0.00	69.33	Winterhager Heintges Stützel Laubach GmbH	0	Big6	Big6	WestLB	4.31
Sachsenmilch AG	0.00	50.00	Schitag Schwäbische Treuhand	1	Big6	Big6	Deutsche Bank	n.a.
Böwe Systec AG	0.00	75.00	Arthur Andersen	0	Big6	Big6	Deutsche Bank	n.a.
Sto AG (VZ)	72.00	72.00	Schitag Schwäbische Treuhand	0	Big6	Big6	Deutsche Bank	n.a.
Rheiner Moden AG	50.00	50.00	WP Dipl.-Kfm. Willi Hartmann u. Dipl.-Kfm. W. Beermann, Rheine	0	klein	klein	BHF Bank	n.a.

IPO-Unternehmen	IPO-Datum	Marktsegment	Branche	Bookbuildingspanne von bis	Emissionspreis	1. Kurs	1. Kassakurs	UP (0, 1)	20. Kassakurs	UP (0, 20)	Verlust aus UP in %	Emissionsvolumen in T€
Röder Zeltsysteme und Service AG	23.06.1992	GM	A	Festpreis	435 DM	436 DM	436 DM	0.23%	417 DM	-4.14%	0.11%	62'275
Tiptel AG	01.07.1992	GM	A	Festpreis	345 DM	345 DM	345 DM	0.00%	337 DM	-2.32%	0.00%	37'219
MD Bau Holding AG	28.07.1992	GM	A	Festpreis	325 DM	325 DM	325 DM	0.00%	320 DM	-1.54%	0.00%	19'940
CeWe Color Holding AG	25.03.1993	GM	A	Festpreis	335 DM	339 DM	339 DM	1.19%	331 DM	-1.19%	0.39%	34'257
Wayss & Freytag AG	28.06.1993	AH	A	Festpreis	580 DM	587 DM	587 DM	1.21%	586 DM	1.03%	0.29%	71'172
Plettac AG	08.07.1993	AH	A	Festpreis	380 DM	394 DM	394 DM	3.68%	418 DM	10.00%	1.51%	58'287
Heilit & Woerner Bau-AG (ST/VZ)	29.09.1993	AH	A	Festpreis	625 DM	625 DM	625 DM	0.00%	630 DM	0.80%	0.00%	170'799
Windhoff AG	12.10.1993	GM	A	Festpreis	375 DM	405 DM	405 DM	8.00%	451 DM	20.27%	3.21%	15'339
Hornbach Baumarkt AG	15.11.1993	AH	A	Festpreis	890 DM	1'005 DM	1'005 DM	12.92%	1'040 DM	16.85%	2.78%	136'515
Elektra Beckum AG	18.11.1993	GM	A	Festpreis	325 DM	398 DM	398 DM	22.46%	386 DM	18.77%	8.52%	26'587
BIEN-Haus AG	05.05.1994	AH	A	Festpreis	580 DM	626 DM	626 DM	7.93%	680 DM	17.24%	3.98%	29'062
M.A.X. Holding AG	27.05.1994	GM	A	Festpreis	340 DM	355 DM	355 DM	4.41%	325 DM	-4.41%	1.68%	20'861
Schaltbau AG	22.06.1994	GM	A	Festpreis	250 DM	250 DM	250 DM	0.00%	253 DM	1.20%	0.00%	51'129
Rolf Benz AG (VZ)	05.07.1994	GM	A	Festpreis	360 DM	366 DM	366 DM	1.67%	362.5 DM	0.69%	0.47%	14'725
MHM Mode Holding München AG	12.07.1994	GM	A	Festpreis	470 DM	470 DM	470 DM	0.00%	464 DM	-1.28%	0.00%	28'356
Berentzen-Gruppe AG (VZ)	14.07.1994	GM	A	Festpreis	345 DM	352 DM	352 DM	2.03%	349 DM	1.16%	0.80%	45'863
Ballmaier & Schultz Wertpapier AG	01.08.1994	GM	A	Festpreis	295 DM	295 DM	295 DM	0.00%	298 DM	1.02%	0.00%	6'033
Fielmann AG (VZ)	15.09.1994	AH	A	Festpreis	44.5 DM	50 DM	50 DM	12.36%	52 DM	16.85%	3.23%	116'379
Hannover Rückversicherungs-AG	30.11.1994	AH	V	Festpreis	75 DM	74.5 DM	75.4 DM	0.53%	71.5 DM	-4.67%	-0.19%	270'812
SERO Entsorgung AG	14.03.1995	GM	A	Festpreis	22.5 DM	24 DM	24 DM	6.67%	23.5 DM	4.44%	0.69%	6'902

IPO-Unternehmen	Organ-mitgl. nach IPO	Altak-tionäre nach IPO	Prüfer des letzten ordentlichen Abschlusses bzw. Konzernabschlusses vor dem IPO	Prüfer-wechsel	WP-Gruppe 1	WP-Gruppe 2	Konsortialführer	Konsorti-alvergü-tung in %
Röder Zeltsysteme und Service AG	54.84	54.84	KPMG Peat Marwick Treuhand GmbH	kg	Big6	Big6	DG Bank	4.27
Tiptel AG	57.80	57.80	Warth & Klein GmbH	n.a.	SecTier	SecTier	WestLB	n.a.
MD Bau Holding AG	16.66	66.67	RRB Revision und Treuhand GmbH, München	kk	klein	klein	BHF Bank	n.a.
CeWe Color Holding AG	45.62	75.00	Commerzial Treuhand GmbH	0	klein	klein	BHF Bank	n.a.
Wayss & Freytag AG	0.00	80.65	C&L Treuhand-Vereinigung Dt. Revision AG	0	Big6	Big6	BHF Bank	4.53
Plettac AG	54.85	66.67	WP Dipl-Kfm. Friedhelm Köhle	0	klein	klein	Deutsche Bank	4.61
Heilit & Woerner Bau-AG (ST/VZ)	62.80	64.72	Dr. Schmitt, Sommer, Brühmüller	0	klein	klein	Bayerische Vereinsbank	4.79
Windhoff AG	66.67	66.67	KPMG	0	Big6	Big6	Trinkaus & Burkhardt	4
Hornbach Baumarkt AG	80.00	80.00	Dr. Fluch & Partner	0	klein	klein	BHF Bank	5.28
Elektra Beckum AG	60.00	60.00	RTG Rinke Treuhand GmbH	0	klein	klein	Commerzbank	n.a.
BIEN-Haus AG	60.16	60.16	Dr. Nebe und Partner GmbH	0	klein	klein	DG Bank	4.4
M.A.X. Holding AG	58.00	66.67	RRB Revision und Treuhand GmbH, München	0	klein	klein	Bayerische Hypothekenbank	n.a.
Schaltbau AG	60.00	60.00	WEDIT	0	Big6	Big6	Deutsche Bank	n.a.
Rolf Benz AG (VZ)	75.00	75.00	Häring, Dr. Hällfritzsch Wirtschaftsprüfer	0	klein	klein	Deutsche Bank	n.a.
MHM Mode Holding München AG	17.00	73.18	AWT Allgemeine Wirtschaftstreuhand GmbH	0	SecTier	SecTier	Bayerische Hypothe-ken- und Wechselbank	n.a.
Berentzen-Gruppe AG (VZ)	67.50	67.50	Treuhand und Wirtschaftsberatung GmbH, Düsseldorf	0	klein	klein	DG Bank	4.12
Ballmaier & Schultz Wertpapier AG	66.67	66.67	WP Brigitte Kreß, Zierenberg	0	klein	klein	American Express Bank GmbH	n.a.
Fielmann AG (VZ)	75.64	75.64	Susat & Partner oHG	ks	SecTier	SecTier	WestLB	4.21
Hannover Rückversicherungs-AG	0.00	75.02	KPMG	0	Big6	Big6	Commerzbank	4.12
SERO Entsorgung AG	90.00	90.00	WP Dipl.Kfm. Manfred Günnewig, Münster (Fischer und Günnewig)	0	klein	klein	Landesbank Sachsen	5.93

IPO-Unternehmen	IPO-Datum	Markt-segment	Branche	Bookbuilding-spanne von	bis	Emissionspreis	1. Kurs	1. Kassakurs	UP (0, 1)	20. Kassakurs	UP (0, 20)	Verlust aus UP in %	Emissionsvolumen in T€
Hucke AG	30.03.1995	AH	A	23 DM	26 DM	23 DM	23.3 DM	23.3 DM	1.30%	22.6 DM	-1.74%	0.73%	39'983
SGL Carbon AG	07.04.1995	AH	A	55 DM	66 DM	55 DM	55.5 DM	55.5 DM	0.91%	60 DM	9.09%	0.28%	157'935
burgbad AG (VZ)	08.05.1995	GM	A	Festpreis		24.5 DM	25 DM	25 DM	2.04%	25.5 DM	4.08%	1.20%	17'537
SKW Trostberg AG	24.05.1995	AH	A	27 DM	31 DM	29 DM	29.3 DM	29.3 DM	1.03%	29 DM	0.00%	1.01%	465'582
Apcoa Parking AG	01.06.1995	GM	A	67 DM	77 DM	71 DM	77.5 DM	77.5 DM	9.15%	72.7 DM	2.39%	8.32%	44'468
Schwarz Pharma AG	19.06.1995	AH	A	49 DM	56 DM	53 DM	57.1 DM	57.1 DM	7.74%	61.8 DM	16.60%	1.98%	134'083
Kiekert AG	28.06.1995	AH	A	52.5 DM	60 DM	57 DM	59.4 DM	59.4 DM	4.21%	67.4 DM	18.25%	1.29%	93'260
Tarkett AG	29.06.1995	AH	A	28 DM	32 DM	32 DM	36 DM	36 DM	12.50%	38.65 DM	20.78%	3.11%	122'710
Friatec AG	24.07.1995	GM	A	Festpreis		32 DM	33.4 DM	33.4 DM	4.38%	32 DM	0.00%	1.38%	65'445
Alno AG	27.07.1995	AH	A	Festpreis		59 DM	59.5 DM	59.5 DM	0.85%	58.5 DM	-0.85%	0.44%	93'515
Mühl Product & Service und Thüringer Baustoffhandel AG	25.08.1995	GM	A	Festpreis		13 DM	23 DM	23 DM	76.92%	22 DM	69.23%	8.64%	6'647
Indus Holding AG	13.09.1995	GM	A	25 DM	29 DM	29 DM	33.2 DM	33.2 DM	14.48%	30 DM	3.45%	2.18%	31'138
Praktiker Bau- und Heimwerkermärkte AG	22.09.1995	AH	A	41 DM	48 DM	47 DM	49.5 DM	49.5 DM	5.32%	45.45 DM	-3.30%	0.75%	236'702
Merck KGaA	20.10.1995	AH	A	46 DM	56 DM	54 DM	56.8 DM	56.8 DM	5.19%	61.75 DM	14.35%	1.19%	897'500
Creaton AG (VZ)	09.11.1995	GM	A	Festpreis		42 DM	42 DM	42 DM	0.00%	34.5 DM	-17.86%	0.00%	56'106
eff-eff Fr. Fuss GmbH & Co. KGaA	16.11.1995	GM	A	Festpreis		53 DM	57.1 DM	57.1 DM	7.74%	53 DM	0.00%	2.45%	51'487
adidas AG	17.11.1995	AH	A	59 DM	68 DM	68 DM	74.2 DM	74.2 DM	9.12%	74.7 DM	9.85%	5.78%	1'091'537
MVS Miete Vertrieb Service AG	30.11.1995	AH	A	22 DM	26 DM	24 DM	24 DM	24 DM	0.00%	24 DM	0.00%	0.00%	40'903
Brüder Mannesmann AG	03.06.1996	GM	A	Festpreis		19 DM	19.9 DM	19.9 DM	4.74%	21 DM	10.53%	3.32%	14'572

IPO-Unternehmen	Organ-mitgl. nach IPO	Altak-tionäre nach IPO	Prüfer des letzten ordentlichen Abschlusses bzw. Konzernabschlusses vor dem IPO	Prüfer-wechsel	WP-Gruppe 1	WP-Gruppe 2	Konsortialführer	Konsorti-alvergü-tung in %
Hucke AG	7.44	55.84	Sozietät Dr. von der Hardt, Troost, Larink, Lendowsky, Horstmann, Münster	0	klein	klein	Deutsche Bank	n.a.
SGL Carbon AG	0.00	73.17	KPMG	0	Big6	Big6	Dresdner Bank	n.a.
burgbad AG (VZ)	56.25	56.25	Warth & Klein GmbH	ks	SecTier	SecTier	WestLB	4.13
SKW Trostberg AG	0.00	50.16	C&L Treuarbeit Deutsche Revision AG	0	Big6	Big6	Deutsche Bank	4.26
Apcoa Parking AG	6.40	33.43	Grant Thornton/Price Waterhouse	n.a.	Big6	Big6	Trinkaus & Burkhardt/ S.G. Warburg & Co.	5.54
Schwarz Pharma AG	78.05	78.05	WEDIT	0	Big6	Big6	Deutsche Bank	4.4
Kiekert AG	71.90	71.93	KPMG	0	Big6	Big6	Deutsche Bank	5.36
Tarkett AG	3.34	77.61	KPMG	1	Big6	Big6	Deutsche Bank/ Goldman Sachs	5
Friatec AG	0.00	75.00	Dr. Glade, König und Partner	kk	klein	klein	Commerzbank	n.a.
Alno AG	60.26	60.26	Dr. Ebner, Dr. Stolz und Partner/Ulmer Wirtschaftsprüfungsgesellschaft mbH	ks(0,5)	SecTier	SecTier	Commerzbank	4.33
Mühl Product & Service und Thüringer Baustoffhandel AG	64.28	82.14	C&L Treuhand-Vereinigung Dt. Revision AG	0	Big6	Big6	WestLB	5.38
Indus Holding AG	59.08	84.44	Treuhand- und Revisions-AG Niederrhein	0	Big6	Big6	WestLB	5.29
Praktiker Bau- und Heimwerkermärkte AG	10.00	85.08	C&L Treuhand-Vereinigung Dt. Revision AG	0	Big6	Big6	Deutsche Bank	n.a.
Merck KGaA	80.30	80.30	KPMG	0	Big6	Big6	Dresdner Bank/ Schweizerische Bankgesellschaft	n.a.
Creaton AG (VZ)	62.68	62.68	WP Dipl.-Kfm. Herbert G. Brauner, Bamberg	kk	klein	klein	Dresdner Bank	4.17
eff-eff Fr. Fuss GmbH & Co. KGaA	70.77	70.77	RWT Reutlinger Wirtschaftstreuhand GmbH	1	klein	klein	Dresdner Bank	4.15
adidas AG	30.49	30.77	KPMG/Ernst & Young	gg(0,5)	Big6	Big6	Dresdner Bank/ Schweizerische Bankgesellschaft	n.a.
MVS Miete Vertrieb Service AG	75.00	75.00	C&L Treuhand-Vereinigung Dt. Revision AG	kg	Big6	Big6	Bankgesellschaft Berlin	4.88
Brüder Mannesmann AG	50.00	50.00	W+ST Müller, Reiffer, Klaus & Partner GmbH	1	klein	klein	WestLB	4.74

IPO-Unternehmen	IPO-Datum	Markt-segment	Branche	Bookbuilding-spanne von	bis	Emissionspreis	1. Kurs	1. Kassakurs	UP (0, 1)	20. Kassakurs	UP (0, 20)	Verlust aus UP in %	Emissionsvolumen in T€
Eurobike AG	27.06.1996	AH	A	26 DM	29 DM	29 DM	31.5 DM	31.5 DM	8.62%	29.1 DM	0.34%	9.42%	79'119
Grammer AG	15.07.1996	AH	A	25 DM	29 DM	28 DM	28.2 DM	28.2 DM	0.71%	25 DM	-10.71%	0.33%	28'632
LEICA CAMERA AG	19.09.1996	AH	A	40 DM	47 DM	47 DM	53.1 DM	53.1 DM	12.98%	50.5 DM	7.45%	11.06%	85'694
Gardena Holding AG (VZ)	27.09.1996	GM	A	34 DM	38 DM	38 DM	40.5 DM	40.5 DM	6.58%	38 DM	0.00%	0.68%	22'149
Bertrandt AG	01.10.1996	GM	A	32 DM	39 DM	39 DM	50 DM	50 DM	28.21%	47 DM	20.51%	7.82%	17'946
Lösch Umweltschutz AG	07.10.1996	GM	A	22 DM	25 DM	25 DM	26.9 DM	26.9 DM	7.60%	23.5 DM	-6.00%	2.30%	25'565
Grundstücks-und Baugesellschaft AG	11.10.1996	GM	A	Festpreis		28.5 DM	30 DM	30 DM	5.26%	30.2 DM	5.96%	1.23%	14'572
Sanacorp Pharmahandel AG (VZ)	25.10.1996	AH	A	30 DM	35 DM	35 DM	43 DM	43 DM	22.86%	48.5 DM	38.57%	5.84%	35'790
Deutsche Telekom AG	18.11.1996	AH	A	25 DM	30 DM	28.5 DM	33.2 DM	33.2 DM	16.49%	31.6 DM	10.88%	4.74%	10'399'907
RINOL AG	03.12.1996	GM	A	Festpreis		33.5 DM	36 DM	36 DM	7.46%	34 DM	1.49%	3.72%	37'682
MobilCom AG	10.03.1997	NM	A	52.5 DM	62.5 DM	62.5 DM	95 DM	95 DM	52.00%	132 DM	111.20%	7.59%	20'452
K&M Möbel AG	25.04.1997	AH	A	18 DM	23 DM	20 DM	20.25 DM	20.25 DM	1.25%	18.1 DM	-9.50%	1.28%	64'546
BHW Holding AG	28.04.1997	AH	B	22 DM	28 DM	26 DM	28 DM	28 DM	7.69%	29.95 DM	15.19%	2.49%	717'854
H.I.S. sportswear AG	29.04.1997	AH	A	33 DM	40 DM	39 DM	41.5 DM	41.5 DM	6.41%	43.6 DM	11.79%	2.86%	42'274
Beta Systems Software AG	30.06.1997	NM	A	85 DM	100 DM	100 DM	215 DM	215 DM	115.00%	165 DM	65.00%	41.54%	57'623
ProSieben Media AG (VZ)	07.07.1997	AH	A	66 DM	72 DM	72 DM	87 DM	87 DM	20.83%	83 DM	15.28%	9.16%	644'228
Saltus Technology AG	14.07.1997	NM	A	32 DM	37 DM	37 DM	59.5 DM	59.5 DM	60.81%	57.1 DM	54.32%	26.95%	15'134
Mensch und Maschine Software AG	21.07.1997	NM	A	38 DM	45 DM	45 DM	60 DM	60 DM	33.33%	118.5 DM	163.33%	6.76%	10'579
R. STAHL AG	21.07.1997	GM	A	30 DM	35 DM	35 DM	36 DM	36 DM	2.86%	37.8 DM	8.00%	1.31%	42'949

IPO-Unternehmen	Organ-mitgl. nach IPO	Altak-tionäre nach IPO	Prüfer des letzten ordentlichen Abschlusses bzw. Konzernabschlusses vor dem IPO	Prüfer-wechsel	WP-Gruppe 1	WP-Gruppe 2	Konsortialführer	Konsorti-alvergü-tung in %
Eurobike AG	1.80	4.71	Price Waterhouse	0	Big6	Big6	Goldman Sachs/WestLB	4.83
Grammer AG	67.14	67.14	Ernst & Young	0	Big6	Big6	Deutsche Bank	5
LEICA CAMERA AG	5.50	20.76	Price Waterhouse	gg(0,5)	Big6	Big6	UBS/WestLB	4.26
Gardena Holding AG (VZ)	90.00	90.00	Arthur Andersen	0	Big6	Big6	Dresdner Bank	4.16
Bertrandt AG	63.30	70.00	Dr. Lipfert GmbH	n.a.	SecTier	SecTier	Bayerische Vereinsbank	4.27
Lösch Umweltschutz AG	68.00	75.00	SOCIETÄTS Treuhand GmbH	kk	klein	klein	Dresdner Bank	4.6
Grundstücks-und Baugesellschaft AG	0.00	80.00	Verband Baden-Württ. Wohnungsuntern. e.V.	0	klein	klein	Baden-Württem-bergische Bank	4.56
Sanacorp Pharmahandel AG (VZ)	0.00	75.00	Genossenschafts-Treuhand Bayern GmbH	1	klein	klein	DG Bank	n.a.
Deutsche Telekom AG	0.00	73.99	C&L Treuarbeit Deutsche Revision AG	0	Big6	Big6	Deutsche Bank/ Dresdner Bank/ Goldman Sachs	2.62
RINOL AG	56.40	60.71	C&L	0	Big6	Big6	Bayerische Vereinsbank	4.48
MobilCom AG	70.00	80.00	C&L	0	Big6	Big6	DG Bank	n.a.
K&M Möbel AG	8.50	33.53	Arthur Andersen	kg(0,5)	Big6	Big6	UBS/WestLB	4
BHW Holding AG	0.00	70.00	Deutsche Baurevision AG	0	Big6	Big6	Deutsche Bank/ Dresdner Bank/Credit Suisse First Boston	4
H.I.S. sportswear AG	0.00	52.47	BDO	0	Big6	Big6	Commerzbank	n.a.
Beta Systems Software AG	28.57	37.39	WP Joachim Saßnik, Berlin/KPMG	kg(0,5)	Big6	Big6	Deutsche Bank	6.27
ProSieben Media AG (VZ)	30.00	50.00	KPMG	kg	Big6	Big6	BHF Bank/ HypoVereinsbank/ Salomon Brothers	3.61
Saltus Technology AG	50.70	50.62	K/S/R Treuhand und Revision, Ennepetal	0	klein	Big6	DG Bank	5.07
Mensch und Maschine Software AG	69.80	75.80	Ernst & Young	0	Big6	Big6	DG Bank	3.87
R. STAHL AG	54.61	62.73	Schitag E&Y	0	Big6	Big6	Dresdner Bank	4.49

IPO-Unternehmen	IPO-Datum	Markt-segment	Branche	Bookbuilding-spanne von	bis	Emissionspreis	1. Kurs	1. Kassakurs	UP (0, 1)	20. Kassakurs	UP (0, 20)	Verlust aus UP in %	Emissionsvolumen in T€
Refugium Holding AG	25.08.1997	NM	A	20 DM	25 DM	25 DM	35.5 DM	35.5 DM	42.00%	27 DM	8.00%	7.52%	20'452
Sachsenring Automobiltechnik AG	02.10.1997	NM	A	21 DM	25 DM	25 DM	29.5 DM	29.5 DM	18.00%	37.1 DM	48.40%	5.30%	29'783
UZIN UTZ AG	14.10.1997	GM	A	40 DM	46 DM	45 DM	46 DM	46 DM	2.22%	36.8 DM	-18.22%	0.77%	27'886
Beru AG	20.10.1997	AH	A	33 DM	38 DM	37.5 DM	40 DM	40 DM	6.67%	36.5 DM	-2.67%	4.57%	76'694
Marbert AG	20.10.1997	GM	A	40 DM	45 DM	45 DM	49.5 DM	49.5 DM	10.00%	41.9 DM	-6.89%	5.68%	45'878
Schlott AG	28.10.1997	AH	A	38 DM	43 DM	39.5 DM	37.5 DM	37.5 DM	-5.06%	31.7 DM	-19.75%	-4.16%	32'314
EM.TV & Merchandising AG	30.10.1997	NM	A	28 DM	34 DM	34 DM	35.5 DM	35.5 DM	4.41%	42 DM	23.53%	1.67%	10'430
AIXTRON AG	06.11.1997	NM	A	84 DM	100 DM	100 DM	142 DM	142 DM	42.00%	204.5 DM	104.50%	13.77%	51'129
Wesumat Holding AG	12.11.1997	AH	A	26 DM	30 DM	26 DM	25 DM	25 DM	-3.85%	23 DM	-11.54%	-7.24%	47'944
DIS Deutscher Industrie Service AG	21.11.1997	AH	A	43 DM	52 DM	51 DM	55 DM	55 DM	7.84%	75.5 DM	48.04%	3.61%	52'152
Singulus Technologies AG	25.11.1997	NM	A	68 DM	83 DM	82 DM	82.5 DM	82.5 DM	0.61%	75.1 DM	-8.41%	0.47%	171'085
Heidelberger Druckmaschinen AG	08.12.1997	AH	A	82 DM	97 DM	96 DM	100 DM	100 DM	4.17%	97.4 DM	1.46%	0.71%	438'713
technotrans AG	10.03.1998	NM	A	60 DM	67 DM	67 DM	210 DM	210 DM	213.43%	188 DM	180.60%	40.70%	37'682
Kling, Jelko, Dr. Dehmel Wertpapierdienstleistungs AG	17.03.1998	GM	A	Festpreis		100 DM	240 DM	240 DM	140.00%	505 DM	405.00%	16.07%	20'380
1&1 Aktiengesellschaft & Co. KGaA	23.03.1998	NM	A	70 DM	80 DM	80 DM	240 DM	240 DM	200.00%	225 DM	181.25%	23.38%	61'195
Gesco Industrie Holding AG	24.03.1998	AH	A	36 DM	42 DM	42 DM	44 DM	44 DM	4.76%	42.3 DM	0.71%	4.86%	35'647
Hunzinger Information AG	30.03.1998	NM	A	95 DM	110 DM	110 DM	295 DM	295 DM	168.18%	299.5 DM	172.27%	19.54%	8'436
transtec AG	03.04.1998	NM	A	54 DM	71 DM	71 DM	195 DM	195 DM	174.65%	146 DM	105.63%	22.08%	41'021
Kamps AG	08.04.1998	AH	A	42 DM	49 DM	49 DM	52 DM	52 DM	6.12%	49 DM	0.00%	4.79%	80'978
Drillisch AG	22.04.1998	NM	A	75 DM	86 DM	86 DM	330 DM	419 DM	387.21%	307 DM	256.98%	26.00%	26'383
CE Computer Equipment AG	27.04.1998	NM	A	85 DM	98 DM	98 DM	400 DM	290 DM	195.92%	215.5 DM	119.90%	29.03%	18'038

IPO-Unternehmen	Organ-mitgl. nach IPO	Altak-tionäre nach IPO	Prüfer des letzten ordentlichen Abschlusses bzw. Konzernabschlusses vor dem IPO	Prüfer-wechsel	WP-Gruppe 1	WP-Gruppe 2	Konsortialführer	Konsorti-alvergü-tung in %
Refugium Holding AG	56.32	77.14	WP W. Sauerland, R. Rybka, Köln	kk	klein	klein	Gontard	6.75
Sachsenring Automobiltechnik AG	50.72	72.26	Schitag E&Y	n.a.	Big6	Big6	Dresdner Bank	n.a.
UZIN UTZ AG	55.00	69.70	BDO Leonberger Treuhand GmbH	0	Big6	Big6	DG Bank	4.13
Beru AG	25.94	56.60	Bayerische Treuhandgesellschaft AG	0	Big6	Big6	Deutsche Bank	4.33
Marbert AG	60.12	57.81	Arthur Andersen	gg	Big6	Big6	Dresdner Bank	4.26
Schlott AG	17.50	42.50	RIP Prüfungs-und Beratungs-GmbH	0	klein	klein	Deutsche Bank	4.11
EM.TV & Merchandising AG	70.00	70.00	Price Waterhouse	0	Big6	Big6	WestLB	6.47
AIXTRON AG	27.00	60.00	WEDIT	kg	Big6	Big6	Dresdner Bank	4.8
Wesumat Holding AG	7.70	19.87	Price Waterhouse	gg(0,5)+ kg(0,5)	Big6	Big6	WestLB	4.39
DIS Deutscher Industrie Service AG	54.55	54.55	C&L	0	Big6	Big6	Deutsche Bank/UBS	4.5
Singulus Technologies AG	9.90	21.79	Arthur Andersen	1	Big6	Big6	Deutsche Bank	n.a.
Heidelberger Druckmaschinen AG	0.00	84.89	C&L	0	Big6	Big6	Commerzbank	4.06
technotrans AG	8.73	45.00	KPMG	0	Big6	Big6	Dresdner Bank	4.5
Kling, Jelko, Dr. Dehmel Wertpapierdienstleistungs AG	70.29	73.07	WP Michael Zacharias, Wiesbaden	n.a.	klein	klein	Kling, Jelko, Dr. Dehmel	Eigen-emission
1&1 Aktiengesellschaft & Co. KGaA	58.42	66.00	Arthur Andersen	0	Big6	Big6	Bank J. Vontobel	5.25
Gesco Industrie Holding AG	6.80	32.31	Dr. Breidenbach, Dr. Güldenagel u. Partner, Wuppertal	kk	klein	klein	Deutsche Bank	5.36
Hunzinger Information AG	50.00	70.00	BDO	1	Big6	Big6	Gontard	5.91
transtec AG	63.80	66.76	Dr. Ebner, Dr. Stolz und Partner	0	SecTier	SecTier	Bayerische Vereinsbank	5.36
Kamps AG	11.84	32.56	C&L	gg	Big6	Big6	WestLB/Merill Lynch	5.01
Drillisch AG	66.70	66.67	WP Heribert Meurer, Köln	0	klein	Big6	BHF Bank/WestLB	7.11
CE Computer Equipment AG	64.00	64.00	WPU Wirtschaftsprüfung Union GmbH/C&L	kg(0,5)	Big6	Big6	DG Bank	5.39

IPO-Unternehmen	IPO-Datum	Markt-segment	Bran-che	Bookbuilding-spanne von	bis	Emissi-onspreis	1. Kurs	1. Kas-sakurs	UP (0, 1)	20. Kas-sakurs	UP (0, 20)	Verlust aus UP in %	Emissi-onsvolu-men in T€
W.E.T. Automotive Systems AG	28.04.1998	NM	A	47 DM	54 DM	54 DM	84 DM	76 DM	40.74%	101.9 DM	88.70%	13.39%	27'798
Augusta Beteiligungs-AG	05.05.1998	NM	A	55 DM	65 DM	65 DM	140 DM	115 DM	76.92%	137.5 DM	111.54%	30.30%	66'468
CENIT AG	06.05.1998	NM	A	100 DM	125 DM	125 DM	240 DM	225 DM	80.00%	313 DM	150.40%	22.72%	25'565
Concord Effekten AG	06.05.1998	GM	A	70 DM	90 DM	90 DM	225 DM	225 DM	150.00%	281 DM	212.22%	16.67%	9'203
Kinowelt Medien AG	12.05.1998	NM	A	47 DM	55 DM	55 DM	130 DM	143 DM	160.00%	302 DM	449.09%	13.81%	28'121
Winkler + Dünnebier AG	13.05.1998	AH	A	80 DM	88 DM	88 DM	90 DM	90 DM	2.27%	82.1 DM	-6.70%	2.21%	226'362
A.S Creation Tapeten AG	18.05.1998	AH	A	55 DM	67 DM	64 DM	64.3 DM	64.3 DM	0.47%	57 DM	-10.94%	0.19%	28'231
Ludwig Beck am Rathauseck-Textilhaus Feldmeier AG	18.05.1998	AH	A	28 DM	34 DM	34 DM	34.5 DM	34.5 DM	1.47%	30.6 DM	-10.00%	0.93%	32'719
HAWESKO Holding AG	28.05.1998	AH	A	79 DM	92 DM	87 DM	87.8 DM	87.8 DM	0.92%	87.5 DM	0.57%	0.62%	133'091
ELSA AG	15.06.1998	NM	A	108 DM	123 DM	123 DM	220 DM	224.5 DM	82.52%	180.5 DM	46.75%	9.93%	44'022
Jenoptik AG	16.06.1998	AH	A	28 DM	34 DM	34 DM	45.3 DM	45.3 DM	33.24%	53.5 DM	57.35%	17.67%	394'443
Interseroh AG	22.06.1998	GM	A	23 DM	27 DM	27 DM	26.7 DM	26.7 DM	-1.11%	22.65 DM	-16.11%	-1.14%	67'920
ce CONSUMER ELECTRONIC AG	23.06.1998	NM	A	95 DM	105 DM	105 DM	300 DM	285 DM	171.43%	176.2 DM	67.81%	18.64%	21'474
TDS Informationstechnologie AG	26.06.1998	NM	A	47 DM	52 DM	52 DM	110 DM	110 DM	111.54%	129.8 DM	149.62%	14.73%	27'917
euromicron AG	29.06.1998	NM	A	64 DM	79 DM	79 DM	90 DM	80 DM	1.27%	69.6 DM	-11.90%	3.95%	48'470
TELES AG	30.06.1998	NM	A	78 DM	90 DM	90 DM	136 DM	139 DM	54.44%	132.15 DM	46.83%	8.63%	75'927
TelDaFax AG	01.07.1998	NM	A	45 DM	52 DM	52 DM	64 DM	57 DM	9.62%	68 DM	30.77%	5.37%	257'782
Norddeutsche Affinerie AG	07.07.1998	AH	A	22 DM	26 DM	25 DM	25.5 DM	25.5 DM	2.00%	24.3 DM	-2.80%	1.57%	286'323
INFOMATEC Integrated Information Systems AG	08.07.1998	NM	A	47 DM	53 DM	53 DM	62 DM	72 DM	35.85%	121.5 DM	129.25%	3.95%	25'473
Mühlbauer Holding AG & Co. KGaA	10.07.1998	NM	A	86 DM	96 DM	96 DM	130 DM	123.5 DM	28.65%	163.2 DM	70.00%	6.10%	72'644

IPO-Unternehmen	Organ-mitgl. nach IPO	Altak-tionäre nach IPO	Prüfer des letzten ordentlichen Abschlusses bzw. Konzernabschlusses vor dem IPO	Prüfer-wechsel	WP-Gruppe 1	WP-Gruppe 2	Konsortialführer	Konsorti-alvergü-tung in %
W.E.T. Automotive Systems AG	66.70	68.54	Allrevision Allgemeine Revisions-und Beratungsgesellschaft, München	0	klein	Big6	BHF Bank	5.32
Augusta Beteiligungs-AG	30.04	50.00	Steinke-Senger-Haas, Hannover	kk	klein	klein	Bayerische Vereinsbank	5.15
CENIT AG	60.00	60.00	WP Hubert Leypoldt, Dettingen	kk	klein	klein	Baden-Württem-bergische Bank	5
Concord Effekten AG	75.00	75.00	WP R. Kugelstadt	0	klein	klein	Metallbank	3.89
Kinowelt Medien AG	74.21	78.26	Arthur Andersen	n.a.	Big6	Big6	BHF Bank	5.09
Winkler + Dünnebier AG	4.30	6.70	Price Waterhouse	kg	Big6	Big6	Trinkaus & Burkhardt	4.82
A.S Creation Tapeten AG	47.90	66.17	BTR Beratung und Treuhand Ring, B. Müller + Partner GmbH	0	klein	klein	Deutsche Bank	4.38
Ludwig Beck am Rathauseck-Textilhaus Feldmeier AG	4.13	35.58	AWT Allgemeine Wirtschaftstreuhand GmbH	0	SecTier	SecTier	Morgan Stanley	4.93
HAWESKO Holding AG	32.00	32.00	Susat & Partner oHG	0	SecTier	SecTier	Deutsche Bank	4.18
ELSA AG	78.57	80.00	Arthur Andersen	kg	Big6	Big6	Dresdner Bank	4.36
Jenoptik AG	7.54	38.68	KPMG	0	Big6	Big6	Goldman Sachs/ Commerzbank/Landes-bank Thüringen	4
Interseroh AG	n.a.	50.00	Bachem Fervers Janssen Mehrhoff GmbH	kk	klein	klein	WestLB	4.37
ce CONSUMER ELECTRONIC AG	56.77	73.33	BDO	kg	Big6	Big6	Bayerische Vereinsbank	6.19
TDS Informationstechnologie AG	32.13	75.05	Heilbronner Treuhand GmbH	kg	Big6	Big6	Dresdner Bank	4.66
euromicron AG	0.00	71.67	KPMG	n.a.+kg	Big6	Big6	DG Bank	4.54
TELES AG	56.20	75.74	C&L	0	Big6	Big6	Sal. Oppenheim	3.83
TelDaFax AG	37.14	71.34	BDO	1	Big6	Big6	Goldman Sachs	4.39
Norddeutsche Affinerie AG	0.00	20.00	KPMG	0	Big6	Big6	Deutsche Bank	4.02
INFOMATEC Integrated Information Systems AG	77.84	77.84	Haarmann, Hemmelrath & Partner	0	SecTier	SecTier	WestLB	6.15
Mühlbauer Holding AG & Co. KGaA	79.84	79.84	Grant Thornton/Männer, Hartmann & Partner, Regensburg	ks(0,5)	SecTier	SecTier	Dresdner Bank	5.56

IPO-Unternehmen	IPO-Datum	Markt-segment	Branche	Bookbuilding-spanne von	bis	Emissionspreis	1. Kurs	1. Kassakurs	UP (0, 1)	20. Kassakurs	UP (0, 20)	Verlust aus UP in %	Emissionsvolumen in T€
INTERSHOP Communications AG	16.07.1998	NM	A	80 DM	100 DM	100 DM	260 DM	242 DM	142.00%	225 DM	125.00%	23.03%	92'033
CinemaxX AG	20.07.1998	AH	A	42 DM	48 DM	48 DM	49.5 DM	49.5 DM	3.13%	58.5 DM	21.88%	0.76%	56'447
HÖFT & WESSEL AG	20.07.1998	NM	A	125 DM	140 DM	140 DM	192.5 DM	187 DM	33.57%	183.5 DM	31.07%	6.68%	32'211
SoftM Software und Beratung AG	21.07.1998	NM	A	55 DM	62 DM	62 DM	74 DM	90.5 DM	45.97%	71.9 DM	15.97%	6.47%	16'535
HWAG Hanseatisches Wertpapierhandelshaus AG	28.07.1998	GM	A	67 DM	75 DM	75 DM	205 DM	205 DM	173.33%	141 DM	88.00%	17.45%	11'504
plenum AG	03.08.1998	NM	A	70 DM	78 DM	78 DM	125.5 DM	136.2 DM	74.62%	105 DM	34.62%	15.50%	22'318
Stratec Biomedical Systems AG	25.08.1998	GM	A	42 DM	52 DM	52 DM	95 DM	95 DM	82.69%	94.2 DM	81.15%	4.79%	2'659
PSI AG	31.08.1998	NM	A	37.5 DM	46.5 DM	46.5 DM	55 DM	56.8 DM	22.15%	80 DM	72.04%	5.18%	51'580
edel music AG	02.09.1998	NM	A	82 DM	98 DM	98 DM	101 DM	110 DM	12.24%	105 DM	7.14%	0.81%	44'919
Lintec Computer AG	07.09.1998	NM	A	60 DM	70 DM	70 DM	74 DM	74 DM	5.71%	54 DM	-22.86%	2.12%	15'748
Allebecon AG	08.09.1998	AH	A	51 DM	59 DM	59 DM	65 DM	65 DM	10.17%	65 DM	10.17%	3.44%	22'926
Curtis 1000 Europe AG	08.09.1998	GM	A	17 DM	21 DM	18 DM	18.3 DM	18.3 DM	1.67%	11 DM	-38.89%	0.95%	11'964
Deutsche Entertainment AG	14.09.1998	NM	A	57 DM	69 DM	69 DM	72 DM	70 DM	1.45%	43 DM	-37.68%	1.80%	24'437
Heyde AG	14.09.1998	NM	A	65 DM	76 DM	76 DM	90 DM	94 DM	23.68%	56 DM	-26.32%	4.95%	20'571
Kässbohrer Geländefahrzeug AG	15.09.1998	AH	A	32 DM	38 DM	32 DM	31 DM	30.1 DM	-5.94%	23 DM	-28.13%	-1.94%	40'903
BROKAT Infosystems AG	17.09.1998	NM	A	53 DM	64 DM	64 DM	85 DM	80.1 DM	25.16%	79.75 DM	24.61%	7.63%	81'495
Micrologica AG	21.09.1998	NM	A	41 DM	49 DM	49 DM	68 DM	72 DM	46.94%	95 DM	93.88%	8.44%	16'535
Fritz Nols Global Equity Services AG	23.09.1998	GM	A	86 DM	102 DM	102 DM	96.5 DM	96.5 DM	-5.39%	70 DM	-31.37%	-2.74%	20'861
PA Power Automation AG	29.09.1998	GM	A	25 DM	32 DM	25 DM	13 DM	13 DM	-48.00%	22 DM	-12.00%	-130.29%	4'857
iXOS Software AG	07.10.1998	NM	A	165 DM	195 DM	170 DM	180 DM	178 DM	4.71%	207 DM	21.76%	1.21%	60'844

IPO-Unternehmen	Organ-mitgl. nach IPO	Altak-tionäre nach IPO	Prüfer des letzten ordentlichen Abschlusses bzw. Konzernabschlusses vor dem IPO	Prüfer-wechsel	WP-Gruppe 1	WP-Gruppe 2	Konsortialführer	Konsorti-alvergü-tung in %
INTERSHOP Communications AG	8.62	65.35	Arthur Andersen, Kalifornien	0	Big6	Big6	Bank J. Vontobel	5
CinemaxX AG	67.90	77.00	KPMG	n.a.	Big6	Big6	Dresdner Bank	5.32
HÖFT & WESSEL AG	77.50	77.50	Counsel Treuhand	gk	klein	klein	DG Bank	5.04
SoftM Software und Beratung AG	37.11	68.58	WP Dr. Heinz-Peter Schleuder, München	0	klein	klein	Bayerische Hypothe-ken- und Wechselbank	5.36
HWAG Hanseatisches Wertpapierhandelshaus AG	31.29	75.00	HTU Hanseatische Treuhand-Union, Hamburg	n.a.	klein	klein	M.M. Warburg/Vereins- und Westbank	n.a.
plenum AG	55.60	65.88	Mielert & Collegen, Hofheim/Ts.	0	klein	klein	Gontard	5.27
Stratec Biomedical Systems AG	86.25	90.00	Wibera Wirtschaftsberatung	n.a.	Big6	Big6	Baader Wert-papierhandelsbank	n.a.
PSI AG	1.37	73.54	Arthur Andersen	kg	Big6	Big6	DG Bank/Bayerische Vereinsbank	5.06
edel music AG	77.59	77.59	Arthur Andersen	0	Big6	Big6	Commerzbank	4.11
Lintec Computer AG	70.00	70.00	Dr. Rödl & Partner GmbH	0	SecTier	SecTier	Bayerische Vereinsbank	5.06
Allebecon AG	68.33	68.33	GFW Gesellschaft für Wirtschaftsberatung	0	klein	klein	Sal. Oppenheim/ Deutsche Bank	5.51
Curtis 1000 Europe AG	53.30	53.33	Haarmann, Hemmelrath & Partner	0	SecTier	SecTier	DG Bank	4.98
Deutsche Entertainment AG	65.10	65.07	Deloitte & Touche	0	Big6	Big6	DG Bank	4.94
Heyde AG	66.75	73.53	KWU Gesellschaft für Unternehmensbewertung, Düsseldorf	0	klein	klein	Gontard	5.22
Kässbohrer Geländefahrzeug AG	0.40	40.00	Arthur Andersen	0	Big6	Big6	Dresdner Bank	n.a.
BROKAT Infosystems AG	52.27	69.52	Arthur Andersen	1	Big6	Big6	Dresdner Bank/Paribas	n.a.
Micrologica AG	70.11	75.19	Dres. Otto, Lehmann u. Partner, Hamburg	0	klein	klein	DG Bank	5.57
Fritz Nols Global Equity Services AG	46.74	62.50	Schitag E&Y	n.a.	Big6	Big6	WestLB	4.71
PA Power Automation AG	60.70	62.00	Wirtschaftstreuhand GmbH	n.a.	klein	klein	Baader Wert-papierhandelsbank	n.a.
iXOS Software AG	38.90	81.62	Arthur Andersen	n.a.	Big6	Big6	Goldman Sachs	6.99

IPO-Unternehmen	IPO-Datum	Markt-segment	Branche	Bookbuilding-spanne von	bis	Emissionspreis	1. Kurs	1. Kassakurs	UP (0, 1)	20. Kassakurs	UP (0, 20)	Verlust aus UP in %	Emissionsvolumen in T€
Value Management & Research AG	26.10.1998	GM	A	54 DM	60 DM	60 DM	80 DM	80 DM	33.33%	131 DM	118.33%	6.79%	13'848
ARTICON Information Systems AG	28.10.1998	NM	A	48 DM	58 DM	58 DM	120 DM	125 DM	115.52%	166 DM	186.21%	20.27%	17'200
Herzog Telecom AG	29.10.1998	GM	A	Festpreis		40 DM	38.5 DM	38.5 DM	-3.75%	34.8 DM	-13.00%	-1.55%	8'505
CeoTronics AG	09.11.1998	NM	A	59 DM	68 DM	68 DM	75 DM	75.5 DM	11.03%	77 DM	13.24%	5.95%	17'036
DataDesign AG	09.11.1998	NM	A	54 DM	62 DM	62 DM	149.5 DM	135 DM	117.74%	180 DM	190.32%	15.45%	13'001
Porta Systems AG	16.11.1998	AH	A	22 DM	27 DM	27 DM	28 DM	28 DM	3.70%	22 DM	-18.52%	1.43%	19'051
mb Software AG	17.11.1998	NM	A	54 DM	62 DM	62 DM	70 DM	67.5 DM	8.87%	84.5 DM	36.29%	2.92%	22'190
AC-Service AG	30.11.1998	NM	A	27 DM	30 DM	30 DM	35 DM	43.1 DM	43.67%	57.5 DM	91.67%	12.97%	53'726
Bonifatius Hospital & Seniorenresidenzen AG	30.11.1998	GM	A	20 DM	25 DM	25 DM	26.5 DM	26.5 DM	6.00%	18.1 DM	-27.60%	2.48%	15'339
Computec Media AG	30.11.1998	NM	A	52 DM	62 DM	62 DM	86 DM	93.5 DM	50.81%	116.5 DM	87.90%	9.41%	38'357
LPKF Laser & Electronics AG	30.11.1998	NM	A	53 DM	62 DM	62 DM	100 DM	113 DM	82.26%	131.5 DM	112.10%	10.26%	16'389
Real Garant Versicherung AG	01.12.1998	GM	V	20 DM	26 DM	20 DM	18 DM	18 DM	-10.00%	16.4 DM	-18.00%	-8.58%	8'502
tecis Holding AG	04.12.1998	AH	A	38 DM	44 DM	44 DM	90 DM	117 DM	165.91%	145.71 DM	231.16%	21.46%	15'281
Centrotec Hochleistungskunststoffe AG	08.12.1998	NM	A	69 DM	76 DM	76 DM	135 DM	129 DM	69.74%	120.28 DM	58.27%	16.95%	15'543
Plambeck Neue Energien AG	15.12.1998	NM	A	42 DM	48 DM	48 DM	66 DM	62.5 DM	30.21%	120.28 DM	150.59%	7.91%	15'216
OAR Consulting AG	17.12.1998	GM	A	25 DM	28 DM	28 DM	44.5 DM	40.5 DM	44.64%	64.54 DM	130.51%	11.02%	4'295
hancke & peter IT Service AG	25.01.1999	NM	A	12.7 €	14.7 €	14.7 €	45 €	44.3 €	201.36%	39 €	165.31%	18.73%	23'888
CineMedia Film AG	03.02.1999	NM	A	21 €	25 €	25 €	75 €	72.5 €	190.00%	83.5 €	234.00%	27.93%	38'750
TFG Venture Capital AG & Co. KGaA	03.02.1999	AH	A	7 €	8 €	8 €	19 €	19 €	137.50%	22.6 €	182.50%	63.76%	31'600

IPO-Unternehmen	Organ-mitgl. nach IPO	Altak-tionäre nach IPO	Prüfer des letzten ordentlichen Abschlusses bzw. Konzernabschlusses vor dem IPO	Prüfer-wechsel	WP-Gruppe 1	WP-Gruppe 2	Konsortialführer	Konsorti-alvergü-tung in %
Value Management & Research AG	52.72	77.43	SMC Revisions- und Treuhandgesellschaft mbH	n.a.	klein	Big6	Metallbank/Gontard	n.a.
ARTICON Information Systems AG	50.79	64.74	AWT Allgemeine Wirtschaftstreuhand GmbH	0	SecTier	SecTier	Robert Fleming & Co. Ltd.	6
Herzog Telecom AG	53.40	67.13	WP Michael Zacharias, Wiesbaden	0	klein	klein	Kling, Jelko, Dr. Dehmel	n.a.
CeoTronics AG	50.00	51.00	Arthur Andersen	kg	Big6	Big6	DG Bank	6
DataDesign AG	55.30	75.87	Puhle Golling & Stötter, Augsburg	0	klein	klein	Metallbank	5.21
Porta Systems AG	67.00	68.64	Zahlmann und Partner	0	klein	klein	Gontard	6.71
mb Software AG	35.82	79.17	Dr. Böhmer und Bethmann, Hameln	0	klein	klein	Norddeutsche Landesbank	5.43
AC-Service AG	7.10	35.14	KPMG, Haarlem, Niederlande	0	Big6	Big6	Dresdner Bank	4.63
Bonifatius Hospital & Seniorenresidenzen AG	63.60	63.64	Schitag E&Y	1	Big6	Big6	SGZ-Bank	7
Computec Media AG	38.11	70.34	Bayerische Treuhandgesellschaft AG	0	Big6	Big6	Deutsche Bank	5.86
LPKF Laser & Electronics AG	49.88	75.38	SOCIETÄTS Treuhand GmbH	0	klein	klein	DG Bank	5.3
Real Garant Versicherung AG	43.26	58.43	WP Wolfgang Maier, Stuttgart-Bad Cannstadt	0	klein	klein	Baader Wert-papierhandelsbank	n.a.
tecis Holding AG	47.80	65.17	C&L	0	Big6	Big6	Vereins- und Westbank	4.35
Centrotec Hochleistungskunststoffe AG	64.17	66.67	Arthur Andersen	0	Big6	Big6	M. M. Warburg	5.26
Plambeck Neue Energien AG	66.45	75.20	FRISIA-Treuhand GmbH	0	klein	klein	Norddeutsche Landesbank	5.45
OAR Consulting AG	24.50	73.57	SMC Revisions- und Treuhandgesellschaft mbH	kk	klein	klein	Concord Effekten	5.25
hancke & peter IT Service AG	63.60	74.00	Arthur Andersen	1	Big6	Big6	WestLB	4.76
CineMedia Film AG	6.30	61.25	WAPAG Allgemeine Revisions- und Treuhand GmbH	gk	klein	SecTier	HypoVereinsbank	5.28
TFG Venture Capital AG & Co. KGaA	24.76	24.76	WPG Schwantag Kraushaar GmbH, Frankfurt	1	klein	SecTier	WestLB	5.07

IPO-Unternehmen	IPO-Datum	Markt-segment	Bran-che	Bookbuilding-spanne von	bis	Emissi-onspreis	1. Kurs	1. Kas-sakurs	UP (0, 1)	20. Kas-sakurs	UP (0, 20)	Verlust aus UP in %	Emissi-onsvolu-men in T€
Intertainment AG	08.02.1999	NM	A	31 €	36 €	36 €	140 €	144.8 €	302.22%	202.5 €	462.50%	19.85%	43'632
UTIMACO Safeware AG	16.02.1999	NM	A	60 €	65 €	65 €	210 €	216 €	232.31%	196 €	201.54%	28.63%	46'211
prima com AG	22.02.1999	NM	A	24 €	29 €	29 €	38.5 €	33.2 €	14.48%	33 €	13.79%	7.93%	156'136
MEDION AG	26.02.1999	NM	A	77 €	85 €	85 €	150 €	140.5 €	65.29%	148.5 €	74.71%	23.15%	221'000
Neschen AG	26.02.1999	AH	A	11.5 €	14.5 €	14.5 €	14.6 €	14.6 €	0.69%	12.55 €	-13.45%	0.33%	32'625
i:FAO AG	01.03.1999	NM	A	17 €	21 €	21 €	65 €	59.1 €	181.43%	73.5 €	250.00%	19.31%	29'988
MVV Energie AG	02.03.1999	AH	A	14 €	16 €	16 €	16.1 €	16.1 €	0.63%	14.3 €	-10.63%	0.22%	202'886
Amadeus AG	04.03.1999	AH	A	10 €	11.5 €	11.5 €	12 €	12 €	4.35%	11.3 €	-1.74%	1.70%	19'355
MorphoSys AG	09.03.1999	NM	A	22 €	25 €	25 €	31 €	38.5 €	54.00%	28.5 €	14.00%	8.27%	29'626
BinTec Communications AG	10.03.1999	NM	A	16 €	19 €	19 €	35 €	33.5 €	76.32%	38.7 €	103.68%	20.51%	53'200
Brain International AG	10.03.1999	NM	A	35 €	42 €	42 €	55 €	51.5 €	22.62%	58 €	38.10%	11.74%	111'902
Endemann!! Internet AG	10.03.1999	NM	A	19.5 €	23 €	23 €	106 €	106 €	360.87%	92 €	300.00%	29.88%	19'320
Nemetschek AG	10.03.1999	NM	A	45 €	52 €	52 €	75 €	62 €	19.23%	85.5 €	64.42%	8.19%	115'115
Basler AG	23.03.1999	NM	A	52 €	57 €	57 €	95 €	90 €	57.89%	117.5 €	106.14%	10.00%	45'600
Merkur Bank KGaA	23.03.1999	GM	B	Festpreis		10.25 €	10.5 €	10.25 €	0.00%	8.7 €	-15.12%	0.92%	14'350
Schuler AG (VZ)	23.03.1999	AH	A	11 €	14 €	13 €	13 €	13 €	0.00%	10.6 €	-18.46%	0.00%	90'165
Vivanco Gruppe AG	24.03.1999	AH	A	15 €	19 €	18 €	18 €	18 €	0.00%	14.9 €	-17.22%	0.00%	40'500
Birkert & Fleckenstein AG	26.03.1999	GM	A	18 €	20.5 €	20.5 €	29.5 €	29.5 €	43.90%	27.5 €	34.15%	5.06%	6'404
JUMPtec Industrielle Computertechnik AG	26.03.1999	NM	A	23 €	26 €	26 €	53.5 €	53.5 €	105.77%	68.8 €	164.62%	15.17%	23'400
ADVA AG Optical Networking	29.03.1999	NM	A	29 €	32 €	32 €	39 €	40.9 €	27.81%	65.5 €	104.69%	4.63%	35'200
debitel AG	29.03.1999	AH	A	29 €	34 €	31 €	32 €	32 €	3.23%	26.9 €	-13.23%	0.72%	551'800

IPO-Unternehmen	Organ-mitgl. nach IPO	Altak-tionäre nach IPO	Prüfer des letzten ordentlichen Abschlusses bzw. Konzernabschlusses vor dem IPO	Prüfer-wechsel	WP-Gruppe 1	WP-Gruppe 2	Konsortialführer	Konsorti-alvergü-tung in %
Intertainment AG	75.35	75.00	KPMG	kg	Big6	Big6	HypoVereinsbank	6.42
UTIMACO Safeware AG	21.79	61.75	Arthur Andersen	kg(0,5)	Big6	Big6	Sal. Oppenheim/ Paribas	n.a.
prima com AG	24.62	72.71	Schitag E&Y	0	Big6	Big6	Morgan Stanley/ Dresdner Bank	6.99
MEDION AG	56.67	56.67	Märkische Revision Organisations- und Treuhandgesellschaft mbH	0	klein	klein	Deutsche Bank	3.61
Neschen AG	57.98	57.98	Abels, Decker, Kuhfuß & Partner	0	klein	klein	Commerzbank	4
i:FAO AG	44.61	73.76	Pannell Kerr Forster GmbH	1	SecTier	SecTier	DG Bank	5.17
MVV Energie AG	0.00	72.82	KPMG	0	Big6	Big6	Dresdner Bank	4.64
Amadeus AG	66.40	67.00	Arthur Andersen	1	Big6	Big6	WestLB	5.12
MorphoSys AG	6.25	66.68	Schitag E&Y	kg	Big6	Big6	Deutsche Bank	7.76
BinTec Communications AG	26.72	60.00	Dr. Rödl & Partner GmbH	ks	SecTier	SecTier	Commerzbank	4.51
Brain International AG	34.45	58.37	BTG Badische Treuhand GmbH	1	klein	klein	DG Bank	4.38
Endemann!! Internet AG	52.03	64.10	Schitag E&Y	0	Big6	Big6	Metallbank/Gontard	5.69
Nemetschek AG	74.24	77.00	Arthur Andersen	kg	Big6	Big6	Dresdner Bank	4.45
Basler AG	57.86	77.14	Arthur Andersen	kg	Big6	Big6	Dresdner Bank	4.91
Merkur Bank KGaA	72.00	72.00	C&L	0	Big6	Big6	Baader Wert-papierhandelsbank	n.a.
Schuler AG (VZ)	60.00	60.37	Hellinger Hahnemann Schulte-Groß & Partner	0	klein	klein	Dresdner Bank	4
Vivanco Gruppe AG	36.67	58.33	C&L	kg	Big6	Big6	Commerzbank	5.63
Birkert & Fleckenstein AG	53.33	85.12	Arthur Andersen	0	Big6	Big6	Vereins- und Westbank	n.a.
JUMPtec Industrielle Computertechnik AG	29.52	74.19	Läng Kemper Czarske & Partner	1	klein	klein	HypoVereinsbank	5.13
ADVA AG Optical Networking	43.87	78.00	Central Treuhand AG	1	klein	klein	Deutsche Bank	6.25
debitel AG	0.00	77.00	KPMG	0	Big6	Big6	Goldman Sachs/ J.P. Morgan	n.a.

IPO-Unternehmen	IPO-Datum	Markt-segment	Branche	Bookbuilding-spanne von	bis	Emissionspreis	1. Kurs	1. Kassakurs	UP (0, 1)	20. Kassakurs	UP (0, 20)	Verlust aus UP in %	Emissionsvolumen in T€
Edscha AG	31.03.1999	AH	A	13 €	16 €	13 €	13 €	13 €	0.00%	13 €	0.00%	0.00%	37'050
ODEON Film AG	12.04.1999	NM	A	28 €	32 €	32 €	42 €	46.5 €	45.31%	36 €	12.50%	15.07%	28'160
CPU Softwarehouse AG	19.04.1999	NM	A	22 €	26 €	26 €	58 €	57 €	119.23%	54 €	107.69%	21.58%	61'230
Easy Software AG	19.04.1999	NM	A	19 €	22 €	22 €	65 €	53.9 €	145.00%	42 €	90.91%	16.12%	25'960
NSE Software AG	20.04.1999	NM	A	16 €	19 €	19 €	22 €	27.2 €	43.16%	20 €	5.26%	7.66%	100'035
MWB Wertpapierhandelshaus AG	21.04.1999	AH	A	52 €	62 €	60 €	60 €	60 €	0.00%	47.5 €	-20.83%	0.00%	31'800
Telegate AG	22.04.1999	NM	A	23.5 €	27 €	27 €	55 €	45.5 €	68.52%	43.5 €	61.11%	16.31%	101'628
ConSors Discount-Broker AG	26.04.1999	NM	B	28 €	33 €	33 €	76 €	73.3 €	122.12%	82.5 €	150.00%	16.45%	399'300
Heinkel AG	26.04.1999	AH	A	4.5 €	5.5 €	5 €	5 €	5 €	0.00%	4.9 €	-2.00%	0.00%	10'250
Knorr Capital Partner AG	26.04.1999	AH	A	10.5 €	12.5 €	12.5 €	20 €	20 €	60.00%	21 €	68.00%	11.20%	17'621
realTech AG	26.04.1999	NM	A	49 €	54 €	54 €	66 €	77.8 €	44.07%	69.5 €	28.70%	4.78%	59'400
Software AG	26.04.1999	AH	A	30 €	37 €	30 €	29.3 €	29.6 €	-1.33%	23.9 €	-20.33%	-1.74%	436'350
Zapf Creation AG	26.04.1999	AH	A	18.5 €	20.5 €	19.65 €	19.65 €	19.65	0.00%	19.68 €	0.15%	0.00%	107'093
PROUT AG	27.04.1999	NM	A	9 €	10.5 €	10.5 €	15 €	15.3 €	45.71%	16.7 €	59.05%	20.29%	17'603
D. Logistics AG	28.04.1999	NM	A	26 €	30 €	30 €	33 €	34.2 €	14.00%	39 €	30.00%	4.19%	35'700
German Brokers AG	03.05.1999	GM	A	14 €	17 €	17 €	17.9 €	17.9 €	5.29%	13.4 €	-21.18%	2.25%	16'031
elexis AG	04.05.1999	AH	A	7 €	9 €	7 €	7 €	7 €	0.00%	6.35 €	-9.29%	0.00%	48'098
Dr. Scheller Cosmetics AG	06.05.1999	AH	A	6.8 €	8.3 €	7 €	7.1 €	7.1 €	1.43%	7.1 €	1.43%	0.73%	18'200
Gontard & MetallBank AG	07.05.1999	AH	B	14 €	17.5 €	17.5 €	25.5 €	25.5 €	45.71%	19.15 €	9.43%	4.92%	87'019

IPO-Unternehmen	Organ-mitgl. nach IPO	Altak-tionäre nach IPO	Prüfer des letzten ordentlichen Abschlusses bzw. Konzernabschlusses vor dem IPO	Prüfer-wechsel	WP-Gruppe 1	WP-Gruppe 2	Konsortialführer	Konsorti-alvergü-tung in %
Edscha AG	21.75	65.46	Arthur Andersen	kg	Big6	Big6	Dresdner Bank/ Merrill Lynch	4.59
ODEON Film AG	15.03	56.00	KPMG	0	Big6	Big6	HypoVereinsbank	5.45
CPU Softwarehouse AG	36.85	65.62	Arthur Andersen	kg	Big6	Big6	DG Bank/Bayerische Landesbank	5.06
Easy Software AG	64.79	77.08	C&L	1+gg	Big6	Big6	DG Bank	5.01
NSE Software AG	52.25	55.00	C&L	kg	Big6	Big6	Sal. Oppenheim	5.26
MWB Wertpapierhandelshaus AG	59.63	62.67	KPMG	kg	Big6	Big6	Bankgesellschaft Berlin	6.82
Telegate AG	18.60	70.43	PWC	0	Big6	Big6	Morgan Stanley	5.42
ConSors Discount-Broker AG	72.50	72.50	BDO	1	Big6	Big6	Goldman Sachs/ Baden-Württem-bergische Bank	n.a.
Heinkel AG	60.45	61.60	Kopitz, Schätz, Hasenclever & Partner	0	klein	klein	Deutsche Bank	5.45
Knorr Capital Partner AG	43.80	74.37	PwC	kg	Big6	Big6	Gontard & MetallBank	10.44
realTech AG	74.02	78.00	Dr. Ebner, Dr. Stolz und Partner	1	SecTier	SecTier	HypoVereinsbank	4.44
Software AG	0.00	35.89	BDO	gg	Big6	Big6	Lehman Brothers	4.68
Zapf Creation AG	0.23	28.13	C&L	0	Big6	Big6	Schroders	4.16
PROUT AG	11.51	47.61	Arthur Andersen	n.a.	Big6	Big6	Kling, Jelko, Dr. Dehmel/Hauck & Aufhäuser	5.04
D. Logistics AG	65.00	65.00	WP Thomas Mielert, Hofheim/Ts.	0	klein	klein	BHF Bank	6.06
German Brokers AG	23.38	68.57	Schitag E&Y	n.a.	Big6	Big6	German Brokers (Eigenemission)	Eigen-emission
elexis AG	5.90	22.61	Price Waterhouse	0	Big6	Big6	Lehman Brothers/ HypoVereinsbank	7.67
Dr. Scheller Cosmetics AG	58.46	58.46	Schitag E&Y	0	Big6	Big6	Baden-Württem-bergische Bank	10.2
Gontard & MetallBank AG	7.93	85.38	KPMG (Gontart), BDO (Metallbank)	gg(0,5)	Big6	Big6	Norddeutsche Landes-bank/SGZ-Bank/ Gontard & MetallBank	3.1

IPO-Unternehmen	IPO-Datum	Markt-segment	Branche	Bookbuilding-spanne von	bis	Emissionspreis	1. Kurs	1. Kassakurs	UP (0, 1)	20. Kassakurs	UP (0, 20)	Verlust aus UP in %	Emissionsvolumen in T€
MWG-Biotech AG	07.05.1999	NM	A	23 €	27 €	27 €	27 €	25.6 €	-5.19%	24.9 €	-7.78%	0.00%	41'850
aap Implantate AG	10.05.1999	NM	A	8.5 €	10 €	10 €	11.2 €	10.05 €	0.50%	9 €	-10.00%	5.49%	15'042
SVC AG	10.05.1999	NM	A	15 €	18 €	18 €	16.5 €	18 €	0.00%	14.65 €	-18.61%	-2.63%	41'413
TRIA software AG	10.05.1999	NM	A	17 €	20 €	20 €	22.1 €	22.3 €	11.50%	20.45 €	2.25%	2.76%	30'800
IDS Scheer AG	11.05.1999	NM	A	10.5 €	12.5 €	12.5 €	12.5 €	13.3 €	6.40%	14 €	12.00%	0.00%	111'125
infor business solutions AG	11.05.1999	NM	A	27 €	31 €	31 €	30 €	27.8 €	-10.32%	25.5 €	-17.74%	-2.35%	129'087
STEAG HamaTech AG	12.05.1999	NM	A	8.25 €	9.25 €	9.25 €	9.35 €	10 €	8.11%	10.9 €	17.84%	0.65%	105'450
artnet.com AG	17.05.1999	NM	A	40 €	46 €	46 €	48 €	50.7 €	10.22%	37.7 €	-18.04%	1.09%	46'322
Süss Micro Tec AG	18.05.1999	NM	A	13 €	15 €	13 €	12.8 €	12.6 €	-3.08%	9.95 €	-23.46%	-0.74%	57'972
SHS Informationssysteme AG	19.05.1999	NM	A	17.5 €	20 €	18.5 €	21 €	22.4 €	21.08%	18.5 €	0.00%	3.82%	17'020
Köhler & Krenzer Fashion AG	21.05.1999	GM	A	19.8 €	22.8 €	19.8 €	19 €	19 €	-4.04%	20.1 €	1.52%	-2.79%	19'404
Eckert & Ziegler Strahlen- u. Medizintechnik AG	25.05.1999	NM	A	20 €	23 €	23 €	24 €	25.5 €	10.87%	24 €	4.35%	1.08%	15'295
Beate Uhse AG	27.05.1999	AH	A	6 €	7.2 €	7.2 €	13.2 €	13.2 €	83.33%	21.8 €	202.78%	10.67%	63'288
VCL Film + Medien AG	27.05.1999	GM	A	13 €	15 €	15 €	17 €	17 €	13.33%	27.8 €	85.33%	3.02%	18'000
Netlife AG	01.06.1999	NM	A	22 €	25.5 €	25.5 €	26 €	27.1 €	6.27%	24.95 €	-2.16%	0.64%	44'625
Softmatic AG	01.06.1999	NM	A	20 €	23 €	20 €	19.5 €	18.2 €	-9.00%	19.15 €	-4.25%	-1.27%	51'450
Kleindienst Datentechnik AG	02.06.1999	NM	A	23 €	27 €	24 €	24 €	20.5 €	-14.58%	21.5 €	-10.42%	0.00%	42'000
SZ Testsysteme AG	02.06.1999	NM	A	12 €	15 €	12 €	12 €	10.5 €	-12.50%	12.55 €	4.58%	0.00%	26'706
Prodacta AG	07.06.1999	NM	A	14 €	16 €	15 €	15.5 €	15.9 €	6.00%	16.1 €	7.33%	1.09%	18'421
RTV Family Entertainment AG	08.06.1999	NM	A	7 €	8.3 €	8.3 €	24.5 €	24.5 €	195.18%	49.05 €	490.96%	20.22%	23'863
MAXDATA AG	09.06.1999	NM	A	30 €	35 €	31 €	31 €	27.55 €	-11.13%	25 €	-19.35%	0.00%	283'650

IPO-Unternehmen	Organ-mitgl. nach IPO	Altak-tionäre nach IPO	Prüfer des letzten ordentlichen Abschlusses bzw. Konzernabschlusses vor dem IPO	Prüfer-wechsel	WP-Gruppe 1	WP-Gruppe 2	Konsortialführer	Konsorti-alvergü-tung in %
MWG-Biotech AG	70.20	70.18	Schitag E&Y	kg	Big6	Big6	Dresdner Bank	5
aap Implantate AG	47.32	60.42	Dr. Röver & Partner KG, Berlin	n.a.	klein	klein	DG Bank	5.88
SVC AG	52.04	75.00	Arthur Andersen	0	Big6	Big6	Dresdner Bank	4.13
TRIA software AG	65.10	75.32	WAPAG Allgemeine Revisions- und Treuhand GmbH	1	klein	klein	Robert Fleming & Co. Ltd.	7.21
IDS Scheer AG	53.86	72.00	Arthur Andersen	n.a.	Big6	Big6	Deutsche Bank/ Goldman Sachs	5.04
infor business solutions AG	53.73	53.73	Dr. Bernd Rödl & Partner	ks	SecTier	SecTier	HypoVereinsbank	4.49
STEAG HamaTech AG	0.00	62.00	C&L	0	Big6	Big6	Dresdner Bank	3.98
artnet.com AG	34.72	76.98	PWC	0	Big6	Big6	Robert Fleming & Co. Ltd./Kling, Jelko, Dr. Dehmel	n.a.
Süss Micro Tec AG	24.10	61.85	Coopers & Lybrand	kg	Big6	Big6	BHF Bank	5.23
SHS Informationssysteme AG	75.00	75.00	O & R Oppenhoff & Rädler	0	klein	klein	WestLB	5.41
Köhler & Krenzer Fashion AG	26.01	51.00	Arthur Andersen	n.a.	Big6	Big6	Vereins- und Westbank	4.39
Eckert & Ziegler Strahlen- u. Medizintechnik AG	71.50	77.83	Price Waterhouse	1+kg	Big6	Big6	Concord Effekten	6.06
Beate Uhse AG	72.16	79.07	Arthur Andersen	0	Big6	Big6	Commerzbank	4.65
VCL Film + Medien AG	66.63	76.92	Dr. Ebner, Dr. Stolz und Partner	gs	SecTier	SecTier	Trinkaus & Burkhardt/ Baader Wert-papierhandelsbank	7.95
Netlife AG	40.55	75.00	Arthur Andersen	0	Big6	Big6	DG Bank	5.29
Softmatic AG	29.88	65.00	WP Rolf Hübner, Frank Weisse, Hamburg	1	klein	Big6	Commerzbank	5.85
Kleindienst Datentechnik AG	3.50	50.00	Arthur Andersen	0	Big6	Big6	DG Bank/SGZ Bank	5.21
SZ Testsysteme AG	36.80	57.81	WP Horst Hammerl, Waldkraiburg	0	klein	klein	Société Générale	5.9
Prodacta AG	44.71	73.45	Arthur Andersen	1	Big6	Big6	Gontard & MetallBank	5.43
RTV Family Entertainment AG	0.00	72.29	Schitag E&Y	0	Big6	Big6	Deutsche Bank	6.17
MAXDATA AG	64.28	64.14	Arthur Andersen	0	Big6	Big6	Deutsche Bank	3.74

IPO-Unternehmen	IPO-Datum	Markt-segment	Bran-che	Bookbuilding-spanne von	bis	Emissi-onspreis	1. Kurs	1. Kas-sakurs	UP (0, 1)	20. Kas-sakurs	UP (0, 20)	Verlust aus UP in %	Emissi-onsvolu-men in T€
b.i.s. börsen-informations-systeme AG	14.06.1999	NM	A	22 €	24.5 €	24.5 €	30 €	29.8 €	21.63%	26.3 €	7.35%	5.60%	17'150
Stinnes AG	14.06.1999	AH	A	15.5 €	18.5 €	14.5 €	15.2 €	15 €	3.45%	15.3 €	5.52%	1.59%	380'190
Kabel New Media AG	15.06.1999	NM	A	5.65 €	6.15 €	6.15 €	17 €	12.5 €	103.25%	19.7 €	220.33%	17.54%	25'728
EUROMED AG	16.06.1999	NM	A	10.5 €	13.5 €	9 €	8.5 €	8.25 €	-8.33%	7.65 €	-15.00%	-4.55%	15'525
Parsytec AG	16.06.1999	NM	A	26 €	32 €	30 €	30 €	30.75 €	2.50%	42.4 €	41.33%	0.00%	51'750
Vectron Systems AG	16.06.1999	NM	A	20.5 €	24.5 €	21 €	21.4 €	20.4 €	-2.86%	24.8 €	18.10%	0.97%	21'213
I - D Media AG	17.06.1999	NM	A	21 €	23 €	23 €	23 €	24 €	4.35%	29.5 €	28.26%	0.00%	77'288
TePla AG	21.06.1999	NM	A	8.75 €	10.25 €	10.25 €	10.7 €	10.35 €	0.98%	12.3 €	20.00%	5.00%	22'550
Management Data Software Engineering AG	22.06.1999	NM	A	16 €	19 €	16 €	16.5 €	15.9 €	-0.62%	15.5 €	-3.13%	1.22%	19'526
GFT Technologies AG	28.06.1999	NM	A	20 €	23 €	23 €	44 €	44.5 €	93.48%	46.5 €	102.17%	12.26%	34'385
ACG AG für Chipkarten und Informationssysteme	01.07.1999	NM	A	39 €	46 €	46 €	70 €	65 €	41.30%	118 €	156.52%	11.73%	30'479
MOSAIC Software AG	01.07.1999	NM	A	20 €	23 €	23 €	30 €	30.6 €	33.04%	28.7 €	24.78%	7.25%	30'820
bmp AG	02.07.1999	AH	A	16 €	19 €	18 €	18 €	19.5 €	8.33%	18.1 €	0.56%	0.00%	53'100
buecher.de AG	05.07.1999	NM	A	16 €	19 €	19 €	55 €	50 €	163.16%	29.5 €	55.26%	17.91%	38'000
ComputerLinks AG	07.07.1999	NM	A	18 €	22 €	22 €	28 €	34.6 €	57.27%	24.5 €	11.36%	9.68%	33'000
Loewe AG	07.07.1999	AH	A	18 €	22 €	18 €	18.5 €	17.8 €	-1.11%	16.1 €	-10.56%	1.79%	55'800
P & I Personal & Informatik AG	07.07.1999	NM	A	11 €	12.5 €	12.5 €	12.5 €	12 €	-4.00%	11.3 €	-9.60%	0.00%	37'500
TTL Information Technology AG	12.07.1999	NM	A	20 €	23 €	23 €	32 €	29.3 €	27.39%	23.8 €	3.48%	9.86%	26'450
HAITEC AG	14.07.1999	NM	A	34 €	40 €	40 €	42 €	42.5 €	6.25%	39 €	-2.50%	2.30%	46'000
teamwork information management AG	14.07.1999	NM	A	16.5 €	19 €	19 €	20 €	19.5 €	2.63%	14 €	-26.32%	2.46%	25'650
Silicon Sensor International AG	15.07.1999	NM	A	12.5 €	15.5 €	15.5 €	17 €	18.7 €	20.65%	16 €	3.23%	4.26%	10'153

IPO-Unternehmen	Organ-mitgl. nach IPO	Altak-tionäre nach IPO	Prüfer des letzten ordentlichen Abschlusses bzw. Konzernabschlusses vor dem IPO	Prüfer-wechsel	WP-Gruppe 1	WP-Gruppe 2	Konsortialführer	Konsorti-alvergü-tung in %
b.i.s. börsen-informations-systeme AG	52.64	74.07	RIFA Treuhand GmbH	0	klein	klein	Merck Finck & Co.	3.88
Stinnes AG	0.00	65.50	C&L	0	Big6	Big6	Dresdner Bank/ Warburg Dillon Read	2.42
Kabel New Media AG	51.67	75.00	Arthur Andersen	1	Big6	Big6	Paribas/DG Bank	5.52
EUROMED AG	50.00	50.00	Dr. Bernd Rödl & Partner	ks	SecTier	SecTier	Commerzbank	6.22
Parsytec AG	37.91	59.17	Arthur Andersen	n.a.	Big6	Big6	Credit Suisse First Boston	8.46
Vectron Systems AG	44.52	59.11	Dr. H. Clauß, Dr. E. Paal & Partner, Münster	1	klein	klein	DG Bank	4.24
I - D Media AG	50.02	60.00	KPMG	n.a.	Big6	Big6	Bank J. Vontobel	n.a.
TePla AG	0.00	26.67	KPMG	kg	Big6	Big6	DG Bank	5.32
Management Data Software Engineering AG	66.30	67.46	Haarmann, Hemmelrath & Partner	1	SecTier	SecTier	M. M. Warburg	4.71
GFT Technologies AG	59.80	77.00	Grant Thornton	1+ks	SecTier	SecTier	Deutsche Bank	5.15
ACG AG für Chipkarten und Informationssysteme	32.70	69.88	Pannell Kerr Forster GmbH	n.a.	SecTier	SecTier	Credit Suisse First Boston	5.43
MOSAIC Software AG	74.91	74.91	BDO Dr. Gerling, Klöcker & Pago GmbH	0	Big6	Big6	WestLB	5.34
bmp AG	56.23	75.82	Arthur Andersen	1	Big6	Big6	HypoVereinsbank	4.35
buecher.de AG	60.75	75.00	Haarmann, Hemmelrath & Partner	1	SecTier	SecTier	WestLB	5.85
ComputerLinks AG	13.33	66.67	Schitag E&Y	kg	Big6	Big6	DG Bank	5.76
Loewe AG	38.10	52.94	Abstoß & Wolters	0	klein	klein	Credit Suisse First Boston	n.a.
P & I Personal & Informatik AG	56.16	56.17	Arthur Andersen	kg	Big6	Big6	Deutsche Bank	5.63
TTL Information Technology AG	34.80	71.25	Bayerische Treuhandgesellschaft AG/Wendl & Feuerer GmbH	kg(0,5)	Big6	Big6	Schmidt Bank	4.89
HAITEC AG	57.14	65.49	WP Dr. Zitzelsberger, München	1	klein	klein	DG Bank	5.87
teamwork information management AG	48.31	62.50	Westermann & Partner GmbH, Paderborn	1	klein	klein	WestLB	5.79
Silicon Sensor International AG	55.00	61.47	Arthur Andersen	kg	Big6	Big6	Concord Effekten	4.92

IPO-Unternehmen	IPO-Datum	Markt-segment	Bran-che	Bookbuilding-spanne von	bis	Emissi-onspreis	1. Kurs	1. Kas-sakurs	UP (0, 1)	20. Kas-sakurs	UP (0, 20)	Verlust aus UP in %	Emissi-onsvolu-men in T€
WWL Internet AG	15.07.1999	NM	A	12.5 €	15.5 €	15.5 €	30 €	34 €	119.35%	24.8 €	60.00%	19.69%	38'293
EMPRISE Management Consulting AG	16.07.1999	NM	A	10 €	11.5 €	11.5 €	19.5 €	23.8 €	106.96%	20.3 €	76.52%	14.46%	20'240
ricardo.de AG	21.07.1999	NM	A	24 €	28 €	28 €	38 €	35.8 €	27.86%	27 €	-3.57%	9.06%	57'022
Mania Technologie AG	26.07.1999	NM	A	15 €	18 €	18 €	18 €	19.2 €	6.67%	17.95 €	-0.28%	0.00%	53'100
PSB AG für Programmierung und Systemberatung	27.07.1999	NM	A	17 €	19.5 €	19.5 €	24.5 €	28.4 €	45.64%	34 €	74.36%	6.52%	13'406
InternetMediaHouse.com AG	30.07.1999	NM	A	17 €	20 €	20 €	37 €	39 €	95.00%	30 €	50.00%	13.49%	29'040
Advanced Medien AG	06.08.1999	NM	A	4.9 €	5.6 €	5.6 €	14.5 €	11.7 €	108.93%	13.8 €	146.43%	32.25%	34'478
AFWAG Akademie für Weiterbildung AG	10.08.1999	GM	A	22.8 €	25.8 €	24.5 €	25.3 €	25.3 €	3.27%	23.5 €	-4.08%	0.63%	4'900
Gigabell AG	11.08.1999	NM	A	38 €	42 €	38 €	33 €	34.6 €	-8.95%	33 €	-13.16%	-3.91%	43'436
Börsenmakler Schnigge AG	17.08.1999	GM	A	Festpreis		41 €	41.2 €	40.7 €	-0.73%	33.3 €	-18.78%	0.24%	41'820
Jetter AG	19.08.1999	NM	A	23 €	27 €	25 €	25 €	25 €	0.00%	27.5 €	10.00%	0.00%	26'360
Das Werk AG	25.08.1999	NM	A	16 €	20 €	20 €	43 €	41.7 €	108.50%	29.75 €	48.75%	15.13%	50'000
PC-Spezialist Franchise AG	25.08.1999	NM	A	18 €	21 €	19 €	19.5 €	19.45 €	2.37%	17.6 €	-7.37%	0.77%	9'500
Procon MultiMedia AG	07.09.1999	AH	A	10 €	11.5 €	11.5 €	15 €	15.2 €	32.17%	11.55 €	0.43%	13.95%	24'521
MSH International Service AG	10.09.1999	NM	A	18.5 €	21.5 €	15.5 €	15.5 €	15.25 €	-1.61%	12.5 €	-19.35%	0.00%	38'750
Constantin Film AG	13.09.1999	NM	A	23 €	29 €	29 €	80 €	67.1 €	131.38%	44.5 €	53.45%	22.63%	120'833
Jack White Productions AG	13.09.1999	NM	A	9.5 €	12 €	12 €	19.5 €	22.5 €	87.50%	15.3 €	27.50%	10.97%	19'195
WaveLight Laser Technologie AG	15.09.1999	NM	A	15 €	17 €	15 €	15 €	15.25 €	1.67%	16.5 €	10.00%	0.00%	11'821
CANCOM IT Systeme AG	16.09.1999	NM	A	19.5 €	22.5 €	21.5 €	21.5 €	20.3 €	-5.58%	18.3 €	-14.88%	0.00%	11'395

IPO-Unternehmen	Organ-mitgl. nach IPO	Altak-tionäre nach IPO	Prüfer des letzten ordentlichen Abschlusses bzw. Konzernabschlusses vor dem IPO	Prüfer-wechsel	WP-Gruppe 1	WP-Gruppe 2	Konsortialführer	Konsorti-alvergü-tung in %
WWL Internet AG	51.05	65.69	Dr. Rödl & Partner GmbH	1	SecTier	SecTier	Commerzbank	5.28
EMPRISE Management Consulting AG	34.85	69.12	profunda Treuhand GmbH, Hamburg	0	klein	klein	DG Bank/ Dresdner Bank	5.43
ricardo.de AG	52.38	71.79	KPMG	1	Big6	Big6	Deutsche Bank	5.79
Mania Technologie AG	66.80	73.85	PWC	n.a.	Big6	Big6	Dresdner Bank	5.13
PSB AG für Programmierung und Systemberatung	54.25	74.06	Warth & Klein GmbH/WPG Andamos mbH, Frankfurt	ks(0,5)	SecTier	SecTier	Baden-Württem-bergische Bank	5.99
InternetMediaHouse.com AG	64.09	74.67	KPMG	1+kg	Big6	Big6	HSBC Trinkaus & Burkhardt	5.17
Advanced Medien AG	38.44	53.71	KPMG	0	Big6	Big6	Baader Wertpapierhan delsbank/Reuschel/ Hauck & Aufhäuser	6.46
AFWAG Akademie für Weiterbildung AG	76.00	83.33	KPMG	n.a.	Big6	Big6	HWAG	5.81
Gigabell AG	78.07	78.43	Schitag E&Y	1	Big6	Big6	HSBC Trinkaus & Burkhardt	5.15
Börsenmakler Schnigge AG	53.68	67.10	WEDIT	n.a.	Big6	Big6	Merck Finck & Co.	n.a.
Jetter AG	54.02	54.00	Schitag E&Y	0	Big6	Big6	Banc Boston Robert-son Stephens Int. Ltd./Landesbank Baden-Württemberg	7.11
Das Werk AG	32.70	75.00	KPMG	0	Big6	Big6	BHF Bank	4.8
PC-Spezialist Franchise AG	73.85	73.86	Dr. Stückmann & Partner, Bielefeld	kk	klein	klein	Concord Effekten	4.21
Procon MultiMedia AG	36.20	59.00	Arthur Andersen	1	Big6	Big6	Sal. Oppenheim	5.4
MSH International Service AG	7.95	64.00	Arthur Andersen	gg	Big6	Big6	Deutsche Bank	5.5
Constantin Film AG	41.54	67.05	KPMG	kg	Big6	Big6	Bayerische Landes-bank/Commerzbank	4.55
Jack White Productions AG	66.00	75.01	KPMG	1	Big6	Big6	Gontard & MetallBank	6.25
WaveLight Laser Technologie AG	12.58	52.09	Schitag E&Y	1	Big6	Big6	HSBC Trinkaus & Burkhardt	5.08
CANCOM IT Systeme AG	52.61	67.61	Sonntag & Partner, Augsburg	kk	klein	klein	Concord Effekten	6.45

IPO-Unternehmen	IPO-Datum	Markt-segment	Branche	Bookbuilding-spanne von	bis	Emissionspreis	1. Kurs	1. Kassakurs	UP (0, 1)	20. Kassakurs	UP (0, 20)	Verlust aus UP in %	Emissionsvolumen in T€
Entrium Direct Bankers AG	20.09.1999	NM	B	15 €	18 €	16.5 €	16.5 €	16.45 €	-0.30%	16.05 €	-2.73%	0.00%	176'963
CASH Medien AG	21.09.1999	GM	A	8.9 €	11.4 €	11.4 €	9.8 €	9.8 €	-14.04%	6.25 €	-45.18%	-13.18%	6'840
GfK AG	23.09.1999	AH	A	15.5 €	18.5 €	18.5 €	20 €	21.7 €	17.30%	24.6 €	32.97%	2.14%	112'404
Splendid Medien AG	24.09.1999	NM	A	25 €	30 €	30 €	26 €	28.5 €	-5.00%	27.3 €	-9.00%	-6.76%	71'667
GEDYS Internet Products AG	27.09.1999	NM	A	8.5 €	9.8 €	9 €	9.3 €	9.15 €	1.67%	12 €	33.33%	1.20%	20'250
Sunburst Merchandising AG	27.09.1999	NM	A	14 €	17.5 €	17.5 €	21 €	24 €	37.14%	25 €	42.86%	8.26%	23'625
Systematics AG	27.09.1999	NM	A	16 €	18 €	16 €	15 €	16.5 €	3.13%	15.75 €	-1.56%	-2.18%	49'152
fluxx.com AG	28.09.1999	NM	A	19 €	21 €	19 €	19 €	18 €	-5.26%	14.5 €	-23.68%	0.00%	25'270
NorCom Information Technology AG	01.10.1999	NM	A	19 €	23 €	19 €	18.5 €	19 €	0.00%	27 €	42.11%	-1.01%	50'920
Pixelpark AG	04.10.1999	NM	A	12 €	15 €	15 €	16.3 €	19 €	26.67%	33.95 €	126.33%	2.05%	59'214
Helkon Media AG	07.10.1999	NM	A	18 €	21 €	19.5 €	20.8 €	19.7 €	1.03%	19.25 €	-1.28%	3.18%	81'306
Elmos Semiconductor AG	11.10.1999	NM	A	22 €	27 €	22 €	22 €	22 €	0.00%	23 €	4.55%	0.00%	165'000
Dino entertainment AG	12.10.1999	NM	A	18 €	22 €	22 €	27.5 €	30.45 €	38.41%	37.4 €	70.00%	8.77%	31'350
tiscon AG	14.10.1999	NM	A	18 €	21 €	18.5 €	19.3 €	20.5 €	10.81%	21.85 €	18.11%	1.57%	26'594
EPCOS AG	15.10.1999	AH	A	28 €	34 €	31 €	32.5 €	34.1 €	10.00%	47.8 €	54.19%	3.64%	1'518'225
Lipro Holding AG	15.10.1999	NM	A	5 €	7 €	5 €	6.5 €	7.7 €	54.00%	7.7 €	54.00%	8.45%	10'000
WEDECO AG	26.10.1999	AH	A	6.5 €	7.8 €	7.8 €	7.8 €	7.35 €	-5.77%	7.4 €	-5.13%	0.00%	35'100
Gauss Interprise AG	28.10.1999	NM	A	39 €	44 €	44 €	45 €	44.2 €	0.45%	48.5 €	10.23%	0.71%	80'960
digital advertising AG	29.10.1999	NM	A	11.5 €	14.5 €	12.5 €	12.5 €	13.35 €	6.80%	12.5 €	0.00%	0.00%	20'144

IPO-Unternehmen	Organ-mitgl. nach IPO	Altak-tionäre nach IPO	Prüfer des letzten ordentlichen Abschlusses bzw. Konzernabschlusses vor dem IPO	Prüfer-wechsel	WP-Gruppe 1	WP-Gruppe 2	Konsortialführer	Konsorti-alvergü-tung in %
Entrium Direct Bankers AG	58.31	67.47	Schitag E&Y	0	Big6	Big6	Deutsche Bank/ Goldman Sachs/ Dresdner Bank	4.3
CASH Medien AG	47.76	53.07	kein Prüfer, von Steuerberater (Palm, Dr. Schmidt-Maasberg & Partner) erstellt und bescheinigt	kein Prüfer	kein Prüfer	Big6	HWAG	5
GfK AG	4.53	76.58	Bayerische Treuhandgesellschaft AG	0	Big6	Big6	Deutsche Bank/ Warburg Dillon Read	4.65
Splendid Medien AG	69.49	70.29	Bachem Fervers Janssen Mehrhoff GmbH	kk	klein	klein	WestLB	5.02
GEDYS Internet Products AG	65.56	72.73	SOCIETÄTS Treuhand GmbH	1	Big6	Big6	DG Bank	6.42
Sunburst Merchandising AG	38.51	64.94	Warth & Klein GmbH	1	SecTier	SecTier	Commerzbank	6.14
Systematics AG	61.42	75.74	Susat & Partner oHG	n.a.	SecTier	SecTier	Gontard & MetallBank	4.27
fluxx.com AG	60.80	70.40	Susat & Partner oHG	1+ks	SecTier	SecTier	Sal. Oppenheim	5.26
NorCom Information Technology AG	70.68	71.70	KPMG/Bayerische Treuhandgesellschaft AG	n.a.	Big6	Big6	Dresdner Bank	4.52
Pixelpark AG	19.60	78.43	KPMG	0	Big6	Big6	Goldman Sachs/ Deutsche Bank	4.40
Helkon Media AG	34.34	60.48	Dr. Kleeberg & Partner	0	klein	klein	Paribas	5.04
Elmos Semiconductor AG	61.10	61.14	Schitag E&Y	0	Big6	Big6	Credit Suisse First Boston/Deutsche Bank	4.47
Dino entertainment AG	67.99	66.47	KPMG	1	Big6	Big6	Commerzbank	4.91
tiscon AG	56.18	71.25	WP Roland Karcher, Heidenheim	0	klein	Big6	Landesbank Baden-Württemberg	4.06
EPCOS AG	0.00	25.00	KPMG	n.a.	Big6	Big6	Merill Lynch/ Warburg Dillon Read	3.62
Lipro Holding AG	37.87	71.43	WP Peter K. Bade, Berlin	1	klein	klein	Berliner Effektenbank	6.86
WEDECO AG	51.22	55.00	Treuhand- und Revisions-AG Niederrhein	n.a.	klein	Big6	Sal. Oppenheim	5.64
Gauss Interprise AG	51.36	73.71	Arthur Andersen	kg	Big6	Big6	HypoVereinsbank	5.05
digital advertising AG	33.32	70.14	Arthur Andersen	1	Big6	Big6	HSBC Trinkaus & Burkhardt	5.16

IPO-Unternehmen	IPO-Datum	Markt-segment	Branche	Bookbuilding-spanne von	bis	Emissionspreis	1. Kurs	1. Kassakurs	UP (0, 1)	20. Kassakurs	UP (0, 20)	Verlust aus UP in %	Emissionsvolumen in T€
Pandatel AG	02.11.1999	NM	A	18 €	23 €	22 €	26 €	24.2 €	10.00%	42 €	90.91%	5.96%	50'050
SinnerSchrader AG	02.11.1999	NM	A	9 €	12 €	12 €	22 €	19.8 €	65.00%	28.9 €	140.83%	13.04%	29'700
secunet Security Networks AG	09.11.1999	NM	A	11.5 €	15 €	15 €	15.5 €	19.4 €	29.33%	43.25 €	188.33%	0.91%	21'571
EVOTEC BioSystems AG	10.11.1999	NM	A	11 €	13 €	13 €	24 €	22.7 €	74.62%	36.3 €	179.23%	23.75%	64'058
Direkt Anlage Bank AG	15.11.1999	NM	B	9.5 €	12.5 €	12.5 €	16.5 €	14.55 €	16.40%	21.2 €	69.60%	7.68%	193'750
Novasoft AG	15.11.1999	NM	A	18 €	21 €	21 €	26 €	28.8 €	37.14%	50 €	138.10%	6.67%	37'800
Argyrakis Dein System (ADS) AG	17.11.1999	NM	A	6 €	7 €	7 €	18 €	16.8 €	140.00%	29.7 €	324.29%	21.96%	10'297
phenomedia AG	22.11.1999	NM	A	18.5 €	22.5 €	22.5 €	28.5 €	31.3 €	39.11%	26.9 €	19.56%	8.02%	29'250
Balda AG	23.11.1999	NM	A	20 €	24 €	24 €	31.5 €	31 €	29.17%	66.5 €	177.08%	9.06%	60'960
Brainpool TV AG	23.11.1999	NM	A	43 €	47 €	47 €	84 €	76 €	61.70%	72 €	53.19%	14.45%	35'250
3U Telekommunikation AG	25.11.1999	NM	A	25 €	30 €	30 €	30.5 €	30 €	0.00%	34 €	13.33%	0.48%	63'600
CyBio AG	25.11.1999	NM	A	13 €	17 €	17 €	34 €	31.3 €	84.12%	39 €	129.41%	46.67%	47'600
ComROAD AG	26.11.1999	NM	A	18 €	20.5 €	20.5 €	25 €	29 €	41.46%	65.5 €	219.51%	5.92%	26'445
Condomi AG	30.11.1999	GM	A	14 €	16 €	16 €	23.5 €	22.1 €	38.13%	20.7 €	29.38%	8.26%	14'080
TOMORROW Internet AG	30.11.1999	NM	A	18 €	20 €	20 €	33 €	30.6 €	53.00%	54.1 €	170.50%	13.40%	55'000
Bäurer AG	02.12.1999	NM	A	18 €	21 €	21 €	23 €	25.55 €	21.67%	75 €	257.14%	2.87%	36'071
freenet.de AG	03.12.1999	NM	A	25 €	29 €	29 €	68 €	82 €	182.76%	115 €	296.55%	14.42%	116'725

IPO-Unternehmen	Organ-mitgl. nach IPO	Altak-tionäre nach IPO	Prüfer des letzten ordentlichen Abschlusses bzw. Konzernabschlusses vor dem IPO	Prüfer-wechsel	WP-Gruppe 1	WP-Gruppe 2	Konsortialführer	Konsorti-alvergü-tung in %
Pandatel AG	6.98	68.51	O & R Oppenhoff & Rädler	1	klein	klein	HypoVereinsbank	5.08
SinnerSchrader AG	57.91	75.19	Arthur Andersen	1	Big6	Big6	Commerzbank	5.33
secunet Security Networks AG	0.98	77.88	PWC	1	Big6	Big6	BHF Bank	5.13
EVOTEC BioSystems AG	11.71	59.20	KPMG	1	Big6	Big6	Warburg Dillon Read/ Deutsche Bank	4.69
Direkt Anlage Bank AG	0.50	72.57	Dr. Fritz Kesel & Partner	0	klein	klein	HypoVereinsbank/ Goldman Sachs	4.50
Novasoft AG	70.00	70.00	Verhülsdonk & Partner	0	klein	klein	Dresdner Bank	4.50
Argyrakis Dein System (ADS) AG	68.10	68.10	KPMG	1	Big6	Big6	SGZ-Bank	5.93
phenomedia AG	21.08	69.05	KPMG	gg	Big6	Big6	Gontard & MetallBank	n.a.
Balda AG	67.40	69.58	WP Joachim Möbius, Minden (Elbert, Kruse & Partner)	1	klein	klein	Norddeutsche Landesbank	5.21
Brainpool TV AG	30.75	71.70	KPMG	1+kg	Big6	Big6	Sal. Oppenheim	5.24
3U Telekommunikation AG	38.38	76.75	WP Beate Weber, Kirchhain	1	klein	klein	Baden-Württem-bergische Bank	5.21
CyBio AG	10.00	30.00	KPMG	n.a.	Big6	Big6	DG Bank	5.04
ComROAD AG	66.92	72.81	KPMG	0	Big6	Big6	Concord Effekten	5.37
Condomi AG	69.89	78.00	Warth & Klein GmbH	n.a.	SecTier	SecTier	Stadtsparkasse Köln	4.97
TOMORROW Internet AG	33.43	71.79	Gesellschaft existiert noch nicht	kein Prüfer	kein Prüfer	Big6	Sal. Oppenheim	4.18
Bäurer AG	71.40	73.57	Wirtschaftstreuhand GmbH	kk	klein	Big6	Landesbank Baden-Württemberg	5.39
freenet.de AG	77.00	77.00	PWC	0	Big6	Big6	Credit Suisse First Boston/Deutsche Bank	4.50

Anhang 2: Aus der Untersuchung ausgeschlossene IPO

1990	Südmilch AG (AH)	Notierungsaufnahme, kein öffentliches Verkaufsangebot.[1016]
	PAG Pharma-Holding AG (AH)	Eine PAG-Aktie repräsentiert eine Aktie der Andreae-Noris Zahn AG (ANZAG), die die DG Bank bei Gründung eingebracht hat. ANZAG-Aktien waren damals an den Börsen Frankfurt und München amtlich notiert.[1017]
	Marschollek, Lautenschläger und Partner AG (GM)	Vorzugsaktien dieser Gesellschaft sind bereits seit 1988 börsennotiert.[1018]
	Pegasus Beteiligungen AG (GM)	Notierungsaufnahme, kein öffentliches Verkaufsangebot.[1019]
	Agima AG für Immobilien-Anlage (GM)	Notierungsaufnahme; kein öffentliches Angebot, lediglich Plazierung bei institutionellen Anleger.[1020]
1991	Eifelhöhen-Klinik AG (GM)	Bereits vor IPO hatte die AG 700 Aktionäre; Altaktionäre besaßen Bezugsrecht; lediglich die Aktien, für die das Bezugsrecht der Altaktionäre nicht ausgeübt wurde, wurden der Öffentlichkeit zur Zeichnung angeboten.[1021]
	Patrizier Bräu AG (GM)	Notierungsaufnahme; kein öffentliches Verkaufsangebot; freie Aktionäre der börsennotierten Patrizier Beteiligungs-AG (4%) hatten Bezugsrecht (Verh. 1:1 zu pari) auf Aktien der Patrizier Bräu AG (nur 2,72% haben davon Gebrauch gemacht, so daß 97,28% der Aktien bei der Schickedanz-Gruppe liegen.[1022]
	Kaufring (AH)	Bereits vor IPO hatte die AG 432 Aktionäre (Horten 25%). Altaktionäre besaßen Bezugsrecht, lediglich die Aktien, für die das Bezugsrecht der Altaktionäre nicht ausgeübt wurde, wurden der Öffentlichkeit zur Zeichnung angeboten.[1023]
1992	Walter Bau-AG (AH)	Bereits vor IPO existieren 3% Streubesitz, die ihren Ursprung in der ehemaligen Thosti-Bau AG haben. Vor IPO wurden diese Aktien im Münchener Telefonhandel gehandelt.[1024]
1993	Fried. Krupp AG Hoesch-Krupp (AH)	Im Zuge der Verschmelzung der Hoesch AG auf die Fried. Krupp AG konnten die Aktionäre der ehemaligen Hoesch AG ihre Aktien in die neuen Aktien der Fried. Krupp AG Hoesch-Krupp umtauschen, die dann an der Börse notiert wurden.[1025]

[1016] Vgl. Südmilch AG (Börsenzulassungsprospekt 1989), veröffentlicht in Börsen-Zeitung vom 19.12.1989, S. 12.
[1017] Vgl. PAG Pharma-Holding AG (Börsenzulassungsprospekt 1990), veröffentlicht in Börsen-Zeitung vom 31.05.1990, S. 16-19.
[1018] Vgl. Marschollek, Lautenschläger und Partner AG (Unternehmensbericht 1990), S. 4; Börsen-Zeitung vom 11.06.1988, S. 4.
[1019] Vgl. Pegasus Beteiligungen AG (Unternehmensbericht 1990), veröffentlicht in Börsen-Zeitung vom 23.11.1990, S. 16-19.
[1020] Vgl. Handelsblatt vom 31.12.1990, S. 39.
[1021] Vgl. Börsen-Zeitung vom 29.05.1991, S. 13 und vom 19.06.1991, S. 13.
[1022] Vgl. Börsen-Zeitung vom 04.06.1991, S. 22 und vom 18.07.1991, S. 16.
[1023] Vgl. Börsen-Zeitung vom 24.05.1991, S. 12 und vom 06.09.1991, S. 6.
[1024] Telefonische Auskunft der Gesellschaft; Kursveröffentlichungen im Handelsblatt.
[1025] Vgl. Börsen-Zeitung vom 31.12.1992, S. 49; Börsenzulassungsprospekt und Aufforderung zum Umtausch veröffentlicht in Börsen-Zeitung vom 30.12.1992, S. 13-22.

1994	Markant-Südwest Handelsaktiengesellschaft (GM)	Vor IPO liegt die Mehrheit der Aktien relativ breit gestreut bei selbständigen Einzelhändlern und Mitarbeitern, die ein Bezugsrecht auf die neuen Vorzugsaktien besaßen. Lediglich die Aktien, für die das Bezugsrecht der Altaktionäre nicht ausgeübt wurde, wurden der Öffentlichkeit zur Zeichnung angeboten.[1026]
	GIVAG Gesellschaft für Immobilien- und Vermögensanlagen AG (GM)	Notierungsaufnahme, kein öffentliches Verkaufsangebot.[1027]
1995	IFA Hotel & Touristik (AH)	Bereits vor IPO waren ca. 1.000 Aktionäre an der AG beteiligt.[1028]
1996	Fresenius Medical Care AG (AH)	Notierung der Stämme wird am 1. Oktober in New York, am 2. Oktober 1996 in Deutschland aufgenommen; Ehemalige Aktionäre der Grace und Fresenius USA erhielten 49,7% der Stammaktien (Rest bei Fresenius AG) aus der Umstrukturierung. Diese Aktien wurden ab 1./2. Oktober notiert. Am 27. November 1996 wurden neu emittierte Vorzugsaktien in FFM notiert (ab 25.11. in New York).[1029]
1997	SER Systeme AG (NM)	Bereits vor IPO wurden die Aktien, die sich im Streubesitz befanden, im Telefonhandel am Börsenplatz Stuttgart gehandelt.[1030]
	Stada Arzneimittel AG (AH)	Vor der Neuemission von Vorzugsaktien befanden sich die vinkulierten Namens-Stammaktien im Eigentum von über 11.800 Aktionären, die ein Bezugsrecht auf die zu emittierenden Vorzugsaktien besaßen. Lediglich die Aktien, für die das Bezugsrecht der Altaktionäre nicht ausgeübt wurde, wurden der Öffentlichkeit zur Zeichnung angeboten.[1031]
	Graphitwerk Kropfmühl AG (GM)	Bereits vor IPO Handel im Freiverkehr.[1032]
1998	Bau-Verein zu Hamburg AG (AH)	Bereits vor IPO Notierung im Geregelten Markt.[1033]
	Spütz AG (AH)	Bereits seit einem dreiviertel Jahr wurden die Aktien, die sich im Streubesitz befanden, im Telefonhandel gehandelt.[1034]

[1026] Vgl. Börsen-Zeitung vom 13.09.1994, S. 7.
[1027] Vgl. GIVAG AG (Geschäftsbericht 1995), S. 10.
[1028] Vgl. Börsen-Zeitung vom 04.07.1995, S. 11.
[1029] Vgl. Fresenius Medical Care AG (Geschäftsbericht 1996), S. 7-9; Fresenius Medical Care AG (Combined Offering of 5,000,000 Preference Shares in the form of Preference Shares or American Depositary Shares (Prospectus) vom 23.11.1996), S. 7f., F-62.
[1030] Vgl. SER Systeme AG (Unternehmensbericht 1997), S. 18.
[1031] Vgl. Stada Arzneimittel AG (Börsenzulassungsprospekt 1997), S. 6f., 18.
[1032] Vgl. Börsen-Zeitung vom 05.11.1997, S. 8 und vom 25.11.1997, S. 8.
[1033] Vgl. Börsen-Zeitung vom 03.06.1998, S. 14.
[1034] Vgl. Spütz AG (Unvollständiger Verkaufsprospekt 1998), S. 27.

1999	Senator Film AG (NM)	Vor IPO befinden sich vermutlich 15,35% in Streubesitz. Die Aktien wurden vor dem IPO im Telefonhandel (Valora) gehandelt.[1035]
	AHAG Wertpapierhandelshaus AG (GM)	Notierungsaufnahme, kein öffentliches Verkaufsangebot.[1036]
	Met@box AG (NM)	Vor IPO befinden sich 60% der Aktien in Streubesitz. Bereits 1997 war eine Privatplazierung durchgeführt worden. Die Aktien wurden im Telefonhandel (AHAG) gehandelt.[1037]
	Foris Beteiligungs AG (NM)	Vor IPO befinden sich bereits 72,33% der Aktien in Streubesitz, der Mitte 1998 durch ein öffentliches Angebot entstanden ist. Seither wurden die Aktien im Telefonhandel (AHAG) gehandelt.[1038]
	Wüstenrot & Württembergische AG (AH)	Im Zuge der Verschmelzung der bereits zuvor börsennotierten Württembergische AG Versicherungs-Beteiligungsgesellschaft (WürttAG) auf die Wüstenrot Beteiligungs-AG, die danach in die Wüstenrot & Württembergische AG umfirmiert wurde, konnten die Aktionäre der ehemaligen WürttAG ihre Aktien in Aktien der Wüstenrot & Württembergische AG umtauschen.[1039]
	TAKKT AG (AH)	Spin-Off aus der börsennotierten Gehe AG. Für jede Gehe-Aktie erhielten die Aktionäre eine TAKKT-Aktie hinzu.[1040]
	Bausch + Linnemann AG (AH)	Im Rahmen des Zusammenschlusses der bereits zuvor börsennotierten Bausch AG mit der Robert Linnemann GmbH & Co. konnten die freien Aktionäre der Bausch AG ihre Aktien in die neue Bausch + Linnemann AG tauschen.[1041]
	Celanese AG (AH)	Spin-Off aus der börsennotierten Hoechst AG. Für zehn Hoechst-Aktien erhielten die Aktionäre eine Celanese-Aktie hinzu. Vor dem Spin-Off wurde ein Umplazierungsverfahren organisiert.[1042]
	buch.de internetstores AG (NM)	Bereits über ein Jahr vor IPO fand eine Privatplazierung statt, durch die sich nicht nur 50 Verlage und Buchhändler, sondern auch 400 andere Aktionäre an der AG beteiligten (Privatplazierung: 100.000 Inhaberaktien, 25% Streubesitz; vor IPO 29,67% Streubesitz). Ein Telefonhandel fand vor IPO in diesen Aktien nicht statt.[1043]

[1035] Auskunft der Gesellschaft per e-mail.
[1036] Vgl. AHAG AG (Unternehmensbericht 1999); http://www.ahag.de/sites/news/meldung_einzel.cfm?news=144 (Stand: 19.04.2000).
[1037] Vgl. Met@box AG (Geschäftsbericht 1998), S. 7.
[1038] Vgl. Foris AG (Verkaufsprospekt/Unternehmensbericht 1999), S. 12, 36f.
[1039] Vgl. Börsen-Zeitung vom 17.06.1999, S. 8 und vom 19.08.1999, S. 6.
[1040] Vgl. Börsen-Zeitung vom 02.09.1999, S. 25.
[1041] Vgl. Börsen-Zeitung vom 18.09.1999, S. 12; das Umtauschangebot ist veröffentlicht in Börsen-Zeitung vom 16.09.1999, S. 26f.
[1042] Vgl. Börsen-Zeitung vom 05.10.1999, S. 9 und vom 12.10.1999, S. 9; vgl. auch die Umplazierungsbekanntmachung, veröffentlicht in Börsen-Zeitung vom 12.10.1999, S. 24.
[1043] Vgl. Börsen-Zeitung vom 21.01.1999, S. 23 und vom 08.09.1999, S. 23; http://www1.buch.de/pages/boerse/profil/historie.phtml?id=Od8BFD6cplsAADEhQno&lk=0&ProvID=0
(Stand: 01.10.2000).

Anhang 3: Deskriptive Darstellung der Unterschiede zwischen IPO-Unternehmen, die einen kleinen, einen Second-Tier- oder einen Big6-Prüfer zur Prüfung des letzten ordentlichen Abschlusses vor dem IPO bestellt haben[1044]

	kleine Prüfer	Second Tier	Big6
n	92	32	178
Bilanzsumme (1996) in Mio. DM (Median)	48,9	32,0	73,2*
jährl. Wachstum der Bilanzs.[1045] (Median)	27,1%	38,7%	22,1%
Anzahl ausländ. Tochtergesellsch. (Median)	1	1	2***
Anteil AG, die vor IPO Konzerntöchter waren	14,1%	6,3%	22,5%
Anteil AG mit Konzernabschluß	71,7%	75,0%	79,2%
Anteil AG mit internation. Rechnungslegung	45,7%	59,4%	50,0%
Anteil AG mit Kapitalflußrechnung	71,7%	93,8%**	77,0%
Anteil AG mit Aktienoptionsprogramm	32,6%	56,3%**	55,1%***
Anteil AG mit VC- bzw. Private-Equity-Bet.	22,8%	31,3%	34,8%**
VG im aktuellsten Abschl. vor IPO (Median)	55,10	61,06*	53,26
Anteil der Altaktionäre nach IPO[1046] (Median)	67,3%	69,9%	68,6%
Anteil der Organmitgl. nach IPO[1047] (Median)	55,1%	60,0%	46,7%***
Lock-up-Frist für Organmit. in Mon. (Median)	12	12	12
Verkaufserlös der Organmitglieder im Zuge des IPO in Mio. DM (Median)	5,8	8,6	2,1
Anteil alter Aktien am Emiss.-vol. (Median)	28,1%	32,9%	27,0%
Anteil AG mit Großbank als Konsortialführer	28,3%	28,1%	44,9%***
Emissionsvol. (1996) in Mio. DM[1048] (Median)	60,3	79,3*	102,4***
Anteil AG mit Prüfung des aktuellst. Abschl.	70,7%	75,0%	64,0%
Anteil AG mit Gewinnprognose im Prospekt	0,87%	0,94%	0,96%
Markt-/Buchwert-Verhältnis[1049] (Median)	2,94	3,33*	3,22*
Bestehensdauer als AG in Jahren (Median)	1	1	1
Anteil Neuer-Markt-Unternehmen	45,7%	59,4%	50,6%

[1044] Bei einzelnen Variablen konnten wegen fehlender Angaben nicht alle 306 AG einbezogen werden. Bei Variablen mit einer relativ hohen Anzahl von Gesellschaften mit fehlenden Daten ist dies besonders vermerkt.

[1045] Die Datenbasis bilden hier 212 AG, für die Wachstumsraten ermittelbar waren. Dabei handelt es sich um 132 AG mit einer Big6-WPG, 57 mit einem kleinen Prüfer und 23 mit einer Second-Tier-WPG.

[1046] Die Werte sind auf Basis aller angebotenen Aktien (incl. Greenshoe) ermittelt.

[1047] Die Werte sind auf Basis aller angebotenen Aktien (incl. Greenshoe) ermittelt. Zum Besitz der Organmitglieder zählen alle von diesen oder ihren Familienmitgliedern im Privatvermögen oder über eine Gesellschaft, an der sie mehrheitlich beteiligt sind, gehaltenen Aktien.

[1048] Das hier angegebene Emissionsvolumen errechnet sich aus der Anzahl der emittierten Aktien (incl. ausgeübter Greenshoe) und dem ersten an der Börse festgestellten Kassakurs. Zur Herstellung der Vergleichbarkeit im Zeitablauf wurden alle Emissionen mit der im Untersuchungszeitraum durchschnittlich auftretenden Inflationsrate von 2,5% p.a. auf das Jahr 1996 auf- bzw. abgezinst.

[1049] Der Marktwert wurde auf Grundlage des Emissionspreises bestimmt, der Buchwert entspricht der Summe aus dem im letzten Abschluß vor IPO ausgewiesenen Eigenkapital, eventuell bis zum IPO durchgeführten Kapitalerhöhungen und dem durch die Kapitalerhöhung im Zuge des IPO zugeflossenen Betrag. Unter der Bilanzposition „Eigenkapital" ausgewiesene Anteile anderer Gesellschafter wurden vom Eigenkapital subtrahiert.

Anteil AG mit geringem Umsatz	9,2%	15,6%	11,8%
Anzahl Risikofaktoren im Prosp.[1050] (Median)	15	15,5	15
aktuelle Rentabilität (Median)	12,1%	6,4%**	9,7%**
Anteil AG mit negativem Ergebnis	30,4%	46,9%*	44,5%**
Anteil AG mit negativem Wachstum	4,9%	4,3%	9,5%
Streuung der Tagesrenditen 2-120 (Median)	3,58%	4,30%	3,85%
Streuung der Tagesrenditen 2-20 (Median)	3,38%	4,28%	3,92%

*** signifikant bei Zugrundelegung einer Sicherheitswahrscheinlichkeit von 99% (2-seitiger Test)
** signifikant bei Zugrundelegung einer Sicherheitswahrscheinlichkeit von 95% (2-seitiger Test)
* signifikant bei Zugrundelegung einer Sicherheitswahrscheinlichkeit von 90% (2-seitiger Test)

1050 Da in den Emissionsprospekten aus den früheren Jahren des Untersuchungszeitraumes oftmals entsprechende Angaben fehlten, reduziert sich die Zahl der hier einbezogenen AG auf 222 (kleine Prüfer: 51, Second-Tier-WPG: 26, Big6-WPG: 145).

Anhang 4: Logistische Regressionsmodelle mit der Wahl des Prüfers des letzten ordentlichen Abschlusses vor dem IPO als abhängiger Variabler

	gesamt (n = 246)			ohne Ausreißer[1051]		
	β	σ	Signifik. (Wald)	β	σ	Signifik. (Wald)
Bilanzsumme in Mrd. DM	1,028	0,594	0,083	1,755	0,904	0,052
Konsortialführer (dichotom)	0,924	0,309	0,003	1,074	0,332	0,001
Beteiligung der Organmitglieder nach IPO in %	-0,012	0,006	0,042	-0,014	0,006	0,029
Risiko (dichotom)	0,962	0,322	0,003	1,201	0,342	0,000
Konstante	0,338	0,374	0,367	0,308	0,397	0,439
richtig klassifizierte Fälle	69,9%			72,2%		
Δ –2 Log-Likelihood	33,384	Freiheitsgr.: 4	Sign. 0,000	43,598	G: 4	Sign. 0,000
R^2 nach Nagelkerke	0,176			0,231		

	gesamt (n = 249)			ohne Ausreißer[1052]		
	β	σ	Signifik. (Wald)	β	σ	Signifik. (Wald)
Bilanzsumme in Mrd. DM	1,286	0,601	0,032	2,135	0,850	0,012
Konsortialführer (dichotom)	0,899	0,304	0,003	0,846	0,311	0,007
Beteiligung der Altaktionäre nach IPO in %	-0,014	0,011	0,216	-0,018	0,012	0,125
Risiko (dichotom)	1,020	0,320	0,001	1,136	0,328	0,001
Konstante	0,609	0,757	0,421	0,816	0,799	0,307
richtig klassifizierte Fälle	68,3%			67,6%		
Δ –2 Log-Likelihood	31,236	Freiheitsgr.: 4	Sign. 0,000	37,132	G: 4	Sign. 0,000
R^2 nach Nagelkerke	0,163			0,194		

[1051] Neben der Heilit & Woerner Bau-AG und der Schlott AG erwiesen sich die Softmatic AG, Friatec AG und ADVA AG als Ausreißer, so daß sich die Zahl der berücksichtigten IPO-Unternehmen auf 241 reduziert. Vgl. auch Fußnote 932.

[1052] Heilit & Woerner Bau-AG und Schlott AG erwiesen sich als Ausreißer, so daß sich die Zahl der berücksichtigten IPO-Unternehmen auf 247 reduziert. Vgl. auch Fußnote 932.

Literaturverzeichnis

Adams, Michael (Usurpation 1994): Die Usurpation von Aktionärsbefugnissen mittels Ringverflechtung in der „Deutschland AG“, in: Die Aktiengesellschaft, 39. Jahrgang, Heft 4, 1994, S. 148-158.

Adams, Michael (Bankenmacht 1996): Bankenmacht und Deutscher Juristentag, in: ZIP Zeitschrift für Wirtschaftsrecht, Heft 37-38, 1996, S. 1590-1602.

Adler, Hans/Düring, Walther/Schmaltz, Kurt (Rechnungslegung 2000): Rechnungslegung und Prüfung der Unternehmen, 6. Auflage, Stuttgart: Schäffer-Poeschel, 2000.

Affleck-Graves, John/Hegde, Shantaram/Miller, Robert E. (Trends 1996): Conditional Price Trends in the Aftermarket for Initial Public Offerings, in: Financial Management, Vol. 25, Winter 1996, S. 25-40.

Aggarwal, Reena/Rivoli, Pietra (Fads 1990): Fads in the Initial Public Offering Market?, in: Financial Management, Winter 1990, S. 45-57.

Akerlof, George A. (Lemons 1970): The Market for „Lemons“: Quality Uncertainty and the Market Mechanism, in: The Quarterly Journal of Economics, Vol. 84, 1970, S. 488-500.

Aldrich, John H./Nelson, Forrest D. (Logit 1984): Linear Probability, Logit, and Probit Models, Beverly Hills u.a.: Sage Publications, 1984.

Ali, Ashiq/Hwang, Lee-Seok (Relevance 2000): Country-Specific Factors Related to Financial Reporting and the Value Relevance of Accounting Data, in: Journal of Accounting Research, Vol. 38, No. 1, 2000, S. 1-21.

Allen, Franklin/Faulhaber, Gerald R. (Signaling 1989): Signaling by Underpricing in the IPO Market, in: Journal of Financial Economics, Vol. 23, 1989, S. 303-323.

Amihud, Yakov/Mendelson, Haim (Liquidity 1988): Liquidity and Asset Prices: Financial Management Implications, Financial Management 1988, S. 5-15.

Amihud, Yakov/Mendelson, Haim (Effects 1989): The Effects of Beta, Bid-Ask Spread, Residual Risk, and Size on Stock Returns, in: The Journal of Finance, Vol. 44, No. 2, 1989, S. 479-486.

Antle, Rick (Auditor 1982): The Auditor as an Economic Agent, in: Journal of Accounting Research, Vol. 20, No. 2, 1982, S. 503-527.

Antle, Rick/Griffin, Paul A./Teece, David J./Williamson, Oliver E. (Independence 1997): An Economic Analysis of Auditor Independence for a Multi-Client, Multi-Service Public Accounting Firm, Report Prepared on behalf of the AICPA, The Law & Economics Consulting Group, 1997.

Arens, Alvin A./Loebbecke, James K. (Auditing 1997): Auditing, An Integrated Approach, 7. Auflage, London et al.: Prentice-Hall, 1997.

Arens, Alvin A./Loebbecke, James K. (Auditing 2000): Auditing, An Integrated Approach, 8. Auflage, London et al.: Prentice-Hall, 1997.

Arruñada, Benito (Quality 1999): The Economics of Audit Quality, Boston et al.: Kluwer, 1999.

Asquith, Daniel/Jones, Jonathan D./Kieschnick, Robert (Stabilization 1998): Evidence on Price Stabilization and Underpricing in Early IPO Returns, in: The Journal of Finance, Vol. 53, No. 5, 1998, S. 1759-1773.

Assmann, Heinz-Dieter/Schütze, Rolf A. (Hrsg.) (Handbuch 1997): Handbuch des Kapitalanlagerechts, 2. Auflage, München: Beck, 1997.

Bachar, Joseph (Auditing 1989): Auditing quality, signaling, and underwriting contracts, in: Contemporary Accounting Research, 1989, S. 216-241.

Backhaus, Klaus/Erichson, Bernd/Plinke, Wulff/Weiber, Rolf (Analysemethoden 2000): Multivariate Analysemethoden, 9. Auflage, Berlin u.a.: Springer-Verlag 2000.

Baetge, Jörg (Rechnungslegungszwecke 1976): Rechnungslegungszwecke des aktienrechtlichen Jahresabschlusses, in: Baetge, Jörg/Moxter, Adolf/ Schneider, Dieter (Hrsg.): Bilanzfragen, Festschrift für Leffson, Düsseldorf: IDW-Verlag, 1976, S. 11-30.

Ballwieser, Wolfgang (Informationsökonomie 1985): Ergebnisse der Informationsökonomie zur Informationsfunktion der Rechnungslegung, in: Stöppler, Siegmar (Hrsg.): Information und Produktion, Festschrift für Wittmann, Stuttgart, 1985, S. 21-40.

Ballwieser, Wolfgang (Agency 1987): Auditing in an Agency Setting, in: Bamberg, Günter/Spremann, Klaus (Hrsg.): Agency Theory, Information, and Incentives, Berlin et al., 1987, S. 327-346.

Ballwieser, Wolfgang (Informationsversorgung 1987): Kapitalmarkt und Informationsversorgung mit Jahresabschlüssen, in: Claussen, Carsten P./ Hübl, Lothar/Schneider, Hans-Peter (Hrsg.): Zweihundert Jahre Geld und Brief, Frankfurt am Main: Knapp, 1987, S. 163-178.

Ballwieser, Wolfgang (Überblick 1996): Ein Überblick über Ansätze zur ökonomischen Analyse des Bilanzrechts, in: BFuP, 48. Jahrgang, Heft 5, 1996, S. 503-527.

Balvers, Ronald J./McDonald, Bill/Miller, Robert E. (Reputation 1988): Underpricing of New Issues and the Choice of Auditor as a Signal of Investment Banker Reputation, in: The Accounting Review, Vol. 63, No. 4, 1988, S. 605-622.

Bamber, Linda S./Barron, Orie E./Stober, Thomas L. (Volume 1999): Differential Interpretations and Trading Volume, in: Journal of Financial and Quantitative Analysis, Vol. 34, No. 3, 1999, S. 369-386.

Bamber, Linda S./Cheon, Youngsoon S. (Differential 1995): Differential Price and Volume Reactions to Accounting Earnings Announcements, in: The Accounting Review, Vol. 70, No. 3, 1995, S. 417-441.

Barclay, Michael J./Holderness, Clifford G. (Benefits 1989): Private Benefits from Control of Public Corporations, in: Journal of Financial Economics, Vol. 25, 1989, S. 371-395.

Barclay, Michael J./Holderness, Clifford G. (Large-Block 1992): The Law and Large-Block Trades, in: Journal of Law & Economics, Vol. 35, 1992, S. 265-294.

Baron, David P. (Banking 1982): A Model of the Demand for Investment Banking Advising and Distribution Services for New Issues, in: The Journal of Finance, Vol. 37, No. 4, 1982, S. 955-976.

Baron, David P./Holmström, Bengt (Investment 1980): The Investment Banking Contract For New Issues Under Asymmetric Information: Delegation And The Incentive Problem, in: The Journal of Finance, Vol. 35, No. 5, 1980, S. 1115-1138.

Barry, Christopher B. (Initial 1989): Initial public offering underpricing: The issuer´s view – a comment, in: The Journal of Finance, Vol. 44, 1989, S. 1099-1103.

Barry, Christopher B./Brown, Stephen J. (information 1986): Limited information as a source of risk, in: The Journal of Portfolio Management, Winter 1986, S. 66-72.

Barry, Christopher B./Muscarella, Chris J./Peavy, John W./Vetsuypens, Michael R. (venture 1990): The role of venture capital in the creation of public companies, in: Journal of Financial Economics, Vol. 27, 1990, S. 447-471.

Bar-Yosef, Sasson/Livnat, Joshua (Selection 1984): Auditor Selection: An Incentive-Signalling Approach, in: Accounting and Business Research, Autumn 1984, S. 301-309.

Basler, Herbert (Methodenlehre 1994): Grundbegriffe der Wahrscheinlichkeitsrechnung und Statistischen Methodenlehre, 11. Auflage, Heidelberg: Physica, 1994.

Bauer, Michael (Wechsel 1999): Der Wechsel des Abschlußprüfers bei deutschen Aktiengesellschaften im Zeitraum 1991 bis 1996, unveröffentlichte Diplomarbeit, Universität Würzburg, 1999.

Baums, Theodor (Aufsichtsrat 1995): Der Aufsichtsrat – Aufgaben und Reformfragen, in: ZIP Zeitschrift für Wirtschaftsrecht, Heft 1. 1995, S. 11-18.

Baums, Theodor/Theissen, Erik (Aktienemissionen 1999): Banken, bankeigene Kapitalanlagegesellschaften und Aktienemissionen, in: Zeitschrift für Bankrecht und Bankwirtschaft (ZBB), 11. Jahrgang, 1999, Heft 3, S. 125-134.

Beatty, Randolph P. (Reputation 1989): Auditor Reputation and the Pricing of Initial Public Offerings, in: The Accounting Review, Vol. 64, No. 4, 1989, S. 693-709.

Beatty, Randolph P. (Compensation 1993): The Economic Determinants of Auditor Compensation in the Initial Public Offerings Market, in: Journal of Accounting Research, Vol. 31, No. 2, 1993, S. 294-302.

Beatty, Randolph P./Ritter, Jay R. (Investment 1986): Investment Banking, Reputation, and the Underpricing of Initial Public Offerings, in: Journal of Financial Economics, Vol. 15, 1986, S. 213-232.

Beatty, Randolph P./Welch, Ivo (Expenses 1996): Issuer Expenses and Legal Liability in Initial Public Offerings, in: Journal of Law and Economics, Vol. 39, 1996, S. 545-602.

Beaujean, Rainer (Registrierung 1998): Registrierung bereits emittierter Aktien und laufende Berichterstattung durch ausländische Unternehmen an der NYSE, in: Der Betrieb, Heft 6, 1998, S. 273-276.

Becht, Marco (Strong 1997): Strong Blockholders, Weak Owners and the Need for European Mandatory Disclosure, in: European Corporate Governance Network: Preliminary Report, The Separation of Ownership and Control: A Survey of 7 European Countries, Vol. 1, Brüssel, 1997.

Beck, Paul J./Frecka, Thomas J./Solomon, Ira (MAS 1988): A Model of the Market for MAS and Audit Services: Knowledge Spillovers and Auditor-Auditee Bonding, in: Journal of Accounting Literature, Vol. 7, 1988, S. 50-64.

Beckmann, Martin J./Künzi, Hans P. (Mathematik 1984): Mathematik für Ökonomen III, Berlin et al.: Springer, 1984.

Benveniste, Lawrence M./Busaba, Walid Y./Wilhelm, William J. (stabilization 1996): Price stabilization as a bonding mechanism in new equity issues, in: Journal of Financial Economics, Vol. 42, 1996, S. 223-255.

Benveniste, Lawrence M./Spindt, Paul A. (Investment 1989): How Investment Bankers Determine the Offer Price and Allocation of New Issues, in: Journal of Financial Economics, Vol. 24, 1989, S. 343-361.

Benz, Nadja/Kiwitz, Thorsten (Zulassung 1999): Der Neue Markt der Frankfurter Wertpapierbörse – Zulassung und Folgepflichten, in: Deutsches Steuerrecht, Heft 28, 1999, S. 1162-1168.

Bergström, Clas/Rydqvist, Kristian (Ownership 1990): Ownership of Equity in Dual-Class Firms, in: Journal of Banking and Finance, Vol. 14, 1990, S. 255-269.

Berle, Adolf A./Means, Gardiner C. (Corporation 1932): The Modern Corporation and Private Property, New York: Harcourt, Revised Edition 1968.

Bessler, Wolfgang/Kaen, Fred R./Sherman, Heidemarie C. (Perspective 1998): Going Public: A Corporate Governance Perspective, in: Hopt, Klaus J./ Kanda, Hideki/Roe, Mark J./Wymeersch, Eddy/Prigge, Stefan (Hrsg.): Comparative Corporate Governance, Oxford: Clarendon Press, 1998, S. 569-605.

Blackwell, David W./Noland, Thomas R./Winters, Drew B. (Value 1998): The Value of Auditor Assurance: Evidence from Loan Pricing, in: Journal of Accounting Research, Vol. 36, No. 1, 1998, S. 57-70.

Blättchen, Wolfgang (Going Public 1999): Going Public von Familienunternehmen, in: Finanz Betrieb, Heft 5, 1999, S. 38-44.

Böcking, Hans-Joachim (Verhältnis 1998): Zum Verhältnis von Rechnungslegung und Kapitalmarkt: Vom „financial accounting" zum „business reporting", in: Ballwieser, Wolfgang/Schildbach, Thomas (Hrsg.): Rechnungslegung und Steuern international, ZfbF Sonderheft 40, Düsseldorf, Frankfurt am Main: Handelsblatt, 1998, S. 17-53.

Böcking, Hans-Joachim/Orth, Christian (Erwartungslücke 1998): Kann das „Gesetz zur Kontrolle und Transparenz im Unternehmensbereich (KonTraG)" einen Beitrag zur Verringerung der Erwartungslücke leisten? – Eine Würdigung auf Basis von Rechnungslegung und Kapitalmarkt, in: Die Wirtschaftsprüfung, Jahrgang 51, Nr. 8, 1998, S. 351-363.

Boehmer, Ekkehart (Ownership-Retention 1993): The Informational Content of Initial Public Offerings: A Critical Analysis of the Ownership-Retention Signalling Model, in: International Review of Financial Analysis, Vol. 2, No. 2, 1993, S. 77-95.

Bolton, Patrick/von Thadden, Ernst-Ludwig (Liquidity 1998): Blocks, Liquidity, and Corporate Control, in: The Journal of Finance, Vol. 53, No. 1, 1998, S. 1-25.

Booth, James R./Chua, Lena (Ownership 1996): Ownership dispersion, costly information, and IPO underpricing, in: Journal of Financial Economics, Vol. 41, 1996, S. 291-310.

Booth, James R./Smith, Richard L. (Certification 1986): Capital Raising, Underwriting and the Certification Hypothesis, in: Journal of Financial Economics, Vol. 15, 1986, S. 261-281.

Bosch, Ulrich (Expertenhaftung 1999): Expertenhaftung gegenüber Dritten – Überlegungen aus der Sicht der Bankpraxis, in: Zeitschrift für das gesamte Handelsrecht und Wirtschaftsrecht (ZHR), 163. Band, 1999, S. 274-285.

Bösl, Konrad (Börsenreife 1996): Hohe Börsenreife, aber die Bereitschaft zum Going Public ist gering, in: BFuP, 48. Jahrgang, Heft 2, 1996, S. 183-207.

Brandl, Rainer (Rechnungslegungsnormen 1987): Zur Begründbarkeit handelsrechtlicher Rechnungslegungsnormen, Frankfurt am Main et al.: Lang, 1987.

Braun, Frank (Gebührendruck 1996): Gebührendruck und Prüfungsqualität bei Pflichtprüfungen mittelständischer Unternehmen, in: Betriebs-Berater, 51. Jahrgang, Heft 19, 1996, S. 999-1001.

Brennan, M. J./Franks, J. (Underpricing 1997): Underpricing, ownership and control in initial public offerings of equity securities in the UK, in: Journal of Financial Economics, Vol. 45, 1997, S. 391-413.

Brönner, Herbert (Geschichte 1992): Geschichte der Revision, in: Coenenberg, Adolf G./Wysocki, Klaus v. (Hrsg.): Handwörterbuch der Revision, 2. Auflage, Stuttgart: Poeschel, 1992, S. 663-670.

Buchner, Robert (Prüfungswesen 1997): Wirtschaftliches Prüfungswesen, 2. Auflage, München: Vahlen, 1997.

Buffett, Warren E. (Letter 1998): Chairman´s Letter, in: Berkshire Hathaway Inc., 1998 Annual Report, S. 3-19.

Bühner, Rolf (Trennung 1984): Rendite-Risiko-Effekte der Trennung von Eigentum und Leitung im diversifizierten Großunternehmen, in: zfbf Zeitschrift für betriebswirtschaftliche Forschung, 36. Jahrgang, Heft 10, 1984, S. 812-824.

Buss, Franz-Josef/Witte, Judith (Due Diligence 1999): Due Diligence beim Börsengang, in: Berens, Wolfgang/Brauner, Hans U. (Hrsg.): Due Diligence bei Unternehmensakquisitionen, 2. Auflage, Stuttgart: Schäffer-Poeschel, 1999, S. 347-358.

Busse von Colbe, Walther (Informationsinstrument 1993): Die Entwicklung des Jahresabschlusses als Informationsinstrument, in: Wagner, Franz W. (Hrsg.): Ökonomische Analyse des Bilanzrechts, ZfbF Sonderheft 32, Düsseldorf, Frankfurt am Main, 1993, S. 11-29.

Busse von Colbe, Walther (Unternehmenskontrolle 1994): Unternehmenskontrolle durch Rechnungslegung, in: Sandrock, Otto/Jäger, Wilhelm (Hrsg.): Internationale Unternehmenskontrolle und Unternehmenskultur, Festschrift für Großfeld, Tübingen: Mohr, 1994, S. 37-57.

Busse von Colbe, Walther (Rechnungswesen 1995): Das Rechnungswesen im Dienste einer kapitalmarktorientierten Unternehmensführung, in: Die Wirtschaftsprüfung, Jahrgang 48, 1995, S. 713-720.

Canaris, Claus-Wilhelm (Reichweite 1999): Die Reichweite der Expertenhaftung gegenüber Dritten, in: Zeitschrift für das gesamte Handelsrecht und Wirtschaftsrecht (ZHR), 163. Band, 1999, S. 206-245.

Carls, Andre (Going-Public-Geschäft 1996): Das Going-public-Geschäft deutscher Banken, Wiesbaden: Gabler, 1996.

Carpenter, Charles G./Strawser, Robert H. (Displacement 1971): Displacement of Auditors When Clients Go Public, in: The Journal of Accountancy, June 1971, S. 55-58.

Carter, Richard B./Dark, Frederick H. (Over-Allotment 1990): The Use of the Over-Allotment Option in Initial Public Offerings of Equity: Risks and Underwriter Prestige, in: Financial Management, Autumn 1990, S. 55-64.

Carter, Richard B./Dark, Frederick H./Singh, Ajai K. (Underwriter 1998): Underwriter Reputation, Initial Returns, and the Long-Run Performance of IPO Stocks, in: The Journal of Finance, Vol. 53, No. 1, 1998, S. 285-311.

Carter, Richard/Manaster, Steven (Reputation 1990): Initial Public Offerings and Underwriter Reputation, in: The Journal of Finance, Vol. 45, No. 4, 1990, S. 1045-1067.

Chemmanur, Thomas J. (Pricing 1993): The Pricing of Initial Public Offerings: A Dynamic Model with Information Production, in: The Journal of Finance, Vol. 48, No. 1, 1993, S. 285-304.

Chemmanur, Thomas J./Fulghieri, Paolo (Reputation 1994): Investment Bank Reputation, Information Production, and Financial Intermediation, in: The Journal of Finance, Vol. 49, No. 1, 1994, S. 57-79.

Cheng, T.Y./Firth, Michael (Forecasts 2000): An Empirical Analysis of the Bias and Rationality of Profit Forecasts Published in New Issue Prospectuses, in: Journal of Business Finance & Accounting, Vol. 27, No. 3/4, 2000, S. 423-446.

Chishty, Muhammad R.K./Hasan, Iftekhar/Smith, Stephen D. (Competition 1996): A Note on Underwriter Competition and Initial Public Offerings, in: Journal of Business Finance & Accounting, Vol. 23, 1996, S. 905-914.

Chow, Chee W./Rice, Steven J. (Qualified 1982): Qualified Audit Opinions and Auditor Switching, in: The Accounding Review, Vol. 57, No. 2, 1982, S. 326-335.

Chowdhry, Bhagwan/Nanda, Vikram (Stabilization 1996): Stabilization, Syndication, and Pricing of IPOs, in: Journal of Financial and Quantitative Analysis, Vol. 31, No. 1, 1996, S. 25-42.

Clarkson, Pete/Guedes, Jose/Thompson, Rex (Diversification 1996): On the Diversification, Observability, and Measurement of Estimation Risk, in: Journal of Financial and Quantitative Analysis, Vol. 31, No. 1, 1996, S. 69-84.

Clarkson, Peter M./Dontoh, Alex/Richardson, Gordon/Sefcik, Stephan E. (Retained 1991): Retained ownership and the valuation of initial public offerings: Canadian evidence, in: Contemporary Accounting Research, Vol. 8, 1991, S. 115-131.

Clarkson, Peter M./Dontoh, Alex/Richardson, Gordon/Sefcik, Stephan E. (forecasts 1992): The voluntary inclusion of earnings forecasts in IPO prospectuses, in: Contemporary Accounting Research, Vol. 8, No. 2, 1992, S. 601-626.

Clarkson, Peter M./Merkley, Jack (uncertainty 1994): Ex ante uncertainty and the underpricing of initial public offerings: Further Canadian Evidence, in: Revue Canadienne des Sciences de l´Administration, Vol. 11, 1994, S. 54-67.

Clarkson, Peter M./Simunic, Dan A. (association 1994): The association between audit quality, retained ownership, and firm-specific risk in U.S. vs. Canadian IPO markets, in: Journal of Accounting and Economics, Vol. 17, 1994, S. 207-228.

Clarkson, Peter M./Thompson, Rex (Estimation 1990): Empirical Estimates of Beta When Investors Face Estimation Risk, in: The Journal of Finance, Vol. 45, No. 2, 1990, S. 431-453.

Clemm, Hermann (Krisenwarner 1995): Der Abschlußprüfer als Krisenwarner, in: WPK-Mitteilungen, 34. Jahrgang, Heft 2, 1995, S. 65-78.

Coenenberg, Adolf G. (Jahresabschluß 2000): Jahresabschluß und Jahresabschlußanalyse, 17. Auflage, Landsberg/Lech: verlag moderne industrie, 2000.

Coenenberg, Adolf G./Marten, Kai-Uwe (Wechsel 1993): Der Wechsel des Abschlußprüfers, in: Der Betrieb, 46. Jahrgang, Heft 3, 1993, S. 101-110.

Copeland, Tom/Koller, Tim/Murrin, Jack (Valuation 1995): Valuation, Measuring and Managing the Value of Companies, 2. Auflage, New York: Wiley, 1995.

Cotter, James F./Thomas, Randall S. (Over-Allotment 1998): Firm Commitment Underwriting Risk and the Over-Allotment Option: Do We Need Further Legal Regulation?, in: Securities Regulation Law Journal, Vol. 26, 1998, S. 245-268.

Courteau, Lucie (Under-Diversification 1995): Under-Diversification and Retention Commitments in IPOs, in : Journal of Financial and Quantitative Analysis, Vol. 30, No. 4, 1995, S. 487-517.

Craswell, Allen T./Francis, Jere R. (Pricing 1999): Pricing Initial Audit Engagements: A Test of Competing Theories, in: The Accounting Review, Vol. 74, No. 2, 1999, S. 201-216.

Craswell, Allen T./Francis, Jere R./Taylor, Stephen, L. (brand 1995): Auditor brand name reputations and industry specializations, in: Journal of Accounting & Economics, Vol. 20, No. 3, S. 297-322.

Dann, Larry, Y./DeAngelo, Harry (Repurchases 1983): Standstill Agreements, Privately Negotiated Stock Repurchases, and the Market for Corporate Control, in: Journal of Financial Economics, Vol. 11, 1983, S. 275-300.

Darrough, M. N./Stoughton, N. M. (Moral 1986): Moral Hazard and Adverse Selection: The Question of Financial Structure, in: Journal of Finance, Vol. 41, 1986, S. 501-513.

Datar, Srikant M./Feltham, Gerald A./Hughes, John S. (role 1991): The role of audits and audit quality in valuing new issues, in: Journal of Accounting and Economics, Vol. 14, 1991, S. 3-49.

DeAngelo, Linda E. (Independence 1981): Auditor Independence, „Low Balling“, and Disclosure Regulation, in: Journal of Accounting and Economics, Vol. 3, 1981, S. 113-127.

DeAngelo, Linda E. (Auditor 1981a): Auditor Size and Audit Quality, in: Journal of Accounting and Economics, Vol. 3, 1981, S. 183-199.

DeFond, Mark L./Francis, Jere R./Wong, T.J. (Specialization 2000): Auditor Industry Specialization and Market Segmentation: Evidence from Hong Kong, in: Auditing: A Journal of Practice & Theory, Vol. 19, No. 1, 2000, S. 49-66.

DeFond, Mark L./Wong, T.J./Li, Shuhua (impact 2000): The impact of improved auditor independence on audit market concentration in China, in: Journal of Accounting and Economics, Vol. 28, 2000, S. 269-305.

Degenhart, Heinrich (Going Public 1999): Going Public für den Mittelstand, in: Wissenschaftsförderung der Sparkassenorganisation e.V. (Hrsg.): Mitteilungen 48, 1999, S. 27-37.

Deutsche Börse (Fact Book 1999): Fact Book 1999 vom 17.03.2000.

Deutsches Aktieninstitut e.V. (Gang 1998): Der Gang an die Börse: Chancen für Ihr Unternehmen, 2. Auflage, Frankfurt, 1998.

Deutsches Aktieninstitut e.V. (DAI-Factbook 2000): DAI-Factbook 2000, Frankfurt am Main, 2000.

Doogar, Rajib/Easley, Robert F. (Concentration 1998): Concentration without differentiation: A new look at the determinants of audit market concentration, in: Journal of Accounting and Economics, Vol. 25, 1998, S. 235-253.

Dopuch, Nicholas (Demand 1984): The Demand for Quality-Differentiated Audit Services in an Agency-Cost Setting: An Empirical Investigation: Discussion, in: Abdel-Kahlik, A.R./Solomon, I. (Hrsg.): 1984 Auditing Research Symposium, Urbana: University of Illinois, 1984, S. 253-263.

Dopuch, Nicholas/Simunic, Dan A. (Nature 1980): The Nature of Competition in the Auditing Profession: A Descriptive and Normative View, in: Buckley, John W./Weston, J. Fred (Hrsg.): Regulation and the Accounting Profession, Belmont: Lifetime Learning, 1980, S. 77-94.

Dopuch, Nicholas/Simunic, Dan A. (Competition 1982): Competition in Auditing: An Assessment, in: Symposium on Auditing Research IV, Urbana: University of Illinois, 1982, S. 401-450.

Dörner, Dietrich (Anforderungen 1998): Ändert das KonTraG die Anforderungen an den Abschlußprüfer?, in: Der Betrieb, 51. Jahrgang, 1998, S. 1-8.

Dörner, Dietrich (Wirtschaftsprüfung 1998): Von der Wirtschaftsprüfung zur Unternehmensberatung, in: Die Wirtschaftsprüfung, Heft 7, 1998, S. 302-318.

Dougherty, Christopher (Econometrics 1992): Introduction to Econometrics, New York, Oxford: Oxford University Press, 1992.

Downes, David H./Heinkel, Robert (Signaling 1982): Signaling and the Valuation of Unseasoned New Issues, in: The Journal of Finance, Vol. 37, No. 1, 1982, S. 1-10.

Drukarczyk, Jochen (Unternehmensbewertung 2001): Unternehmensbewertung, 3. Auflage, München: Vahlen, 2001.

Dunbar, Craig G. (Use 1995): The Use of Warrants as Underwriter Compensation in Initial Public Offerings, in: Journal of Financial Economics, Vol. 38, 1995, S. 59-78.

Dunn, John (Auditing 1996): Auditing: theory and practice, 2. Auflage, London et al.: Prentice Hall, 1996

Dye, Ronald A. (replacement 1991): Informationally motivated auditor replacement, in: Journal of Accounting and Economics, Vol. 14, 1991, S. 347-374.

Dye, Ronald A. (Wealth 1993): Auditing Standards, Legal Liability, and Auditor Wealth, in: Journal of Political Economy, Vol. 101, No. 5, 1993, S. 887-914.

Dykxhoorn, Hans J./Sinning, Kathleen E./Wiese, Mayk (Qualität 1996): Wie deutsche Banken die Qualität von Prüfungsberichten beurteilen, in: Betriebs-Berater, 51. Jahrgang, 1996, S. 2031-2034.

Ebke, Werner F. (Verantwortlichkeit 1996): Die zivilrechtliche Verantwortlichkeit der wirtschaftsprüfenden, steuer- und rechtsberatenden Berufe im internationalen Vergleich, Heidelberg: Müller, 1996.

Edwards, Jeremy S. S./Fischer, Klaus (Germany 1994): Banks, finance and investment in Germany, Cambridge et al.: Cambridge University Press, 1994.

Edwards, John Richard (history 1989): A history of financial accounting, London, New York: Routledge, 1989.

Ehrhardt, Olaf (Börseneinführungen 1997): Börseneinführungen von Aktien am deutschen Kapitalmarkt, Wiesbaden: Deutscher Universitäts-Verlag, 1997.

Ehrhardt, Olaf/Stehle, Richard (Banken 1998): Empirische Untersuchungen zur Mitwirkung von Banken bei Börseneinführungen von Aktien am deutschen Kapitalmarkt zwischen 1960 und 1995, unveröffentlichtes working paper, Humboldt-Universität zu Berlin 1998.

Eichenseher, John W./Shields, David (Fit 1989): Corporate Capital Structure and Auditor „Fit", in: Advances in Accounting, Supplement 1, 1989, S. 39-56.

Elben, Roland (Rule 144A): Private Placement-Instrumente am US-Kapitalmarkt – Regulation D, "Section 4 (1 1/2)" und Rule 144A, in: Recht der Internationalen Wirtschaft (RIW), Heft 2, 1998, S. 108-115.

Elliott, Robert K./Jacobson, Peter D. (Disclosure 1994): Costs and Benefits of Business Information Disclosure, in: Accounting Horizons, Vol. 8, No. 4, 1994, S. 80-96.

Ely, Kirsten/Waymire, Gregory (Relevance 1999): Accounting Standard-Setting Organizations and Earnings Relevance: Longitudinal Evidence From NYSE Common Stocks, 1927-93, in: Journal of Accounting Research, Vol. 37, No. 2, 1999, S. 293-317.

Emmrich, Markus (Reform 1999): Ansätze und Perspektiven einer Reform der externen Rechnungslegung in Deutschland, Aachen: Shaker, 1999.

Espenlaub, Susanne/Tonks, Ian (Signalling 1998): Post-IPO Directors´ Sales and Reissuing Activity: An Empirical Test of IPO Signalling Models, in: Journal of Business Finance & Accounting, Vol. 25, 1998, S. 1037-1079.

Ewert, Ralf (Wirtschaftsprüfung 1990): Wirtschaftsprüfung und asymmetrische Information, Berlin u.a.: Springer, 1990.

Ewert, Ralf (Rechnungslegung 1993): Rechnungslegung, Wirtschaftsprüfung, rationale Akteure und Märkte, in: zfbf Zeitschrift für betriebswirtschaftliche Forschung, 45. Jahrgang, Heft 9, 1993, S. 715-747.

Ewert, Ralf (Wirtschaftsprüfung 1999): Wirtschaftsprüfung, in: Bitz, Michael et alii (Hrsg.): Vahlens Kompendium der Betriebswirtschaftslehre, 4. Auflage, München: Vahlen, 1999, S. 505-553.

Ewert, Ralf/Feess, Eberhard/Nell, Martin (Prüfungsqualität 2000): Prüfungsqualität, Dritthaftung und Versicherung, in: BFuP, Heft 6, 2000, S. 572-593.

Ewert, Ralf/Wagenhofer, Alfred (Fundierung 2000): Neuere Ansätze zur theoretischen Fundierung von Rechnungslegung und Prüfung, in: Lachnit, Laurenz/Freidank, Carl-Christian (Hrsg.): Investororientierte Unternehmenspublizität, Wiesbaden: Gabler, 2000, S. 31-60.

Fama, Eugene F. (Efficient 1970): Efficient Capital Markets: A Review of Theory and Empirical Work, in: The Journal of Finance, Vol. 25, No. 2, 1970, S. 383-417.

Fama, Eugene F. (Agency 1980): Agency Problems and the Theory of the Firm, in: Journal of Political Economy, Vol. 88, No. 2, 1980, S. 288-307.

Fama, Eugene F. (Capital 1991): Efficient Capital Markets: II, in: The Journal of Finance, Vol. 46, No. 5, 1991, S. 1575-1617.

Fama, Eugene F./Jensen, Michael C. (Separation 1983): Separation of Ownership and Control, in: Journal of Law & Economics, Vol. 26, 1983, S. 301-325.

FAR (due diligence-Aufträge 1998): Hinweise zur rechtlichen Gestaltung von due diligence-Aufträgen, in: IDW-Fachnachrichten, Heft 7, 1998, S. 287-289.

Feltham, Gerald A./Hughes, John S./Simunic, Dan A. (Empirical 1991): Empirical assessment of the impact of auditor quality on the valuation of new issues, in: Journal of Accounting and Economics, Vol. 14, 1991, S. 375-399.

Fink, Gunther (Anteilsbesitz 1998): Die Entwicklung des Anteilsbesitzes der großen deutschen Wirtschaftsprüfungsgesellschaften im Zeitraum 1987-1996, unveröffentlichte Diplomarbeit, Universität Würzburg 1998.

Firth, Michael (forecasts 1998): IPO profit forecasts and their role in signalling firm value and explaining post-listing returns, in: Applied Financial Economics, Vol. 8, 1998, S. 29-39.

Firth, Michael/Liau-Tan, Chee K. (Valuation 1998): Auditor Quality, Signalling, and the Valuation of Initial Public Offerings, in: Journal of Business Finance & Accounting, Vol. 25, 1998, S. 145-165.

Firth, Michael/Smith, Andrew (Selection 1992): Selection of auditor firms by companies in the new issue market, in: Applied Economics, Vol. 24, 1992, S. 247-255.

Firth, Michael/Smith, Andrew (Quality 1995): Auditor Quality, Corporate Risk, and the Valuation of New Issues, in: Review of Quantitative Finance and Accounting, Vol. 5, 1995, S. 241-251.

Fischer-Winkelmann, Wolf F. (Stellungnahme 1996): Empirische Analyse des Prüferwechsels im Kontext der Agency- und Signalling-Theorie, Stellungnahme zum Beitrag von Kai-Uwe Marten, in: ZfB Zeitschrift für Betriebswirtschaft, 66. Jahrgang, 1996, S. 995-1003.

Fisher, Irving (Interest 1930): The Theory of Interest, New York: Kelley, Reprint 1965.

Förschle, Gerhart/Helmschrott, Harald (Neue Markt 1997): Der Neue Markt an der Frankfurter Wertpapierbörse, in: WPK-Mitteilungen, Heft 3, 1997, S. 188-194.

Förschle, Gerhart/Helmschrott, Harald (Update 1999): Neuer Markt an der Frankfurter Wertpapierbörse: Update 1999 – Bedeutung, wesentliche Änderungen, Ausblick, in: WPK-Mitteilungen, Heft 4, 1999, S. 210-220.

Förschle, Gerhart/Helmschrott, Harald (Rückblick 2001): Neuer Markt: Rückblick auf Veränderungen im Jahr 2000 und Ausblick, in: Finanz Betrieb, Heft 2, 2001, S. 111-117.

Forster, Karl-Heinz (MG 1995): MG, Schneider, Balsam und die Folgen – was können Aufsichtsräte und Abschlußprüfer gemeinsam tun?, in: Die Aktiengesellschaft, 40. Jahrgang, Heft 1, 1995, S. 1-7.

Forster, Karl-Heinz (Abschlußprüfung 1998): Abschlußprüfung nach dem Regierungsentwurf des KonTraG, in: Die Wirtschaftsprüfung, Jahrgang 51, Heft 2, 1998, S. 41-56.

Fox, Merritt B. (Disclosure 1998): Required Disclosure and Corporate Governance, in: Hopt, Klaus J./Kanda, Hideki/Roe, Mark J./Wymeersch, Eddy/ Prigge, Stefan (Hrsg.): Comparative Corporate Governance, Oxford: Clarendon Press, 1998, S. 701-718.

Francioni, Reto/Gutschlag, Thomas (Neue Markt 1998): Der Neue Markt, in: Volk, Gerrit (Hrsg.): Going Public, 2. Auflage, Stuttgart: Schäffer-Poeschel, 1998, S. 27-41.

Francis, Jennifer/Schipper, Katherine (Relevance 1999): Have Financial Statements Lost Their Relevance?, in: Journal of Accounting Research, Vol. 37, No. 2, 1999, S. 319-352.

Francis, Jere R./Wilson, Earl R. (Changes 1988): Auditor Changes: A Joint Test of Theories Relating to Agency Costs and Auditor Differentiation, in: The Accounting Review, Vol. 63, No. 4, 1988, S. 663-682.

Frey, Lutz (Auswirkungen 1999): Auswirkungen des Börsengangs auf Rechnungslegung und Publizität, in: Deutsches Steuerrecht, Heft 7, 1999, S. 294-300.

Früh, Hans-Joachim (Rechnungslegung 1998): Rechnungslegung im Börsengang, in: Volk, Gerrit (Hrsg.): Going Public, 2. Auflage, Stuttgart: Schäffer-Poeschel, 1998, S. 43-66.

Gale, Ian/Stiglitz, Joseph E. (Informational 1989): The Informational Content of Initial Public Offerings, in: The Journal of Finance, Vol. 44, No. 2, 1989, S. 469-477.

Ganzert, Siegfried/Kramer, Lutz (Due Diligence 1995): Due Diligence Review – eine Inhaltsbestimmung, in: Die Wirtschaftsprüfung, Heft 17, 1995, S. 576-581.

Garfinkel, Jon A. (Subsequent 1993): IPO Underpricing, Insider Selling and Subsequent Equity Offerings: Is Underpricing a Signal of Quality?, in: Financial Management, Vol. 22, No. 1, 1993, S. 74-83.

Gerke, Wolfgang (Venture 1998): Market Failure in Venture Capital Markets for New Medium and Small Enterprises, in: Hopt, Klaus J./Kanda, Hideki/ Roe, Mark J./Wymeersch, Eddy/Prigge, Stefan (Hrsg.): Comparative Corporate Governance, Oxford: Clarendon Press, 1998, S. 607-635.

Gerke, Wolfgang (Neue Markt 1999): Der Neue Markt, in: WiSt, Heft 4, 1999, S. 204-206.

Gerke, Wolfgang/Bank, Matthias (Finanzierungsprobleme 1999): Finanzierungsprobleme mittelständischer Unternehmen, in: Finanz Betrieb, Heft 5, 1999, S. 10-20.

Geßler, Jörg H. (Aktiengesetz 2001): Aktiengesetz, Kommentar (Stand Juli 2001), Neuwied: Luchterhand, 2001.

Gierl, Heribert/Helm, Roland (Reputation 2000): Bewertung von Wirtschaftsprüferleistungen – Reputation als Qualitätssignal für Vertrauensgüter, in: Der Steuerberater, Heft 6, 2000, S. 228-231.

Gietzmann, M. B./Quick, R. (Liability 1998): Capping Auditor Liability: The German Experience, in: Accounting, Organizations and Society, Vol. 23, No. 1, 1998, S. 81-103.

Goergen, Marc (Corporate 1999): Corporate Governance and Financial Performance, Cheltenham, Northampton: Edward Elgar, 1999.

Götz, Heinrich (Überwachung 1995): Die Überwachung der Aktiengesellschaft im Lichte jüngerer Unternehmenskrisen, in: Die Aktiengesellschaft, 40. Jahrgang, Heft 8, 1995, S. 337-353.

Greenwald, B./Stiglitz, J. E./Weiss, A. (Informational 1984): Informational Imperfections in the Capital Market and Macroeconomic Fluctuations, in: American Economic Review, Vol. 74, 1984, S. 194-199.

Grinblatt, Mark/Hwang, Chuan Yang (Signalling 1989): Signalling and the Pricing of New Issues, in: The Journal of Finance, Vol. 44, No. 2, 1989, S. 393-420.

Groß, Wolfgang (Bookbuilding 1998): Bookbuilding, in: Zeitschrift für das gesamte Handelsrecht und Wirtschaftsrecht (ZHR), 162. Band, 1998, S. 318-339.

Groß, Wolfgang (Prospekthaftung 1999): Die börsengesetzliche Prospekthaftung, in: Die Aktiengesellschaft, 44. Jahrgang, 1999, Heft 5, S. 199-209.

Groß, Wolfgang (Zulassung 1999): Zulassung von Wertpapieren zum Börsenhandel mit amtlicher Notierung, in: Finanz Betrieb, Heft 5, 1999, S. 32-37.

Groß, Wolfgang (Kapitalmarktrecht 2000): Kapitalmarktrecht, Kommentar zum Börsengesetz, zur Börsenzulassungs-Verordnung, zum Verkaufsprospektgesetz und zur Verkaufsprospekt-Verordnung, München: Beck, 2000.

Grossman, Sanford J./Stiglitz, Joseph E. (Impossibility 1980): On the Impossibility of Informationally Efficient Markets, in: The American Economic Review, Vol. 70, No. 3, 1980, S. 393-408.

Grout, Paul/Jewitt, Ian/Pong, Chris/Whittington, Geoff (Auditor 1994): „Auditor professional judgement“: implications for regulation and the law, in: Economic Policy, Vol. 19, 1994, S. 307-344, 349-351.

Grundmann, Stefan/Selbherr, Benedikt (Börsenprospekthaftung 1996): Börsenprospekthaftung in der Reform, in: Wertpapiermitteilungen, 50. Jahrgang, Heft 22, 1996, S. 985-993.

Grundsatzkommission Corporate Governance (Corporate 2000): Corporate Governance-Grundsätze ("Code of Best Practice") für börsennotierte Gesellschaften, in: Der Betrieb, Heft 5, 2000, S. 238-241.

Grundy, Bruce D./McNichols, Maureen (Trade 1989): Trade and the Revelation of Information through Prices and Direct Disclosure, in: The Review of Financial Studies, Vol. 2, No. 4, 1989, S. 495-526.

Gruson, Michael (Prospekterfordernisse 1995): Prospekterfordernisse und Prospekthaftung bei unterschiedlichen Anlageformen nach amerikanischem und deutschem Recht, in: Wertpapiermitteilungen, 49. Jahrgang, Heft 3, 1995, S. 89-98.

Hall, William D./Renner, Arthur J. (Lessons 1988): Lessons That Auditors Ignore At Their Own Risk, in: Journal of Accountancy, July 1988, S. 50-58.

Haller, Axel (Positive 1994): Positive Accounting Theory, in: Die Betriebswirtschaft, 54. Jahrgang, 1994, S. 597-612.

Hameed, Allaudeen/Lim, Guan Hua (Underpricing 1998): Underpricing and Firm Quality in Initial Public Offerings: Evidence from Singapore, in: Journal of Business Finance & Accounting, Vol. 25, 1998, S. 455-468.

Handa, Puneet/Linn, Scott C. (Estimation 1993): Arbitrage Pricing with Estimation Risk, in: Journal of Financial and Quantitative Analysis, Vol. 28, No. 1, 1993, S. 81-100.

Hanft, Stephan/Kretschmer, Thomas (Quartalspublizität 2001): Quartalspublizität am Neuen Markt, in: Die Aktiengesellschaft, Heft 2, 2001, S. 84-87.

Hanley, Kathleen W. (underpricing 1993): The underpricing of initial public offerings and the partial adjustment phenomenon, in: Journal of Financial Economics, Vol. 34, 1993, S. 231-250.

Hanley, Kathleen W./Kumar, A. Arun/Seguin, Paul J. (stabilization 1993): Price stabilization in the market for new issues, in: Journal of Financial Economics, Vol. 34, 1993, S. 177-197.

Harrer, Herbert/Heidemann, Dieter (Going Public 1999): Going Public – Einführung in die Thematik, in: Deutsches Steuerrecht, Heft 6, 1999, S. 254-260.

Harrer, Herbert/Mölling, Astrid (Verschärfung 1999): Verschärfung des Veräußerungsverbots für Altaktionäre im Neuen Markt, in: Betriebs-Berater, 54. Jahrgang, Heft 49, 1999, S. 2521-2523.

Hart, Oliver(Corporate 1995): Corporate Governance: Some Theory and Implications, in: The Economic Journal, Vol. 105, 1995, S. 678-689.

Hartmann, Erich/Schwope, Stefan (Berufsrisiko 1993): Prospekthaftung – ein typisches Berufsrisiko des Wirtschaftsprüfers?, in: WPK-Mitteilungen, Heft 2, 1993, S. 46-51.

Hartmann-Wendels, Thomas (Rechnungslegung 1991): Rechnungslegung der Unternehmen und Kapitalmarkt aus informationsökonomischer Sicht, Heidelberg: Physika, 1991.

Hax, Herbert (Rahmenbedingungen 1988): Rechnungslegungsvorschriften – Notwendige Rahmenbedingungen für den Kapitalmarkt?, in: Domsch, Michael E. et alii (Hrsg.): Unternehmungserfolg: Planung – Ermittlung – Kontrolle, Festschrift für Busse von Colbe, Wiesbaden: Gabler, 1988, S. 187-201.

Hayes, Samuel L. (Investment 1971): Investment banking: power structure in flux, Harvard Business Review, Vol. 49, No. 2, 1971, S. 136-152.

Hayn, Sven(Internationale 1997): Internationale Rechnungslegung, Stuttgart: Schäffer-Poeschel, 1997.

Healy, Paul M./Palepu, Krishna G. (Disclosure 1993): The Effect of Firms´ Financial Disclosure Strategies on Stock Prices, in: Accounting Horizons, Vol. 7, No. 1, 1993, S. 1-11.

Hecker, Renate/Wenger, Ekkehard (Schutz 1995): Der Schutz von Minderheiten im Vertragskonzern, in: Zeitschrift für Bankrecht und Bankwirtschaft (ZBB), 7. Jahrgang, 1995, Heft 4, S. 321-341.

Hein, Thomas (Bookbuilding 1996): Rechtliche Fragen des Bookbuildings nach deutschem Recht, in: Wertpapiermitteilungen, 50. Jahrgang, Heft 1, 1996, S. 1-7.

Herbig, Paul/Milewicz, John/Golden, Jim (Reputation 1994): A Model of Reputation Building and Destruction, in: Journal of Business Research, Vol. 31, No. 1, 1994, S. 23-31.

Herrmann, Ralf (Kapitalmarktdatenbank 1996): Die Karlsruher Kapitalmarktdatenbank – Bilanz und Ausblick –, Diskussionspapier, Universität Karlsruhe, 1996.

Herz, Robert H. et alii (SEC 1997): The Coopers & Lybrand SEC Manual, 7. Auflage, New York et al.: Wiley, 1997.

Herzig, Norbert/Watrin, Christoph (Rotation 1995): Obligatorische Rotation des Wirtschaftsprüfers – ein Weg zur Verbesserung der externen Unternehmenskontrolle?, in: zfbf Zeitschrift für betriebswirtschaftliche Forschung, 47. Jahrgang, Heft 9, 1995, S. 775-804.

Hogan, Chris E. (Self-Selection 1997): Costs and Benefits of Audit Quality in the IPO Market: A Self-Selection Analysis, in: The Accounting Review, Vol. 72, No. 1, 1997, S. 67-86.

Holland, K. M./Horton, J. G. (Advisers 1993): Initial Public Offerings on the Unlisted Securities Market: The Impact of Professional Advisers, in: Accounting and Business Research, Vol. 24, No. 93, 1993, S. 19-34.

Holmström, Bengt/Tirole, Jean (Monitoring 1993): Market Liquidity and Performance Monitoring, in: Journal of Political Economy, Vol. 101, No. 4, 1993, S. 678-709.

Holthausen, Robert W./Verrecchia, Robert E. (Informedness 1990): The Effect of Informedness and Consensus on Price and Volume Behavior, in: The Accounting Review, Vol. 65, No. 1, 1990, S. 191-208.

Hughes, Patricia J. (Disclosure 1986): Signalling by Direct Disclosure under Asymmetric Information, in: Journal of Accounting and Economics, Vol. 8, 1986, S. 119-142.

Hüllweck, Jörg-Karsten/Ostrowski, Markus (Abschlußprüfer 2000): Die Abschlußprüfer börsennotierter Aktiengesellschaften – Veränderung im Markt für Abschlußprüfungen zwischen 1996 und 1997, in: WPK-Mitteilungen, 39. Jahrgang, Heft 1, 2000, S. 2-9.

Ibbotson, Roger G./Ritter, Jay R. (Initial 1995): Initial Public Offerings, in: Jarrow, R.A./Maksimovic, V./Ziemba, W.T. (Hrsg.): Finance, Handbooks in Operations Research and Management Science, Vol. 9, 1995, S. 993-1016.

IDW (Hrsg.) (WP-Handbuch I 2000): Wirtschaftsprüfer-Handbuch 2000, Handbuch für Rechnungslegung, Prüfung und Beratung, Band I, 12. Auflage, Düsseldorf: IDW-Verlag, 2000.

International Federation of Accountants (IFAC Handbook 1995): IFAC Handbook 1995, Technical Pronouncements, New York, 1995.

Jäckel, Andreas/Leker, Jens (Konzernpublizität 1995): Abschlußprüfer und Konzernpublizität, in: Die Wirtschaftsprüfung, Jahrgang 48, Nr. 9, 1995, S. 293-305.

Jakob, Elmar (Initial 1998): Initial Public Offerings, Wiesbaden: Deutscher Universitäts-Verlag, 1998.

James, Christopher/Wier, Peggy (Borrowing 1990): Borrowing relationships, intermediation, and the cost of issuing public securities, in: Journal of Financial Economics, Vol. 28, 1990, S. 149-171.

Jang, H. Jonathan/Ro, Byung T. (Trading 1989): Trading volume theories and their implications for empirical information content studies, in: Contemporary Accounting Research, Vol. 6, No. 1, 1989, S. 242-262.

Jang, Hwee-Yong J./Lin, Chan-Jane (Volume 1993): Audit Quality and Trading Volume Reaction: A Study of Initial Public Offering of Stocks, in: Journal of Accounting and Public Policy, Vol. 12, 1993, S. 263-287.

Jegadeesh, Narasimhan/Weinstein, Mark/Welch, Ivo (empirical 1993): An empirical investigation of IPO returns and subsequent equity offerings, in: Journal of Financial Economics, Vol. 34, 1993, S. 153-175.

Jelic, Ranko/Saadouni, Brahim/Briston, Richard (accuracy 1998): The accuracy of earnings forecasts in IPO prospectuses on the Kuala Lumpur Stock Exchange, in: Accounting and Business Research, Vol. 29, No. 1, 1998, S. 57-72.

Jenkinson, Tim/Ljungqvist, Alexander (Going Public 1996): Going Public, Oxford: Clarendon Press, 1996.

Jensen, Michael C. (Organization 1983): Organization Theory and Methodology, in: The Accounting Review, Vol. 58, No. 2, 1983, S. 319-339.

Jensen, Michael C. (Free 1986): Agency Costs of Free Cash Flow, Corporate Finance, and Takeovers, in: The American Economic Review, Papers and Proceedings, Vol. 76, No. 2, 1986, S. 323-329.

Jensen, Michael C./Meckling, William H. (Theory 1976): Theory of the Firm: Managerial Behavior, Agency Costs and Ownership Structure, in: Journal of Financial Economics, Vol. 3, 1976, S. 305-360.

Jensen, Michael C./Murphy, Kevin J. (Incentives 1990): Performance Pay and Top-Management Incentives, in: Journal of Political Economy, Vol. 98, No. 2, 1990, S. 225-264.

Jensen, Michael C./Ruback, Richard S. (control 1983): The Market for Corporate Control: The Scientific Evidence, in: Journal of Financial Economics, Vol. 11, 1983, S. 5-50.

Jensen, Michael C./Smith, Clifford W. (Stockholder 1985): Stockholder, Manager, and Creditor Interests: Applications of Agency Theory, in: Altman, E./Subrahmanyan, M. (Hrsg.): Recent Advances in Corporate Finance, Homewood, 1985, S. 93-131.

Johnson, Bruce W./Lys, Thomas (Market 1990): The Market for Audit Services, Evidence from Voluntary Auditor Changes, Journal of Accounting and Economics, Vol. 12, 1990, S. 281-308.

Johnson, James M./Miller, Robert E. (Investment 1988): Investment Banker Prestige and the Underpricing of Initial Public Offerings, Financial Management, Vol. 17, No. 2, 1988, S. 19-29.

Jones, Kevin/Burrowes, Ashley/Ameen, Jamal (Initial 1999): Initial Public Offerings: Evidence from the Alternative Investment Market, working paper, University of Glamorgan/Wales 1999.

Kaminski, Horst/Marks, Peter (Qualität 1995): Die Qualität der Abschlußprüfung in der internationalen Diskussion, in: Lanfermann, Josef (Hrsg.): Internationale Wirtschaftsprüfung, Festschrift für Havermann, Düsseldorf: IDW-Verlag, 1995, S. 247-282.

Kaserer, Christoph (Underpricing 1997): Underpricing, Unternehmenskontrolle und die Rolle der Banken, working paper, Universität Würzburg, 1997.

Kaserer, Christoph/Ahlers, Martin (Kursreaktionen 2000): Kursreaktionen anläßlich der Börseneinführung von Tochterunternehmen – Signaling oder verbesserte Unternehmenskontrolle in Konzernen?, in zfbf Zeitschrift für betriebswirtschaftliche Forschung, 52. Jahrgang, 2000, S. 537-570.

Kaserer, Christoph/Kempf, Volker (Underpricing-Phänomen 1995): Das Underpricing-Phänomen am deutschen Kapitalmarkt und seine Ursachen, in: Zeitschrift für Bankrecht und Bankwirtschaft (ZBB), 7. Jahrgang, Heft 1, 1995, S. 45-68.

Kaserer, Christoph/Kempf, Volker (Bookbuilding 1996): Bookbuilding: Das Underpricing-Phänomen, in: Die Bank, Heft 3, 1996, S. 184-186.

Keasey, Kevin/McGuinness, Paul (Forecasts 1991): Prospectus Earnings Forecasts and the Pricing of New Issues on the Unlisted Securities Market, in: Accounting and Business Research, Vol. 21, No. 82, 1991, S. 133-145.

Keasey, Kevin/McGuinness, Paul (Signalling 1992): An Empirical Investigation of the Role of Signalling in the Valuation of Unseasoned Equity Issues, in: Accounting and Business Research, Vol. 22, No. 86, 1992, S. 133-142.

Keasey, Kevin/Short, Helen (Critical 1992): The Winner´s Curse Model of Underpricing: A Critical Assessment, in: Accounting and Business Research, Vol. 23, No. 89, 1992, S. 74-78.

Keller, Erich/Möller, Hans Peter (Zwischenberichterstattung 1993): Die Auswirkungen der Zwischenberichterstattung auf den Informationswert von Jahresabschlüssen am Kapitalmarkt – Konzeption und Ergebnisse einer kapitalmarktorientierten empirischen Untersuchung zum Informationsgehalt der Jahresabschlüsse deutscher Aktiengesellschaften, in: Bühler, Wolfgang/Hax, Herbert/Schmidt, Reinhart (Hrsg.): Empirische Kapitalmarktforschung, ZfbF Sonderheft 31, Düsseldorf, Frankfurt am Main: Handelsblatt, 1993, S. 35-60.

Keloharju, Matti (winner´s curse 1993): The winner´s curse, legal liability, and the long-run price performance of initial public offerings in Finland, in: Journal of Financial Economics, Vol. 34, 1993, S. 251-277.

Kennedy, Peter (Econometrics 1998): A Guide to Econometrics, 4. Auflage, Oxford: Blackwell Publishers, 1998.

Kim, Jeong-Bon/Krinsky, Itzhak/Lee, Jason (Motives 1993): Motives for Going Public and Underpricing: New Findings from Korea, in: Journal of Business Finance & Accounting, Vol. 20, 1993, S. 195-211.

Kim, Oliver/Verrechia, Robert E. (Volume 1991): Trading Volume and Price Reactions to Public Announcements, in: Journal of Accounting Research, Vol. 29, No. 2, 1991, S. 302-321.

Kiwitz, Thorsten/Melzer, Georg (Kosten 2001): Die Kosten der Börseneinführung eines mittelständischen Unternehmens, in: Deutsches Steuerrecht, Heft 1-2, 2001, S. 42-56.

Klein, Benjamin (Contracting 1983): Contracting Costs and Residual Claims: The Separation of Ownership and Control, in: Journal of Law & Economics, Vol. 26, 1983, S. 367-374.

Klein, Benjamin/Leffler, Keith B. (Performance 1981): The Role of Market Forces in Assuring Contractual Performance, in: Journal of Political Economy, Vol. 89, No. 4, 1981, S. 615-641.

Kleinbaum, David G. (Logistic 1998): Logistic Regression: a self-learning text, 5. Auflage, New York et al.: Springer, 1998.

Koch, Wolfgang (Sicherung 1996): Die Sicherung der Grundsätze ordnungsmäßiger Börseneinführung durch die Einschaltung unabhängiger Sachverständiger, in: BFuP, Heft 2, 1996, S. 137-148.

Koch, Wolfgang/Wegmann, Jürgen (Börseneinführung 1996): Praktiker-Handbuch Börseneinführung, Stuttgart: Schäffer-Poeschel, 1996.

Koch, Wolfgang/Wegmann, Jürgen (Branchenstudien 1999): Branchenstudien im Vorfeld eines IPO, in: Going Public, Heft 1, 1999, S. 62-65.

Koh, Francis/Walter, Terry (Pricing 1989): A Direct Test of Rock´s Model of the Pricing of Unseasoned Issues, in: Journal of Financial Economics, Vol. 23, No. 2, 1989, S. 251-272.

Korfsmeyer, Jochem (Bedeutung 1999): Die Bedeutung von lock-up agreements bei Aktienemissionen, in: Finanz Betrieb, Heft 8, 1999, S. 205-212.

Kort, Michael (Entwicklungen 1999): Neuere Entwicklungen im Recht der Börsenprospekthaftung (§§ 45 ff. BörsG) und der Unternehmensberichtshaftung (§ 77 BörsG), in: Die Aktiengesellschaft, Heft 1, 1999, S. 9-21.

Krafft, Manfred (Regression 1997): Der Ansatz der Logistischen Regression und seine Interpretation, in: ZfB Zeitschrift für Betriebswirtschaft, 67. Jahrgang, Heft 5/6, 1997, S. 625-642.

Krinsky, I./Rotenberg, W. (Signalling 1989): Signalling and the Valuation of Unseasoned New Issues Revisited, in: Journal of Financial and Quantitative Analysis, Vol. 24, No. 2, 1989, S. 257-266.

Krüger, Dirk/Kalbfleisch, Eberhard (Due Diligence 1999): Due Diligence bei Kauf und Verkauf von Unternehmen, in: Deutsches Steuerrecht, Heft 4, 1999, S. 174-180.

Kübler, Friedrich (Kapitalmarkttransparenz 1995): Institutioneller Gläubigerschutz oder Kapitalmarkttransparenz?, in: Zeitschrift für das gesamte Handelsrecht und Wirtschaftsrecht (ZHR), 159. Band, 1995, S. 550-566.

Kübler, Friedrich (Vorsichtsprinzip 1995): Vorsichtsprinzip versus Kapitalmarktinformation, in: Förschle, Gerhart/Kaiser, Klaus/Moxter, Adolf (Hrsg.): Rechenschaftslegung im Wandel, Festschrift für Budde, München: Beck, 1995, S. 361-375.

Kühnberger, Manfred/Schmidt, Thorsten (Umkehrmaßgeblichkeit 1999): Auswirkungen der Umkehrmaßgeblichkeit – eine theoretische und empirische Bestandsaufnahme, in: Betriebs-Berater, 54. Jahrgang, 1999, S. 2602-2608.

Kunz, Roger M. (Underpricing 1990): Underpricing beim Going Public, in: Die Unternehmung, 44. Jahrgang, Nr. 3, 1990, S. 202-221.

Kunz, Roger M. (Going Public 1991): Going Public in der Schweiz: Preisbildung und Erfolgsfaktoren, Bern; Stuttgart: Haupt, 1991.

Küting, Karlheinz (Geschäftsbericht 1993): Der Geschäftsbericht als Grundlage der qualitativen Bilanzanalyse, zugleich: Das Saarbrücker Modell der Unternehmensbeurteilung, in: Küting, Karlheinz/Weber, Claus-Peter (Hrsg.): Konzernmanagement: Rechnungswesen und Controlling, Stuttgart: Schäffer-Poeschel, 1993, S. 45-70.

Lam, Swee-Sum (Information 1992): Information risk and initial public offerings: an empirical investigation, in: Applied Financial Economics, Vol. 2, 1992, S. 93-98.

Land, Volker (Wirtschaftsprüferhaftung 1996): Wirtschaftsprüferhaftung gegenüber Dritten in Deutschland, England und Frankreich, Frankfurt am Main et al.: Lang, 1996.

Lang, Mark H./Lundholm, Russell J. (Disclosure 2000): Voluntary Disclosure and Equity Offerings: Reducing Information Asymmetry or Hyping the Stock?, in: Contemporary Accounting Research, Vol. 17, No. 4, 2000, S. 623-662.

Lange, Knut Werner (Lagebericht 1999): Grundsätzliche und unbegrenzte Pflicht zur Berichterstattung im Lagebericht?, in: Betriebs-Berater, 54. Jahrgang, 1999, S. 2447-2453.

Langemann, Andreas (Börsengang 2000): Ökonomische Vorteile eines Börsengangs, Frankfurt am Main u.a.: Lang, 2000.

Langenbucher, Günther (Qualität 1997): Qualität und Umfang der Abschlußprüfung, in: Baetge, Jörg (Hrsg.): Aktuelle Entwicklungen in Rechnungslegung und Wirtschaftsprüfung, Düsseldorf: IDW-Verlag, 1997, S. 61-107.

Langenbucher, Günther/Blaum, Ulf (Aufdeckung 1997): Die Aufdeckung von Fehlern, dolosen Handlungen und sonstigen Gesetzesverstößen im Rahmen der Abschlußprüfung, in: Der Betrieb, 50. Jahrgang, Heft 9, 1997, S. 437-443.

La Porta, Rafael/Lopez-De-Silanes, Florencio/Shleifer, Andrei/Vishny, Robert W. (Legal 1997): Legal Determinants of External Finance, in: The Journal of Finance, Vol. 52, No. 3, 1997, S. 1131-1150.

Ledermann, Thomas/Marxsen, Sven (Start-up-Market 1998): Mit dem Start-up-Market zur ersten Börsennotiz, in: Zeitschrift für das gesamte Kreditwesen, Heft 1, 1998, S. 26-27.

Lee, Chi-Wen Jevons/Gu, Zhaoyang (Independence 1998): Low Balling, Legal Liability and Auditor Independence, in: The Accounting Review, Vol. 73, No. 4, 1998, S. 533-555.

Lee, Philip J./Taylor, Stephen L./Walter, Terry S. (Australian 1996): Australian IPO pricing in the short and long run, in: Journal of Banking & Finance, Vol. 20, 1996, S. 1189-1210.

Leffson, Ulrich (Grundsätze 1987): Die Grundsätze ordnungsmäßiger Buchführung, 7. Auflage, Düsseldorf: IDW-Verlag, 1987.

Leland, Hayne E./Pyle, David H. (Asymmetries 1977): Informational Asymmetries, Financial Structure, and Financial Intermediation, in: The Journal of Finance, Vol. 32, No. 2, 1977, S. 371-387.

Lennox, Clive S. (Non-audit 1999): Non-audit fees, disclosure and audit quality, in: The European Accounting Review, Vol. 8, No. 2, 1999, S. 239-252.

Lennox, Clive S. (Quality 1999): Audit Quality and Auditor Size: An Evaluation of Reputation and Deep Pockets Hypotheses, in: Journal of Business Finance & Accounting, Vol. 26, 1999, S. 779-805.

Lenz, Hansrudi (Low-balling-Effekt 1991): Der Low-balling-Effekt und die Unabhängigkeit des handelsrechtlichen Abschlußprüfers, in: WiSt, Heft 4, 1991, S. 181-184.

Lenz, Hansrudi (Wahl 1993): Die Wahl des handelsrechtlichen Abschlussprüfers – Eine theoretische und empirische Analyse, unveröffentlichte Habilitationsschrift, Freie Universität Berlin 1993.

Lenz, Hansrudi (Struktur 1996): Die Struktur des Marktes für Abschlußprüfungsmandate bei deutschen Aktiengesellschaften, in: Die Wirtschaftsprüfung, Heft 7, 1996, S. 269-279 (Teil I) und Heft 8, 1996, S. 313-318 (Teil II).

Lenz, Hansrudi (Entwicklungstendenzen 1999): Entwicklungstendenzen in der Wirtschaftsprüfung, in: Die Wirtschaftsprüfung, Jahrgang 52, Heft 14, 1999, S. 540-549.

Lenz, Hansrudi/Ostrowski, Markus (Kontrolle 1997): Kontrolle und Transparenz im Unternehmensbereich durch die Institution Abschlußprüfung, in: Betriebs-Berater, 52. Jahrgang, Heft 30, 1997, S. 1523-1529.

Lenz, Hansrudi/Ostrowski, Markus (Markt 1999): Der Markt für Abschlußprüfungen bei börsennotierten Aktiengesellschaften, in: Die Betriebswirtschaft, 59. Jahrgang, Heft 3, 1999, S. 397-411.

Lenz, Hansrudi/Verleysdonk, Jan (Analyse 1998): Eine empirische Analyse der Wahl des Abschlußprüfers bei der kleinen Aktiengesellschaft, in: ZfB Zeitschrift für Betriebswirtschaft, 68. Jahrgang, Heft 8, 1998, S. 851-869.

Lev, Baruch/Zarowin, Paul (Boundaries 1999): The Boundaries of Financial Reporting and How to Extend Them, in: Journal of Accounting Research, Vol. 37, No. 2, 1999, S. 353-385.

Levitt, Arthur (Importance 1998): The Importance of High Quality Accounting Standards, in: Accounting Horizons, Vol. 12, No. 1, 1998, S. 79-82.

Levitt, Arthur (Numbers 1998): The „Numbers Game“, Remarks by Chairman Arthur Levitt, Securities and Exchange Commission, NYU Center for Law and Business, New York, September 28, 1998, http://www.sec.gov/news/speech/speecharchive/1998/spch220.txt, deutsche Übersetzung abgedruckt in: Der Betrieb, 1998, S. 2544-2547.

Ling, David C./Ryngaert, Michael (involvement 1997): Valuation uncertainty, institutional involvement, and the underpricing of IPOs: The case of REITs, in: Journal of Financial Economics, Vol. 43, 1997, S. 433-456.

Ljungqvist, Alexander P. (Pricing 1997): Pricing initial public offerings: Further evidence from Germany, in: European Economic Review, Vol. 41, 1997, S. 1309-1320.

Löffler, Torsten (Investorenunsicherheit 2000): Investorenunsicherheit bei Börsenerstemissionen, in: Finanzmarkt und Portfolio Management, 14. Jahrgang, Nr. 1, 2000, S. 57-75.

Loges, Rainer (Due Diligence 1997): Der Einfluß der „Due Diligence“ auf die Rechtsstellung des Käufers eines Unternehmens, in: Der Betrieb, Heft 19, 1997, S. 965-969.

Logue, Dennis E. (pricing 1973): On the pricing of unseasoned equity issues – 1965-1969, in: Journal of Financial and Quantitative Analysis, Vol. 7, No. 1, 1973, S. 91-103.

Loo, Jean/Lee, Dong-Woo/Yi, Jong-Hwan (Reputation 1999): Profitability and Volatility of IPO Firms and Underwriter Reputation, in: International Journal of Business, Vol. 4, 1999, S. 63-79.

Lorenz, Henning (Auswahl 1997): Entscheidungsverhalten prüfungspflichtiger Kapitalgesellschaften bei der Auswahl ihres Abschlußprüfers, München: VVF, 1997.

Loughran, Tim/Ritter, Jay R./Rydqvist, Kristian (International 1994): Initial public offerings: International insights, in: Pacific-Basin Finance Journal, Vol. 2, 1994, S. 165-199.

Lück, Wolfgang/Hunecke, Jörg (Warnfunktion 1996): Zur Warnfunktion des Abschlußprüfers, in: Der Betrieb, 49. Jahrgang, Heft 1, 1996, S. 1-6.

Magee, Robert P./Tseng, Mei-Chiun (Independence 1990): Audit Pricing and Independence, in: The Accounting Review, Vol. 65, No. 2, 1990, S. 315-336.

Mandler, Udo (Umbruch 1994): Wirtschaftsprüfung im Umbruch, in: ZfB Zeitschrift für Betriebswirtschaft, 64. Jahrgang, Heft 2, 1994, S. 167-188.

Mandler, Udo (Theorie 1995): Theorie internationaler Wirtschaftsprüfungsorganisationen: Qualitätskonstanz und Reputation. In: Die Betriebswirtschaft, 55. Jahrgang, Heft 1, 1995, S. 31-44.

Manne, Henry G. (Mergers 1965): Mergers and the Market for Corporate Control, in: Journal of Political Economies, Vol. 73, April 1965, S. 110-120.

Markus, Hugh B. (Haftungsbeschränkungen 1996): Haftungsbeschränkungen gegenüber dem Abschlußprüfer in den USA, in: WPK-Mitteilungen, Heft 2, 1996, S. 93-94.

Marston, Felicia (Differences 1996): Differences in Information and Common Stock Returns: Estimation Risk or Unequal Distribution of Information?, in: The Financial Review, Vol. 31, No. 4, 1996, S. 831-857.

Marten, Kai-Uwe (Wechsel 1994): Der Wechsel des Abschlußprüfers, Düsseldorf: IDW-Verlag, 1994.

Marten, Kai-Uwe (Qualität 1999): Qualität von Wirtschaftsprüferleistungen, Düsseldorf: IDW-Verlag, 1999.

Marten, Kai-Uwe/Schmöller, Petra (Image 1999): Das Image der Wirtschaftsprüfer, in: ZfB Zeitschrift für Betriebswirtschaft, 69. Jahrgang, Heft 2, 1999, S. 171-193.

Marten, Kai-Uwe/Schultze, Wolfgang (Konzentrationsentwicklungen 1998): Konzentrationsentwicklungen auf dem deutschen und europäischen Prüfungsmarkt, in: zfbf Zeitschrift für betriebswirtschaftliche Forschung, 50. Jahrgang, Heft 4, 1998, S. 360-386.

Martin, Thomas A. (Eigenkapitalzuführung 1998): Der Neue Markt an der Frankfurter Wertpapierbörse und die Probleme mittelständischer Unternehmen bei der Finanzierung über Eigenkapitalzuführung, in: Die Aktiengesellschaft, 43. Jahrgang, 1998, Heft 5, S. 221-226.

Mauer, David C./Senbet, Lemma W. (Effect 1992): The Effect of the Secondary Market on the Pricing of Initial Public Offerings: Theory and Evidence, in: Journal of Financial and Quantitative Analysis, Vol. 27, No. 1, 1992, S. 55-79.

Maug, Ernst (Large 1998): Large Shareholders as Monitors: Is There a Trade-Off between Liquidity and Control?, in: The Journal of Finance, Vol. 53, No. 1, 1998, S. 65-98.

Maute, Hanspeter (Due Diligence 1999): Due Diligence beim Going Public, in: Going Public, Heft 12, 1999, S. 138-141.

McCarthy, Ed (Pricing 1999): Pricing IPOs: Science or Science Fiction?, in: Journal of Accountancy, September 1999, S. 51-58.

McConomy, Bruce J. (Bias 1998): Bias and Accuracy of Management Earnings Forecasts: An Evaluation of the Impact of Auditing, in: Contemporary Accounting Research, Vol. 15, No. 2, 1998, S. 167-195.

Megginson, William L./Weiss, Kathleen A. (Certification 1991): Venture Capitalist Certification in Initial Public Offerings, in: The Journal of Finance, Vol. 46, No. 3, 1991, S. 879-903.

Meisel, Bernd Stefan (Ursprünge 1993): Die Ursprünge des wirtschaftlichen Prüfungswesens in Deutschland und die historischen Vorläufer des Wirtschaftsprüfers, in: WPK-Mitteilungen, 32. Jahrgang, Heft 1, 1993, S. 1-9.

Menon, Krishnagopal/Williams, David D. (Credibility 1991): Auditor Credibility and Initial Public Offerings, in: The Accounting Review, Vol. 66, No. 2, 1991, S. 313-332.

Mertin, Dietz (Unterschlagungen 1989): Verantwortlichkeit des Abschlußprüfers für Unterschlagungen, in: Die Wirtschaftsprüfung, Jahrgang 42, Heft 13, 1989, S. 385-390.

Merton, Robert C. (Information 1987): A Simple Model of Capital Market Equilibrium with Incomplete Information, in: The Journal of Finance, Vol. 42, No. 3, 1987, S. 483-510.

Meyding, Bernhard (Zweifelsfragen 1993): Zweifelsfragen bei Anwendung des Wertpapier-Verkaufsprospektgesetzes, in: Der Betrieb, Heft 8, 1993, S. 419-422.

Michaely, Roni/Shaw, Wayne H. (Pricing 1994): The Pricing of Initial Public Offerings: Tests of Adverse-Selection and Signaling Theories, in: The Review of Financial Studies, Vol. 7, No. 2, 1994, S. 279-319.

Michaely, Roni/Shaw, Wayne H. (Choice 1995): Does the Choice of Auditor Convey Quality in an Initial Public Offering?, in: Financial Management, Vol. 24, No. 4, 1995, S. 15-30.

Milgrom, Paul/Roberts, John (Reputation 1982): Predation, Reputation, and Entry Deterrence, in: Journal of Economic Theory, Vol. 27, No. 2, 1982, S. 280-312.

Milgrom, Paul/Roberts, John (Economics 1992): Economics, Organization and Management, Englewood Cliffs: Prentice Hall, 1992.

Miller, Robert E./Reilly, Frank K. (Examination 1987): An Examination of Mispricing, Returns, and Uncertainty for Initial Public Offerings, in: Financial Management, Summer, 1987, S. 33-38.

Moizer, Peter (State 1992): State of the art in audit market research, in: European Accounting Review, Vol. 1, 1992, S. 333-348.

Moizer, Peter (Reputation 1997): Auditor Reputation: the International Empirical Evidence, in: International Journal of Auditing, Vol. 1, No. 1, 1997, S. 61-74.

Moizer, Peter/Turley, Stuart (Surrogates 1987): Surrogates for Audit Fees in Concentration Studies, in: Auditing: A Journal of Practice & Theory, Vol. 7, No. 1, 1987, S, 118-123.

Möller, Hans Peter/Schmidt, Franz (Aktienbewertung 1998): Zur Bedeutung von Jahresabschlüssen und DVFA/SG-Daten für die fundamentale Aktienbewertung, in: Möller, Hans Peter/Schmidt, Franz (Hrsg.): Rechnungswesen als Instrument für Führungsentscheidungen, Festschrift für Coenenberg, Stuttgart: Schäffer-Poeschel, 1998, S. 477-504.

Möllers, Thomas M. J. (Anlegerschutz 1997): Anlegerschutz durch Aktien- und Kapitalmarktrecht, in: Zeitschrift für Unternehmens- und Gesellschaftsrecht (ZGR), Heft 3, 1997, S. 334-367.

Möllers, Thomas M. J. (Kapitalmarkttauglichkeit 1999): Kapitalmarkttauglichkeit des deutschen Gesellschaftsrechts, in: Die Aktiengesellschaft, 44. Jahrgang, Heft 10, 1999, S. 433-442.

Morck, Randall/Shleifer, Andrei/Vishny, Robert W. (Ownership 1988): Management Ownership and Market Valuation, in: Journal of Financial Economics, Vol. 20, 1988, S. 293-315.

Morris, Richard D. (Theory 1987): Signalling, Agency Theory and Accounting Policy Choice, in: Accounting and Business Research, Vol. 18, No. 69, 1987, S. 47-56.

Moxter, Adolf (Bilanzlehre 1984): Bilanzlehre, Band I, Einführung in die Bilanztheorie, 3. Auflage, Wiesbaden: Gabler, 1984.

Muscarella, Chris J./Peavy, John W./Vetsuypens, Michael R. (Over-Allotment 1992): Optimal Exercise of the Over-Allotment Option in IPOs, in: Financial Analysts Journal, May-June 1992, S. 76-81.

Muscarella, Chris J./Vetsuypens, Michael R. (underpricing 1989): A simple test of Baron´s model of IPO underpricing, in: Journal of Financial Economics, Vol. 24, 1989, S. 125-135.

Myant, Martin (Transforming 1993): Transforming Socialist Economies, The Case of Poland and Czechoslovakia, Hants: Edward Elgar, 1993.

Myers, Stewart C./Majluf, Nicholas S. (Corporate 1984): Corporate Financing and Investment Decisions When Firms Have Information That Investors Do Not Have, in: Journal of Financial Economics, Vol. 13, No. 2, 1984, S. 187-221.

Nanda, Vikram/Yun, Youngkeol (Reputation 1997): Reputation and Financial Intermediation: An Empirical Investigation of the Impact of IPO Mispricing on Underwriter Market Value, in: Journal of Financial Intermediation, Vol. 6, 1997, S. 39-63.

Neill, John D./Pourciau, Susan G./Schaefer, Thomas F. (Valuation 1995): Accounting Method Choice and IPO Valuation, in: Accounting Horizons, Vol. 9, No. 3, 1995, S. 68-80.

Neuberger, Brian M./La Chapelle, Chris A. (Tiers 1983): Unseasoned New Issue Price Performance on Three Tiers: 1975-1980, in: Financial Management, Vol. 12, No. 3, 1983, S. 23-28.

Neus, Werner (Kapitalmarktgleichgewicht 1989): Ökonomische Agency-Theorie und Kapitalmarktgleichgewicht, Wiesbaden: Gabler, 1989.

Neus, Werner (Emissionskredit 1993): Emissionskredit und Reputationseffekte, in: ZfB Zeitschrift für Betriebswirtschaft, 63. Jahrgang, Heft 9, 1993, S. 897-915.

Neus, Werner (Börseneinführungen 1996): Börseneinführungen, Underpricing und die Haftung von Emissionsbanken, in: Kredit und Kapital, 29. Jahrgang, Heft 3, 1996, S. 428-455.

Ng, Patrick P. H./Fung, S. M./Tai, Benjamin Y. K. (Reputation 1994): Auditing Firm Reputation and the Underpricing of Initial Public Offerings in Hong Kong: 1989-1991, in: The International Journal of Accounting, Vol. 29, No. 3, 1994, S. 220-233.

Niehus, Rudolf J. (Wirtschaftsprüfung 1994): 1993 – Wirtschaftsprüfung und Rechnungslegung in dem Einen Markt, Chancen und Probleme für den deutschen Wirtschaftsprüfer, in: Baetge, Jörg (Hrsg.): Rechnungslegung und Prüfung 1994, Düsseldorf: IDW-Verlag, 1994, S. 199-218.

Norusis, Marija L. (SPSS 1999): SPSS Regression Models 10.0, Chicago: SPSS Inc., 1999.

Norusis, Marija L. (SPSS Base 1999): SPSS Base 10.0 Applications Guide, Chicago: SPSS Inc., 1999.

Ohlson, James A. (Earnings 1995): Earnings, Book Values, and Dividends in Equity Valuation, in: Contemporary Accounting Research, Vol. 11, No. 2, 1995, S. 661-687.

Ordelheide, Dieter (Theorie 1988): Zu einer neoinstitutionalistischen Theorie der Rechnungslegung, in: Budäus, Dietrich/Gerum, Elmar/Zimmermann, Gebhard (Hrsg.): Betriebswirtschaftslehre und Theorie der Verfügungsrechte, Wiesbaden: Gabler, 1988, S. 269-295.

Ordelheide, Dieter (Ökonomie 1998): Zur Politischen Ökonomie der Rechnungslegung, in: Ballwieser, Wolfgang/Schildbach, Thomas (Hrsg.): Rechnungslegung und Steuern international, ZfbF Sonderheft 40, Düsseldorf, Frankfurt am Main: Handelsblatt, 1998, S. 1-16.

Ostrowski, Markus (Offenlegung 1999): Die Offenlegung der Jahresabschlüsse von im Freiverkehr an der Börse gehandelten Aktiengesellschaften, in: Zeitschrift für Bankrecht und Bankwirtschaft (ZBB), 11. Jahrgang, 1999, Heft 1, S. 19-26.

Ostrowski, Markus/Söder, Björn H. (Einfluß 1999): Der Einfluß von Beratungsaufträgen auf die Unabhängigkeit des Jahresabschlußprüfers, in: BFuP, Heft 5, 1999, S. 554-564.

Ostrowski, Markus/Sommerhäuser, Hendrik (Going Public 2000): Wirtschaftsprüfer und Going Public – Eine explorative Studie über die Dienstleistungen von Wirtschaftsprüfern bei Börseneinführungen, in: Die Wirtschaftsprüfung, 53. Jahrgang, Heft 19, 2000, S. 961-970.

Otto, Hans-Jochen/Mittag, Jochen (Haftung 1996): Die Haftung des Jahresabschlußprüfers gegenüber Kreditinstituten, in: Wertpapiermitteilungen, 50. Jahrgang, 1996, Heft 8, S. 325-333 (Teil I) und Heft 9, S. 377-384 (Teil II).

Pagano, Marco/Panetta, Fabio/Zingales, Luigi (source 1996): The stock market as a source of capital: Some lessons from initial public offerings in Italy, in: European Economic Review, Vol. 40, 1996, S. 1057-1069.

Pagano, Marco/Panetta, Fabio/Zingales, Luigi (Why 1998): Why Do Companies Go Public? An Empirical Analysis, in: The Journal of Finance, Vol. 53, No. 1, 1998, S. 27-64.

Palmrose, Zoe-Vonna (Demand 1984): The Demand for Quality-Differentiated Audit Services in an Agency-Cost Setting: An Empirical Investigation, in: Abdel-Kahlik, A.R./Solomon, I. (Hrsg.): 1984 Auditing Research Symposium, Urbana: University of Illinois, 1984, S. 229-252.

Palmrose, Zoe-Vonna (Litigation 1988): An Analysis of Auditor Litigation and Audit Service Quality, in: The Accounting Review, Vol. 43, No. 1, 1988, S. 55-73.

Paskert, Dierk (Wertpapieremissionen 1991): Informations- und Prüfungspflichten bei Wertpapieremissionen, Düsseldorf: IDW-Verlag, 1991.

Pellens, Bernhard (Internationale1999): Internationale Rechnungslegung, 3. Auflage, Stuttgart: Schäffer-Poeschel, 1999.

Picot, Arnold/Kaulmann, Thomas (Großunternehmen 1985): Industrielle Großunternehmen in Staatseigentum aus verfügungsrechtlicher Sicht, in: zfbf Zeitschrift für betriebswirtschaftliche Forschung, 37. Jahrgang, Heft 11, 1985, S. 956-980.

Picot, Arnold/Michaelis, Elke (Verteilung 1984): Verteilung von Verfügungsrechten in Großunternehmungen und Unternehmungsverfassung, in: ZfB Zeitschrift für Betriebswirtschaft, 54. Jahrgang, Heft 3, 1984, S. 252-272.

Picot, Gerhard/Land, Volker (Going Public 1999): Going Public – Typische Rechtsfragen des Ganges an die Börse, in: Der Betrieb, Heft 11, 1999, S. 570-575.

Quick, Reiner (Entstehungsgeschichte 1990): Die Entstehungsgeschichte der aktienrechtlichen Pflichtprüfung in Deutschland, in: Zeitschrift für Unternehmensgeschichte, 35. Jahrgang, Heft 4, 1990, S. 217-236.

Quick, Reiner (Haftungsrisiken 2000): Nationale und internationale Haftungsrisiken deutscher Abschlußprüfer, in: Die Betriebswirtschaft, 60. Jahrgang, Heft 1, 2000, S. 60-77.

Quick, Reiner (Verantwortung 2000): Zivilrechtliche Verantwortung europäischer und amerikanischer Abschlußprüfer, in: BFuP, Heft 6, 2000, S. 525-548.

Quick, Reiner/Wolz, Matthias/Seelbach, Mario (Struktur 1998): Die Struktur des Prüfungsmarktes für deutsche Aktiengesellschaften, in: ZfB Zeitschrift für Betriebswirtschaft, 68. Jahrgang, Heft 8, 1998, S. 779-802.

Reed, Brad J./Trombley, Mark A./Dhaliwal, Dan S. (Demand 2000): Demand for Audit Quality: The Case of Laventhol and Horwath´s Auditees, in: Journal of Accounting Auditing & Finance, Vol. 15, No. 2, 2000, S. 183-198.

Renner, Wolfgang (Publikums-Aktiengesellschaft 1999): Die Publikums-Aktiengesellschaft im Spannungsfeld von Markt- und Anreizstrukturen, Wiesbaden: Deutscher Universitäts-Verlag, 1999.

Ridder-Aab, Christa-Maria (Eigentumsrechte 1980): Die moderne Aktiengesellschaft im Lichte der Theorie der Eigentumsrechte, Frankfurt am Main et al.: Campus, 1980.

Ritter, Jay R. (Hot Issue 1984): The „Hot Issue“ Market of 1980, in: The Journal of Business, Vol. 57, No. 2, 1984, S. 215-240.

Ritter, Jay R. (Signaling 1984): Signaling and the Valuation of Unseasoned New Issues: A Comment, in: The Journal of Finance, Vol. 39, No. 4, 1984, S. 1231-1237.

Ritter, Jay R. (Costs 1987): The Costs of Going Public, in: Journal of Financial Economics, Vol. 19, 1987, S. 269-281.

Rock, Kevin (Underpriced 1986): Why New Issues are Underpriced, in: Journal of Financial Economics, Vol. 15, 1986, S. 187-212.

Rödl, Bernd/Zinser, Thomas (Going Public 1999): Going Public, Frankfurt am Main: Frankfurter Allgemeine Zeitung, Verl.-Bereich Buch, 1999.

Röell, Ailsa (overview 1996): The decision to go public: An overview, in: European Economic Review, Vol. 40, 1996, S. 1071-1081.

Röhler, Klaus-Peter (American 1997): American Depositary Shares, Baden-Baden: Nomos, 1997.

Römer, Hans-Jürgen/Müller, Heinz (Anforderungen 2000): Anforderungen des Going Public mittelständischer Unternehmen, in: Der Betrieb, Heft 22, 2000, S. 1085-1090.

Römer, Hans-Jürgen/Müller, Heinz (Going Public 2000): Going Public mittelständischer Unternehmen: Börsensegmentspezifische Anforderungen, in: Der Betrieb, Heft 34, 2000, S. 1673-1679.

Ronnen, Uri (Effects 1996): The Effects of Mandated versus Voluntary Auditing Policy on the Quality of Auditing, in: Journal of Accounting, Auditing & Finance, Vol. 11, No. 3, 1996, S. 393-419.

Ross, S. (Determination 1977): The Determination of Financial Structure: The Incentive Signalling Approach, in: Bell Journal of Economics, Vol. 8, S. 23-40.

Rudolph, Bernd (Kapitalkosten 1979): Kapitalkosten bei unsicheren Erwartungen, Berlin et al.: Springer, 1979.

Ruhnke, Klaus (Forschung 1997): Empirische Forschung im Prüfungswesen, in: zfbf Zeitschrift für betriebswirtschaftliche Forschung, 49. Jahrgang, Heft 4, 1997, S. 311-344.

Ruhnke, Klaus (Normierung 2000): Normierung der Abschlußprüfung, Stuttgart: Schäffer-Poeschel, 2000.

Ruud, Judith S. (Underwriter 1993): Underwriter price support and the IPO underpricing puzzle, in: Journal of Financial Economics, Vol. 34, 1993, S. 135-151.

Sachs, Lothar (Statistik 1999): Angewandte Statistik, 9. Auflage, Berlin, Heidelberg: Springer, 1999.

Sauer, Andreas (Bereinigung 1991): Die Bereinigung von Aktienkursen, Diskussionspapier, Universität Karlsruhe 1991.

Schäfer, Frank A. (Hrsg.) (Wertpapierhandelsgesetz 1999): Kommentar zum Wertpapierhandelsgesetz, Börsengesetz, Verkaufsprospektgesetz, Stuttgart u.a.: Verlag W. Kohlhammer, 1999.

Schanz, Günther (Unternehmensverfassungen 1983): Unternehmensverfassungen in verfügungsrechtlicher Perspektive, in: Die Betriebswirtschaft, 43. Jahrgang, Heft 2, 1983, S. 259-270.

Schildbach, Thomas (Jahresabschluß 1986): Jahresabschluß und Markt, Berlin et al.: Springer, 1986.

Schildbach, Thomas (Rechnungslegungsideale 1995): Rechnungslegungsideale, Bilanzkulturen, Harmonisierung und internationaler Wettbewerb, in: Betriebs-Berater, 50. Jahrgang, 1995, S. 2635-2644.

Schildbach, Thomas (Glaubwürdigkeitskrise 1996): Die Glaubwürdigkeitskrise der Wirtschaftsprüfer – zu Intensität und Charakter der Jahresabschlußprüfung aus wirtschaftlicher Sicht, in: BFuP, Heft 1, 1996, S. 1-30.

Schildbach, Thomas (Reformansätze 1996): Probleme der Jahresabschlußprüfung und Reformansätze aus der Sicht rationalen Prüferverhaltens, in: Kofler, Herbert/Nadvornik, Wolfgang/Pernsteiner, Helmut (Hrsg.): Betriebswirtschaftliches Prüfungswesen in Österreich, Festschrift für Vodrazka, Wien: Linde, 1996, S. 631-654.

Schindler, Joachim/Böttcher, Bert/Roß, Norbert (Bestätigungsvermerke 2001): Bestätigungsvermerke und Bescheinigungen zu Konzernabschlüssen bei Börsengängen an den Neuen Markt, in: Die Wirtschaftsprüfung, 54. Jahrgang, 2001, S. 477-492.

Schindler, Joachim/Rabenhorst, Dirk (Auswirkungen 1998): Auswirkungen des KonTraG auf die Abschlußprüfung, in: Betriebs-Berater, 1998, S. 1886-1893 (Teil I) und S. 1939-1944 (Teil II).

Schipper, K./Smith, A. (Comparison 1986): A Comparison of Equity Carve-Outs and Seasoned Equity Offerings: Share Price Effects and Corporate Restructuring, in: Journal of Financial Economics, Vol. 15, S. 153-186.

Schlick, Robert (Going Public 1997): Going Public, Dissertation, Eberhard-Karls-Universität zu Tübingen, 1997.

Schlittgen, Rainer (Statistik 1998): Einführung in die Statistik, 8. Auflage, München, Wien: Oldenbourg, 1998.

Schmidt, Peter-Jürgen (Beruf 1998): Der Beruf des Wirtschaftsprüfers – quo vadis?, in: Die Wirtschaftsprüfung, Heft 7, 1998, S. 319-325.

Schmidt, Reinhard H. (Rechnungslegung 1982): Rechnungslegung als Informationsproduktion auf nahezu effizienten Kapitalmärkten, in: zfbf Zeitschrift für betriebswirtschaftliche Forschung, 34. Jahrgang, Heft 8/9, 1982, S. 728-748.

Schneider, Dieter (Entwicklungsstufen 1974): Entwicklungsstufen der Bilanztheorie, in: WiSt, 3. Jahrgang, Heft 4, 1974, S. 158-164.

Schneider, Dieter (Unternehmenskontrolle 1992): Märkte zur Unternehmenskontrolle und Kapitalstrukturrisiko, in: Gröner, Helmut (Hrsg.): Der Markt für Unternehmenskontrollen, Schriften des Vereins für Socialpolitik, Neue Folge Band 214, Berlin, 1992, S. 39-62.

Schneider, Dieter (Rechnungswesen 1994): Betriebswirtschaftslehre, Band 2: Rechnungswesen, München, Wien: Oldenbourg, 1994.

Schreyögg, Georg/Steinmann, Horst (Trennung 1981): Zur Trennung von Eigentum und Verfügungsgewalt, Eine empirische Analyse der Beteiligungsverhältnisse in deutschen Großunternehmen, in: ZfB Zeitschrift für Betriebswirtschaft, 51. Jahrgang, Heft 6, 1981, S. 533-558.

Schubert, Axel H. (Leistungsangebot 1998): Das Leistungsangebot der Bremer Wertpapierbörse zur Eigenmittelbeschaffung, in: Zeitschrift für das gesamte Kreditwesen, Heft 1, 1998, S. 28-29.

Schulte, Jörn (Aktienkursentwicklung 1996): Rechnungslegung und Aktienkursentwicklung, Wiesbaden: Gabler, 1996.

Schwark, Eberhard (Börsengesetz 1994): Kommentar zum Börsengesetz und zu den börsenrechtlichen Nebenbestimmungen, 2. Auflage, München: Beck, 1994.

Schwartz, Rachel (Legal 1997): Legal Regimes, Audit Quality and Investment, in: The Accounting Review, Vol. 72, No. 3, 1997, S. 385-406.

Schwarz, Rainer (Börseneinführungspublizität 1988): Die Börseneinführungspublizität neuemittierender Unternehmen, Frankfurt am Main et al.: Lang, 1988.

Schweinitz, Johann (Renditeentwicklungen 1997): Renditeentwicklungen von Aktienemissionen: overpricing beim going public in Deutschland, Wiesbaden: Deutscher Universitäts-Verlag, 1997.

Serfling, Klaus/Pape, Ulrich/Kressin, Thomas (Emissionspreisfindung 1999): Emissionspreisfindung und Underpricing im Rahmen des Börsengangs junger Wachstumsunternehmen, in: Die Aktiengesellschaft, 44. Jahrgang, Heft 7, 1999, S. 289-298.

Servaes, Henri/Zenner, Marc (Ownership 1994): Ownership Structure, in: Finanzmarkt und Portfolio Management, 8. Jahrgang, Nr. 2, 1994, S. 184-196.

Shapiro, Carl (Premiums 1983): Premiums for High Quality Products as Returns to Reputations, in: The Quarterly Journal of Economics, Vol. 98, 1983, S. 659-679.

Sharpe, Steven A. (Asymmetric 1990): Asymmetric Information, Bank Lending, and Implicit Contracts: A Stylized Model of Customer Relationships, Journal of Finance, Vol. 45, No. 4, S. 1069-1087.

Sherman, Ann E./Titman, Sheridan (Participation 2000): Building the IPO Order Book: Underpricing and Participation Limits with Costly Information, Working Paper 7786, National Bureau of Economic Research, Cambridge, MA, 2000.

Shiller, Robert J. (Speculative 1990): Speculative Prices and Popular Models, in: Journal of Economic Perspectives, Vol. 4, No. 2, 1990, S. 55-65.

Shiller, Robert J. (Überschwang 2000): Irrationaler Überschwang, Frankfurt, New York: Campus, 2000.

Shleifer, Andrei/Vishny, Robert W. (Survey 1997): A Survey of Corporate Governance, in: The Journal of Finance, Vol. 52, No. 2, 1997, S. 737-783.

Short, Helen/Keasey, Kevin/Wright, Mike/Hull, Alison (Corporate 1999): Corporate governance: from accountability to enterprise, in: Accounting and Business Research, Vol. 29, No. 4, 1999, S. 337-352.

Sieben, Günter/Russ, Wolfgang (Unabhängigkeit 1992): Unabhängigkeit und Unbefangenheit, in: Coenenberg, Adolf G./Wysocki, Klaus v. (Hrsg.): Handwörterbuch der Revision, 2. Auflage, Stuttgart: Poeschel, 1992, S. 1973-1986.

Simunic, Dan A. (Independence 1984): Auditing, Consulting, and Auditor Independence, in: Journal of Accounting Research, Vol. 22, No. 2, 1984, S. 679-702.

Simunic, Dan A./Stein, Michael T. (Differentiation 1987): Product Differentiation in Auditing: Auditor Choice in the Market for Unseasoned New Issues, Research Monograph Number 13, Vancouver: The Canadian Certified General Accountants´ Research Foundation, 1987.

Simunic, Dan A./Stein, Michael T. (portfolio 1990): Audit risk in a client portfolio context, in: Contemporary Accounting Research, Vol. 6, No. 2-I, 1990, S. 329-343.

Sittmann, Jörg W. (Prospekthaftung 1998): Die Prospekthaftung nach dem Dritten Finanzmarktförderungsgesetz, in: Neue Zeitschrift für Gesellschaftsrecht (NZG), Heft 13, 1998, S. 490-496.

Slovin, M. B./Sushka, M. E./Ferraro, S. R. (Carve-Outs 1995): A Comparison of the Information Conveyed by Equity Carve-Outs, Spin-Offs, and Asset Sell-Offs, in: Journal of Financial Economics, Vol. 37, S. 89-104.

Slovin, Myron B./Sushka, Marie E./Hudson, Carl D. (Seasoned 1990): External Monitoring and ist Effect on Seasoned Common Stock Issues, in: Journal of Accounting and Economics, Vol. 12, 1990, S. 397-417.

Slovin, Myron B./Young, John E. (Lending 1990): Bank Lending and Initial Public Offerings, in: Journal of Banking and Finance, Vol. 14, 1990, S. 729-740.

Smith, Adam (Wealth 1776): An Inquiry into the Nature and Causes of the Wealth of Nations, in: The works of Adam Smith, Vol. 4, Aalen: Otto Zeller, 1963, Reprint of the edition 1811-1812.

Smith, Clifford W. (Investment Banking 1986): Investment Banking and the Capital Acquisition Process, in: Journal of Financial Economics, Vol. 15, 1986, S. 3-29.

Sorg, Peter (Publizitätspraxis 1994): Prognosebericht und Publizitätspraxis der AG, in: Betriebs-Berater, 49. Jahrgang, Heft 28, 1994, S. 1962-1969.

Spiess, D. Katherine/Pettway, Richard H. (IPO 1997): The IPO and first seasoned equity sale: Issue proceeds, owner/manager´ wealth, and the underpricing signal, in: Journal of Banking & Finance, Vol. 21, 1997, S. 967-988.

Spremann, Klaus (Reduktion 1987): Zur Reduktion von Agency-Kosten, in: Schneider, Dieter (Hrsg.): Kapitalmarkt und Finanzierung, Schriften des Vereins für Socialpolitik, Neue Folge Band 165, Berlin: Duncker u. Humblot, 1987, S. 341-350.

Spremann, Klaus (Reputation 1988): Reputation, Garantie, Information, in: ZfB Zeitschrift für Betriebswirtschaft, 58. Jahrgang, Heft 5/6, 1988, S. 613-629.

Spremann, Klaus (Information 1990): Asymmetrische Information, in: ZfB Zeitschrift für Betriebswirtschaft, 60. Jahrgang, Heft 5/6, 1990, S. 561-586.

Spremann, Klaus (Wirtschaft 1996): Wirtschaft, Investition und Finanzierung, 5. Auflage, München, Wien: Oldenbourg, 1996.

Stefani, Ulrike (Quasirenten 1999): Quasirenten, Prüferwechsel und rationale Adressaten, Working Paper Series: Finance & Accounting, No. 39, Universität Frankfurt am Main, 1999.

Stehle, Richard/Ehrhardt, Olaf (Renditen 1999): Renditen bei Börseneinführungen am deutschen Kapitalmarkt, in: ZfB Zeitschrift für Betriebswirtschaft, 69. Jahrgang, Heft 12, 1999, S. 1395-1421.

Steib, Stefan/Mohan, Nancy (Reunification 1997): The German Reunification, Changing Capital Market Conditions, and the Performance of German Initial Public Offerings, in: The Quarterly Review of Economics and Finance, Vol. 37, No. 1, 1997, S. 115-137.

Stoughton, Neal M./Wong, Kit Pong/Zechner, Josef (Product 2000): IPOs and Product Quality, working paper, August 2000 (erscheint in: Journal of Business).

Stoughton, Neal M./Zechner, Josef (IPO-mechanisms 1998): IPO-mechanisms, monitoring and ownership structure, in: Journal of Financial Economics, Vol. 49, 1998, S. 45-77.

Streim, Hannes (Zwecke 1986): Grundsätzliche Anmerkungen zu den Zwekken des Rechnungswesens, in: Lüder, Klaus (Hrsg.): Entwicklungsperspektiven des öffentlichen Rechnungswesens, Speyerer Forschungsberichte, Nr. 48, 1986, S. 1-25.

Streim, Hannes (Grundzüge 1988): Grundzüge der handels- und steuerrechtlichen Bilanzierung, Stuttgart et al.: Kohlhammer, 1988.

Streim, Hannes (Generalnorm 1994): Die Generalnorm des § 264 Abs. 2 HGB – Eine kritische Analyse, in: Ballwieser et alii (Hrsg.): Bilanzrecht und Kapitalmarkt, Festschrift für Moxter, Düsseldorf: IDW-Verlag, 1994, S. 391-406.

Streim, Hannes (Lagebericht 1995): Zum Stellenwert des Lageberichts im System der handelsrechtlichen Rechnungslegung, in: Elschen, Rainer/Siegel, Theodor/Wagner, Franz W. (Hrsg.): Unternehmenstheorie und Besteuerung, Festschrift für Schneider, Wiesbaden: Gabler, 1995, S. 703-721.

Streim, Hannes (Vermittlung 2000): Die Vermittlung von entscheidungsnützlichen Informationen durch Bilanz und GuV – Ein nicht einlösbares Versprechen der internationalen Standardsetter, in: BFuP, Heft 2, 2000, S. 111-131.

Strickmann, Michael (Wirtschaftsprüfung 2000): Wirtschaftsprüfung im Umbruch, Herne/Berlin: Verlag Neue Wirtschafts-Briefe, 2000.

Su, Dongwei/Fleisher, Belton M. (underpricing 1999): An empirical investigation of underpricing in Chinese IPOs, in: Pacific-Basin Finance Journal, Vol. 7, 1999, S. 173-202.

Subramaniam, Chandra/Daley, Lane A. (Free 2000): Free Cash Flow, Golden Parachutes, and the Discipline of Takeover Activity, in: Journal of Business Finance & Accounting, Vol. 27, 2000, S. 1-36.

Sullivan, Michael J./Unite, Angelo A. (Underpricing 1999): The Underpricing of Initial Public Offerings in the Philippines from 1987 to 1997, in: Review of Pacific Basin Financial Markets and Policies, Vol. 2, No. 3, 1999, S. 285-300.

Swoboda, Peter (Kapitalmarkt 1987): Kapitalmarkt und Unternehmensfinanzierung – Zur Kapitalstruktur der Unternehmung, in: Schneider, Dieter (Hrsg.): Kapitalmarkt und Finanzierung, Schriften des Vereins für Socialpolitik, Neue Folge Band 165, Berlin: Duncker u. Humblot, 1987, S. 49-68.

Technau, Konstantin (Rechtsfragen 1998): Rechtsfragen bei der Gestaltung von Übernahmeverträgen („Underwriting Agreements") im Zusammenhang mit Aktienemissionen, in: Die Aktiengesellschaft, 43. Jahrgang, Heft 10, 1998, S. 445-459.

Theissen, Erik (Bestandsaufnahme 1998): Der Neue Markt: Eine Bestandsaufnahme, in: Zeitschrift für Wirtschafts- und Sozialwissenschaften, Band 118, 1998, S. 623-652.

Tinic, Seha M. (Anatomy 1988): Anatomy of Initial Public Offerings of Common Stock, in: The Journal of Finance, Vol. 43, No. 4, 1988, S. 789-822.

Titman, Sheridan/Trueman, Brett (Quality 1986): Information Quality and the Valuation of New Issues, in: Journal of Accounting and Economics, Vol. 8, 1986, S. 159-172.

Trapp, Christoph (Greenshoe 1997): Erleichterter Bezugsrechtsausschluß nach § 186 Abs. 3 S. 4 AktG und Greenshoe, in: Die Aktiengesellschaft, Heft 3, 1997, S. 115-123.

Trobitz, Hans H./Wilhelm, Stefan (Going Public 1996): Going Public aus Sicht der emissionsbegleitenden Bank, in: BFuP, Heft 2, 1996, S. 164-181.

Uhlir, Helmut (Underpricing-Phänomen 1989): Der Gang an die Börse und das Underpricing-Phänomen, in: Zeitschrift für Bankrecht und Bankwirtschaft (ZBB), 1. Jahrgang, Heft 1, 1989, S. 2-16.

von Oettingen, Manfred (Going Public 1995): Going Public, in: Gerke, Wolfgang/Steiner, Manfred (Hrsg.): Handwörterbuch des Bank- und Finanzwesens, 2. Auflage, Stuttgart: Schäffer-Poeschel, 1995, S. 897-904.

Vorwold, Gerhard (Gewinn-Management 1999): Gewinn-Management in den USA, in: Der Betrieb, 52. Jahrgang, 1999, S. 2321-2328.

Wagner, Franz W. (Kapitalmarkt 1982): Zur Informations- und Ausschüttungsbemessungsfunktion des Jahresabschlusses auf einem organisierten Kapitalmarkt, in: zfbf Zeitschrift für betriebswirtschaftliche Forschung, 34. Jahrgang, Heft 8/9, 1982, S. 749-771.

Wagner, Franz W. (Lehren 1993): Theorie und Praxis der Rechnungslegung: Lehren aus drei Jahrzehnten, in: Wagner, Franz W. (Hrsg.): Ökonomische Analyse des Bilanzrechts, ZfbF Sonderheft 32, Düsseldorf, Frankfurt am Main, 1993, S. 1-10.

Wagner, Klaus-R. (Prospektprüfung 2000): Prospektprüfung und Prospekthaftung bei Wirtschaftsprüfern, in: BFuP, Heft 6, 2000, S. 594-606.

Wallace, Wanda A. (Role 1980): The Economic Role of the Audit in Free and Regulated Markets, http://raw.rutgers.edu/raw/wallace/homepage.html, 1980.

Wallmeier, Martin/Rösl, Rainer (Underpricing 1999): Underpricing bei der Erstemission von Aktien am Neuen Markt (1997-1998), in: Finanz Betrieb, Heft 7, 1999, S. 134-142.

Warming-Rasmussen, Bent/Jensen, Lars (Quality 1998): Quality dimensions in external audit services – an external user perspective, in: The European Accounting Review, Vol. 7, No. 1, 1998, S. 65-82.

Wasserfallen, Walter/Wittleder, Christian (Pricing 1994): Pricing initial public offerings, in: European Economic Review, Vol. 38, 1994, S. 1505-1517.

Watts, Ross L./Zimmerman, Jerold L. (Agency 1983): Agency Problems, Auditing, and the Theory of the Firm: Some Evidence, in: Journal of Law & Economics, Vol. 26, 1983, S. 613-633.

Watts, Ross L./Zimmerman, Jerold L. (Positive 1986): Positive Accounting Theory, London et al.: Prentice Hall, 1986.

Weets, Véronique/Jegers, Marc (Demand 1998): Quality-differentiated Demand for Audit Services in Belgium, working paper, Universität Brüssel, 1998.

Wegmann, Jürgen/Koch, Wolfgang (Emissionspreisfindung 1999): Die Emissionspreisfindung im Zusammenhang mit der Börseneinführung von mittelständischen Unternehmen am Neuen Markt, in: Deutsches Steuerrecht, Heft 12, 1999, S. 514-520.

Wegmann, Jürgen/Koch, Wolfgang (Due Diligence 2000): Due Diligence – Unternehmensanalyse durch externe Gutachter, in: Deutsches Steuerrecht, Heft 24, 2000, S. 1027-1032.

Welch, Ivo (Underpricing 1989): Seasoned Offerings, Imitation Costs, and the Underpricing of Initial Public Offerings, in: The Journal of Finance, Vol. 44, No. 2, 1989, S. 421-449.

Welch, Ivo (Cascades 1992): Sequential Sales, Learning, and Cascades, in: The Journal of Finance, Vol. 47, No. 2, 1992, S. 695-732.

Wenger, Ekkehard (Managementanreize 1987): Managementanreize und Kapitalallokation, in: Jahrbuch für Neue Politische Ökonomie, Band 6, 1987, S. 217-240.

Wenger, Ekkehard (Anreizstrukturen 1996): Kapitalmarktrecht als Resultat deformierter Anreizstrukturen, in: Sadowski, D./Czap, H./Wächter, H. (Hrsg.): Regulierung und Unternehmenspolitik, Wiesbaden: Gabler, 1996, S. 419-458.

Wenger, Ekkehard (Organisation 1996): Die Organisation des Aufsichtsrats als Problem der politischen Ökonomie, in: Wirtschaftsdienst Zeitschrift für Wirtschaftspolitik, Heft 4, 1996, S. 175-180.

Wenger, Ekkehard/Hecker, Renate/Knoesel, Jochen (Minderheitenschutz 1997): Abfindungsregeln und Minderheitenschutz bei börsennotierten Kapitalgesellschaften, in: Gahlen, Bernhard/Hesse, Helmut/Ramser, Hans Jürgen (Hrsg.): Finanzmärkte, Wirtschaftswissenschaftliches Seminar Ottobeuren, Band 26, Tübingen: Mohr Siebeck, 1997, S. 93-145.

Wenger, Ekkehard/Kaserer, Christoph (Banks 1998): German Banks and Corporate Governance: A Critical View, in: Hopt, Klaus J./Kanda, Hideki/ Roe, Mark J./Wymeersch, Eddy/Prigge, Stefan (Hrsg.): Comparative Corporate Governance, Oxford: Clarendon Press, 1998, S. 499-536.

Wenger, Ekkehard/Kaserer, Christoph (German 1998): The German system of corporate governance – A model which should not be imitated, in: Black, Stanley W./Moersch, Mathias (Hrsg.): Competition and Convergence in Financial Markets, Amsterdam et al.: Elsevier, 1998, S. 41-78.

Wenger, Ekkehard/Knoll, Leonhard (Management-Anreize 1999): Aktienkursgebundene Management-Anreize: Erkenntnisse der Theorie und Defizite der Praxis, in: BFuP, Heft 6, 1999, S. 565-591.

Wenger, Ekkehard/Terberger, Eva (Beziehung 1988): Die Beziehung zwischen Agent und Prinzipal als Baustein einer ökonomischen Theorie der Organisation, in: WiSt, Heft 10, 1988, S. 506-514.

Weston, John F./Chung, Kwang S./Hoag, Susan E. (Mergers 1990): Mergers, restructuring, and corporate control, Englewood Cliffs, NJ: Prentice-Hall 1990.

Wiedmann, Harald (Prüfungsansatz 1993): Der risikoorientierte Prüfungsansatz, in: Die Wirtschaftsprüfung, Jahrgang 46, Heft 1/2, 1993, S. 13-25.

Willenborg, Michael (Emprical 1999): Empirical Analysis of the Economic Demand for Auditing in the Initial Public Offerings Market, in: Journal of Accounting Research, Vol. 37, No. 1, 1999, S. 225-238.

Winter, Stefan (Optionspläne 2000): Optionspläne als Instrument wertorientierter Managementvergütung, Frankfurt am Main et al.: Lang, 2000.

Wirtschaftsprüferkammer (Stellungnahme 1997): Stellungnahme der Wirtschaftsprüferkammer zum Entwurf eines Gesetzes zur Kontrolle und Transparenz im Unternehmensbereich (KonTraG), in: WPK-Mitteilungen, 36. Jahrgang, 1997, S. 100-107.

Wißmann, Markus (Due Diligence 1999): Due Diligence durch Wirtschaftsprüfer beim Unternehmenskauf, in: WPK-Mitteilungen, Heft 3, 1999, S. 143-153.

Wittleder, Christian (Going Public 1989): Going Public, Dissertation Universität Bern, Köln 1989.

Woolf, Emile (Auditing 1997): Auditing today, 6. Auflage, New York et al.: Prentice Hall, 1997.

Yardley, James A./Kauffman, N. Leroy/Cairney, Timothy D./Albrecht, W. David (Supplier 1992): Supplier Behavior in the U.S. Audit Market, in: Journal of Accounting Literature, Vol. 11, 1992, S. 151-185.

Ziebart, David A. (Association 1990): The Association Between Consensus of Beliefs and Trading Activity Surrounding Earnings Announcements, Vol. 65, No. 2, 1990, S. 477-488.

Zingales, Luigi (Value 1994): What Determines the Value of Corporate Votes?, in: The Quarterly Journal of Economics, Vol. 110, No. 4, 1995, S. 1047-1073.

Zingales, Luigi (Insider 1995): Insider Ownership and the Decision to Go Public, in: Review of Economic Studies, Vol. 62, 1995, S. 425-448.

Schriften zu Theorie und Praxis der Rechnungslegung und Wirtschaftsprüfung

Herausgegeben von Hansrudi Lenz

Band 1 Markus Ostrowski: Kapitalmarkt und Wirtschaftsprüfer. Eine empirische Analyse der Wahl des Prüfers bei IPO-Unternehmen und der Kapitalmarktreaktionen auf die Prüferwahl. 2003.

Peter Lang · Europäischer Verlag der Wissenschaften

Manuel Straßer

Die Haftung der Wirtschaftsprüfer gegenüber Kapitalanlegern für fehlerhafte Testate

Frankfurt/M., Berlin, Bern, Bruxelles, New York, Oxford, Wien, 2003.
XXXIV, 201 S.
Europäische Hochschulschriften: Reihe 2, Rechtswissenschaft. Bd. 3599
ISBN 3-631-50279-6 · br. € 37.80*

Die Frage der Haftung der Wirtschaftsprüfer gegenüber Kapitalanlegern für fehlerhafte Testate wird nach dem Zusammenbruch der Börsen und vor allem des Neuen Marktes immer aktueller. Anleger, die im Vertrauen auf ein Testat eine Anlage tätigten und ihr angelegtes Kapital verloren, suchen nicht selten beim Wirtschaftsprüfer Ersatz des entstandenen Schadens. Diese Arbeit wirft die Frage nach der richtigen Anspruchsgrundlage für den Kapitalanleger auf, der regelmäßig nicht in vertraglichem Kontakt zum Wirtschaftsprüfer steht. Lösung bietet eine vertrauensorientierte Dritthaftung aus culpa in contrahendo, die sowohl Dritthaftungskonstellationen als auch fahrlässig verursachte Vermögensschäden erfaßt. In einem zweiten Teil werden Möglichkeiten des Wirtschaftsprüfers zur Begrenzung seiner Haftung aufgezeigt, um eine uferlose Haftung zu vermeiden, die Resultat der unbegrenzten Weitergabemöglichkeit von Testaten ist.

Aus dem Inhalt: Die Anspruchsgrundlage für den geschädigten Kapitalanleger, der regelmäßig in keinem direkten vertraglichen Kontakt zum Wirtschaftsprüfer steht · Möglichkeiten des Wirtschaftsprüfers zur Begrenzung seiner Haftung

Frankfurt/M · Berlin · Bern · Bruxelles · New York · Oxford · Wien
Auslieferung: Verlag Peter Lang AG
Moosstr. 1, CH-2542 Pieterlen
Telefax 00 41 (0) 32 / 376 17 27

*inklusive der in Deutschland gültigen Mehrwertsteuer
Preisänderungen vorbehalten

Homepage http://www.peterlang.de